KB275520

아랍어의 이해

<해법 아랍어>

Understanding Arabic

공일주 지음

IL Joo Kong

도서출판 문예림

아랍어의 이해 <해법 아랍어>
Understanding Arabic

초판 인쇄 I 2010 년 8 월 5 일
초판 발행 I 2010 년 8 월 10 일
지은이 I 공일주
발행인 I 서덕일
발행처 I 도서출판 문예림
등 록 I 1962.7.12 제 2-110 호
주 소 I 서울시 광진구 군자동 1-13 문예하우스 101 호
전 화 I 02-499-1281
팩 스 I 02-499-1283
www.bookmoon.co.kr Email:book1281@hanmail.net

ISBN 978-89-7482-536-2 (13790)
저자와 협의에 의해 인지를 생략합니다.
잘못된 책이나 파본은 구입처에서 교환해 드립니다.

머리말

　　세계에는 오늘날 3억 3천만 명의 아랍인들이 산다. 그 중 2500만 명의 아랍인은 아랍어가 아닌 아마지그 어(모로코, 알제리, 튀니지), 시리얀 어(아람어의 일종, 이라크와 시리아), 콥트 어(이집트), 쿠르드 어(이라크)를 사용한다. 실제로 아랍어를 사용하는 인구는 2억 8천 만 명 안팎이다. 또, 2억 8천 만 아랍인이 일상생활에서 사용하는 아랍어는 현대 문학적 아랍어(푸스하)가 아닌 일반 대중의 아랍어(암미야)를 구사한다. 그러면 현대 문학적 아랍어를 구사하는 아랍인들은 얼마나 될까? 아랍 시사평론가 샤리프 알슈바시cherif choubachy에게 필자가 직접 물어보았더니 아랍인 문맹자는 유네스코의 통계에 따르면 전 아랍인들의 50%라고 했다. 사실 오늘날 현대 푸스하를 이해하는 아랍인의 수효는 아랍인 문맹률 50% 수치보다 훨씬 더 낮다. 외국인이 이집트 거리에서 현대 푸스하로 말을 걸면 상당수 이집트인들이 현대 푸스하로 대답하지 못하기 때문이다.

　　아랍인에게 일상적인 대화는 현대 푸스하(문학적 아랍어)가 아니고 암미야(대중말)이다. 현대 푸스하(문학적 아랍어)는 꾸란과 이슬람 이전의 시에 근거를 둔 고전 푸스하 아랍어의 어휘 그리고 문체와 크게 다르다. 꾸란이 세상에 등장한 7세기에는 아랍어는 글말(written Arabic)이 아니었다. 오늘날 아랍인들은 고전 푸스하가 아닌 현대 푸스하를 사용하지만 현대 푸스하는 엘리트 아랍인들의 아랍어이고 이슬람 종교적 언어이다. 2004년 10개 아랍 국가가 발행하는 아랍 신문을 아흐마드 압델랄리abdelali가 조사한 결과, 각 아랍 국가의 현대 푸스하(Modern standard Arabic)들 간에는 상당한 획일성(uniform)을 보여주었으나 문법과 어휘의 선택, 발음에서는 다양성을 가지고 있다고 했다.

　　아랍인 정치인과 아랍어학자, 이슬람 종교인들 중에는 문학과 사고를 위한 언어는 문학적 아랍어라고 한다. 그런데 이집트의 유명한 이슬람 학자가 텔레비전에 나와서 이슬람의 경전 꾸란을 설명할 때 푸스하 아랍어가 아닌 이집트 대중 아랍어(대부분은 현대 푸스하 혹은 현대 푸스하와 암미야가 섞인 표현)로 설명했다. 꾸란이 고전 푸스하로 되어 있지만 이것을 설명하기 위해서는 아랍인들의 대중말 암미야가 더 적절하다고 판단했던 것이다. 현대 푸스하가 아랍인들에게 널리 이해될 것이라고 가정하는 것은 지극히 낙관적인 전망에 불과하다. 1980년대 이집트인 사나 가님sana' ghanim은 현대 푸스하(Modern Standard Arabic)를 아랍인들이 어느 정도 이해하는지를 조사하였는데 조사 결과, "현대 푸스하의 평이한 문체로 금요일 모스크에서 아랍 무슬림이 설교한 내용을 이집트 무슬림들에게 들려주었는데 그들이 완전하게 이해하지 못하였다"고 했다. 특히 그는 중학교 이하의 학력을 가진 이집트인들에게 현대 푸스하의 기본문장을 제시해 보았는데 대체로 현대 푸스하를 이해하는 비율이 낮았다고 했다.

　　혹자는 다른 아랍국가의 아랍인들이 이집트 암미야로 된 영화나 드라마를 시청하기 때문에 이집트 암미야 아랍어를 알면 아랍인들과 쉽게 의사 소통할 수 있을 것이라는 막연한 기대감을 표시하는 사람들도 있다. 그런데 1980년대 예멘에서 이집트 암미야가 어느 정도 이해되는 가를 주부들과 이집트인 교사에게서 수업을 받은 15세 이하의 청소년들을 대상으로 조사하였는데 그 결과, 그들이 전반적으로 이집트 암미야를 이해하지 못했다고 했다. 또 혹자는 현대 푸스하와 이집트 암미야를 섞어서 말하면 아랍인들이 다 이해할 수 있을 것이라고 생각하는데 이것도 터무니 없는 과장에 불과하다. 20세기 말부터 아랍 위성 방송 시장을 레바논인들이 점유해가면서 아랍인들이 이집트의 위성채널보다 레바논의 위성 채널들을 더 선호하자 레바논 암미야가 더 확산되고 있는 추세이다. 그래서 레바논에서는 이집트 암미야로 말하는 것을 레바논 사람들이 달가워하지 않는다. 이집트 암미야로 된 방송을 자주 듣는다고 해서 이집트 암미야를 다 이해하는 것은 아니다. 암미야가 상황 중심의 언어이므로 시청자가 암미야로 된 영화나 드라마 장면을 보면 그 내용을 대충 이해할 수 있기 때문이다. 사실 아랍 영화들은 현대 푸스하가 아닌 암미야로 녹음된다. 아랍의 영화제작자들이 현대 푸스하로 영화를 제작하지 않는 이유는 현대 푸스하를 이해하는 아랍인들이 소수이기 때문이고 푸스하로 녹음하는 것이 비현실적이라는 판단에서다. 현대 푸스하는 아랍 일반 대중의 언어가 아니다. 아랍의 대학 교육은 어떠할까? 문과계열은 아랍어로 수업을 하는데 아랍인 교수들은 주로 암미야 아랍어 혹은 현대 푸스하를 가미한 암미야로 설명한다. 만일 이집트인 교수가 이집트 학생들에게 푸스하로만 수업을 계속하려고 고집한다면 학생들은 수강신청을 철회할지 모른다. 아랍인 교수들은 아랍 학생들이 쉽게 알아들을 수 있도록 암미야 아랍어를 사용한다. 그러면 400만 레바논 아랍인이 8500만 이집트인(10%는 아랍 기독교인)들을 만나서 서로 의사 소통할 때 현대 푸스하를 사용할까? 그렇지 않다. 그들이 서로 이해할 수 있는 대중 아랍어의 수위를 조절한다. 현대 푸스하는 대중말이 아니므로 절대로 아랍인들의 표준말(전 국민이 공통적으로 쓸 공용어의 자격을 부여받은 말)의 역할을 하지 않는다. 만일 아랍인들에게 푸스하로 말하거나 푸스하로 책을 쓴다면 모든 아랍인들이 다 이해할 수 있을까? 아니다. 오늘날 아랍인들의 노래 중 90% 이상이 암미야로 되어 있고 노랫말이 푸스하가 아니다. 아랍 방송 채널을 돌리면 아랍 각국별 암미야가 톡톡 튀어나온다. 외국인이 아랍인들에게 현대 푸스하로 말하면 더 많은 사람들이 현대 푸스하를 알아들을 것이라고 생각하는 것은 크게 잘못된 것이다. 아랍인들이 꿈을 꿀 때 그리고 연인들끼리 사랑을 속삭일 때 푸스하가 아닌 자기네 암미야로 하고 다른 사람에게 욕할 때에도 암미야로 한다. 매일 사용하는 암미야가 아랍인들의 구어체محكية 아랍어이고 살아 있는 아랍어이다. 아랍국가들을 여행해 보면 모로코, 알제리, 튀니지에서는 프랑스어를 모르면 완벽한 의사소통이 잘 안 되고 쿠웨이트, 아랍에미리트, 카타르, 바레인 등 걸프 국가에서는 영어를 모르면 그 곳에서 생활하기 어렵다. 요르단 대학교에서 아랍인 교수들이 현대 푸스하로 논문을 썼는데 현대 푸스하 문법에서 오류가 있어 문법 교정을 다시 받아야 했다. 다시 말하면 전문가 수준에서 현대 푸스하 아랍어를 구사하는 아랍인들이 아주 적다. 아랍 대학생들에게 왜 아랍인들이 현대 푸스하 문법을 잘 모르냐고 물었더니 "암미야 아랍어(모로코에서는 다리자라고 함)를 매일 사용하다 보니 현대 푸스하를 사용할 기회가 없어서"라고 했다. 각급 학교에서 현대 푸스하 문법을 잘 배운다고 할지라도 학교 밖으로 나오면 아랍인들도 이 현대 푸스하를 연습할 곳이 없다. 아랍 학생들에게 현대 푸스하 아랍어는 제2언어에 해당되는 것이다. 그리고 현대 푸스하 아랍어 발음을 100% 정확하게 표준 발음으로 구사하는 아랍인들은 극소수이다. 현대 푸스하 아랍어가 아랍인들의 모어가 아니기 때문이다. 결국 한국인이 아랍어를 배우려면 반드시 푸스하와 암미야를 다 배워야 한다. 그런데 현실은 그렇지 않다. 요즈음 한국의 유학생들이 아랍 국가에 가면 현대 푸스하 아랍어를 잘 배우기가 어렵다고 한다. 한국의 아랍어과에서는 모두 푸스하(고전과 현대) 아랍어만을 가르친다. 외국어로서 아랍어를 배우는 사람들에게 현대 푸스하 아랍어는 "문법 중심의 언어"로 인식되고 암미야 아랍어는 "어휘와 발음"이 중심이 된다. 2010년 카이로 아랍어 학술원이 주관한 학술세미나에서 카말 무함마드는 "오늘날 아랍어의 가장 심각한 문제는 '언어적 오염 현상'이라고 하였다. 그 원인은 아랍인들이 자신의 의도를 표현하기 위한 음성, 형태, 통사, 의미 등의 언어적 요소를 현대 푸스하 아랍어로 정확하게 사용할 수 있는 능력이 없기 때문이라고 했다. 또, 아랍어 발음의 오류(음성적 측면), 파생에서의 오류(형태론적 측면), 문장 구조와 의미에서의 오류가 많다고 했다. 오늘날 아랍 방송과 언론 매체들을 보면 문장 구조, 어말모음 변화, 발음과 철자 그리고 문체(style; 문장의 개성적 특색)에서 많은 실수를 보인다. 아랍인들은 교육 현장, 공식 연설, 학술적 토론과 미디어에서 현대 푸스하와 암미야를 섞어 사용한다. 그것은 아랍인들이 현대 푸스하를 완전하게 숙달하지 않았거나 주변의 아랍인들이 암미야를 사용하므로 현대 푸스하만으로 말하는 것을 매우 이상하다고 여긴다. 물론 정치적 성향의 프로그램에서는 현대 푸스하를 주로 사용하려고 하고 오락 프로그램은 주로 암미야를 사용한다.

    이 책은 "의미"에 대하여 많은 관심을 가지고 집필하였다. 아랍어는 문맥 상황 중심의 언어이다. 특히 대화 상황이나 문맥을 크게 중시하는 문화(high-context culture)에서는 의미가 주로 문맥과 상황(context)에 의존한다. 어떤 메시지를 이해하기 위해서는 상황적 단서들을 청자가 잘 이해해야 한다. 메시지 그 자체가 전달해주는 정보보다는 오히려 그 메시지가 담고 있는 문맥과 상황이 더 중시되는 것이다. 이 책은 대중 아랍어(암미야)에서 시작하여 문어아랍어 문법과 의미 연구 특히 어휘적 의미(어근), 문법적 의미(패턴과 어말 모음의 변화), 상황적 의미(문맥과 화맥)들을 다루었다. 필자는 2009년 <코란의 의미를 찾아>라는 책을 통하여 꾸란을 주석(tafsīr)할 때 주석에 사용되는 적절한 문법 사항이 해당 구절에 맞게 적용되었느냐를 먼저 고려해야 한다고 했다. 꾸란은 고전 문학적 아랍어로 되어 있다. 꾸란을 주석하는 사람에게는 그의 문학적 아랍어의 능력이 꾸란 의미 해석의 가늠자가 된다. 다시 말하면 꾸란 주석에서는 논리적 사고(Reasoning)가 적절하였는지를 물어야 하는데 그 때 푸스하 아랍어 문법에 대한 실력이 중요한 잣대가 된다. 사실 아랍어 문법은 꾸란 주석을 바르게 하기 위한 목적에서 출발하였다. 다시 말하면 해당 본문에 적합한 문법 사항이 바르게 적용되어 본문이 의도하는 의미를 정확히 찾아내려면 푸스하 아랍어 문법이 바르게 적용되어야 한다.

    이 책의 문법 용어는 아랍인 문법서의 용어를 따랐고 다만 동사의 첨가형 분류(원형-10형)만 서구학자들의 분류법을 따랐다. 종래 서구학자들은 현재동사의 어말모음 변화를 indicative, subjunctive, Jussive으로 분류하였고 한국의 일부 아랍어 문법서들은 직설법, 가정법(접속법), 단축법 등으로 분류하였으나 2004년 엘사이드 바다위와 Carter, Adrian Gully(Modern Written

Arabic)는 Independent(자립형), Dependant(의존형), Apocopate(소실형)으로 구별하였다. 오늘날 수많은 아랍어 교사들이 현대 푸스하를 완벽하게 숙달하지 못하고 있다. 그래서 많은 아랍인들은 어려운 아랍어 문법을 쉽게 만들자(tabsīT)고 부르짖고 있으나 아직까지 답보 상태다. 아랍어 문제는 매우 복잡하고 서로 엉킨 실타래와 같다. 푸스하 아랍어 문제는 민족주의와 이슬람 종교와 늘 맞물려왔었다. 푸스하 아랍어를 강조한 아랍 민족주의가 1967년 이스라엘과 전쟁 후 직격탄을 맞았고 이제는 정치적 아랍 민족주의가 사라져가고 문화적 민족주의가 강조하고 있지만 푸스하와 암미야 문제는 아랍인들의 문맹률을 높여주는데 일조하고 있다.

이 책은 현대아랍인들의 푸스하 문법을 기준으로 하였기 때문에 아랍인들이 오늘날 즐겨 사용하지 않는 고문과 옛 문체는 포함시키지 않았거나 일부는 현대문에서 잘 사용되지 않는다고 따로 표시해두었다. 그리고 아랍인과의 의사 소통의 실제를 배우도록 대중말 아랍어 그리고 대중말과 현대 푸스하가 섞인 문장, 또는 현대 푸스하 문장들을 모두 소개하였다. 아랍인들의 아랍어를 들어보면 오로지 대중말 아랍어만을 사용하여 현대 푸스하를 배운 한국인이 전혀 이해가 안 되는 경우, 또는 비교적 쉬운 현대 푸스하로 하다가 옛날 이야기나 사적인 이야기로 넘어갈 때 자신이 속한 시골의 대중말로 하는 경우, 오로지 현대 푸스하로 말하고 어려운 어휘들을 동원하는 경우(꾸란 혹은 이슬람 교리 강좌 등), 쉬운 푸스하로 말하는 경우(아랍 방송의 뉴스), 현대 푸스하와 대중말을 적절하게 섞어서 말하는 경우 등 매우 다양하다. 이 책이 다른 문법서와 차별화된 것은 아랍어 문법 용어의 도입, 대중말 아랍어 회화 소개, 신나는 단어장과 그 의미들, 생생한 이집트 아랍어 신문의 예문, 한국의 아랍어 수능시험 문제 분석과 대안, 푸스하와 암미야 간의 제 문제 그리고 한국말답게 아랍어를 번역하는 문제 등에 많은 노력을 기울였다는 점이다.

이 책은 필자의 음성학(1993), 아랍어 언어학 개론과 초급 아랍어 문법(1995) 이후 세 번째로 내 놓는 아랍어 연구서다. 이 책의 참고도서로는 아메리칸 카이로 대학교(AUC)에서 아랍어를 가르치는 와일 파루끄(Wael Farouq)의 교재와 아랍연맹 교육과학 문화기구가 80년대 처음으로 발간하여 다시 AUC가 출간한 al-kitāb al-’asāsī 2권, 그리고 필자의 아랍어 음성학 책과 초급 아랍어 문법(예영), Karin C. Ryding, *Modern Standard Arabic*(2005), M.E. Sieny & H.H. Yusuf의 *A Contextual Arabic Dictionary* , 카이로 아랍어 학술원이 발간한 아랍어 사전 (المعجم الوسيط), 이집트 알아흐람 신문들이었다. 이 책을 쓸 수 있도록 카이로에서 여러 자료들을 제공해주신 박종진님께 먼저 깊은 감사를 드린다. 그리고 이 책을 처음부터 읽고 대 여섯 차례 교정을 보아 준 아내와 초고를 교정해 준 김태준님, 일부 문법 원고의 타이핑을 도와 준 서승현 군, 요르단 대중말 아랍어 교정을 해 준 요르단인 사라 아부 가잘라 양과 채정병님, 아랍어 전체 교정을 해 준 요르단인 이스라 양, 이집트인 사디끄님 그리고 이집트인 미리얌 양, 이집트인 와일 파루끄 교수에게 감사를 드리고 특별히 표지 디자인을 맡아준 아들에게 고마움을 전한다. 물론 여러 차례 교정을 보았으나 아직도 부족하거나 미흡한 점이 있을 것으로 생각된다.

1996년 <아랍어 문법> 책 저술을 필자에게 제안해 주신 문예림 출판사가 오래 동안 기다리다가 이번에 필자의 아랍어 문법책 출간을 기쁜 마음으로 허락해 주신데 깊은 감사를 드린다. 한국에서 아랍어를 배우는 분들이 이 책을 통하여 아랍어가 어떤 언어인지, 어떻게 아랍어 문법을 배울 수 있는지, 그리고 수능아랍어 시험 준비는 어떻게 해야 할지 등에 대한 해답을 이 책을 통하여 얻기를 바란다. 필자가 아랍인들에게 한국어 문법과 아랍어 문법을 가르쳐 보았고 한국의 대학교에서는 9년간 아랍어와 아랍어 문법 등을 강의했었다. 물론 아랍어와 한국어 통 번역에도 수년간 경험을 쌓았고 아랍어 대중 연설과 한국의 장관, 요르단 총리 및 감사원장과 아랍의 장관들 통역도 직접 해 보았으며 한국의 드라마와 한국어 책들을 아랍어로 번역해 본 경험들이 이 책을 집필하는데 큰 도움이 되었다.

끝으로 이 책이 한국의 아랍어 학습자들(아랍어답게 번역)과 아랍의 한국어 학습자들(한국어답게 번역)에게 다소나마 도움이 되기를 바라고 특히 한국어답게 아랍어 문법 용어를 재정비하였으므로 외국어로서의 아랍어 교육 정책을 입안하시는 분들(제6장), 수능을 준비하는 고등학생(제 1장과 제 2~3장, 제6장), 한국의 대학에서 아랍어를 전공하는 대학생(제1장~제 5장), 한국의 대학에서 선택과목으로 아랍어를 수강하는 학생(제 1장, 제 2장, 제 3장) 그리고 아랍어 문법 과목을 수강하는 학생들(제 3장과 제 4장)에게 도움이 되기를 바란다.

2010년 7월
공일주

아랍어에는 현대 문어 아랍어와 일반 대중의 아랍어가 있다.

아랍 무슬림들은 아랍어가 아랍 이슬람 문화의 전달자, 이슬람 종교의 도구, 사상의 매개체 그리고 아랍인 정체성의 뿌리라고 한다. 20여개 아랍 국가들의 헌법에는 '이슬람이 국교이다, 아랍어는 공용어이다, 법적 원리는 샤리아법에 근거한다'는 내용이 거의 대동소이하게 포함되어 있다.

아랍어는 크게 푸스하와 암미야로 나뉜다. 암미야는 일반 대중(민중 اللغة العامّة)의 언어이고 이에 대한 반대말은 푸스하이다. 오늘날 아랍인들의 푸스하(격식체)를 현대 문어 아랍어 또는 현대 표준 아랍어라고 부르고, 아랍 각국에서 아랍인들의 일상 생활 속에서 매일 사용하는 아랍어는 암미야(비격식체)라고 부른다. 오늘날의 아랍어는 표준말과 방언이라는 개념보다는 현대 문학적 아랍어(푸스하)와 일반 대중 아랍어(암미야)로 구분하는 것이 언어 현실에 맞는 정의이다. 서구 학자들은 현대 문학적 아랍어(Modern Literary Arabic)를 고전 아랍어(Classical Arabic, 꾸란의 아랍어)에 근간을 둔 현대 문어 아랍어(Modern Written Arabic) 혹은 현대 표준아랍어(Modern Standard Arabic)라고 규정하였고 암미야(일반 대중의 언어)는 방언(Dialect), 자국(고향) 아랍어(Vernacular Arabic), 비격식 대화체 아랍어(Colloquial Arabic), 생활 소통 아랍어(communicative Arabic)라고 하였다.

이집트 국회의장 아흐마드 파트히 수루르는 2010년 카이로 '아랍어 학술원' 강연에서 "이집트는 아랍 움마(커뮤니티, 국민)의 회원국이고 이집트 국민의 언어는 아랍어이며 헌법의 언어도 아랍어(푸스하)"라고 하였다. 여기서 그가 지목하는 아랍어는 푸스하(현대 문학적 아랍어)를 가리킨다. 그의 강연에 대한 아랍 학자들의 논평에서 "이집트 국회의원들의 문학적 아랍어 실력이 수준 이하"라고 하였고 기자들이 문학적 아랍어의 향상을 위한 노력이 무엇인지를 물었을 때 국회의장은 "앞으로 학술원의 법적 위상을 격상시켜 아랍어의 마르지이야(최고 결정 기관)가 되게 하겠다"고 하였다. 그러나 아쉽게도 이집트 국회의장의 말은 오늘날 이집트인들이 겪고 있는 아랍어의 언어적 현실을 전연 도외시한 뜬구름 잡는 이야기라고 두스투르 신문의 기자가 그의 말을 일축했다. 사실 오늘날 아랍인들의 일상 생활 아랍어는 현대 문학적 아랍어가 아니고 해당 국가의 일반 대중의 아랍어(암미야)이다. 해당 아랍 국가에서 국민 전체가 쓰는 일반 대중의 아랍어는 해당 아랍 국가의 암미야이다.

현대 문어 아랍어는 일반적으로 꾸란의 아랍어(고전 아랍어)와 현대 문학적 아랍어(Modern literary Arabic)를 가리키지만 여기서는 간단히 현대 문학적 아랍어나 현대 문어 아랍어라는 용어를 사용한다. 일반 대중의 아랍어는 아랍 각국별로 매일 일상생활에서 해당 국가의 아랍인들이 사용하는 구어[1] 아랍어를 가리키고 우리가 생각하는 '방언이나 사투리[2]'의 개념 그 이상이다. 이집트의 경우, 이집트인들에게 암미야는 생활

---

[1] 우리말 사전에서 구어는 '일상적인 대화에서 쓰는 말'을 가리킨다.
[2] 우리말 사전에서 사투리는 '어느 한 지방에서만 쓰는, 표준어가 아닌 말'을 가리킨다.

아랍어이고 구어 아랍어이고 이집트인이 태어날 때부터 사용한 모어이자 습관화된 언어이다. 전 이집트 국민이 암미야를 할 줄 알지만 현대 문학적(현대 문어) 아랍어는 아랍인마다 그 실력 차이가 크다. 아랍 국민들이 일상생활에서 사용하는 언어 그리고 전 국민들의 의사 소통이 가능한 언어는 현대 문학적 아랍어가 아니고 암미야(생활 아랍어, 구어 아랍어, 일반 대중의 아랍어)이다.

암미야가 일반 대중의 아랍어이다.

한국 유학생들이 아랍어 연수를 위하여 아랍 국가로 유학을 가기는 하는데 현대 문어 아랍어(현대 문학적 아랍어)를 배울만한 아랍의 대학들이 마땅하지 않다. 아랍의 대학이나 학원에서 현대 문어 아랍어를 배웠다고 하더라고 실제로 그 현대 문어 아랍어를 연습할 대상이 거의 없다. 길거리에서 만나는 이집트인들은 일반 대중의 아랍어를 사용하고, 지식층은 영어로 외국인과 대화하기를 원한다. 그동안 일부 한국 유학생들이 우리나라와 외교 관계가 없는 시리아까지 가서 아랍어를 공부한 것은 다른 아랍국가에 비하여 상대적으로 현대 문어 아랍어를 길가에서 연습할 수 있는 기회가 많을 거라고 생각했기 때문이다.

사실 오늘날 아랍국가에서는 일부 극소수의 공적인 모임에서만 현대 문어 아랍어가 사용되고 아랍인들의 일상적인 삶 속에서는 멀어져 가고 있다. 그래서 현대 문어 아랍어로 길가에서 이집트인들과 대화를 시도하면 현대 문어 아랍어를 알아듣는 사람이 많지 않다. 모로코 무슬림들에게 현대 문어 아랍어로 질문을 하면 아예 의사 소통이 안 되는 경우가 더 많다. 물론 대학가에서 현대 문어 아랍어 사용이 다른 커뮤니티보다 상대적으로 약간 더 많이 사용될 수 있다. 현대 문어 아랍어(푸스하)나 일반 대중의 아랍어(암미야)를 배우려는 한국인 학습자는 다음과 같은 질문들을 먼저 해 봐야 한다.

(1)어떤 목적으로 아랍어를 배우려고 하는가? 아랍국가의 외교관이 되려면 현대 문어 아랍어가 더 적절하고 그냥 회사원으로 아랍 이슬람국가에서 무역을 하려고 하면 해당 국가의 일반 대중의 아랍어가 더 적절하다. 만일 한국에서 현대 문어 아랍어만을 공부했다면 아랍국가에 가서 100% 바로 현지 아랍인들과 의사소통하기 어렵다.

(2)아랍어를 공부하여 취업할 회사나 기관이 주로 아랍인들 중 어느 계층의 사람들을 대상으로 하는가? 아랍의 시장과 현지인 근로자를 상대로 의사소통하려면 일반 대중의 아랍어가 적절하다. 아랍인들에게 한국어를 가르치려는 한국어 교육자들에게는 일반 대중의 아랍어가 적절하다. 만일 아랍의 시골 혹은 주부나 청소년을 대상으로 아랍어를 사용하려고 한다면 역시 일반 대중의 아랍어가 적격이다. 그러나 회사의 CEO와 공식 접견 혹은 국가간의 정상 회담을 통역할 때는 현대 문어 아랍어가 적절하다.

(3)한국인이 요르단 일반 대중의 아랍어를 배워 요르단 사람들과 의사소통에 별 어려움이 없었다면 이집트인과의 통역에서도 어려움은 전혀 없을까? 그렇지 않다. 이집트인은 이집트 일반 대중의 아랍어에 익숙하므로 이집트인과의 한국인 통역을 하려면 이집트 일반 대중의 아랍어를 배워야 한다. 이집트 일반 대중의 아랍어 어휘와 요르단 일반 대중의 아랍어 어휘의 쓰임새와 의미가 서로 다른 경우가 많기 때문이다.

요르단에서 현대문어아랍어와 요르단 대중 아랍어를 배운 한국인이 이집트인과 의사소통이 가능하려면 이집트인이 현대 문어아랍어를 사용해줘야 한다.

(4)아랍학이나 이슬람학을 연구하는 한국인이라면 현대 문어 아랍어를 반드시 해야 하는가? 그렇다. 7세기 이슬람이 등장한 이후에 아랍어는 이슬람의 언어가 되었다. 7세기의 아랍어와 21세기의 아랍어 사이에는 어휘와 문체에서 큰 차이를 보인다.

(5)현대 문어 아랍어는 문어로만 쓰이는가? 그렇지 않다. 주로 문어 아랍어로 쓰이지만 일부 대화 상황에서는 구어로도 쓰인다. 그래서 푸스하라는 말은 문학적 아랍어란 말로 번역하는 것이 적절하나 이미 한국의 아랍어 학습자들에게 익숙한 현대 문어 아랍어라는 말을 이 책에서 사용하게 된 것이다.

현대 문어 아랍어부터 학습해야 하는가?

현대 문학적 아랍어와 일반 대중의 아랍어 두 가지 중 무엇부터 시작해야 할까? 아랍어라면 마땅히 '현대 문어 아랍어(Modern Written Arabic)'라고 생각할 수도 있지만 아랍 국가에서 아랍인들이 태어나서 말을 배우기 시작할 때 부모가 사용하는 일반대중의 아랍어(암미야)를 배우기 시작한다. 그렇다면 외국인들이 아랍어를 배울 때 푸스하를 먼저 배워야 하나? 미국은 정보부의 예비 직원들과 해외 파병을 앞둔 장병들에게 암미야 아랍어를 가르친다. 이런 암미야 아랍어 학습이 아랍국가에서 실용적이고 현실적으로 유용하기 때문이다. 미국인들이 암미야 아랍어를 먼저 택한 것은 그들이 아랍어의 상황을 잘 알고 있기 때문이다. 그렇다면 암미야 아랍어를 배워야 하는데 아랍의 어느 나라 암미야를 배워야 할까? 이에 대한 대답은 20 여개 아랍국가 중 어느 나라로 여행할 지가 결정되면 그 나라의 대중 아랍어를 배우는 것이 가장 적절하다. 만일 아랍의 여러 나라로 가고 싶은데 하나의 대중 아랍어만을 배운다면 어느 나라 대중 아랍어가 한국인에게 적절할까? 레반트[3](Levantine: 시리아, 레바논, 요르단, 팔레스타인 지역)아랍어나 카이로 아랍어를 떠올릴 수 있다. 그러나 아랍어 학습자가 아랍의 어느 나라로 가서 생활할 것인가가 결정되면 그 나라의 대중 아랍어를 먼저 배우는 것이 좋고 만일 아랍 국가가 확정되지 않았을 때에는 현대 문어 아랍어를 배우는 것이 적절하다. 가령 이집트에서 근무할 사람이 요르단에서 요르단의 대중 아랍어를 배우는 것은 적절하지 않다.

현대 문어 아랍어는 무슬림들의 언어이다.

푸스하란 "언어의 순수성과 유창성"(فَصَاحَةُ اللِّسَان وَطَلاقَتُهُ)을 의미한다. 무슬림들은 외국인들에게 먼저 푸스하(현대 문어) 아랍어를 배우라고 하는데 그 이유는 현대 푸스하가 꾸란의 아랍어 문법의 골격과 상당히 비슷하다고 여기기 때문이다. 그러나 현대 푸스하를 잘 알아도 꾸란의 아랍어를 이해할 아랍인이 그리 많지 않다. 그것은 꾸란만이 갖고 있는

독특한 문체와 간략한 표현법, 해당 꾸란 구절의 역사적 배경 지식과 언어적 사고의 논리(reasoning) 그리고 동일 어휘가 꾸란 구절마다 다소 다른 의미를 갖거나 꾸란 주석가마다 서로 다르게 해석하는 것들을 모두 알아야 하기 때문이다. 현대 푸스하는 오늘날 일부 공식적인 모임이나 일부 이슬람 종교적인 설교에서만 들을 수 있다. 아랍학생들은 태어나면서부터 부모의 언어를 배우고 자신이 속한 지역의 대중 아랍어를 익힌다. 아랍 대학의 아랍어과와 아랍어 교육원 그리고 일부 아랍어 학원을 제외하면 아랍국가에서는 현대 문어 아랍어를 배울 데가 마땅치 않다.

카이로 아메리칸 대학교의 언어교육원 와일 파루끄는 "아랍어는 100년이 지나면 100년 전의 책들을 아랍인들이 쉽게 읽어내지 못한다"고 하였다. 19세기의 이집트 작가들의 책들을 2010년 이집트 아랍인들이 거뜬히 읽어내지 못한다. 그리고 상당수 아랍인들이 현대 문어 아랍어의 전문 용어를 이해하지 못하는 경우가 많은데 그 이유는 아랍인들이 현대 문어 아랍어를 매일 사용하지 않기 때문이다. 이집트는 20-30% 국민들만 현대 푸스하로 된 일간 신문을 읽고 있고 이집트 정부는 전 국민의 5%만 문맹자라고 하지만 푸스하 아랍어의 문맹률은 이보다 훨씬 높다. 더구나 시대가 지나가면서 일반 대중의 아랍어와 현대 문어간의 차이가 멀어져가는 것도 현대 문어 아랍어의 실력이 뒤떨어지는 한 원인이 되고 있다. 1980년대 후반과 2010년을 비교하면 30년밖에 차이가 없는데도 이집트인들의 현대 문어 아랍어 숙달 능력은 큰 차이를 보이고 있다. 특히 아랍어 어휘의 의미가 시대를 거치면서 변천되었기 때문에 어떤 어휘는 그 시대 상황을 모르면 그 의미를 정확하게 알기 어려운 경우도 있다. 동일한 어휘라도 아랍 국가별로 의미가 다른 경우가 있기 때문에 정확한 의미는 각 아랍 국가별로 그 의미 차이를 살펴 보아야 한다. 이를테면 이집트인들에게 아주 익숙한 일반 대중의 아랍어 표현이 사우디 아라비아 사람들에게는 아주 생소하게 들리기 때문이다.

아랍인들에게 현대 문어 아랍어가 어렵다?

아랍인들이 학교 교육에서 배운 현대 문어 아랍어를 일상생활에서 사용할 기회가 많지 않아 대부분의 아랍인들이 현대 문어 아랍어를 잘 모른다. 아랍인들이 일상생활에서 암미야만을 쓰는데 반하여, 한국의 대학에서는 아랍인들의 이런 언어적 현실과는 상관 없이 현대 문어(표준) 아랍어만을 가르친다. 1990년대 필자가 한국의 어느 대학에서 "암미야 아랍어를 선택과목으로 한 두시간 배울 것이 아니라 좀더 많은 시간을 확보해야 한다"고 논문 발표를 했으나 대부분의 아랍어과 교수들이 암미야 아랍어의 수업 시수를 늘리는 것을 반대하였다. 필자가 요르단 대학교 교수로 재임하고 있었을 때 아랍인 교수들에게 학술 논문을 써 달라고 한 뒤 그 논문들을 모아보니 아랍인 교수들이 쓴 아랍어 논문들이 현대 문어 아랍어 문법에 맞지 않는 문장이 많았다. 2010년 어느 이집트인 번역사에게 번역을 의뢰해보니 푸스하 철자법과 문법이 잘 지켜지지 않았다. 아흐마드 카말은 "오늘날 아랍 무슬림들이 책을 읽고 이해하는 것을 등한시하고 있기 때문에 대부분의 아랍 무슬림들에게 무지(jahl)가 확산되고 있고 이런 현상이 더 악화되고 있는 실정"이라고 했다(알아흐람지 2010년 5월 4일 25면). 아랍 대학생들에게 아랍어로 과제를 주고 그 과제를 받아 보니 역시 학생들이 쓴 과제물 속에 아랍어 문법에 맞지 않는 문장들이 많았다. 더구나 아랍의 학생들이 푸스하로 글들을 많이 써 본 적이 없어서 이들의 언어 능력 향상을 위하여 일부 아랍 대학에서는 <아랍어> 인증 시험을 치르게 하고 수준 미달의 학생들은 <푸스하 아랍어 표현 연습 1>과 <푸스하 아랍어 표현 연습 2>를 수강하게 하였다. 상당수 아랍인들은 푸스하가 복잡하고 암미야는 쉽다고들 한다. 그러면 암미야 아랍어의 특징 중 몇 가지를 살펴보자.

①낱말의 악센트 위치에 따라 어느 나라 사람인지 구분된다.

(예)madrasah(이집트인들은 ra 에 강세를 두고, 팔레스타인 사람들은 mad 에 강세를 둔다)

②어느 낱말을 사용하는 가에 따라 어느 지방의 사람인지 안다. (예) kida 는 수단과 이집트 일반 대중의 아랍어이고, hek 은 요르단 일반 대중의 아랍어이다. 요르단 일반 대중의 아랍어는 다음과 같이 유목민과 농부와 도시민의 아랍어로 크게 구분된다.

마다니(madani): 도시민의 언어 (예) halla'

팔라히(fallāHi): 농부의 언어 (예) halqeet

바다위(badawi): 유목민의 언어 (예) hassā. 이밖에도 issa, halHīn 등이 있다.

현대 문어 아랍어(fuSHā): 문학적 언어 (예) Hālan

③일반 대중의 아랍어와 현대 문어 아랍어의 차이는 낱말의 발음 뿐만 아니라 문장구성에서도 차이가 난다.

요르단 대중의 아랍어: ㉮ hādi illugha wās'a.　　　㉯ shu ismak?

현대 문어 아랍어: 　　　㉮ hādhihi illugha wāsi'ah.　㉯ mā smuka?

위 예문에서 보듯이 요르단 일반 대중의 아랍어는 문법적 표지가 되는 어말의 모음이 탈락되었고 현대 문어 아랍어는 문법적 표지와 기능을 갖는 어말 모음이 존재한다.

④아랍인들은 일반 대중의 아랍어를 학교교육에서 따로 가르치지 않고 현대 문어 아랍어만을 가르친다. 그런데 소수의 아랍인들을 제외하고는 현대 문어 아랍어를 잘 하는 아랍인들이 많지 않다. 현 요르단 국왕 압둘라 2 세가 왕으로 즉위하던 첫 해에 그의 현대 문어 아랍어 발음은 상당히 어눌하였다. 반면에 이집트 무바라크 대통령은 80 세가 넘었는데도 그의 아랍어 연설을 들으면 상당히 정확한 현대 문어 아랍어를 들을 수 있다. 오늘날 아랍인들은 일반 대중의 아랍어를 주로 사용하기 때문에 외국인이 현대 문어 아랍어를 사용해서 말을 걸면, 그는 끝까지 일반 대중의 아랍어로만 말하기도 한다. 그것은 현대 문어 아랍어에 대한 숙달 능력이 부족하기 때문이다. 그런 점에서 한국인이 아랍어를 배울 때는 일반 대중의 아랍어와 현대 문어 아랍어를 둘 다 배워야 한다.

⑤현대 문어 아랍어와 일반 대중의 아랍어는 문맥(context)에 따라 의미가 달라진다. 가끔 아랍 언론에서는 정부 각료가 한 말이 '문제가 있는 발언'이라고 비난받기도 하는데 이런 경우 대개 각료들은 '문맥을 벗어났다'거나 '문맥에서 떠난 말'이라고 변명한다. 아랍어는 문맥 중심의 언어이고 한 낱말이 문장이 다르면 여러 의미를 갖는 것이 주요 특징이다. 그리고 일반 대중의 아랍어가 현대 문어 아랍어보다 문맥에 의존하는 경향이 더 크다. 그 이유는 일반 대중의 아랍어가 모든 어휘의 어말에 문장의 기능을 알려주는 모음 즉, 주어나 목적어의 성분을 표시해주는 모음을 붙이지 않기 때문이다. 현대 문어 아랍어를 가르치는 아랍인들은 아랍어 문장의 처음과 중간에 오는

모든 어휘의 어말(낱말의 끝) 모음, 특히 목적격을 반드시 발음하라고 하고 단지 문말(문장의 끝)에 오는 모음은 발음하지 않는다고 가르치나 실제 아랍인들 자신은 그렇게 지키지 않는다 .

⑥ 아랍 무슬림의 아랍어와 아랍 기독교인의 아랍어가 어휘 사용과 그 의미에서 서로 다른 경우가 많다. 이를테면 아랍 무슬림들은 '사이두나'를 무함마드를 가리키지만 아랍 기독교인들은 '사이두나'를 예수그리스도를 가리키는 말로 사용한다. 또 아랍 무슬림들은 '바이트 알라'를 메카의 카아바를 가리키는 말로 사용하지만 아랍 기독교인들에게 '바이트 알라'는 교회를 가리키는 말이다. 꾸란의 '루후 알꾸두스'는 지브릴 천사를 가리키는데 한국어 성꾸란에서는 성령이라고 잘 못 번역되어 있고 아랍 기독교인들은 성령을 '알루후 알꾸두스'라고 한다.

⑦일반 대중의 아랍어와 현대 문어 아랍어 사이에는 여러 층위를 포함한 스펙트럼이 있다. 아랍인들은 이 스펙트럼 안의 어느 일정 층위를 자신이 대화하고 있는 상대방의 신분, 학력 그리고 대화 상황에 따라 그 중 하나를 골라서 사용한다. 그래서 이 책에서는 요르단 일반 대중의 아랍어와 요르단의 현대 문어 아랍어 그리고 이 둘을 섞어서 쓴 글 등 세 가지로 나눠 제시하였고 이집트 일반 대중의 아랍어 어휘나 표현도 필요한 곳에서 덧붙여 설명해 보았다. 이 책에서는 요르단의 일반 대중의 아랍어는 짧게 '요르단 대중 아랍어' 혹은 '요르단 암미야'라고 하고 이집트 일반 대중의 아랍어는 '이집트 대중아랍어' 혹은 '이집트 암미야'라고 부르기로 한다. 또 현대 문어 아랍어는 '현대 문어'로 표기한다.

1. 요르단 대중 아랍어의 자음과 모음[4]

자음

'(함자) : 폐에서 나온 바람이 막힌 성문을 통과하여 파열하는 소리다. (예) 'aloo(여보세요), 또 현대 문어에서 사용된 함자는 요르단 대중 아랍어에서 자주 탈락된다.
 (예) warā'가 warā로 발음된다.

b(바): 우리 말 'ㅂ'과 유사하나 유성음이다. (예) mubārak(복 받은/ 무바라크)

t(타): 우리 말의 'ㅌ'과 유사하다. (예) telefoon(전화기), tawrah(혁명)

<u>th</u>(사): 현대 문어에서는 /θ/음가인데 요르단 대중 아랍어에서는 /t/ 혹은 /s/ 로 바뀌었다. (예) thalātha(현대 문어)-tlāta(요르단 대중 아랍어), matal(예), 'assar(영향을 주었다)

j(짐): 요르단 대중 아랍어에서는 우리말의 'ㅈ'과 유사하고, 이집트 대중 아랍어에서는 우리말의 'ㄱ'과 유사하다. (예) jamal(자말; 낙타)은 이집트 대중 아랍어에서 가말(gamal)로 읽는다. 이집트인들은 야만적인 행태(balTajah) 혹은 적의나 위협을 보이는 남자를 balTajī 라고 하는데 이집트인의 실제 발음은 각각 '발따가, 발따기'라고 한다.

(예) zawjī 를 이집트 대중 아랍어에서 goozī 혹은 zoogī 라고 한다.

---

[4] 요르단에서는 일부 아랍어 자음을 로마자로 표기하기 어려울 때 3:ع 6:ط 7:ح 2:ه 로 숫자를 넣어 사용한다. 그러나 이 책에서는 ع 글자 대신에 (')을 사용한다.

H(하): 우리말의 'ㅎ'과 다르게 목안의 인두를 좁혀 소리낸다. (예) muHammad(무함마드). 소문자 h (ㅎ)과 구분하여 대문자(H)로 표기한다.

kh(카): 여린 입천장 뒷부분에서 마찰하므로 긁히는 소리로 들린다.

(예) KharTūm 카르뚬(수단의 수도명)

d(달): 우리말의 'ㄷ'과 유사하나 유성음(목청을 울려 내는 소리)이다.

(예) dimashq(디마쉬ㄲ)

dh(달): 현대 문어 dhahab(금)의 첫음이 요르단 대중 아랍어에서는 dahab 처럼 /d/ 로 발음된다. 또 다른 어휘에서는 /z/로 발음된다. (예) dhākir-zākir (집에서 공부하다)

r(라): 우리말 '사랑'에 나오는 'ㄹ'과 동일하다. (예) riyāD(사우디의 지명, 리야드). 인두음화한 /r/도 있는데 가령 남자 간호원(mumarreD)에서 /r/은 인두음화된 소리[5]이다.

z(자이): 윗니 가까이에 혀가 자리하고 목청을 울려 내는 소리이다. (예) zār(방문했다) 요르단 대중 아랍어에서 zalame(성인 남자), zlām(성인 남자들[6]).

s(씬): 우리말의 'ㅆ'에 가깝게 발음한다. (예) salām(평화, 헤어질 때 '안녕'이란 말)

sh(쉰): 우리말의 '쉬'에 가깝다. (예) leesh(왜?) 이집트 대중 아랍어에서는 가끔 /sh/(무성음)을 유성음 /3/으로 발음하기도 한다. (예) 일부 이집트인들은 rushd 의 무성음 /sh/를 유성음 /3/으로 발음하여 /ru3d/라고 한다.

S(싸드): 인두음화한 /s/이다. (예) Syām(금식), Sugayyar(작은, 이집트 대중 아랍어)

D(다드): 인두음화한 /d/이다. (예) Darab (때렸다, 과거), buDrub(때린다, 요르단 대중 아랍어)

T (따): 인두음화한 /t/이다. (예) Tā'a (순종했다), Tifel(어린이)

Z(자): 인두음화한 /z/이다. (예) 요르단 대중 아랍어 maZbūT(현대 문어 maDbūT). 가끔 /D/로 발음되기도 한다. (예) Zulmah(Dulmah)

'(아인): 인두가 좁혀서 마찰되어 나오는 소리이고 유성음이다. (예) 'een(인체의 눈, 샘)

gh(가인): 여린 입천장 뒷부분에서 마찰되어 나오는 소리로 유성음이다.

(예) ghofrān(용서)

f(파): 영어의 /f/와 같다. (예) funduq(호텔, oteel)

q(까프): il-quds(예루살렘), /q/는 이집트 대중 아랍어에서 자주 함자로 발음된다.

 (예) 현대 문어 qalam(펜)을 이집트 대중 아랍어에서는 'alam 이라고 발음한다.

k(카프): 우리말의 'ㅋ'과 같다. (예) kilmeh(말씀, 낱말), ktīr(많은), kibriyā'(교만)

l(람): 우리말의 'ㄹㄹ'과 같다. (예) malyoon(백만). 그런데 allāh(알라)라는 낱말에서 인두음화한 /l/은 우리말 발음에는 없다.

m(밈): 우리말의 'ㅁ'과 같다. (예) muslim(무슬림), mumtāz(아주 잘하는)

n(눈): 우리말의 'ㄴ'과 같으나 우리말의 'ㄴ'은 '이'모음 앞에 올 때 혀의 위치가 바뀌지만 아랍어는 그렇지 않다. (예) nām(잤다, 과거형), bināM(자다, 요르단 대중 아랍어의 현재형)

h(하): 우리말의 'ㅎ'과 같다. (예) hallelūya(할렐루야), bhār(향신료)

w(와우): 우리말의 '와'를 발음할 때 이와 같은 소리가 난다. (예) walad(아들, 자녀)

---

[5] 인두음화 자음 /D/ 앞에 오는 /r/가 인두음화된 것이다.
[6] 수단 대중 아랍어에서 성인 남자는 zool이라고 하고 이집트 대중 아랍어에서는 rāgil이라고 한다.

y(야): 우리말의 '야'를 발음할 때 이와 같은 소리가 난다. (예) il-yaman(예멘),
   yā-bā-yee-ee(이를 어쩌나)

단모음

a 아 tanSīr(기독교화), kamān marra(한번 더), 'akh(형), khabaz(빵을 굽다)
i 이 'islām(이슬람, 복종), il-injīl(복음), fi-l-beet(집에서), bikhuSūS(-에 관하여)
u 우 naHu(문법), shuqaq(아파트들), nuSS(절반), 'unwān barīd(이메일 주소)
e 에 mit'eb(피곤한), zi'el(-화가 났다), Hādes(사건), shāmel(종합적인) nābles(세겜)
o 오 'omar(오마르), mayo(수영복), shorT(짧은 바지), bālTo(비 옷), boks(권투)

장모음

ā 아- kās(컵), zghār(복수형) (참고) zghīr(작은, 남성형), zghīra(여성형),
ī 이- kaslanīn(복수형), (참고) kaslān(남성형, 게으른 사람), kaslāna(여성형)
ū 우- mabsūT(기쁜), mabsūTa(여성형), mabsūTīn(복수형),
   bifūt juwwa(안으로 들어가다)
ee 에- qaddeesh(how much), kam(how many), yomeen(2 일),beeD maslūq(잘 삶은 달걀)
oo 오- yoom(하루), noom(수면), il-yoom(오늘), bandoorah(토마토), moot(죽음)

2. 인사

▭▶ 대화: 현대 문어

㉮ as-salāmu 'alaykum　　　　　　　안녕하십니까? (발음: 앗쌀라무 알라이쿰)
㉯ wa 'alaykumu –ssalām　　　　　　안녕하십니까? (와알라이쿠뭇 쌀람)
㉮ 'ahlan wa sahlan fīka fi-l-urdun 요르단에 오신 것을 환영합니다
　　　　　　　　　　　　　　　(아흘란 와싸흘란 피카 필우르둔)
㉯ 'ahlan fīka.　　　　　　　　　　반갑습니다 (아흘란 피카)
㉮ ma-smuka.　　　　　　　　　　이름이 뭐예요? (마스무카)
㉯ 'ismī haksu wa 'anta?　　　　　제 이름은 학수입니다. 당신은요? (이스미 학수 와안타)
㉮ 'ismī khālid kayfa Hāluka　　　제 이름은 칼리드입니다. 어떻게 지내십니까?
　　　　　　　　　　　　　　　(이스미 칼리드, 케이파 하알루카)
㉯ bikhayr.　　　　　　　　　　　잘 있습니다. (비카이르)
㉮ min 'ayy-l- kūriyatayn 'anta　　두 한국 중 어디에서 오셨습니까?
　　　　　　　　　　　　　　　(민 아일 쿠리야테인 안타)
㉯ 'ana min kūriya-l-janūbiyyah　　저는 남한에서 왔습니다(아나 민 쿠리얄자누비야)
㉮ kayfa wajadta-l-'urdun　　　　요르단은 어떻다고 보십니까? (케이파 와잣타 알우르둔)
㉯ 'innaha jamīlah wa-'ana sa'īd fi wujūdī huna.
　　　　　　　　　　　　참 아름답습니다. 그리고 이곳에 있다는 것이 기쁩니다.
　　　　　　　　　　　　(인나하 자밀라 와 아나 사이드 피 우주디 후나)

㉮ ’ahlan bika.   환영합니다 (아흘란 비카)
㉯ <u>shukran (jazīlan) laka.</u>   감사합니다 (슈크란 자질란 라카)

1. 아랍어에는 동일 어근에서 파생한 낱말들이 많다. 이들 어휘들은 공통된 의미를 갖기도 하지만 전혀 다른 의미를 갖기도 한다. (예) salām(평화), ’islām(이슬람;복종), salāmah(=’amān; 안전), salīm (안전한), muslim(무슬림; 복종하는 사람), ’istilām(인계 받음), sullam(요르단 대중 아랍어 sillim; 계단) 등이다.

2. 암미야는 아랍인들이 매일 일상 생활에서 사용하고 현대 문어는 아랍 국가의 지식층이 외국인을 만날 때 혹은 격식적인 상황에서 사용한다고 하지만 이제는 공식적인 상황에서도 요르단 대중 아랍어를 현대 문어 아랍어와 섞어서 사용하는 일이 잦다. 2010년 이집트 아랍어 학술원에서 강연의 논평을 하는 아랍어 박사가 이집트 암미야와 현대 문어를 섞어서 말하였다. 이집트 시골 사람들 중에는 현대 문어 아랍어를 전혀 알아듣지 못하는 사람들이 많다.

 문 법

1.상대방이 남성일 때: mā smuka (현대 문어) 혹은 <u>shu</u> ismak(요르단 대중 아랍어)
상대방이 여성일 때 : mā smuki 혹은 <u>shu</u> ismik(요르단 대중 아랍어)

2.<u>shukran</u> ilak(요르단 대중 아랍어, 상대방이 남성일 때): shukran laka(현대 문어), shukran ilik(요르단 대중 아랍어, 상대방이 여성일 때) : <u>shukran</u> laki(현대 문어)

3.앗쌀라무 알라이쿰은 암미야에서는 as-salāmu ‘aleikom 이라고도 한다.

4.현대 문어 동사의 활용
  wajadta(남성, 네가 발견했다),   wajadti(여성, 네가 발견했다)
  wajadtu(내가 발견했다),   wajada (그가 발견했다)

5.상대방이 남성일 때: ’ahlan bika (현대 문어). ’ahlan fīk(feek)(요르단 대중 아랍어)
  상대방이 여성일 때 : ’ahlan biki(현대 문어)

6. <u>shukran</u> 의 대답은 ‘afwan(천만예요)이다.

7.모르는 사람에게 길을 물어 볼 때에는 law samaHt(실례합니다)라고 하고 손님과 대화하다가 자리를 먼저 뜨고 싶을 때 ‘an ’iznak(상대가 남성일 때)이라고 한다.

▶새어휘: ’ayy(어느) kūriyyatayn(두개의 한국), hayya bina(갑시다), wajadta(네가 발견했다). wajad(발견했다)+ tu(내가), jamīlah(아름다운, 여성형), sa‘īd(행복한, 남성형), fī(전치사,-에), wujūdī(내가 있음)=wujūd(있음)+ī(나의). huna(여기에, 현대 문어, 요르단 대중 아랍어에서는 hoon 이라고 함).

3. 자기소개

㉮ 안녕하세요?　　　　　　　　　　　marHaba (마르하바)

㉯ 안녕하세요?　　　　　　　　　　　marHabteen (마르합테인)

㉮ 알리씨, 어떻게 지내세요?　　　kīf Hālak ya ‘alī (키프 할락 야 알리)

㉯ 나요, 잘 있습니다.　　　　　　’ana mnīh il- Hamdulillāh

　　／ il- Hamdulillāh　　　　　(아나 므니흐 일함두릴라)/ (일함두릴라)

㉮ 아딜, 어떻게 지내세요?　　　wa kīf Hālak ya ‘ādil (와 키프 할락 야 아딜)

㉯ 잘 있습니다.　　　　　　　　il-Hamdulillāh (일함두릴라)

문 법

1. 와(wa)는 현대 문어에서 ‘그리고’라는 의미이다. 그러나 요르단 대중 아랍어에서는 ‘u’라고 한다.

2. ‘알리 씨’ 혹은 호칭 없이 ‘알리’라고 할 수 있다. 상대방이 누구냐에 따라 우리 말에서는 ‘씨’를 붙이지만 아랍어에서 호칭은 ‘ya’를 많이 쓴다.

3. kīf Hālak 는 keifak, kīfak, keifa Hāluk, Keifa l-Hāl 이라고도 한다. 그런데 이집트인들은 iz-zayyak(남성에게), iz-zayyik(여성에게)을 사용하고 요즈음 자주 사용하는 인사말 “아밀 에”(‘āmil ’eeh; 근황이 어떠세요?)는 의례적인 인사라기보다는 상대방의 형편을 자세히 묻는 인사말이다.

4. 요르단 대중 아랍어에서 무슬림들은 ‘앗쌀라무 알레이쿰’보다 ‘마르하바’ (marHaba)라는 인사말을 더 자주 사용한다. 현대 문어의 앗쌀라무 알라이쿰은 무슬림들끼리 사용하고 만날 때 주로 사용하지만 헤어질 때에도 사용한다. 아랍 기독교인들은 ‘앗쌀라무 알라이쿰’을 교회 안에서 사용하지 않는다.

5. ‘잘 있다’고 할 때 요르단 사람들은 므니흐(mnīh, 여성은 mnīha, 여러 사람에게는 mnāH)라고 하거나 꾸웨이스(kwayyes, 여성은 kwayysa, 여러 사람에게는 kwayysīn)라고 한다.

㉮ 어떠세요?　　　　　　　　　　kīfak ? (키팍)

㉯ 기쁩니다. 당신은요?　　　　mabsūT wa-’inti? (맙수뜨 와인티)

㉮ 저 오늘 기쁩니다.　　　　　’ana mabsūTa il-yoom. (아나 맙수따 일욤)

㉯ 신에게 감사드립니다　　　　nashkur allāh (나쉬쿠랄라)

"

 문 법

1.mabsūT(남성)와 mabsūTa(여성)는 각각 아랍어 남성과 여성 명사를 가리키는데 이 낱말이 지시하는 사람이 남자이면 남성형을 사용하고 여성이면 여성형을 사용한다.

2.nashkur allāh(우리가 신께 감사드린다). 보통 아랍인들은 '내가 감사한다'('ashkur)라는 말을 사용하는 대신에 '우리가 감사한다(nashkur)'라는 말을 더 자주 사용한다. 그렇지만 함두릴라 Hamdulillāh 보다 사용 빈도가 낮다.

아랍 무슬림들은 비쓰밀라히 bi-sm-illāhi (알라의 이름으로)라고 하나 아랍 기독교인들은 비 이쓰미 야쑤알마씨흐 bi-'ismi yasū'a -lmasīH 라고 하여 ism 이란 단어 앞에 함자를 넣어서 발음한다.

🔊 대화 3: 제 삼자를 소개할 때(요르단 대중 아랍어)

㉮ 안녕하세요?　　　　　　　　　　marHabah (마르하바)

㉯ 어떻게 지내세요?　　　　　　　　kīf Hālak (키프 할락)

㉮ 잘 있습니다.　　　　　　　　　　tamām il-Hamdulillāh (따맘 일함두릴라)

㉯ 호삼씨, 칼리드를 당신에게 소개하지요 ya Hosām, 'a'arrifak 'alā khālid
　　(야 호삼 아아리팍 알라 칼리드)

㉮(호삼이 칼리드에게) 반갑습니다. 'ahlan wa-sahlan (아흘란 와싸흘란)

㉰(칼리드) 영광입니다　　　　　　　HaSalī ash-sharaf =tasharraftu bima'rifatak
　　　　　　　　　　　　　　　　　(하쌀리 앗샤라프= 타샤라프투 비마으리파탁)

㉮(호삼) 저도 반갑습니다.　　　　　'ahlan wa-sahlan, 'ana kemān
　　　　　　　　　　　　　　　　　(아흘란 와싸흘란 아나 케만)

㉰ 말씀들 하시지요.　　　　　　　　tafaDDalū. (타팟달루)

(위 마지막 문장을 다음과 같이 하면 대화를 더 계속하는 장면이 된다. 그러나 위와 같이 '타팟달루'라고 답하면 칼리드가 더 이상 대화를 잇지 못하고 바빠서 그 자리를 떠나고 싶어한다는 것을 나타낸다.)

㉮(호삼) 앉으시지요 'oq'od (오끄오드)

(여러분) 뭘 드시겠어요?　　　　　shu tishrabū ? (슈 티슈라부)

㉮㉯㉰(우리는) 차를 마시겠어요　　nishrab shāy (니슈랍 샤-이)

▶새어휘: 'a'arrifak 'alā 내가 -을 소개하지요. HaSalī(내가 얻었다) a<u>sh</u>-<u>sh</u>araf(품위) =ta<u>sh</u>arraftu(내가 영광입니다). bi-ma'rifatak=bi(전치사 with)+ ma'rifat(알게 됨)+ ak(너-남성), 'ana(나), kemān(역시), <u>sh</u>u(무엇), ti<u>sh</u>rabū(너희들이 마시다), ni<u>sh</u>rab(우리가 마시다). <u>sh</u>āy(차)

 문 법

1. 'addee<u>sh</u> Sār lak filurdunn(요르단에 오신 지 얼마나 되었습니까?)
2. tafaDDalū(너희들, 복수)-tafaDDal(너, 남성 단수)- tafaDDali(너, 여성단수): 이 말의 의미는 들어오세요/ 앉으세요/ 드세요/ 먼저 가시지요 등의 의미를 갖는다.
3. 대개 공공기관에 방문하면 먼저 앉으라고 할 때 요르단 사람은 이스타리흐 (istarīH)라고 한다. 이 말은 '편히 쉬라'는 말인데 '일이 조금 늦어질 수 있으니 기다리라' 또는 지금 일을 봐 줄 수 없으니 '잠시 여기 앉아 기다리라'는 말이다.
4. 함두릴라(Hamdulillāh)는 '신에게 감사드린다'는 말이다. 음식을 먹고 난 후 '잘 먹었다'는 의미로 혹은 건강이 어떠냐고 물었을 때 '잘 있다'라는 의미로, 그리고 재채기를 하고 나서 함두릴라라고 하면 재채기를 하는 동안 호흡이 멈추었다가 다시 숨을 쉴 수 있는 것은 신의 도움 때문이라고 생각하기 때문이다.

 문 화

1. 아랍 무슬림들은 외국인을 만나면 먼저 직업을 묻고 그 다음에 종교가 뭐냐고 묻는 경우가 많다.
2. 강연이나 학술대회에서 사회자가 그 다음 발표자를 소개할 때에 자주 쓰는 말로 '팔 야타팟달' fal-yatafaDDal 이 있다.

4. 가족과 택시 타기

🔊 대화 1-가족(요르단 대중 아랍어)

㉮무슨 일 하세요?   <u>sh</u>u ta<u>sh</u>taghil.
㉯학교 선생입니다.   Mudarris.
㉮어디 살아요?   ween sākin.
㉯자발 암만에 삽니다.   sākin fī jabal 'ammān.
 (당신은) 결혼했어요?   'inta mutazawwij? * inti mutazawwijah(여성에게)
㉮네   'aywa

㉯자녀가 몇이나 두셨어요?　　　　　kam walad 'indak * kam walad 'indik (여성에게)
㉮둘입니다.　　　　　　　　　　　　itneen

▶새어휘:ta<u>sh</u>taghil 네가 -에 종사하다, mudarris 학교 선생님(전임), sākin(살고 있는), jabal(산), kam(얼마, 이집트에서는 kām 이라고 함), walad(자녀, 아들), 'indak(네(남자)가 갖다), 둘을 가리키는 말로 itneen 이 있는데 2 시는 sā'ah tinteen 이라고 한다. 자발(jabal)은 본래 '산'이라는 말이다. 요르단은 수도 암만이 해발 800 미터에 위치하고 있어서 우리가 육안으로 보기에는 산이 아닌데도 사해바다 쪽에서 보면 암만이 높은 곳에 있다고 보기 때문에 지역 이름을 "자발 암만, 자발 후세인" 등으로 부른다.

 문 법

요르단 대중 아랍어
'indak= 네(남성)게 있다. 'indik= 네(여성)게 있다
'indakum=너희들(복수)에게 있다. 'indaha= 그녀에게 있다.
'indu= 그에게 있다. 'indī= 나에게 있다.

현대 문어 아랍어
'a<u>sh</u>taghil =내가 -에 종사하다, ta<u>sh</u>taghil=네(남성)가 -에 종사하다, 그녀가 -에 종사하다. ya<u>sh</u>taghil=그가 -에 종사하다.

대화 2- 택시 타기(현대 문어 아랍어)
㉮ 안녕하세요?　　　　　　　　　　SabāHa-l-<u>kh</u>eer.
㉯ 안녕하세요?　　　　　　　　　　SabāHa-n-nūr.
㉮ 저를 대한민국 대사관에 데려다 줄 수 있어요?
　　　　　　　　　　　　　mumkin tuwaSSilnī ilā-s-sifārah kūriyā l-janūbiyyah
㉯ 네　　　　　　　　　　　　　na'am.

㉮ 그리고 요금은 얼마예요?　　　wa-kam-il-Hisāb
㉯ 요금은 미터기에 표시된대로 내시면 됩니다.
　　　　　　　　　　al-mablagh - l- maTlūb Hasab 'addād -l- ujrah

㉮ 좋습니다.　　　　　　　　　Hasanan
㉯ 일본 사람이요? 혹은 중국사람이요? 'anta minal yabān aw aS-Sīn

㉮ 아니오. 이것도 저것도 아닙니다. lā hā<u>dh</u>ihi walā tilka
저는 남한에서 왔어요.　　　　　'ana min kūriya- l- janūbiyyah
㉯ 반갑습니다.　　　　　　　　　'ahlan wa-sahlan

아랍어의 이해 <제1장 일반대중의 아랍어>21

요르단은 이것이 처음 방문인가요? ha<u>dh</u>i 'awwal ziyārah laka lilurdunn?

㉮ 아니오. lā.

5년전부터 요르단에 살았습니다. ana fil-urdunn mun<u>dh</u>u <u>kh</u>amsa sanawāt

㉯ 요르단이 어떻던가요? kayfa wajadta al-urdunn

㉮ 요르단은 아름답고 사람들은 대접 잘하는 분들이지요.

al-urdunn balad jamīl wa <u>sh</u>a'buhu miDyāf

㉯ 벌써 대한민국 대사관에 도착하였습니다. waSalna ilā as-sifārah-l- kūriyyah

㉮ 감사합니다. shukran.

　돈을 받으시지요. wa-tafaDDal al-Hisāb.

㉯ 뭘 그냥 내리시지요. <u>kh</u>alli 'alayna

㉮ 아니오, 받으시지요. lā tafaDDal

㉯ 감사합니다. shukran

▶ **새어휘**: Hisāb 계산, tuwaSSil 데려다 주다, al-mabla<u>gh</u> - l- maTlūb 요금, Hasab -에 따라, 'awwal ziyārah 첫 방문, 'addād -l -'ujrah 요금 미터기, lā ha<u>dh</u>ihi walā tilka 이것도 아니고 저것도 아닙니다. <u>sh</u>a'buhu 그의 국민, <u>sh</u>a'biyyah 인기, miDyāf 대접잘하는, waSalna 우리가 도착했다, ya'Tīka 너에게 (그가) 주다, al-'āfiya 건강

문 화

1. 요르단에서는 가끔 운전수가 손님에게 '칼리 알레이나'(<u>kh</u>alli 'alayna)라고 하는데 그 말은 운전수가 손님에게 돈을 내지 말고 그냥 내리라는 말이다. 이집트에서는 운전수에게 손님이 돈을 줄 때 운전수가 손님에게 <u>kh</u>allīk(칼리익)이라고 하는데 이 말은 그 돈을 그냥 넣어 두시지요라는 말이다. 그런데 만일 운전수 말대로 손님이 차비('ujrah)를 안 내고 내리면 큰 일이다. 택시 운전수의 이 말은 인사치레에 불과하기 때문이다. 요르단에서 손님이 내리려는 지점에 오면 수고하시었습니다(ya'Tīka- l- 'āfiya)라고 하는데 이 말은 '여기 내려주세요'라는 말이다. 이 말은 문자 그대로 하면 '신이 그대에게 건강을 주시기를 바랍니다'라는 말인데 이집트에서 손님이 택시를 정차해달라고 할 때 이런 표현은 사용되지 않는다.

2. 요르단에서는 택시를 탈 때 잔돈이 없으면 운전수가 잔돈을 안 주는 경우가 잦고 이집트에서는 택시 타기 전에 사전에 요금을 협상한 뒤에 택시를 타는 것이 좋다. 가끔은 요금을 합의했는데도 목적지 도달하기 전에 요금 문제를 꺼내는 운전수도 있다.

3. 동일 의미를 가리키는 어휘들이 아랍 국가마다 다른 경우가 있다. 가령 수단에서는 '오늘'을 라일라(layla: 밤)라고 하나 요르단에서는 '일욤'(ilyoom)이라고 하고 이집트에서는 '인나하르다'(innaharda)라고 한다.

 문 법

다음은 현대 문어의 과거 동사가 인칭대명사(주어)와 결합된 형태이다.

waSalna= 우리가 도착했다

waSaltu= 내가 도착했다

waSalta= 네가 도착했다(남)

waSalti= 네가 도착했다(여)

waSala= 그가 도착했다

waSalat= 그녀가 도착했다

waSalū= 그들이 도착했다

다음은 현대 문어의 현재동사가 목적어를 갖는 형태이다.

ya'Tīka= 그가 너에게 준다(남)

ya'Tīki=그가 너에게 준다(여)

ya'Tīkum= 그가 너희들에게 준다(복수)

ya'Tīha = 그가 그녀에게 준다

ya'Tīhu = 그가 그에게 준다

ya'Tīnī= 그가 나에게 준다

5. 시장과 환전

🖊 대화 1-시장(요르단 대중 아랍어)

㉠안녕하세요? 어떠세요?　　　　　　　marHaba, kīf Hālak

㉡잘 있습니다. 어디 가는 중이세요　il-Hamdulilāh. 'ana mabsūT wa- ween inta rāyeH?

㉠시장에 가는 중 입니다.　　　　　　'ana rāyeH 'a- ssūq

㉡시장에서 뭘 사고 싶으세요?　　　shū　biddak tishtarī min issūq

㉠여러 가지 것을 사고 싶습니다.　'ana　biddi 'ashtarī 'aghrad ktīr

▶새어휘: ween(어디에), rāyeH (가는 중, 여성형은 rāyHa, 복수형은 rāyHīn), 전치사 'a(으로), is-sūq(시장), min(-에서), biddi(내가 -고 싶다). 'ashtarī(내가 -을 사다), 'aghrad(물건, 가구), ktīr(많이)

∞요르단 대중 아랍어의 인사말∞

SabāHa-il- kheer(아침인사), SabāHa-in-nūr(아침 인사-대답)

masā-il- kheer(오후 인사),　masā-in-nūr (오후 인사-대답)

 문 법

원래 rāyeH 는 rā'iH 라고 발음해야 하지만 요르단이나 이집트에서 자주 함자 발음이 생략된다. 물론 이집트에서는 /q/가 함자/'/로 발음되기도 하므로 낱말의 어근이 본래 함자인 글자와 혼동되기 쉽고 더구나 본래 함자이었던 부분이 rāyeH 처럼 생략되면 현대 문어를 공부한 사람에게는 자꾸만 혼동이 된다.

1- biddak=/ bidd+ ak/ 네가 원하다(어말의 ak 가 2인칭 남성을 가리킨다)

2- biddi = 내가 원하다(어말의 i 가 1인칭 남성 혹은 1인칭 여성을 가리킨다)

3- biddik= 네가(여) 원하다(어말의 ik 가 2인칭 여성을 가리킨다)

4- biddu= 그가 원하다 (어말의 u 가 3인칭 남성을 가리킨다)

5- bidha= 그녀가 원하다 (어말의 ha 가 3인칭 여성을 가리킨다)

6- bidhum= 그들이 원하다(어말의 hum 이 3인칭 남성복수를 가리킨다)

숫자:

wāHid(1 와히드), itneen(2 이뜨넨), talātah(3 딸라따), 'arba'ah(4 아르바아),
khamsah(5 캄싸)

⟚ 대화 2- 물건 사기

(ⅰ) 간의 식당(요르단 대중 아랍어)

㉠ 안녕하세요?　　　　　　　　SabāH il-kheer

㉡ 안녕하세요?　　　　　　　　SabāH in-nūr

㉠ 저 펩시 하나 주세요.　　　　'ana biddī wāHad pepsi

　도너츠 하나 하고요.　　　　　wāHad donat

㉡ 먼저 계산대에서 돈부터 내세요. idfā' fil- kāsh 'awwalan

㉠ 펩시 하나하고 도너츠 하나 여기 있어요.

　　　　　　　　　　　　　　wāHad Pepsi u- wāHad donat

㉡ 감사합니다(당신의 손을 보호해 주시길).

　　　　　　　　　　　shukran yislamu īdeek 혹은 tislam īdeek

 문 화

1.코카콜라(코카콜라 회사가 이스라엘인의 소유라고 아랍 무슬림들이 생각함)가 있는
　아랍나라도 있지만 코카콜라가 없는 나라에서는 펩시를 판다. 아랍 국가들 중에서
　이집트와 요르단만 이스라엘과 평화협정을 맺었다.

2.하나를 나타내는 남성형은 wāHad 이고 여성형은 waHda 이다.

3. 당신의 손을 보호해주시길(yislamu īdeek)이란 표현은 음식을 준비한 가정주부에게 혹은 자신에게 손대접을 하는 분에게 감사함을 표현하는 말이다. 상대가 여성이면 yislamu īdeeki 라고 한다. 보수적인 무슬림 가정에서는 부인이 외부 손님이 응접실에서 남편과 같이 만나도 응접실에 나와 보지 않는 경우가 있다.

(ⅱ) 매점(요르단 대중 아랍어)

㉮ 안녕하세요.   marHaba
㉯ 반갑습니다. 뭘 주문하실거예요?   ahlan wa-sahlan 'eesh tuTlub
㉮ 4 개의 샤와르마하고 차를 주세요.   arba'a shāwerma wa-shāy
   그리고 네스카페도요.   wa-neskāfeh kemān
㉯ 모두 2 디나르 반입니다.   kullu dīnareyn(leeratein) u-nuSS
㉮ 나머지 거스름돈은 가지세요.   tafaDDal khallīh al-bāqi 'ashānak
㉯ 매일 오세요.   ta'āl kull yoom
㉮ 인샤알라.   inshallāh

 문 화

1- 샤와르마는 길거리에서 많이 먹을 수 있는 음식인데 닭고기(혹은 양고기)를 둥근통에 둘러 가스 불로 구워 낸 그 고기를 빵에 넣고 말은 다음 다시 지진 것을 말한다. 요르단에서는 식재료를 냉장고에 잘 보관하지 않아 여름에는 샤와르마가 건강을 해치므로 사 먹는 것을 주의해야 한다. 이집트는 공기오염과 물오염이 심각하다.

2- 명령 동사 '따알'(ta'āl)은 '오라'는 말인데 따알 마마(ta'āl mama)라고 엄마가 자녀들에게 말하면 이 때는 '엄마에게 오라'는 뜻이다.

3- 디나르는 요르단 화폐 단위로 가끔은 레라(leera)라고 부르기도 한다. 이집트에서는 기네(gineh)라고 한다. 1 달러에 1137 원일 때 1 디나르는 1600 원, 1 기네는 200 원 정도한다.

4- 요르단은 커피와 차를 많이 마시는 나라이다. 커피를 대접하는 것은 손님에 대한 예우이고 커피에 얽힌 일화들은 무수하게 많다. 한 예로 총각 아버지와 친척들이 청혼할 가정을 방문하고 그 처녀의 아버지가 혼인 승락을 해 주기 전에는 커피를 마시지 않는다. 그리고 커피를 더 이상 마시고 싶지 않을 때는 커피 잔을 좌우로 흔든다. 상가 집에서는 이와 다른 예법이 있다. 요르단 사회는 가문의 법도를 중요하게 여기는데 이집트는 가문보다는 가족 중심이 더 두드러진다.

5- '인샤알라'는 본래 '알라가 원하면'이라는 조건문이지만 이슬람 종교적인 표현법이다. 모든 것이 알라의 뜻이라는 의미를 담고 있어서 알라가 정해준 운명대로 인간이 산다는 의미가 들어 있다. 그런데 문제는 어느 무슬림이 이렇게 말하고서 자신이 할 수 있는 일인데도 태만하여 약속을 안 지키기 때문에 외국인이 이런 말을 들으면 "아! 약속을 안 지키려나 보다"라고 생각할 수 있다. 그러나 이 표현은 본래 무슬림들이 세상은 알라가

정해준대로 일이 진행되므로 어떤 일을 인간이 빨리 진행하지 않아도 알라가 원하면 이뤄준다는 생각에서 비롯된 것이다. 아랍어에서 인샤알라는 다목적 대화 상황에서 쓰이므로 인샤알라의 화용론적 의미를 잘 파악해야 한다. 그러나 대부분의 아랍인들은 '인샤알라'를 '내가 그렇게 되기를 바란다'(I hope)는 의미로 사용한다.

(iii) 편의점(요르단 대중 아랍어)

㉮ 안녕하세요?(저녁 인사)　　　　　　　masā il-<u>kh</u>eer
㉯ 안녕하세요? 뭘 찾으세요?　　　　　masā in-nūr. 'ee<u>sh</u>　ta'mor
㉮ 두 개의 시뇨라(둥근 모양의 고기 훈제를 빵에 넣은 것)를 주세요.

　　　　　　　　　　　　　　biddī itneen siniyūrah (martadeela)

㉯ 90 끼르쉬입니다.　　　　　　　tis'īn qir<u>sh</u>
㉮ 돈을 받으세요.　　　　　　　　tafaDDal
㉯ 거스름돈 받으세요.　　　　　　tafaDDal al-bāqi
㉮ 감사합니다.　　　　　　　　　<u>sh</u>ukran
㉯ 천만예요.　　　　　　　　　　il-'afw

▶ 새어휘 : 'ee<u>sh</u>(무엇) , bāqi(남은 것), il-'afw(천만예요).

 문 화

1. 타으모르(ta'mor ; 네가 명령하다)라는 말이다. 사실 일상생활에서 우리가 상대방에게 명령할 수 없는데 아랍인들은 간혹 상대방을 기분 좋게 하기 위한 표현법을 즐겨 사용한다. 가령 'ala rāsī 라는 말은 '내 머리 위에'라는 말인데 이 말은 내 머리 위에 계신 분으로 잘 모시겠다는 말이다. 알라 우유니('ala 'uyūnī; 내 두 눈 위에)는 '기꺼이' 돕겠다고 할 때 사용된다. 이집트인들은 타흐타 아므락(taHta 'amrak; 너의 명령하에 있다)이란 말을 써서 상대가 요청하는 것을 성실히 수행하겠다는 말로 사용한다.
2. 이집트에서는 빵을 에쉬('ee<u>sh</u>)라고 한다. 에쉬라고 한 것은 '삶, 생존'이란 뜻을 갖고 있기 때문이다. 요르단 대중 아랍어에서 'ee<u>sh</u>(무엇)라고 할 때 첫음이 함자(성문파열음)/'/이지만 이집트 대중 아랍어에서 'ee<u>sh</u>(빵)라고 할 때 첫음은 인두음/'/이다.

▶ 대화 3-환전
㉮ 저는 달러를 팔고 싶습니다.　　　　　ana bīddi 'abī'a doolār
　달러 시세가 얼마예요?　　　　　　　bikam si'r id-doolār
㉯ 달러 시세는 70 디나르하고 90 끼르쉬입니다.

　　　　　　　　　　　si'r il-doolār sab'īn dīnār wa tis'īn qir<u>sh</u>
　말씀하시지요(자! 뭘 도와드릴까요?)　tafaDDal
　(직원이 외화를 받아 확인한 뒤 전표를 옆 창구로 보낸다)

㉯ (자 이걸 받고) 계산대로 가보시지요.　　　 *tafaddal ʻa-lkāsh*
㉮ 감사합니다.　　　　　　　　　　　　　　 *shukran*
㉰ (직원이 돈을 건네면서 말한다) 받으세요 *tafaDDal*

1. 요르단은 고정 환율이라서 매년 큰 차이가 없다. 이집트에서도 1 달러에 5.4 파운드로 환율에 큰 변동이 없다. 그러나 달러의 국제 시세가 강세이면 달러를 파는 환율도 강세이다.
2. 위 대화에서 환전소 직원이 첫번째 tafaDDal 이라고 하는 것은 '이제 도와줄 수 있으니 뭘 도와줄 지 말하라'는 것이고 두번째 tafaDDal 은 '이 전표를 가지고 옆 계산대로 가라'는 말이다.

▶ 새어휘

1. si'r(값), bikam(얼마), sab'īn(70), tis'īn(90), kāsh(계산대), 'abī(내가 판다; 나에게 달러가 있을 경우). 만일 내가 달러가 필요하면 'ashtarī(내가 산다) 라고 말한다.

2. 아랍 국가에서는 은행보다는 환전상에 가면(항상 그러는 것은 아니지만) 가끔 은행보다 더 낮게 환전할 수 있다. 이집트의 경우 일반 은행에서 주로 환전하는데 은행 고객을 이집트에서는 아밀('amīl)이라고 한다.

3. 요르단 사람들은 가게에서 물건 값을 물을 때 대부분 깟데쉬(qaddeesh) 혹은 앗데쉬('addeesh)라고 말한다. 그리고 정가가 얼마냐고 물을 때는 앗데쉬 학끄('addeesh Haqq)라고 하거나 앗데쉬 씨으르('addeesh si'r)라고 한다. 그러나 이곳에 산 지 얼마나 되었느냐고 물을 때에는 앗데쉬 싸르(Sār)라고 하고 몇 살이냐고 물을 때는 앗데쉬 오무르('umur)라고 한다.

6. 아랍 식당에서

대화 1-현대 문어 아랍어와 요르단 대중 아랍어가 섞인 대화

㉮ *tafaDDal 'ahlan wa sahlan bik fi-l-maT'am*
　　　　　　　　　　　　 식당에 오신 것을 환영합니다. 어서 오십시오.
㉯ *shukran ilak*　　　　　　　　 감사합니다.
ana Hajazet 'indakum maq'ad fi-l-maT'am 내가 식당에 자리를 예약해 두었습니다.
mumkin 'a'rif ween aT-Tāwlah raqm tis'ah. 9 번 테이블이 어딘지 알 수 있나요?
㉮ *tafaDDal ma'ī.*　　　　　　　　 저를 따라 오십시오.
㉯ *shukran ilak*　　　　　　　　　 감사드립니다.
㉮ *mumkin ta'Tinī qā'imat Ta'ām.* 식단표를 보여 주시겠습니까?
㉯ *tafaDDal hazihi qā'ima Ta'ām.* 받으십시오. 이것이 식단표입니다.
　 bitHibb tuTlub hassa wa-lā ba'deen. 지금 주문하시겠어요 혹은 다음에 하시겠어요?
㉮ *shukran ba'da shuweiya.*　　　　 감사합니다. 조금 있다가 하지요.

아랍어의 이해 <제1장 일반대중의 아랍어>27

(잠시 후에)

㉮ 'ana biddī 'akl raqm 50(khamsīn) wa salaTāt 'arabiyyah.

　　　　　　　저는 50 번 음식을 하겠고요. 아랍식 샐러드도 주세요.

㉯ shū tHibb tishrab ma'a -l-'akel? 음식과 함께 뭘 마시겠어요?

㉮ 'aSīr -l-burtuqāl　　　　　　오렌지 주스요.

㉯ shukran　　　　　　　　　　감사합니다.

㉮ shukran ilak.　　　　　　　감사합니다.

　'inshallah. 'ashoofak ba'deen　　다음에 또 오세요.

▶새어휘 : maT'am 식당, Hajazet(내가 예약했다), 'indakum(당신네), maq'ad(자리, 좌석), 'a'rif(내가 알다), aT-Tāwlah(테이블), raqm(번호), ma'ī(나와 함께). ta'Tinī(당신이 나에게 주다), qā'imat Ta'am(식단표. 메뉴표), tiHibb (네가-하고 싶다), tuTlub(네가-주문하다), hala' (지금), wa-lā (그렇지 않으면), ba'da shuweiya(잠시 후에). salaTāt 'arabiyyah(아랍 샐러드). ma'a -l-'akel(음식과 함께).'aSīr -l-burtuqāl(오렌지주스).'ashoofak(내가 너를 보겠다). ba'deen(나중에), burtuqāl 은 burdqān(남),burdqāne(여), burdqanāt(복수)라고도함.

문 화

1.일부 아랍식당에서는 식사 후에 물수건을 갖다 준다. 식사 중에 손이 더러워졌다고
  생각하여 식사 후에 주는데 이것은 본래 아랍인들이 손으로 음식을 먹었던 전통에서
  비롯된 것이다.
2.중동의 IBM 은 I='inshallāh, B=bukra(내일), M=ma'alesh(별 것 아니죠? 개의치
  마시라니까요)이다. 버스 안에서 아랍인이 외국인의 발을 밟았을 때 아랍인이
  외국인에게 '마알레쉬'라고 했고 아랍의 어느 대학교 교수와 약속을 하고나서 '내일 꼭
  만나러 가겠다'고 했더니 그 아랍인 교수는 '인샤알라'라고 했다.

문 법

1.지시대명사 '이것'(hadha)은 요르단 대중 아랍어에서 hāda(남성형)-hādi(여성형)-
  hadool(복수형)이라고 하고 지시대명사 '저것'은 요르단 대중 아랍어에서 hadāk(남성형)-
  hadīk(여성형)- hadolāk(복수형)이라고 한다.

2.요르단 대중 아랍어의 현재 동사 변화
  (1)좋아하다
 'aHibb(나), nHibb(우리), tHibb(너, 남성), tHibbi(너, 여성), tHibbu(너희, 복수), yHibb(그),
  tHibb(그녀), yHibbu(그들)

28 Understanding Arabic

(2)마시다

’ashrabu(나), nishrab(우리), tishrab(너, 남성), tishrabi(너, 여성), tishrabu(너희, 복수), yishrab(그), tishrab(그녀), yishrabu(그들)

▶ 대화 2-현대 문어 아랍어와 요르단 대중 아랍어

㉮ marHaba.   안녕하세요?
㉯ marHaba.   어서오세요.
㉮ tHibbu ta’kulu ’am tishrabu   음식을 드시겠어요 혹은 마시겠어요?
㉯ ’ashrab mā’   나는 물을 마시지요.
㉮ HaDrat as-safīr   대사님은요?
㉰ ’ashrab mā’   나는 물을 마시겠어요.
㉯ ’ayy ’anwā‘ il-Ta‘ām ’indak? 무슨 종류의 음식이 있어요?
㉮ tHibbu tuTlub hassa?   지금 주문하시겠어요?
  ’ana raH ’uHDir qā’imat Ta‘ām   제가 식단표를 가져오지요.
㉯ shukran   감사합니다.
㉮ ‘indana mansaf, koosa, maqlūbeh, laHm mashwī, samak, dajāj mashwi, riyyash wa-yūjad muqabbilāt, salaTah, HommoS, tabbooleh, fatoosh, wa-mukhalālāt shu tHibb.
우리 식당에는 만사프(양고기를 오래 삶아 밥 위에 얹혀 놓은 것), 고기와 쌀을 넣은 호박, 닭과 쌀밥을 찐 음식, 삶은 고기, 생선, 삶은 닭고기, 양갈비, 그리고 입맛 돋구는 반찬류, 샐러드, 홈무스(고소한 콩류), 탑볼레(마그도니스라는 풀을 잘게 썰고 몇 가지를 첨가한 것), 파토쉬(야채 샐러드에 빵을 튀겨 올린 것), 그리고 장아찌 등이 있습니다. 뭘 드시겠어요?
㉯ jamī‘ il-muqabbilāt wa-mansaf. 모든 반찬류하고 만사프를 주세요.
㉮ u HaDrat as-safīr ?   대사님은요?
㉰ jamī‘ il-muqabbilāt wa-maqlūbeh.모든 반찬류와 마끌루베를 주세요.
㉮ mada tHibbu tishrab ba‘d aT-Ta‘ām 식사 후에 뭘 마시겠어요?
㉯ ’ashrab shāy.   차를 마시겠습니다.
㉮ u HaDrat as-safīr?   대사님은요?
㉰ ’ashrab qahwah.   나는 커피를 마시지요.
  (식사를 마치고 나서)
㉯ mumkin iHDār aI-fatoorah.   계산서를 가져다 주시겠어요?
㉮ bikulli surūr.   물론이지요.
  (계산을 마치고 나서 종업원이 말한다.)
㉮ (현대 문어) ’atamanna ’annakum ’amDaytum waqtan Tayyban.
                           좋은 시간이 되셨기를 빕니다.
㉯ shukran wa kāna il-Ta‘ām zāki. 감사합니다. 음식이 아주 맛있었어요.
㉮ shukran .   감사합니다.

▶새어휘: 만사프(mansaf)는 요르단 고유의 잔치음식이었다. 그러나 오늘날에는 식당에서 자주 먹을 수 있다. 코사(Koosa)는 어린 호박이고 마끌루베(maqlūbeh)는 요리를 다 한 다음 솥을 뒤집어 엎었다고 하여 붙여진 이름이다. 이 음식은 찐 다음에 솥을 거꾸로 엎어서 쟁반 위에 올린 음식이다. 리야쉬(riyyash)는 양갈비를 얇게 하여 구운 것으로 한국인들이 가장 좋아하는 음식 중 하나이다. 맛이 아주 좋기는 한데 숯덩이가 붙어 있는지를 잘 보고 먹는 게 좋다. 이집트에는 오직 한 곳의 식당만 한국인의 입맛에 맞게 구워내기 때문에 예약을 해야 먹을 수 있다. 투르무스(turmus)는 요르단이나 이집트 가정에 가면 콩(한국에서 두부 만들 때 쓰는 콩과 조금 다르다)을 불려서 약간 짭짤하게 하여 먹는데 집에서 잘못 삶으면 씁쓸한 맛이 난다.

샴지방(레바논, 시리아, 요르단, 팔레스타인)에서 음식이 가장 맛있는 곳은 시리아이다. 대부분 요르단 식당에서도 시리아나 레바논 음식을 맛볼 수 있지만 시리아 식당에서처럼 그렇게 맛이 나지 않는다. 그 다음이 요르단과 레바논 음식이고 이집트 음식은 샴지역의 음식을 따라가지 못한다. 그러나 다 자기 고향 음식이 최고라고 하니 사람마다 입맛이 다를 것이다. 요르단에서 음식이 맛있다고 할때 자키(zāki)라고 하는데 레바논과 이집트에서는 음식이 맛있다고 할 때 라지즈(lazīz)라고 한다. 그리고 일무깝빌라트(il-muqabbilāt; 주요리보다 먼저 나오는 음식)는 입맛 돋구는 반찬류라고 하였지만 메인 식사 이전에 나오는 것이라서 붙여진 이름이다.

 문 화

1.손님이 종업원을 부를 때: law samaHt. mumkin shuweiya 는 공손한 표현이다.
　　종업원: na'am,　tafaDDal biddak shī　　　（네, 뭘 원하세요?）
2.요르단에서는 라반 laban(첨가제가 없는 하얀 요구르트 yūgurt), Halīb(우유)이라고 하지만 시리아에서는 우유를 라반이라고 한다.
3.HaDrat(하드라트)는 존칭어로 사용된다.
4.아랍에서 명절 때 잘 쓰이는 표현: ramaDān karīm(베풀어 주는 라마단이길 바랍니다). 이슬람력 12 월 희생절에는 kullu sanah wa antum bikhayr(새해 복많이 받으십시오) 이라고 하고 대답은 wa inta bikhayr(당신도요)라고 한다. 성탄을 축하합니다는 kull sane w-inta sālem 이라고 한다.

1. ’ana sawfa ’uHDir qā’ima al-Ta‘ām 은 현대 문어 아랍어이고 ’ana raH ’uHDir qā’imat il-
   Ta‘ām은 요르단 대중 아랍어다.
2. 숫자: 싯타(sittah; 6), 싸브아(sab‘ah; 7), 따마니야(tamānyah;8), 티쓰아(tis‘ah; 9),
   아샤라(‘asharah; 10)

7. 전화 고장신고와 비행기 예약

대화 1- 전화 고장 신고 (요르단 대중 아랍어와 현대 문어 아랍어의 혼합)

㉮ 139 번입니까?   ’alū, miah wa tis‘ah wa talātīn

㉯ 네, 반갑습니다. 말씀하세요   na‘am, ahlan wa-sahlan tafaDDal

㉰ 제 전화번호는 5930745 입니다.

    raqmī khamsa, tis‘ah talatah, Sifr, sab‘ah, arba‘ah, khamsah.

현재 고장입니다.   mu‘aTTal Hāliyan.

어째서 고장났는지 오셔서 봐주시겠어요? tshoof el ‘oTl

㉯ 잠깐만요.   sawāni(laHZah)

집 주소를 가르쳐 줄 수 있어요? mumkin tu‘Tīnī ‘unwānak

㉮ 물론이지요.   mumkin

저는 4 서클에 삽니다.   baskun fi ad-duwār ar-rābi‘

함자 거리, 건물은 5 호입니다. ash- shāri‘ hamzah, il-‘imārah raqm khamsah.

㉯ 내일 목요일 12 시에 우리가 가서 고장 난 것을 보고 수리하지요.

    bukra yoom il-khamīs as-sā‘ah itna ashar. bniji minshoof il-‘oTl
    wa-nuSalliHuhu

㉮ 정말 감사합니다. 안녕히 계세요. shukran jazīlan. ma‘a as-salāmah

▶**새어휘**: talātin(30), raqmī(나의 번호), mu‘aTTal(고장난), Hāliyan(지금, 현재), sawāni
(잠깐만), mumkin(가능하다), ’askun(내가 살다). Duwār(자동차가 둥근 원을 그리면서
교차하는 지역, 이집트에서는 ‘미단 mīdan’이라고 한다), rābi‘(네번째), khāmis(다섯번째),
shāri‘(거리), ‘imārah(건물), bukra(내일), iHna(우리들은), niji(우리가 오다), sā‘a(시),
minshoof(우리가 만나다), ‘oTl(고장), nuSalliHu(우리가 고치다). ma‘a as-
salāmah(안녕히 계세요/가세요). tshoof il- ‘oTl(고장난 것을 봐 줄 수 있어요?) shu il-
‘oTl(뭐가 고장난 건가요?).

요르단 대중 아랍어에서 bniji 는 현재 계속 그리고 raH niji 는 미래를 나타낸다. mu'aTTal Hāliyan 은 요르단 대중 아랍어에서 kharbān hala'라고도 한다. 그러나 요르단 사람들이 halla halla 라고 하면 '어서 오세요'라는 인사말이다.

 문 법

1 수동분사: mu'aTTal, mukhayyam(캠프장). mukhallaS(구원받은 사람)

2.능동분사: mukhayyim(캠핑하는 사람) , mukhalliS(구주)

3.요르단 대중 아랍어의 현재 동사:

오다 'āji(나)-niji(우리)-tīji(너,남성)-tīji(너,여성)-tīju(너희들,복수)-yīji(그)-tīji(그녀)-yīju(그들)

여행하다 'asāfir-nsāfir-tsāfir- tsāfiri- tsāfru- ysāfir- tsāfir- ysāfru

공부하다 'adrus- nudrus – tudrus- tudrusi- tudrusu- yudrus- tudrus -yudrusu

보다 'ashūf- nshūf- tshūf- tshūfi- tshūfu- yshūf- tshūf -yshūfu

가다 'arūH – nrūH- trūH- trūHi- trūHu- yrūH- trūH- yrūHu

들어가다 'afūt- nfūt- tfūt- tfūti- tfūtu- yfūt- tfūt- yfūtu

하다 'asawwi- nsawwi- tisawwi- tisawwi- tisawwu- yisawwi- tisawwi- yisawwu

4. 요르단 대중 아랍어의 과거 동사:

가져왔다 jibt(나)-jibna(우리)-jibt(너,남)-jibti(너,여)- jibtu(너희)- jāb(그)-jābat(그녀) jābu(그들)

도착했다 wiSilt- wiSilna-wiSilt- wiSilti- wiSiltu- wiSil – wiSlat-wiSiltu

왔다 jīt- jīna- jīt – jīti- jītu- 'ija -'ijat-'iju

이야기했다 Hakayt- Hakayna- Hakayt- Hakayti- Hakaytu- Haka- Hakat-Haku

갔다 ruHt- ruHna- ruHt- ruHti- ruHtu- rāH- rāHat- rāHu

대화 2- 비행기 예약(요르단 대중 아랍어)

㉮ aloo, marHaba　　　　　　　　여보세요 안녕하세요?

㉯ ahlan wa sahlan　　　　　　　반갑습니다.

㉮ ana biddi 'asāfir ila kūriya.　　저 한국으로 여행하고 싶어서 전화했는데요.

ma ba'raf kīf 'aHjizu 'aHSul 'ala tazākir. 표를 어떻게 예약하고 구매하는지 몰라서요.

㉯ 'emta Hābib tsāfir?　　　　　언제 여행하고 싶으세요?

lāzim kemān tuHaddid ʻala ʼayy darajah biddak tsāfir.

어느 등급으로 여행하고 싶으신 지 역시 정해야만 합니다.

㉮ darajah tālitah.　　　　　　　3 등급이요.

itneen wāHed fi sanah jadīdah.　새해 1 월 2 일입니다.

㉯ Tayyib.　　　　　　　　　　좋아요.

Tabʻan. inta biddak tsāfir ʻala -l-malakiyyah il- ʼurduniyyah.

물론 요르단 항공으로 여행하고 싶으신거죠?

㉮ Tabaʻan. ʼakīd.　　　　　　물론 확실히 그렇죠.

㉯ lāzim tīji ʻalayna ʻashan naʻTīk tazākir u taʻTīna saʻruhu.

반드시 저희에게 오셔서 돈을 내시고 티켓을 받아가셔야 합니다

㉮ māshi.　　　　　　　　　　좋습니다.

ana bāji ʻalaykom bukra.　　　내일 당신에게 찾아가지요.

bajīb maSāri maʻi.　　　　　　돈도 가지고 가지요.

emta tukhalliS id-dawām?　　　언제 근무가 끝나요?

㉯ ʼiHna bindāwim min sāʻa tamāniyya SubH Hatta sāʻa rābiʻ baʻda Dohr.

저희들은 아침 8 시부터 오후 4 시까지 근무합니다.

㉮ Tayyib. shukran.　　　　　　좋습니다. 감사합니다.

㉯ ahlan wa sahlan.　　　　　　반가웠습니다.

 문 법

1. 요르단 대중 아랍어의 능동분사형 만들기(과거 동사- 능동분사)
   1)Haka(말하다)-Hāki(남,능동분사)-Hākya(여)-Hākyīn(남성복수)- Hākyāt(여성복수),
   2)baka(울다) -bāki-bākya-bākyīn- bākyāt
   3)wiSil(도착하다)-wāSil-wāSla-wāSlīn-wāSlāt
   4)Habb(사랑하다)-Hābib(Hābb)-Hābbīn-Hābbāt

2. 요르단 대중 아랍어의 가까운 미래 만들기
   1)raH ʼaktub(내가)=baktub,　　　raH ʼajīb=bajīb , 　(비교)bafham
   2)raH yuktub(그가)=buktub,　　　raH yijīb=bijīb, 　　(비교)bifham
   3)raH yuktubu(그들이)=buktubu,　raH yijību=bujību, (비교)bifhamu

3. 숫자 11 에서 20 까지
   11 히다아샤르 Hida ashar　　　12 이뜨나아샤르 itnā ashar
   13 딸라따샤르 talatashar　　　　14 아르바아따샤르 arbaʻatashar
   15 카마스타샤르 khamasta ashar　16 싯따샤르 sittashar

17 싸바따샤르 sab'ata<u>sh</u>ar   18 타만따샤르 tamanta<u>sh</u>ar

19 티쓰아따샤르 tis'ata<u>sh</u>ar   20 이쉬린 'i<u>sh</u>rīn

4. 요르단 대중 아랍어와 이집트 대중 아랍어에서 '네, 그러지요' 등의 의미를 갖는 낱말로
   마아쉬(mā<u>sh</u>i)가 있다. '말씀하신대로 하지요'라는 의미가 풍긴다.

　한국인은 음식을 '사랑한다'고 하지 않는다. 그러나 아랍인들은 baHibb chokolata 라고 하여
초콜렛을 사랑한다고 표현한다. 사람만 사랑하는 것이 아니라 사물도 사랑한다는 표현을 쓴다는
점에 유의할 필요가 있다. 그 사물에 내 마음이 쏠린다는 것이다. 또 여대생들이 교수에게
'사랑한다'는 말을 서슴없이 하는데 그 때는 존경한다는 의미가 강하다. 한국어의 "사랑"과 아랍어의
'Hubb(사랑)'가 그 의미 영역이 서로 다르다. 두 낱말이 쓰이는 의미 영역이 다르다는 것이다. 아랍
여성이 아버지 앞에서 다른 남자를 사랑한다(Hubb)는 말을 거의 하지 않는데 그 이유는 이 낱말을
아버지가 들으면 육체적인 관계를 했다는 의미로 받아들이기 때문이다. 그러니까 이런 지식은
아랍어 사전에서는 절대로 얻을 수 없는 정보들이다. 현대 문어 아랍어 'aHabba는 사물을 가리킬
때는 그 사물에 마음이 쏠린다는 의미이고 청춘 남녀가 서로 사랑한다고 할 때는 연정을 품었다는
말이다. 그리고 여대생이 나이 든 교수를 사랑한다는 것은 존경할만큼 가슴에 두고 있다는 말이다.

8. 언어 공부

▭▶ 대화 1

㉮ marHaba   안녕하세요?

㉯ ahlan wa-sahlan   어서 오세요.

㉮ <u>sh</u>ū biddak?   뭘 원하세요?

㉯ ana min kūriyā.   한국에서 왔는데요.

ana biddi 'asajjil fi durūs ta'allum il-lughah il-'arabiyyah li-<u>gh</u>ayri -nnāTiqīna biha.

                외국인에 대한 아랍어 교육에 대한 과목을 등록하고 싶은데요.

㉮ Tayyib. mā<u>sh</u>i.   좋습니다.

lāzim il-'awwal trūHi 'ala qism it-tasjīl 'a<u>sh</u>an tqaddim iT-Talab.

                먼저 신청을 하기 위해 등록처에 가셔야 합니다.

㉯ ween bikūn it-tasjīl?   등록은 어디서 하는 데요?

㉮ makān it-tasjīl warā il-maktabah 'inda 'amādat <u>sh</u>u'ūni -T-Talabah.

                등록처는 도서관 뒤 학생처가 있는 곳입니다.

fīha tasjīl kulliyat il-ādāb u is'ali i<u>sh</u>-<u>sh</u>akhS illi fi <u>sh</u>u'ūni -T-Talabah keifa tsajjili il-māddah (il-lughah il-'arabiyyah).

그곳에 문과대학 등록처가 있는데 학생처에 있는 직원에게 어떻게 아랍어 과목을 네가
등록할 수 있는지 물어보세요.

㉯ ba'dmā 'asajjil il-māddah, ee<u>sh</u> mumkin 'asāwwi?

                이 과목을 등록하고나서 무엇을 해야 하나요?

㉮ ptrūHi ila il-qism il-māliyy ‘ashan tidfa‘ rusūm il-māddah u hināk fi-l-māliyya rāH
yi‘tuki waSl. u lamma ta’khod waSl, rāH yikūn ‘a waSl makān Hojrat id-dirāsah.
경리과에 가서서 학비를 내시고요 그곳에서 영수증을 줄텐데 그 영수증을 받으시면 그
영수증에 강의실이 적혀 있습니다.

㉯ heek, bitkūni inti sajjalti il-māddah. 그렇게 하면 그 과목을 등록하게 되는 것입니다.

㉮ shukran ilak   감사드립니다.

㉯ ‘afwan   천만예요.

▶새어휘 : ’asajjil(내가 등록하다), durūs(단원들), ta‘allum(학습), lughah(언어)
‘arabiyyah(아랍어), ghayr(아닌), nāTiqīna biha(원어민), qism it-tasjīl(등록처), kulliyat il-
ādāb(문과대학), ish-shakhS illi fi shu‘ūni -T-Talabah (학생처에 있는 사람), il-qism il-
māliyy(경리과), rusūm il-māddah(과목비), lamma(-할때), ta’khod(네가 갖게 되다), ‘ala
waSl (영수증 위에), makān Hojrat id-dirāsah(강의실 장소), heek(그렇게 하면, 그런식으로
하면)

 대화 2- 현대 문어 아랍어와 암미야

㉮ marHaba   안녕하세요?

㉯ ahlan wa-sahlan   어서오세요.

㉮ ana min kūriya. u biddi ’ata‘allam il-lughah -l-‘arabiyyah bi-l-lahja -l-‘āmmiyyah
wa -l-fuSHa 저는 한국인인데요. 아랍어 암미야와 푸스하를 배우고 싶은데요.
ween ‘afDal makān mumkin ’ata‘allam fīhi. 어디가 배우기 가장 좋은 곳인가요?

㉯ fi markaz il-lughāt il-Hadīthah. 현대 언어 학원이지요.

㉮ ween?   어디에 있나요?

㉯ fi -d-duwār -l-’awwal.   1 서클에 있어요.

㉮ ween fi -d-duwār -l-’awwal   1 서클 어디요?

㉯ warā -l-maT‘am -S-Sīnī.   중국식당 뒤에요.

㉮ ‘addeesh mumkin ’adfa‘ hunāk filmarkaz? 학원에는 얼마나 내야 하나요?

㉯ kors wāHid khamsah miat dinār. 한 학기에 500 디나르입니다.

㉮ emta tballish id-dirāsah bil-markaz? 학원은 공부를 언제 시작하나요?

㉯ ilusbū‘ il-’akhīr min -ish-shahr -il-’awwal. 1 월 마지막 주입니다.

㉮ kam ‘adad iT-Talaba filmarkaz? 그 학원의 학생 수는 얼마나 되나요?

㉯ miah wa khamsīn Tālib.   150 명쯤요.

㉮ fīh Talaba kūriyyin hunāk?   그곳에 한국인 학생도 있나요?

㉯ na‘am, Hawāli(taqrīban) ‘ishrīn Tālib. 네 20 여명쯤요.

㉮ Tayyib, shukran allah ybārik fīk. 좋습니다. 감사합니다. 복 받기 바랍니다.

▶새어휘:il-lahja -l-'āmmiyyah wa -l-fuSHa(암미야와 푸스하), 'afDal makān(가장 좋은 곳), id-duwār -l-'awwal(1 서클), id-dirāsah(공부), bilmarkaz(학원에서), kam 'adad iT-Talaba(학생수가 얼마?), Hawāli 는 taqrīban (대략)이라고도 한다.

1. 앗랍브 유바리칵(ar-rabb yubārikak; 주님이 너에게 복 주시다)는 아랍 기독교인들이 설교자에게 그리고 상대를 위해 복을 빌 때 사용하고 아랍 무슬림들은 알라이 바릭 픽(allah ybārik fīk)을 주로 사용한다.
2. 아랍 무슬림들은 금요일 설교자의 조건 중에 시각, 청각, 신체 등 장애인은 안 된다고 한다.

대화 3- 저렴한 곳: 요르단 대중 아랍어

㉮ ween biddak trūH?　　　　　　　어디를 가고 싶으세요?
㉯ ana biddi 'arūH 'a- safeway.　　세이프웨이 Safeway 를 가고 싶어요.
㉮ ruHt lisūq il-balad?　　　　　　시내 중심가의 시장을 가보셨어요?
　hunāk 'arkhaS 'aktar.　　　　　그곳이 훨씬 더 싸지요.
　bass, iT-Tarīq zaHmah ktīr.　　그런데 그 길이 아주 많이 붐벼요.
　iza ptashtari kammiyya kbīra, 'aHsan trūH il-farīd fi -l-'abdalī
　한꺼번에 많은 양을 사려면 압달리에 있는 알파리드에 가시는 것이 더 나아요.
　u trūH il-mu'assaseh il-'askariyyah fi-l-bayādir.
　　　　　　　　　　그리고 바야디르에 있는 군인 면세점에 가서도 되구요.
㉮ kīf 'araft kull hāda?　　　　　어떻게 이 모든 것을 아시지요?
㉯ ana sakant fi 'ammān Hawāli khams snīn. 암만에 한 5년 살았지요.
㉮ taqdar tsa'īdnī 'ashan 'ashtari 'aghrāD jadīda?
　　　　　　　　　　새 물건들을 사는 데 좀 도와 주시겠어요?
㉯ mnīH.　　　　　　　　　　　좋지요.

▶새어휘: 'arkhaS 'aktar(더 싼), zaHmah ktīr(굉장히 붐비는), iza (if, when), kammiyya kbīra(많은 양), sakant(내가 살았다), Hawāli(대략), tsa'īdnī(네가 나를 돕다), 'aghrāD jadīda(새로운 물건들), 'ashtari(내가 살 것이다), 'araft(네가- 알았다) .

1. 요르단에서 므니흐(mnīH)는 '좋다'는 말이다.
2. 아랍어 baydar의 복수형 바야디르는 '타작 마당들'이란 의미이다.
3. 요르단에서 safeway는 대형 마켓의 일종이고 이집트에서는 까르푸르가 대형 마켓이다.

9. 우체국

㉮ marHaba　　　　　　　　　　　안녕하세요?

㉯ ahlan wa sahlan.　　　　　　　어서오세요.

　 shū biddak?　　　　　　　　　 뭘 원하세요?

㉮ biddi ’ab‘at risālah ila kuriyā.　편지를 한국으로 부치고 싶은데요.

㉯ ’a‘Tīni il-risālah.　　　　　　 편지를 주세요.

㉮ tafaDDal　　　　　　　　　　　이겁니다.

㉯ bass, ’a‘Tinī ‘arba‘īn qirsh ‘ashan ’akhtimlak ’iyyaha.

그런데 이 편지에 소인을 찍어드리기 위해 40 끼르쉬를 주세요.

㉮ tafaDDal　　　　　　　　　　　여기 있습니다.

㉯ ma‘a -s-salāmah.　　　　　　 안녕히 가세요.

▶새어휘: ba‘at/ bib‘at(보내다, 과거형과 현재형). bass=lākin(그러나, 하지만)

㉮ jā’ali waSl istilām iT-Tard fi sundūqī.

　　　　　　　　　　내게 제 사서함으로 소포를 찾으라는 쪽지가 왔는데요.

　 ’eesh mumkin ’a‘mal?　　　제가 어떻게 하면 되나요?

㉯ ’awwal shi, ptrūH ila maktabi l-barīd fi wasaT balad.

　　　　　　　　　　우선 시내에 있는 우체국으로 가시고

　 tāni shi　　　　　　　　　　두번째는,

　 ptrūH it-Tābiq t-tāni.　　　2 층으로 가고,

　 ta‘Tīhum il-waSl u hawiyyatak.　그 분들에게 이 쪽지와 신분증을 드리세요.

　 bisajjil fi-d-daftar ‘indu ‘ashan inta tastalim iT-Tard.

　　　　　　　　　　소포를 받아 가시도록 그들이 가진 장부에 적을 겁니다.

ba‘deen ptrūH ila T-Tābiq -t-tālit　그 다음 3 층으로 가서

u tastalim nuskhah ’aSliyyah maktūb fīha ismak wa ‘unwānak.

　　　　　　　　　　네 이름과 주소가 적힌 원장(원본)을 받으세요.

ba‘deen, tarja‘ ila -T-Tābiq t-tāni.　그 다음에 2 층으로 가세요.

u-trūH ila l-khazāna illi yuHaddiduha laka il-mwaZZaf.

　　　　　　　　　　그리고 직원이 확인해 줄 창고로 가세요.

wa-yifattish ‘an Tard tabā‘ak.　네, (직원이) 소포를 찾구요.

lamma yajid iT-Tard tabā‘ak,　네 소포를 그(직원)가 찾으면

ya’khodahu ila maktab il-istilām.　(그가) 수령하는 사무실로 가지고 가요.

ba‘deen il-mwaZZaf yiftaH iT-Tard ‘ashan yi‘raf addeesh ‘alayk Darība.

그 다음에 당신이 얼마나 세금을 내야 할지를 알기 위해 직원이 소포를 열겁니다.
ba'deen trūH maktab il-mudīr 'ashan yikhtim waSl il-istilām.

우체국장에게 가서 수령장에 싸인을 받으십시오.
ba'deen ptrūH ila T-Tābiq t-tālit, 그리고 나서 3층으로 가서
tadfa' rusūm wa Darībah.　　보관비와 세금을 내시고요.
ba'deen ptrūH ila -d-diwān yusajjilak innak istalamt iT-Tard.

서류관리처에 가서 소포를 찾아갔다고 기록하고요.
ba'deen tirja' ila T-Tābiq t-tāni　그리고 2층으로 오세요.
u tusallim ilawrāq ila muwaZZaf.　그 관련 서류들을 직원에게 주시고요.
ba'deen　tuwaqqa' 'ala waSl il-istilām. 그리고 나서 수령증에 서명하십시오.
ba'deen　tastalim iT-Tard.　　소포를 받으신 후에
u tarja' ila beetak.　　집으로 돌아가시면 됩니다.

▶대화 3-우체국 가는 길(요르단 대중 아랍어)
㉮ leesh qā'id 'ind ilbāb?　　왜 문 옆에 앉아 있어?
㉯ tafaDDal istarīH hoon.　　이곳으로 와서 편히 앉으세요.
㉮ bass ana musta'jil shuwaiya　그런데 내가 좀 급해서요
㉯ leesh musta'jil?　　왜 급해요?
㉮ nāzil 'ala -lbarīd halla'.　지금 우체국에서 내려야 해
㉯ leesh nāzil 'ala- lbarīd?　왜 우체국에서 내려야 해?
㉮ ijāni Tard min kūriyā, wa nājil 'astalimu.

소포가 한국에서 왔어. (우체국에) 내려서 찾으려고요.
㉯ yā reet, kunt fāDi.　　내가 시간이 있다면
　kān mumkin 'arūH ma'ak u- 'usā'idak. 나도 같이 가서 너를 도울 수 있을텐데.
㉮ inta 'ala ween Tāli'?　　너는 어디로 가냐?
㉯ ana rāyeH 'inda Hamāti　난 장모 집에 간다.
㉮ ween sākinah marat 'ammak?　네 숙모는 어디에 사시니?
㉯ sākinah fi shaqqa muqābil bank il- iskān. 주택은행 건너편 아파트에 살아요.
㉮ leesh sākinah honīk?　　왜 그곳에 사셔요?
㉯ hiya Hābba ta'īsh ma'a 'ahlaha.그 분이 가족들과 함께 살고 싶어해서요.

▶대화 4-전화걸기(요르단 대중 아랍어)
㉮ 'ana min kūriyā.　　한국에서 왔는데요.
　ana biddi 'attaSSil bisiol(SEOUL) 서울로 전화하고 싶어요.
　shū raqm siol?　　서울 전화가 몇번인데요?
㉯ siol Sifr Sifr tamānia itneen itneen 서울은 0082-2 이지요
㉮ shukran.　　감사합니다.
㉯ 'ayy shi tāni　　도움을 필요로 하는 다른 것도 있나요?

㉮ raqm tilifooni tamānia tis'a tamānia tis'a sitta sitta tamānia
　　　　　　　　　　　　　　저의 전화 번호가 898-9668 인데요.
marrat ma birinn　　　　　　　가끔 울리지 않아요.
ilkhaTT mu'aTTal au mafSūl.　전화가 고장이든지 끊긴 것 같은데요
㉯ Tayyib, sakkir khaTTak halla'　yirinn jaras telefoonak. 좋습니다.
　　　　　　　　　　　　　　전화를 지금 내려놓으시고요 전화벨이 울릴겁니다.
㉮ shukran. biTawwil ktīr?　　　감사합니다. 오래 걸리나요
㉯ la'　halla'　　　　　　　　　아니오. 지금 (해 드리지요).

 문 법

1. ptrūH는 원래 btrūH 이어야 하는데 무성음 /t/앞에서 유성음 /b/가 무성음 /p/로 바뀐 것이다. mish baTTāl(나쁘지 않다). Mish ghalat(잘못된 것이 아니다).
2. leesh la' 왜 안돼?라는 말이지만 상대가 하고자 하는 일이 가능하다는 말이다. 그리고 ibbalāsh는 majjānan 공짜라는 말이다. bilmarrah=abadan(절대로 안 했다).
3. ma'a -s-salāmah는 주로 그 자리를 떠나는 사람에게 잘 가라고 인사하는 경우이고 이집트에서는 자리를 떠나는 사람이 가게 주인에게 salām ya ma'allim이라고 인사한다. 마알림이란 말은 가게를 갖거나 자기 사무실을 갖고 있는 사장들을 지칭한다.

10. 체류 비자(이까마)

■ 대화 1-내무부(요르단 대중 아랍어)

㉮ SabāHa l- kheer　　　　　　　안녕하세요?
㉯ SabāHa n-nūr　　　　　　　　안녕하세요?
㉮ biddi　'a'mil iqāmah.　　　　제가 이까마(체류비자 신청)를 만들고 싶은데요
㉯ biddak ta'mil iqāmah?　　　이까마를 만들고 싶다고요?
　lāzim trūH 'ala-lwizārat il-dākhiliyya. 내무부에 가야 합니다.
㉮ ween tīji il-wizārat il-dākhiliyya? 내무부는 어디에 있습니까?
㉯ fi jabal Husein.　　　　　　자발 후세인에요.
㉮ shukran ilak.　　　　　　　감사드립니다.

 문 법

1.명사+ 형용사(앞의 명사의 성, 수와 일치)
　(예)il-wizārat il-dākhiliyya 내무부,
2.연결형=명사(비한정명사)+ 명사(한정명사)

(예) jawāz -s-safar 여권. istimārat il-iqāmah 이까마 양식, SāHib il-'imārah 건물주인
3. 연결형+ 형용사(앞의 연결형이 한정이므로 그 뒤에 오는 형용사도 한정이다)
　(예) īdak il-yamīn.(너의 오른(손)쪽)= īdak(연결형=īd+ ak) il-yamīn
　(īd 가 남성이므로 yamīn 이 남성이다).
4. 연결형=명사+ (명사+ 접미인칭대명사). (예) wālidat zawjatak(네 부인의 어머니)
5. 연결형=명사+ 접미인칭대명사 (예) ismak=ism(명사)+ ak(너의)

대화 2- 내무부에서(요르단 대중 아랍어)

㉮ marHaba 안녕하세요? ween baqdar 'akhod istimārat il-iqāmah.
　　　　　　　이까마의 양식을 어디서 제가 받을 수 있어요?
㉯ imshi doghri 'ala īdak il-yamīn. 오른쪽으로 곧장 가세요.
ba'deen 'inda ilmaktab tis'al ween istimārat il-iqāmah?
　　　　　그리고나서 사무실에서 이까마 양식이 어디에 있는지 물어보라.
rāH tlāqi muwaZZaf huwa rāH ysā'dak
　　　　　네가 직원을 만나게 될 거고 그가 너를 도와줄 것이다.

문 법

　1. 전치사+ 명사　　　　　　　(예) 'ala īdak il-yamīn 너의 오른(손)쪽
　2. 부사+ 명사　　　　　　　　(예) 'inda ilmaktab 사무실에서
　3. 미래 불변사(rāH)+ 현재 동사+ 접미 인칭대명사(ak)
　　(예) rāH ysā'dak 그가 너를 도와줄 것이다.
일반적으로 요르단 대중 아랍어의 어순은 주어+ 동사+ 목적어이고 현대 문어 아랍어는
동사+ 주어+ 목적어가 기본 어순이다.

대화 3- 수입인지

㉮ marHaba.　　　　　　　　　안녕하세요?
㉯ ahlan wa-sahlan.　　　　　　어서오세요.
　shū biddak? tafaDDal.　　　　뭘 원하세요? 말씀하세요
㉮ biddi 'a'mel iqāmah.　　　　내가 이까마를 만들고 싶은데요
㉯ khod hayy istimārah.　　　　여기 양식이 있어요.
　u -'abbiha ismak u ism zawjatak u makān wālidtak u makān wālidat zawjatak u raqm
jawāz -s-safar. 그 곳에 이름과 아내 이름과 어머니 이름과 장모님 이름 그리고 여권
번호를 쓰시고요.
u HuTT 'alayha Tawābi'.　　　　그곳에 수입인지를 붙이세요.
㉮ ween 'alāqi Tawābi'?　　　　어디서 내가 수입인지를 구할 수 있어요?

㉯ taTla' min hada-l-mabna min bāb ra'īsi wa timshi fi-sh-shāri' u-'ala 'īdak il-yamīn. bitla'i maktab it-taSwīr u-t-Tawābi'.
이곳 건물 정문에서 나가시고 그 다음에 거리로 나갑니다. 그리고 오른쪽에 복사와 수입인지를 파는 사무실로 들어갑니다.

대화 4- 전화(요르단 대중 아랍어)

㉮ tafaDDal　　　　　　　　　(서류를) 자 여기 받으세요.
㉯ irja'na ba'da 'usbū' 'aw ittaSSil bina ba'da 'usbū'.
　　　　　　　　　　　　1 주일 있다가 우리에게 오시거나 1 주일 후에 전화하세요.
㉮ eemta 'attaSSil bik.　　　　내가 언제 당신에게 전화할까요?.
㉯ khod raqm it-tilifoon wattaSSil bī. 전화번호를 가지고 가서 내게 전화하세요.
㉮ shukran. ya'Tīk il-'āfiya.　　감사합니다. 수고하셨습니다
㉯ allāh ya'fīk.　　　　　　　수고하세요.

문 법

1. 명령 동사 (예) irja'na(우리에게 다시 오라) / ittaSSil(전화하라)
2. 요르단에서 상대방이 수고를 하였을 때 그 분에게 "수고하셨다"(ya'Tīk il-'āfiya)는 말을 전한다. 특히 택시가 목적지에서 멈춰달라고 할 때 이 표현을 사용한다.
3. 편안한 마음으로 계세요 혹은 편히 쉬세요는 '코드 라흐탁'(khod rāHtak; 여성에게는 khodi rāHtik, 여러 사람들에게는 khodu rāHitkum)이라고 한다.

대화 5-집에서 가까운 경찰서

㉮ eemta jīt min baladak?　　　언제 당신 나라에서 왔어요?
㉯ jīt 'abl 'usbū'.　　　　　　일주일 전에 왔어요.
㉮ ween sākin hassa?　　　　지금 어디서 살아요?
㉯ ana sākin fi jabal 'ammān.　나는 자발 암만에 살아요.
㉮ lāzim trūH lilmakhfar qabl nihāyat usbū'ayn min wuSūlak 'ashan ti'mal il-iqāmah.
　이까마(체류 비자)를 만들기 위해 도착 후 2 주일이 끝나기 전에 꼭 경찰서에 가야 합니다.
u kemān inta t'arif ism SāHib il-'imārah 'ashan niTala'lak il-iqāmah 'ala 'unwān il-'imārāh illi inta sākin fīha.　　그리고 또 당신이 살고 있는 건물의 주소로 우리가 이까마를 내주기 위해 집주인의 이름을 알아야 합니다.
wa-ba'dma tu'abbi il-istimārat wa-taDa' 'alayha aT-Tawābi', tuqaddimha min shubbāk raqm 11.　　　　양식을 기록하고나서 수입인지를 붙이고 11 번 창구에 내십시오.
㉯ shukran. inshāllāh ba'da yoomeen barja' lak. 감사합니다. 인샤알라, 이틀 후에 오지요.
㉮ Tayyib. ahlan wasahlan fīk filordon. 좋습니다. 요르단에 오신 것을 환영합니다.

11. 자동차 보험

 대화 1- 보험 회사에서

㉮ marHaba.　　　　　　　　　안녕하세요?

㉯ ahla wa sahla.　　　　　　　어서오세요

㉮ biddi 'as'alak 'an ta'mīn sayyāratī. kīf 'a'malu?

　　　　　　　자동차보험에 대해 묻고 싶은데요. 어떻게 하면 되나요?

㉯ ptrūH ila muwaZZaf il-ta'mīn wa huwwa yadillak shu te'mel.

　　　　　보험회사 직원에게 가면 그가 어떻게 당신이 할지 안내해 줄겁니다.

ta'khod minnu istimārah. u t'abbīha. 그에게서 양식을 받아 그것을 기록하십시오

(보험회사에서)

㉰ hayy istimārah.　　　　　　여기 양식이 있습니다.

㉮ 'abbeet istimārah kāmila　　제가 완전하게 양식을 기록하였습니다.

　shū 'a'mel ba'deen ?　　　　그 다음에 어떻게 하지요?

㉱ ptrūH tadfa' ta'mīn.　　　　보험료를 내시고요.

u tjīb waSl id-daf'. u-tjīb hawiyyatak 'ashan tasbit ismak wa raqm sayyāratak u raqm rokhsat as-suwāqa. 지불한 영수증을 갖고와야 하고요. 네 이름과 자동차 번호와 자동차 등록번호를 확인하기 위해 신분증을 가져와야 합니다.

㉮ ana dafa't 200 dinār u 'emelt kull shi. 200 디나르를 다 냈고요. 모든 것을 다했는데요.
Tayyib. shū ba'deen 'a'mel?　　좋습니다 그 다음에 제가 뭘 하지요?

㉱ ptsallim kull shi inta 'emelt lihāda -l-muwaZZaf.

　　　　　당신이 이미 해 놓은 것을 모두 이 직원에게 제출하시오.

mumkin tastanna shuwaiya Hatta 'anhi kull shi ilak.

　　　　　당신에 대한 모든 것을 다 마칠때까지 좀 기다려 줄 수 있지요?

㉮ ween bastanna?　　　　어디에서 기다리죠?

㉱ tafaDDal , istarīH hoon, 'ala hāda -l-kursi 자, 여기 의자에 앉아 편히 쉬십시오

㉮ shukran.　　　　　　　감사합니다.

문 법

1. 동사+ 목적어= yadillak(그가 너를 안내하다),
2. 주어+ 동사+ 목적어=t'abbīha(네가 그것을 채우다=기록하다).
'as'alak (내가 너에게 묻다), 'a'Tāk(내가 네게 주다), bashūfak(내가 너를 만나겠다)
3. 주어+ 동사= 'anhi (내가 끝내다)
4. 주어+ 동사+(목적어) + 그를 위하여=tākhod shi 'ilu(그를 위하여 네가 뭔가를 가져가다)
5. te'mel 은 tsāwwi 라고도 한다.

㉮ marHaba　　　　　　　　　　　안녕하세요?

㉯ biddi 'ara<u>kh</u><u>kh</u>iS　is-sayyārah.　자동차를 면허등록하고 싶은데요

㉮ qaddee<u>sh</u> 'omr as-sayyārah?　자동차가 산 지 얼마되었어요?

㉯ <u>kh</u>amsa sanawāt.　　　　　　　5 년이요.

㉮ inta lāzim te'mel il-faHS li-s-sayyārah. 자동차 검사를 반드시 해야 합니다

inta halla' tinzil litaHt <u>sh</u>uwaiya li-makān il-faHS.

　　　　　　　　　지금 아래쪽으로 조금 내려가서 검사장으로 가십시오.

㉮ ana 'anhayt 'amaliyyat il-faHS. 제가 검사를 마치고 왔는데요.

㉯ ween waraqat il-faHS is-sayyārah? 자동차 검사증이 어디 있어요?

㉮ hayha.　　　　　　　　　　　여기 제게 있습니다.

㉯ law samHt a'Tīnī iyyaha.　　　저에게 그것을 주시겠습니까?

㉮ Tayyib　　　　　　　　　　　네.

㉯ inta ta'mīnak <u>sh</u>āmil?

　　　　　자동차 종합보험(요르단의 경우, 자동차와 운전자만 보장)에 들었나요?

㉮ na'am　　　　　　　　　　　네.

㉯ inta trūH ila-<u>sh</u>-<u>sh</u>ubbāk raqm itneen wa-tuqaddim limuwaZZaf il-'awrāq u-tadfa' dīnāreen rusūm. 2 번 창구로 가서 직원에게 서류를 내고 2 디나르 수입인지세를 내세요.

wa-hādāk -l-muwaZZaf ya<u>kh</u>tim il-awrāq. 저 직원이 그 서류에 도장을 찍어 줄겁니다.
ba'deen　trūH ila <u>sh</u>-<u>sh</u>ubbāk raqm arba'a 'ashan tadfa' rusūm -s-sayyārah Hawāli 38 dinār aw aktar Hasab model is-sayyārah. 그 다음에 자동차 모델이 따라 38 디나르 혹은 그 이상의 자동차세를 내기 위해 4 번 창구로 가십시오.

㉮ <u>sh</u>ukran.　　　　　　　　　감사드립니다.

(잠시 후, 자동차 등록증을 발급하는 창구에서 인명을 호명한다.)

㉯ 김 길수

㉮ na'am.　　　　　　　　　　　네.

(자동차 등록증을 받아들고 집으로 간다)

문 법

1.지시대명사: 이것-hāda(남성), hādi(여성), 저것- hādāk(남성), hādīk(여성)

그런데 요르단의 다른 방언에서는 지시 대명사의 발음이 이와 다른 경우가 있다.

(예) <u>sh</u>u ism hāza? ismu dihān.　이 분의 이름이 뭐야? 그의 이름은 디한이에요.

'ee<u>sh</u> hāzi? hāzi madrasa jdīda. 이것이 뭐예요? 그것은 새 학교입니다.

2.남성명사-여성명사:

Hilu(아름다운, 남성형)-Hilwa(여성형), mut'ib(피곤한)-mut'iba, khajlān(수줍어하는)-khajlāna, ya'sān(풀이 죽은)-ya'sāna, marīD(아픈)-marīDa, na'sān(졸리운) -na'sāna

3. hayha(여성), hayo(남성), hayhom (복수형).

hayo =여기 있어요(지시 대상이 남성인 경우)　　　　　　(예) 여권 책 소년 집

hayha= 여기 있어요 (지시 대상이 여성인 경우)　　　　　(예) 자동차, 소녀, 머리빗

hayhom= (그것들이) 여기 있어요(지시 대상이 복수인 경우) (예) 소녀들, 아들들, 여권들, 자동차들

4. fatā(남자 중고등학생, 10-19 살)-fatāh(여자 중고등학생)

12.정육점에서

◀ 대화 1

㉮ marHaba.		안녕하세요?
㉯ marHaba.		안녕하세요?
㉮ tafaDDal. 'ayy khidmah?		어서 오세요. 뭘 도와드릴까요?
㉯ 'indina jāj u laHm. shu ptHibb tishtari?		저희에게 닭과 고기가 있는데 뭘 사실래요?
㉮ 'ana biddi laHm.		고기를 사고 싶어요
㉯ biddak laHm mustaurad wala baladi?		수입고기인가요? 국산인가요?
㉮ biddi baladi.		국산을 주세요
㉯ sa'r kilo laHma baladi 'arba'a danānīr.		킬로당 국산 고기는 4 디나르입니다
qaddeesh biddak kilo?		몇 킬로 드릴까요?
㉮ kilo wāHad. ana biddi laHma qita' rās 'aSfoor.		1 킬로 주시고요. 고기는 새 머리 크기로 잘라주세요.
㉯ 'eesh kemān?		또 뭘 드릴까요?
㉮ ofrum kilo laHm baqari.		1 킬로 쇠고기를 잘게 갈아주세요
㉯ nā'imah aw khishna?		잘게 갈을까요? 거칠게 할까요?
㉮ nā'imah		잘게 갈아주세요
㉯ biddak ishi tāni?		또 다른 것을 원하세요?
㉮ ana biddi kilo siniyora.		시뇨라 1 킬로를 주세요
㉯ biddak ishi kemān?		또 필요한 게 있어요?
㉮ biddi jāj.		닭고기를 주세요
㉯ shū ptiHibb 'aqTa' dajāja ?		닭고기를 어떻게 잘라 드릴까요?
'arba' qiTa' aw tamān qiTa'?		4 부분으로 잘라 드릴까요? 8 부분으로 잘라드릴까요?
㉮ 'arba'a qiTa'.		4 부분으로요
qaddeesh il-Hisāb?		모두 얼마예요?
㉯ khamastashr dinār.		15 디나르입니다.

㉮ shukran.   감사합니다.
㉯ ma'a-s-salāmah.   안녕히 가세요.

▶**새어휘** skellop(넓게 자른 살코기에 튀김가루를 바른 것), rās 'aSfoor(새 머리 모양 크기), Sīni(로스구이용으로 길게 자른 살코기=istaghnoof), steik(스테이크), fileh(필레),

 문 법

1. 3 에서 10 까지의 숫자 뒤에는 반드시 복수형이 온다.
   (예)'arba'a danānīr(단수형: dīnār).'arba'a qiTa' (단수형: qiT'a)
2. laHm 은 종류 전체를 표시하여 '고기'란 뜻이고 laHma 는 고기 한 덩어리를 표현한다.
   가령, tuffāH 는 '사과'란 것을 가리키고 tuffāHa 는 사과 한 개를 가리키고, shajar 는
   나무를 통털어 말하고 shajara 는 나무 한 그루를 말한다.
3. 요르단 대중 아랍어에서는 qaddeesh-'addeesh(얼마예요) 이 두 가지가 존재하는데 /q/
   가 /'/로 바뀐 것이다.

13. 병원에서

▶대화 1-병문안
㉮ kīfak, 어떠세요? kīf iS-SiHHa   건강이 어떠시냐고요?
㉯ mabsūT, shukran 'a- jiyāratak. 좋습니다. 오신 데에 감사드립니다
㉮ ween il-'alam?   어디가 아프세요?
㉯ hoon fi Dahri.   여기 등이요
㉮ salāmtak.   빨리 쾌차하시길 빕니다.
㉯ allahi yisallimak(상대방이 남자인 경우). 신이 늘 당신에게도 건강을 주시길 빕니다.
   ma raH 'aTawwal hoon lianni il-'alam illi 'indī mish ktīr.
                                내게 고통이 크지 않아서 여기서는 오래 있지 않겠지요
㉮ Tayyib. Hamdulillā 'ala salamtak(Hamdillā 'a-salamtak).
                                좋습니다. 건강을 주신 신께 감사드립니다
u allāh ishfīk   신이 낫게 해주기를 바랍니다.
㉯ shukran 'a-ziyāratak.   와 주신 것을 감사드립니다.

▶**새어휘**: 'alam(waja') 아픔, 쌀람탁(salāmtak; 빨리 쾌차하시길 빕니다; 상대가 남성일 때)의 대답은 알라이살리막(남성에게, allā yisallimak: 신이 늘 당신에게도 건강을 주시길 빕니다)이고 마브룩(mabrūk; 축하드립니다)의 대답은 알라이바릭 픽(allā ybārik fīk; 축하해 주신데 감사드립니다)이다.

▭▶ 대화 2- 병원

㉮ ween biddak trūH halla'?　　　　지금 어디 가세요?

㉯ biddi 'azūr 'ammi fil -mustashfa. 병원에 계신 삼촌을 방문하려고요

㉮ leesh 'ammak fil-mustashfa?　　왜 삼촌이 병원에 계시나요?

㉯ waqa' fil-beet u rāH yuSawwiru Sūrat 'ashi'ah. 집에서 넘어져서 엑스레이를 찍을 거래요.

㉮ salāmtu. eemta rāH tzūr 'ammak? 그분이 건강하기를 빕니다.
　　　　　　　　　　　　　　　　언제 네가 삼촌을 방문할거냐?

㉯ lāzim 'azūru ba'd iDDuhur, is-sā'a talāta illa rub'.
　　　　　　　　　　　　　　오후 3시 15 분전에 방문해야 하는데요
biddak trūH?　　　　　　　　너도 갈거니?

㉮ ana biddi 'arūH bi -sayyārati.　저는 제 차로 갈거예요.

㉯ biddak ta'akhod ma'ak akl?　음식도 가져갈거예요?

㉮ aiwa.　　　　　　　　　　그럼요.

㉯ mumkin 'arūH ma'ak.　　　(그럼) 같이 갈 수 있어요?

㉮ ahlan wa-sahlan. rāH 'akūn mabsūT bi-wujūdak. 물론요. 당신이 있으면 더 좋지요.

㉯ ween　'astannāk?　　　　어디서 내가 기다릴까요?

㉮ 'inda-l- barīd, is-sā'a tinteen u tilt. 우체국 옆이요. 2 시 20 분에요.

㉯ Tayyib. minshoofak.　　　좋습니다. 그때 봅시다.

㉮ ma'a-s-salāma.　　　　　안녕

▶새어휘 Sūrat 'āshi'ah(엑스레이 사진), mustashfā 는 종합병원 혹은 대학병원을 가리키고
여러 전문의가 있는 국립병원은 mustawSaf, 개인 소유의 전문병원은 i'ādah 라고 한다.
시간 표현 중 두 시를 '틴텐'이라고 하는 점이 흥미롭다.
is-sā'a talāta (3 시) illa rub' (15 분전). is-sā'a tinteen u rub' (2 시 15 분)
is-sā'a tinteen u tilt.(2 시 20 분), is-sā'a tinteen u nuSS(2 시 30 분).

▭▶ 대화 3-아메바 검사

(요르단에서는 음식을 먹고나서 가끔 배가 아플 때가 있다. 물론 처방을 받기 전에
대변검사를 해야 하는데 다음 회화가 도움이 되겠다)

㉮ marHaba.　　　　　　　　안녕하세요?

㉯ ana biHāja ila taHlīl il-burāz.　대변 검사가 필요한데요
'ālām fi -l-baTn.　　　　　　　배가 아프거든요

㉮ taDa' qalīl min il-burāz fi dākhil 'olba Saghīrah wa-ta'tī bihā ila -l-mukhtabar yoom
ghad SabāHan. 작은 상자에 소량의 대변을 넣어 그것을 가지고 내일 아침에 검사실로
다시 오세요.

㉯ shu hiya taklifa(kulfah) hāda-t-taHlīl? 이 검사 비용에 얼마나 드나요?

㉮ it-taklifah dinār wa-n-nuSS.　　비용은 1 디나르 반이요

㉯ lā 'aHtāj ila tHlīl il-'idrār(bool)? 소변도 검사해야 하지 않나요?

| ㉮ mu<u>sh</u> Darūri. | 그럴 필요 없습니다. |
| ㉯ <u>sh</u>ukran ilak. | 감사합니다 |

문 법

아랍어는 전치사를 동반하는 표현들이 많다.
1-bi Hāja ila (필요하다)= 'aHtāj ila (내가 -이 필요하다)
2-'u'ānī min(내가 (아픔을) 겪고 있다),   3- qalīl min (적은 양의)
4-fi dā<u>kh</u>il(-안에),   5- ta'tī bihā (가져오다)

14. 결혼과 예배

대화 1-결혼식

㉮ ween biddik trūHi?	어디 가고 싶으세요?
㉯ biddi 'arūH 'ala 'urs SāHibti.	내 여자 친구 결혼식에 가고 싶어요
㉮ 'ee<u>sh</u> biddik tiqūli lil 'arūsān?	신랑 신부에게 뭐라고 하고 싶어요?
㉯ biddi 'a'ūl "in<u>sh</u>allah tithannu u mabrūk".	

"행복하게 사세요. 축하합니다"라고 말하고 싶어요.

㉮ ana baqūl li u<u>kh</u>t il 'arīs 'uqbāl 'indik.

신랑 누이에게는 "다음에 네 차례다"라고 말할거예요.

㉯ u lāzim tiqūli li-'ummu il'arīs.   mabrūk ma 'imeltu.

그리고 신랑 어머니께는 '하신 일을 축하드립니다'라고 말할거예요.

문 법

1-'arūsān (신랑과 신부)은 쌍수 형이다. 요르단 대중 아랍어에서도 명사의 쌍수형은 자주
 볼 수 있다. 그리고 SāHib 은 남자 친구이고 Sadīq 와 같은 의미로 사용된다. 여자
 친구는 SāHbah 이다.
2- ma 'imeltu(당신들이 하신 일): 여기서 ma 는 관계대명사이다. 아랍어 ma 는 다음과
 같이 세 가지 뜻을 갖는다. ma=무엇, 과거부정(did not), 관계대명사(what)
3- 'uqbāl 'indik (다음엔 네 차례다). * 상대가 여성인 경우
4-아랍 무슬림들은 유대 회당을 크니스(knīs)라고 하고 교회는 카니싸(kanīsah; 복수형,
 kanā'is)라고 한다.

㉮ shū hayy -l-kanīsah?　　　　　　　이 교회가 어떤 교회인가요?

㉯ kanīsah injīlīyyah mashīkhiyyah 복음주의 장로 교회입니다.

㉮ mīn huwa ar-rā'ī li-hādihi-l-kanīsah? 이 교회의 목회자는 누구신가요?

㉯ ar-rā'ī huwa Samuel.　　　　　　　목회자는 사무엘입니다.

㉮ eemta ijtimā'atakum?　　　　　　　여러분의 모임들은 언제 있나요?

㉯ 'indana is-sā'a il-'ashara SabāHan yoom il-'aHad

　　　　　　　　　　　　　　　　주일 아침 10 시에 있고요.

　wa-ssā'a ssābi' masā'an yoom il-'aHad 주일 저녁 7 시에 있고요 .

　u-'indana yoom il-'arbi'a, issā'a ssādisa ijtimā'a iS-Salāh

　　　　　　　　　　　　　　　그리고 기도모임이 수요일 저녁 6 시에 있습니다.

㉮ Tayyib. yoom il-aHad -iljāy. mīn ilmutakallim?

　　　　　　　　　　　　좋습니다. 다음 주일 누가 말씀을 전해 주시나요?

㉯ al-qasīs Sādiq.　　　　　　　　　싸디끄 목사입니다.

㉮ mīn illi rāH yaqūd tarānim?　　　찬양은 누가 인도하나요?

㉯ okht hiba u nabīl.　　　　　　　히바 자매와 나빌입니다.

㉮ inshallāh ana rāH 'ajī yoom il-aHad il-jāy. minshoofak.

　　　　　　　　　　　인샤알라, 다음 주일에 가겠습니다. 그때 봅시다.

1. 아랍 기독교인들은 아랍 무슬림들에게 딸이나 누이를 시집보내려하지 않는다. 그래서 아랍 국가에서 아랍 기독교 여성들 중 노처녀들이 많은 편이다. 무슬림들은 딸이나 누이를 상대 남자가 무슬림이 아닌 경우에는 혼인을 금한다.

2. 이집트 교회는 간음한 경우에만 이혼을 허용하나 이집트 정부는 이혼할 수 있는 경우를 더 확대한 1938 년 법안에 근거하여 2010 년 이혼한 기독교인이 재혼할 수 있다고 하였다. 이에 이집트 교회는 성경의 가르침에 따라 이혼한 자의 재혼이 불가능하다고 하였다. 몇 년 전 이집트에서 기독교인의 개인 지위 통합법이 국회에 제출되었으나 아직까지 법안이 통과되지 않고 있다.

15. 편지

🖊 요르단 무슬림 여대생이 쓴 편지(요르단 대중 아랍어)

박사님! 사라를 기억하세요?　　　　　　دكتور !! متزكر سارة ؟؟

كانت تدرس معي في سنة أولى بتسلم عليك كتيييييييير...

그녀는 저하고 1 학년에서 공부하였지요. 선생님에게 많이 많이 안부를 전하네요.

و بتقول لك تعال على الاردن التخصص بدون الدكتور كونغ مو حلو...

그 친구가 선생님께 하는 말이 요르단으로 오시라고
하네요. 전공학과는 공박사님이 없으면 재미가 없대요.

دير بالك على صحتك　　건강에 유의하세요.

المخلصة　　여불비례(sincerely yours)

نور　　누르

1. 여불비례의 아랍어 표현은 المخلصة(보내는 사람이 여성일 때), المخلص (보내는 사람이
남성일 때) 사용된다.

2. 위 편지글에서 함자(ء)가 빠진 어휘들이 보이고 너무 너무 많이 안부를 전한다고 하는
단어(..كتيييييييير) 에는 중간 모음을 길게 뺀 모양을 표시하여 정말 보고 싶다는 간절함을
표현하고 있다.

🖊 요르단 기독교인이 쓴 편지(요르단 대중 아랍어)

اخي الحبيب د. كيم　　사랑하는 김 박사님

اتمنى ان تكون اموركم جيده　　모든 일들이 아주 잘 되기를 바랍니다

انني قلق عليكم لأنني لم يصلني اي شيء منك

나에게 아무런 내용이 도착하지 않아 걱정이 되는군요

انشاء الرب تكون كل امورك وحياتكم انت والعائله بخير

모든 일들과 당신의 삶과 가족들이 평안하기를 빕니다.

الرب يباركك حياتك　　주님이 당신의 삶에 복 주시기를 기원합니다.

طمني عنكم　　(답장을 주셔서) 나를 안심하게 해 주세요

باسل　　바실

※ 위 편지 글에서 함자가 들어갈 낱말에 함자(ء)들이 안 보인다. 그리고 타 마르부따(ة; 여성형
표지)가 반드시 있어야 할 점이 빠져 있다. 아랍어 정서법에 따라 잘 못된 곳들을 찾아보시오.

1.아랍인들 중에는 무슬림과 기독교인들이 있다. 물론 무슬림이 숫적으로 더 많다. 그래서 아랍 무슬림들이 사용하는 어휘와 아랍 기독교인들이 사용하는 어휘가 다른 경우가 많다. 그 한 예로 al-quds 는 무슬림들이 일컫는 '예루살렘'이라는 단어이고 ūrshalīm(우르 샬림)은 아랍 기독교인들이 일컫는 '예루살렘'이란 어휘이다.

2.이집트 무슬림들 신문에는 크리스마스 혹은 이둘 밀라둘 마지이드(그리스도의 탄생을 축하합니다) 등 두 가지 표현법을 사용한다.

3.아랍 무슬림은 as-sayyid al-masīH(그리스도) 라는 말을 주로 사용하고 반면에 아랍 기독교인들은 al-mukhalliS(구주)와 rabbuna yasū' al-masīH(우리 주님 예수 그리스도)라는 말을 사용한다. as-sayyid 라는 말은 영어로 Mr.이지만 실제 아랍인들이 사용하는 as-sayyid 의 개념은 우리가 생각하는 '미스터' 개념보다 더욱 상위 존칭어이다. 그래서 as-sayyid 라는 말을 무함마드라는 이름 앞에도 사용한다. 아랍 무슬림은 인샤알라(알라가 원하시면)를 쓰고, 아랍 기독교인들은 인샤앗랍(주님이 원하시면)을 자주 쓴다.

16. 이집트 대중 아랍어

지금까지 요르단 대중 아랍어의 대화들을 살펴 보았다. 아래 대화는 이집트 대중 아랍어의 대화이다. 이집트와 요르단의 대중 아랍어들이 서로 차이가 나는 어휘 밑에 밑줄을 긋고 글자를 크게 해 두었다.

대화 1 (이집트 대중 아랍어)

A: SabāH ilkheer.　　　　　안녕하세요?
B: Sabāh innur.　　　　　　안녕하세요.
A:'anā ismī sūzān w inta ismak 'eeh? 저의 이름은 수잔인데 이름은 뭡니까?
B: anā ismī hani .'inta mneen? 저의 이름은 하니인데요. 어디에서 왔어요?
A: anā min kuriya. w intī mneen? 저는 한국에서 왔습니다.
　　　　　　　　　　　　　그리고 어디에서 오셨어요?
B: anā min faransā.　　　　저는 프랑스에서 왔어요.
A: ahlan wa sahlan.　　　　어서 오세요.
B: ahlan bīk.　　　　　　　환영합니다.

1.위 대화는 이집트 대중 아랍어다. 이집트 대중 아랍어의 정관사는 /el/ 혹은 /il/로 발음한다.

2.이집트인 학생이 영국계열이나 미국계열 등 이집트내에 있는 외국인 학교에서 고등학교를 마친 경우, AUC(카이로 아메리칸대학교)나 GUC(German University in Cairo)가 아닌 카이로 대학교나 알렉산드리아 대학교 등을 입학하고자 할때는 <이슬람>과 <아랍어> 두 가지 시험에 합격해야 한다. 2010년 알리 라으파트는 이집트 고등학교에서 120%를 획득한 대학입학시험 상위권자(**نوابغ الثانوية العامة**)들을 만났는데 그들 대부분이 전혀 영어로 대화하지 못했다고 하면서 이들이 대학에 가서도 주어진 답만 줄줄 외우는 학생들이 될까봐 우려가 된다고 했다(2010.5.22, 11 면). 이집트 고등학교의 제2외국어는 프랑스어. 이탈리아어. 독일어이다.

대화 2 (이집트 대중 아랍어)

A: SabāH il<u>kh</u>eer, yā kamal .　　　안녕하세요. 카말 씨!
B: SabāH innūr. <u>iz-zayik</u> yā nansi? 안녕하세요. 낸시씨 어떠세요?
A: kwayyisa, ilhamdu lillāh.　　　좋아요. 감사한 일이지요.
　　winta ‘<u>āmil eeh</u>?　　　　　당신은 근황이 어떠신지요?
B: il-Hamdu lillāh kwayyis.　　　잘 있어요.

　요르단 대중 아랍어에서는 어떠세요에 해당하는 말을 키픽(kīfik)이라고 하나 이집트 대중 아랍어에서는 이제이약(izzayyak ; 남성에게)이라고 한다. 그리고 이집트 대중 아랍어에서만 사용되는 ‘āmil ’eeh는 상대의 건강과 소식을 자세히 묻는 말이다.

대화 3 (이집트 대중 아랍어)

ana ismī yāsir, muhandis. ana ba’<u>sh</u>taghal kull yoom min is-sā‘a tamānya lissā‘a talāta. ba<u>sh</u>taghal fi maktab fi midān ittaHrīr. issā‘a Hidāshar banām, ‘a<u>sh</u>an ba<u>SH</u>ā issā‘a sitta wi ba‘deen barūH i<u>sh</u>-<u>sh</u>ughl issā‘a tamanya. <u>barga‘</u> il-beet Hawālī issā‘a arba‘a ‘a<u>sh</u>ān sākin f il-ma‘ādī wi <u>ma‘andish</u> ‘arabiya.

(해석) 저의 이름은 야세르입니다. 엔지니어입니다. 저는 매일 8시부터 3시까지 일합니다. 저는 미단 알타흐리르의 사무실에서 일합니다. 6시에 일어나야 하므로 11시에 저는 잡니다. 그리고 나서 8시에 일하러 나갑니다. 저는 일마아디에 살기 때문에 4시경에 집으로 돌아옵니다. 저에게는 자동차가 없습니다.

위 글에서 마안디쉬(ma'andish)는 세 부분으로 되어 있다. ma'andish = ma+ 'andi+ sh인데 가운데에 오는 'andi를 부정하는 표현이다. 단어의 어말에는 sh를 접미시켰는데 이 sh는 아랍어 사물(شيء)이란 말에서 온 것이다. 그리고 이집트 대중 아랍어에서는 معلش حما عليه شيء /ma'leesh/ 그리고 على شأن= عشان(علشان) / 'ashān/ 등 합성된 단어들이 있다. 숫자 11은 요르단에서 iHda 'ashr인데 이집트에서는 Hidāshar 이고 이집트 대중 아랍어에서 /j/이 /g/로 바뀌어 barga'로 발음되고 있다.

17. 찬양곡(이집트 대중 아랍어)

아래 찬양곡은 이집트 기독교인들이 작사한 곡이다. 현대 문어 아랍어가 아닌 어휘들을 찾아보자.

> 1-جايين يا أبانا اسمع لدعانا بتواضع يرجع شعبك يطلب رحمة
> من عندك بقلوب محتاجه اليك
>
> القرار ـ ده رجانا فيك يا الهنا وهنستنى المواعيد نحوك نرفع أعيننا
> وايمانا فيك بيزيد
>
> بنصدق كل وعودك دانت في الوعد أمين تملاحياتنا من جودك مجداً
> ليك يا معين
>
> 2-ارضنا عطشانة بجروح مليانة من فيض حبك ترويها لمسة
> ايدك تشفيها تردها تاني اليك
>
> 3-بنتوب قدامك بنعود لحنانك نعلن ملكك في حياتنا في بيوتنا
> وفي اجتماعاتنا وقلوبنا بتسجد ليك

(번역: 1- 저희들이 오고 있습니다. 우리 아버지, 인자하심으로 우리의 간구를 들어주세요. 당신의 백성이 돌아와 당신을 갈급하게 찾는 마음으로 자비를 구합니다.

후렴: 우리의 하나님! 이것이 당신에 대한 우리의 소망입니다. 약속을 기다릴 것입니다. 당신에게 우리의 눈을 올려봅니다. 우리의 믿음이 계속 커집니다. 당신의 모든 약속을 우리가 신뢰합니다. 당신은 약속을 지키시는 분입니다. 우리의 인생을 당신의 은총으로 채워주세요. 도우시는 분! 당신에게 영광을 돌립니다.

2-우리의 땅이 수많은 상처로 목말라하는데 당신의 사랑이 차고 넘침으로 그것의 갈급함을 해갈해 주시고 당신의 손이 그 땅을 만짐으로 그 땅이 치유되어 그 땅(영혼)이 다시 당신에게로 되돌아갑니다.

3-우리는 당신 앞에서 회개합니다. 당신의 자애로움으로 되돌아갑니다. 우리의 삶에서,
우리의 집에서, 우리의 공동체에서 우리는 당신께 속해 있음을 선포합니다. 우리의
마음들이 당신께 경배드립니다.

 문법

1. hastanna(هنستنى)는 첫자음 هـ (ha)가 미래를 나타낸다.
2. biyzīd(بيزيد)의 첫 자음 bi(ب)는 현재 계속을 나타낸다.
3. dānta(دانت)는 da는 '이 분'을 가리키고 inta는 '당신'을 가리키는 데 이 둘이 합쳐서 된
   말이다. 이 둘을 합치면 '이 분 당신'이라는 말이지만 여기서 강조의 의미이다.
4. jūdak(جودك)는 당신의 가장 좋은 것(خيرك)이란 의미이다.
5. 'arDina(ارضنا)는 우리의 땅이지만 비유적으로 "우리의 영혼"이라는 말로 바꿔 말할수
   있다
6. 이집트 대중 아랍어가 노래 가사에서 어떻게 쓰이는지를 볼 수 있는 좋은 예문이었다.
   곡조(laHn;لحن)를 맞추기 위하여 문법이 안 맞는 부분이 있고 낱말의 일부가
   생략되기도 한다.

아랍어 학습의 길잡이

오래 전에 미국인들은 세계에서 가장 어려운 언어로 한국어, 중국어, 아랍어, 일본어를
꼽았다. 그러나 아랍인들도 현대 문어 아랍어가 아주 어렵다고 한다. 현대 문어 아랍어는
배울수록 어렵다. 그 이유는 아랍인들도 현대 문어 아랍어를 잘 못하기 때문이다.
아랍어는 글로 배우는 현대 문어 아랍어(푸스하)와 말로 배우는 일반 대중의
아랍어(암미야)가 있는데 아랍인들은 일상생활에서, 학교에서, 직장에서 일반 대중의
아랍어를 사용한다. 일반 대중 아랍어는 현대 문어 아랍어보다 어렵지 않다.

언어는 의사소통을 위한 것이므로 말하기, 듣기, 읽기 쓰기와 문화를 모두 숙달해야
한다. 그런데 그동안 한국인의 아랍어 교육은 현대 문어 아랍어(글 중심이지만 말로도
사용됨) 중심이어서 앞으로 아랍어 학습은 일반 대중의 아랍어(주로 말로 사용됨)와 현대
문어 아랍어를 둘다 배워야 아랍어 경쟁력을 키울 수 있다. 대체로 카이로 아메리칸
대학교 언어교육원에서 일반 대중의 아랍어를 배우는 외국인들은 발음과 어휘에 중점을
두고 있고, 현대 문어 아랍어를 배우려는 외국인들은 문법에 중점을 둔다. 아랍어는
다의어가 특징이므로 어휘 의미를 강조해야 하고 아랍어 문법에서는 파생과 어근, 패턴
그리고 호응과 일치, 어말 모음 변화, 어순 등을 잘 익혀야 한다. 고급단계에서는 일반
대중의 아랍어와 현대 문어 아랍어가 섞인 담화를 텍스트로 삼아 학습하는 것이 필요한데
이것은 아랍인들의 언어 생활의 현실을 그대로 반영하여 아랍어를 배우는 것이 된다.
이집트 TV 방송 프로그램은 현대 문어 아랍어 혹은 일반 대중의 아랍어 혹은 이
두가지가 섞여 있다. 오늘날 아랍인들이 100% 현대 문어 아랍어로 말하는 사람이 없다.

아랍인들은 일상생활의 대부분을 암미야 아랍어로 말한다. 아랍어 학습은 아랍어가 갖는 본래의 특징을 잘 살려 공부해야 하는데 아랍어는 본래 문맥 상황 중심의 언어이므로 담화 중심(discourse-oriented)의 학습이 절대 필요하다. 아랍어 어휘 학습은 문장과 함께 시작하고 단계별 읽기 자료들이 준비되어야 한다. 특히 학습자가 문장과 문장간의 연결에 관심을 갖고 문단 전체의 중심생각을 찾도록 하려면 이야기가 들어 있는 책들을 많이 읽게 하는 것이 문학적 아랍어 숙달 능력을 높일 수 있다.

아랍인들은 아랍어에 대한 직관이 있어 일반 대중의 아랍어를 잘 하겠지만 매일 아랍인들이 사용하지 않는 현대 문어 아랍어에 대한 아랍인들의 직관은 아랍인마다 차이를 보인다. 그래서 일부 서구 학자들은 오늘날 아랍인들에게 현대 문어 아랍어 원어민(native speaker)이 없다고까지 했다. 현대 문어 아랍어 문법은 고전의 책들을 읽기 위한 필수코스이지만 고문의 어휘와 문체는 초급 과정에서는 다룰 필요가 없다. 오늘날 아랍인들의 언어를 중심으로 현대 문어 아랍어 문법의 단계적인 교재 개발이 필요하다. 아랍어 교재와 아랍어 교수법은 아랍어를 학습하는 학생들이 누구냐에 따라 달라져야 한다. 아랍인과의 의사소통이 아랍어 학습의 목표라면 일반 대중의 아랍어(암미야)를 습득한 뒤에 현대 문어 아랍어 문법을 통하여 암미야 아랍어의 활용을 강화하는 것도 또 한 가지 방법이 될 수 있다. 그래서 이 책에서는 요르단 대중 아랍어를 먼저 제시하고 또 현대 문어 아랍어와 일반 대중의 아랍어가 어떻게 다른지 둘 다 제시해 보았다.

아랍국가에는 아직까지도 외국어로서의 아랍어 교육을 위한 좋은 교재들이 별로 없다. 아랍어 학자들은 외국어로서의 아랍어 교육에 어느 정도 관심을 가지고 있으나 좋은 교재를 만들어내지 못하고 있다. 그런 점에서 외국어로서의 아랍어 교육은 해당 학습목표를 정하고 그 목표 달성에 맞는 교재 개발이 필요하다. 교재에는 일반 대중의 아랍어와 현대 문어 아랍어가 다 포함되어야 한다. 그리고 아랍어 문법서의 문법 용어의 재 정비가 시급하다. 종전의 서구식 아랍어 문법 용어를 지양하고 아랍인들이 사용하고 있는 문법 용어를 그대로 사용하면서 아랍어 학습자의 아랍어 고급단계 진입을 용이하게 도와야 한다.

가장 좋은 통번역은 아랍어 뿐만 아니라 모어인 한국어에 대한 언어 능력이 뛰어나야 하므로 한국어에 대한 이해를 높여야 아랍어-한국어, 한국어- 아랍어 통번역의 능력을 향상시킬 수 있다. 한국어와 아랍어의 대조 연구가 모든 언어 영역에서 반드시 선행되어야 한다. 한국어와 아랍어의 문장 층위, 문단, 담화 수준에서 상호 대조하는 연구들이 있어야 한다. 문맥에서 표출되는 정확한 어휘 의미와 담화에서 문장간 연결로 인하여 의미 차이가 생기는 것들을 파악하는 것이다. 아랍어-한국어 사전, 한국어- 아랍어 사전들이 단순히 한국어-아랍어 간의 어휘 대조를 통한 의미 부여보다는 다양한 문맥에서 해당 어휘들이 어떻게 의미 차이를 보이는지(이 책의 "신나는 단어장" 참조) 충분한 예제와 용례를 통한 의미 차이를 밝혀야 한다.

1. 아랍어의 역사

아랍어는 셈어로 알려져 왔다. 노아의 세 아들 셈, 함, 야벳(창 6:10)의 이름에 근거하여 아랍어를 셈어라고 하였으나 20세기에 많은 학자들은 아랍어를 아프리카-아시아어(베르베르어, 챠드어, 콥트어, 구스어 등도 포함된다)라고 했다. 셈어는 레반트[1] 지역(레바논, 시리아, 요르단, 팔레스타인, 이스라엘), 비옥한 초승달지역(이라크, 시리아, 팔레스타인, 이스라엘) 그리고 아라비아 반도와 북아프리카 지역에서 사용되고 있다. 이들 지역에는 아랍어, 히브리어, 아람어(시리얀어 포함), 암하르어 등이 현재까지 남아 있다. 그러나 악카드어(바빌로니아와 앗수르), 가나안어, 페니키아어 등은 이미 사라져 버렸다.

아랍어는 원시 아랍어(고대 아랍어), 고전 아랍어, 중간기 아랍어, 현대 아랍어 등으로 구분할 수 있다. 고대 아랍어(Old Arabic)는 기원전 7세기부터 서기 3세기까지의 아랍어인데 중부 아라비아(오늘날 사우디아라비아)나 북서 아라비아(오늘날 시리아와 그 주변지역)에서 발견된 돌에 기록된 내용을 통하여 알 수 있었을 뿐 자세한 내용은 알기 어렵다. 초기 아랍어(Early Arabic)는 3세기부터 5세기까지의 아랍어인데 고전 아랍어와 가장 유사한 특징을 갖는 아랍어로 간주되었다. 이 때의 아랍어는 기독교와 유대 문화와의 문화적 상업적 교류가 자주 있었고 아랍인 학자들은 이 시기를 자힐리야(이슬람 이전)의 시대라고 하였다. 당시 레반트 지역과 비옥한 초승달 지역은 로마와 비잔틴 통치하에 있었고 이들 지역은 아람어가 광역소통어(lingua franca; 모국어가 서로 다른 사람들끼리 소통하기 위해 쓰는 제3의 언어)이었다.

고전아랍어(Classical Arabic)는 꾸란의 아랍어 혹은 문학 아랍어라고 하는데 6세기부터 시작되어 문학적 시적 아랍어가 융성하였다. 이슬람 이전의 일반 대중의 아랍어와 함께 이제 문어 아랍어인 고전 아랍어 시기가 시작된 것이다. 중세 때의 아랍시는 어말모음 변화(إعراب)가 있었으나 오늘날 아랍 각국의 암미야 아랍어에서는 어말 모음의 변화가 없다. 7세기 무함마드가 꾸란을 하늘로부터 지브릴 천사를 통하여 아랍어로 내려받았다고 하여 이 때부터 아랍어는 꾸란을 위한 선택된 언어가 되었고 수세기 동안 종교 연구, 꾸란 주석, 신학적 연구의 대상이 되었다. 그리고 7세기부터 12세기 까지 아랍어 사용 지역과 이슬람이 확산되어가면서 아랍어는 문화, 과학, 외교, 행정의 언어가 되었다.

중간기 아랍어는 13세기부터 18세기까지의 아랍어인데 이 시기에는 고전 아랍어가 문학어로만 남게 되었고 일상생활의 암미야 아랍어가 각 지역마다 독특한 변종을 만들어갔다. 그 당시의 지역 아랍어 방언들은 글로 기록되지 않아 문학적 지위나 문법적 정통성을 확립하지 못하였다. 그 뒤 수세기를 거치면서 생활의 변화에 따라 지역 아랍어도 각기 다른 변화를 겪었으나 한번도 독자적인 '언어'가 되지는 못 하였다.

18세기 말부터 시작된 현대 아랍어는 기존의 고전 아랍어(과거의 문학적 아랍어),

---

[1] 레반트는 프랑스어로 '해가 떠오르는 동쪽'을 가리킨다. 지중해 동부 연안 국가들이다.

문학적 아랍어의 현대적인 버전(영미 학자들은 현대 표준아랍어라고 하나 '표준'이라는 말은 적합하지 않아 현대 문어 아랍어라고 한다)과 방언들이 생겨났다. 고전 아랍어와 현대 문어 아랍어 사이에는 어휘와 문체(style)에서 크게 차이가 났다. 이 둘은 서로 다른 역사와 문화적 변화를 거쳤기 때문에 고전아랍어와 현대 문어 아랍어는 서로 동일하지 않았다. 아랍인들은 고전아랍어와 현대 문어 아랍어, 이 두 가지 모두를 '푸스하'라고 부른다. 고전 아랍어와 현대 문학 아랍어의 유사점은 문학적 그리고 이슬람 종교적 전통을 이어주는 매체가 되어 왔다. 사실 푸스하는 문어체(문어로 쓰인 문장의 체, 문장체)도 아니고 표준말도 아닌 **문학적 이슬람종교적 아랍어**(Literary and Islamic liturgical Arabic)라고 할 수 있다.

오늘날에는 현대 문학적 아랍어(Modern Literary Arabic)를 20여개국의 아랍 국가들이 공용어로 규정하였다. 아랍 국가들이 현대 문어 아랍어를 학교 교육에서 강화하겠다고 하지만 아랍인들에게는 전혀 실현성이 없는 공약이 되고 있다. 그 이유는 모든 아랍 국가의 아랍인들이 현대 문어 아랍어를 일상생활에서 사용하지 않기 때문이다. 현대 문어 아랍어가 일부 공식석상이나 일부 뉴스 매체 그리고 일부 방송 프로그램에서만 사용되고 있으나 이것으로 완벽한 현대 문어 아랍어를 배우기 어렵다. 현대 문어 아랍어는 본래 문어(문장에만 쓰이고 말로는 쓰이지 않는 말)이었지만 연설과 설교, 뉴스에 사용될 때에는 구어(일상 회화에 쓰이는 말)가 된다. 서구 학자들이 사용하는 용어 '현대표준아랍어'에 대하여 충분히 합의된 정의는 아직까지 없다. 현대표준아랍어와 고전아랍어 사이에는 구문이 서로 불일치하는 예를 볼 수 있고 어휘와 문체상에서 그 차이가 더 크다. 아랍 신문과 일부 방송 프로그램에 사용되는 현대 문어 아랍어는 더욱 융통성있는 어순과 신조어, 서구언어에서 번역된 흔적이 있는 구문, 그리고 복합어나 다른 개념을 표현할 때 연결형을 즐겨 사용하는 등 고전아랍어와 다른 특징을 갖고 있다.

아랍인들이 비격식적인 상황에서 암미야를 사용하지만 아직까지 표준화되고 합의된 어법은 없다. 그럼에도 이제는 어느 정도 각 아랍 국가별로 암미야에 대한 연구가 활발하여 암미야를 체계적으로 정리하여 가르치는 학원들이 오래 전부터 생겨났다. 사실 전문가 수준에서 현대 문어 아랍어로 글을 쓰고 현대 문어 아랍어로 대화할 수 있는 아랍인들은 그리 많지 않다. 현대 문어 아랍어가 글을 중심으로 글말에서 시작했으므로 아랍인들은 글을 많이 읽어야 하는데 문제는 오늘날 아랍인들이 책을 읽지 않는다. 그래서 아랍인들에게 현대 문어 아랍어의 숙달 능력은 매년 크게 뒤떨어져 가고 있다.

오늘날 아랍 무슬림들은 암미야 아랍어로 연애한다. 아랍인들은 일상 생활에서 암미야 아랍어로 말하고 아랍인 남녀가 데이트를 할 때에도 현대 문어 아랍어가 아닌 암미야 아랍어를 사용한다. 만일 현대 문어 아랍어로 애교 섞인 말을 아랍인들이 한다면 그들에게는 아주 어색한 말이 되는 것이다. 현대 문어 아랍어는 특별한 상황에서만 사용되고 있고 일부 아랍인들에게 현대 문어 아랍어는 매우 어렵다.

아랍의 대학 강의는 암미야 아랍어로 진행한다. 아랍의 어린이들은 어려서 부모가 사용하는 암미야 아랍어를 배워 부모와 대화한다. 그러다가 학령기가 되면 학교에 가서 현대 문어 아랍어를 배운다. 그렇지만 친구들과 대화는 여전히 암미야 아랍어로 하고 부모님하고 학교 선생님하고 암미야 아랍어로 대화한다. 외국인이 아랍 청소년들과 시골의 할아버지나 할머니에게 현대 문어 아랍어로 대화를 시도하면 그들은 못 알아듣는다. 아랍의 대학에 가서 강의를 들으면 현대 문어 아랍어로 강의를 하는 아랍인 교수가 거의 없다. 아랍 대학생들에게 현대 문어 아랍어 문법 내용을 물어보면 자기는 아랍어 전공이 아니어서 잘 모르겠다고 한다. 그래서 현대 문어 아랍어를 문학적 아랍어라고 부른다. 오늘날 아랍의 의과대학과 공과대학은 영어로 혹은 프랑스로 강의한다. 이집트 국회의장은 의과대학의 교재들을 아랍어로 번역해 내야 한다고 주장하였다.

아랍 국회의원들이 현대 문어 아랍어를 잘 모른다. 국회는 한 나라의 법률을 입법하고 그 법률 내용을 모든 국민들에게 정확하게 전달해야 하는 임무를 갖는다. 그런데 국민들이 현대 문어 아랍어를 잘 모른다면 이는 '문어 아랍어 문맹자'가 되는 것이다. 이집트 국회의원들의 입법 활동 중 국회 회기내 발언한 내용이 문어 아랍어가 아니어서 속기사들이 다시 문어 아랍어 문법에 맞추어 국회의원들의 발언을 재기록하고 있다고 한다. 현대 문어 아랍어 안에는 우아하고 품격이 있는 문체와 일반 아랍인들에게 널리 쓰이는 평이한 문체 등 다양하다. 그리고 꾸란이나 하디스를 읽으면 역시 꾸란이나 하디스가 갖는 독특한 문체가 있다. 아랍인들은 주로 미괄식 문장을 선호한다. 대체로 글을 쓰는 목적과 의미가 글의 전반부에 나오지만 글의 중심 주제는 중간이나 끝에 온다.

아랍인의 아랍어 눈높이에 맞추어 아랍어를 배우자. 아랍어는 한쪽에는 문학 아랍어인 고전 아랍어, 현대 문어 아랍어 그리고 다른 한 쪽에는 암미야와 방언들이 두 극을 이루고 있다. 그리고 이 두 극 사이에 하나의 긴 스펙트럼이 있다. 아랍어 화자는 대화 상대와 상황 그리고 대화 주제에 따라 이 스펙트럼의 여러 층위들 중에서 어느 하나를 택한다. 아랍인은 글과 말에 있어서 아랍어 여러 변종 사이에서 말바꾸기(code switching)를 잘 한다. 이집트인 엘사이드 바이다위(El-said Baidawi)는 언어학적 그리고 사회언어학적 규준에 따라 고전 아랍어(FuSHā al-turāth), 현대 문어 아랍어(FuSHā al-'aSr), 교양인들의 암미야('ammiyya al-muthaqqafīn), 계몽된 사람들의 암미야('ammiyya al-mutanawwirīn), 문맹자들의 암미야('ammiyya al-'ummiyyin) 등으로 나누었다. 그는 화자의 학력과 대화가 일어나는 특별 상황을 고려하여 위와 같이 5개 변종으로 나누었으나 이 분류 역시 이집트 상황에 딱 들어맞는 것은 아니다.

한국인도 아랍인과 올바른 대화를 하기 위해서는 대화하는 대상의 학력과 대화상황을 고려하여 현대 문어 아랍어로 할 지 혹은 암미야 아랍어로 할 지 혹은 이 둘 사이의 어느 변종으로 할지를 결정해야 한다. 현대 문어 아랍어는 아랍 국가마다 약간씩 차이가 있고 암미야 아랍어는 아랍국가마다 아주 큰 차이를 보이므로 단기간 아랍어를 배워 아랍인들과 의사소통을 하려면 암미야 아랍어를 배우는 게 낫다. 암미야 아랍어는 문맥과 화맥의 구속을 많이 받으므로 **문맥과 화맥을 떠나면 그 의미를 정확히 알기 어렵다.** 아랍인들은 외국인을 만나면 우선 자신이 매일 사용하는 암미야 아랍어로 대화를 시도한다. 그러므로 외국인들이 이집트에서 현대 문어 아랍어를 연습하기가 아주 어렵다. 요르단에서도 사우디에서도 모로코에서도 크게 다를 바가 없다. 요르단에서 현대 문어 아랍어를 사용하여 물건을 사려고 하면 "너는 그것(현대 문어 아랍어) 밖에 모르니?"라고 되물어 오기도 한다. 다시 말하면 요르단 암미야 아랍어를 왜 모르느냐고 되묻는 것이다. 그렇다면 아랍의 어느 나라에 가야 현대 문어 아랍어를 잘 배울 수 있을까?

북아프리카의 모로코(암미야 아랍어를 다리자라고 함), 알제리, 튀니지는 프랑스어를 많이 사용하니 현대 문어 아랍어를 배우기 어렵고 이집트는 이집트 암미야 아랍어가 현대 문어 아랍어와 크게 달라서 현대 문어 아랍어를 배우기 어렵다. 또, 일부 걸프지역 국가들은 아랍인보다 외국인들이 더 많이 살고 있어서 아랍어를 배우기가 적절하지 않다. 그렇다면 한국인이 아랍어를 배운다면 어디에서 배울 수 있을까? 시원한 답이 없다. 다만 외국어로서의 아랍어(TAFL)를 **한국어 학습자가 배운다면 암미야(일반 대중의 아랍어)와 푸스하(현대 문어)를 모두 배워야 한다**는 것은 아주 분명하다.

2.발음과 악센트

아랍어는 15번째 자음의 이름을 따서 '다드(ض)의 언어'라고 부른다. 아랍어만이 갖는 독특한 발음이 아랍어 28 자음 중 다드라는 자음에 들어 있다고 생각했다. 다른 말로 하면 아랍어 발음이 매우 독특하다는 것이다. 그 예로서 스페인 안달루시아(스페인 남부 지역으로 중세때 이슬람의 지배를 받은 지역)를 여행하면 거리의 이름 중에 alcalde라는 지명이 지금까지도 남아 있다. 필자가 그 낱말을 보면서 옛날에 읽었던 글이 기억났다. 그것은 이 낱말의 어원이 아랍어 al-qāDī(판사)에서 왔다는 것이다. 즉 아랍어 D라는 발음이 스페인어 해당 낱말의 /l+ d/의 혼합된 소리와 같았다는 것이다. 설측음 /l/과 치음 /d/가 동시에 조음되면 아랍어 ض(D)의 발음이 되었다. 이것은 아랍 문법의 대가 시바와이히의 아랍어 D발음의 설명과 유사하다. 필자는 이 발음을 여러 아랍인들에게 물어 보았다. 그러나 아무도 이 발음을 제대로 할 수 있는 사람이 오늘날에는 없다. 아랍인들이 스스로 자신들의 언어, 아랍어가 매우 독특한 발음을 가진 '다드'의 언어라고 하면서도 아랍인 스스로가 그 발음을 어떻게 할 지 모르는 것을 보면 이것이 바로 오늘날 아랍인들의 언어 현실과 상통한다.

시대가 변하면서 7세기의 아랍어 발음이 변화되었다. 이집트 무바라크 대통령이 독일에서 수술을 받은 뒤 국민들의 소원을 싣는 글이 신문에 크게 보도되었는데 그 중에 대통령을 가리키는 단어 رئيس 가 ريس 로 적혀 있었다. 신문사가 그 단어를 잘못 인쇄한 것이 아니고 이집트 국민들이 매일 사용하는 암미야 아랍어로 표기하였던 것이다. 사실 현대 문어 아랍어에서 대통령을 '라이-스'라고 하는데 이 때 '이' 발음에는 성문 파열음을 넣어 발음해야 현대 문어 아랍어가 되는데 이집트인들은 이 성문 파열음을 발음하지 않는다. 어찌 이집트 사람들 뿐이겠는가? 아랍어 28개 자음에 대한 표준 발음을 아랍 국민들이 제대로 발음하고 있는 아랍국가는 지구 상에 하나도 없다. 이제는 아랍어 전공자에게서만 아랍어 표준 발음을 들을 수 있다.

● 아랍어에 대한 잘못된 이해
1-이집트인의 암미야 아랍어를 알면 전 아랍 세계의 아랍인들과 의사소통이 가능하다(X)

2-현대 문어 아랍어만 공부하면 아랍인들과 의사소통에 문제가 없다(x).

3-요르단의 암미야 아랍어가 표준 발음에 가깝다(X).

4-사우디 아라비아의 암미야 아랍어가 표준말이다(x).

5-현대 문어 아랍어를 배우려면 무슬림이 되어야 한다(x).

6-아랍인들은 모두 현대 문어 아랍어를 잘 구사한다(x).

7-아랍의 길거리에서 만나는 모든 아랍인들은 현대 문어 아랍어로 대화할 줄 안다(x).

8-꾸란을 알아야 현대 문어 아랍어를 잘 할 수 있다(x).

9-아랍의 대학에서는 교수와 학생들이 모두 현대 문어 아랍어로 강의하고 현대 문어 아랍어로 대답한다(x).

10- 이슬람 모스크에 가야 아랍어를 잘 할 수 있다(x).

● 아랍 국가에서 아랍어의 실상

1-아랍인들은 암미야 아랍어를 일상생활에서 사용하므로 푸스하(현대 문어 아랍어)의 문법을 잘 모른다. 한 나라 안에서도 지역마다 다른 아랍어 방언들이 있다.

2-아랍인들도 초중고등학교에서 현대 문어 아랍어를 배우지만 길거리나 집에서 현대 문어 아랍어를 연습할 기회가 없어서 현대 문어 아랍어를 못 한다.

3-아랍인들에게서 현대 문어 아랍어를 듣는 것은 일부 뉴스나 일부 아랍어 학원에서 가능하다.

4-아랍 국가 20여개국에서 1억의 사람들이 사용하는 아랍어는 암미야 아랍어라서 어휘와 발음, 문법에서 크게 차이를 보이므로 서로 알아듣기 힘들다.

5-아랍인들은 길거리와 신문의 광고 그리고 방송언어 등에서 암미야 아랍어를 사용하고 특히 외국어를 아랍어로 표기하는 것이 잦아지고 있다.

6-이슬람학을 연구하거나 모스크의 이맘, 그리고 무프티(알라의 명령과 종교의 법률을 명확히 하는 직책을 수행하는 자)가 되려면 푸스하 아랍어를 알아야 한다. 무프티의 기본적인 자질로는 이슬람, 율법, 이즈티하드(꾸란이나 하디스 등 법적 증거에서 새로운 실제적인 법적 판결을 이끌어내는 것)를 정통해야 한다.

7-시대가 흐를수록 아랍 각국의 암미야 아랍어는 현대 문어 아랍어에서 점차 멀어져간다. 아랍 기독교인의 아랍어와 아랍 무슬림의 아랍어가 어휘와 의미에서 서로 다른 경우가 많다.

● 표준 발음 해법

아랍인들 중에서 아랍어 음성학을 전공하였거나 꾸란 정음학(tajwīd)을 공부한 사람 혹은 외국어로서의 아랍어 교육에 많은 경험을 갖고 있는 사람에게서 현대 문어 아랍어의 표준 발음을 익힐 가능성은 있다. 그러나 아랍인들이 해당 국가의 암미야 아랍어 발음에 익숙해져 있기 때문에 모든 아랍 원어민의 발음을 현대 문어 아랍어 발음이라고 할 수 없다. 물론 꾸란 정음학은 꾸란을 읽는데에만 적용되는 발음법이기 때문에 실제 현대 문어 아랍어 발음법과는 차이가 있고 암미야 아랍어마다 고유한 음성체계가 있으므로 아랍 나라마다 조금씩 다른 발음 체계가 있다. 그러나 어느 한 나라의 발음과 어휘가 굳어지면 자신도 모르게 그 아랍 나라의 발음과 어휘를 습득하게 되므로 아랍인들은 외국인이 어느 나라에서 아랍어를 배웠는지를 짐작하게 되고 아랍인들은 이런 발음의 특징을 보고 자신들과 다른 '악센트를 그가 갖고 있다'고 말한다.

3. 현대 문어 아랍어의 자음

현대 문어 아랍어의 음성체계는 자음과 모음으로 되어 있다. 아랍어의 자음은 28개인데 한국어와 아랍어 자음의 대조 결과는 다음과 같다.

가) 한국어 자음 체계에 들어 있는 아랍어 자음(8) :

/t/ت /s/س /k/ك /l/ل /m/م /y/ي /h/ه /w/و

나) 한국어 자음 체계에는 있으나 한국어와 발음이 조금 다른 아랍어 자음(6):

ن ش ر د ب ج

다) 한국어 자음 체계에서 전혀 찾아볼 수 없는 아랍어 자음(14):

ث ح خ ذ ز ص ض ط ظ ع غ ف ق ء

만일 한국인이 아랍어 발음을 익히려고 한다면 위와 같이 한국어 자음체계에서 전혀 찾아 볼 수 없는 14개의 아랍어 자음 때문에 아랍어 자음을 발음하기 어렵다. 아랍어 전체 자음의 절반 이상이 한국어 자음 체계에 없기 때문에 올바른 발음을 하려면 오랜 연습이 필요하다. 더구나 한국어에 해당 아랍어 자음의 발음이 있다고 하더라도 한국어와 다소 다른 아랍어 자음들의 발음 때문에 정확하게 인식되지 않는 경우도 있다. 한국인에게는 인두와 후두에서 나는 소리, 인두음화한 자음들이 발음하기 어렵다. 이밖에도 유성음과 무성음의 구별, 인두음화한 자음과 비인두음화한 자음의 구별, 장음과 단음의 구별 등이 한국인에게 쉽지 않다. 다음은 현대 문어 아랍어 자모음에 대한 설명이다.

ء /'/[2]는 "함자"라고 불리는 자음인데, 두 성대가 숨의 통로를 완전히 막았다가 터뜨리는 성대 파열음[3]으로 성문음이라고 한다. 영어의 "written"의 "tt"를 발음할 때 성대를 완전히 닫았다가 갑자기 분리시킬 때 이와 유사한 소리가 난다. 이집트인들은 /q/를 함자로 발음하는 경우가 있어 이집트인들로부터는 표준 발음 /q/를 제대로 배우기 어렵다.

د/d/, ب/b/, ج/j/[4] 는 한국어에서 "ㄷ,ㅂ,ㅈ"가 모음과 모음 사이에 올 때 조음되는 소리와

---

[2] 표준 발음 표기는 국제 음성 기호 /ʔ/이나 독자들을 위하여 /'/로 표기한다.
[3] 조음체(혀나 입술 등)와 조음점 사이에서 공기가 한번 완전히 막혔다가 압축된 다음, 그 압축된 공기가 순간적으로 터져 나오면서 만들어지는 자음인데 이 과정에서 '폐쇄, 압축, 파열'의 순서를 거치므로 폐쇄음 또는 파열음이라고도 부른다. 한국어에서는 양순음 'ㅂ, ㅃ, ㅍ'은 두 입술을 다물어 기류를 완전히 막았다가 압축시킨 다음, 그 압축된 공기를 순간적으로 팍 터뜨리는 소리이며, 연구개음 'ㄱ, ㄲ, ㅋ'은 뒤혓바닥을 연구개에 밀착시켜 숨을 완전히 막아서 기류를 압축시킨 상태에서 순간적으로 팍 터뜨리는 소리이다.
[4] 표준 발음 표기는 국제 음성 기호 /d3/이나 독자들을 위하여 /j/로 표기한다.

같다.

ج/j/ 앞혀가 센입천장에 닿아 파열음처럼 폐쇄되는 과정을 가지나 그 소리가 실현되는
과정에서 파열음처럼 한꺼번에 터지지 않고 그 뒤 마찰을 일으키는 자음이다. 이 자음을
이집트와 요르단에서 정확히 발음하는 사람들을 만나기 어렵다.

ث/th/[5] 혀끝의 윗니와 아랫니 사이에 닿는 동안 마찰이 생기는 소리로 무성음이다. 이
소리의 유성음은 성대가 울리는 ذ /dh/이고, 이 유성 자음/dh/이 인두음화(혀가운데 부분이
낮아지고 인두벽을 향해 뒷혀가 뒤로 후퇴하며 부분적으로는 혀끝이 다소 후회한다)하면 ظ
가 된다. 그런데 이 세 자음은 아랍인들이 다른 자음으로 대치시켜 발음하므로 해당
자음의 정확한 발음을 보통의 아랍인들에게서 배우기 어렵다.

ر/r/ 한국어에서 "사랑"의 'ㄹ'과 유사한 발음은 모음 앞에 오는 ر/r/ 를 발음할 때 들리고,
만일 /r/ 다음에 모음이 뒤따르지 않으면 혀끝을 잇몸에 대고 혀끝을 두어차례 굴려서
소리낸다.[6]

س/s/은 무성음이고 ز/z/은 유성음이라는 차이가 있을 뿐, 이 두 자음은 윗니와 아랫니를
벌리고 혀끝을 윗니 바로 뒤에 위치시키고 그 사이를 마찰시켜 내는 소리이다.

ت/t/는 무성음이고 د/d/는 유성음이라는 차이일 뿐, 이 두 자음은 혀끝을 윗니의 뒷면에
갖다 댄 후 혀끝을 떼면서 파열하여 내는 소리이다.

ص/S/, ض /D/, ط /T/[7], ظ / Z/[8] 는 비인두음화 자음 س/s /, د /d/, ت / t/, ذ /dh/[9] 보다
혀 가운데 부분이 낮아지고 뒷혀가 인두벽을 향해 후퇴하면서 부분적으로 혀끝이 다소
후퇴한다. 그래서 비인두음화한 자음 /s,d,t,dh/는 치음 또는 치간음이지만 인두음화
자음/S,D,T,Z/은 모두 치경음이다. 이 4개의 인두음화한 자음은 한국인들에게 아주 생소한
소리이므로 자주 연습할 필요가 있다.

غ خ 는 뒷혀를 목젖에 가까이 접근시켜서 내는 소리로 خ /kh/[10]는 무성음이고, غ /gh/[11]는
유성음이다. 이 두 자음은 한국인들이 어느 정도 발음이 가능하다.

---

[5] 표준 발음은 국제 음성 기호 /θ/인데 독자를 위하여 /th/로 표기한다.
[6] 모음 앞에 올 때는 국제 음성 기호 /r/로 표기하고 두어차례 굴려서 소리내는 경우에는 /r/로
표기한다.
[7] 표준 발음은 인두음화가 있는 /s,d,t/이므로 국제 음성 기호 /sˤ, dˤ, tˤ/으로 표기해야 하나 독자를
위하여 대문자 /S,D,T/로 표기한다.
[8] 표준 발음은 /ðˤ/이지만 오늘날 대부분 아랍인들이 /zˤ/로 발음하므로 표기가 쉽게 /Z/로
표기하였다.
[9] 표준 발음 표기는 국제 음성 기호 /ð/이나 독자들을 위하여 /dh/로 표기한다.
[10] 표준발음은 국제 음성 기호 /x/인데 독자를 위하여 /kh/로 표기한다.
[11] 표준발음은 국제 음성 기호 /ɣ/인데 독자를 위하여 /gh/로 표기한다.

ح는 혀뿌리를 인두의 뒷벽 쪽으로 접근시켜서 내는 소리인데, 이 자음 ح/H/[12]는 무성음이고 이 자음의 짝 ع/'/[13]은 유성음이다. 한국인은 이 두 자음의 발음 내기를 매우 어려워하나 대부분의 사람들이 정확하게 발음하는 것을 볼 수 있다.

ف /f/는 윗니를 아랫 입술 안쪽에 대고 호기를 밖으로 불어 내면 아랍어 /f/가 되는데 성대가 울리지 않는 무성음이다.

ق/q/은 뒷혀를 목젖으로 올려 파열시킨다. 한국어의 "ㄲ"[14] 보다 다소 목 뒤쪽에서 소리난다.

ش/sh/[15]는 앞혀와 센입천장 사이에 기류를 마찰시켜 내는 소리인데, 한국어의 "쉬" 또는 "쉽다"에서 이 소리를 들을 수 있으나 아랍어와 똑같지는 않다. 모음 /아, 우, 이/ 앞에 오면 /샤,슈,쉬/로 소리난다.

ن/n/는 한국어의 "나, 누"와 같다. 한국어의 "니. 뉴"는 구개음화[16]하지만 아랍어 /n/는 혀끝을 잇몸 뒤에 대고 발음하므로 구개음화하지 않는다.

ك/k/는 혀의 뒷부분이 연구개에 닿도록 하여 숨공기의 통로를 막았다가 파열시키고 성대가 울리지 않으면 /k/가 되고 성대가 울리면 이집트 암미야의 /g/ج가 된다.

ل /l/은 혀끝을 윗니 뒷면에 밀착시키고 혀 양쪽으로 공기가 흘러 나가면서 성대가 울리는 소리이다. 그런데 이슬람의 신의 명칭 '알라'를 발음할 때에는 혀끝을 윗니보다 더 안쪽인 치경에서 조음된다. 이런 경우 영어의 dark /l/과는 다르게, 뒷혀가 인두벽을 향해 후퇴되는 특징을 갖는다. 아랍어/r/도 특정한 음성 환경에서는 뒷혀가 인두벽을 향해 후퇴하는 경우가 있다.

م/m/은 윗입술과 아랫입술을 붙여 구강의 한 부분을 막고 연구개를 내려 폐로부터 나오는 기류를 코로 나가게 할 때 조음된다. 기류가 코로 계속해서 빠져 나가고 있기 때문에 두

---

[12] 표준 발음은 국제 음성 기호 /ħ/인데 독자를 위하여 대문자/H/로 표기한다.
[13] 표준 발음은 국제 음성 기호 /ʕ/인데 독자를 위하여 /'/로 표기한다.
[14] 우리 말에서 경음(된소리;ㄲ, ㄸ, ㅃ)은 평음(ㄱ,ㄷ, ㅂ)에 성문 파열음 [ʔ]가 동반된 소리이며, 격음(거센소리; ㅋ, ㅌ, ㅍ)은 평음에 성문마찰음 [ʰ]가 동반된 소리이다. 따라서 경음을 발음할 때는 성대가 긴장되는 것을 느낄 수 있으며, 격음을 발음할 때는 입 가까이 손바닥이나 종이를 대어 보면 바람이 이는 것을 알 수 있다
[15] 표준 발음 표기는 국제 음성 자모 /š/ 혹은 /ʃ/이나 독자들을 위하여 /sh/로 표기한다. 이 자음의 유성음은 /ʒ/이다.
[16] 구개음이 아닌 [ㄷ]이 /i/나 /y/ 앞에서 구개음인 [ㅈ]으로 바뀌는 현상을 구개음화라고 하는데 엄밀히 말하면 경구개음화이다.

입술을 뗄 때 그 터짐이 세지는 않다. 아랍어/n/도 구강의 한 부분을 막고 연구개를 내려 기류가 코로 나가게 하는 비음이지만 조음점(자음이 만들어지는 자리)은 입술이 아닌 윗니이다.

ھ/h/는 입을 벌리고 혀가 어떤 접촉도 하지 않는 상태에서 공기를 밖으로 불어내지만 사실 후두의 움직임이 있는 성문 마찰음이다.

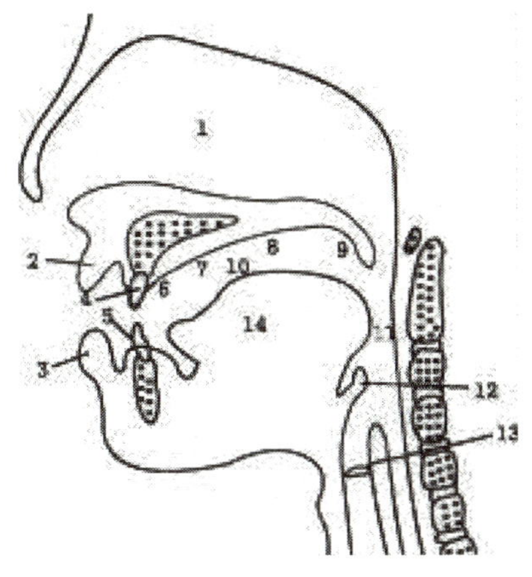

1- 비강, 2- 윗입술, 3-아랫입술, 4-윗니, 5-아랫니, 6-치경, 7-경구개(센입천장), 8-연구개, 9- 목젖, 10-구강, 11- 인두강, 12-후두덮개, 13- 성대(후두)

아랍어 발음 익히기의 힌트

¤-아랍인들의 소리를 듣고 그 소리대로 따라한다. 단, 아랍인이 정확한 표준 발음을 할 수 있는 사람인지를 반드시 확인한다. 아랍인들 중에서 모든 아랍어 자음을 표준 발음으로 할 수 있는 사람들이 많지 않다.

¤-아랍어 문장을 자주 읽어서 해당 발음이 어떻게 발음되는 지를 살핀다.

¤-단어와 단어가 연결될 때 발음이 어떻게 달라지는지를 살핀다.

¤-발음한 것을 녹음해 보고 아랍인이 발음한 것과 어떻게 차이가 나는지 살핀다.

¤-아랍인들은 외국인과의 대화에서 상대방의 대화 상황에서 어떤 말을 하려고 하는지에 관심을 가지고 듣기 때문에 한국인은 아랍어 발음보다는 의미 전달에 더 관심을 두고 대화한다.

¤-한국인들이 아랍어로 연설할 때 그리고 아랍어로 통역하거나 방송할 때 가장 두드러지게 어색한 부분은 역시 발음에서 나타난다. KBS 아랍어 방송이나 아리랑 TV의 아랍어 방송을 듣다 보면 역시 발음에서 한국인과 아랍인의 차이가 보인다.

※다음 아랍어 알파벳을 순서대로 읽어 보시오

أ ب ت ث ج ح خ د ذ ر ز س ش ص ض ط ظ ع غ ف ق ك ل م ن ه و ي

알리프(함자), 바, 타, 사, 짐, 하, 카, 달, 달, 라, 자이, 씬, 쉰, 싸드, 다드, 따, 다, 아인, 가인, 파, 까프, 카프, 람, 밈, 눈, 하, 와우, 야.

4.모음

아랍어의 단모음은 아, 이, 우/a,i,u/ 셋이다. 한국어 /아,이,우/와 비슷하다. 아랍어 장모음은 ا ي و /ā,ī,ū/ 셋[17]이다. 아랍어에서는 모음의 길이가 달라지면 낱말의 의미도 달라진다. 상당수 한국인들은 장모음을 정확하게 발음하기를 어려워하므로 단모음의 2배 정도로 생각하며 발음하도록 한다.

(예) kataba كَتَبَ 그가 썼다.　　　kātaba كاتَبَ 그가 서신 교환을 했다.

위의 두 단어에서 의미가 다른 까닭은 첫음절 /ka/ 와 /kā/가 다르기 때문이다.

이밖에 و-/aw/, ي-/ay/는 [단모음+ 약자음]의 형태로 되어 있는데 이들이 선어말 어미에 나타나 복수형이 되면 /iy/는 /ī/로, /uw/는 /ū/로 발음한다. 그래서 아랍어에서 /w, y/가 모음으로 바뀔 가능성이 있어서 자음 중에서도 '약자음'에 속한다고 했다. 일부 문법서에서 이 두 가지 /aw, ay/를 이중 모음/au, ai/이라고 한 것은 정확한 기술이 아니다.

(예) يَوْمٌ /yawm-un/, لَيْلٌ /layl-un/

muslimīna مُسْلِمِين ← muslimiyna ; muslimūna مُسْلِمُون ← muslimuwna

1.다음 낱말을 읽어보시오.

تَكْوِين	takwīn
خُرُوج	khurūj
رَاعُوث	rā'ū<u>th</u>
مُلُوك	mulūk
أَخْبَار	'akhbār
أَمْثَال	'amthāl
جَامِعَة	jāmi'ah
نَشِيد	nashīd
عَامُوس	'āmūs
مِيخَا	mīkhā
نَاحُوم	nāHūm
زَكَرِيَّا	zakariyyā

5.아랍어 글자

아랍어 28개 글자는 어두, 어중, 어말의 위치에 따라 그 모양이 조금씩 다르기 때문에 그 특징을 잘 파악하여 자음들을 서로 구별할 줄 알아야 한다.

---

[17] 이슬람초기 아랍어 학자들은 장모음을 자음으로 간주하였다.

(예)	어말	어중	어두	독립형
بَابَا	بَدَا	بَاب	أَدَب	أ
بَاب	رَبِيب	صَبْر	بَيْت	ب
بَاتَ	مَاتَ	دَفْتَر	تَرِف	ت
وَرَثَ	وَرِيث	يَثْرِب	ثَقِيل	ث
بُرْج	ثَلْج	حَجْم	جَمَل	ج
مُرِيح	صُلْح	مَحْمُول	حِمَار	ح
فِرَاخ	مَطْبَخ	مُخَلَّل	خَلِيل	خ
جَاد	شَدِيد	هَدَرَ	دَفْتَر	د
لَذِيذ	أَخَذَ	مَذْكُور	ذَكَر	ذ
مَسَار	سَرِير	مُرْتَفِع	رَغِبَ	ر
جِهَاز	عَزِيز	مَزَار	زَفِير	ز
مِقْيَاس	شَمْس	مَسَار	سَمَر	س
نِقَاش	جَحْش	مَشْهَد	شُكْر	ش
مِقَصّ	قِصَاص	مَصِيف	صَبْر	ص
مَرَض	فَيْض	بِضْع	ضَبْط	ض
رِبَاط	بَطّ	مَطْعَم	طَبْل	ط
عَكَاظ	حَافِظ	مَظْهَر	ظَلَّ	ظ
سَمَاع	سَمِيع	مَعْهَد	عَلِيل	ع
فَرَاغ	صَبَغَ	بَغِيض	غَفِير	غ
عفاف	عَفِيف	سَفِينَة	فَقِير	ف
دَقِيق	طَرِيق	مُقَيَّد	قَالَ	ق
شُبَّاك	سَمَك	مَكْتَبَة	كَهْف	ك
جَمَال	جَمِيل	جِلد	لَهَاة	ل
صِيَام	سَهْم	كَمَال	مَنْهَج	م
حَنَان	تِين	مَنْبَع	نَبْع	ن
جَنَّة	بَيْتُه	سَهْم	هَذِيل	ه
بَدْو	يُورُو	مَوَارِد	وَصَلَ	و
زِيّ	المَبَاني	سَيَّارَة	يَسَار	ي

그런데 위 글자들 중 6 개 글자는 앞에 오는 글자와는 연결되지만 이 글자들 다음에 오는 글자와는 분리되는데 이 6 개의 글자와 그 예문은 다음과 같다.
(예) 6 개의 글자: ا د ذ ر ز و

مَالِك صَادِر مُذِيع شَرْق مُتَزَوِّج شَوْكَة

※다음 단어들은 우리가 흔히 아는 영어 단어들이다. 아랍어 낱말이 된 후 어떻게 발음되는지 한번 읽어보시오.
الفِيس بُوك، دِيكُور، الأُوبرَا، أُورْكِسْترَا ، الكُونْسِرِفْثوَار ، أَكَادِيمِيَّة ، سِيمْفُونِيَّة ، هَايْدِن، هَانْدِل، مُوثسَارْت،
مُوسِيقَار، مُول، كَارْفُور، سُوزَان، كُورِيَا، بُودِي جَارْد، وَاشِنْطُن، بَاثْرِيُوت، سويسْرَا، يُورُو، دُولَار،
بلاك ووتَر، الوُورْد، الوِينْدُوز، الإِنْتَرْنِت، لِيزَر

페이스북, 디코르, 오페라, 오케스트라, 콘사르바토르, 아카데미, 심포니, 하이든, 헨델, 모짜르트, 음악가, 몰, 카르포르, 수잔, 한국, 보디가드, 워싱턴, 패트리어트, 스위스, 유로, 달러, 블랙워터(미국 사설 경호업체) , word, windows, internet. laser

이집트인과 요르단인들이 현대 문어 아랍어 자음들 중 어떤 자음의 발음을 정확하게 발음하지 못할까? 요르단에 가면 요르단 사람들이 아랍어 표준 발음 중에서 낱말에 따라 ث ج ق ظ ض ذ를 정확하게 발음하지 못 한다. 이집트에 가면 이집트인들에게 역시 ء ث ش ج ذ ض ظ ق 의 발음들이 정확하지 않다. 표준 발음과 다른 조음점을 갖는 이집트와 요르단 암미야 아랍어의 자음들 중 이집트인과 요르단인들이 서로 다르게 발음하는 자음은 ج ق이다. 이들 두 자음이 단어나 문장 속에서 발음되면 전혀 다른 단어로 들리므로 초보자는 금방 이집트인과 요르단인이 무엇을 말하려는지를 알아듣기 어렵다. 더구나 이집트나 요르단 암미야 아랍어에서 동일 어휘가 서로 다른 의미를 갖거나, 또는 동일 의미를 갖는데 서로 다른 낱말이 사용될 경우 그 대화를 금방 이해하기 어렵다. 어느 이집트인이 리비아에 가서 리비아인들과 대화하려고 했더니 발음과 문법에서 큰 차이를 보였다고 한다. 또, 요르단 사람이 쿠웨이트에 가서 쿠웨이트인들에게 아랍어로 말을 걸었더니 서로 대화가 안 되었다고도 했다. 이런 상황에서 한국인은 아랍 국가에 가면 적어도 2년 정도는 해당 국가의 암미야 아랍어를 반드시 익혀야 한다.

6.강세

꾸라이쉬 방언에서는 함자/'/가 없었으나 후다일 방언에서는 함자가 존재하였고 실제로 발음하였다. 즉 mu'min(믿는 자)이란 낱말을 꾸라이쉬 방언에서는 함자가 없이

mūmin이라고 발음한 것이다. 또, 타밈 방언[18]에서는 낱말의 처음에 오는 함자/ʔ/ 즉 /ʼ/가 아인/ʕ/ 즉 /ʻ/으로 바뀌어 발음되기도 하였다. 이슬람 초기에는 나브르(al-nabr)라는 단어가 함자를 가리켰는데 현대 아랍어언어학에서는 나브르(al-nabr)가 강세(stress) 혹은 악센트를 가리키는 말이다. 어느 음절이 주위의 음절과 비교하여 다른 음절보다 돋들리게 되면 음성학자들은 이것을 강세라고 했다.

　현대 문어 아랍어에서는 아래와 같이 일반적인 강세규칙만을 제시한다. 그것은 현대 문어 아랍어를 완벽하게 구사하는 아랍인들이 많지 않고 대부분 암미야 아랍어를 구사하기 때문에 현대 문어 아랍어의 강세 규칙에 대한 연구가 그리 많지 않았다. 다만, 일부 학자들이 제시한 현대 문어 아랍어의 강세 규칙은 음절구조에 근거하므로 음절 구조를 알면 강세 위치를 예측할 수 있다(좀 더 자세한 것은 공일주 『아랍어 음성학』 pp.73-79참조). 이집트와 수단에서 현대 문어아랍어는 암미야 아랍어와 강세 규칙이 상당히 다르다. 현대 문어 아랍어의 강세 규칙은 낱말의 끝에서부터 계산하여 강세 자리가 정해진다. 다음과 같이 어미가 휴지형으로 끝나는 경우와 온전하게 모두가 발음되는 경우 이 둘 사이에는 강세 규칙이 서로 다르다.

　첫째, 어말모음이 온전하게 모두 발음되는 경우(굵게 표시한 부분에 강세가 있다).
　가) 두 음절로 된 낱말이면 첫 음절에 강세가 있다.　(예) /hunā/ هُنَا 여기
　나) 끝에서 두번째 음절이 CVC(자음+ 모음+ 자음) 혹은 CVV(자음+ 모음+ 모음)이면 이 음절에 강세가 있다.　(예) /kitābun/ كِتَاب 책
　다) cv(자음+ 모음) 꼴의 음절이 세 개 연달아 있으면 첫 음절에 강세가 있다.
　　(예) /kataba/ كَتَبَ　그가 썼다
　라) 낱말의 끝에서 두번째 음절이 cv(자음+ 모음)꼴이면 끝에서 세번째 음절에 강세가 있다. (예) /samakatun/ سَمَكَة　생선
　마) 끝 음절에 다른 인칭대명사가 접미되는 경우, 음절 수가 증가되므로 강세 위치가 달라진다.
　　/maktabun/ 사무실:　/maktabuhu/ 그의 사무실
　　/darasnā/ 우리가 공부했다　:　/darasnāhā/ 우리가 그것을 공부했다
정리하면, 현대 문어 아랍어의 강세는 대체로 낱말 끝에서 두번째나 세번째 음절에 강세가 붙는다.

둘째, 휴지형의 강세
　가) 마지막 음절이 cvvcc, cvcc, cvvc이면 이들 음절에 강세가 있다.
　　(예) /kasabt / كَسَبْت / cv-cvcc/
　나) cvc(자음+ 모음+ 자음)가 둘 있으면 첫 음절에 강세가 놓인다.
　　(예) /daftar/ دَفْتَر　/cvc-cvc/

---

7. 억양

억양은 목소리의 음높이가 높아지거나 낮아지는 것으로 글월이나 글월의 일부분에 얹혀서 나타나며 문법적인 기능이나 화자의 여러 가지 태도를 나타내는 구실을 한다.
　가)긍정문 : 목소리가 중간 높이에서 시작하여 강세음절에서 약간 올라갔다가 끝에서는 낮은 음높이로 떨어진다.
　나)의문문 : 의문명사를 포함하는 의문문에서는 의문명사의 강세 음절에 높은 음높이가 오고 문장의 나머지는 중간 음높이이다.
　강세나 억양을 정확히 소리 내려면 원어민(Native Speaker)의 억양을 가능한 한 주의 깊게 듣고 따라 하는 것이 좋다. 암미야 아랍어와 지역 아랍어의 특징 중 하나는 나라마다 그리고 지역마다 독특한 악센트(Accent)가 있다는 것이다.

8. 동화

아랍인에게 정관사 اﻟ/al/의 /l/은 그 다음에 오는 자음과 동화되어 아예 소리가 나지 않는 경우와 정관사가 그대로 발음되는 경우 등 두 가지가 있다. 그래서 아랍인은 전통적으로 이 두 가지를 해문자와 달문자라고 불렀다. 정관사가 해문자로 시작되는 명사에 접두되면 동화가 일어난다. 동화가 일어나면 아래 보기와 같이 정관사의 /l/은 발음되지 않는다. (예) اﻟسُّوﻕ as-sūqu(해문자로 시작함); اﻟبَيْت al-baytu (달문자로 시작함)
　해문자 : ت ث د ذ ر ز س ش ص ض ط ظ ل ن
　달문자 : ء ب ج ح خ غ ع ف ق ك م ه و ي
아랍인들은 해문자와 달문자 앞에 오는 정관사의 /l/이 발음될 때와 발음되지 않을 때를 우주에 있는 해와 달과 별을 가지고 설명한다. 별(/l/)은 해(해문자 14개)가 떠 오르면 사라지는 것처럼 아랍어 정관사 다음에 해문자가 오면 그 정관사가 사라지고 동화가 일어난다. 그러나 달(달문자 14개)이 뜨면 별이 훤하게 빛나므로 아랍어 정관사 다음에 달문자가 올 경우에는 정관사의 /l/은 아래와 같이 그대로 발음된다.
　(예) اﻟمَزَامير al-mazāmīr, اﻟعَدَد al-'adad
　다음 어휘들이 발음되는 것을 보면서 해문자인지 달문자인지를 확인하여 보시오.

اﻟتَّثْنِيَة	at-tathniyyah(해문자),	اﻟقُضَاة　al-quDāh(달문자)
اﻟمُلُوﻙ	al-mulūk(달문자),	اﻟأَمْثَال　al-'amthāl(달문자)
اﻟجَامِعَة	al-jāmi'ah(달문자),	اﻟأَنْشَاد　al-'anshād(달문자)
اﻟرِّسَالة	ar-risālah(해문자),	اﻟرُّسُل　ar-rusul(해문자)
اﻷُولى	al-'ūlā(달문자),	اﻟثَّانِيَة　ath-thāniyyah(해문자)
اﻟرَّسُول	ar-rasūl(해문자),	اﻟﻼَّهُوتي　al-lāhūtiyyu(해문자)

　이밖에도 아랍어 낱말들 중에 동화 현상을 찾아볼 수 있다. 그 예로 اِتَّصَلَ(وَصَلَ) 은 8형 동사인데 본래는 اوتصل가 맞다. 그런데 약자음 와우(و)가 사라지고 그 다음에 오는 /t/ 가 겹쳐나면 ittaSala가 된다. 또 اِضْطَرَبَ(ضَرَبَ) 은 인두음화 자음 ض가 그 다음에 오는 ت에

자신의 인두음화 현상을 남겨 ㅌ로 바뀐 것이다.

아랍어는 다의어이다.
(1) 아라비야 عَرَبِيَّة라는 말은 "아라비아, 아랍어, 자동차, 보트" 등의 의미를 갖는다.
(2) 이슬람포비아 إِسْلَامُفُوبِيَّة 는 이슬람을 적대적으로 보는 서구적 시각이란 의미이다.
(3) 아울라마 الْعَوْلَمَة는 세계화라는 의미이지만 아랍무슬림들은 미국화를 의미하는 단어로 인식하기도 한다.
(4) 알샤리프 الشَّرِيف는 꾸란 원본(codex), 무함마드 모스크, 꾸란, 알아즈하르, 알하람, 알하디스, 무함마드 탄신일(아래 아랍어 낱말들을 보라)과 같은 단어 뒤에 쓰인다. 알샤리프는 오스만터키 시절 메카 총독의 칭호이었고 역사 속에서는 무함마드 가문의 후손들에게 붙여진 이름이었다. 그러나 오늘날에는 인질, 모스크, 꾸란(التنزيل العزيز), 하디스, 무함마드 탄신일, 알아즈하르에 붙이는 존칭어가 되었다. 그 이유는 샤리프라는 낱말이 '높은'이라는 말이고 동일 어근에서 나온 <u>shurfah</u>는 높은 데 있으니 발코니를 가리킨다.

الْمُصْحَف الشَّرِيف، الْمَسْجِد النَّبَوِي الشَّرِيف الْقُرْآنُ الشَّرِيفُ(الْكَرِيمُ، الْحَكِيمُ)،
الْأَزْهَرُ الشَّرِيفُ، الْحَرَامُ الشَّرِيفُ، الْحَدِيثُ الشَّرِيفُ، ذِكْرَى الْمَوْلِدُ النَّبَوِيِّ الشَّرِيفُ.

(5)쉐이크 شيخ는 이집트의 알아즈하르 종교 기관의 최고 수장에게 붙여지는 칭호이다. 그러나 쉐이크는 일부 걸프 국가의 수장에게도 붙여지고 수피(Sūfī;이슬람교에서 신비적 수행 방식으로 눈에 보이지 않는 내적 의미를 추구하는 자)의 수장에게도 붙여지며 기독교 중 장로들에게도 붙여지는 이름이다. 쉐이크의 의미는 '나이가 많거나 경험과 학식이 뛰어난 사람'을 가리키므로 부족장, 이슬람에 학식이 깊은 종교인, 어느 분야에 풍부한 경험이 있는 사람을 가리킨다.

9.정서법

1)모음
가)단모음: 아랍어 단모음은 한국어와 달리 문자가 아닌 부호(sign)로 쓴다. 아랍어 단모음에는 파트하 فَتْحَة/a/, 담마 ضَمَّة/u/, 카스라 كَسْرَة/i/가 있는데 파트하는 글자 위에 사선 하나를 긋고 담마는(')를 글자 위에 9와 비슷한 부호를 쓰고 카스라는 글자 아래에 사선 하나를 긋는다.
　(예)kataba كَتَبَ　　bikutubihi بِكُتُبِهِ 그의 책들
나)장모음: 아랍어 장모음은 문자를 써서 나타내는데 /ā/는 문자 "ا"로, /ū/는 문자 "و"로, /ī/는 문자 "ي"로 나타낸다. 아랍어는 자음 뒤에 오는 모음이 한데 어울려 한 음절을 이룬다.
다)무모음: 자음이 모음을 수반하지 않고 쓰일 때 부호(˚)를 해당 자음 위에 붙이고

이런 부호를 아랍인들은 수쿤(무모음)이라 부른다. 수쿤(السُّكُون: 무모음)을 갖는 자음 앞의 자음과 모음, 또는 자음이 모음(단모음 혹은 장모음)을 가질 때, 다음과 같이 한 음절을 이룬다. (예) /kuntu/(내가 –었다) كُنْت /bintihi/(그의 딸) بِنْتِهِ

2)알리프: 발음은 하는데 실제로 표기되지 않는 알리프의 예는 다음과 같다.
(예) هَاذَا ←هَذَا (왼쪽 낱말은 실제 표기할 경우이고 오른쪽은 실제 발음이다)
هَاذِهِ ←هَذِهِ
هَاهُنَا ←هَهُنَا
هَ أَنَا ذَا ←هَأَنَذَا
هَاؤُلَاء ←هَؤُلَاء
أُولَائِكَ ←أُولَئِكَ
لَاكِنْ ←لَكِنْ
السَّمَاوَات ←السَّمَوَات
الرَّحْمَان ←الرَّحْمَن
يَاسِين ←يَسِين

3)알리프: 발음은 안 되는데 실제로는 표기되는 알리프
(예) مِنَة ←مَائَة (왼쪽 낱말은 실제 표기할 경우이고 오른쪽은 실제 발음이다)
كَتَبُو ←كَتَبُوا

4)와우: 발음은 안 되는데 실제로는 표기되는 와우
أُولَئِكَ (표기)← أُلَئِكَ (실제 발음)
عَمْر (표기)← عَمْرٌو (실제 발음)

10.탄윈

　　일반적으로 아랍어 명사의 "비한정" 표지를 탄윈(التَّنْوِين)이라고 부른다. 탄윈은 단모음 /a, i, u/ 다음에 비한정 표지 /n/을 붙여 만든다. 이것을 우리 말로 "ㄴ 덧붙임"이라고 하는데 "ㄴ덧붙임"은 정관사가 접두되는 명사에서는 허용되지 않는다. 명사에서 주격인 경우, u(주격)+n(비한정)=un كِتَابٌ; 목적격인 경우, a(목적격)+n(비한정)=an كِتَابًا; 소유격인 경우, i(소유격)+n(비한정)=in كِتَابٍ 등 세 가지가 있다. 그런데 목적격의 경우, 타마르부따(ة)로 끝나는 낱말이나 장모음이 뒤에 오는 함자에는 알리프(ا)를 붙이지 않고 두 개의 파트하 사선(ً)만 붙인다. 또 알리프 막쑤라로 끝나는 명사의 주격과 목적격에도 알리프를 붙이지 않는다.

　　탄윈은 명사, 형용사, 부사에 붙는 비한정 표지이다. 그런데 일부 고유명사는 본래 한정인데도 탄윈이 붙어 있는 경우가 있다. 비한정이란 한정되지 않는 것(모르는 사람이나 사물)을 말하는데, 즉 어느 누구나 지칭될 수 있다는 뜻이다. 여기에 정관사를 붙이면

아무거나 누구나 될 수 있는 비한정의 개연성을 좁혀, 아무나가 아닌 한정된 그 것, 이미 잘 아는 사람이나 사물을 가리킨다. 아래 예문에서 명사의 선어말의 /a,i,u/는 명사의 격을 표시하고 /n/은 비한정 탄원이다.

(예) بَيْتٌ bayt-u-n (어느 집이)

  بَيْتٍ   bayt-i-n (어느 집의)

  بَيْتًا bayt-a-n (어느 집을)

مَكَانًا makān-a-n

جِسْرًا jisr-a-n

كَثِيرًا kathīr-a-n

سِفَارَةٌ sifārat-u-n

سِفَارَةٍ sifārat-i-n

سِفَارَةً sifārat-a-n

مَسَاءٌ masā'-u-n

مَسَاءٍ masā'-i-n

مَسَاءً masā'-a-n

아랍어 명사는 보통 비한정 상태로 쓰인다. 그러나 명사 앞에 정관사가 붙으면 그 명사는 한정된다. 아랍어 명사가 한정되는 경우는 정관사가 붙어 있는 명사, 지시대명사, 인칭대명사, 고유명사, 관계대명사, 한정명사를 후연결어로 갖는 전연결어 등이다.

(예)

(1) 정관사: (화자가 알고 있는) 책 الْكِتَاب

(2) 고유명사: 튀니지 تُونِس , 무함마드 مُحَمَّد

(3) 인칭 대명사: 너 أَنْتَ , 나 أَنَا ,

(4) 지시 대명사: 이것(여성) هَذِهِ , 이것(남성) هَذَا

(5) 관계 대명사: -던 الَّتِي، الَّذِي

(6) 전연결어: وَلِيُّ الدِّين

그런데 정관사(ال)를 붙여서 한정명사를 만들려면 먼저 이전에 화제에 오른 낱말을 다시 언급할 때이거나, 대화하기 전에 이미 알고 있던 사실에 근거를 두고 그가 알고 있는 낱말을 한정해서 말할 때 사용된다.

우리말에는 앞에서 이미 이야기하였거나 듣는 이가 생각하고 있는 대상을 가리키는 지시 대명사 "그"가 있는데 조금 전에 제시한 아랍어 정관사의 의미는 지시대명사 이것(هَذَا), 저것(ذَلِكَ)의 의미보다 그 한정의 정도가 상대적으로 약하다.

11.보조 모음

두 낱말 사이에서 모음을 수반하지 않는 자음 둘이 연달아 오면 발음하기 불편하므로 두 낱말 경계에 자음이 연달아 오면 두개의 자음 중 첫자음 뒤에 모음 /a, i, u/를 넣어 발음을 용이하게 해준다. 이때 사용되는 모음을 전이모음(Transition Vowel) 또는 보조모음(Helping Vowel)이라 부른다. 낱말과 낱말 간의 발음 중 보조 모음이 있을지 없을지에 대해서는 거의 예측이 가능하고 이들은 다음과 같은 특징을 갖는다.

가)절대로 보조 모음은 강세를 갖지 않는다.

나)긴장음이 아니므로 신속하게 조음하며 겹친 자음 앞에도 마찬가지다.

다)보조 모음의 발생과 위치는 예측 가능하다.

라)보조 모음은 주요 낱말 강세의 위치를 결정해 주는 모음으로 간주되지 않는다.

(예) مِنْ الله min allāh → مِنَ الله minallāhi, 또는 وَاشْرَبْ washrab

12.약한함자와 강한함자

가)강한함자(hamzat ul-qat'i) هَمْزَةُ القَطْع : 강한함자는 낱말의 어느 곳에 오든지 항상 발음되는 함자이다. 함자가 갖는 고유의 음가는 성문 파열음이다. (예)أَكْل/'akl/ أَكْتُبُ /'aktubu/

나)약한함자(hamzat ul-wasl) هَمْزَةُ الوَصْل : 약한 함자는 낱말의 처음에 올 때에는 발음이 되나 낱말 사이에 올 때에는 두 개의 자음이 연달아 이어져 나와서 발음이 불편하므로 함자의 음가와 함자 글자가 없어진다. (예) وَاكْتُبْ /waktub/ . 그런데 앞선 낱말의 마지막에 모음이 오면 약한함자와 그의 모음만 잃어버리지만(예; وَاكْتُبْ /waktub/ 앞선 낱말이 모음을 갖지 않는 자음으로 끝날 때는 연음(liaison)을 용이하게 하기 위해 전이모음 /i/, /a/, /u/, 또는 /ū/가 사용된다. (예) مِنْ الله /min 'allāhi/ − /min+ a(전이모음)+ llāhi/에서 약한함자의 부호는 (ٱ)이다. 약한 함자가 들어 있는 낱말은 정관사(ال), 관계대명사(الَّذِي), 동사 원형의 명령 동사(اقرأ), 첨가 동사(7형, 8형, 9형, 10형)의 과거 동사와 명령 동사와 동명사 그리고 다음과 같은 7개의 명사가 해당된다.

(예) امْرُوْ است اثْنَتَان اثْنَان اسْم ابْنَة ابْن (후부, 여자, 둘(여성), 둘(남성), 이름, 딸, 아들)

여기서 유의할 것은 약한 함자를 갖는 낱말일지라도 문장의 처음에 사용될 경우에는 함자를 넣어 발음하는 것이 원칙이다. 그 이유는 모든 아랍어 음절 구조는 자음으로 시작하고 각 음절 구조에는 반드시 모음이 있어야 한다는 원리에 근거한다.

1.다음은 아랍어 문장이다. 함자들이 어떻게 쓰이는지 살펴보라.

اكْتُبْ رِسَالَة إِلى وَالِدَيْكَ. (너의 부모님께 편지를 써라)

اِنْتَبِه إِلى الْمُدَرِّس أَثْنَاءَ نُطْقِهِ الْكَلِمَاتِ الْعَرَبِيَّةِ.

(아랍어 낱말들을 발음하는 동안 선생님께 주의 집중하라)

هُنَاكَ اِثْنَان وَعِشْرُونَ دَوْلَة فِي جَامِعَةِ الدُّوَل الْعَرَبِيَّةِ. (아랍 국가 연맹에는 22개 국가가 있다).

동일 단어가 서로 다른 학문에서 서로 다른 의미로 사용되는 예가 많다. 가령 언어학에서 와끄프(وقف)는 문장 끝에서 모음이 없이 발음하는 휴지형을 가리키는 말이다. 그런데 이슬람 종교 용어에서 와끄프(وقف)는 "신을 위하여 따로 떼어놓은 재산이나 기금"을 가리킨다. 이런 경우 무슬림 학자들은 와끄프는 인간의 자유와 품위를 지켜주는 이슬람의 제도라고 설명한다. 즉, 와끄프는 이슬람 사회의 정치, 경제, 사회 발전에 중요한 역할을 했다. 오늘날에는 무슬림들이 학술 연구와 테크놀로지 발전을 위하여 종교 기금 '와끄프'가 사용되어야 한다고 주장한다. 그 이유는 와끄프가 본래 "특정 목적의 헌금"으로서 병원과 모스크 그리고 학문을 연구하는 자와 생활보호 대상자들에게 주어졌기 때문이란다. وِزَارَةُ الأَوْقَافِ 는 종교 기금을 관리 감독하는 정부 부처인 종교성이다.

13.장음화 부호(맛다 مدة)

알리프 위에 쓰이는 부호 (آ)는 두 개의 알리프가 이어져 함께 있다는 것을 의미하고 음가는 /'ā/이다. 즉 함자와 알리프가 합쳐진 음가이다.

(예) آدَم /'ādam/, آزَر /'āzar/

꾸란 정음학(ilm al—tajwīd)은 꾸란 속에 나오는 낱말의 자음과 모음을 본래대로 정확히 발음하는 학문이다. 꾸란을 읽을 때 장모음은 보통 단모음의 길이보다 2배 혹은 4배 혹은 6배 중에서 하나를 선택하여 발음하는 경우, 보통의 단모음 길이보다 4배나 5배로 발음하는 경우 그리고 반드시 6배로 발음하는 경우 등 세 가지가 있다. (예) الم(알리프 라~암, 미~임): /라~암, 미~임/(맛다 부호가 있어야함)은 6배로 길게 발음한다. 그리고 يأَيُّها (야~ 아아유하): /야~/(맛다 부호가 있어야 함)는 5배로 길게 발음하고 الماء(알마~우): /마~/(맛다 부호가 있어야 함) 역시 5배로 발음한다. 그러나 맛다 부호가 없는 장모음은 단모음의 2배 혹은 4배 혹은 6배이다(예, الرحيم (앗라히~므)에서 /히~/는 2(4.6)배이다.

14. 겹친 자음 부호(샷다 شَدَّة)

자음 위에 쓰이는 부호(ّ)는 동일한 자음이 겹쳐 있음을 나타낸다. 단모음 /a, i, u/에 따라 쓰이는 모양이 조금씩 다르다.

(예) waddu وَدُّ , waddi وَدِّ , wadda وَدَّ ← وَدَدَ

겹친 자음을 발음할 때에는 겹친 자음 중 앞 자음은 앞의 음절 그리고 겹친 자음 중 뒷 자음은 뒷 음절과 함께 소리낸다.

(예) /wadda / 왓다 وَدَّ   / daqqa / 닥까 دَقَّ

앞선 낱말이 /-n/으로 끝나고 그 다음에 /m/ 또는 /l/가 오면 앞의 /n/은 발음되지 않고 뒷소리에 동화된다. 이때 동화되었음을 표시하는 부호가 샷다이다.

(예) /'allā/ أَلَّا ← أَنْ لَا   /mimman/ مِمَّنْ ← مِنْ مَنْ

15. 알리프의 여러 글자체

장모음 /ā/이 낱말의 끝에 올 때 알리프(ا)를 쓰지만 어말에 알리프 막쑤라('alif maqSūrah, 짧아진 알리프, ـى /ā/)가 쓰이기도 한다. 물론 알리프 막쑤라가 올 수 있는 낱말이 정해져 있고 알리프 막쑤라는 두 점이 없는 ى 가 낱말 끝에 온다는 것을 가리킨다. 다음 예문에서 어말에 오는 장모음 알리프(ا)는 원래 와우(و)였음을 나타내고, 알리프 막쑤라의 원래의 형태는 야(ي)였음을 의미한다.

(예) 그가 초대했다. دَعَا   내가 그를 초대했다. دَعَوْتُهُ
　　　너희들 위에 عَلَيْكُمْ   위에 عَلَى

현대문에서는 사라져 버린 작은 (단도 모양의) 알리프(ٰ)는 고문에서만 찾아볼 수 있다. 작은 알리프를 자음 위에 표시하면 그 자음이 /ā/ 장모음을 갖는다. 아랍어 성경에 나오는 일부 선지자들 이름에도 작은 알리프가 쓰였다. 작은 알리프는 장음이나 단음으로 발음되기 때문에 이런 모양으로 썼다고 한다.

(예) 이브라힘 إبراهيم /'ibrāhīm/, 알라 الله /'allāh/ 앗라흐만 الرحمن /ar-rHmāni/

알리프 문자가 없는데도 /ā/ 장모음으로 길게 읽어야 하는 특별한 낱말들이 있다.

(예) لكن /lākin/, 꾸란 1장의 4절의 ملك /mālik/

일부 어휘(예;هذا)가 장모음 /ā/로 끝나더라도 이 장모음은 약한함자(함자툴와슬)로 시작하는 낱말이 뒤따르면 /ā/장모음이 단모음으로 발음된다. 왜냐하면 다음에 오는 첫자음이 모음을 갖지 않았기 때문이다.

(예) أَنَا الرَّجُلُ /'ana r-rajulu/ هَذَا الرَّجُلُ /hadha r-rajulu/

알리프 장모음 /ā/가 있어도 항상 탈락된 것처럼 묵음으로 처리되는 낱말이 있다.

(예) مَائَة /mi'ah/ رَمُوا /ramū/ يَجْلِسُوا /yajlisū/

16. 아라비아 숫자

　　지금 우리가 쓰고 있는 아라비아 숫자는 그 형태가 아랍인이 썼던 숫자에 기원을 두었다 해서 붙여진 이름이다. 중세에 서양의 수학자들이 아랍인들이 썼던 숫자를 배운 것이 그 계기가 되어 '아라비아 숫자'라고 했다. 당시의 로마자는 옆으로 계속 써 나가야 했기 때문에 산술에서는 매우 불편했다. 서양인들이 쓰는 숫자(우리가 아라비아 숫자라 부름)는 15세기부터 인쇄술의 발달과 더불어 사용되기 시작했다. 인도인이 영을 그저 일련의 숫자에서 '비어 있는 공간'이라 생각한 것을 아랍인들은 이 공(비어 있음)을 실제적인 숫자로 보았다. 그래서 처음으로 10단위 숫자가 만들어졌다. 오늘날 아랍어 숫자를 함께 쓰는데 모두 왼쪽에서 오른쪽으로 읽고 쓴다. 아랍세계에는 11세기에 세가지 수 체계가 있었다. (1) 손가락으로 셈함 (2) 아랍어 자음에 숫값를 넣음 (3) 힌디(인도) 숫자를 사용함. 아랍어 글자는 오른쪽에서 왼쪽 방향으로 쓰지만 아라비아 숫자나 힌디 숫자는 왼쪽에서 시작하여 오른쪽으로 써 나간다.

(아라비아 숫자와 손가락 모양)

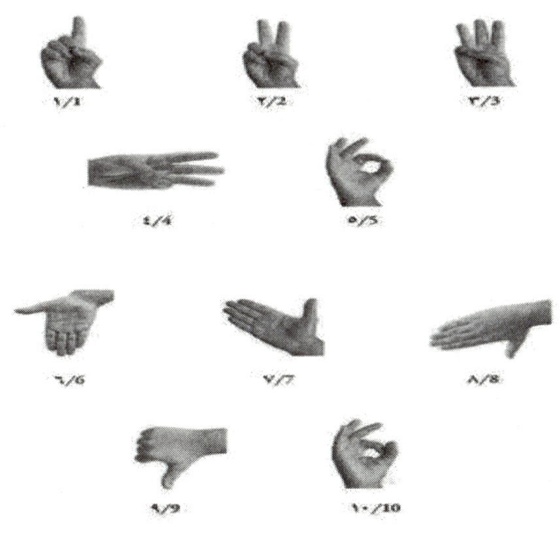

인도숫자(الأرقام الهندية): ٠٠ ، ١ ، ٢ ، ٣ ، ٤ ، ٥ ، ٦ ، ٧ ، ٨ ، ٩

아라비아 숫자(الأرقام العربية): 1 , 2 , 3 , 4 , 5 , 6 , 7 , 8 , 9

17. 숫값과 아랍어 알파벳

　　오늘날 아랍어로 된 책이나 논문을 보면 머리말과 서문에 영문 서적처럼 a, b, c…등에 해당하는 페이지 순서 매김(… د ج ب أ)과 본문에 해당하는 내용의 페이지 매김(1,2,3,4 …)이 서로 다른 것을 볼 수 있다. 전자를 알아브자디야라고 한다. 그리고 숫값으로 쓰이는 아랍어 자음(hurūf al-jumal)은 옛 글에서 날짜를 표시할 때에도 사용되었으나 지금은 그런 방식으로 사용되지 않는다. 옛 아랍어 알파벳 순서는 다음과 같았고 아랍인들은 각 자음 순서에 따라 숫값을 붙였다. 이를테면 맨 처음에 나오는 알리프 1, 바 2, 짐 3, 달 4, 하 5, 야 10, 카프 20, 까프 100, 라 200, 가인 1000이 된다.

أَبْجَدْ هَوَّزَ حُطّى كَلَمَنْ سَعْفَصْ قُرِشَتْ ثُخِذْ ضَظِغْ

1. ا	20. ك	200. ر	
2. ب	30. ل	300. ش	
3. ج	40. م	400. ت	
4. د	50. ن	500. ث	
5. ه	60. س	600. خ	
6. و	70. ع	700. ذ	
7. ز	80. ف	800. ض	
8. ح	90. ص	900. ظ	
9 ط	100. ق	1000. غ	
10. ي			

　　아랍어 알파벳 첫 자음의 음가는 함자인데 아랍인들은 (ء)함자를 따로 알파벳의 첫 글자 명칭으로는 쓰지 않았다. 그 대신 아랍인들은 알리프를 알파벳 첫 글자의 명칭으로 썼다. 아랍어 첫 글자는 알리프(명칭)이며, 첫 글자의 음가는 함자(ء)라는 생각을 가졌다. 그래서 오늘날 아랍어 알파벳의 첫글자는 알리프 함자 " أ " 라고 쓰고 이를 설명할 때에는 아랍어 알파벳 첫 글자는 함자(음가)이고, 그 받침이 알리프, 와우, 야(ئ ؤ إ)라고 설명한다. 오늘날에는 (أ)을 ‘알리프 함자’라고 읽는다. 셈어에 알파벳이 처음 쓰이게 된 것은 우가리트어(오늘날 시리아)를 든다. 우가리트인에게서 알파벳 사용법을 배운 페니키아인(지금의 레바논)들의 알파벳은 오늘날 모든 알파벳의 기원이 된다. 페니키아 알파벳은 22자인데 처음 두 글자가 <알리프, 바>로 시작한다. 이것이 서양으로 가서 그리스 글자로 발전하고 동양으로 가서는 아랍어 글자로 발전하여 두 언어의 첫 두 글자는 알파(알리프), 베타(바)가 되었고 이 글자들이 영어로 가서는 영어의 자모를 알파베트(알파벳)라 부르게 되었다. 아랍어 알파벳은 28자인데 이런 28자가 완벽하게 쓰이게 된 것은 이슬람력50년(이슬람력을 서기력으로 환산하는 방법은 이 책 뒷 편을 참조)이 지난 후 이었다. 다시 말하면 이슬람력 50년까지는 점이 없는 15개 자음(ا ب ح د ر س ص ط ع ف ك ك ل م هـ و)을 사용했고 오늘날 아랍어에서 볼 수 있는 구별 점들이 붙어 있지 않았다.

그래서 꾸란을 올바르게 읽는 데 많은 문제점이 생겼다. 즉 꾸란을 엉터리로 읽는 경우가 많았던 것이다. 꾸란을 정확하게 읽지 않으면 꾸란의 의미가 변질된다. 그래서 점이 자음 구별을 위해 도입된 후에는 한 동안 자음의 점들은 검은색 잉크로, 모음은 빨간색 잉크로 구별지었다. 그 후 자음과 모음의 점이 불편을 준다고 생각한 아랍인들은 자음의 점은 그대로 두고 모음의 점은 사선과 삐침으로 바꾸었다. (더 자세한 내용은 공일주의 책 『코란의 이해』, 한국외대 출판부 참조).

18. 함자의 받침 규칙

아랍어 낱말에는 함자가 발음되지 않는 경우와 함자를 반드시 쓰고 반드시 발음해야 하는 경우 등 두 가지가 있다. 그 중 함자가 발음되지 않는 약한함자의 예는 다음과 같다.

첫째, 3 자근 동사의 모든 명령 동사 اُكْتُبْ، اِعْلَمْ، اِضْرَبْ

둘째, 4 자음 이상으로 된 3자근 파생(과거) 동사가 함자로 시작할 때
اِسْتَغْفِرْ، اِسْتَمِعْ، اِنْكَسِرْ، اِنْتَبِهْ

셋째, 4 자음 이상으로 된 3자근 첨가 동사의 동명사 형
اِنْتِبَاه، اِنْكِسَار، اِسْتِغْفَار، اِسْتِمَاع

넷째, 일부 명사들 اِبْن- اِبْنَة – اِبْنَان- اِبْنَتَان- اِثْنَان- اِثْنَتَان – اِسْم – اِمْرُؤ –اِمْرَأة

다섯째, 정관사에 접두된 함자(ال).(예) الشَّمْس

그리고 함자를 반드시 써야하는 강한함자는 함자가 낱말의 처음, 가운데, 끝 등 어느 곳에 오든지 간에 아래와 같이 함자를 반드시 쓰고 발음해야 한다.

(1)3자음 과거 동사의 첫자음으로 오는 함자 أكَلَ-أَخَذَ – أَمَرَ

(2)أفعل 형의 과거와 명령 동사의 첫자음으로 오는 함자:
أكْرَمَ – أَحْسَنَ – أَثْقَنَ 과거동사, أكرِمْ – أحسِنْ – أتقِنْ 명령 동사

(3)4형의 동명사에 있는 함자
إكْرَامّ- إحْسَانّ- إثْقَانّ

함자의 받침 규칙은 상당히 까다로워 아랍인들도 아랍어 철자법에서 가장 많이 틀린다. 더 자세한 설명은 나중에 다시 다루기로 하고 여기서는 가장 간단한 받침 규칙을 제시한다.

1-함자가 낱말의 처음에 올 경우: 함자는 알리프를 받침으로 갖는다. 만일 알리프 다음에 장모음 알리프가 따라오면 알리프 위에 맛다가 붙는다.
(예) آكُلْ، إنْتَاج، أُسْتَاذ، أكَل

2-낱말의 가운데 올 경우: 함자의 모음과 그 다음에 오는 자음 혹은 그 앞에 오는 자음간의 상호 관계(تفاعل)에 따라 함자의 받침이 결정된다. 그 원리는 다음과 같다. 즉 카스라/i/가 담마/u/보다 더 강하고 담마/u/는 파트하/a/보다 더 강하고 파트하/a/는 수쿤(무모음)보다 더 강하다. 그러므로 함자 자신이 갖는 모음과 함자 앞에 오는 자음이 갖는 모음과의 강약을 따져 강한 쪽의 모음에 해당하는 자음을 받침으로

갖는다. 카스라에 해당하는 자음은 야(ى)이고, 담마에 해당하는 자음은 와우(و)이며,
파트하에 해당하는 자음은 알리프(ا)이다. 모음의 강약은 i>u>a>수쿤(무모음)의
순서이다.

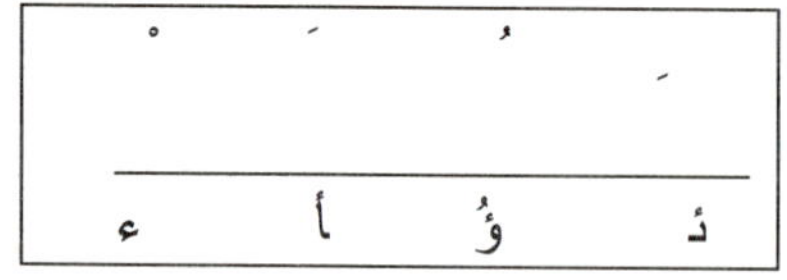

(1)함자가 "점 없는 야" 위에 쓰인다. فِئَة، خَطِيئَة، يَكْتَئِب
(2)함자가 와우 위에 쓰인다. شِتَاؤُهَا
(3)함자가 알리프 위에 쓰인다. سَأَل، رَأْس، مَأْمُون
(4)함자에 받침이 없다. مُرُوءَة، تَفَاءُل
(5)함자가 맛다가 되었다. قُرْآن، ظَمْآن

3-낱말의 끝에 올 경우: 앞선 자음의 모음에 따라 함자가 받침을 갖는다.
(1)함자가 야 위에 쓰인다. مَا فَتِئَ، قُرىئ
(2)함자가 와우 위에 쓰인다. بَطُؤَ، دَفُؤَ
(3)함자가 알리프 위에 쓰인다. بَدَأ، قَرَأ
(4)함자가 받침이 없다.
جُزْء ، جُزْءًا، بَدْء، بَدْءًا، جَرِيء، جَرِيئًا، وُضُوء ، وُضُوءًا، سَمَاء، سَمَاءً، أَعْبَاء ، أَعْبَاءً

아랍어 함자가 갖는 받침 규칙은 아랍어 초보자들에게 쉽지 않다. 그러므로 함자의 받침
규칙은 어느 정도 아랍어 글자를 익힌 다음에 배우는 것이 적절하다. 사실 오늘날
아랍인들도 함자의 받침규칙을 완전하게 익히지 않아 자주 틀린다. 그 예로 قال 다음에는
반드시 إنْ를 써야 하는데 이를 정확히 표기하는 사람이 많지 않다. 오늘날 상당수
아랍인들은 글을 쓸 때 함자(ء)와 타 마르부따(ة)를 생략하고 쓰기 때문에 얼른 아랍인의
글을 보고 못 알아볼 때도 있다.

아랍인의 이름은 일반적으로 4개의 낱말로 이뤄진다. 제일 먼저 자신의 이름, 그 다음이 아버지
이름, 그 다음이 할아버지 이름 그리고 마지막에는 가족의 성을 쓴다. 한 예로 مُحَمَّد بْن زَيْد 란
이름은 두 이름 사이에 '-아들'이란 말이 들어 있는데 오늘날 아랍인들은 이런식으로 작명하지
않는다. 그러나 위 이름에서 맨처음에 나오는 무함마드가 본인의 이름이고 그 다음에 오는 자이드가
아버지의 이름이다. 이런 경우 ابن의 첫 알리프를 생략하지만 만일 발화의 처음에 오면 알리프를
넣어 발음한다. 그리고 위 두 개의 이름 중 첫번째 이름에는 탄윈을 붙일 수 없다.
اسْم ابْن خَلْدُون: عَبْدُ الرَّحْمَن، وَكُنْيَتُهُ: أَبُو زَيْدٍ، وَلَقَبُهُ: وَلِيُّ الدِّين.

(이븐 칼둔의 이름은 압드 알라흐만이고 그의 호칭(-의 아버지,-어머니) 그리고 그의 별명(경칭)은 종교의 '의무를 행하는 바른 사람'이다.)

이슴اسْم은 사람이 태어나서 사람들이 그를 부르던 이름이고 쿤야كُنْيَة는 누구의 아버지, 누구의 어머니, 누구의 아들이란 말로 시작된 낱말이고, 라깝لَقَب은 그 사람의 좋은 특성 혹은 좋지 않는 특성을 가리키는 별명이다. 모든 아랍 사람들이 자신의 이름으로 세상에 알려진 것이 아니고 때로는 호칭만으로, 때로는 아버지의 이름으로 알려지는 경우가 있다.

무함마드, 이브라힘   الاسْم: مُحَمَّد، إِبْرَاهِيم، جُون، كِيمُون، يَاسْمِين

아부 자이드(자이드의 아버지), 옴무 아미르   الكُنْيَة: أَبُو زَيْدٍ، أُمُّ عَامِرٍ، ابْنُ خَلَدُون، أُمُّ كُلْثُوم

왈리 앗딘, 앗씻디끄(정직한 사람)   اللَّقَب: وَلِيُّ الدِّين، الصِّدِّيقُ، الجَاحِظُ، الأَقْرَعُ

아랍인들의 이름에는 정관사를 붙이지 않는다. 만일 정관사가 붙어서는 안 되는 이름에다가 정관사를 붙여서 상대를 부르면 그 사람을 깔보는 말로 들리므로 유의할 필요가 있다. 요르단에서는 왕가의 이름들 중에만 정관사를 붙여 (예, 알하산الحَسَن) 평민과 구별하기도 한다. 아랍 무슬림이 여러 부인을 두었을 때 그 자녀들은 호적에 반드시 어머니의 이름을 따로 기록해 서로 구별한다.

1.다음은 두개 이상의 자음을 연결한 것인데 모음을 자유자재로 넣어서 읽어보시오.

بح
تح
حج
جح
جْني
نهم
سح
صح
عج
فح
في

يم
لح
لم
مح
حم
يح
عم
حجج
لمح

2. 다음 자음들을 연결하여 보시오.

ك + ت + ب

ع + ي + ن
ف + م

أ + ذ + ن
ش + ف + ا + ت + ن

و + ج + ه   ي + و + م

أ + ن + ف   ل + ي + ل + ة

ر + أ + س   أ + ر + ز

ق + ا + ل   د + ر + س

3. 다음과 같이 의문 명사 앞에 전치사가 붙은 낱말의 구성을 잘 살펴본 다음 읽어
보시오.

مِمّ = مِن+ما   /mimma/

فيم = في + ما   /fīma/

علام = على + ما   /'alāma/

بم = ب + ما   /bima/

عَمّ = عن + ما   /'amma/

إلام = إلى + ما   /'ilāma/

حتّام = حتى+ما   /Hattāma/

※ 의문 명사 ما가 전치사와 함께 쓰이면 ما에 붙어 있는 장모음(알리프)이 사라진다.

♠ 다음 아랍어 발음과 의미를 생각하며 오른쪽부터 읽어보시오.

بَغْداد 바그다드   كُوريَا 한국   بُوسَان 부산   سَامْسُونْج 삼성   إِل جي 엘지   بِنْ كي مُون 반기문

إِسْرَائِيل 이스라엘   إي مِيُونْغْبَاك 이명박   لي مِيُونْغْبَاك 리명박   بِنْ كِيمُون 반기문

أَفْغَانِسْتَان 아프가니스탄   تَايمز 타임즈   نِيُويُورْك 뉴욕   أُورُوبَّا 유럽   أَمْرِيكَا 아메리카

أمْريكَا اللَّاتِينِيَّة 아메리카   تِلِيفُونَات 전화   البَنْك 은행   بَارِيس 파리   غَزَّة 가자(팔레스타인 지구)

فِلَسْطِين 팔레스타인(동예루살렘을 수도로 하는 국가건설과 1967년 영토탈환 요구)

♠ 다음 영어식 발음과 아랍어 발음을 비교하며 오른쪽부터 읽어보시오

الميكْرُوبَاص Microbus   سَتَالَايت 위성   الجِيزَة 기자(이집트 지명)   إيطاليَا Italy   نُوكيَا Nokia   مُوبَايل Mobile

فاكْس fax   وِيكْلي weekly   كُوسْتَارِيكَا Costarica   الإكْوَادُور Ecuador

أُكْتُوبَر October   بَريد إلِكْتْرُوني Email   بُوش Bush(전 미대통령)   هُوت لَاين hot line   نَازي nazi

أُولِيمْبيك Olympic   وِسْتِرْن هَاوس western house   نَاشِيونَال national   مَاتْش match(시합)

التَّكْنُولُوجيَا Technology   الإسْكَنْدَرِيَّة Alexandria   إفْرِيقيَا Africa   آسيَا Asia   سِيتي city

الكَارْت Card   مِلْيُون million   أَجِنْدَة agenda   مَعْركَة تُويُوتَا 도요타 사태   الكونجرس 미국 국회

♠우리 나라와 반기문, 아랍어로 어떻게 표기할까요?

한국 كوريا الجنوبية 남한   جمهورية كوريا

جمهورية كوريا الديمقراطية الشعبية 북한

우리나라의 영문 공식명칭은 The Republic of Korea 이다. 우리나라를 아랍인들은 주로 남한(South Korea)이라고 부른다. 그래서 아랍 신문들은 우리나라를 "쿠리야 알자누비야(남한)"라고 한다. 대한민국의 영문 명칭인 The Republic of Korea 를 모르는 아랍 지식층들이 많다. 언론이 남한이라고 하니까 그냥 아랍인들도 남한이라고만 알고 아랍 대학생들도 대한민국의 아랍어 명칭 "جمهورية كوريا"(주므후리야 쿠리야)를 물어보면 남한인지 북한인지를 잘 모른다. 시리아와 이집트에는 북한 대사가 신임장을 받아 외교 활동을 하지만 요르단에는 암만에 상주하지 않는 북한 대사가 왕에게 신임장을 받는다. 시리아에서는 북한을 '민주 한국' كوريا الديمقراطية 이라고 하고 개성 공단도 민주 한국의 개성 공단 مجمع كيسونغ الصناعي في كوريا الديمقراطية 이라고 쓰고 있으나 이집트와 요르단은 대한 민국은 <주므후리야 쿠리야:대한 민국> 혹은 <쿠리야 알자누비야:남한>라고 하고 북한을 <쿠리야 알시말리야>라고 한다. 양국을 가리킬 때는 الكوريتان 이라고 쓴다. 그런데 요르단에서는 북한을 جمهورية كوريا الديمقراطية 라고 한다.

대한민국의 수도 서울을 가리키는 아랍어 단어로는 시리아에서는 سيئول /se'uul/이라고 하고 요르단에서는 سيول 이라고 쓴다. 그러나 아랍어 어휘 중에 سيل/sayl/의 복수형 سيول/suyūl/은 "폭우와 홍수"라는 의미인데 하늘에서 내린 비가 가옥을 침수시키는 것을 가리키므로 이 어휘를 '서울'이라는 어휘로 대신하여 쓸 수 없다. 서울을 다녀온 이집트의 알아흐람지 기자는 서울을 سول/seul/이라고 썼다. 한국과 서울, 두 낱말에 대한 아랍어의 바른 표기를 아랍인들에게 바로 알려줄 필요가 있다.

또 한 가지 더 아랍어 표기에 대한 이야기를 해 보자. 유엔 사무총장 반기문님의 아랍어 성함이 아랍어 신문에서 bān kī mūn بان كي مون 혹은 bān jī mūn بان جي مون 으로 표기한다. 후자는 이집트에서 /j/ ج 자음이 /g/로 발음되기 때문이다. 그런데 문제는 반기문 사무총장의 이름을 쓰고 나서 다시 반기문 총장의 성함을 아랍 신문들이 언급하려고 할 때 일부는 (Mr. mūn) السيد مون 이라고 쓴다. 그래서 한국어 이름을 아랍어로 표기할 때는 반드시 성과 이름으로 나눠 쓰고 **이름은 꼭 붙여 써야** 아랍인들의 혼동을 피할 수 있다. 예를 들면 **كيمون بان**(반 기문) 혹은 باك **كيمون** (기문 반) 이라고 아랍어로 표기해야 아랍 언론에서는 정확히 한국인의 성과 이름을 구분할 수 있게 된다. 참고로 한국어 낱말을 아랍어로 바르게 전사하고 싶을 때 필자가 감수한 **دقة أكثر معلومات و حقائق : كوريا** (한국학 중앙연구원, 2007)을 참조하면 도움이 될 수 있다.

이 책에서 다룰 아랍어 문법은 현대 문어(표준) 아랍어의 문법을 말한다. 일반적으로 현대 문어 아랍어의 문법에서는 낱말구조(형태론)와 문장 구조(통사론)를 다룬다. 낱말의 형태(صِيغَةُ الكَلِمَةِ)는 어근과 파생 패턴이 중요하고, 문장 구조는 어말모음의 변화(الإِعْرَاب : 낱말의 기능을 나타내는 어말모음의 변화)[1] 가 중요하다. 그러므로 낱말구조의 학습에서는 낱말의 어형(شَكْل)과 기능(وَظِيفَة)이 어떻게 달라지는 지를 잘 살펴야 한다. 아랍어 낱말 구조의 성문률은 아래와 같다.

낱말의 구조가 변하면 의미가 달라진다.
كُلُّ تَغْيِيرٍ فِي المَبْنِي يُسَاوِي تَغْيِيرًا فِي المَعْنَى

1. 아랍어 문법 내용

아랍어 학습은 음성(الأَصْوَات), 낱말의 형태(الصَّرْف), 문장 구조(النَّحْو), 사전(المَعَاجِم), 언어의 성격과 특징과 역사적 발달(فِقْهُ اللُّغَة), 문자적인 의미(الدَّلَالَاتُ الحَقِيقِيَّة)와 비유적인 의미(المَجَازِيَّة)를 포함해야 한다. 음운론에서는 아랍어 알파벳, 글자의 모양과 명칭, 자음의 발음체계, 현대 문어 아랍어에서의 어말 모음이 나타나는 문장형과 어말 모음이 나타나지 않는 휴지형의 발음을 살펴 보았다. 특히 아랍어 낱말 구조를 배우기 전에 음절구조와 단어의 강세, 정관사와 여성 표지, 연고 표지들을 알면 형태소(뜻을 가진 가장 작은 말의 단위)를 아는데 도움이 된다.

형태론에서는 파생(어근root과 패턴pattern)[2], 낱말 구조, 어형변화와 격(case ending; 명사)과 서법(mood; 현재 동사)등을 살펴봐야 하는데 특히 기본아랍어 문장구조(단문, 중문, 복문), 명사와 능동분사와 수동분사, 명사와 수식어의 호응(성, 수, 격, 한정), 연결형, 형용사(기능과 형태), 부사와 부사적인 표현, 대명사(인칭, 지시, 관계대명사), 수(기수와 서수), 동명사, 다섯 명사와 다섯 동사, 전치사와 전치사구, 의문사와 의문명사, 후속어(접속어, 수식어, 강조어, 대용어) 그리고 첨가형 동사(1형부터 10형까지)를 배운다. 문장구조에서는 문장의 종류(명사문과 동사문), 명사문과 동사문에 쓰이는 동사(과거동사, 현재동사, 명령동사)와 불변사(전치사, 호격사, 제외사, 접속사 등), 능동태와 수동태, 그 밖의 문장들(제외문, 조건문, 부정문 등), 종류 부정, 호격, 비교 명사, 목적격 명사(상황 목적격, 동족목적어, 목적어, 시간 장소의 목적격, 이유 목적격, 명시어)와 어말 모음의

---

[1] 아랍어 이으랍(إِعْرَاب)의 의미는 "아랍어 낱말의 어말에서 일어나는 변화 즉 라프으, 나습, 자즘, 자르 등의 어말 변화.تَغْيِير يَلْحَق أَوَاخِر الكَلِمَات العَرَبِيَّة مِن رفع ونصب وجرّ وجزم" 의 뜻이다. 아랍 '이으랍'과 관련된 언어학 용어의 굴절(inflection)이란 어간에 어미가 결합하여 단어의 성격을 바꾸는 현상이고 곡용(declension)은 명사의 굴절을 가리키고 활용(conjugation : التَّصْرِيف)은 동사의 굴절을 가리킨다.

[2] 패턴(الوَزْن)은 "양식, 유형. 모형', '본새', '틀'을 의미한다.

변화 등을 다룬다.

문법은 본래 낱말 구조와 문장구조만을 다루는 것이 정석이지만 이 책은 아랍어의 전반적인 이해를 돕기 위하여 문법 앞 뒤에 음운론과 의미론을 추가하였다. 이 책은 단지 문법만을 이해하기 위한 책이 아니고 문법을 통하여 화자가 말하고자 하는 의미를 생성하는데 그 목적을 두고 있기 때문에 아랍어 의미론, 화용론 그리고 간접 화행 등도 다루었다.

외국인이 아랍어를 배울 때 가장 어려워하는 부분이 "아랍어의 파생 체계"(النِّظَامُ الاشْتِقَاقِيُّ)이다. 그러나 반대로 아랍어의 파생 체계를 잘 알면 아랍어 문법(النَّحْوُ العَرَبِيُّ) 학습에 크게 도움이 되고 사전을 찾는데도 큰 어려움을 겪지 않는다. 어근과 패턴(어떤 체계를 공통적인 것끼리 묶은 하나의 틀, 유형)으로 이 의미를 생성하는 의미론적 형태론적 체계와 관련되므로 형태(형식)와 의미(내용)를 알면 해당 낱말의 파생을 예측할 수 있다. 패턴은 언어 내적 정보를 가져다 주므로 어휘적 의미보다는 문법적 의미를 갖는다. 어근과 패턴에 의한 아랍어 파생체계는 곧 아랍어 문장의 호응/일치 체계(نِظَامُ المُطَابَقَةِ)와 관련된다. 일치와 호응은 아랍어 문장을 떠나서는 정확히 알기 어려울 때가 있다. 특히 동사와 주어 간의 일치, 명사문의 주어와 술어 간의 일치, 수식어와 피수식어 간의 호응, 관계 대명사와 관계 종속문, 강조어와 피강조어 간의 호응, 남성과 여성의 호응, 단수와 쌍수와 복수의 호응, 한정과 한정, 비한정과 비한정의 호응, 그리고 어말변화 모음(عَلَامَةُ الإعْرَاب) 변화 그리고 전치, 후치, 접미와 분리 등이 여기에 해당된다.

(초보자들에게)

아랍어 문장의 기본 특성은 긍정과 부정, 의문문과 지시대명사 등을 통하여 단문에서부터 익힌다. 그리고 나서 좀더 큰 문장 구조 즉 조건문, 상황문 등을 배우고, 문장의 결속 관계를 알기 위하여 문장 내의 연결관계(الرَّبْط في الجُمْلَة)를 배운다. 이 모든 과정에서 시제 표현 방법도 알아야 한다. 아랍어 낱말 구조를 배우면 어근과 패턴(낱말 유형)을 알게 되고 파생되는 어휘의 달라진 발음과 의미 관계를 알 수 있다. 일치와 호응체계는 지시대명사와 관계대명사가 들어 있는 문장 뿐만 아니라 인칭대명사가 포함된 동사와 그에 딸린 문장 성분간의 일치도 파악해야한다. 그러나 파생체계와 호응/일치 체계를 다 알았다고 해서 아랍어의 고급스런 표현을 금방 익힐 수 있는 것은 아니다. 아랍어 문체와 표현법, 미적 기능과 수사적 표현은 따로 익혀야 한다.

과거에 아랍학(العِلْمُ العَرَبِيُّ)은 아랍인 스승이 학생에게 지식을 주면 학생은 그것을 암기하는 도제 방식이었다. 아랍인의 전통적인 교육 방식은 학생의 암기와 교사의 주입식 교육이었다. 오늘날에도 아랍식 교육방법이 크게 달라진 것은 아니다. 아랍어 문법 수업이 아랍인 학생들에게 인기를 끌지 못하고 있다. 종래의 아랍어 문법서는 예문이 너무 고문(꾸란이나 아랍시 등 옛 글)이라서 학생들에게 흥미를 유발시키지 못한 점도 있었으나 이보다 더 본질적인 문제는 현대 문학적 아랍어를 아랍학생들이 학교에서 배웠어도 주변에서 현대문학적 아랍어를 연습할 대상이 많지 않다는 것이다. 또, 한국인 유학생들이 아랍 국가에 가더라도 아랍인들이 길거리에서 암미야 아랍어를 구사하므로 현대 문어 아랍어를 정확하게 배우기가 어렵다. 초급과정에서 외국어로서의 아랍어 교육과 학습은 아랍의 고전 유산(꾸란, 하디스, 아랍시 등)보다는 현대 아랍인들이 일상생활에서 사용하고 있는 암미야로 대화하고 가능하면 암미야와 푸스하가 섞인 학습자료나 아랍의 지상파 방송 내용 등이 아랍인과 의사소통에 크게 도움을 줄 것이다.

(고급과정의 학습자에게)

한국인이 아랍어를 아주 잘 한다고 하면 그는 현대 문어 아랍어와 암미야 아랍어를 잘 알아듣고 해당 아랍인의 언어 수준에 맞추어 푸스하와 암미야를 교차하면서 의사소통할 수 있는 사람이라고 할 수 있다. 암미야 아랍어는 여행할 아랍 나라의 해당 암미야 아랍어를 배우는 것이 가장 적절하다. 그리고 현대 문어 아랍어를 아주 잘 하려면 문장의 위치에 따라 아랍어 어휘의 어말이 어떻게 달라지며 어떤 의미를 생성해 내는지를 잘 알아야한다. 고급 과정의 아랍어 학습자는 문법 항목들이 문장 구성 체계(أَسَالِيبُ تَرْكِيبِيَّة) 안에서 문장간의 연결을 이루는데 어떤 기여를 하는지를 알아야 한다. 둘째는 문장의 독해력과 작문력을 높여야 하는데 과거 유산의 언어(لُغَةُ الثُّرَاثِ:고전 아랍어)와 현대의 언어(لُغَةُ العَصْر: 현대 아랍어)로 된 글들을 읽어내야 한다. 아랍어 학습을 위하여 아랍 각급학교에서 만든 교과서 혹은 다양한 읽기 자료가 많이 구비되어 있어야 독해력과 어휘력을 빨리 높일 수 있다. 사실 한국인이 고전 아랍어에 해당하는 꾸란을 아랍어로 읽을 수 있으려면 학부에서는 어렵고 대학원 과정에서나 시도해 볼 수 있다. 학부과정에서는 일반 대중 아랍어와 현대 아랍어의 주요 특징을 중심으로 다양한 표현법을 익히는 것이 적절하다. 셋째, 아랍학 혹은 이슬람학과 관련된 전문적인 표현법을 익혀야 하고 아랍의 문학적인 표현들을 신문의 칼럼이나 수필들을 통하여 맛보아야 한다. 물론 일부 칼럼은 국정 홍보를 위한 내용이 들어있기는 하지만 이집트 알아흐람지는 문화적인 내용과 종교적인 기사가 많이 들어있어 아랍인의 문화를 아는데 큰 도움을 준다. 아랍인들은 아랍시를 문화의 보고 혹은 문화의 안내로 삼았다. 그러나 한국인 학습자가 아랍시를 공부하기보다는 통번역의 수업을 늘리는 것이 더 중요하다. 언어는 의사소통이 주 목적이므로 실용아랍어의 교과목들을 확대할 필요가 있다. 즉 신문과 뉴스 아랍어, 방송과 언론 아랍어, 관광아랍어, 무역과 비즈니스 아랍어, 외교 아랍어, 드라마와 영상 아랍어, 생활아랍어와 각국 방언 등이 더욱 긴요할 것이다. 고전 유산의 언어를 배우는 길은 이와 관련된 책들을 꾸준히 읽어야 하는 일이고 이런 고전에 대한 책 읽기는 전문용어나 학술용어를 알아야 하므로 그다지 쉬운 일은 아니다. 한국의 경우, 고전 아랍어와 현대 문어 아랍어의 차이를 구분하고 실용 아랍어의 수업을 대폭 늘려야 한다. 다시 말하면 아랍인들의 언어 현실을 적극적으로 반영하는 학습과 한국인 학습자가 아랍어를 공부하는 목적이 달성될 수 있는 교과목 개발이 필요하다. 특히 특수 목적의 아랍어 학습을 위한 교재개발이 필요하다. 전문가 수준의 아랍어 교육에서는 미적 기능과 수사적인 표현법(البَلَاغَة:발라가)도 어느 정도 알고 있어야 하고 특히 상황 문맥을 통한 아랍어 이해가 강조되어야 한다.

2.아랍어 문법 역사

이슬람 초기 무슬림들은 문법보다 먼저 꾸란 읽기(قِرَاءَةُ الْقُرْآن)에 더 많은 관심을 보였다. 꾸란을 읽는 방법에는 두 가지가 있었는데 하나는 소리를 내지 않고 읽는 묵독(قِرَاءَةٌ صَامِتَةٌ)이 있었고 다른 하나는 소리를 크게 내서 여러 사람들이 듣도록 읽는 독경과 낭송(تِلاوَةٌ وَتَرْتِيلٌ)이었다. 그런데 이슬람 초기에는 꾸란을 무슬림들마다 서로 다르게 독송하였는데 특히 발음과 일부 어휘가 달라서 꾸란의 의미의 변화를 일으키자 무슬림들은 제일 먼저 꾸란을 바르게 읽기 위한 노력을 기울였다. 이것이 곧 아랍어 문법의 시작이 되었고 아랍어 문법의 시작은 곧 꾸란과 관련되어 있었다. 아랍어 문법은 꾸란 주석을 위한 기본적인 도구가 되었고 꾸란 주석은 곧 이슬람 율법과 맞물려 있었다.

"길, 방향, 예, 정도, 종류, 의도, -대하여"등의 의미를 갖는 아랍어 단어 '알나흐우'(النَّحْو)가 10세기에 가서야 "문장의 어말 모음이 변화되는지 변화되지 않는지를 알려주는 학문"이란 의미를 가지게 되었다. 당시 문법학자들은 입에서 입으로 전하는 구전에 의한 꾸란 독경에 능통하였다. 그 예로 7인의 꾸란 독경사들 중 한 사람 알키사이는 쿠파 문법학파의 대가이었다. 그러나 아랍어 문법 태동의 첫 디딤돌이 된 것은 꾸란 주석(تَفْسِيرُ الْقُرْآن)이었다. 꾸란학은 앞선 꾸란 암송자들로부터 그대로 전수받아야 했으므로 올바른 꾸란 주석을 위해서는 폭넓은 문학적 아랍어의 지식이 필요했다. 이 때 언어학습의 자료들은 꾸란, 하디스, 아랍시 그리고 아랍인들의 말이었다. 꾸란 주석을 하는데 하디스와 아랍시 그리고 유대교와 기독교 성서들도 참조하였다. 그러나 아랍인들의 말은 정복사업이 확장되면서 피정복민과의 교류 속에서 문법적 오류가 생겨나기 시작하였다. 우마위야조(661-750)때 베드윈(유목민)들에게서 아랍어를 직접 배울 수 있었으나 압바시야조(750-1258)때에는 주요 도시에서 아랍어 문법에 맞지 않는 말(لَحْن: 이슬람력 2세기 이후 각 지역을 이슬람이 정복하면서 해당 지역의 사람들이 아랍어를 부정확하게 발음함)이 많아지고 심지어는 꾸란 독송에도 문법적 오류가 잦았다. 우마위야조 때 아랍 문법의 초안자 아부 알아스와두 알두알리(أَبُو الأَسْوَد الدؤَلي: 이슬람력 69년 사망)가 구별점을 고안하였는데 그는 서기에게 "나의 입이 벌어지면(fatH:فَتْح) 해당 자음 위에 붉은 점 하나를 찍고 나의 입이 양쪽으로 잡아 당겨지면(kasr:كَسْرٌ) 해당 자음 아래에 붉은 점 하나를 찍고 두 입술이 서로 맞닿을 정도가 되면(Damm:ضَمٌّ) 해당 자음 앞에 붉은 점 하나를 꾸란 본문에 찍도록 하였다. 이것이 아랍어 세 모음의 시초이다.[3]

---

[3] 이들 점들이 오늘날 아랍어 모음부호가 되기까지 여러 아랍학자들의 노력을 거쳐 알칼릴 븐 아흐마드(이슬람력175년)에 이르러서야 굴절부호로 정착되었다(공일주의 논문, 아랍어 문법의 기본 원리와 발달, 25 참조). 알칼릴 븐 아흐마드의 제자 시바와이히는 그의 책 "그 책(الْكِتَاب"에서 굴절(إِعْرَاب)을 문법에서 가장 중요한 부분 중의 하나라고 하였다. 이라크 남쪽 바스라에서 압바시야조때 바스라 문법학파가 탄생한 이후 약 1세기가 지나서 이라크의 중부 쿠파에서 새로운 문법학파가 탄생하였다. 바스라 학파는 아랍인들의 현실 언어 속에서 일반적인 문법 규칙을 유추하였으나 쿠파학파는 아랍시와 산문에서 뽑은 인용문에 의거하였기 때문에 아랍인들의 언어 생활에 자주 쓰이지 않는 말도 언어 자료에 포함시켰다. 바스라 학파는 언어자료를 가능한 한 많이 모아서 일반적인 규칙을 도출해 냈으나 쿠파 학파는 한가지 자료를 가지고 유추를 적용시켰다. 바스라 학파가 쿠파학파보다 더 논리학에 치중하였기 때문에 바스라 학자들을 "논리학 집안의 사람들 혹은 유추 집안의 사람들"이라고 불리었다. 바스라 문법 학파는 낱말을 3자음, 4자음, 5자음으로 분류하였고 동사는 동명사(마스다르)에서 파생하였다고 했으나 쿠파 문법 학파는 낱말은 3어근보다 더 많은 것도 더 적은 것도 없다고 하고 마스다르가 동사에서 파생한다고 하였다. 아랍어 문법에서 3 품사가 정립된 것은 14세기 이븐 히샴(이슬람력 708-761)에 의한 것이다. "말에는

아랍어 문법은 각 어휘들이 문장과 담화의 의미를 정확히 표현하려고 할 때 어떻게 각 어휘가 문장 구성 성분에 맞게 쓰이는지 그리고 그 형태를 어떻게 문법 규칙에 맞게 쓰이는지를 제시했다. 어떤 어휘가 문장에서 어떤 기능을 하는지 그리고 그 기능에 따라 어휘들이 문장에서 올바른 형태가 되어 있는가를 더 중요시할 때가 많았다. 다시 말하면 문장 구성을 위한 규칙이 맞아야 하므로 이런 경우 한국인은 그 어휘의 형태가 문장이나 단락 전체 속에서 문법적으로 맞는 지를 살피고 나서 혹시 그런 형태나 어순의 변화가 어떤 의미의 초점을 변화시키기 위한 의도가 있는 지를 살펴야 한다.[4]

3. 낱말의 파생(어근과 패턴)

아랍어 형태론(عِلْمُ الصَّرْف)은 낱말의 구조와 의미를 다루고 어근과 패턴이 중요하므로 파생(الاشْتِقاق)과 형태적 패턴(الْمِيزَانُ الصَّرْفِي)을 익히는 것이 중요하다. 아랍어 낱말은 주로 3개의 어근(الْجَذْر)에 모음과 자음들이 덧붙여져서 낱말을 형성한다. 동일 어근이 여러 단어들 속에 있으면 그들 단어들 사이에 어떤 의미상의 공통점이 있다. 가령 ك ت ب 라는 세 어근에 모음과 자음이 덧붙여지면 "책 كِتَاب, 책들 كُتُب , 쓰기 كِتَابَة , 작가 كَاتِب , 사무실 مَكْتَب , 도서관 مَكْتَبَة , 쓰여진 مَكْتُوب " 등의 어휘들을 만들어내고 이들 어휘들 간에는 의미상의 공통점이 있다. 키탑(kitāb)은 책(쓰여진 말들이 들어 있는 것)이고 쿠툽(kutub)은 책들이고, 키타바(kitābah)는 쓰기이고, 카팁(kātib)은 글을 쓰는 사람이다. 그리고 막탑(maktab)은 글을 쓰는 장소, 막타바(maktabah)는 책들이 있는 장소, 막툽(maktūb)은 (뭔가가) 쓰여진 혹은 편지 등의 의미를 갖는다. 이 모든 낱말에는 모두 /k t b/ 세 어근이 들어가 있다. 그리고 아랍인들은 세 어근 중에서 첫째 어기(radical)를 ف라고 하고 둘째 어기는 ع이라고 했으며 셋째 어기는 ل이라고 하여 모든 아랍어 낱말들의 패턴을 표기하였다. 이 세 어기가 모여 한 어근(root)을 이룬다. 가령, kitāb은 فِعَال 이라는 패턴을 갖고 어근은 ك ت ب 이다. 그리고 kātib은 فَاعِل 이라는 패턴을 가지며 maktūb은 مَفْعُول이라는 패턴을 갖는다. 또 فَاعِل은 1형 동사의 능동분사형(동작을 행한 사람을 나타내는 낱말)이고 مَفْعُول 은 1형 동사의 수동분사형(동작이 놓여진 사람을 나타내는 낱말)이다.

¤ 아랍어 낱말들에는 어근(الْجَذْرُ)이 있다. 대개는 3어근이다.

¤ 모든 낱말에 어근이 있는 것은 아니다. 불변사에는 어근이 없고 소수의 일부 명사에도 어근이 없다.

¤ 동일 어근이 들어 있는 낱말들끼리는 의미적으로 가깝다.

¤ 어근으로부터 낱말이 파생되어가므로 모든 어근들이 어떤 체계를 갖는다.

¤ 어떤 체계를 공통적인 것끼리 묶은 하나의 틀이나 유형을 패턴(الْوَزْن)이라고 한다.,

세 가지가 있다. 주체가 되는 말, 동작을 나타내는 말, 동작을 주체가 되는 말과 연결해 주는 말 등으로 주체가 되는 말은 명사이고 동작을 나타내는 말은 동사이며 연결해 주는 말은 불변사이다."라고 하였다

[4] 아랍어의 어휘와 문법의 보존을 위하여 설립된 몇 개의 아랍어 학술원 중에서 카이로, 다마스커스, 바그다드의 아랍어 학술원이 가장 영향력이 있다.

이처럼 어근이 어느 일정한 패턴(낱말 유형) 속으로 들어가면 그 패턴의 의미와 문법적 정보를 내포하는 아랍어 낱말들을 파생시킨다. 따라서 낱말의 의미는 어근의 의미와 패턴의 의미가 결합되어 새로운 의미를 만들어낸다. 대개 세 어기(radical)에다가 다음과 같은 자음과 모음이 덧붙여져 새로운 낱말을 만든다.

ء ‑ س ‑ ت ‑ ل ‑ م ‑ ن ‑ ا ‑ و ‑ ي ‑ ه

위 7개의 자음과 3개의 장모음들을 첨가 글자(حُرُوفُ الزِّيَادَةِ)[5] 라고 부른다. 현대 문어 아랍어에서 패턴의 구성요소는 3개의 장모음, 3개의 단모음, 7개의 자음 그리고 자음들이 겹치는 것 등이고 패턴은 문법 정보와 언어 내적 정보를 전달해준다.

(예) 'ista(첨가 글자)+ kh, d, m(어근)= 'istakhdama.

그런데 어근이 없는 낱말들이 있는데 예를들면 의문명사 مَنْ ‑ ما 등과 같은 일부 명사는 어근이 없다. 다음 설명은 어근과 패턴이 낱말의 주요 근간을 이루고 그 뒤에 격과 비한정이 덧붙여진 것을 보여주고 있다.

<pre>
(예) k   t   b   어근
        ā   i   능동분사 패턴
      + u(주격)+ n(비한정)   =kātib+ un
</pre>

아랍어 품사(أَقْسَامُ الكَلاَم)에는 명사(시제가 없는 의미), 동사(시제가 그 의미의 일부), 불변사(그 자체로는 의미를 갖지 못함)가 있다. 아랍어 낱말(الكَلِمَة)에서 명사와 동사는 홀로 각자의 의미를 나타내지만 불변사는 홀로 의미를 갖지 못한다. 그래서 불변사는 명사나 동사와 함께 사용되어 의미를 표현한다. 명사(اسْم)는 낱말의 어말이 격에 따라 주격, 소유격, 목적격으로 변하고 시제(زَمَن)(과거, 현재, 미래)의 의미가 없다.

(예) 1)كِتَابٌ : 책 2)قَلَمٌ : 펜 3)أَيْنَ : 어디 4)مَتَى : 언제 5)هَذَا:이(것) 6) الَّذِي : ‑ ㄴ(현재), ‑ㄹ(미래). ‑ㄴ 것(과거), 7)فَوْقَ:위 8)تَحْتَ : 아래 9)أَمَامَ : 앞, 10)خَلْفَ:뒤

위와 같이 아랍어 명사에 속하는 낱말들 중에 어디, 언제, 관계대명사, 앞, 뒤 등은 명사처럼 보이지 않으나 아랍어에서는 명사다. 아랍어 품사에는 동사, 명사, 불변사 이외에 '동사의 의미를 갖는 명사'가 있다. 동사의 의미를 갖는 명사로는 هَيَّا 서둘러라, حَيَّ 오라, 가까이 오라, 시작하라, آمِين 응답해 주세요(간구)[6], آهِ 고통을 느끼고 있다(현재) 등이 있다. 이런 품사를 동사성 명사(اسْمُ الفِعْلِ)라고 한다.

---

[5] حرف(복수형: حروف)는 자소(graphic symbol)이기도 하고 불변사(형태소)이기도 하다.
[6] 아랍어의 어휘들에는 많은 아람어 어휘들이 들어있다. '아멘'이라는 어휘는 아랍 무슬림들에게는 응답해주세요 라는 의미이지만 아랍 기독교인들에게는 그 의미가 아람어 'aman(믿는다. 신뢰한다)라는 말에서 연유된 히브리 어 'āmēn(I agree, may it be so)의 의미이다.

▶신나는 단어장

우리가 잘 아는 katab(썼다)이란 동사가 다른 어휘들과 같이 쓰이면 뜻이 전혀 달라진다.

كَتَبَ كِتَابَهُ عَلَى الفَتَاةِ   그가 소녀와 결혼 서약서를 <u>작성했다</u>.

كَتَبَ اللهُ عَلَى المَخْلُوقَاتِ المَوْتَ.   알라가 피조물들(사람, 사물 포함)에게 죽음을 <u>운명지어 주었다.</u>

كَتَبَ اللهُ عَلَى النَّاس الصَّلاَةَ.   알라가 사람들에게 기도를 <u>의무 사항으로 정해주었다.</u>

4. 명사의 격: 주격, 소유격, 목적격[7]

아랍어 낱말 kitābun كِتَاب , kitābāni كِتَابَان 는 kitāb이라는 낱말 뒤에 뭔가 더 첨가되어 있다. (예)   kitābun= kitāb+ u+ n

kitābāni= kitāb+ ā+ ni

mudarrisūna= mudarris+ ū+ na

위 예문 중 kitābun에서 어말의 /u/가 주격을 나타내고 kitābāni에서는 어말에서 가까운 /ā/가 주격을 나타내며 mudarrisūna مُدَرِّسُون 에서 /ū/가 주격을 나타낸다. 그리고 목적격은 대격이라고도 불리는데 위 명사들의 목적격을 쓰면 kitāban كِتَابًا(단수), kitābayni كِتَابَيْن (쌍수), mudarrisīna مُدَرِّسِين(복수) 등으로 나타난다.

(예) kitāban= kitāb+ a+ n

kitābayni= kitāb+ ay+ ni

mudarrisīna= mudarris+ ī+ na

kitāban에서는 어말의 /a/가 목적격을, kitābayni에서는 /ay/가 목적격을, mudarrisīna에서는 /ī/가 목적격을 나타낸다.

(예) kitābin= kitāb+ i+ n

kitābayni= kitāb+ ay+ ni

mudarrisīna= mudarris+ ī+ na

kitābin에서는 어말의 /i/가 소유격을 나타내고 kitābayni에서는 /ay/가 소유격을 나타내며, mudarrisīna에서는 /ī/가 소유격을 나타낸다.

위 예문에서 보면 쌍수형 (a)-ani, (a)-yni 표지 앞에 있는 명사의 선어말어미는 항상 /a/ 모음으로 끝난다. 즉 쌍수형(المُثَنَّى)에서 주격은 알리프 /ā/로 나타내고 목적격과 소유격은 الياء /y/로 표시된다. 그리고 규칙 남성 복수 (جَمْعُ المُذَكَّر السَّالِم)는 남성 세 사람 이상을 나타내는 명사인데, 주격에서는 /ūna/ وَاوٌ وَنُونٌ مَقْتُوحَة 이고 목적격과 소유격에서는 /īna/ يَاءٌ وَنُونٌ مَقْتُوحَة 이다. 이런 복수형이 붙게 될 본래 명사의 선어말어미는 /i/모음을 갖는다. 그리고 규칙 남성복수의 주격 표지는 الوَاوُ /ū/이고 소유격과 목적격의 표지는 اليَاءُ /ī/이다.

---

[7] 우리말 사전에서 목적격은 문장 안에서 체언이 서술어의 목적어임을 표시하는 격이고 대격이라고도 한다. 관형격은 문장 안에서, 앞에 오는 체언이 뒤에 오는 체언의 관형어임을 보이는 격으로 소유격 혹은 속격이라고도 한다.

5. 수와 격

　명사는 문장의 성분에 따라 주어의 역할을 하는 주격과 목적어의 역할을 하는 목적격, 그리고 전치사 뒤에 사용되는 소유격과 연결형의 두번째 명사에 붙는 소유격 등 세 가지 격이 있다. 예를들면 단수 명사 كِتَابٌ /kitābun/의 쌍수형은 كِتَابَانِ /kitābāni/이고 복수형은 كُتُبٌ /kutubun/이다. 다음 예문에서 명사와 형용사가 쌍수로 바뀔 때 어떻게 어말이 바뀌는지를 살펴보자.

الكِتَابُ جَدِيدٌ.	책이 새 것이다
الكِتَابَانِ جَدِيدَانِ.	책 두 권이 새 것이다.
إِنَّ الكِتَابَ جَدِيدٌ.	(확실히) 책이 새 것이다.
إِنَّ الكِتَابَيْنِ جَدِيدَانِ.	(확실히) 책 두 권은 새 것이다.
الفَتَاةُ مُهَذَّبَةٌ.	소녀(중 고등학생)가 예의바르다.
لَعَلَّ الفَتَاتَيْنِ مُهَذَّبَتَانِ.	두 명의 소녀가 예의바르기를 기대한다.

　아랍어에서 2개를 나타내는 쌍수형은 주격의 경우에 اَنْ – /āni/를 명사 어말에 붙이고 목적격과 소유격의 경우에는 يْنِ -/ayni/를 명사 어말에 붙인다. 이 때 주격의 표지는 알리프(ا)이고 소유격과 목적격의 표지는 야(ي)이다. 전연결어로 쓰이는 쌍수(المُثَنَّى)에는 نْ이 탈락되어 사용된다. 다음 예문들에서 규칙 남성복수 형태의 어미가 어떻게 변화하는지 살펴보자.

المُدَرِّسُ مُخْلِصٌ.	교사가 성실(충실)하다.
المُدَرِّسُونَ مُخْلِصُونَ.	교사들이 성실하다.
لَيْتَ المُدَرِّسِينَ مُخْلِصُونَ.	교사들이 성실하기를 소원한다.
المُدَرِّسَةُ نَشِيطَةٌ.	여 교사가 활동적이다.
المُدَرِّسَاتُ نَشِيطَاتٌ.	여교사들이 활동적이다.
أَصْبَحَتِ المُدَرِّسَاتُ نَشِيطَاتٍ.	여교사들이 활동적인 (사람)이 되었다.

　아랍어 명사 중에 세 개 이상을 나타내는 명사로는 규칙 남성 복수(جَمْعُ المُذَكَّر السَّالِم)와 규칙 여성 복수(جَمْعُ المُؤَنَّثِ السَّالِمِ), 그리고 불규칙 복수형(جَمْعُ التَّكْسِيرِ)이 있다. 규칙 남성 복수는 주격에서는 ونْ – /ūna/를 접미시키고 주격의 표지는 و 이고 소유격과 목적격의 경우는 يْنِ –/īna/를 접미시키고 소유격과 목적격의 표지는 ي 이다. 규칙 남성 복수형이 전연결어(두 명사의 연결형에서 첫째 명사)의 자리에 오면 نْ이 탈락된다. 규칙 여성 복수는 셋 이상의 여성을 나타낼 때 쓰이고 단수형에서 여성형 표지 ة 가 있으면 이 여성형 표지를 탈락시킨 후 알리프와 타 اتْ – /āt/를 접미시킨다. 이 때 접미된 어말/-un, -in/의 모음에 따라 주격과 소유격/목적격이 구분되는데 규칙여성복수의 주격 표지는 /u/이고 소유격과 목적격의 표지는 /i/이다. 규칙여성복수 주격에서는 낱말이 /ātun/으로 끝나고 소유격과 목적격에서는 /ātin/으로 끝난다. 규칙 여성 복수형이 전연결어로 쓰이면 어말 모양은 변함이 없고 모음만 비한정(예, /un/)에서 한정(예, /u/)의 모음 형태를 갖는다.

즉 주격에서는 /ātu/로 끝나고 소유격과 목적격에서는 /āti/로 끝난다. 아래 표에서 성과 수 그리고 격에 따라 어말이 어떻게 변하는지를 살펴보라.

성/격	단수	쌍수	복수
남성주격	مُدَرِّس mudarris-un	مُدَرِّسَان mudarris-āni	مُدَرِّسُونَ mudarris-ūna
남성목적격	مُدَرِّسًا mudarris-an	مُدَرِّسَيْن mudarris-ayni	مُدَرِّسِينَ mudarris-īna
남성소유격	مُدَرِّس mudarris-in	مُدَرِّسَيْن mudarris-ayni	مُدَرِّسِينَ mudarris-īna
여성주격	مُدَرِّسَة mudarris-atun	مُدَرِّسَتَان mudarris-atāni	مُدَرِّسَات mudarris-ātun
여성목적격	مُدَرِّسَة mudarris-atan	مُدَرِّسَتَيْن mudarris-atayni	مُدَرِّسَات mudarris-ātin
여성소유격	مُدَرِّسَة mudarris-atin	مُدَرِّسَتَيْن mudarris-atayni	مُدَرِّسَات mudarris-ātin

다음은 불규칙 복수형이 문장에서 어떻게 사용되는 지 그 예문을 적어 둔 것이다.
(예) وَتَكُونُ لآيَاتٍ وَأَوْقَاتٍ وَأَيَّامٍ وَسِنِين.   그것이 징조와 계절과 날과 해들을 위한 것이다.
هَذِهِ مَبَادِىءُ السَّمَاوَاتِ وَالأَرْض حِينَ خُلِقَتْ.   이것이 하늘들과 땅이 창조될 때의 원리들이다.

위 예문의 낱말들 중 불규칙 복수형을 찾아보면 مَبَادِىءُ, أَيَّامٍ, أَوْقَاتٍ 등이 나온다. 그런데 불규칙 복수형은 일정한 규칙이 없어서 사전에서 확인해 봐야 한다. 불규칙 복수형의 어말 모음(표지)은 단수형의 어말 모음(표지)과 같다. 즉 주격의 표지는 /u/이고 목적격의 표지는 /a/이며, 소유격의 표지는 /i/이다. 그러나 불규칙 복수형을 갖는 일부 명사들은 3격을 갖지 않고 2격을 갖는 경우가 있는데 이럴 경우에는 주격의 표지는 /u/이고 목적격과 소유격의 표지는 /a/이다. 아래의 예들은 하나의 단수 명사가 여러 개의 복수형을 갖는 경우이다.

복수형 -   단수형
كَاتِبٌ ـ كَاتِبُونَ ، كُتَّابٌ، كَتَبَة
طَالِبٌ   ـ   طُلاَّبٌ، طَلَبَة
شَجَرَةٌ   ـ   شَجَرَاتٌ، أَشْجَارٌ
عَيْنٌ   ـ أَعْيُنٌ، عُيُونٌ، أَعْيَانٌ[8]

그러나 본래 복수형을 갖지 않아 항상 단수로만 사용되는 명사들도 있다.
(예) الشَايُ 홍차, الحُبُّ 사랑, نَوْمٌ 잠 등이다.

6.한정과 비한정

아랍어 명사는 한정의 여부에 따라 한정과 비한정으로 분류되기도 하는데 비한정 명사는 كِتَابٌ(kitābun) كِتَابٍ(kitābin), كِتَابًا(kitāban) 등과 같이 이들 명사가 마지막 /n/으로 끝나면 이를 비한정 명사라고 한다. 말 그대로 한정되지 않고 아무나 혹은 아무 것이나를 가리키는 명사다.

---

[8] أَعْيُنٌ، عُيُونٌ 는 "눈, 악한 눈, 샘물, 원천, 구멍, 선택, 꽃" 등의 의미를 갖고 أَعْيَانٌ은 "저명하고 중요한 사람, 자신, 본질, 자산, 현금" 등의 의미와 관련된 복수형이다.

예) كِتَابٌ   (어느 책) 는(은)/가(이)
    كِتَابًا   (어느 책) 을/를
    كِتَابٍ   (어느 책) 의

이미 한정되어 있는 명사는 인칭대명사, 지시대명사, 관계대명사, 고유명사들이고 비한정 명사를 한정시키기 위해서는 비한정 명사에 정관사(ال)를 접두시킨다. 그리고 한정명사가 연결형의 후연결어로 오면 그 후연결어의 앞에 오는 명사(전연결어)는 한정명사가 된다.

고유명사는 사람이나 인명이나 지명이나 도시, 마을, 바다, 산 등의 고유한 이름을 가리킨다. 아랍어 비한정 명사에 정관사가 접두되면 한정명사가 되는데, 그 예로 كِتَابٌ(어느 책)에 정관사 ال이 접두되면 الكِتَابُ 이 되고 그 의미는 한정된 "(아는) 책"을 가리킨다. 그렇다면 명사와 명사가 서로 연결되는 연결형에서 비한정 명사와 한정명사가 후연결어(두 개의 명사가 연결형으로 올 때 전연결어 바로 다음에 오는 명사)에 오면 그 의미는 어떻게 달라질까?

예를 들면 كِتَابُ الوَلَدِ 는 "(아는) 아들의 (아는) 책" 이라는 뜻이고 "(아는) 아들"이라는 말은 한정이 되었다는 것이다. "(아는) 아들의 (아는) 책"이라는 말은 알고 있는 아들이 가지고 있는 여러 권의 책들 중에서 "(알고 있는) 책" 즉 한정된 "그 책"을 가리킨다. 그러나 아들이라는 단어가 비한정명사로서 후연결어 자리에 오면 "(모르는) 아들의 (아는) 책"이란 말이 되어 누군지 분명하지 않으나 "어느 아들이 갖고 있는 그 책"이란 뜻이다. 그 이유는 비한정명사가 연결형의 후연결어로 오면 그 앞에 나오는 전연결어는 구체화된다는 것이다. 그래서 "(모르는) 아들의 (아는) 책"이라는 말이 된다. 전연결어는 항상 정관사가 붙을 수 없다는 것과 후연결어는 항상 소유격이라는 것이 주요 특징이다.

이상과 같이 두 개의 명사가 모이면 연결형을 만들어 새로운 의미를 생성하게 되는데 만일 두 개의 단어 중에서 앞에는 명사가 오고 그 뒤에 형용사가 오면 이 둘 간의 관계는 명사+ 수식어(형용사)가 된다. 이런 경우 앞의 명사에 따라 그 뒤에 오는 형용사가 성(남성, 여성), 수(단수, 쌍수, 복수), 격(주격, 소유격, 목적격) 그리고 한정(한정, 비한정)에서 앞의 명사와 호응되어야 한다. 예를 들면 كِتَابٌ جَمِيلٌ (어느 아름다운 책)에서 두 개의 낱말 중 앞에 오는 낱말은 "어느 책" 이라는 말이고 두번째 오는 낱말은 형용사로 "아름다운" 이란 뜻이다. 즉, 이 두 낱말은 "어느 아름다운 책"이란 말이다. 그러나 이 두 개 낱말 중에서 첫 번째에 오는 낱말에 정관사가 붙으면 "아름다운 책"이란 뜻이 아니고 "(알고 있는) 책이 아름답다" 혹은 "그 책이 아름답다"라는 '문장'이 된다. (예) الكِتَابُ جَمِيلٌ

'(알고 있는) 책'이란 낱말 뒤에 형용사를 붙이려면 '(알고 있는) 책'이란 앞의 명사가 한정되어 있고 주격이며 남성단수이므로 이와 호응되는 뒤의 형용사는 한정되고 주격이고 단수이며 남성이 된다. 여기서 유의할 것은 아랍어는 오른쪽에서 왼쪽으로 쓰고 한국어는 왼쪽에서 시작하여 오른쪽으로 쓴다. 그래서 아랍어 글을 읽을 때 명사가 먼저 나오고 형용사가 그 다음에 와서 이렇게 호응되면 그 형용사는 수식어가 된다.

(예) الكِتَابُ المُقَدَّسُ مَشْهُورٌ   성경(거룩한 책)은 유명하다.

그러나 명사 앞에 형용사가 와서 한정과 격이 서로 달라지면 이 때는 수식어가 아니고 연결형을 이룬다. 여기서 한 가지 질문을 해 볼 필요가 있다. 아랍어 정관사(ال)는

“그”라는 말로 항상 번역해야 하는가? 아랍어 정관사는 의미의 표현을 위하여 붙여지는 경우보다는 문장 구성을 위하여 형태가 문법적으로 맞아야 한다는 외형상 규칙에 더 많은 관심을 두고 정관사를 붙이는 경우가 많다. 물론 어느 문장에서 이미 앞에서 언급한 낱말을 다시 언급하고자 할 때 나중 낱말에 정관사를 붙이기도 한다. 즉 문장을 쓸 때 처음에는 비한정명사로 썼다가 그 다음 문장에서 이 비한정 명사를 다시 가리킬 때 정관사를 명사에 붙이게 된다. 그러나 앞으로 문장 구조에서 살펴보겠지만 문장의 어순과 관련되어 주어가 한정이고 술어는 비한정이라는 기본 원칙에 따라 이에 따른 문장들은 의미와는 상관없이 주어는 한정되어야 한다. 그러므로 이 때의 정관사는 의미보다는 형식에 더 관심을 둔 경우라고 하겠다. 그래서 아랍어 학습은 가능한 한 어휘 단위의 연습보다는 문장 혹은 담화 단위의 연습이 더 중요하다.

또 정관사를 마냥 “그”라고 해석해서는 안 되는 표현들이 많이 있다. 그 예로 رَأسُ السَّنَةِ 가 있는데 “그 해의 그 머리” 라고 해석될 수 없고 설날이라고 번역해야한다. 또 다른 예로 فِي الفَصْلِ كِتَابٌ 을 일부 한국어 문법서에서 “그 교실에 한 권의 책이 있다” 고 번역했으나 사실은 “교실에 책 한 권이 있다”는 말이다. 이 문장은 전치사구 다음에 비한정 명사가 와야 한다는 아랍어 문장 구조의 외형상 원칙에 따른 것이다. 교실에 뭔가가 있다는 즉 교실이란 낱말이 초점이 되어 ‘교실에서’가 문장의 처음에 나오고 있다. 그러나 만일 명사를 한정하고 싶다면 “(아는) 아들이 (아는) 교실에 있다” 라는 문장으로 다음과 같이 쓸 수 있다.

(예) الوَلَدُ فِي الفَصْلِ

두 개의 낱말에 정관사가 붙은 البِنْتُ الجَمِيلَة “(알고 있는) 아름다운 딸”은 앞의 명사와 그 뒤의 형용사에 정관사가 붙어 있어 서로 수식관계가 형성되어 있고 다음과 같이 서로 호응한다.

البِنْتُ: 한정, 여성, 단수, 주격

الجَمِيلَة: 한정, 여성, 단수, 주격

아랍어 정관사는 문장이냐 또는 수식어가 뒤따라오는 명사+ 형용사 형태냐 또는 형용사와 명사(명사와 명사)가 이어진 연결형이냐를 구분해준다. 아랍어 정관사가 한정이라는 고유 의미 이외에도 문장을 구성하기 위하여 그 의미보다는 문장 안의 낱말 형태에 초점을 두는 경우가 있다고 했다. 가령 Dubai world는 아랍어로 دُبَيُّ العَالَمِيَّة 라고 하는데 두번째 나오는 명사(العَالَمِيَّة)에 정관사가 붙어 있는 것은 앞의 명사가 한정된 고유명사이기 때문에 정관사가 붙어 있다고 할 수 있다. 또, إنْفلوَنْزَا الخَنَازِير (신종플루)는 아랍어에서 돼지플루라고 하는데 이 때에 돼지(الخَنَازِير)라는 단어 앞에 정관사를 썼지만 “그 돼지 플루”라고 해석하지 않고 그냥 ‘돼지 플루’라고 한다. 또, اليُونِيسِيف 유니세프는 그 단어 자체가 고유명사임에도 불구하고 정관사(ال)를 붙여서 표기한다. 또 아랍국가에 살다보면 트럭에 المِيَاه الصَّالِحَة لِلشُّرْب (마시기 적합한 물들)이란 말이 쓰여 있는 것을 볼 수 있는데, 이 말에도 정관사들이 붙어 있다. “물들”이란 낱말에 정관사를 붙인 것은 (이미 알고 있는) 물들이란 말이다.

아랍어 문장의 해석과 작문은 아랍어 문법규칙의 지배를 받지만,
만일 아랍어 문장을 한국어로 옮기면 한국어 문법규칙의 지배를 받아야 한다.

7. 명사의 성: 남성과 여성

아랍어 명사에는 남성명사와 여성명사가 있는데 아랍인들은 모든 사람과 사물을 남성, 여성 혹은 남녀공용 등 3가지로 분류했다. 일반적으로 남자나 수컷을 가리키는 것은 남성명사인데, 그 예로 아들 وَلَدٌ, 책 كِتَابٌ, 너 أَنْتَ, 이것 هَذَا, 관계대명사의 الَّذِي 등이 있다. 여성형 표지 타마르부따(ة)가 붙어 있더라도 남성 인명에 쓰일 경우에는 남성으로 간주한다. 그 예로 함자 حَمْزَة, 딸르아 طَلْحَة, 무아위야 مُعَاوِيَة, 잇자 عِزَّة, 딸르아트 طَلَعَتْ, 하마다 حَمَادَة 등이 있다. 그리고 자녀를 낳거나 알을 낳거나 새끼를 낳는 경우에는 여성명사를 사용하는데, 이런 여성명사를 사실 여성명사(مُؤَنَّثٌ حَقِيقِيٌّ)라고 하고 그 예로 딸 بِنْتٌ, 성년 여성 اِمْرَأَةٌ, 암나귀 أَتَانٌ 등이 있다. 아랍어 여성명사에는 자녀나 알을 낳는 사실적 여성이 아닌, 비사실적(비유적)으로 쓰이는 비유적 여성명사(مُؤَنَّثٌ مَجَازِيٌّ)가 있는데, 그 예로는 사과 تُفَّاحَة, 병원 مُسْتَشْفَى 등이 있다.

8. 수: 단수, 쌍수, 복수

아랍어 명사에는 수에 따라 단수, 쌍수, 복수로 나뉜다. 단수는 하나를 가리키고, 쌍수는 둘을 가리키며, 복수는 셋 이상을 가리킨다. 단수 명사의 예로는 아들 وَلَدٌ, 딸 بِنْتٌ, 이(것) هَذَا, 나 أَنَا, 관계대명사 الَّذِي 등이 있고, 쌍수 명사에는 두 아들 وَلَدَان-وَلَدَيْن, 관계대명사의 쌍수형 هَذَان-هَذَيْن, اللَّذَان اللَّذَيْن 등이 있다. 복수 명사에는 규칙 남성복수, 규칙여성복수, 불규칙 복수 3종류가 있는데, 규칙 남성복수에는 '교사들' مُدَرِّسُون-مُدَرِّسِين, 작가들 – كَاتِبُون, كَاتِبِين 등이 있고 숫자를 나타내는 경우 30은 주격에 쓰이는 ثَلَاثُون 과 소유격/목적격에 쓰이는 ثَلَاثِين 이 있다. 그 외 복수를 나타내는 명사 중에는 '자손들' بَنُون-بَنِين 이 있다. 불규칙 남성복수는 이와 같이 주격에는 وَ를 붙이고 소유격과 목적격에는 يَ를 넣어서 서로 구별한다. 규칙 여성 복수 명사는 단수형 뒤에 있는 여성표지를 탈락시키고 ا 와 ت 를 접미시킨다.

예) 딸 بَنَاتٌ <-- بِنْتٌ, 아름다운 جَمِيلَةٌ <-- جَمِيلَاتٌ

그러나 남성 명사인데도 여성형 복수명사를 갖는 예도 있다. (회의) اِجْتِمَاعٌ <-- اِجْتِمَاعَاتٌ. 실제로 불규칙 복수는 말 그대로 규칙적인 패턴이 없어서 무조건 암기해야 한다.

예) 성년 남자 رِجَالٌ <-- رَجُلٌ, 집 بُيُوتٌ <-- بَيْتٌ, 연필 أَقْلَامٌ <-- قَلَمٌ

아랍어 낱말 중에는 남성과 여성 둘다의 성을 갖는 명사들이 있는데 시장 سُوقٌ, 길 طَرِيقٌ, 영혼 رُوحٌ 등이 있다. 예) 이것이 채소 시장이다 هَذَا سُوقُ الْخُضَرِ.

그런데 여성만이 갖는 독특한 특징을 표현해 주는 일부 아랍어 낱말들이 남성형을 갖는 경우가 있다.

(예) 나이드신 부인 سَيِّدَةٌ عَجُوزٌ, 젖먹이는 여성 اِمْرَأَةٌ مُرْضِعٌ.

그리고 쌍수명사는 단수형에다가 ـَانِ(주격), ـَيْنِ(소유격과 목적격)를 접미시켜 만든다.

الرَّجُلَيْنِ / الرَّجُلاَنِ يَتَكَلَّمَانِ مَعًا　　　두 성년 남자가 함께 말하고 있다.

أَكَلْتُ أَمْسِ تُفَّاحَتَانِ / تُفَّاحَتَيْنِ　　　나는 어제 사과 두 개를 먹었다.

حَضَرَ الْمُدَرِّسَانِ / الْمُدَرِّسَيْنِ مُبَكِّرًا　　　두 교사가 일찍 왔다.

بَيْتُ الأَخَوَانِ / الأَخَوَيْنِ جَمِيلٌ　　　두 형의 집은 아름답다.

위 예문에서 두 가지의 격을 표시하여 제시하였는데 밑줄친 낱말들이 문법적으로 맞는 형태이다. 그리고 쌍수명사 뒤에 연결형의 후연결어가 뒤따르면 쌍수명사에 있는 نِ이 탈락된다.

①. (x) شُبَّاكَانِ الْبَيْتِ مَفْتُوحَانِ

(o) شُبَّاكَا الْبَيْتِ مَفْتُوحَانِ　　　집의 두 창문이 열려져있다.

②. (x) أَخَذْتُ كِتَابَا الْمُدَرِّسِ

(o) أَخَذْتُ كِتَابَي الْمُدَرِّسِ　　　나는 교사의 두 권의 책을 가져왔다.

(x) أَخَذْتُ كِتَابَيْنِ الْمُدَرِّسِ

위의 두번째 문항은 동사문으로서 목적어를 갖는 타동사가 선행하고 있는데 목적어로 쓰이는 명사가 쌍수로서 연결형의 전연결어이다. 전연결어는 문장 안의 위치에 따라서 격이 바뀌므로 위의 경우에는 목적어로서 목적격이 와야 하고 연결형이 되어 있기 때문에 نِ이 탈락되어야 한다. 그러므로 كِتَابَي 가 정답이다.

규칙 남성복수

규칙 남성복수(جَمْعُ الْمُذَكَّرِ السَّالِمِ)는 단수형 명사나 단수형 형용사의 어말에 ـُونَ(주격)과 ـِينَ(소유격과 목적격)를 붙여서 만드는데 규칙 남성복수형의 명사들은 첨가 동사에서 온 복수명사들이 많다. 아래 밑줄친 낱말이 정답이고 그 옆에 온 낱말은 틀린 꼴이다.

تَكَلَّمْتُ مَعَ مُدَرِّسِينَ / مُدَرِّسُونَ فِي الشَّارِعِ　　　나는 거리에서 교사들과 함께 이야기하였다.

اللاَّعِبُونَ / اللاَّعِبِينَ يَضْحَكُونَ　　　운동 선수들이 웃고 있다.

سَمِعَنِي الْمُدَرِّسِينَ / الْمُدَرِّسُونَ　　　교사들이 내 음성을 들었다.

전연결어로 오는 규칙남성복수와 다른 후연결어가 이어지면 규칙남성복수형에 붙어 있는 نَ을 탈락시킨다. 아래 밑줄친 낱말이 정답이고 그 앞에 오는 낱말은 틀린 꼴이다.

مُدَرِّسُونَ / مُدَرِّسِي / مُدَرِّسُو الْمَدْرَسَةِ جَيِّدُونَ　　　학교의 교사들이 일을 잘하는 분들이다.

لَمْ يَسْمَعِ اللاَّعِبُونَ / لاَعِبُونَ / لاَعِبِي / لاَعِبُو كُرَةِ الْقَدَمِ صَوْتَ الصَّفَّارَةِ

축구 선수들은 호각소리를 듣지 못했다.

규칙 여성복수

여성형 표지 ة 를 탈락시키고 ـَاتٌ(주격), ـَاتٍ(소유격과 목적격)를 접미시키면 규칙 여성복수(جَمْعُ الْمُؤَنَّثِ السَّالِمِ)가 된다.

(예) تُفَّاحَةٌ --< تُفَّاحَاتٌ　　사과

سَبُّورَةٌ --< سَبُّورَاتٌ　　칠판

규칙여성복수 뒤에 후연결어가 오면 전연결어에 오는 규칙 여성 복수는 한정 형태의 모음이 와야 한다. 즉 비한정의 /-ātun/은 규칙 여성 복수형이 전연결어로 올 때 /-ātu/가

되고, 비한정의 /-ātin/은 규칙 여성 복수형이 전연결어로 올 때 /-āti/가 된다.

예) سَبُّورَاتُ المَدْرَسَةِ جَدِيدَةٌ   학교의 칠판들이 새 것이다.

불규칙복수

불규칙복수(جَمْعُ التَّكْسِيرِ)는 어느 일정한 규칙패턴이 없기 때문에 아랍어 사전을 통하여 각 명사마다 해당되는 복수형을 찾아야 한다. 다음은 가장 잘 쓰이는 불규칙 복수형을 제시해 본 것인데 다음 낱말들은 <불규칙 복수형<-- 단수형> 꼴로 되어 있다.

(1) فِعَلٌ

مِهَنٌ <-- مِهْنَةٌ 직업 ، قِطَعٌ <-- قِطْعَةٌ (형겊) 조각

(2) فُعَلٌ

دُوَلٌ <-- دَوْلَةٌ 나라 ، صُوَرٌ <-- صُورَةٌ 그림, 사진   لُعَبٌ <-- لُعْبَةٌ 장난감

(3) فُعُلٌ

مُدُنٌ <-- مَدِينَةٌ 도시، كُتُبٌ <-- كِتَابٌ 책 ، طُرُقٌ <-- طَرِيقٌ 길

(4) فِعَالٌ

صِغَارٌ <-- صَغِيرٌ 작은، كِبَارٌ <-- كَبِيرٌ 큰، رِجَالٌ <-- رَجُلٌ 성년 남자   جِبَالٌ <-- جَبَلٌ 산
جِمَالٌ <-- جَمَلٌ 낙타 ، كِلاَبٌ <-- كَلْبٌ 개

(5) فُعُولٌ

قُلُوبٌ <-- قَلْبٌ 마음, 심장 ، عُلُومٌ <-- عِلْمٌ 학문, 과학   جُنُودٌ <-- جُنْدٌ 군대

(6) فُعَّالٌ

سُكَّانٌ <-- سَاكِنٌ 거주자 ، سُوَّاحٌ <-- سَائِحٌ 여행자 ، طُلاَّبٌ <-- طَالِبٌ 학생

(7) أَفْعُلٌ ، فُعُولٌ

أَشْهُرٌ ، شُهُورٌ <-- شَهْرٌ 달(월), أَبْحُرٌ ، بُحُورٌ <-- بَحْرٌ 바다

(8) أَفْعَالٌ

أَفْلاَمٌ <-- فِلْمٌ 영화 ، أَشْكَالٌ <-- شَكْلٌ 모양   أَلْوَانٌ <-- لَوْنٌ 색깔   أَصْحَابٌ <-- صَاحِبٌ 친구,동료

(9) أَفْعِلَةٌ

أَقْمِشَةٌ <-- قُمَاشٌ 천(옷감)   أَطْعِمَةٌ <-- طَعَامٌ 음식, أَسْئِلَةٌ <-- سُؤَالٌ 질문

(10) أَفْعِلاَء

أَصْدِقَاءُ، صُدَقَاءُ <-- صَدِيقٌ 친구، أَغْنِيَاءُ <-- غَنِيٌّ 부자، أَطِبَّاءُ <-- طَبِيبٌ 의사

(11) فُعَلاَءُ

أُمَرَاءُ <-- أَمِيرٌ 왕자، سُفَرَاءُ <-- سَفِيرٌ 대사 ، وُزَرَاءُ <-- وَزِيرٌ 장관

(12) فَوَاعِلُ

سَوَاحِلُ <-- سَاحِلٌ 해안، قَوَاعِدُ <-- قَاعِدَةٌ 문법, 규칙, 기지

(13) فَعَائِلُ

جَرَائِدُ <-- جَرِيدَةٌ 신문, 대추 야자 잎 줄기[9]، رَسَائِلُ <-- رِسَالَةٌ 편지, 논문, 에세이

(14) أَفَاعِلَةٌ

أَسَاتِذَةٌ <-- أُسْتَاذٌ 교수, 선생님

---

[9] 대추야자 잎은 문어 아랍어에서 سعف(sa‘af)라고 하는데 이집트 암미야 아랍어에서는 زعف 라고 발음한다.

(15) أَفْعَالٌ

어린이 طِفْلٌ --> أَطْفَالٌ، (요일) 날 يَوْمٌ --> أَيَّامٌ، 펜 قَلَمٌ --> أَقْلَامٌ

(16) مَفَاعِلُ

아파트 단지 مَسْكَنٌ --> مَسَاكِنُ، 책상, 사무실 مَكْتَبٌ --> مَكَاتِبُ، 학교 مَدْرَسَةٌ --> مَدَارِسُ

[쉬어가기]

아랍어 문법 용어들은 본래 건축, 법률, 건강 등의 용어에서 온 것들이 많다. بِنَاءٌ (건축, 건축하는 행위)는 문법 용어에서는 "굴절하지 않는다, 어말모음이 변화하지 않는다"라는 뜻이다. 이 단어에서 مَبْنِي 란 단어는 "굴절하지 않는, 어말모음이 변화하지 않는"의 의미를 갖는다. جَرَّ는 (물건을) 끌어당기다에서 소유격이란 의미가 생겨났다. 그리고 رَفَعَ는 "들어올리다"에서 문법 용어 "(명사의) 주격" 또는 "(현재 동사의) 자립형(직설법)"이란 말이 생겨났고 نَصَبَ은 '일으켜 세움'이란 말에서 "(명사의) 목적격" 혹은 (현재동사의) 의존형이란 말이 되었다.[10]

9.수식어의 호응

명사 뒤에 오는 수식어는 명사의 성, 수, 격, 한정/비한정이란 점에서 서로 호응한다.

رَجُلٌ وَسِيمٌ   (어느) 멋있는 남자

بِنْتٌ جَمِيلَةٌ   (어느) 예쁜 딸

الرَّجُلُ الوَسِيمُ   (아는) 멋진 남자

البِنْتُ الجَمِيلَةُ   (아는) 예쁜 딸

(힌트) 명사에 정관사가 붙어 있으면 수식어에도 정관사가 붙는다.

رَجُلَانِ وَسِيمَانِ   (모르는) 두 명의 멋진 남자

---

[10] (1) 건축 용어에서 온 문법 용어로, 이밖에 تركيب tarkīb(짜맞춤) استثقال istithqāl(매우 무거움), إسناد Isnād(지주), إضافة IDāfah(빗대어 세움), إمالة Imālah(기울음), جزم Jazm(자름), حذف Hadhf(잘라냄), بيت Bayt(집) 등의 건축 관련 어휘들이 문법 용어로 쓰였는데 각각의 의미는 "(문장)구조, 발음상의 불편, 주술(주어와 술어) 관계, 연결형, /i/모음으로 /a/가 /e/등으로 바뀌는 현상, 모음의 탈락, 생략, 시의 한 행" 등의 의미로 쓰인다. (2) 건강과 허약하다는 용어에서 문법용어가 생겼다; 그 예로 حُرُوفُ العِلَّةِ가 있는데 이는 병약함의 자음들이란 말인데 약자음(알리프, 와우, 야)이란 뜻이고 الفِعْلُ الصَّحِيحُ는 건강한 동사라는 말인데 강동사(약자음이 포함되지 않는 자음으로 된 동사)라는 말이다. (3) 이슬람법률용어가 문법용어가 되었다. 그 예로 الحُرُوفُ النَّاسِخَةُ 는 이들 자음이 명사 앞에 접두되면 그 다음에 오는 명사(주어)의 격을 무효화시키고 목적격을 부여해주는 불변사들이고, الأَفْعَالُ النَّاسِخَةُ 는 이들 동사 뒤에 오는 술어가 본래 주격이었으나 이들 동사들이 접두되면 술어가 목적격으로 바뀌게 하는 동사들이다. 즉 어형과 기능을 무효화시킨다는 아랍어 단어 النَّاسِخَةُ는 이슬람법의 용어였다. 꾸란의 한 구절이 나중에 내려온 구절에 의하여 먼저 내려온 구절이 무효화되게 할 때 나중에 내려 온 꾸란 구절을 나시크(النَّاسِخ)라고 하고 먼저 내려온 꾸란 구절을 만수크(المَنْسُوخ)라고 한다. 이밖의 이슬람 법 용어가 문법용어가 된 예로는 شرط Shart(조건, 조건절), جزاء jazā'(보상, 귀결절), مسائل masā'il(법적 질문, 문법 의제), اضطرار iDTirār(당위성, 제약), حكم Hukm(판결, 지배), واجب wājib(의무, 필수적), جائز jā'iz(가능, 수의적) 등이 있다. (4) 윤리학에 사용되는 어휘로 نحو NaHw는 본래 "마땅히 가야할 길, 방향"을 가리켰으나 글이 지켜야 할 규칙이나 법이란 의미로 발전되었다. 시바와이히는 문장이 구조적으로 정확하면 선(حسن Hasan)이라고 하였고 부정확하면 악(قبيح qabīH)이라고 하였다. 또 의미상 뜻의 연결이 완전하면 "올바름)(مستقيم mustaqīm)이라고 하고 뜻의 연결이 불완전하면 "올바르지 않음)(محال muHāl)이라고 하였다.

(힌트) 명사가 쌍수형이면 수식어도 쌍수형을 갖는다.

بِنْتَيْنِ جَمِيلَتَيْنِ   (모르는) 두 명의 예쁜 딸

الرِّجَالُ الوُسَمَاءُ   (아는) 멋진 남자들

(힌트) 명사가 복수형이면 수식어도 복수형을 갖는다.

البَنَاتُ الجَمِيلَاتُ   (아는) 예쁜 딸들

아랍어 명사와 수식어 사이에는 성, 수, 격, 한정의 호응이 이뤄진다.

성	طَالِبٌ كُورِيٌّ 남성 단수	طَالِبَة كُورِيَّة 여성 단수
쌍수	طَالِبَان كُورِيَّان 남성 쌍수	طَالِبَتَان كُورِيَّتَان 여성 쌍수
복수	طُلَّابٌ كُورِيُّونَ 남성 복수	طَالِبَاتٌ كُورِيَّاتٌ 여성 복수
한정	الطُّلَّابُ الكُورِيُّونَ 남성 복수 한정	الطَّالِبَاتُ الكُورِيَّاتُ 여성복수한정

위 표와 같이 사람을 나타내는 명사 뒤에 오는 수식어는 사람을 가리키는 명사 뒤에서 성, 수, 격, 한정을 호응(일치)시키지만 사물의 복수형 다음에 오는 수식어는 여성단수형을 갖는다. 그 예로 유엔이라는 어휘 الأُمَمُ المُتَّحِدَة 와 국군이라는 어휘 القُوَّاتُ المُسَلَّحَة 는 명사 뒤에 오는 수식어가 여성 단수형을 갖고 있다. 그런데 명사 뒤에 여러 개의 수식어들이 오면 성질 형용사가 먼저 오고 시간을 나타내는 형용사가 나중에 나온다. '다가오는 해의 세계 경제'라는 말은 الاقْتِصَادُ العَالَمِيُّ العَامُ المُقْبِلُ 으로 쓴다. 만일 두 개의 낱말 사이에 접속사(و)가 오면 연결형도 아니고 수식 관계도 아니다. (예) قَتِيلٌ وَجَرِيحٌ (사상자)

다음 명사와 수식어 간의 쓰임을 살펴보시오.

العِيدُ الوَطَنِيُّ	남성 단수 주격(국가의 명절-국경일)
الأَزْمَةُ الاقْتِصَادِيَّة	여성 단수 주격(경제적인 위기- 경제 위기)
اليَوْمَيْنِ الماضِيَيْنِ	남성 쌍수 목적격(과거 2일간)
الوَفَيَاتُ العَادِيَّة	여성 복수 주격- 여성 단수 형용사(보통의 죽음-자연사)
المُقَاوِلُونَ العَرَبُ	남성 복수 주격- (아랍 건축업자들[11])

[어휘력 쌓기]

① 모음이 다르면 의미가 달라진다

أَمْنٌ 치안   الأَمْنُ العَامُ 공공 치안   أَمَانٌ 안전

شِعْرٌ 시   شَعْرٌ 머리카락

فُولٌ 팥과 유사한 콩류,   فُلٌّ 꽃 종류

② 이슬람에 대한 지식이 있어야 이해할 수 있는 어휘들이 있다.

النار   (이슬람에서) 지옥

مُفْتِي 아랍어를 잘 아는 무슬림으로서 나이와 이성이 성숙하고 공정하며 이슬람법과

---

[11] 이집트 대형 건축 회사들 중의 하나이다.

이즈티하드(꾸란과 하디스 등 이슬람법적 근거에 의지하여 현실적인 새로운 문제에 대한 이슬람법적인 판결[12])에 정통한 사람이다. 또, 무프티가 답변하는 법적 판결이나 그가 설명해 놓은 판결을 파트와 الفَتْوَى 라고 한다.

السُّنَّةُ هِيَ المُفَسِّرَةُ لِلقُرآن	순나(무함마드 언행록, 하디스)는 꾸란을 주석해준다.
ثَقَافَةُ التَّكْفِير	타크피르 문화(상대방을 카피르로 규정하고 그의 생명을 앗아가는 문화)
كَافِرٌ (كُفَّارٌ)	이슬람법이나 이슬람의 다섯가지 기둥(신앙고백, 기도, 종교세,금식, 순례)을 부인하는 자

③아랍 국가마다 동일한 사물을 가리키는 낱말이 서로 다르다.

جَرَاجٌ خَاصٌّ (개인 주차장, 이집트)		كَرَاجٌ (주차장, 요르단)

④외국어에서 온 아랍어 어휘들이 있다.

نِظَامُ الكَارْتِ	카드 제도
بُوفِيه الغَدَاء	점심 부페
كُوبِنْهَاجِن	코펜하겐
كَأْسُ الأُمَمِ الإِفْرِيقِيَّةِ	아프리카 국가 컵
مَحَطَّةُ سِرْفِيس	승합차 정류장
سُوبَر مَارْكِت	슈퍼마켓

⑤아랍의 길거리의 간판이나 교통표지판 등에 쓰이는 표현 중 연결형이 많다.

سِينِمَا الهَوَاء الطَّلْق	야외 영화관
التَّغَيُّرُ المَنَاخِيُّ	기후 변화
تَحْوِيلُ أَمْوَالٍ	송금
التَّسْوِيقُ العَقَارِيُّ	부동산(건물과 대지) 매매업
مَمْنُوع الاِنْتِظَار	일시 멈춤 금지
مَمْنُوع التَّدْخِين	금연
مَمْنُوع الوُقُوف قَطْعِيًّا	주차 절대 금지
هَدِّىء السُّرْعَة	속도를 천천히 줄이시오

⑥한 낱말의 앞 뒤에 어떤 낱말이 오느냐에 따라 의미가 달라진다.

هَذَا ثَوْبٌ جَمِيلٌ.	잘 만든 옷이라서 좋은 옷이다.
كَلَامٌ جَمِيلٌ.	좋은 생각이다.
مَنْظَرٌ جَمِيلٌ.	야! 정말 경치가 아름답다.

10.연고

연고(النَّسَبُ)는 사람이나 사물이 어떤 사람이나 사물, 나라에 속하거나 연고가 있을 때 사용되는 것으로 명사의 어말에 ـيّ 를 붙이고 이 표지 앞 선어말어미에 /i/모음을 붙인다. 즉, 명사의 어말에다가 남성일 때 ـيّ - (겹친 iyy)를 붙이고 여성일 때 ـيَّة - (iyyah 또는

---

[12] 이즈티하드를 하는 사람을 무즈타히드라고 하는 데 무즈타히드 مُجْتَهِدٌ 가 되려면 무슬림으로 아랍어를 잘 알고 꾸란, 순나, 만장일치, 법의 원리에 정통한 사람이어야 한다.

iyyatun)를 붙이면 사람이나 나라나 가족 등에 속한다는 것을 나타내므로 이를 연고 النَّسَبُ
(nasab)형이라고 한다. 이렇게 명사 뒤에 연고를 나타내는 ـيّ 를 접미시키면 파생 명사(اسْمٌ
مُشْتَقٌّ)의 의미를 갖게 되고 명사를 형용해 주는 역할을 한다. 연고형 만들기에는 일부
예외가 있고 문법 책에는 다양한 낱말의 예를 들고 있으나 고전 아랍어 문법책에 나오는
대부분의 예들은 오늘날 사용되지 않는다. 다음의 예들은 현대 아랍어에서 자주 사용되는
연고형이다.

(1) 여성형 표지나 정관사를 탈락시키고 연고형을 붙인다.

مَكَّةٌ ← مَكِّيٌّ : 여성의 ة를 탈락시키고 연고형(-iyyun)을 접미시킨다.

القَاهِرَة ← قَاهِرِيٌّ : 여성의 ة를 탈락시키고 연고형(-iyyun)을 접미시킨다.

(2) 막쑤르 명사(الاسْمُ المَقْصُورُ)는 알리프를 탈락시키거나 알리프를 탈락시킨 자리에
와우를 넣거나 알리프는 그대로 두고 알리프 다음에 와우를 첨가한다.

فَرَنْسَا → فَرَنْسِيٌّ، فَرَنْسَاوِيٌّ

دُنْيَا → دُنْيَوِيٌّ (알리프를 탈락시키고 와우 و를 넣은 경우)

طَنْطَا → طَنْطَاوِيٌّ، طَنْطِيٌّ (아예 알리프를 탈락시킨 경우와 알리프를 탈락시키고 와우를
      넣은 예)

عُلاً → عُلْوِيٌّ (알리프를 탈락시키고 와우를 넣은 예)

سُورِيَا → سُورِيٌّ (야와 알리프 (يَا)를 탈락시킨 예)

لِيبِيَا → لِيبِيٌّ (야와 알리프(يَا)를 탈락시킨 예)

يَدٌّ → يَدَوِيٌّ (와우(و)를 첨가한 뒤 연고형을 접미시킨 예)

الحَيَاة → حَيَوِيٌّ (여성의 (ة)를 탈락시키고 알리프를 와우로 바꾼 예)

(비교) لُغَة → لُغَوِيٌّ   여성형 표지(ة)를 탈락시키고 (و)를 첨가한 뒤 연고형을
      접미시킨다. لُغَوِيٌّ의 여성형은 لُغَوِيَّة 이다.

(3) 맘두드 명사(الاسْمُ المَمْدُودُ)는 함자를 와우로 바꾼다. 맘두드 명사란 알리프 다음에
함자가 따라오는 형태의 명사를 일컫는다.

صَحْرَاء → صَحْرَاوِيٌّ : 함자 앞에 알리프가 있을 때 함자가 (و)로 바뀌고 연고형을
      접미시킨 예

بَيْضَاء → بَيْضَاوِيٌّ : 함자 앞에 알리프가 있을 때 함자가 (و)로 바뀌고 연고형을
      접미시킨 예

(4) 위와 같은 규칙에서 벗어난 연고형이 있다.

الرَّبُّ → رَبَّانِيٌّ

الكُونْغُو → كُونْغُولِيٌّ

كُوتْ دِي فُوَار → إِيفْوَارِيٌّ

أُورْجُوَاي → أُورْجُوَانِيٌّ

بِيرُو → بِيرُونِيٌّ

الإِسْكَنْدَرِيَّة → إِسْكَنْدَرَانِيٌّ

الأَخُ → أَخَوِيٌّ

الأَبُ → أَبَوِيٌّ

الدُّوَلُ → دُوَلِيٌّ

الدَّمُ → دَمَوِيٌّ

الحَقّ → حَقَّانِيٌّ

위와 같은 연고형 만들기를 읽어 보고 아래 연고형이 들어 있는 낱말들을 읽어보자.
الرَّقَصَاتُ الفُولْكُلُورِيَّة   folklore dance 민속춤

القَصْرُ المَلَكِيُّ	왕궁
الحَرَكَةُ الشَّعْبِيَّة	국민 운동
أمْنٌ قَوْمِيٌّ	국민 치안
العِلاجُ الكِيمَاوِيُّ والإشْعَاعِيُّ	화학과 엑스레이 치료
زَرْقَاوِي	요르단 자르까에서 태어난 사람(자르까위: 알까이다 조직원)
السُّلْطَةُ الفِلَسْطِينِيَّة	팔레스타인 정권
عَلاقَاتٌ كُورِيَّة يَابَانِيَّة	한일 관계
مَجْلِسُ الوَحْدَةِ الاقْتِصَادِيَّةِ العَرَبِيَّةِ	아랍 경제 통합위원회
البُلْدَانُ العَرَبِيَّة	아랍 국가들(지리적인 의미)
الوَطَنُ العَرَبِيُّ	아랍국가(정치적이고 민족주의적인 의미)
التَّطَرُّفُ الإسْلامِيُّ	이슬람 극단주의(극단적 성향)
الإبْدَاعُ الفِكْرِيُّ	창의적 사고
اللَّجْنَةُ الاسْتِشَارِيَّة	자문위원회
مَطَارُ إنْتْشُون الدَّوْلِيُّ	인천 국제 공항
البِطَاقَاتُ الذَّكِيَّة	지능형 카드
عَوَاصِفُ ثَلْجِيَّة	눈보라
مَأْمُورِيَّةُ الشَّهْرِ العَقَارِيُّ	부동산 신고처
الدُّبُّ الرُّوسِيُّ	러시아 곰
التِّنِّينُ الصِّينِيُّ	중국 용

대부분 연고형의 명사는 한국어로 번역할때 명사로 번역된다.

11.2 격명사

일반적으로 아랍어 명사는 3격(주격, 소유격, 목적격)을 갖는다. 그러나 일부 명사는 2개의 격만을 갖는다. 이 두 개의 격을 갖는 명사를 2격 명사(المَمْنُوعُ مِنَ الصَّرْف)[13] 라고 하는데 이들은 항상 탄윈을 갖지 못하고 격변화에서 /i/모음을 갖지 않는다.

(예) مَرَّتِ الحَضَارَةُ العَرَبِيَّةُ بِمَرَاحِلَ مُخْتَلِفَةٍ.　　아랍 문화가 여러 단계를 거쳤다.

즉 주격에는 /u/ 모음을, 소유격과 목적격에서는 /a/모음을 갖는데 2격 명사들의 예는 다음과 같다.

첫째 고유명사 중에서 2격을 갖는 명사들이 있다.

①여성 고유명사: 여성의 이름이거나 국가명 중에서 일부는 여성 명사인데 2격을 갖는다.

(예) أسْمَاءُ ، مِصْرُ ،فَاطِمَة، سَحَرُ ، نَجْوَى ، هَالَة

رَأَيْتُ أسْمَاءَ الطُّلاَّبِ　　나는 남학생들의 이름들을 보았다.

---

[13] 여기서 알싸르프 **الصرف**는 탄윈을 가리킨다.

تَكَلَّمْتُ مَعَ أَسْمَاءَ   나는 아스마아와 같이 이야기하였다.

أَسْمَاءُ زَوْجَةِ مُخْتَارٍ فَاطِمَةُ وَهِبَةٌ وَزَيْنَبُ

무크타르의 부인의 이름들은 파띠마, 히바, 자이납이다.

②일부 복수형은 2격이다. مَدَارِسُ ، مَفَاتِيحُ ، مَسَاجِدُ ، مَصَابِيحُ ، كَنَائِسُ (형: مَفَاعِيل=>مَفَاعِل)

③여성을 나타내는 ة를 갖고 있는 남성 고유명사는 2격이다 : مُعَاوِيَةُ ، طَلْحَةُ ، حَمْزَةُ ، حَمَادَةُ ،

عِزَّتُ ، طَلْعَتُ ،

④외래어 고유명사는 2격이다. سَمَرْقَنْدُ 사마르칸트, هِرَقْلُ Heraclius(비잔틴 황제 헤라클리우스).

*오늘날 외국어에서 새로 들어온 고유명사는 아예 격 변화 자체가 없다.

(예) رَأَيْتُ بَاك جِينَا 나는 박 지나(인명)를 보았다

⑤"فُعَل" 패턴의 고유명사는 2격이다. عُمَرُ، جُحَا ، هُبَلُ

⑥동사처럼 생긴 고유명사는 2격이다. أَشْرَفُ، أَحْمَدُ، يَثْرِبُ

⑦어말에 "ـَان" 가 첨가된 고유명사는 2격이다. رَمَضَانُ ، شَعْبَانُ ، عُثْمَانُ، عُمْرَانُ، حَيَّانُ

⑧남성에서는 أَفْعَل, 여성에서는 فُعْلَاء 패턴을 갖는 형용사는 2격이다.

أَصْغَرُ => صُغْرَى ، أَكْبَرُ => كُبْرَى

⑨어말이 ـَان 으로 끝나는 형용사는 2격이다.

بَرْدَانُ، جَوْعَانُ ، تَعْبَانُ، حَرَّانُ

⑩어말이 ـَاء 로 끝나는 명사 중 복수형이거나 형용사의 여성형이면 2격이다.

◊복수형: شُعَرَاءُ => شَاعِرٌ، مُدَرَاءُ => مُدِيرٌ ، وُزَرَاءُ => وَزِيرٌ

◊ 색깔이나 신체적 결함을 나타내는 형용사의 여성형:

عَمْيَاءُ => أَعْمَى، بَيْضَاءُ => أَبْيَضُ ، سَوْدَاءُ => أَسْوَدُ ، حَمْرَاءُ => أَحْمَرُ

그러나 2격 명사도 아래와 같이 정관사가 붙거나 전연결어로 쓰이면 3격을 갖는다.

● 정관사 ال 에 의해서 한정될 때 3격을 갖는다.

ذَهَبْتُ إِلَى الْمَسَاجِدِ

● 전연결어로 쓰일 때 3격을 갖는다. 또 고유명사에서 두 낱말이 연결형으로 되어 있을 때에도 3격을 갖는다.

ذَهَبْتُ إِلَى مَسَاجِدِ الْقَاهِرَةِ

● 여성 고유명사가 3자음으로 되어 있고 3 자음 중 가운데 어근이 수쿤(모음 없음의 표시)이면, 2격 혹은 3격이 가능하다.

(예) مِصْرُ ، هِنْد

أَنَا مِنْ مِصْرَ / مِصْرِ   나는 이집트인이다.

مِصْرٌ / مِصْرُ جَمِيلَة   이집트는 아름답다.

رَأَيْتُ مِصْرَ / مِصْرًا   나는 이집트를 보았다.

둘째, 형용사들 중에서 다음과 같은 어형을 가지면 2격을 갖는다.

①비교급(남성) "أَفْعَل" 형: أَحْسَنُ، أَكْبَرُ، أَفْضَلُ

②형용사 중 "فُعْلَانُ" 형 : سَكْرَانُ، نَعْبَانُ، بَرْدَانُ، حَرَّانُ

③비교급(여성) 중 "فُعْلَى" 형 : صُغْرَى، فُضْلَى، كُبْرَى

④복수와 여성형을 나타내기 위하여 함자가 덧붙여진 맘두드 명사들은 2격이다.

(예) بَيْضَاءُ، صَحْرَاءُ

12.막쑤르, 만꾸스, 맘두드 명사

아랍어 명사 중에서 어말에 ا(알리프)나 ي (야) 그리고 اء(알리프와 함자)가 접미되어 이루어지는 독특한 형태의 명사들이 있는데 다음과 같이 크게 세 부류로 나뉜다.

첫째 본래 알리프 막쑤라(ـَى)로 끝나는 명사 : 낱말의 끝에 오는 어근이 본래 어근이고 알리프 막쑤라로 끝나는 명사를 막쑤르 명사(الاسْمُ المَقْصُورُ)라고 하는데, 이들 명사들은 어말 모음이 변화한다. مُسْتَشْفَى ، مَعْنًى 처럼 낱말의 끝에 오는 글자가 점이 없는 ى 로 끝나고 그 앞의 자음이 /a/모음을 가지면 이 둘이 장모음 /ā/를 이룬다. 이런 장모음으로 끝나는 명사가 비한정일 경우에 주격, 소유격, 목적격의 형태가 동일하고 한정일 때에도 3격이 모두 동일한 형태를 갖는다.

1)주격 مَعْنَى الجُمْلَةِ لَيْسَ وَاضِحًا   문장의 의미는 분명하지 않다.

2)목적격 فَهِمْتُ المَعْنَى   나는 의미를 이해했다.

3)소유격 يُعْطِينَا مَعْنًى آخَرَ عَكْسَ ذَلِك المَعْنَى.

        그 의미와 반대되는 다른 의미를 우리에게 제시하여 준다.

위 3가지 문장에 막쑤르 명사가 있다. 주격과 소유격과 목적격을 알리프 막쑤라로 표기했는데 이런 경우, 각 격마다 해당 모음이 있는 것으로 추정(مُقَدَّرَة)한다. 여기서 무깟다라(مُقَدَّرَة)라는 말을 설명할 필요가 있는데 만일 الضَّمَّةُ المُقَدَّرَة(알담마 알무깟다라)라고 하면 담마가 있기는 한데 그것을 발음하기 어렵기 때문에 "해당 격 모음을 발음하지도 않고 표기하지도 않으나 /u/모음이 있는 것으로 추정한다"는 말이다.

①주격   مُسْتَشْفًى   mustashfan

②목적격   مُسْتَشْفًى   mustashfan

③소유격   مُسْتَشْفًى   mustashfan

위 3가지 문장은 비한정의 막쑤르 명사이다. 주격과 목적격과 소유격에서 모두 탄원을 붙여서 ʼ–로 표시하고 있다. 발음에서는 주격과 소유격과 목적격이 모두 동일하고 두 개의 사선(목적격 표지 처럼)을 붙여 격 모음을 나타낸다.

둘째 야(ي)로 끝나는 만꾸스 명사(الاسْمُ المَنْقُوص) : 본래의 어근인 ي가 샷다(겹친 자음)를 갖지 않고 낱말의 끝에 오는 명사로서 어말 모음이 목적격에서만 달라진다. 그 예로는 دَاع / مَاش / قَاض 등의 낱말들이 있다.

①주격 جَاءَ القَاضِي إلى المَحْكَمَةِ   판사가 법정으로 왔다.

②소유격 ذَهَبْتُ إِلَى الْقَاضِي   나는 판사에게 갔다.
③목적격 رَأَيْتُ الْقَاضِيَ   나는 판사를 보았다.

위 세 문장은 한정의 만꾸스 명사가 들어 있다. 위 ①과 ②에서는 주격과 목적격의 격모음이 어미에 있는 것으로 추정을 하기 때문에 격이 어미에 나타나지 않으나 목적격에서는 목적격의 표지 /a/모음을 반드시 붙인다.

주격 هَذَا قَاضٍ   이 분은 판사이다.

소유격 ذَهَبْتُ إِلَى قَاضٍ   나는 어느 판사에게 갔다.

목적격 رَأَيْتُ قَاضِيًا   나는 어느 판사를 보았다.

위 3 문장에는 비한정의 만꾸스 명사 '판사'가 있다. 주격과 소유격은 발음과 쓰기에서 ي를 탈락시켰고 목적격에서는 목적격 표기를 하고 실제 발음도 하므로 ي가 살아난다.

셋째, 낱말의 어미가 본래 어근이 아닌 첨가 자음인 알리프와 그 뒤의 함자가 붙어 있는 명사를 맘두드 명사(الاسْمُ الْمَمْدُودُ)라고 한다. 그 예로는 سَمَاءٌ حَمْرَاءُ بَيْضَاءُ مُدَرَاءُ وُزَرَاءُ 등의 명사들이 있다. 참고로 함자의 종류는 원래 어근이 함자이거나 원래 다른 약자음이었다가 함자로 바뀐 것이거나 복수 형태에서 첨가된 함자이거나 여성형 표지를 나타내는 첨가된 함자 등 4가지가 있다. 이런 함자의 종류에 대한 다음 예문에서 첫번째와 두번째 경우의 낱말에는 탄윈을 붙일 수 있으나 세번째와 네번째 낱말들의 경우에는 탄윈을 붙일 수 없다.

①본래 어근이 함자인 경우: هَنَاءٌ 축하
②본래 와우(و)나 야(ي)이었는데 함자로 바뀐 경우:
  حَيَاةٌ (ح ي ي) 수치 دُعَاءٌ (د ع و) 간구 بِنَاءٌ(ب ن و) 건축
③복수 형태를 위하여 첨가된 함자:

        복수   단수
    وَزِيرٌ <= وُزَرَاءُ 장관
    مُدِيرٌ <= مُدَرَاءُ 교장, 사장
    شَاعِرٌ <= شُعَرَاءُ 시인

④여성형 표지를 위하여 첨가된 함자

        남성   여성
    أَحْمَرُ <= حَمْرَاءُ 빨간
    أَعْمَى <= عَمْيَاءُ 앞을 못 보는
    أَبْيَضُ <= بَيْضَاءُ 흰

위 ①과 ②의 낱말들은 탄윈을 붙일 수 있는데 목적격에서는 알리프 없이 두 개의 사선을 붙인다. 위 ③과 ④는 탄윈을 붙일 수 없으므로 2격 명사이다. 위와 같이 어말에 오는 함자가 4가지 경우가 있으므로 아랍인들도 이것을 자주 혼동하여 틀리는 경우가 많다. 아랍인들이 자주 쓰는 رَأَيْتُ بِنَاءً (나는 건물을 보았다)라는 문장은 목적격의 표지가 잘 못 쓰인 것이다. 이를 바르게 고친다면 رَأَيْتُ بِنَاءَ 이라고 해야 한다,

13.작아짐 명사

작아짐 명사(التَّصْغِير)는 "작은 시인, 작은 학생, 작은 사람"이라고 말하고 싶을 때 사용되는 형용사이다. 그것은 스피치 목적으로 사용되는데, 작아짐(축소) 명사는 "귀여워함, 멸시함" 이란 의미와 "어린 사람이 큰 일을 했을 때 그것을 대견한 것으로 받아들인다"는 의미를 갖는다. 가령 10살된 소녀가 시를 쓰기 시작하였다면 그를 시인이라고 묘사하지 않고 작아짐 명사를 쓰면 어린데도 상당한 수준의 시를 쓴 것을 표현하여 그 어린 시인이 대견하다는 의미이다. 그런데 반대로 유명한 시인이 있는데 내가 보기에 그 시인은 별 가치 없다고 생각하면 그에게 작아짐 명사를 쓴다. 작아짐 명사에는 여러 가지 형태가 있어 모두 익히기에 복잡하고 일부는 그 용례가 사라져버렸으나 요르단의 동네 이름과 이집트 암미야 아랍어의 일상 대화에서 작아짐 명사가 잘 나타나 있다.

(예) 요르단의 동네 이름: أُمُّ أُدَيِّنَة/umm 'udayyinah/, صُوَيْلِحْ /SuwayliH/

이집트 암미야 아랍어: قُصَيَّر/quSayyar/, رُفَيَّعَة /rufayya'ah/

가장 흔한 작아짐 명사로는 3자음일 때 فُعَيْل 형을 쓰고 1형의 능동분사형이면 فُوَيْعِل 형을 사용한다.

작아짐 명사	능동분사	작아짐 명사	3자음 명사
شُوَيْعِرٌ	شَاعِرٌ	رُجَيْلٌ	رَجُلٌ
خُوَيْلِدٌ	خَالِدٌ	وُلَيْدٌ	وَلَدٌ
قُوَيْدِرٌ	قَادِرٌ	طُفَيْلٌ	طِفْلٌ
رُوَيْشِدٌ	رَاشِدٌ	بُنَيٌّ	اِبْنٌ

14.종류 명사와 군집 명사

아랍어 낱말 중에는 단수형이 각 개체를 나타내는 경우가 있다. 이 개체명사의 복수형은 보통 명사처럼 복수형을 갖는다. 가령 وَرْدَةٌ는 한 개체를 나타내 한 송이 꽃(장미)을 의미하나 복수형 وَرَدَاتٌ는 꽃들 혹은 장미들을 가리킨다. 그런데 이 개체들이 모여 있는 종류 전체를 나타내는 종류명사(اِسْمُ الجِنْس)에는 연고형이나 여성형 표지 타 마르부따(ة) 가 붙지 않는다. 가령 아랍인 عَرَبٌ – عَرَبِيٌّ에서 아랍 عَرَبٌ은 아랍인 종류의 전체를 가리키는 말이어서 우리가 흔히 "아랍"이라고 할 때는 아랍인 전체를 말하는 것이고 아랍인 한 사람을 가리킬 때는 아라비 عَرَبِيٌّ라고 한다. 또, تُفَّاحَةٌ는 사과 하나를 가리키고, 타 마르부따가 떨어져 나간 تُفَّاحٌ는 우리가 일반적으로 사과라는 품종을 말할 때의 '사과'를 가리킨다. 개체명사 تفاحة 는 하나를 가리키므로 언제나 단수로 취급하고 종류 명사는 문장에서 남성 단수로 취급된다.

그런데 단수형이 복수의 의미를 갖는 군집 명사(اِسْمُ الجَمْع)가 있는데 (예, 국민, 백성, 민중 شَعْبٌ), 이 군집 명사는 동일한 어근에서 파생한 개체 명사가 없고 이 군집 명사의 개체명사는 다른 낱말에서 얻어진다. (예) مِثْلَ أَيِّ شَعْبٍ آخَرَ (어느 다른 시민들처럼).

이 군집 명사는 의미가 복수이므로 동사가 복수형이어야 하나 전체를 하나로 간주하여 단수형의 동사가 온다. 그리고 군집 명사는 다른 명사들처럼 쌍수형을 갖는다.

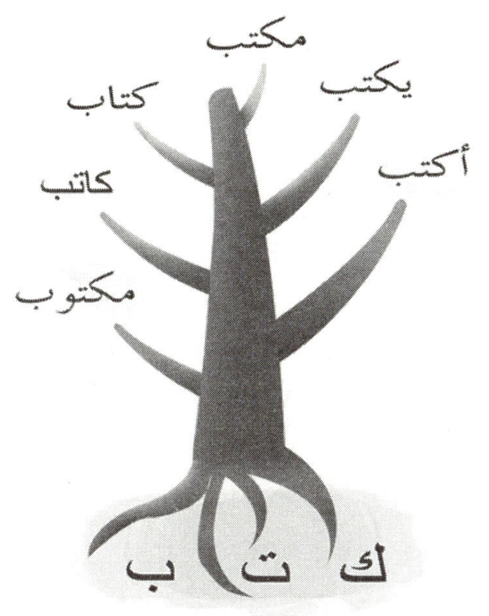

가령 اِمْرَأَةٌ의 군집 명사는 نِسَاءٌ 이고, رَجُلٌ و اِمْرَأَةٌ의 군집 명사는 قَوْمٌ 이며 جُنْدِيٌّ 의 군집 명사는 جَيْشٌ이다. 다시 설명하면 اِمْرَأَةٌ 는 한 여성이라는 말이고 نِسَاءٌ، نِسْوانٌ، نِسْوَةٌ은 여성들을 가리키고, جُنْدِيٌّ는 한 명의 군인이지만 جَيْشٌ는 군대를 가리킨다. 그리고 قَوْمٌ은 민족을 가리키는 군집명사이다.

(비교) '사람들'을 가리키는 아랍어 낱말 نَاسٌ는 인간을 가리킬 때 남성 복수형과 호응하고 또 추상개념으로 생각되면 여성 단수형과 호응한다.

(예) النَّاسُ يَتَنَاوَلُونَ أَنْوَاعًا مُخْتَلِفَةً مِنَ الأَغْذِية.

사람들은 영양가가 서로 다른 종류들을 먹는다(동사가 복수형이다).

وَكَثِيرٌ مِنَ النَّاسِ لا تَأْكُلُ أَغْذِية إلا مِنْ مَصَادِرَ نباتِيَّةٍ.

그리고 많은 사람들은 오직 나물 재료로 만든 영양식을 먹는다. (동사가 여성단수형이다).

▶ 신나는 단어장

هَذَا كِتَابٌ عَظِيمٌ.	이것은 유익함이 많아서 가치있는 책이다.
هَذَا بَيْتٌ عَظِيمٌ.	이것은 크고 굉장한 집이다.
الأَمْرُ العَظِيمُ	매우 중요한 문제
أَبُوكَ رَجُلٌ عَظِيمٌ.	너의 아버지는 지위가 높은 사람이다.

15. 대표형

아랍어 낱말은 두 개의 어근, 세 개의 어근, 네 개의 어근으로 되어 있으나 대부분의 낱말들은 세 개의 어근에서 만들어진다. 가령 دَحْرَجَ 는 4개 어근으로 되어 있고, زَلْزَلَ 또한 4개의 어근으로 되어 있으나, 대부분의 아랍어 낱말은 كتاب 처럼 3개 어근에 자음과 모음이 덧붙여져서 새로운 낱말들을 만든 것이다. 그리고 فِي، عَلَى، إِلَى، مِنْ، إِنَّ، كَأَنَّ، لَمْ، لَنْ، لا 등과 같은 불변사는 어근이 없고 مَنْ، مَا 과 같은 일부 명사도 어근이 없다. يَلْعَبُونَ는 어근이 ب ع ل 이고 طُلَّاب 의 어근은 ب ل ط 이다. 아랍어 사전에서 해당 어휘의 뜻을 찾으려 할 때에는 반드시 어근을 알아야 한다.

아랍어 동사들 중에서 ا و ي 등과 같이 약자음(حُرُوفُ العِلَّة)이 들어 있는 동사들을 약동사라고 한다. 이들 약자음이 동사의 첫 어근에 올 때 첫째어근 약동사(المِثَال)라고 하고 (예 وَجَدَ), 약자음이 동사의 세 어근 중 가운데에 올 때 둘째어근 약동사(الأَجْوَف)라고 하며(예

(قَالَ), 약자음이 세 어근 중 마지막에 오는 경우에는 셋째 어근 약동사(النَّاقِص)라고 부른다(예 مَضَى). 약동사의 과거 동사형에서는 어근을 찾기가 어렵다. 대체로 약동사의 어근은 현재 동사형을 알면 어근이 무엇인지 알아낼 수 있다. بَاعَ 의 어근은 ب ي ع 인데 현재 동사 3인칭 남성 단수형은 يَبِيعُ 이다. 과거동사 قال 의 현재동사 형은 يَقُولُ 이고 어근은 ق و ل 이다.

대표형태는 아랍어를 한글로 표기할 때도 적용된다. 아랍어 정관사 뒤에 해문자가 오느냐 혹은 달문자가 오느냐에 따라 정관사의 /l/이 발음되기도 하고 발음되지 않기도 한다. 그러나 이런 정관사가 있는 낱말을 한글로 표기할 때에는 음성적 표기가 아니라면 대표형태 '알' /al/을 항상 쓰면 된다. 즉 음성적 표기인 '앗쌀라무'의 대표형태는 '알쌀라무'가 된다.

[더 생각해 보기] 3어근 동사란 말과 3자음 동사(الثُّلَاثِيُّ)는 무슨 차이가 있을까?

3어근이라는 말은 낱말이 생성되는데 세 개의 어근으로 되어 있다는 것이다. 아랍어의 대부분의 낱말은 3어근으로 되어 있다. 예를들면 kutubun, kitāb, yaktubu, kattaba, kātaba, ʾaktaba, takātaba, ʾinkataba, ʾiktataba, ʾistaktaba는 모두 3어근으로 되어 있다. 그런데 3자음 동사라는 말은 한 낱말 안에 3개의 자음이 있다는 말이다. 예를들면 كتب kataba, جلس jalasa, كرم karuma 등이 모두 3자음 동사이다. 아랍어 낱말들을 직접 읽어 보면 더 쉽게 자음과 장모음의 수를 알 수 있다. 가령 كَتَّبَ kattaba<k,t,t,b>, كَاتَبَ kātaba<k,ā,t,b>, أَكْتَبَ ʾaktaba <ʾ,k,t,b>들은 모두 4개의 자음과 장모음으로 되어 있어서 4자음 동사라고 부른다. 또 اسْتَكْتَبَ ʾistaktaba<ʾ,s,t,k,t,b>는 모든 자음의 숫자가 6개이므로 6자음 동사라고 부른다.

1.다음 단어들에서 어근을 찾으시오.

وُزَرَاءُ الخَنَازِير إِجْرَاءَاتٌ اسْتِمْرَارٌ المُتَّحِدَةُ رَئِيسٌ يَضَعُ تَغْيِيرٌ السَّوْدَاءُ
جُثْمَانٌ أَسْلِحَة التَّمْوِيل الِاسْتِسْلَامُ الاتِّصَالُ تَشُمُّ الطَّبِيعِيَّة مِينَاءُ المُنَظَّمَةُ أَدْنَى
دُفْعَتَيْن اليَوْمَ الأَهْرَامُ يَتَّفِقُ

(힌트) 아랍어의 세 어근을 그대로 두고 이 세 어근에 붙는 모음이 바뀌고 새로운 자음들이 덧붙여지면 새로운 낱말이 생성되는데 아랍어 학자들은 첫번째 어기 대신에 ف, 두 번째 어기 대신에 ع, 그리고 세 번째 어기 대신에 ل 을 사용하여 그 대표형으로 삼았다. 가령 كِتَاب의 대표형은 فِعَال 이고 مَكْتَبَة의 대표형은 مَفْعَلَة 이다.

2.다음 각 어휘를 어근을 중심으로 하는 대표형을 쓰시오.

①كَتَبَ
②شَرِبَ
③كَبُرَ
④يَلْعَبُونَ
⑤مَدْرَسَة
⑥أبْوَابٌ

정답 :　① فَعَلَ　② فَعِلَ　③ فَعُلَ　④ يَفْعَلُونَ　⑤ مَفْعَلَة　⑥ أفْعَالٌ

3. 다음 어휘들마다 모음과 자음을 확인하고 어근을 중심으로 하는 대표형을 쓰시오.

عَاجِل	속보
في الرُّبْع الثَّالِث مِنْ 2009	2009년 3/4분기
أخْبَارُ الرِّيَاضَة	스포츠 뉴스
لِقَاءُ اليَوْم	오늘의 대담
أهْلاً بِكُمْ مُجَدَّدًا	다시 인사드립니다
في الشَّكْل المُتَعَجِّل	급히 서둘러서
عَلَى طُول حُدُودِهَا	국경을 따라
الدُّوَلُ النَّامِيَة	개발 도상국
اِتَّخَادُ مَوْقِفٍ مُوَحَّد	하나되는 입장을 취함
مَجلِسُ النُّوَّاب في العِرَاق	이라크의 의회
بِنَاءُ الْجِدَار الفُولاَذِيّ	철조망 세우기
أمَامَ البَرْلَمَان السُّودَانِيّ	수단 국회 앞에서
الكِنِسِيتُ الاِسْرَائِيلِيّ	이스라엘 국회
مُلْحَقَان مَجَّانًا مَعَ الأهْرَام اليَوْم	오늘 알아흐람 신문의 두 개 무료 호외
اِمْتَحَانُ مُسَابَقَةٍ لِلتَّعْيِين في وَظَائِف مُلْحَقِين بِالسِّلْك الدِّبْلُومَاسِيّ وَالقُنْصُلِيّ	외교와 영사과의 외교관 시보직 경쟁 시험
شَخْصِيَّة اِسْمَاعِيل	이스마일의 인물

[어휘력 쌓기]

(1) 문법용어에서 كَلِمَة는 낱말 혹은 단어라는 뜻이다. 그러나 일상대화에서는 "한 말씀(해주세요)"에서 '말씀'에 해당하는 말이고 아랍어 성경에서는 "로고스(말씀)"라는 의미이다. 아랍어 성경에서 로고스는 예수 그리스도를 가리키므로 이 단어가 여성형이지만 남성으로 간주한다. 꾸란에 나오는 칼리마는 "메시지 혹은 기쁜 소식"이란 의미이고 여성형이다. 동일한 어근에서 나온 칼름(kalm)은 "상처"라는 말이고 그래서 상처를 안아주려고 이 땅에 오신 분이 예수 그리스도이다.

(2) 아랍어 어휘에는 사물이나 사건을 직접 가리키는 낱말도 있지만 상징적인 의미가 전이되어 전혀 다른 의미를 표현하기도 한다. 그 예로 العُنْفُ المَادِّيُّ وَالمَعْنَوِيُّ 는 물질적 폭력과 의미적 폭력이라고 직역할 수 있으나 실제 의미는 "육체적 폭력과 사상적 폭력 العُنْفُ البَدَنِيُّ وَالفِكْرِيُّ"을 의미한다. 또, الهَيْئَاتُ المَعْنِيَّةُ는 '관계 기관'이라는 말로서 الهَيْئَاتُ

المُخْتَصَّة라는 의미이다. 또 아랍어 문법에서 لَفْظِيًّا وَمَعْنَوِيًّا 이란 말을 많이 쓰는데 이 때는 '발음에서나 의미에서'라는 말이다. 사실 아랍어 어휘는 해당 어휘가 어떤 낱말들과 어울리느냐에 따라 그 의미가 상당히 달라지는데 이런 의미의 차이를 초급과정에서 소홀히 하면 아랍어 고급 단계에서는 문장의 의미 해석에서 큰 어려움을 겪는다. 특히 영어에서 번역된 문법 책은 아랍인들의 언어적 감각을 익히기 매우 어렵다. 우리가 잘 안다고 하는 어휘들 중 لَفْظ ، نُطْق ، تَكَلُّم 등이 있는데 이 세 어휘의 의미는 각각 고유의 의미를 지니고 있다. 즉, "입에서 나오는 어떤 소리"는 라프즈(لَفْظ)이고, 입에서 조음된 음성은 누뜨끄(نُطْق)이며, 입에서 조음된 음성이 나와서 사람들에게 이해되는 것은 타칼룸(تَكَلُّم)이다. 그래서 아랍어에서 외국인을 가리키는 عَجَمِيّ 라는 말은 입에서 나오는 어떤 소리 같은데 그것을 이해할 수 없다는 의미이다. 외국인들은 무언가 입에서 아랍어와 같은 소리를 내는데 아랍인들이 듣고서 이해할 수 없었다는 것이다.[14]

(3) 아랍어의 많은 어휘들이 외래어에서 왔다. 그 중 أُمَّة(움마)는 아랍어에서 '국민'을 의미하는 여성 명사이다. 이 아랍어 단어가 히브리어로 가서 'ēm(어머니, 자녀가 있는 여성)이 되었고 아람어에서 이 어휘가 집합적으로 쓰일 때 '모국'이란 말이 되었다. 아랍어 용어 أُمَّة عَرَبِيَّة는 '아랍 국가들의 집합(전체)'을 의미한다.

16. 인칭대명사

아랍어 명사에는 (실)명사, 인칭대명사, 지시대명사, 의문명사, 관계 대명사 등이 있다. (실)명사에는 책(كُتُب), 전임강사(مُدَرِّس), 위에(فَوْقَ), 아래(تَحْتَ) 등이 포함되어 있다. 인칭대명사(الضَّمِير)에는 독립 인칭 대명사와 접미 인칭 대명사가 있다. 독립 인칭대명사는 영어에 나오는 I, you, he, she 처럼 문장에서 독립적으로 쓰인다. 아랍어에서는 أَنَا 나, نَحْنُ 우리들, أَنْتَ 너(남), أَنْتِ 너(여), هُوَ 그(남), هِيَ 그녀(여) 등이다.

3인칭 الغَائِبُ	2인칭 المُخَاطَبُ	1인칭 المُتَكَلِّمُ	
هُوَ	أَنْتَ	أَنَا	단수 المُفْرَدُ
هِيَ	أَنْتِ	أَنَا	
هُمَا	أَنْتُمَا	نَحْنُ	쌍수 المُثَنَّى
هُمْ	أَنْتُمْ	نَحْنُ	복수 الجَمْعُ
هُنَّ	أَنْتُنَّ	نَحْنُ	

[14] 다음과 같은 형태론적 과정에 의해 새로운 아랍어 어휘를 만들기도 한다. 첫째, 파생법이다. 모든 아랍어 낱말은 어근(Root)과 유형(Pattern)으로부터 형성된다. 어떤 유형은 독특한 의미를 갖기도 한다. 가령 فِعَالة 형은 직업을 나타내어 تِجَارَة(상업), صِنَاعَة(공업), زِرَاعَة(농업) 등으로 쓰인다. 둘째, 합성법이다. 합성법은 두개 이상의 낱말들이 하나의 낱말로 만들어지는 과정이다. 축약어는 합성어의 일종인데, 가령, Arabian American Oil Company의 축약어는 ARAMCO이다. 합성법은 초기 아랍인에게 널리 알려진 방법이었으나-(예) حَمْدَلَة hamdalah(hamdu lillah)-오늘날에 와서 합성법은 새로운 아랍어 낱말을 만드는데 광범위하게 쓰이지 못한다. 그것은 아랍어가 제한된 수효의 접사를 가지고 있어 만일 접두사와 접미사가 풍요로운 언어에서 아랍어로 옮길 때는 합성법이 매우 어렵기 때문이다. 셋째, 아랍어화이다. 외국어에서 온 어휘들을 아랍어 어휘 구조에 맞게 변형하는 것이다. 라틴어 strata에서 아랍어 صِرَاط 가 생긴 것인데 strata의 s r t가 아랍어 세 어근을 이루어 SiraT가 된 것이다. 그러나 오늘날 아랍신문에는 영어 발음 그대로 전사한 아랍어 어휘들이 드문 드문 보인다.

위 독립 인칭 대명사에서 '우리'는 쌍수와 복수에 다 해당된다. 인칭대명사 간의 공통점이라면 3인칭은 모두 첫 음이 /h-/로 시작한다는 것이고 2인칭은 모두 /'ant-/로 시작된다는 점이다. 접미인칭대명사는 동사나 대부분의 명사와 불변사 뒤에 접미되어 사용된다. 예를 들면 كَتَبْتُ (내가 썼다)처럼 동사 뒤에 붙는 경우와 بَيْتِي (나의 집), بَيْتُكَ (너의 집)처럼 명사 뒤에 쓰이는 인칭대명사가 접미 인칭대명사이다. 그리고 إِلَيْنَا (우리에게), إِلَيْكَ (너에게) 처럼 전치사 뒤에 붙는 접미 인칭대명사가 있다.

		여성		남성	
1인칭		ي 나의(명사 뒤에서), نِي 나를(동사 뒤에서)			
		نَا 우리의/ 우리를, 에게			
2인칭		너의/에게, 를	كِ	너의/를, 에게	كَ
		너희 둘의/을	كُمَا	너희둘의/을	كُمَا
		너희들의/을	كُنَّ	너희들의/을	كُمْ
3인칭		그 여자의/을, 에게	هَا	그의/을, 에게	هُ
		그들 두 여자의/를	هُمَا	그들 두 남자의/에게	هُمَا
		그녀들의/을	هُنَّ	그들의/에게, 을	هُمْ

접미 인칭대명사들 중에서 3인칭의 경우, 여성 단수(هـ)를 제외하고는 이들 접미 인칭대명사 앞에 명사가 소유격을 가지면 이 3인칭 접미 인칭대명사들의 첫 자음이 모두 /i/모음을 갖는다. (예) فِي بَيْتِهِمْ /fī baytihim/. 그런데 동사의 목적어만을 제시할 경우에는 다음과 같이 쓸 수 있다.

إِيَّايَ، إِيَّانَا، إِيَّاكَ، إِيَّاكِ، إِيَّاكُمَا، إِيَّاكُمْ، إِيَّاكُنَّ، إِيَّاهُ، إِيَّاهَا، إِيَّاهُمَا، إِيَّاهُمْ، إِيَّاهُنَّ

인칭대명사와 결합한 위 낱말들이 어떻게 문장에서 사용되는지 살펴보자.

فَأَعْطَاهُ كُلٌّ مِنْهُمْ إِيَّاهُ.　　　　　그들 중 각자가 그에게 그것을 주었다.

두 개의 목적어가 오면 대부분 두번째 목적어는 분리하여 쓰고 그 두번째 목적어를 إِيَّا- 뒤에 쓴다. 꾸란에 나오는 예문으로 إِيَّاكَ نَعْبُدُ(당신에게만 우리가 예배한다)는 동사의 목적어로 오는 경우이므로 반드시 동사 앞에 오게 한다. 또 다음 예문을 보자.

سَأَلَتِ امْرَأَةٌ زَوْجَهَا : مَنْ تُحِبُّ؟ فَأَجَابَهَا : إِيَّاكِ.

(부인이 남편에게 물었다; 누굴 사랑합니까? 그가 답하기를 "너만을").

위 해석을 보면 "너만을"이라고만 되어 있는데 이것은 동사가 생략되어 목적어만을 쓴 것이다.

17.지시대명사

아랍어 지시대명사(اسْمُ إِشَارَةٍ)에는 근지시 대명사와 원지시 대명사가 있다. 가까운 사람이나 사물을 가리키는 근지시 대명사에는 هَذَا ، هَذِهِ 등이 있고 원지시 대명사에는 ذَلِكَ تِلْكَ 등이 있다. 지시 대명사가 쌍수와 복수 명사와 함께 쓰이는 경우가 있는데 근지시대명사 중에서 쌍수를 가리키는 경우, 남성명사와 같이 쓰이는 هَذَان(주격), هَذَيْن(소유격, 목적격)와 여성명사와 같이 쓰이는 هَاتَان(주격), هَاتَيْن(소유격과 목적격)가 있다. 근지시 대명사의 복수형은 هَؤُلَاء이다. 그리고 원지시대명사가 쌍수와 함께 쓰일 때는 근지시 대명사의 쌍수형이 사용되기도 한다. 원지시대명사의 복수형은 أُولَئِك 이다.

지시대명사는 아래와 같이 토대가 되는 주성분과 근지시와 원지시에 따라 달라지는 접두사, 접미사가 덧붙여진 형태를 갖는다. 이집트 암미야 아랍어에서는 남성 단수에 dā, 여성 단수에 dī, 복수에서는 dool을 사용하는 것을 보면 현대 문어 아랍어 지시대명사의 토대가 되는 주성분과 연관되어 있다는 것을 알 수 있다.

수/격	여성	남성
단수	ذِي ذِهِ	ذَا
쌍수 주격	تَان	ذَان
쌍수 소유격/목적격	تَيْن	ذَيْن
복수	أُولَى أُولَاء	

근 지시 대명사

여성	뜻	남성
هَذِهِ	이(것)	هَذَا
هَاتَان	이 둘은(쌍수 주격)	هَذَان
هَاتَيْن	이 둘의(쌍수 소유격과 목적격)	هَذَيْن
هَؤُلَاء	이들	هَؤُلَاء

　　근지시 대명사는 현대 문어 아랍어 문법에서 대부분 사용되지만 원지시 대명사에서 쌍수형은 거의 사용되지 않는다. 아랍인들은 오늘날 일상 생활에서 단수와 복수형만을 주로 사용하고 쌍수형은 가끔 사용하는데 이때 원지시 대명사의 쌍수형은 복수형이 그 자리를 대신한다.

원지시 대명사

여성	뜻	남성
تِلْكَ	저(것)	ذَلِكَ
تَانِكَ	저 둘은(쌍수 주격)	ذَانِكَ
تَيْنِكَ	저 둘의(쌍수 소유격과 목적격)	ذَيْنِكَ
أُولَئِكَ	저들	أُولَئِكَ

　　근거리 장소를 가리킬 때에는 هُنَا(여기)가 쓰이고 원거리 장소를 가리킬 때는 هُنَاك(저기)가 쓰인다.

18.동사

　아랍어 동사(فِعْل)를 완료상과 미완료상 등 상(Aspect)으로 구분하는 학자와 과거 현재 미래 등 시제(tense)로 구분하는 학자들이 있다. 시제는 과거에서 미래로 이어진 시간 속에서 단선적인 싯점을 나타내고 상은 동작이나 상태가 완결된 정도를 나타낸다. 시제와 상은 시간을 보는 관점이 서로 다르다. 시제는 동작이 일어나는 시간선상의 어느 지점에 초점을 두고 있고 상은 동작 그 자체 즉 동작이 완료되었느냐 혹은 완료되지 않았느냐에 초점을 둔다. 아랍어의 시제와 상의 차이는 희미하여 두 범주가 상당히 겹친다. 고전 아랍어는 시제 중심[15]이라기 보다는 상 중심의 언어라는 이론을 세우기도 하였으나 현대 문어 아랍어를 연구한 학자들은 시제라는 측면에서 현대 문어 아랍어 동사를 기술하는 것이 더욱 화용론적[16]이라고 하였다. 물론 아랍어 동사는 시제와 상이 포함되어 있다.

　아랍어 동사는 텍스트(문장) 안에서 그 의미가 정해지고 동사 앞에 나오는 불변사에 따라 그 의미가 바뀐다. 아랍어 동사는 시제와 상(tense or aspect)이 포함된다.

　아랍어 동사는 과거동사와 현재 동사, 명령 동사로 나뉜다. 과거동사는 과거에 완료된 사건이나 동작을 가리키고, 현재(비과거)동사는 아직 완료되지 않은 동작이나 사건을 가리킨다. 아랍어로 현재 동사를 "مُضَارِع"(비슷한)라고 하는데 '비슷한'이란 말은 능동분사와 그 기능이 비슷하다는 데에서 연유한다. 현재동사가 현재, 미래, 과거 시제를 나타내지만 능동분사는 그렇지 아니하므로 100 % 유사한 것은 아니다. 과거 동사를 가리키는 아랍어 낱말 الْمَاضِي (알마디)는 "지나간"이란 의미로서 과거라는 의미를 갖는다. 다시 말하면 아랍어 용어 "알마디"는 "과거"라는 시제를 강조하고 있는 것이다.

　예) إِنْتَظَرَ- يَنْتَظِرُ 쓰다, نَامَ- يَنَامُ 자다, عَدَّ- يَعُدُّ 셈하다, مَشَى- يَمْشِي 걷다, كَتَبَ- يَكْتُبُ 기다리다.

　유명한 아랍어 문법학자 시바와이히도 아랍어는 과거시제라고 한 바 있다. 아랍어 과거 동사는 어말 활용(suffix conjugation)을 하고 현재 동사는 어두 활용(prefix conjugation)을 한다. 오늘날 아랍어 신문에서는 사건이 이미 발생 했음에도 현재 동사형을 쓰는 경우가 많고 꾸란에서는 현재가 과거의 뜻으로 해석되기도 하기 때문에 문맥에 따라서 해석을 해야한다. 다음은 아랍어 현재 동사 يَفْعَلُ 가 갖는 형태론적 시제 의미이다. 다시 강조하거니와 한 가지 의미로 규정된 형태론적 의미라고 하더라도 문장과 문맥 속에서 그 형태론적 시제의 의미가 바뀔 수 있다.

　يَفْعَلُ　　　　현재의 동작　　　　　　　　(예) 그가 간다.

---

[15] 히브리어와 시리안어(아람어)도 아랍어처럼 과거, 현재, 미래의 시제를 갖는다.

[16] Karin C. Ryding, *A Reference Grammar of Modern Standard Arabic*, Cambridge, 2008, p. 440

قَدْ يَفْعَلُ   동작의 가능성과 의혹   (예) 그가 갈 지 모른다.

لَمْ يَفْعَلْ   현재에서 과거로 이동   (예) 그가 가지 않았다.

لَنْ يَفْعَلَ   미래의 의미를 내포함   (예) 그가 읽지 않을 것이다.

لا يَفْعَلُ   동작의 부정   (예) 그가 읽지 않는다.

لَمَّا يَفْعَلْ   부정과 동작 발생을 기다림 (예) 그가 책을 읽지 않았고 지금까지도 안 읽고 있다. (과거부정인데 현재까지 계속됨)

رُبَّمَا يَفْعَلُ   기대와 가능성과 의혹   (예) 아마 그가 갈지도 모른다.

أوْشَكَ أنْ يَفْعَلَ   근접   (예) 그가 갈 뻔 했다.

إنَّهُ يَفْعَلُ   강조(إنَّ)   (예) 그가 (확실히) 간다.

كَانَ يَفْعَلُ   과거(كَانَ)   (예) 그가 가곤 했다.

아랍어 미래 시제는 현재 동사 앞에 미래를 나타내는 불변사 س (가까운 미래), سَوْفَ (먼 미래)를 접두시킨다.

(예). اِذْهَبْ إلَى المَدْرَسَةِ فَسَأتْبَعُكَ   학교에 가라 그러면 곧 내가 너를 뒤따라가겠다.

위 문장에서 미래의 불변사(س)는 시제의 의미를 돕는 불변사인데 가까운 시간이라는 의미를 주고 ف는 앞 문장에서 명령을 받아 가라는 것과 그 명령을 수행하는 간격이 길지 않다는 것이다.

اِذْهَبْ إلَى بَلَدِكَ فَسَوْفَ أتْبَعُكَ.   네 나라로 가라. 그러면 언젠가는 내가 너를 따라 가마.

위 문장에서 미래의 불변사(سَوْفَ)는 느슨해진 기간으로서 정해진 시간이 없다는 것을 의미한다. 여기서 명령동사를 만드는 법을 설명해 보자. 명령 동사는 현재 동사의 두번째 어근의 모음에 따라 명령동사 첫 자음의 모음이 결정된다. 즉, 두번째 어근의 모음이 /u/ 모음이면 첫째어근 앞의 자음은 /u/ 모음을 갖고, 두 번째 어근이 /i, a/이면 첫째 어근 앞의 자음이 갖는 모음은 /i/이다.

예) اكْتُبْ←يَكْتُبُ, اِجْلِسْ ←يَجْلِسُ , اِفْتَحْ ← يَفْتَحُ

yaktubu→ uktub, yajlisu→ ijlis, yaftaHu → iftaH

사는 인칭과 성, 수에 따라 어말 모음이 변화되는데 이것을 아랍어로 타스리프(التَّصْرِيفُ:활용)라고 한다. 과거 동사의 활용은 아래와 같다.

과거 동사와 인칭대명사		
과거동사 중 어간을 제외한 부분	독립 인칭대명사	
تُ -	أنَا 1인칭 남성과 여성	1인칭
نَا -	نَحْنُ 1인칭 쌍수와 복수	
تَ -	أنْتَ 2인칭 남성	2인칭
تِ -	أنْتِ 2인칭 여성	

ـتُمَا	أَنْتُمَا 2인칭 남녀 쌍수	
ـتُمْ	أَنْتُمْ 2인칭 남성 복수	
ـتُنَّ	أَنْتُنَّ 2인칭 여성 복수	
ـَ	هُوَ 3인칭 남성 단수	3인칭
ـَتْ	هِيَ 3인칭 여성 단수	
ـَا	هُمَا 3인칭 남성 쌍수	
ـَتَا	هُمَا 3인칭 여성 쌍수	
ـُوا ، او 혹은 ـُو	هُمْ 3인칭 남성 복수	
ـْنَ	هُنَّ 3인칭 여성 복수	

아랍 문법 책에서는 3인칭 남성 단수를 기본형으로 삼는다. 일부 아랍어 학자들은 아랍어의 기본형(어간)을 3인칭 남성 단수 كَتَبَ/kataba/라고 하나 이 책에서는 كَتَبْ /katab/을 기본 어간으로 하였다. 위 표는 과거 동사에서 이런 기본 어간을 제외한 나머지 부분을 따로 떼어 놓은 것이다. 아랍인 학자들은 어간을 제외한 나머지를 모두 인칭 대명사로 여기지 않았다(아래 '과거 동사'의 설명을 보시오).

```
k  t  b-------------- 어근 جَذْرٌ
   a  a    ---------- 패턴 وَزْنٌ
       a-------- 3인칭 대명사(과거 동사의 동사문의 주어)ضَمِيرٌ
```

정리하면, 아랍어 동사에는 과거동사(مَاضٍ فِعْلٌ)와 현재 동사(مُضَارِعٌ)가 있다. 과거동사에는 두번째 어근에 /a, i, u/ 세 가지 모음이 달라짐에 따라 فَعَلَ ، فَعِلَ ، فَعُلَ 등 3가지 형태의 동사들로 이뤄져 있다.

   ① فَعَلَ 패턴에 속하는 과거동사로는 دَخَلَ ، كَتَبَ 가 있다.

   ② فَعِلَ 패턴에 속하는 과거동사로는 سَمِعَ ، شَرِبَ 가 있다.

   ③ فَعُلَ 패턴에 속하는 과거동사로는 كَبُرَ ، صَغُرَ 가 있다.

현재 동사는 어말에서 두번째 자음이 과거동사의 두번째 어근에 해당되는데 현재 동사의 끝에서 두번째 모음도 동사마다 다르게 /a, i, u /모음 중 하나를 갖는다. 그러나 과거동사의 두번째 어근의 모음과 현재 동사의 끝에서 두번째 자음의 모음이 서로 일치하지 않는 경우가 많다. 그러므로 과거동사의 두번째 어근이 어떤 모음인가를 알아보는 것보다 현재 동사의 끝에서 두번째 모음이 무엇이냐를 먼저 아는 것이 중요하다. 왜냐하면 현재 동사의 끝에서 두번째 자음이 어떤 모음을 갖느냐에 따라 시간 장소 명사형이나 명령 동사의 첫번째 자음에 어떤 모음이 올지를 예측할 수 있기 때문이다. 아랍어 현재 동사는 다음 6가지가 있다.

fa'ala - 현재 동사형 /yaf'alu/
fa'ala - 현재 동사형 /yaf'ilu/
fa'ala - 현재 동사형 /yaf'ulu/

fa'ila - 현재 동사형 /yaf'alu/

fa'ila - 현재 동사형 /yaf'ilu/

fa'ula - 현재 동사형 /yaf'ulu/

    ① 현재 동사의 중간 모음(어말에서 두번째 모음)이 /u/인 경우: يَكْتُبُ يَدْخُلُ

    ② 현재 동사의 중간 모음(어말에서 두번째 모음)이 /a/인 경우: يَذْهَبُ يَشْرَبُ

    ③ 현재 동사의 중간 모음(어말에서 두번째 모음)이 /i/인 경우: يَضْرِبُ يَنْزِلُ

19.과거 동사

아랍어 과거 동사는 어말이 활용하는 것이 특징이다. 그래서 동사의 어말이 인칭대명사가 바뀜에 따라 동사문의 주어가 어떻게 달라지는지를 잘 살펴보아야 한다.

	여성		남성	
1인칭	내가 썼다 كَتَبْتُ katab–tu			
	우리가 썼다 كَتَبْنَا katab–nā			
2인칭	네가 썼다	كَتَبْتِ katab–ti	네가 썼다	كَتَبْتَ katab–ta
	너희 둘이 썼다	كَتَبْتُمَا katab-tumā	너희 둘이 썼다	كَتَبْتُمَا katab-tumā
	너희들이 썼다	كَتَبْتُنَّ Katab- tuna	너희들이 썼다	كَتَبْتُمْ katab-tum
3인칭	그 여자가 썼다	كَتَبَتْ katab– at	그가 썼다	كَتَبَ katab–a
	그들 둘이 썼다	كَتَبَتَا katab– atā	그들 둘이 썼다	كَتَبَا katab– ā
	그녀들이 썼다	كَتَبْنَ katab-na	그들이 썼다	كَتَبُوا katab– ū

과거동사(الفِعْلُ المَاضِي)의 첫 어근은 항상 /a/모음을 갖고 둘째 어근은 /a,i,u/ 중의 한 가지 모음을 갖는다. 그리고 세번째 어근의 모음은 인칭대명사가 바뀌면 그 모음도 바뀐다. 그 예를 들면 (كَتَبَتْ ; 그 여자가 썼다)에서 /-at/는 여성의 타(تَاءُ التَّأْنِيث)가 접미되어 있고 كَتَبَا 에서 어말의 /-ā/는 쌍수의 알리프 (أَلِفُ الاثْنَيْن)라고 불리며 복수 3인칭 남성 كَتَبُوا에 사용되는 어말의 و /ū/는 복수의 와우(وَاوُ الجَمَاعَة)라고 불린다. 그리고 كَتَبْنَ 에서 ن 은 여성의 /n/(نُونُ النِّسْوَة)이라고 불린다.

과거 동사가 문장의 처음에 와서 동사문을 이끌면 항상 3인칭 남성 단수나 3인칭 여성 단수형이 쓰여야 하고 만일 쌍수나 복수 명사가 명사문의 주어로서 동사보다 먼저 나오면 그 동사는 반드시 쌍수와 복수 명사의 수에 따라 써야 하므로 위 표에 나오는 대로 해당 동사형을 찾아 써야 한다. 과거 동사의 세번째 어근에 오는 모음은 인칭대명사에 따라 달라진다. 가령 /-tu, -ta, -ti, -tumā,-tum, -tunna,-na, -nā/ 앞에 오는 과거동사의 세번째 어근은 모음을 갖지 않지만 3인칭 남성 복수인 경우 과거 동사의 어말은 /ū/모음을 갖는다. 3인칭 여성 단수 /at/와 3인칭 여성쌍수의 /atā/에서 /t/는 여성을 나타내는 여성 표지(عَلامَة لِلْمُؤَنَّث)이다.

20.현재 동사의 활용

인칭	여성 مُؤَنَّث	남성 مُذَكَّر
1인칭	내가 쓴다 أَكْتُبُ 'aktubu	
	우리들이 쓴다 نَكْتُبُ naktubu	
2인칭	네가 쓴다 تَكْتُبِينَ taktubīna	네가 쓴다 تَكْتُبُ taktubu
	너희 둘이 쓴다 تَكْتُبَانِ taktubāni	너희 둘이 쓴다 تَكْتُبَانِ taktubāni
	너희들이 쓴다 تَكْتُبْنَ taktubna	너희들이 쓴다 تَكْتُبُونَ taktubūna
3 인칭	그 여자가 쓴다 تَكْتُبُ taktubu	그가 쓴다 يَكْتُبُ yaktubu
	그들 둘이 쓴다 تَكْتُبَانِ taktubāni	그들 둘이 쓴다 يَكْتُبَانِ yaktubāni
	그들이 쓴다 يَكْتُبْنَ yaktubna	그들이 쓴다 يَكْتُبُونَ yaktubūna

현재 동사의 인칭 구별에 활용될 첫 자음을 아랍인들은 '현재동사의 자음'(حُرُوف المُضَارَعَة : 현재 자음)이라고 부른다. 현재동사의 자음을 과거동사의 세 어근 앞에 접두시키면 과거동사의 첫째어근은 항상 무모음이고 둘째 어근은 /a,i,u/ 중의 하나의 모음을 가지며 셋째 어근은 단모음 또는 장모음 또는 자음이 붙는다. 셋째 어근이 장모음이면 그런 장모음을 갖는 동사를 아랍어 문법에서는 다섯동사라고 부르고 그 다섯동사는 /ā,ī,ū/ 중의 하나를 선어말에 갖는다. 그런데 2인칭 여성 복수와 3인칭 여성 복수의 ن/na/은 현재 동사의 주어에 해당되는 인칭대명사이다.

현재 동사		인칭
동사문의 주어 (인칭대명사)	독립 인칭대명사	
-	أَنَا 1인칭 단수(남, 여성)	1인칭
-	نَحْنُ 1인칭 쌍수와 복수	
-	أَنْتَ 2인칭 남성	2인칭
ـِي	أَنْتِ 2인칭 여성	
ـَا	أَنْتُمَا 2인칭 남녀 쌍수	
ـُو	أَنْتُمْ 2인칭 남성 복수	
ـْنَ	أَنْتُنَّ 2인칭 여성 복수	
-	هُوَ 3인칭 남성 단수	3인칭
-	هِيَ 3인칭 여성 단수	
ـَا	هُمَا 3인칭 남성 쌍수	

3어기	인칭대명사	
ا-	هُمَا 3인칭 여성 쌍수	
-ُو	هُمْ 3인칭 남성 복수	
-َنَ	هُنَّ 3인칭 여성 복수	

위 표와 같이 현재 동사에서 어말에 오는 장모음이 현재 동사의 주어를 나타내고, /na/는 여성을 나타내는 인칭대명사이다.

1) 동사문의 주어(인칭대명사)가 없는 경우

3어기	2어기	1어기	현재자음	
بُ	رَ	شْ	أ-	أَنَا
بُ	رَ	شْ	ن-	نَحْنُ
بُ	رَ	شْ	ت-	أَنْتَ
بُ	رَ	شْ	ي-	هُوَ
بُ	رَ	شْ	ت-	هِيَ

2) 동사문의 주어(인칭대명사)가 있는 경우: 다섯 동사

다섯동사	인칭대명사	3어기	2어기	1어기	현재자음	
نَ	ي	بِ	رَ	شْ	ت-	أَنْتِ
نَ	١	بَ	رَ	شْ	ت-	أَنْتُمَا
نَ	و	بُ	رَ	شْ	ت-	أَنْتُمْ
نَ	١	بَ	رَ	شْ	ي-	هُمَا
نَ	و	بُ	رَ	شْ	ي-	هُمْ

3) 여성의 인칭대명사가 있는 경우

인칭대명사	3어기	2어기	1어기	현재자음	
نَ	بْ	رَ	شْ	ت-	أَنْتُنَّ
نَ	بْ	رَ	شْ	ي-	هُنَّ

아랍어의 접미 인칭 대명사는 다음 네 가지가 있다.
1) 동사+ 주격 인칭대명사(예, 내가 썼다)
    كَتَبْتُ، أَكْتُبُ، كَتَبْنَا، نَكْتُبُ، كَتَبَ، يَكْتُبُ، كَتَبْنَ، يَكْتُبْنَ، تَكْتُبْنَ
2) 동사+ 목적격 인칭대명사(예, 그가 너를 때렸다)
    ضَرَبَني، يَضْرِبُني، ضَرَبَهُ، يَضْرِبُهُ، ضَرَبَكَ، يَضْرِبُكَ، ضَرَبَكُنَّ، يَضْرِبُكُنَّ

3) 명사+ 인칭대명사(예, 그의 집)

مَنْزِلِي، مَنْزِلُكَ، مَنْزِلُكِ، مَنْزِلُكُمَا، مَنْزِلُكُمْ، مَنْزِلُكُنَّ، مَنْزِلُهُ، مَنْزِلُهَا، مَنْزِلُهُمَا، مَنْزِلُهُمْ، مَنْزِلُهُنَّ

4) 불변사+ 인칭대명사(예, 우리에게).

إِنَّهُ، عَلَيْهِ، مِنْكَ، لَنَا، بِكُمْ

▶ 신나는 단어장

1. 다음은 맛과 방향을 나타내는 낱말이다.

① حُلْوٌ 달다 حَامِضٌ 시다 مِلْحٌ 짜다 مُرٌّ 쓰다

② شَرْقٌ 동 غَرْبٌ 서 شَمَالٌ 북 جَنُوبٌ 남

2. 다음은 유치원과 유아원의 광고 내용이다.

نَسْتَقْبِلُ مِنْ سِنِّ حَدِيثِ الوِلَادَةِ فَمَا فَوْقَ (لِلحَضَانَةِ) / نَسْتَقْبِلُ الأَطْفَالَ الرَّاغِبِينَ فِي التَّعْلِيمِ (لِلرَّوْضَةِ).

(힌트: الرَّوْضَة:4-5 살이 된 아이들이 2 년 동안 들어가는 유치원, الحَضَانَة: 유치원에 가기 전 두 세 살된 아이들이 들어가는 유아원, 보통 일하는 부부는 자녀들을 '알하다네' 에 맡긴다.)

3. 다음 어휘들은 규모가 커지면서 의미가 달라지는 것을 보여준다.

① نَجْعٌ 민가 ➔ قَرْيَةٌ 마을 ➔ مَدِينَةٌ 도시 ➔ مُحَافَظَةٌ 도

② أُسْرَةٌ (부모와 자녀) ➔ عَائِلَةٌ (부모와 자녀와 할아버지) ➔ عَشِيرَةٌ (가문) ➔ قَبِيلَةٌ (부족)

③ تِلْمِيذٌ (초등학생, 제자) ➔ طَالِبٌ (고등학교 이상, 대학생) ➔ مُدَرِّسٌ (교사, 전임강사) ➔ أُسْتَاذٌ أَوْ البِرُوفِيسُور (교수) ➔ أُسْتَاذٌ مُشَارِكٌ (부교수) ➔ أُسْتَاذٌ مُسَاعِدٌ (조교수)

4.아랍인들은 수돗꼭지를 حَنَفِيَّة(하나피야)라고 한다. 그런데 이 단어의 어원은 터키인[17]과 관련되었다. 당시 대부분의 이집트인들은 이슬람 순니 파 중에서 샤피이 파(الشَّافِعِيَّة)이거나 말리키 파(المَالِكِيَّة)이었다. 그런데 이집트를 다스리는 터키인들은 당시 하나피 파(الحَنَفِيَّة 하나피야)이었다. 무슬림들은 기도 전에 손발 얼굴을 씻어야 하는데 이집트인들은 물통이나 물저장 탱크에서 물을 떠다가 손발을 씻었으나 하나피파 터키인들은 이를 거부하고 흐르는 물에 직접 씻는 것을 고집하였다. 그 뒤 수도 꼭지가 유행하면서 이집트인들은 자신들과 같은 방식으로 씻지 않는 터키인들을 비꼬아 그 수도꼭지를 '하나피야'라고 부르게 되었다.[18]

[어휘력 쌓기]

1. 다음 생활용어들을 익혀보자.

영수증 إِيصَالٌ 전기 요금 청구서 فَاتُورَةُ كَهْرَبَاءٍ 세탁기 غَسَّالَةٌ 냉장고 ثَلَّاجَةٌ
가방 شَنْطَةٌ[19] 에어컨 تَكْيِيفٌ 침대 سَرِيرٌ 커피 قَهْوَةٌ 설탕 سُكَّرٌ 숟가락 مِلْعَقَةٌ 월세값 قِيمَةُ الإِيجَارِ

---

[17] 아흐마드 븐 뚤룬(868-884)이 바그다드의 압바시야조와 독립적으로 이집트를 통치하였다. 통치자 그룹들은 터키어를 사용하였고 파띠마조(969-1171)에 가서야 아랍어가 지배 계층이 사용하였다. 그 뒤 이집트 아랍어에는 터키어 어휘들이 잔존하게 되었고 أُوضَة، حَوش، فُوطَة، فُسْتَان، شَنطَة،جَزْمَة، بُوْيَا(دهان)، كَرَاكون، بَرْوَاز ، 키인들을 كَرْباج،طَظ، أَجْنَة، شَاكُوش، (قسم بوليس) 등이 있다.

[18] 이집트 알아흐람 지 신문(2010.4.7), مصر والأتراك 참조

[19] 이집트에서는 시장에서 과일을 살 때 담는 작은 비닐 봉지를 샨따شَنْطَة 라고 한다.

2. 다음 안내와 게시판에 쓰인 낱말을 익혀보자.

لِلإِيجَار 　　　　　　　　　임대합니다.

تَحْوِيلَة 　　　　　　　　　우회

إِعْلاَنٌ هَامٌّ 　　　　　　　중요한 광고입니다.

شُكْرًا لِحُسْنِ تَعَاوُنِكُمْ مَعَنَا. 　여러분이 우리에게 적극 협조해 주심을 감사 드립니다.

يَحْتَفِلُ بِالكِرِيسْمَاس 　　　성탄절을 맞이하다.(이집트 신문에서 사용하는 표현법이다)

عَدَدُ الجُمْعَةِ 　　　　　　(신문의) 금요일 판

دَعْوَةٌ لِزِيَارَةِ المَعْرَضِ 　　매장을 방문해 주세요.

اِنْتِظَارُ سَيَّارَاتٍ لِلمُعَاقِينَ فَقَطْ 　장애인을 위한 차량 대기

مِنْطَقَةُ تَحْصِيلِ الرُّسُومِ. 　톨게이트

اِتِّجَاهٌ إِجْبَارِيٌّ يَمِينٌ 　　우측 통행 의무.

لِلبَيْعِ 　　　　　　　　　판매합니다.

دَعْوَةٌ عَامَّةٌ 　　　　　　모든 분들을 초대합니다

خِدْمَةُ التَّوْصِيلِ مَجَّانًا 　　배달은 무료입니다.

بُرْتُقَالٌ عُضْوِيٌّ 　　　　유기농 오렌지

الاِنْبِعَاثَاتِ الضَّارَّةِ لِلكَرْبُونِ. 　탄소 유해 배출

مَطْلُوبٌ شَبَابٌ مِنَ الجِنْسَيْنِ لِلعَمَلِ بِالمَكْتَبَةِ 　서점에서 일할 남녀 젊은이를 구함

21. 동사의 분류: 강동사

1. 약자음 유무: 강동사와 약동사

동사에 약자음(ا، و، ي)이 없을 때 강동사라고 하는데 이 강동사에는 정상동사, 함자동사, 중첩동사 등이 있다.

1) 강동사(فِعْلٌ صَحِيحٌ Strong verb): 약자음이 들어 있지 않는 동사

정상 동사(سَالِم:sound) : 세 어근 중에 함자나 자음이 중첩되지 않는 동사 (كَتَبَ، نَظَرَ)

함자동사(مَهْمُوز) : 세 어근 중 하나에 함자가 들어 있는 동사 (أَكَلَ، سَأَلَ, بَدَأَ)

중첩동사(مُضَاعَفٌ)[20] : 두 번째와 세 번째 어근이 중첩된 동사 (مَرَّ، عَدَّ، شَدَّ)

우선 함자가 동사의 첫째 어근이 되면 함자동사의 과거 동사형은 정상 동사형과 같다. 함자동사의 현재 동사형도 정상 동사의 현재형과 같으나 단지 1인칭단수와 함께 쓰이면 أَأْكُلُ 이 아니고 آكُلُ가 된다. 다음 표는 함자가 첫째 어근으로 올 때 동사의 활용을 나타내주는 표인데 명령 동사의 경우 함자와 함자의 받침을 모두 탈락시켜야 한다. 예) كُلْ، كُلِي، كُلاَ، كُلُوا، كُلْنَ

---

[20] مُضَعَّف 라고도 한다.

الفِعْلُ المُضَارِعُ 현재 동사	الفِعْلُ المَاضِي 과거동사	الضَّمِيرُ 인칭대명사
آكُلُ	أَكَلْتُ	أَنَا
نَأْكُلُ	أَكَلْنَا	نَحْنُ
تَأْكُلُ	أَكَلْتَ	أَنْتَ
تَأْكُلِينَ	أَكَلْتِ	أَنْتِ
تَأْكُلَانِ	أَكَلْتُمَا	أَنْتُمَا
تَأْكُلُونَ	أَكَلْتُمْ	أَنْتُمْ
تَأْكُلْنَ	أَكَلْتُنَّ	أَنْتُنَّ
يَأْكُلُ	أَكَلَ	هُوَ
تَأْكُلُ	أَكَلَتْ	هِيَ
يَأْكُلَانِ	أَكَلَا	هُمَا
تَأْكُلَانِ	أَكَلَتَا	هُمَا
يَأْكُلُونَ	أَكَلُوا	هُمْ
يَأْكُلْنَ	أَكَلْنَ	هُنَّ

함자가 둘째 어근에 올 경우, 정상 동사처럼 과거형과 현재형의 활용이 동일하다. 아래 표를 보라.

현재 동사	과거 동사	인칭대명사
أَسْأَلُ	سَأَلْتُ	أَنَا
نَسْأَلُ	سَأَلْنَا	نَحْنُ
تَسْأَلُ	سَأَلْتَ	أَنْتَ
تَسْأَلِينَ	سَأَلْتِ	أَنْتِ
تَسْأَلَانَ	سَأَلْتُمَا	أَنْتُمَا
تَسْأَلُونَ	سَأَلْتُمْ	أَنْتُمْ
تَسْأَلْنَ	سَأَلْتُنَّ	أَنْتُنَّ
يَسْأَلُ	سَأَلَ	هُوَ
تَسْأَلُ	سَأَلَتْ	هِيَ
يَسْأَلَانِ	سَأَلَا	هُمَا
تَسْأَلَانِ	سَأَلَتا	هُمَا
يَسْأَلُونَ	سَأَلُوا	هُمْ
يَسْأَلْنَ	سَأَلْنَ	هُنَّ

아래와 같이 함자가 셋째어근에 오면 이 동사의 활용은 과거와 현재 동사에서 정상

동사와 같으나 함자의 받침이 무엇이 될지 가끔 혼동할 때가 있다. 그래서 음운론에서 배운 '함자의 받침 규칙'을 참조해야 한다. 명령동사는 اسْأَلْ، اسْأَلِي، اسْأَلَا، اسْأَلُوا، اسْأَلْنَ 등이다.

현재동사	과거 동사	인칭대명사
أَقْرَأُ	قَرَأْتُ	أَنَا
نَقْرَأُ	قَرَأْنَا	نَحْنُ
تَقْرَأُ	قَرَأْتَ	أَنْتَ
تَقْرَئِينَ	قَرَأْتِ	أَنْتِ
تَقْرَآن	قَرَأْتُمَا	أَنْتُمَا
تَقْرَؤُونَ	قَرَأْتُمْ	أَنْتُمْ
تَقْرَأْنَ	قَرَأْتُنَّ	أَنْتُنَّ
يَقْرَأُ	قَرَأَ	هُوَ
تَقْرَأُ	قَرَأَتْ	هِيَ
يَقْرَآن	قَرَآ	هُمَا
تَقْرَآن	قَرَأَتَا	هُمَا
يَقْرَؤُونَ	قَرَؤُوا	هُمْ
يَقْرَأْنَ	قَرَأْنَ	هُنَّ

　　위 동사의 명령 동사형은 اِقْرَأْ، اِقْرَئِي، اِقْرَآ، اِقْرَؤُوا، اِقْرَأْنَ 이다. 위 표에서 2인칭 여성과 쌍수와 남성 복수 그리고 3인칭 쌍수와 남성복수형에서 함자가 맏다가 있는 장모음(I)으로 바뀌거나 함자의 받침 규칙에 따라 함자 밑에 오는 받침(약자음)이 바뀌었다.

تَقْرَأْينَ ← تَقْرَئِينَ، تَقْرَأَان ← تَقْرَآن، تَقْرَأُون ← تَقْرَؤُونَ، قَرَأَا ← قَرَآ، قَرَأُوا ← قَرَؤُوا

　　아래 표는 둘째와 셋째 어근이 중첩된 동사의 활용을 보여준다. 명령동사형은 مُرَّ، مُرِّي، مُرَّا، مُرُّوا، أُمْرُرْنَ 이다. 문제는 동사의 활용에서 셋째어근 즉 마지막 어근에 수쿤(무모음)이 오면 중첩된 자음이 그 겹침을 풀어 발음을 용이하게 해 준다. 아랍어 낱말 발음에서 자음 두 개가 연달아 올 때에는 연이어 오는 두개 혹은 세개의 자음을 쉽게 발음할 수 없으므로 그 중첩된 자음을 따로 따로 쓰고 그 중간에 모음을 넣는다.

مَرَرْتُ، مَرَرْنَا، مَرَرْتَ، مَرَرْتِ، مَرَرْتُمَا، مَرَرْتُمْ، مَرَرْتُنَّ، مَرَرْنَ، تَمْرُرْنَ، يَمْرُرْنَ

현재동사	과거동사	인칭대명사
أَمُرُّ	مَرَرْتُ	أَنَا
نَمُرُّ	مَرَرْنَا	نَحْنُ
تَمُرُّ	مَرَرْتَ	أَنْتَ
تَمُرِّينَ	مَرَرْتِ	أَنْتِ
تَمُرَّانِ	مَرَرْتُمَا	أَنْتُمَا
تَمُرُّونَ	مَرَرْتُمْ	أَنْتُمْ
تَمْرُرْنَ	مَرَرْتُنَّ	أَنْتُنَّ
يَمُرُّ	مَرَّ	هُوَ
تَمُرُّ	مَرَّتْ	هِيَ
يَمُرَّان	مَرَّا	هُمَا
تَمُرَّان	مَرَّتَا	هُمَا
يَمُرُّونَ	مَرُّوا	هُمْ
يَمْرُرْنَ	مَرَرْنَ	هُنَّ

2) 약동사(فِعْلٌ مُعْتَلٌ : Weak verb)

첫째어근 약동사(مِثَالٌ) : 첫번째 어근이 و, ي 로 시작되는 동사

(وَصَلَ/يَصِلُ، وَجَدَ/يَجِدُ ، بَئِسَ/يَبْأَسُ)

둘째어근 약동사(أَجْوَفٌ) : 두번째 어근에 ا، و, ي 가 들어있는 동사

(قَالَ/يَقُولُ ، بَاعَ/يَبِيعُ ، نَامَ/يَنَامُ)

셋째어근 약동사(نَاقِصٌ) : 세번째 어근에 و, ي 가 들어있는 동사

(مَشَى/يَمْشِي، دَعَا/يَدْعُو، نَسِيَ/يَنْسَى)

아래 표는 첫째어근 약동사 중에서 첫째 어근이 와우(و)로 시작하는 동사의 활용을 보여준다. 첫째 어근 와우 약동사(مِثَالٌ وَاوِيٌّ)의 활용은 과거형에서는 정상동사형과 동일하다. 그러나 이 약동사의 현재 동사형에서는 인칭대명사와 함께 쓰일 때 와우가 탈락되고 만다. 명령 동사는 صِلْ ، صِلِي، صِلَا، صِلُوا، صِلْنَ 이다.

현재동사	과거 동사	인칭대명사
أَصِلُ	وَصَلْتُ	أَنَا
نَصِلُ	وَصَلْنَا	نَحْنُ
تَصِلُ	وَصَلْتَ	أَنْتَ
تَصِلِينَ	وَصَلْتِ	أَنْتِ

현재동사	과거 동사	인칭대명사
تَصِلَانِ	وَصَلْتُمَا	أَنْتُمَا
تَصِلُونَ	وَصَلْتُمْ	أَنْتُمْ
تَصِلْنَ	وَصَلْتُنَّ	أَنْتُنَّ
يَصِلُ	وَصَلَ	هُوَ
تَصِلُ	وَصَلَتْ	هِيَ
يَصِلَانِ	وَصَلَا	هُمَا
تَصِلَانِ	وَصَلَتَا	هُمَا
يَصِلُونَ	وَصَلُوا	هُمْ
يَصِلْنَ	وَصَلْنَ	هُنَّ

그런데 첫째어근 약동사 중에서 첫째 어근이 야(ي)로 시작하는 동사들은 아랍어에서 아주 적은 수효이므로 이 책에서는 다루지 않는다. 다음 표는 둘째 어근 약동사의 활용을 나타낸 표이다. 둘째어근의 약동사는 두번째 약자음(어근)이 본래 무엇이었는지를 사전에서 찾아 보아야 한다. 예를들면 قال 의 어근은 ل و ق 이고 سار 의 어근은 ر ي س 이다. 그런데 과거동사형에서 접미 인칭대명사가 붙을 때 그 어말이 수쿤으로 끝나는 경우에는 둘째 어근에 오는 "알리프"는 탈락되고 이때 탈락된 자음이 갖는 모음이 첫째 어근에 붙는다. 만일 탈락된 어근이 와우(و)이면 첫째 어근에는 담마를 갖게 되고 만일 탈락된 어근이 야(ي)이면 첫째 어근에는 카스라를 붙인다.

현재 동사형에서는 본래 둘째 어근이었던 와우나 야가 그대로 나타난다. 그리고 현재 동사의 2인칭과 3인칭 여성복수형에서만 둘째어근이 탈락되고 그 탈락된 자음에 해당하는 모음이 첫째 어근에 붙는다. 즉 탈락된 자음이 본래 와우라면 첫째 어근은 담마를 갖고 본래 야라면 첫째 어근은 카스라를 갖는다. 아래 동사의 명령동사는 قُلْ ، قُولِي ، قُولَا ، قُولوا ، قُلْنَ 이다.

현재동사	과거 동사	인칭대명사
أَقُولُ	قُلْتُ	أَنَا
نَقُولُ	قُلْنَا	نَحْنُ
تَقُولُ	قُلْتَ	أَنْتَ
تَقُولِينَ	قُلْتِ	أَنْتِ
تَقُولَانِ	قُلْتُمَا	أَنْتُمَا
تَقُولُونَ	قُلْتُمْ	أَنْتُمْ
تَقُلْنَ	قُلْتُنَّ	أَنْتُنَّ
يَقُولُ	قَالَ	هُوَ
تَقُولُ	قَالَتْ	هِيَ

현재동사	과거 동사	인칭대명사
يَقُولَانِ	قَالَا	هُمَا
تَقُولَانِ	قَالَتَا	هُمَا
يَقُولُونَ	قَالُوا	هُمْ
يَقُلْنَ	قُلْنَ	هُنَّ

아랍어 **كان** (**يكُونُ**) 동사는 완전 동사(-존재하다)와 불완전 동사(-었, 았)의 의미를 갖는다. 그리고 명사문에서 시제를 표현하고자 할 때 이 동사를 쓰게 되므로 상당히 중요한 동사이다. 위 **قال**(**يقُولُ**)와 활용이 유사하다.

현재동사	과거 동사	인칭대명사
أَكُونُ	كُنْتُ	أَنَا
نَكُونُ	كُنَّا	نَحْنُ
تَكُونُ	كُنْتَ	أَنْتَ
تَكُونِينَ	كُنْتِ	أَنْتِ
تَكُونَانِ	كُنْتُمَا	أَنْتُمَا
تَكُونُونَ	كُنْتُمْ	أَنْتُمْ
تَكُنَّ	كُنْتُنَّ	أَنْتُنَّ
يَكُونُ	كَانَ	هُوَ
تَكُونُ	كَانَتْ	هِيَ
يَكُونَانِ	كَانَا	هُمَا
تَكُونَانِ	كَانَتَا	هُمَا
يَكُونُونَ	كَانُوا	هُمْ
يَكُنَّ	كُنَّ	هُنَّ

위 표에서 2인칭 여성 복수형과 3인칭 여성 복수형은 /n/이 두번 나오므로 겹친 자음으로 썼다. 아래 표는 둘째 어근 약동사 중 둘째어근이 "야"인 경우인데 과거 동사에서는 동사의 활용에서 과거 동사의 셋째어근이 수쿤을 가지면 둘째어근이 탈락되고 그 탈락된 약자음에 해당하는 모음이 첫째 어근에 붙는다. 아래 동사의 둘째어근은 '야'이었기 때문에 그 어근에 해당하는 모음은 '카스라'이고 이 카스라를 첫째 어근에 붙인 것이다.

현재동사	과거 동사	인칭대명사
أَسِيرُ	سِرْتُ	أَنَا
نَسِيرُ	سِرْنَا	نَحْنُ

تَسِيرُ	سِرْتَ	أَنْتَ
تَسِيرِينَ	سِرْتِ	أَنْتِ
تَسِيرَان	سِرْتُمَا	أَنْتُمَا
تَسِيرُونَ	سِرْتُمْ	أَنْتُمْ
تَسِرْنَ	سِرْتُنَّ	أَنْتُنَّ
يَسِيرُ	سَارَ	هُوَ
تَسِيرُ	سَارَتْ	هِيَ
يَسِيرَان	سَارَا	هُمَا
تَسِيرَان	سَارَتَا	هُمَا
يَسِيرُونَ	سَارُوا	هُمْ
يَسِرْنَ	سِرْنَ	هُنَّ

　그런데 둘째어근 약자음 동사 중 위 규칙을 따르지 않는 동사들이 있는데 그 동사들 중에 نَامَ، خَافَ 가 있다. 이 두 개의 동사의 어근은 각각 ن و م 그리고 خ و ف 이므로 위 규칙에 따르면 نَامَ، خَافَ 동사의 둘째어근이 탈락되는 대신에 첫째 어근에 담마가 붙어야 하지만 실제는 카스라가 붙는다. 이 두 동사가 위 규칙을 따르지 않는 사례는 현재 동사의 활용에서 찾아볼 수 있다. 이 두 동사는 과거 동사형의 두번째 어근에 해당한 "알리프"가 이 두 동사의 현재 동사형에 그대로 남는다. 이런 약동사의 활용은 무조건 외우는 수 밖에 없다. 사실 약동사의 규칙을 어느 정도 알면 나머지 예외는 크게 문제될 것이 없다. 아래 동사의 명령 동사는 نِمْ، نِمِي، نِمَا، نِمُوا، نِمْنَ 이다.

현재동사	과거 동사	인칭대명사
أَنَامُ	نِمْتُ	أَنَا
نَنَامُ	نِمْنَا	نَحْنُ
تَنَامُ	نِمْتَ	أَنْتَ
تَنَامِينَ	نِمْتِ	أَنْتِ
تَنَامَان	نِمْتُمَا	أَنْتُمَا
تَنَامُونَ	نِمْتُمْ	أَنْتُمْ
تَنَمْنَ	نِمْتُنَّ	أَنْتُنَّ
يَنَامُ	نَامَ	هُوَ
تَنَامُ	نَامَتْ	هِيَ
يَنَامَان	نَامَا	هُمَا
تَنَامَان	نَامَتَا	هُمَا

| يَنَامُونَ | نَامُوا | هُمْ |
| يَنَمْنَ | نِمْنَ | هُنَّ |

위 세 가지 종류의 둘째어근 약동사의 과거형는 3인칭(복수여성은 제외)에서는 아래와
같은 규칙에 따른다. 아래와 같이 약자음은 모음과 모음 사이에 오면 탈락된다는 규칙이다.
(예) qawala → qāla, nawama → nāma , sayara → sāra

$$\begin{bmatrix} w \\ y \end{bmatrix} \longrightarrow \emptyset \ / \ v - v \ (v = v)$$

다음 4개의 표는 셋째어근에 약자음이 들어 있는 동사들의 활용을 나타낸 표이다. 역시
두 가지 종류가 있는데 하나는 어근이 본래 "와우"인 동사(النَاقِصُ الوَاوِيُّ)의 한 가지 예와
어근이 본래 "야"인 동사(النَاقِصُ اليائِيّ)의 3가지 예들이다.

현재동사	과거동사	인칭대명사
أَدْعُو	دَعَوْتُ	أنَا
نَدْعُو	دَعَوْنَا	نَحْنُ
تَدْعُو	دَعَوْتَ	أنْتَ
تَدْعِينَ	دَعَوْتِ	أنْتِ
تَدْعُوَان	دَعَوْتُمَا	أنتُمَا
تَدْعُونَ	دَعَوْتُمْ	أنْتُمْ
تَدْعُونَ	دَعَوْتُنَّ	أنْتُنَّ
يَدْعُو	دَعَا	هُوَ
تَدْعُو	دَعَتْ	هِيَ
يَدْعُوَان	دَعَوَا	هُمَا
تَدْعُوَان	دَعَتَا	هُمَا
يَدْعُونَ	دَعَوْا	هُمْ
يَدْعُونَ	دَعَوْنَ	هُنَّ

위 표에서 과거형은 인칭대명사 (3인칭 단수 여성- 3인칭 쌍수 여성- 3인칭 복수
남성; هِي- هُمَا- هُمْ)와 함께 쓰이면 약자음이 탈락되지만, 다른 인칭대명사와 함께 할 때는
정상 동사의 활용과 같다. 위 현재 동사형에서 인칭대명사(2인칭 여성 단수- 2인칭 남성
복수-3인칭 남성 복수; أنْتِ- أنتم- هُمْ)가 약자음과 함께 오면 그 약자음이 탈락한다. 이들
3가지 경우에는 장모음이 해당 동사의 어말에 오므로 이들 장모음이 다시 셋째어근

약자음과 만나게 되면 셋째어근의 약자음이 탈락된다. 위 표에서 명령 동사는 اُدْعُ، اُدْعِي،
اُدْعُوَا، اُدْعُوا، اُدْعُونَ이다.

현재동사	과거동사	인칭대명사
أَمْشِي	مَشَيْتُ	أَنَا
نَمْشِي	مَشَيْنَا	نَحْنُ
تَمْشِي	مَشَيْتَ	أَنْتَ
تَمْشِينَ	مَشَيْتِ	أَنْتِ
تَمْشِيَان	مَشَيْتُمَا	أَنْتُمَا
تَمْشُونَ	مَشَيْتُمْ	أَنْتُمْ
تَمْشِينَ	مَشَيْتُنَّ	أَنْتُنَّ
يَمْشِي	مَشَى	هُوَ
تَمْشِي	مَشَتْ	هِيَ
يَمْشِيَانِ	مَشَيَا	هُمَا
تَمْشِيَان	مَشَتَا	هُمَا
يَمْشُونَ	مَشَوْا	هُمْ
يَمْشِينَ	مَشَيْنَ	هُنَّ

위 표는 셋째어근 와우 약동사처럼 과거형에서 인칭대명사(3인칭여성단수- 3인칭 여성
쌍수- 3인칭 남성 복수)가 오면 약자음 "야"가 탈락되었다. 현재 동사의 경우에는
셋째어근 와우 약동사와 동일하게 활용한다. 현재 동사형에서는 어말이 "와우"나
"야"이므로 2인칭 여성, 2인칭 남성복수, 3인칭 남성복수에서 본래 약자음은 탈락된다.
명령동사는 اِمْشِ، اِمْشِي، اِمْشِيَا، اِمْشُوا، اِمْشِينَ 이다.

현재 동사	과거 동사	인칭대명사
أَنْسَى	نَسِيتُ	أَنَا
نَنْسَى	نَسِينَا	نَحْنُ
تَنْسَى	نَسِيتَ	أَنْتَ
تَنْسَيْنَ	نَسِيتِ	أَنْتِ
تَنْسَيَان	نَسِيتُمَا	أَنْتُمَا
تَنْسَوْنَ	نَسِيتُمْ	أَنْتُمْ
تَنْسَيْنَ	نَسِيتُنَّ	أَنْتُنَّ
يَنْسَى	نَسِيَ	هُوَ

تُنْسَى	نَسِيَتْ	هِيَ
يَنْسَيَان	نَسِيَا	هُمَا
تَنْسَيَان	نَسِيَتَا	هُمَا
يَنْسَوْنَ	نَسُوا	هُمْ
يَنْسَيْنَ	نَسِينَ	هُنَّ

위 표에서 과거 동사형은 역시 어말에 약자음이 오므로 3인칭 남성 복수(인칭대명사)가 오면 약자음이 탈락된다. 그리고 그 나머지 경우에서는 정상 동사와 차이가 없다. 현재형에서는 역시 어말의 약자음이 2인칭 여성단수, 2인칭 남성 복수, 3인칭 남성 복수를 만나면 이 약자음은 탈락된다. 명령동사는 اِنْسَ ، اِنْسَيْ ، اِنْسَيا، اِنْسَوْا ، اِنْسَيْنَ 이다.

현재 동사	과거동사	인칭대명사
أَسْعَى	سَعَيْتُ	أَنَا
نَسْعَى	سَعَيْنَا	نَحْنُ
تَسْعَى	سَعَيْتَ	أَنْتَ
تَسْعَيْنَ	سَعَيْتِ	أَنْتِ
تَسْعَيَان	سَعَيْتُمَا	أَنْتُمَا
تَسْعَوْنَ	سَعَيْتُمْ	أَنْتُمْ
تَسْعَيْنَ	سَعَيْتُنَّ	أَنْتُنَّ
يَسْعَى	سَعَى	هُوَ
تَسْعَى	سَعَتْ	هِيَ
يَسْعَيَان	سَعَيَا	هُمَا
تَسْعَيَان	سَعَتَا	هُمَا
يَسْعَوْنَ	سَعَوْا	هُمْ
يَسْعَيْنَ	سَعَيْنَ	هُنَّ

위 동사는 과거동사형에서는 동사 مَشَى – يَمْشِي 의 활용과 동일하고 현재 동사형에서는 동사 نَسِيَ – يَنْسَى 의 활용과 동일하다. 명령동사는 اِسْعَ ، اِسْعَيْ ، اِسْعَيا، اِسْعَوْا ، اِسْعَيْنَ 이다.

　이상과 같이 약동사의 동사 활용을 살펴보았다. 셋째 어근 약동사가 가장 복잡한 형태의 활용을 보여 주고 있다. 그러나 어말 어미가 장모음인 경우와 수쿤(무모음)인 경우에만 예외적인 활용을 보여주었기 때문에 그렇게 어려운 것만은 아니다. 약동사 활용에서 나타나는 규칙들만 학습하고 그 나머지 불규칙적인 변화는 동사의 활용표를 참조하면 된다[21].

▶ 신나는 단어장

يَجْرِي السَّيِّدُ كِيم كُلَّ صَبَاحٍ.	김씨는 매일 아침 뛴다.
يَجْرِي نَهْرُ الْهَان فِي كُورِيَا.	한국에는 한강이 흐른다.
يَجْرِي بِنَاءُ مَكْتَبٍ جَدِيدٍ لِلْمُدِيرِ.	사장의 새 사무실의 건축이 진행되고 있다.
مَاذَا جَرَى لِذِرَاعِكَ؟	네 팔에 무슨 일이 있었니?
هَذَا التَّاجِرُ يَجْرِي وَرَاءَ الذَّهَبِ.	이 장사꾼이 금을 쫓고 있다.
دَعَا الشَّيْخُ اللهَ.	쉐이크가 알라에게 간구했다.
يَدْعُو الْأَبُ لِوَلَدِهِ بِالْخَيْرِ.	아버지가 그의 아들에게 좋은 일을 기원한다.
يَدْعُو الْعَدُوُّ عَلَى عَدُوِّهِ.	적이 그의 적에게 나쁜 일을 기원한다.
مِنْ مِصْرَ دَعَوْتُ ابْنِي.	이집트에서 나는 내 아들이라고 불렀다.
دَعَا الْأَبُ ابْنَهُ: يُوسُفُ.	아버지가 아들에게 유수프라고 칭했다.
الطِّفْلُ يُدْعَى عِمَّانُوئِيل.	아이가 임마누엘이라 불리운다.
دَعَا الْمُؤَذِّنُ إِلَى الصَّلَاةِ.	무앗딘[22]이 기도에 오라고 청했다.
تَدْعُو الْمَسِيحِيَّةُ إِلَى الْحُبِّ.	기독교는 사랑으로 불린다.
يَدْعُو الْمُدَرِّسُ الطُّلَّابَ إِلَى الْغَدَاءِ.	교사가 학생들을 점심에 초청한다.
هَلْ رَأَيْتَ يَعْقُوبَ الْيَوْمَ؟ نَعَمْ رَأَيْتُهُ.	너 오늘 야으꿉을 보았니? 네, 내가 그를 보았어요.
رَأَى قِطَّةً مَرِيضَةً.	그가 병든 고양이를 보았다.
رَأَى الْحُزْنَ فِي عَيْنِي.	그가 내 눈에서 슬픔을 보았다.
أَرَى أَنْ أَذْهَبَ إِلَى كُورِيَا غَدًا.	나는 내일 한국에 가려고 생각한다.
أَرَى أَنَّ الْحَيَاةَ جَمِيلَةٌ. (= أَرَى الْحَيَاةَ جَمِيلَةً.)	인생은 아름답다고 나는 생각한다.
رَأَى إِبْرَاهِيمُ فِي نَوْمِهِ رُؤْيَا.	이브라힘이 꿈에 환상을 보았다.

[어휘력 쌓기]

다음 문장은 아랍인들과 사용하면 아주 좋은 표현들이다.

① أَنْتَ خَجَّلْتَنِي (네가 나를 부끄럽게 했다): 내가 상대방을 못 도와주니 부끄럽다. 상대방이 나를 너무 많이 도와줄 때 그리고 나는 상대방에게 아무것도 못 해 줄 때 사용한다. 또, 상대방에게 아무런 답도 못 해 주는 경우에도 أَنْتَ خَجَّلْتَنِي 라고 한다.

② طَمِّنِّي يَا دُكْتُور (나를 안심시켜 주세요: 요르단과 이집트 암미야 아랍어): 학생들이 교수에게 시험 점수를 알려 달라고 할 때 그리고 병원에서 내가 병을 갖고 있는지 너무 궁금할 때 도저히 기다릴 수 없어서 의사한테 금방 검사 결과를 알려 달라고 할때 يَا دُكْتُور طَمِّنِّي 라고 한다. 그리고 오랜 친구끼리 서로의 안부를 정말 알고 싶을 때 طَمِّنِّي 라고 한다.

③ أَنْتَ أَحْسَنُ (أَفْضَلُ) مِنِّي (네가 나보다 낫다). 아랍인들은 "네가 나보다 더 낫다"고 하면 상당히 좋아한다. 비교 우위에 있다는 이 표현은 우리가 상대방을 칭찬하고 싶을 때

---

[21] دانيال ريغ، كتاب التصريف، مكتبة ميزونوف لاروز، 1982
[22] 무앗딘은 매일 확성기를 통하여 하루 다섯번 기도하러 오라고 외치는 무슬림을 가리킨다.

사용하면 아주 좋다.

④ أَنْتَ عَزِيزٌ عَلَيْنَا (너는 우리에게 참 귀한 사람이야): 아랍인들은 자신의 명예나 체면 자존심이 상한 경우에는 상대방의 일을 일부러 안 도와준다. 그래서 아랍인들도 자기네끼리 사탕발림(مُجَامَلَة)의 말들을 자주 한다. 사실 상대방이 치켜 세워 주는 말을 듣고도 싫어할 사람은 없다. 우리도 아랍인들의 정서에 맞게 그들의 언어 생활을 잘 익혀 그들처럼 사용하면 된다. 아랍인들이 "인샤알라"라고 하고서 약속을 안 지키면 나도 그들과 함께 화내지 말고 "인샤알라"라고 하면 된다. 아랍인들의 대표적인 특징은 대부분 웃지 않는다는 것이다. 그래서 요르단이나 이집트에서 아랍인들은 자신들을 가리켜 مُكَشِّر (점잔뺀 얼굴, 무뚝뚝한 얼굴)이라고 한다. 대부분 아랍인들은 미소가 없는 얼굴이어서 지난 몇 년간 요르단 사람들은 ابْتِسامة(미소)가 사회를 밝게 해 준다고 대대적인 홍보를 했지만 별로 나아진 것이 없다.

22. 과거 동사의 어말 모음 변화

  아랍어 동사는 상에 따라 완료상과 미완료상 그리고 시제에 따라 과거, 비과거(현재, 미래)로 구분한다. 발화시에 동작이 완료되었느냐 완료되지 않았느냐에 따라 완료상과 미완료상으로 나누고 발화 시점 이전에 동작이 일어났느냐 발화시에 일어났느냐 혹은 발화시 이후에 일어날 동작이냐에 따라 즉 시제에 따라 과거, 현재, 미래로 구분한다. 현대 문어 아랍어는 시제 중심의 언어이므로 이 책에서는 현재 동사, 과거 동사라는 말을 사용하고 미래 동사는 현재동사에 미래 불변사를 붙여서 만든다. 아랍어 현재 동사는 어말의 모음이 선행하는 불변사에 따라 변하지만 아랍어의 과거동사는 어말의 모음이 항상 고정되어 있어서 이것을 '어말모음이 변화하지 않는다(المَبْنِي)'고 표현한다. 과거 동사는 어말모음이 변화하지 않는다고 하였는데 이렇게 어말모음이 변화하지 않고 어느 한 가지 모음으로 고정되어 있는 것을 기준으로 하여 과거 동사를 다음 세 가지로 나눈다.

첫째, 수쿤(무모음) /Ø/ 으로 고정되어 있어, 어말모음이 변화하지 않는 과거동사

أَنَا شَرِبْتُ

نَحْنُ شَرِبْنَا

أَنْتَ شَرِبْتَ

أَنْتِ شَرِبْتِ

أَنْتُمَا شَرِبْتُمَا

أَنْتُمْ شَرِبْتُمْ

أَنْتُنَّ شَرِبْتُنَّ

هُنَّ شَرِبْنَ

둘째, /a/ 모음으로 항상 고정되어 있어서, 어말모음이 변화하지 않는 과거동사

هُوَ شَرِبَ

هِيَ شَرِبَتْ

هُمَا شَرِبَا

هُمَا شَرِبَتَا

셋째, /u/ 모음으로 항상 고정되어 있어서, 어말모음이 변화하지 않는 과거동사

هُمْ شَرِبُوا

반면에 현재 동사는 어말모음이 변화한다(المُعْرَبُ)고 하고 현재 동사의 어말이 /u/,/a/,/Ø/로 변화한다.

23. 서법

　서구 학자들은 아랍어 현재 동사를 동사의 어말에 오는 모음이 변함에 따라 indicative(직설법), subjunctive(가정법), jussive(명령법) 등 서법(moods)의 변화를 한다고 서술하였다. 그러나 아랍어로 쓰인 각종 문법서에는 현재 동사의 어말 모음의 변화를 각각 마르푸으(라프으), 만숩(나숩), 마즈즘(자즘)으로 명명하였는데 아랍인들의 이런 분류법은 현재 동사의 어말이 어떤 모음을 갖느냐 혹은 아예 모음을 전혀 갖지 않느냐에 따라 분류한 것이다. 아랍어 마르푸으는 현재 동사의 어말이 /u/로 끝나고 만숩은 /a/로 끝나고 마즈줌은 어말이 수쿤을 갖는다. 서구의 아랍어학자들은 indicative 가 사실적인 진술과 질문, 미래를 나타내고 subjunctive 은 의심, 소망, 의도, 소원, 당위 등의 의미를 갖고 jussive는 명령, 요구, 동작의 필요를 나타내 준다고 하였다 [23]. 그러나 서구학자들이 정의한 이런 서법의 의미가 마르푸으, 만숩, 마즈줌이란 아랍어 어휘 속에 전혀 담겨져 있지 않다. 마르푸으가 아닌 경우, 만숩이나 마즈줌을 각각 이끄는 불변사가 따로 있어서 이런 불변사에 따라 만숩은 /a/모음을 갖고 마즈줌은 수쿤(무모음)을 갖는다.

　아랍어 문법서에 나오는 본래의 용어 "마르푸으, 만숩, 마즈줌"은 서법의 의미를 담지 않고 있고 다만 동사의 어말 어미가 /u/나 /a/ 모음 혹은 모음이 소실되었다는 것만을 가리킬 뿐이다. 그래서 이 책에서는 현재동사의 어말 모음이 /u/일 때 마르푸으(자립형)라고 하고, 어말 모음이 /a/일 때는 만숩(의존형)이라고 했으며, 어말 모음이 수쿤(무모음)으로 끝날 때는 마즈줌(소실형)이란 아랍 문법서의 본래 용어를 그대로 사용했다.

첫째, 마르푸으 (مَرْفُوعٌ): /u/ 표지(자립형): 현재 동사 앞에 만숩과 마즈줌에 쓰이는 불변사가 선행하지 않을 때 현재 동사는 어말에 /u/모음을 갖는데 이것을 마르푸으 또는 라프으라고 한다.

둘째, 만숩 (مَنْصُوبٌ): /a/ 표지(의존형): 현재 동사 앞에 فَ , لِ , لِكَيْ , كَيْ , حَتَّي , لَنْ , أَنْ 와

같은 만습 불변사가 선행할 때 현재 동사는 어말에 /a/ 모음을 갖는데 이것을 만습 혹은 나습이라고 한다. 만습을 이끄는 불변사의 의미와 예문은 아래과 같다.

(1) أَنْ : 동명사(مَصْدَر)의 불변사로 불린다. ⟨أَنْ + 만습의 현재 동사⟩는 풀어쓴 동명사라고 한다.

طَلَبَ أَنْ يُحَافِظَ الْمُسْلِمُونَ عَلَى كَنَائِسِهَا وَأَنْ يُعَامِلُوا أَهْلَهَا بِالْعَدْلِ.

그는 무슬림들이 교회들을 보호하고 교회사람들을 공정하게 대해 주기를 요청했다.

(2) لَنْ: 미래의 동사를 부정한다.

لَنْ نَنْسَى.　　　　　우리는 잊지 않을 것이다.

(3) كَيْ: 이유나 목적의 لِكَيْ، ل 와 같은 의미이다. 우리말에서 '- (으)려고. -고자, -도록'이 적절하다.

زُرْتُ كُورِيَا لِأَتَعَرَّفَ عَلَى آثَارِهَا وَحَضَارَتِهَا وَلُغَتِهَا.

나는 한국의 유적과 문화와 언어를 잘 알고자 한국을 방문했다.

ذَهَبْتُ إِلَى كُورِيَا كَيْ أُشَاهِدَ الْآثَارَ الْقَدِيمَةَ.

나는 고대 유적들을 구경하려고 한국으로 갔다.

أَكْتُبُ إِلَى الْآنِسَةِ مَنَارَ رَسَائِلَ لِأَنِّي أُرِيدُ مِنْهَا مَعْلُومَاتٍ عَنِ اللُّغَةِ الْعَرَبِيَّةِ.

나는 아랍어에 대한 정보를 얻으려고 마나르 양에게 편지들을 쓴다.

위 세 문장들은 كَيْ، ل 다음에 오는 내용이 동작 발생의 이유(سَبَب)가 되는데 이런 경우에는 '이유 목적어'라고 부르지 않고 이유의 "라"(لَام التَّعْلِيل), 또는 이유의 "카이"(كَيْ التَّعْلِيلِيَّة)라고 부른다. 이들 불변사 뒤에 오는 현재 동사가 /a/모음으로 끝나므로 만습이다.

اِفْتَحِ الْبَابَ كَيْ يَدْخُلَ الْهَوَاءُ.　　　　공기를 들어오도록 문을 열어라.

اِجْتَهِدُوا لِئَلَّا تَفْشَلُوا.　　　　실패하지 않도록 열심히 공부해라.

(힌트) لِئَلَّا 는 다음과 같이 분석된다. * لِئَلَّا = (لِأَنْلَا) = لَا + أَنْ +لِ

(4) حَتَّى: 두 가지 의미가 있다. 하나는 كَيْ، ل 와 같은 의미이다.

(예). غَادَرَ الْمَدِينَةَ حَتَّى يَتَسَلَّمَ مَفَاتِيحَ بَيْتِ الْمَقْدِسِ(الْبَيْتِ الْمُقَدَّس).

그가 예루살렘의 열쇠들을 받으려고(받기 위해) 도시를 떠났다.

다른 하나는 "앞선 문장의 의미가 그 이후에 오는 문장의 결과가 된다"는 의미를 갖는다.

(예). لَنْ تَعْرِفَ دِمَشْقَ حَتَّى تَقْرَأَ تَارِيخَهَا.

다마스커스의 역사를 읽을 때까지는 넌 다마스커스를 잘 모를 것이다.

(5) فَاء: 이 불변사는 كَيْ، ل와 같은 의미인데 ف 앞에는 명령, 부정, 의문, 소원, 희망 등을 나타내는 어휘들이 온다.

(예) ① تَعَلَّمْ لُغَةَ شَعْبٍ فَتَتَعَلَّمَ ثَقَافَتَهُ　　　　민중의 언어를 배워라 그러면 문화를 배울 것이다.

② أُكْتُبْ فَلَا تَنْسَى.　　　　잊지 않도록 써 둬라.

그런데 위 ①과 ② 문장은 올바른 문장들이다. 그 이유는 /fa/ 불변사 이전에 오는 선행 문장이 명령의 의미를 갖는 어휘가 있기 때문이다. 그러나 아래 문장은 명령, 부정, 의문, 소원, 희망 등의 어휘들이 선행하지 않으므로 틀렸다.

(x) جِئْتُ إِلَى الْقَاهِرَةِ فَتَدْرُسَ اللُّغَةَ الْعَرَبِيَّةَ.

ف는 다음 예문에서 우리 말의 "–(으)러"(목적의 의미)로 번역하는 것이 적절하다.

تَعَالَ إِلَى كُورِيَا فَتَدْرُسَ اللُّغَةَ الكُورِيَّةَ. [24] 한국어를 공부하러 한국으로 오라.

هَلْ تَأْتِي إِلَى كُورِيَا فَتَدْرُسَ اللُّغَةَ الكُورِيَّةَ؟ 네가 한국어를 공부하러 한국으로 올거니?

لَمْ تَأْتِ إِلَى كُورِيَا فَتَدْرُسَ اللُّغَةَ الكُورِيَّةَ. 한국어를 공부하러 한국으로 너는 오지 않았다.

لَيْتَكَ تَأْتِي إِلَى كُورِيَا فَتَدْرُسَ اللُّغَةَ الكُورِيَّةَ. 네가 한국어를 공부하러 한국으로 왔으면 했다.

لَعَلَّكَ تَأْتِي إِلَى كُورِيَا فَتَدْرُسَ اللُّغَةَ الكُورِيَّةَ. 네가 한국어를 공부하러 한국으로 오기를 기대한다.

현재 동사의 만습이 마르푸으에서 어떻게 만들어지는 지 아래 표를 살펴 보라.

현재 동사의 만습	현재 동사의 마르푸으	인칭대명사
أَكْتُبَ	أَكْتُبُ	أَنَا
نَكْتُبَ	نَكْتُبُ	نَحْنُ
تَكْتُبَ	تَكْتُبُ	أَنْتَ
تَكْتُبِي	تَكْتُبِينَ	أَنْتِ
تَكْتُبَا	تَكْتُبَانِ	أَنْتُمَا
تَكْتُبُوا	تَكْتُبُونَ	أَنْتُمْ
تَكْتُبْنَ	تَكْتُبْنَ	أَنْتُنَّ
يَكْتُبَ	يَكْتُبُ	هُوَ
تَكْتُبَ	تَكْتُبُ	هِيَ
يَكْتُبَا	يَكْتُبَانِ	هُمَا
تَكْتُبَا	تَكْتُبَانِ	هُمَا
يَكْتُبُوا	يَكْتُبُونَ	هُمْ
يَكْتُبْنَ	يَكْتُبْنَ	هُنَّ

마르푸으 현재 동사에서 만습 현재 동사로 전환하려면 첫째, 마르푸으의 /u/모음이 /a/모음으로 바뀌고, 둘째, 2인칭 여성 복수와 3인칭 여성 복수는 불변하므로 이 둘을 제외한 동사들 중 다섯 동사의 어말이 /n/으로 끝나면 모두 /n/을 탈락시킨다.

셋째, 마즈줌 (مَجْزُومٌ): 수쿤(소실형)

현재 동사 앞에 부정의 لَمْ, 명령의 لِ , 2인칭 부정 명령의 لَا 와 같은 마즈줌 불변사가 선행할 때 현재 동사의 마지막 자음이 강자음이면 그 자리에 모음이 없다는 표시로서 수쿤(무모음)을 붙인다. 마즈줌의 표지는 수쿤(سُكُونٌ)이다.

---

[24] 동사 تَعَالَى(يَتَعَالَى) (지고하시다, 오르다, 올리다)의 명령 동사이다. تَعَالَ، تَعَالِيْ، تَعَالَيَا، تَعَالَوْا، تَعَالَيْنَ

(1) لَمْ: 이 불변사가 현재 동사 앞에 붙으면 현재를 과거 시제로 바꾼다. 부정을
나타내는 불변사 لَمْ 과 현재 동사의 마즈줌이 만나 과거(완료)의 의미를 갖는 것이다.

لَمْ تَحْدُثْ نَتِيجَةٌ مَادِّيَّةٌ لِهَذَا الْحِوَارِ.　　　이 대화의 실질적인 결과는 일어나지 않았다.

(2) لا: 부정 명령(النَّاهِيَة)의 의미를 갖는다. 2인칭 부정 명령의 لا 라고 불리는데 그
동작을 그만 두라고 하거나 해당 동작에서 떠날 것을 요구하는 의미이다.

لا تُؤَخِّرْ عَمَلَ الْيَوْمِ إِلَى الْغَدِ.　　　오늘의 할 일을 내일로 미루지 마라.

لا تَجْلِسْ أَمَامِي.　　　내 앞에 앉지마라.

لا تُفَكِّرْ فِي الْمَاضِي كَثِيرًا.　　　과거에 대하여 너무 많이 생각하지 마라.

(3) لِ : 마즈줌의 /li/라고 하는데, 만숩에 나오는 이유의 /li/와는 의미와 어말 모음의
변화에서 서로 다르다.

لِنَسْتَمِعْ مَعًا إِلَى هَذِهِ الْقِصَّةِ.　　　우리 같이 이 이야기를 들어보자.

أَبَانَا الَّذِي فِي السَّمَاوَاتِ، لِيَتَقَدَّسِ اسْمُكَ.　　　하늘에 계신 우리 아버지 이름이 거룩히 여김을
받으시옵소서.

명령의 لِ 로서 Let's(청유)란 의미를 갖는다. 1인칭과 3인칭에 쓰이면 허락, 용인,
권유, 권고 등의 의미를 갖는다. لِ 앞에 فَ가 접두되면 فَلْ /fal/로 발음된다.

예) فَلْيَتَفَضَّلْ (단상에서 귀빈을 단상으로 부를 때 사회자가 모인 사람들에게 멘트할 때
쓰는 표현이다).

(4) لَمَّا: 이 불변사[25] 다음에 현재동사의 마즈줌이 오면 لَمْ의 의미로 쓰이지만
오늘날에는 거의 사용되지 않고 이 대신에 بَعْدَ لَمْ يَفْعَلْ 라는 표현을 사용한다.

الأَوْلاَدُ رَجَعُوا مِنَ الْمَدْرَسَةِ وَلَمْ يَأْكُلُوا.　　　아이들이 먹지 않고 학교에서 돌아왔다.

아래 표는 현재 동사의 마즈줌이 마르푸으 현재동사와 어떻게 다른지를 보여 준다.

현재 동사의 마즈줌	현재 동사의 마르푸으	인칭대명사
أَكْتُبْ	أَكْتُبُ	أَنَا
نَكْتُبْ	نَكْتُبُ	نَحْنُ
تَكْتُبْ	تَكْتُبُ	أَنْتَ
تَكْتُبِي	تَكْتُبِينَ	أَنْتِ
تَكْتُبَا	تَكْتُبَانِ	أَنْتُمَا
تَكْتُبُوا	تَكْتُبُونَ	أَنْتُمْ
تَكْتُبْنَ	تَكْتُبْنَ	أَنْتُنَّ
يَكْتُبْ	يَكْتُبُ	هُوَ
تَكْتُبْ	تَكْتُبُ	هِيَ
يَكْتُبَا	يَكْتُبَانِ	هُمَا

---

[25] 현재동사의 마즈줌이 오지 않을 때 이 낱말의 의미는 "–할 때, –후에,"의 뜻이다.

هُمَا	تَكْتُبَانِ	تَكْتُبَا
هُمْ	يَكْتُبُونَ	يَكْتُبُوا
هُنَّ	يَكْتُبْنَ	يَكْتُبْنَ

현재 동사의 마르푸으에서 현재 동사의 마즈줌으로 전환될 때에는 현재동사의 만숩이 선어말어미가 장모음일 때 즉 다섯 동사일 때 /n/이 탈락된 것처럼 현재동사의 마즈줌에서도 그러하고 역시 2인칭 여성 복수와 3인칭 여성 복수는 불변하므로 이 둘은 마르푸으, 만숩, 마즈줌의 형태가 모두 동일하다. 그리고 그 나머지는 모두 마르푸으의 /u/모음이 사라지고 그 자리에 모음이 없다는 표시로 수쿤을 표시해 둔다. 만숩의 형태와 마즈줌의 형태가 서로 다른 것이 있다면 단수에서 2인칭 여성만을 빼고 모두가 어말의 모음이 서로 달랐고 1인칭 복수에서도 어말의 모음이 서로 달랐다.

[더 생각해 보기]

1. 명령 동사의 لِ 와 마즈줌 동사 لِ 는 무슨 차이가 있을까? 마즈줌 동사의 /li/는 1인칭, 2인칭, 3인칭 모두에게 사용되지만 명령동사의 /li/는 2인칭에만 사용된다. 명령 동사는 "요청"이라는 의미를 갖지만, 현재동사의 마즈줌(소실형)에 사용된 /li/의 의미는 다음과 같이 더 포괄적이고 더 광범위하다.

   (1)제안 لِنَذْهَبْ إِلَى السِّينِمَا.   우리 영화관에 갑시다.

   (2)간구 لِيَتَقَدَّسْ اسْمُكَ   당신의 이름이 거룩히 여김을 받으시옵소서

   (3)결정 لِيَدْخُلْ الطُّلَّابُ لِلْاِخْتِبَارِ.   학생들이 시험장에 들어가게 해주시오.

2. 부정의 لا 는 종류에 따라 그 의미가 다르다.

   (1) لا نَفْهَمُ الدرْسَ. (부정 불변사)   우리는 단원을 이해하지 못하고 있어요.

   (2) لا تَنَمْ في الفصلِ. (부정 명령, 마즈줌 불변사) 교실에서 자지마라.

   (3) أُحِبُّ القهوةَ لا الشاي. (접속사)   나는 차 말고 커피를 좋아한다.

   (4) لا إِلَهَ إِلاَّ الله. (종류의 전체를 부정) 알라 이외에는 신이 없다.

   لا حَوْلَ وَلا قُوَّةَ إِلاَّ باللهِ (종류 전체를 부정)

   알라 밖에는 힘도 없고 능력도 없다(모든 것이 알라의 손에 달려있다).

   (5) لا طَالِبَ مَوْجُوداً. (명사문의 주어와 술어가 비한정이란 조건 하에 명사문을 부정하는 لَيْسَ의 기능을 한다).

   (교실에 선생님이 들어갔는데) 학생이 한 명도 없다.

▶ 신나는 단어장

أَبُوكَ رَجُلٌ كَرِيمٌ.   너의 아버지는 넉넉히 베푸는 분이다.

هُوَ رَجُلٌ كَرِيمُ الأَصْلِ.   그는 근본이 좋은 사람이다.

الله هُوَ الكَرِيمُ.   알라는 넉넉하게 주시는 분이다(알라의 99가지 이름들 중의 하나이다).

اِشْتَهَرَ العَرَبُ بِالكَرَمِ.   아랍인들은 넉넉하게 베푸는 사람들로 알려졌다.

فُلانٌ عِنْدَهُ كَرَامَةٌ.(كَرَامَةٌ= عِزَّةُ النَّفْسِ). 아무개는 자존감을 가지고 있다.

[어휘력 쌓기]
1.다음 공항에서 필요한 어휘들을 익혀 보시오.

الأرابية	한국어
مِيناءُ القاهِرَةِ الجَوِّيُّ	카이로 공항
البَاصُ يَلْزَمُ اليَمِينَ	버스는 우측입니다.
دَوْرَاتُ المِيَاهِ = تُوَالِيتّ = الحَمَّامُ	화장실
تِلِيفُونَات	공중전화
المُتَّجِهُ إلى كُورِيَا	한국행
القادِمُون	입국자들
المُغادِرُون= المُسَافِرُون	출국자들
طَاقِمُ الطَّائِرَةِ	승무원
مَدْخَلُ مَجْمُوعَةٍ فَقَطْ	단체 여행객 입구
مَخْرَجٌ لِلطَّوَارِىءِ	비상구
مُصَلَّى	기도방
إيدَاعُ حَقَائِبَ	여행 가방 보관소
المِصْعَد = أسَانْسِير	승강기
الدَّرَجَةُ السِّيَاحِيَّةُ	이코노미석
الدَّرَجَةُ الأُولَى	등석
دَرَجَةُ رِجَالِ أعْمَالٍ	비즈니스 석
أوشَن بلُو	오션 블루
مِصْرُ لِلطَّيَرَان	이집트 항공
الإفصَاحُ عَنِ المَوَادِّ المُلْتَهِبَة	가연성 물질 신고
مَكْتَبُ الاسْتِعْلامَاتِ	안내소
مَرْكَزُ لُوجِسْتِي لِدُوَلِ الشَّرْقِ الأوْسَطِ وَشَمَالِ إفرِيقِيَا	중동과 북아프리카의 물류 중심지
أسْعَارُ العُمْلَاتِ	환율
مَنْدُوبُ الشَّرِكَةِ	회사를 대표할 직원

24.현재 동사의 어말 모음 변화

 현재 동사의 기본적인 어말 모음은 라프으(마르푸으), 나습(만숩), 자즘(마즈줌) 등 셋이다. 이런 용어는 이미 명사의 어말모음 변화에서 본 용어와 동일한 부분이 있다. 그것이 곧 라프으, 나습이다. 라프으는 /u/모음이라는 것이고 나습은 /a/모음이라는 것이다. 현재동사의 라프으와 나습이란 용어를 명사의 라프으와 나습과 동일하게 사용하는데 이 책에서는 명사의 라프으는 주격이라고 하고 현재 동사의 라프으는 그냥 라프으라고 부르기로 했다. 또 명사의 나습은 목적격인데 이 책에서는 현재 동사의 나습은 그냥 나습이라고 부르기로 했다. 그 이유는 우리 말에 적절한 용어가 없을 뿐만 아니라 아랍어 나습과 자즘이 서법상 한 가지 의미만을 나타내지 않기 때문이다. 다시 말하면 이들 각각의 서법의 특징을 한데 뭉뚱그려 표현할 적절한 말이 나타나지 않기 때문이다. 아랍어 명사와 현재 동사의 어말 모음의 변화는 다음과 같이 네 가지가 있다.

①라프으(마르푸으): 어미가 /u/ 모음을 갖는 주격 표지 혹은 현재 동사의 마르푸으 표지

②나습(만숩): 어미가 /a/ 모음을 갖는 목적격 표지 혹은 현재 동사의 만숩 표지

③자르(마즈루르): 어미가 /i/ 모음을 갖는 소유격 표지

④자즘(마즈줌): 어미가 모음을 갖지 않는 것으로서 현재 동사의 마즈줌 표지

첫째, 현재 동사의 마르푸으 (الفِعْلُ المُضَارِعُ المَرْفُوعُ)

현재 동사의 마르푸으는 어말이 /u/ 모음을 갖는 경우와 다섯동사에서 장모음 뒤에 ن 이 접미되는 경우 그리고 마르푸으 자리에 여성표지의 ن 이 접미된 경우 등 3가지를 포함한다. 여기서 다섯 동사라는 말은 현재 동사의 어말에 장모음 /ū, ī, ā/가 오는 동사들이 다섯 개가 있으므로 이를 다섯 동사라고 부른다.

다섯 동사	인칭대명사
تَكْتُبِينَ	أَنْتِ
تَكْتُبَان	أَنْتُمَا
تَكْتُبُونَ	أَنْتُمْ
يَكْتُبَان	هُمَا
يَكْتُبُونَ	هُمْ

①어말이 /u/ 모음을 갖는 경우

أَنَا أَلْعَبُ

نَحْنُ نَلْعَبُ

أَنْتَ تَلْعَبُ

هُوَ يَلْعَبُ

هِيَ تَلْعَبُ

②다섯 동사로서 장모음 뒤에 ن 이 접미되는 경우

أَنْتِ تَلْعَبِينَ

أَنْتُمَا تَلْعَبَان

أَنْتُمْ تَلْعَبُونَ

هُمَا يَلْعَبَان (3인칭 남성 쌍수)

هما تَلْعَبَان (3인칭 여성 쌍수)

هُمْ يَلْعَبُونَ

③마르푸으 표지 대신에 여성표지의 ن 이 접미된 경우

أَنْتُنَّ تَلْعَبْنَ

هُنَّ يَلْعَبْنَ

둘째, 현재 동사의 만습 (الفِعْلُ المُضَارِعُ المَنْصُوبُ)

　현재 동사의 만습은 어말이 /a/ 모음을 갖는 경우와 다섯 동사가 ن 이 탈락되는 경우 그리고 만습 표지 대신에 여성을 나타내는 ن 이 접미되는 경우 등이 포함되어 있다.

　①어말이 /a/ 모음을 갖는 경우

أَنَا لَنْ أَلْعَبَ

نَحْنُ لَنْ نَلْعَبَ

أَنْتَ لَنْ تَلْعَبَ

هُوَ لَنْ يَلْعَبَ

هِيَ لَنْ تَلْعَبَ

　②다섯동사에서 ن 이 탈락되는 경우

أَنْتِ لَنْ تَلْعَبِي

أَنْتُمَا لَنْ تَلْعَبَا

أَنْتُمْ لَنْ تَلْعَبُوا

هُمَا لَنْ يَلْعَبَا

هُمَا لَنْ تَلْعَبَا

هُمْ لَنْ يَلْعَبُوا

　③만습 표지 대신에 여성표지의 ن 이 접미된 경우

أَنْتُنَّ لَنْ تَلْعَبْنَ

هُنَّ لَنْ يَلْعَبْنَ

　셋째, 현재 동사의 마즈줌 (الفِعْلُ المُضَارِعُ المَجْزُومُ)

　현재 동사의 마즈줌은 어말이 모음을 갖지 않는 경우와 다섯동사에서 ن 이 탈락되는 경우 그리고 마즈줌 표지 대신에 여성을 나타내는 ن 이 접미되는 경우 등이 포함된다.

　①어말이 무모음인 경우

أَنَا لَمْ أَلْعَبْ

نَحْنُ لَمْ نَلْعَبْ

أَنْتَ لَمْ تَلْعَبْ

هُوَ لَمْ يَلْعَبْ

هِيَ لَمْ تَلْعَبْ

　②다섯 동사에서 ن 이 탈락되는 경우

أَنْتِ لَمْ تَلْعَبِي

أَنْتُمَا لَمْ تَلْعَبَا

أَنْتُمْ لَمْ تَلْعَبُوا

هُمَا لَمْ يَلْعَبَا

هُمَا لَمْ تَلْعَبَا

هُمْ لَمْ يَلْعَبُوا

　③마즈줌 표지 대신에 여성표지의 ن 이 접미된 경우

أَنْتُنَّ لَمْ تَلْعَبْنَ

هُنَّ لَمْ يَلْعَبْنَ

　　이상과 같이 아랍어 현재 동사의 마르푸으, 만숩, 마즈줌의 어말모음의 변화를
살펴보았다.[26]

[더 생각해 보기] 다음 문장에서 품사들을 찾아보자.

قَرَّرَتْ شَرِكَةُ مِيَاهِ الشُّرْبِ بِالقَاهِرَةِ قَطْعَ المِيَاهِ عَنْ بَعْضِ مَنَاطِقِ مَدِينَةِ القَاهِرَةِ وَذلِكَ اِعْتِبَارًا مِنَ الرَّابِعَةِ بَعْدَ ①
عَصْرِ اليَوْمِ وَحَتَّى الرَّابِعَةِ بَعْدَ عَصْرِ غَدِ السَّبْتِ.

　　카이로의 식수 회사는 카이로 시 일부 지역에서 단수하기로 결정했다. 단수는 오늘
　　오후 4시부터 내일 토요일 4시까지이다.

تَلَقَّى الرَّئِيسُ حُسْنى مُبَارَكْ بَرْقِيَةَ تَهْنِئَةٍ بِمُنَاسَبَةِ العَامِ المِيلَادِيّ الجَدِيدِ مِنَ الدُّكْتُورِ القِسِّ صَفْوَتِ البَيَاضِيّ ②
رَئِيسِ الطَّائِفَةِ الإِنْجِيلِيَّةِ فِي مِصْرَ وَمَجْلِسِ كَنَائِسِ الشَّرْقِ الأَوْسَطِ دَعَا فِيهَا المَوْلَى عَزَّ وَجَلَّ أَنْ يُدِيمَ عَلَى
الرَّئِيسِ مَوْفُورَ الصِّحَّةِ وَالعَافِيَةِ مِنْ أَجْلِ اِسْتِمْرَارِ مَسِيرَةِ التَّنْمِيَةِ فِي جَمِيعِ المَجَالَاتِ.

　　후스니 무바라크 대통령은 서기력으로 새해를 맞아 중동 교회 협의회와 이집트의
　　복음주의 교단장 사프와트 알바야디로부터 축전을 받았다. 그 축전에서 그가 모든
　　영역에서 발전의 행진을 계속 하도록 신이 대통령에게 건강과 활력을 넉넉하게
　　주시도록 기원했다.

25. 의문 명사

　　아랍어에는 의문명사(اِسْمُ اِسْتِفْهَامٍ)와 의문사(حَرْفُ اِسْتِفْهَامٍ)가 있는데 항상 문장의 처음에
(الصَّدَارَة) 온다.　의문명사에 속하는 مَنْ؟(누구)는 이성이 있는 사람에 대한 의문명사이고,
مَا(무엇)은 이성이 없는(غَيْرُ عَاقِلٍ)것이나 사물에 대하여 묻는 의문 명사이다. 그리고
مَاذَا(무엇)은 사물에 대하여 묻는 의문 명사이고 كَيْفَ(어떻게)는 상황과 상태를 묻는
의문명사이고, مَتَى (언제)는 시간을 묻고 의문 명사이며, أَيْنَ(어디서)는 장소에 대하여 묻는
의문 명사이다. 그리고 كَمْ(얼마)는 수와 양을 묻는 의문 명사이다. 의문명사에 속하는 أَيّ
는 그 다음에 오는 후연결어가 묻는 질문이고 이 후연결어의 종류에 따라 의미가
달라지며 의문 명사 중 유일하게 어말 모음이 변화하는 명사다.

(예) أَيُّ شَخْصٍ، أَيُّ شَيْءٍ، أَيُّ وَقْتٍ، أَيُّ مَكَانٍ

أَيًّا كَانَ	상황이(남성)-(였)던지 간에
أَيَّةً كَانَتْ	상황이(여성)-(였)던지 간에
عَلَى أَيِّ حَالٍ	어쨌든
أَيُّ وَاحِدٍ	누구나
أَيّ	즉

أَيّ는 문장의 위치에 따라 그 기능에 맞게 주격, 목적격, 소유격 등을 갖는다.

---

[26] 약동사의 만숩과 마즈줌도 살펴보아야 하나 이 책에서는 이 정도로 그치고자 한다. 만일 약동사의 활용 변
화를 더 자세히 알기를 원하면 دانيال ريغ، كتاب التصريف (1983)를 살펴 보라.

أَيُّ نَوْعٍ مِنَ الْأَصْدِقَاءِ أَنْتَ؟   너는 어떤 부류의 친구에 해당하니?

أَيَّ لُغَةٍ تَدْرُسُ؟   어떤 언어를 배우니?

فِي أَيِّ فَصْلٍ أَنْتَ؟   어느 교실에 네가 있니?

(예문)

أَعْلَنَ الرَّئِيسُ حُسْنِي مُحَمَّدٌ أَنَّ اسْتِقْلَالَ الْقَضَاءِ لَيْسَ مِنْحَةً مِنْ أَحَدٍ أَيًّا كَانَ وَإِنَّمَا هُوَ رَكِيزَةٌ أَسَاسِيَّةٌ مِنْ رَكَائِزِ دُسْتُورِنَا وَمُجْتَمَعِنَا.

(후스니 무바라크 대통령은 법원의 독립은 그가 누구였던지 간에 아무에게도 특권이
없고 단지 우리 헌법과 우리 사회의 기관들 중의 주요 기관일 뿐이라고 표명하였다.)

의문 명사와 달리 불변사로 쓰이는 의문사에는 هَلْ와 أ가 있다. 의문사로 쓰이는 두 개의
불변사 هَلْ와 أ는 문장의 내용에 대하여 묻는다. 이 의문사는 긍정의 답에 نَعَمْ 으로 답하고
부정의 답에는 لَا 으로 답하나 의문명사는 의문사처럼 لَا ، نعم 등의 대답 방식을 따르지
않는다. 의문사로 쓰이는 هل ، أ 은 역시 의문 명사처럼 문두에 오고 이 둘은 문장에서
기능(술어, 목적어 등)을 갖지 않는 불변사들이다. 의문명사는 술어, 목적어, 장소 부사,
상황어로 쓰인다.

أَلَمْ تَكْتُبْ؟ (너는 쓰지 않았지?)

위 질문에 대한 대답은 다음 둘 중 하나이다.

　①네, 제가 안 썼어요 نَعَمْ، لَمْ أَكْتُبْ

　②아니오, 제가 썼어요. بَلَى، كَتَبْتُ

다른 의문명사들의 예문은 아래와 같다.

مَنْ أَنْتَ؟   너는 누구니?

مَنْ زَارَكَ أَمْسِ؟   어제 너를 누가 방문했니?

مَا اسْمُكَ؟   이름이 뭐예요?

مَا مَعَكَ؟   네가 들고 있는 것이 뭐냐?

مَا مَنَعَكَ أَنْ تَحْضَرَ؟   너를 못 오게 하는 것이 뭐냐?

مَاذَا تَكْتُبُ؟   뭘 쓰고 계세요?

مَاذَا فَعَلْتَ؟   네가 무엇을 했니?

ما는 일반적으로 명사 앞에 오고 ماذا 는 전치사나 동사 앞에 온다.

كَيْفَ حَالُكَ؟   어떠세요?

مَتَى وَصَلْتَ؟   언제 도착했어요?

مَتَى أُطْلِقَ الْقَمَرُ؟   언제 위성이 발사되었어요?

أَيْنَ أَنْتَ؟   너 어디있니?

أَيْنَ تَذْهَبُ الْآنَ؟   너 지금 어디로 가니?

كَمْ كِيلُو تُرِيدُ؟   몇 킬로그램을 원하세요?

بِكَمْ الكيلو؟　　　　킬로그램당 얼마예요?

كَمْ ثَمَنَ هَذَا؟　　　이것은 얼마예요?

كَمْ مِنَ الكيلو؟　　　몇 킬로그램이에요?

هَلْ أَنْتَ طَالِبٌ؟　　　넌 학생이니?

هَلْ تُرِيدُونَ أَنْ تَذْهَبُوا مَعَنَا؟　너희들은 우리와 함께 가기를 원하느냐?

أَلَيْسَ كَذَلِكَ؟　　　그렇지 않아요?

أَنْتَ مُقِيمٌ فِي هَذَا الْفُنْدُقِ؟　너는 이 호텔에서 묵고 있니?

أيُّ كِتَابٍ اِشْتَرَيْتَ مِنَ الْمَكْتَبَةِ؟　어느 책을 책방에서 샀어요?

هَلْ أَلْفُ لَيْلَةٍ وَلَيْلَةٌ سَبَبُ كَثْرَةِ حَوَادِثِ الْخَطْفِ؟　천일야화[27]가 수많은 유괴사건들의 원인인가요?

위 의문 명사들은 질문을 나타낸다. 가령 누가 여행을 계획했니?라고 물으면 그 대답에는 "아무개가 여행을 계획했다"고 하므로 여기서 아무개가 명사문의 주어가 된다. 그리고 "너는 뭘 원하니?"라고 물으면 대답에서는 목적어에 대한 답이 나와야 한다.

(예) 나는 여행을 원한다. 차를 원한다.

아랍어 의문 명사는 명사문이나 동사문의 앞, 즉 항상 문장의 처음에 온다. 그런데 의문 명사 앞에 전치사가 오거나 전연결어가 오면 이런 경우에 의문 명사는 소유격 자리에 있다고 한다.

مِنْ أَيْنَ أَنْتَ؟　　　어느 나라에서 왔어요?

فِيمَ تُفَكِّرُ؟　　　뭘 생각하고 있어요?

كِتَابُ مَنْ هَذَا؟　　　이것은 누구의 책인가?

بيتُ مَنْ دَخَلْتَ؟　　　네가 누구의 집으로 들어갔니?

의문 명사 مَا 앞에 전치사가 접두되면 مَا 의 알리프(ا)가 탈락된다.

عَمَّ تَتَحَدَّثُ؟　　　무엇에 대하여 이야기하고 있나요?

فِيمَ نَخْتَلِفُ؟　　　무엇에서 우리가 서로 다르나요?

بِمَ تَكْتُبُ؟　　　무엇으로 쓰세요?

لِمَ جِئْتَ؟　　　무엇하러 왔어요?

مَا는 의문 명사 이외에도 다음 예문과 같이 관계대명사(이성이 없는 사물), 놀람의 명사, 동사의 부정, 조건 명사, لَيْسَ 의 기능을 한다.

نَقْرَأُ الصُّحُفَ لِنَعْرِفَ مَا يَحْدُثُ.　(관계 대명사)

우리는 무슨 일이 일어나는 지를 알려고 신문을 읽는다.

---

[27] 2010년 천일야화(천야 일야) 책 출판을 금지하자는 문제가 다시 언론에 오르내렸다. 1985년 이집트의 보수적인 지식인들이 천일야화 책의 내용 중 상당 부분이 너무 야하다고 주장하고 법원에 이 책의 출간 금지와 몰수를 요구하는 소송을 제기했으나 법원은 표현의 자유와 이 책이 아랍인들의 고전에 해당한다는 점을 들어 기각시켰다. 그런데 2010년 무슬림 형제단(Muslim brothers) 소속 국회 의원들 중 몇 사람이 이 책을 없애달라고 요구했는데 교육부 장관과 일부 작가들이 강하게 거절했고 법정은 출판사들이 이 책을 출간, 판매할 수 있도록 판시했다.

قَرَأْتُ مَا كُتِبَ في صَحيفةِ الدُّسْتُور. (관계 대명사)

나는 알두스투르 신문에 쓰인 내용을 읽었다.

مَا نَوْعُ الفُكَاهَةِ الَّتي تُعْجِبُكَ؟ (의문 명사)

너를 기쁘게 하는 농담의 종류는 무엇이냐?

مَا قَرَأْتُ صَحيفةَ اليَوْمِ. (동사문에서 부정의 불변사)

　나는 오늘의 신문을 읽지 못 했다.

مَا وَالِدُكَ في البَيْتِ. (명사문에서 부정의 불변사)

집에 너의 아버지가 안 계신다.

مَا تَفْعَلْ مِنْ خَيْرٍ يَعُدْ عَلَيْكَ نَفْعُهُ. (현재 동사를 마즈줌(수쿤)으로 끝나게 하는 조건 명사)

네가 행한 좋은 일이라면 너에게 다시 그 유익이 돌아간다.

مَا الدَّرْسُ صَعْبًا. (ليس와 같은 기능을 하는 부정 불변사)

　단원이 어렵지 않다.

مَا أَجْمَلَ الفتاةَ. (놀람, 감탄의 مَا)

정말 소녀가 예쁘구나!

아랍어에서 '언제'를 나타내는 مَتَى 는 의문명사나 조건명사가 되기도 한다. مَتَى 가 조건문에 사용되면 مَا 처럼 현재 동사의 어말이 수쿤으로 끝난다.

مَتَى زُرْتَ مِصْرَ آخِرَ مَرَّةٍ؟　　언제 이집트를 마지막으로 방문했습니까?(의문명사)

مَتَى تَعَلَّمْتَ اللُّغَةَ العَرَبِيَّةَ؟　　언제 아랍어를 배웠습니까? (의문명사)

مَتَى تَفْهَمْ النُّكْتَةَ العَرَبِيَّةَ تَكُنْ مُجيدًا لِلُّغَةِ العَرَبِيَّةِ 아랍 농담을 이해할때면 너는 아랍어를 잘하는 것이다. (조건문과 조건의 결과문의 현재 동사를 수쿤으로 끝나게 하는 조건 명사)

مَتَى تُسَافِرْ إلى أَمْريكَا نُسَافِرْ مَعًا. 네가 미국으로 여행갈때면 우리도 같이 갈거야.(조건 명사)

مَا는 이성이 없는 사물에 대하여 쓰이지만, مَنْ은 이성이 있는 사람에게 쓰이고 조건문과 조건의 결과문의 현재 동사를 마즈줌(수쿤)으로 마치게 하는 조건 명사이거나 관계 대명사 혹은 의문 명사로도 쓰인다.

①의문명사 : مَنْ عَلَّمَكَ اللُّغَةَ الكُوريَّةَ؟　　누가 너에게 한국어를 가르쳐주었니?

مَنْ كَتَبَ هَذا المَقَالَ؟　　이 기사를 누가 썼어요?

②관계 대명사 : هَلْ تَعْرِفُ مَنْ كَتَبَ هَذا المَقَالَ؟　이 기사를 누가 썼는지를 알아요?

كَانَ عَدَدُ مَنْ حَضَرَ الحَفْلَ قَليلا. 파티에 참석한 수가 적었다.

③조건 명사 : مَنْ يُسَافِرْ كَثيرًا تَزْدَدْ خِبْرَتُهُ. 여행을 많이 하는 자라면 경험이 늘어날 것이다.

مَنْ يَتَعَلَّمْ[28] اللُّغَةَ الكُوريَّةَ يَفْهَمْ المُجْتَمَعَ الكُوريَّ.

한국어를 배우는 자라면 한국 사회를 이해할 거야.

---

[28] 선행하는 낱말이 수쿤으로 끝나고 그 다음 낱말이 정관사로 시작되면 이때의 수쿤은 /i/ 모음을 갖거나(예, يَتَعَلَّمِ اللُّغَةَ، يَفْهَمُ المُجْتَمَعَ) /a/모음 (مِنَ البَيْتِ)을 갖는다.

의문 명사로 쓰이는 كَمْ 이 있는데 질문의 의미로 쓰이는 경우 "질문의 캄"(كَمْ الاستِفْهَامِيَّة)이라고 부른다.

كَمْ كِتَابًا قَرَأْتَ؟ 몇권의 책을 읽었니?(대답: 10권의 책을 읽었다)

كَمْ طَالِبًا في الفَصْلِ؟ 교실에 몇 명의 학생이 있니?(대답: 5명의 학생이 교실에 있다).

بِكَمْ جُنَيْهًا اشْتَرَيْتَ هذا الكِتَابَ؟ 이 책 몇 파운드 주고 샀니?

عَلَى كَمْ طَالِبًا سَلَّمْتَ؟ 네가 몇 명의 학생에게 인사했니?

그런데 위와 같은 질문이 아닌 "많다"라는 의미를 가진 "서술의 캄"(كَمْ الخَبَرِيَّة)으로 쓰일 때가 있다. 이것은 오늘날 아랍 신문에서 거의 찾아볼 수 없는 표현법이다. 질문의 كَمْ 다음에 오는 명사는 목적격의 명시어(التَمْيِيز)이지만 서술의 캄은 주어나 목적어 자리에 온다. 그리고 "많다"라는 의미를 갖는 서술의 كَمْ 다음에 오는 명사는 후연결어이고 소유격이다.

كَمْ كِتَابٍ قَرَأْتَ. 네가 많은 책을 읽었다.

كَمْ طَالِبٍ في مَعْهَدِنا. 우리 전문대학원에는 학생들이 많다.

كَمْ مِنْ بَلَدٍ زُرْتَ. 네가 많은 나라를 방문했다.

26.관계대명사

관계대명사(اسْمٌ مَوْصُول)에는 사람과 사물에 쓰이는 (الذي), 사람에만 쓰이는(من), 사물에만 쓰이는 (ما) 등이 있다. 관계대명사 뒤에 오는 문장은 문장의 의미를 완결해 주므로 관계 종속문(جُمْلَة صِلَة المَوْصُول 혹은 صِلَة الصِّلَة)이라고 부르고 관계 종속문은 주절의 인칭대명사(ضَمِيرُ المَوْصُول)를 포함하고 있어야 한다. 관계 종속문은 굴절(어말 모음의 변화) 자리에 있지 않다.

● (관계대명사)+ 관계 종속문(명사문 혹은 동사문) :

관계종속문이 관계대명사 앞에 오는 명사와 동일한 주어인 경우

①. رَأَيْتُ الرَّجُلَ الذي يَشْرَبُ العَصِيرَ.

나는 주스를 마시는 남자를 보았다.

②. رَأَيْتُ الرَّجُلَ الذي أَبُوهُ طَبِيبٌ.

나는 그의 아버지가 의사인 남자를 보았다.

رَأَيْتُ فَتَاةً جَذَبَنِي جَمَالُهَا (비교) 그녀의 아름다움이 나를 매혹시킨 소녀를 내가 보았다.

③. اِتَّصَلْتُ بِصَدِيقٍ مِنْ سُكَّان المِنْطِقَة لِيَصِفَ لِي مَا يَرَاهُ في السَّمَاء.

하늘에서 그가 본 것을 나에게 설명해 주도록 나는 그 지역 주민 중 한 친구에게 연락하였다.

관계 종속문에 나오는 인칭대명사는 관계대명사를 연결지어 주므로 "연결의 인칭대명사"(ضَمِيرُ الرَّبْط)라고도 부른다. 연결의 인칭 대명사가 없는 관계종속문은 그리 많지 않다. 위 문장의 첫번째 문장에서 관계 대명사 이후에 나오는 문장에는 "هو"가 있는

것으로 간주되고 세번째 문장에서는 관계대명사를 가리키는 " هـ "가 바로 '연결의 인칭대명사'이다. 다음의 예문들은 관계 종속문에 나오는 인칭대명사를 설명한 것이다.

①내포된 인칭대명사: (ضَمِيرٌ مُسْتَتِرٌ). هَذَا هُوَ الكَاتِبُ الَّذِي كَتَبَ الكِتَابَ.

          이 분이 책을 쓴 필자이다.

②동사의 목적어: هَذَا هُوَ الكِتَابُ الَّذِي قَرَأْتُهُ. 이것이 내가 읽은 책이다.

③전치사의 목적어: هَذَا هُوَ الكِتَابُ الَّذِي بَحَثْتُ عَنْهُ. 이것이 내가 찾던 책이다.

④명사+ 접미인칭대명사: هَذَا هُوَ الكِتَابُ الَّذِي كَاتِبُهُ مَشْهُورٌ.

          이것은 책의 저자가 유명한 책이다.

위 예문에서 보듯이 '연결의 인칭대명사'는 관계대명사 이전의 선행명사와 성, 수에서 일치를 보여야 한다.

الكِتَابُ الَّذِي قَرَأْتُهُ مُفِيدٌ. 내가 읽은 책이 유익하다.

القِصَّةُ الَّتِي قَرَأْتُهَا مُفِيدَةٌ. 내가 읽은 소설이 유익하다.

الكِتَابَانِ اللَّذَانِ قَرَأْتُهُمَا مُفِيدَانِ. 내가 읽은 두 책이 유익하다.

관계대명사는 남성과 여성, 쌍수와 복수에 따라 서로 다른 형태를 갖는다.

관계 대명사	남성	여성
단수	الَّذِي	الَّتِي
쌍수 주격 (소유격/목적격)	اللَّذَانِ 주격 اللَّذَيْنِ 소유격, 목적격	اللَّتَانِ 주격 اللَّتَيْنِ 소유격, 목적격
복수	الَّذِينَ	اللَّائِي, اللَّوَاتِي, اللَّاتِي
사물(비한정)	مَا	
인간(비한정)	مَنْ	

관계대명사에는 문장의 어느 곳에 오거나 어말 모음이 변하지 않는 الَّذِي ، الَّتِي ، الَّذِينَ ، اللَّاتِي 등이 있고, 문장의 위치에 따라서 어말 모음이 변하는 쌍수형 관계대명사(اللَّذَانِ اللَّذَيْنِ اللَّتَانِ اللَّتَيْنِ)가 있다. 그리고 이성을 갖지 않는 사물이 여럿 모이면 여성단수로 취급된다. 참고로, 관계대명사 الَّذِي ، الَّتِي ، الَّذِينَ 등의 낱말에서 자음이 겹치는 샷다 표시는 두번째 자음 위에 붙고 나머지들은 세번째 자음에 샷다가 붙는다.

① شَاهَدْتُ الوَلَدَ الَّذِي أَكَلَ التُّفَّاحَ 사과를 먹은 아이를 내가 보았다.

② إِنَّ البِنْتَيْنِ اللَّتَيْنِ فِي الفَصْلِ جَمِيلَتَانِ 교실에 있는 두 여아들이 예쁘다.

③ حَضَرَ الطُّلَّابُ الَّذِينَ نَجَحُوا 시험에 합격한 남학생들이 왔다.

④ زُرْتُ بَيْتَ الوَلَدَيْنِ اللَّذَيْنِ أَبُوهُمَا إِيرَانِيٌّ 아버지가 이란인인 두 아들의 집을 내가 방문했다.

다음 관계대명사의 한국어 해석을 주의깊게 살펴보라.

الفَتَاتَانِ اللَّتَانِ قَابَلْتَهُمَا مِنْ أَقْرِبَائِي. 네가 만난 두 소녀[29]는 내 친척들이다.

---

[29] 대개는 12-15세 소녀와 고등학생들을 가리킨다.

الأَخْبَارُ الَّتِي فِي الصَّفْحَةِ الأُولَى هَامَّةٌ جِدًّا.   첫페이지에 나오는 뉴스들이 매우 중요하다.
السَّيَّارَةُ الَّتِي أَمْلِكُهَا لَيْسَتْ جَدِيدَةً.   내가 소유하고 있는 자동차는 새 차가 아니다.
الآثَارُ الَّتِي شَاهَدْتَهَا فِي مِصْرَ بَهَرَتْنِي.   이집트에서 내가 본 유적들이 나를 압도했다.
الفَتَيَاتُ اللَّاتِي يَخْرُجْنَ هَذَا العَامَ كُنَّ مُتَفَوِّقَاتٍ.   금년에 졸업하는 소녀들이 뛰어났다.

관계 대명사는 사람이나 사물을 나타내는 명사이고 관계대명사 다음에 오는 문장 없이는 전체 의미를 이해할 수 없다. <명사+ 관계대명사+ 문장>의 형식을 갖고 있고 관계대명사는 단수와 복수에서 격에 따라 해당 관계대명사의 어말이 변화하지 않으나 쌍수의 관계대명사는 격에 따라 어말 모음이 달라진다.

أُحِبُّ مَا أَعْمَلُ.   내가 하는 일을 좋아한다.

مَا تَقُولُهُ مُهِمٌّ.   네가 말하는 것은 중요하다.

هَذَا أَجْمَلُ مَا كَتَبَ نَجِيبُ مَحْفُوظ.

이것은 나집 마흐푸즈가 쓴 것 중에서 가장 아름다운 것이다.

يَخْتَارُ المُدَرِّسُ مَنْ يَقْرَأُ الدَّرْسَ.   교사는 단원을 읽을 사람을 선택한다.

المُدَرِّسُ هُوَ مَنْ يَشْرَحُ الدَّرْسَ.   교사는 단원을 설명하는 분이다.

أَنْظُرُ إِلَى مَنْ يُحِبُّهُ قَلْبِي.   내 마음에 드는 사람을 내가 보고 있다.

관계 대명사 مَا 와 مَنْ을 좀 더 설명하면 관계대명사 ما 는 사물(어느 것/ 모든 것)에 사용되고 مَنْ은 사람(어느 사람/ 모든 사람)에 사용된다. 이 두 가지 관계대명사는 이 관계 대명사 자체 안에 선행 명사를 포함하고 있으며 비한정의 의미를 갖는다.

رَأَيْتُ مَا فَعَلُوهُ أَمْسِ.   그들이 어제 행한 일을 내가 보았다.(인칭대명사 있음)

رَأَيْتُ مَا فَعَلُوا أَمْسِ.   그들이 어제 행한 일을 내가 보았다(인칭대명사 없음)

(힌트) 연결의 인칭대명사를 쓰지 않아도 된다

قَابَلْتُ مَنْ أَلَّفَ هَذَا الكِتَابَ.   나는 이 책을 저술한 사람을 만났다.

이 두 관계 대명사 (مَا 와 مَنْ) 앞에 한정된 명사가 오면 이 두 관계대명사는 사용될 수 없다.

هَذَا هُوَ الكِتَابُ الَّذِي اِشْتَرَيْتُهُ أَمْسِ. (o)

هَذَا هُوَ الكِتَابُ مَا اِشْتَرَيْتُهُ أَمْسِ. (x)

[더 생각해 보기]
1. ما 의 다양한 용법.
  ① 의문명사
    مَا هَذَا ؟   이것은 무엇입니까?
    فِيمَ تُفَكِّرُ   뭘 생각하십니까?
  ② 관계대명사
    أُحِبُّ مَا تَطْبُخُهُ زَوْجَتِي .   아내가 요리한 모든 것을 나는 좋아한다
    مَا قُلْتَ لَيْسَ وَاضِحًا   네가 말한 것은 분명하지 않다.
  ③ 부정
    مَا زُرْتُ كُورِيَا قَطُّ .   한국을 전혀 방문한 적이 없다.
    مَا أَفْهَمُ اللُّغَةَ الصِّينِيَّةَ   나는 중국어를 전혀 몰라요.

④ 놀람

مَا أَجْمَلَ الْبِنْتَ !　　　딸이 정말 아름답구나!

مَا أَطْوَلَ الْجَبَلَ !　　　산이 정말 높구나!.

⑤ 조건

مَا تَطْبُخْ زَوْجَتِي آكُلْهُ　　　내 아내가 요리한 것이라면 내가 먹을 겁니다.

2. 명사문과 동사문에서의 مَا 와 مَاذَا

(1) 명사문과 함께 쓰이는 경우

첫째, 명사 앞에서는 مَا 를 사용한다.

مَا اسْمُكَ؟ اسْمِي أَحْمَدُ.　　　네 이름이 뭐예요? 내 이름은 아흐마드입니다.

مَا هَذِهِ؟ هَذِهِ طَاوِلَةٌ.　　　이것은 무엇입니까? 이것은 테이블입니다.

둘째, 술어가 유사문장이면 مَاذَا 를 사용한다.

مَاذَا مَعَكَ؟ مَعِي كِتَابٌ.　　　너는 무엇을 가지고 있니? 내게 책이 있어요.

مَاذَا عَلَى الْمَائِدَةِ ؟ عَلَى الْمَائِدَةِ طَعَامٌ.

식탁 위에 무엇이 있나요? 식탁 위에 음식이 있어요.

(2) 동사문과 함께 쓰이는 경우

첫째, 동사 앞에는 مَاذَا를 사용한다.

مَاذَا تَقْرَأُ؟ أَقْرَأُ كِتَابًا.　　　뭘 읽고 있어요? 나는 책을 읽고 있어요.

مَاذَا تُرِيدُ أَنْ تَشْرَبَ؟ أُرِيدُ أَنْ أَشْرَبَ القَهْوَةَ.　무엇을 마시고 싶어요? 난 커피를 마시고 싶어요.

둘째, 동사가 전치사를 동반하면 مَا 를 사용한다.

فِيمَ تُفَكِّرُ؟ أُفَكِّرُ فِي الإِجَازَةِ.　　　뭘 생각하세요? 나는 휴가를 생각하고 있다.

إِلَامَ تَنْظُرُ؟ أَنْظُرُ إِلَى السَّبُّورَةِ.　　　어디를 보고 있나요? 나는 칠판을 보고 있어요.

▶ 신나는 단어장

لَمْ يَنْطِقْ الرَّجُلُ بِكَلِمَةٍ.　　　남자는 어느 낱말을 발음하지 못하였다.

لَمْ نَسْمَعْ مِنْهُ كَلِمَةً.　　　우리는 그에게서 어떤 말(의미가 전달되는 문장(كلام)이나 말)도
들지 못 했다.

نَطَقَ الْمُسْلِمُ كَلِمَةَ التَّوْحِيدِ.　　　무슬림은 "라 일라하 일랄라"를 발음했다.

لَا يَلْتَزِمُ فُلَانٌ بِكَلِمَةٍ.　　　아무개는 약속을 지키지 못하였다.

سَمِعْتُ كَلَامًا مُفِيدًا.　　　나는 의미가 정확한 말(문장)을 들었다.

هَلْ وَصَلَكَ كَلَامُ فُلَانٍ؟　　　아무개가 말한 것이 너에게 전달되었어?

عِلْمُ الْكَلَامِ (= عِلْمُ الدِّفَاعِ عَنِ الْعَقِيدَةِ الدِّينِيَّةِ بِأَدِلَّةٍ مَنْطِقِيَّةٍ).

(이슬람에서)논리적인 증거로 종교적인 교리를 변증하는 학문

1.아랍 커피는 갈색인데 터키 커피는 검은 색이다. 아랍어로 커피는 القَهْوَة 라고 하고 القَهْوَة는 커피나 차를 마시는 곳을 가리키기도 한다. 차는 الشَّايُ 라고 하는데 홍차는 아랍인들이 좋아하는 차다.

2.모스크에서는 기도시간마다 ① التَّكْبِير '알라후 아크바르'(알라가 가장 위대하다), ② الشَّهَادَة '라 일라하 일랄라'(알라 이외에 신이 없다), '무함마드 라술룰라(무함마드 알라의 메신저다)' ③ حَيَّ عَلَى الصَّلاة (기도하러 오라)는 말을 하루에도 여러차례 반복하므로 소음 때문에 모스크 옆에 살기 힘들다.

3. 무슬림들은 대화 중에 حَيَّاكَ الله (알라가 너에게 장수하도록 해 주기를 기원한다)는 말을 자주 한다.

4. 피트나 따이피야 فِتْنَة طَائِفِيَّة (종교적 불화, 내분, 불협화음)라는 말이 요즈음 이집트 신문에 자주 나오는데 피트나의 본래 어휘적 의미는 "시험, 불순종, 쉬르크와 쿠프르[30], 고통, 살해, 의견이 달라 마음이 모아지지 않음, 진리를 거짓으로 의심, 불로 태움, 정신 이상" 등의 의미를 갖는다.

27. 형용사

유사 형용사(الصِّفَة المُشَبَّهَة)는 능동분사와 유사한 형용사라는 말에서 이름 붙여진 파생명사이다. 유사형용사는 3자음 동사가 아니면 능동분사형에서 만들어지고 첨가형(2형-10형)에서 온 유사 형용사는 거의 사용되지 않는다.

아랍어 الرَّحْمَة (자비)에 속하는 الرَّحِيم 이라는 낱말은 '자비로운'이란 형용을 나타낸다. 또 الكَرِيم 은 '넉넉하게 주는 마음이 변하지 않고 지속된 속성'을 갖고 있고 이런 속성이 들어 있는 사람이 '카림'한 사람이다. 유사 형용사는 성질이 변하지 않는다는 특징이 있다. 능동분사 عَامِلٌ، ثَابِتٌ، عَالِمٌ 와 수동분사 مَسْؤُولٌ، مَشْهُورٌ، مَجْنُونٌ 가 명사에 속한 형용을 나타내면 우리는 이것을 유사형용사로 간주한다. 일부 형용사 즉 كَثِيرٌ، شَدِيدٌ 와 같은 형용사는 전연결어로도 사용된다. 유사 형용사들은 술어(خَبَرٌ), 상황어(حَالٌ), 혹은 수식어(نَعْتٌ)로 사용된다.

عَيْنَاهُ صَغِيرَتَانِ (유사 형용사: 술어)　　　그의 두 눈이 작다.

نَامَتِ البِنْتُ حَزِينَةً (유사 형용사: 상황어).　딸이 슬퍼서 잤다.

وَلَكِنَّ الطَّرِيقَ مَا زَالَ طَوِيلاً (유사 형용사: 카나의 자매어의 술어)그러나 길은 아직 멀다.

الصِّفَة المُشَبَّهَة لا تَشْتَقُّ إِلاَّ مِنْ فِعْلٍ لازِم (유사 형용사: 수식어)

유사 형용사는 자동사에서만 파생된다.

사실 우리가 흔히 형용사라고 부르는 것이 아랍어 문법 용어에서는 '유사 형용사'에 해당된다. 유사 형용사는 타동사에서는 파생되지 않고 오직 자동사에서만 파생된다. 유사형용사에는 صَغِيرَة (작은, 어린), جَدِيدَة (새로운, 전례가 없는), دَقِيق (세심한, 정확한) قَصِير(짧은, 작은, 낮은),أَصْغَر (더 작은, 더 어린), حَمْرَاء (빨간), سَوْدَاء (검은),عَتِيقَة (오래된, 구식의, 해방된, 숙성한), سَمِينَة (포동포동한, 풍만한) 등이 있다. 이 모든 형용사는

---

[30] 쉬르크는 알라를 믿으면서 알라와 동등하다고 여기는 것을 또 믿는 것을 가리키고 쿠프르는 이슬람의 율법과 실천사항을 부인하고 거부하는 것을 가리킨다.

파생명사이고 한 가지 패턴이 있는 것이 아니라 패턴이 여럿이다. 유사 형용사의 패턴들 중에 가장 흔한 것으로는 فَعِيلٌ، فُعَالٌ، فَعَلٌ، أَفْعَلُ، فِعْلٌ، فَعْلٌ 등이 있다[31].

예) كَرِيمٌ، شُجَاعٌ، شَهْمٌ، أَصْقَرُ، مِلْحٌ، حَسَنٌ.

▶ 신나는 단어장

وَلَدٌ شَهْمٌ.   약자를 괴롭히지 않는 아들

بِنْتٌ مُدَلَّلَةٌ.   바람이 불면 날아갈 까 땅에 놓으면 꺼질까 염려하면서 애지중지 키운 딸.

حُسْنُ السُّلُوكِ   품행이 바름

يَشْعُرُ كُلُّ مِصْرِيٍّ وَمِصْرِيَّةٍ بِالْحُرِّيَّةِ فِي أَنْ يُشَارِكَ وَيَكْتُبَ وَيَقُولَ مَا يَشَاءُ فِي كُلِّ قَضَايَا الْوَطَنِ بِلَا خَوْفٍ أَوْ تَرَدُّدٍ.

이집트 남녀 각자는 국가의 모든 문제에 두려움 없이 혹은 주저없이
         그가 원하는 것을 말하고 쓰고 참여하는데 자유를 느끼고 있다.

لَا نَنْسَى أَنْ نَقُولَ لَهُ "كُلُّ عَامٍ وَأَنْتَ بِخَيْرٍ"   우리는 그에게 "매년 평안하기를 기원한다(생일날,
         명절 때 쓰는 말)"고 말하는 것을 잊지 않을 것이다.

مِيَاهُ النِّيلِ خِلَافٌ بَيْنَ دُوَلِ الْمَنْبَعِ وَالْمَصَبِّ   나일강의 물이 수원지 국가와 배수 국가간에 불일치를
         보이고 있다.

دُوَلُ الْمَنْبَعِ السَّبْعُ هِيَ إِثْيُوبِيَا وَكِينِيَا وَأُوغَنْدَا وَبُورُونْدِي وَرُوَانْدَا وَتَنْزَانِيَا وَالْكُونْغُو الدِّيمُقْرَاطِيَّة
         7개의 수원지 국가는 에티오피아, 케냐, 우간다. 부룬디, 르완다, 탄자니아, 콩고이다.

دَوْلَتَا الْمَصَبِّ هُمَا مِصْرُ وَالسُّودَانُ.   두 개의 배수(물이 배출되는) 국가는 이집트와 수단이다.

28.연결형

연결형(الْإِضَافَة)은 두 개의 명사가 연결된 구조(التَّرْكِيبُ الْإِضَافِيُّ)이지만 한 가지 의미를 나타낸다. 문장에서의 위치에 따라 주어나 목적어 등의 기능을 갖고 다른 낱말이 덧붙여진 것으로서 정관사가 붙은 한정 명사보다 더 큰 정도의 의미를 제공한다. 대체로 연결형은 두 부분으로 되어 있는데 먼저 나온 낱말을 전연결어(مُضَافٌ)라고 하고 나중에 오는 낱말을 후연결어(مُضَافٌ إِلَيْهِ)라고 한다. 후연결어는 항상 소유격(مَجْرُورٌ)이고 전연결어는 문장에서의 기능에 따라 격이 바뀐다. 다시 말하면 전연결어에는 정관사가 절대로 올 수 없고 후연결어는 항상 소유격이다.

예)   كَمَال   /   كِتَاب   카말의 (아는) 책 (카말이 소유한 책)

---

[31] 다음 예문들은 현대 아랍어에서 사용되지 않는다. 유사형용사 뒤에 오는 명사도 다음과 같이 여러가지 기능을 갖는다. 1)유사 형용사의 주어가 되어 주격이다.. خَالِد حَسَنٌ وَجْهُهُ 얼굴이 잘 생긴 칼리드
2)유사 형용사와 연결형을 이룬다. خَالِد حَسَنُ الْوَجْهِ 얼굴이 잘 생긴 칼리드
3)유사 형용사 뒤의 명사가 비한정이면 명시어가 되어 목적격이다.
خَالِد حَسَنٌ وَجْهاً 얼굴이 잘 생긴 칼리드
4)유사 형용사 뒤의 명사가 한정이 되면 그 명사는 목적어와 유사하게 쓰여 목적격이 된다.
خَالِد حَسَنٌ الْوَجْهَ. خَالِد حَسَنٌ وَجْهَهُ. 얼굴이 잘 생긴 칼리드
5)유사형용사가 한정이 되면 그 다음에 오는 명사는 반드시 정관사에 의한 한정이 되고 후연결어가 된다.
خَالِد الْحَسَنُ الْوَجْهِ 얼굴이 잘 생긴 칼리드

السَّيَّارَة	/ بَاب	(아는) 차의 (아는) 문 (차에 붙어 있는 문)
كَ	/ بَيْت	너의 (아는) 집(네가 사는 집)
هُ	/ قَلَم	그의 (아는) 펜(그가 갖고 있는 펜)
البَاب	/ أَمَام	문 앞에서
المَائِدَة	/ فَوْق	식탁 위에
الجُمْعَة	/ يَوْم	금요일(모임의 날)

아랍어는 오른쪽부터 글이 시작하므로 오른쪽에 있는 낱말이 전연결어이고 왼쪽에 있는 낱말이 후연결어이다. 후연결어로서 올 수 있는 낱말로는 소유격이 표시될 수 있는 (실)명사(اسْمٌ ظَاهِرٌ)이거나 소유격 자리에 오는(في مَحَلِّ جَرٍّ) 인칭대명사 등이다.

(예) بَيْتُ كَمَالٍ كَبِيرٌ   카말의 집은 크다

هذا بَابُ الفصلِ   이것은 교실의 문이다.

القَلَمُ فَوْقَ البَابِ   펜은 문 위에 있다.

هذا بَيْتُكَ   이것은 너의 집이다.

قَلَمُهَا جَدِيدٌ   그 여자의 펜은 새 것이다.

전연결어가 쌍수이거나 규칙 남성 복수이면 연결형이 될 때 ن 이 탈락된다.

جَاءَ وَالِدَا الطِّفْلِ.   어린이의 양친(부모)이 왔다.

رَأَيْتُ وَالِدَيِ الطِّفْلِ.   나는 어린이의 양친을 보았다.

دَخَلَ مُدَرِّسُو الفَصْلِ.   학급의 교사들이 들어왔다.

رَأَيْتُ مُدَرِّسِي الفَصْلِ.   나는 학급 교사들을 보았다.

연결형은 아랍어 전치사 لِ، مِنْ، في의 의미를 갖기도 한다. 만일 후연결어가 전연결어의 시간 장소 부사로 쓰이면 연결형은 전치사 في 를 포함하는 뜻을 갖는다.

(예) صَلَاةُ الفَجْرِ = صَلَاةٌ في الفَجْرِ   새벽 기도

그리고 후연결어가 전연결어의 재료나 물질을 나타내면 مِنْ 의 의미를 갖는다.

(예) قَمِيصُ قُطْنٍ = قَمِيصٌ مِنْ قُطْنٍ.   면셔츠

그리고 전연결어가 후연결어의 소유가 되면 연결형은 전치사 لِ 의 뜻을 갖는다.

(예) سَيَّارَةُ أَخِي   우리 형의 차

그러면 연결형이 어떤 특징이 있는지 예문을 들어 알아보자.

① 연결형의 후연결어가 행위의 주체가 되기도 하지만 행위의 목적어가 되기도 한다.

(예) مُسْتَشَارُ الأَمْنِ القَوْمِيِّ الأَمْرِيكِيِّ جيمس جونز   제임스 존스 미국 국가 안보 보좌관

(미국 국가 안보를 자문하는 사람이라는 말이므로 연결형의 후연결어(안보)가 의미상으로는 목적어이다.)

مصرُ تَسْهَرُ حتَّى الصباح في انْتِظَارِ الأَبْطَالِ.   이집트가 영웅(축구 경기에서 이긴 선수)들을 기다리느라고 아침까지 밤을 샌다.

(역시 영웅들을 기다린다는 말이므로 후연결어(영웅들)는 의미상의 목적어이다).

كَانَ "يَوْمٌ فِي حُبِّ مِصْرَ". (그 날은) 이집트를 사랑한 날이었다.

  (사람들이 이집트를 사랑하게 되었다는 말이므로 후연결어(이집트)는 의미상의 목적어이다).

أَخْطَاءُ الْأَطِبَّاءِ شَرٌّ لَا بُدَّ مِنْهُ. 의사들의 실수는 필요악(피할 수 없는 악)이다.

  (의사들이 저지른 의료 사고이므로 후연결어(의사들)가 의미상의 주어이다).

②연결형은 명사를 후연결어로 갖거나, 인칭대명사를 후연결어로 혹은 동사문이 후연결어로 와서 소유격자리에 있게 된다.

مَا زِلْنَا مَعَ فَنِّ الْغِنَاءِ. 우리는 아직까지도 성악예술과 함께하고 있다. ('노래'가 후연결어)

اسْمُهَا "إِذَاعَةُ أُمِّ كَلْثُومَ". 그것의 타이틀은 옴무 쿨숨[32]의 방송이다.(인칭대명사가 후연결어)

③연결형이 수식어로 온다. 그런 수식어는 <유사형용사+ 한정 명사> 형태로 되어 있다.

دَخَلَتْ بِنْتٌ جَمِيلَةُ الْوَجْهِ (= دَخَلَتْ بِنْتٌ " وَجْهُهَا جَمِيلٌ"). 아름다운 얼굴의 딸이 들어갔다.

رَأَيْتُ وَلَدًا طَوِيلَ الشَّعْرِ. (= رَأَيْتُ وَلَدًا " شَعْرُهُ طَويلٌ"). 머리가 긴 아들을 내가 보았다.

تَكَلَّمْتُ مَعَ مُدَرِّسِينَ وَاسِعِي الْخِبْرَةِ. (= تَكَلَّمْتُ مَعَ مُدَرِّسِينَ " خِبْرَتُهُمْ وَاسِعَةٌ").

    내가 경험이 풍부한 교사들과 함께 이야기를 나눴다.

هِيَ بَيْضَاءُ الْوَجْهِ. (= "وَجْهُهَا أَبْيَضُ"). 그 여자는 얼굴이 하얗다.

④연결형의 전연결어와 후연결어를 수식하는 수식어가 뒤따를 때 수식받은 명사의 격에 호응하여 수식어의 격이 결정된다.

هَذَا كِتَابُ الطَّالِبِ الْكُورِيِّ الْجَدِيدُ. 이것은 한국 학생의 새 책이다.

رَأَيْتُ مُدَرِّسَ الْفَصْلِ الْجَدِيدَ. 나는 교실의 새 선생님을 보았다.

(رَأَيْتُ الْمُدَرِّسَ الْجَدِيدَ لِلْفَصْلِ=)

رَأَيْتُ مُدَرِّسَ الْفَصْلِ الْجَدِيدِ. 나는 새교실의 선생님을 보았다.

⑤지시 대명사는 정관사가 접두된 명사의 앞 혹은 뒤에 올 수 있다.

هَذِهِ الْبِنْتُ جَمِيلَةٌ وَهَذَا الْوَلَدُ ذَكِيٌّ. 이 딸은 예쁘고 이 아들은 영리하다.

الْبِنْتُ هَذِهِ جَمِيلَةٌ وَالْوَلَدُ هَذَا ذَكِيٌّ. 이 딸은 예쁘고 이 아들은 영리하다.

위 두 예문은 한국어 의미를 보면 전혀 차이가 없다. 그러나 둘째 문장에서 지시대명사가 명사 뒤에 오는 경우는 명사 앞에 지시대명사가 와서 이 지시대명사가 다른 것을 가리킬 수 있는 가능성을 막고 오직 선행한 명사를 수식하고 있는 지시대명사라는 것을 확실히 할 때 사용된다.

⑥연결형의 전연결어 앞이나 고유명사 앞에는 지시대명사가 올 수 없다.

هَذَا كِتَابُ مُحَمَّدٍ جَمِيلٌ. (X)

---

[32] 움무 쿨숨(أُم كلثوم إبراهيم البلتاجي-1975)은 이집트가 낳은 세계적인 가수이었다. 성량이 풍부하여 사랑과 연민을 주제로 한 노래 그리고 현대 문어 아랍어로 부른 종교적 노래 등 노래가 다양하고 청중과 호흡을 맞춰 즉흥적인 감정을 넣어 노래할 줄 아는 여가수이었다. 그녀는 동방의 별(كَوْكَبُ الشرق)이라고 불리었는데 지금까지 아랍 음계를 소화한 5명의 아랍 여가수들 중의 한 사람이었다.

(x) هَذِهِ حَدِيقَةُ المَدْرَسَةِ صَغِيرَةٌ.

(x) هَذَا كَمَالٌ طَالِبٌ.

위 문장들이 올바른 문장이 되려면 연결형과 고유명사 뒤에 지시대명사를 두어야 한다.

كِتَابُ مُحَمَّدٍ هَذَا جَمِيلٌ.	무함마드의 이 책은 예쁘다.
حَدِيقَةُ المَدْرَسَةِ هَذِهِ صَغِيرَةٌ.	학교의 이 정원은 작다.
كَمَالٌ هَذَا طَالِبٌ.	그(이) 카말은 학생이다.

⑦정관사가 접두된 명사 앞에 지시 대명사가 오면 문장이 될 수 없다. 이 문장들이 올바른 문장이 되려면 분리의 인칭대명사(ضَمِيرُ الفَصْلِ)를 지시대명사와 한정 명사 사이에 삽입해야 한다.

| هَذِهِ المَدْرَسَةُ. | 이 학교 |
| هَذِهِ هِيَ المَدْرَسَةُ. | 이것은 학교이다. |

연결형의 의미는 아래와 같이 매우 다양하다.

가)정체성: 후연결어가 전연결어의 정체성을 설명하고 제한하고 한정하고 구체화한다.
مَدِينَةُ القُدْس 예루살렘 시, رَسَائِلُ حُبٍّ 연애편지, ضَابِطُ شُرْطَةٍ 경찰관

나)소유: 전연결어가 후연결어에 속한다. مَطَارُ بَيْرُوتَ 베이루트 공항

다)부분: 전연결어가 후연결어의 일부나 전부가 된다.
بَعْضُ الأفلام 일부 영화들, كُلَّ يَوْمٍ 매일, أَلْفُ صَفْحَةٍ 천 페이지

라)행위자: 전연결어는 동명사이고 후연결어는 동작의 행위자이다.
مُغَادَرَةُ الوَزِير 장관의 출국, وُصُولُ المَلِكَةِ 여왕의 도착

동작+ 행위자+ 목적어: مُغَادَرَةُ الوَزِير العَاصِمَة 장관이 수도를 떠남

마)대상: 후연결어가 동작의 대상이 된다. حِمَايَةُ الأطفال 어린이를 보호함

전연결어가 능동분사로서 행위자를 나타낸다. صَانِعُ القَرَار 결정을 하는 사람,
صَانِعُ المُسْتَقْبَل 미래를 만들어가는 사람

바)성분: 후연결어가 전연결어의 재료가 된다. سِكَّةُ الحَدِيد 철도

사)도량단위: 전연결어가 도량단위를 나타낸다. كِيلُو مَوْز 1킬로의 바나나

아)용기:전연결어가 용기를, 후연결어가 내용물을 가리킨다. فِنْجَانُ قَهْوَةٍ 커피 한잔

자)목적: 후연결어가 전연결어의 목적을 제한하거나 설명한다. طَائِرَةُ إِنْقَاذٍ 구조 비행기

차)인용: 후연결어가 인용이나 제목이 된다. لَفْظُ " الجِهَادْ" 지하드라는 낱말

[더 생각해보기]

①كَثِيرُ الانْتِظَار는 문자 그대로 하면 "많이 기다림"이란 말이다. 그러나 한국어로는 "오래 기다렸다"는 의미가 더 적절하다

②후연결어에 정관사가 붙어 있고 전연결어에 모음이 불변하는 부사가 오면 정관사는 /l/만 발음된다(예, فَوْقَ الكِتَاب /fawqa-lkitābi/). 그러나 전연결어에 장모음이 오는 연결형에서는 그 장모음이 단모음으로 발음된다.(예, في الكِتَاب /fi-lkitābi/).

1.다음에서 명사문의 주어와 술어를 찾으시오.

① أَنَا فِي البَيْتِ

② السَّيَّارَةُ خَلْفَ القِطَارِ

③ هَذَا شُبَّاكُ الفَصْلِ

④ هِيَ تُحِبُّ الطَّعَامَ

⑤ الفَصْلُ بَابُهُ كَبِيرٌ

⑥ بَابُ الفَصْلِ كَبِيرٌ

2. 다음 동사에서 능동분사와 유사 형용사를 만드시오.

عظم – قدم – جدّ – كبر - قصر – شهم – شجع – شرف

3.다음 문장에서 후연결어를 찾으시오.

① بَابُ الفَصْلِ كَبِيرٌ

② وَجْهُكَ جَمِيلٌ

③ أَنَا مُدَرِّسُ القَوَاعِدِ

④ السَّيَّارَةُ أَمَامَكَ

⑤ نَحْنُ فِي الفَصْلِ

▶ 신나는 단어장

القُوَّاتُ البَرِّيَّةُ والقُوَّاتُ البَحْرِيَّةُ والقُوَّاتُ الجَوِّيَّةُ=الجَيْشُ	육군과 해군과 공군=군대
الصَّرْفُ الصِّحِّيُّ	하수도
قَمْحُ حُقُوقِ الإِنْسَانِ	인권 탄압
إِعَادَةُ حَجَرِ رَشِيدٍ	로제타석 반환
تَفْجِيرَاتُ بَغْدَادَ	바그다드 잇단 폭발 사고들
أَحَدُ الضَّحَايَا	희생자의 한 사람
تَفْهِيمُ الثَّقَافَةِ الإِسْلامِيَّةِ	이슬람 문화의 이해
وِزَارَةُ التَّمْوِين	배급 부서
وِزَارَةُ التَّرْبِيَةِ والتَّعْلِيمِ= وِزَارَةُ المَعَارِفِ	교육부(유치원부터 고등학교까지)
وِزَارَةُ التَّعْلِيمِ العَالِي والبَحْثِ العِلْمِي	학술 연구와 고등교육부(전문 대학 이상)

ضَعْ حَرَكَاتِ الإِعْرَابِ عَلَى الكَلِمَاتِ المَطْبُوعَةِ بِخَطٍّ سَمِيكٍ.

굵은 글씨로 인쇄된 단어들에 어말변화의 모음을 넣어라.

مَلِكَةُ جَمَالِ العَالَمِ	미스 월드(세계 미의 여왕)
قُرْعَةُ كَأْسِ العَالَمِ	월드컵 제비뽑기
عِيدُ الرَّبِيع	춘절(봄)[33]

---

[33] 2010년 4월5일 이집트는 춘절을 맞았다. 5천년 이상 역사를 지닌 절기, 생명이 움트고 꽃이 피고 생명체가
활동한다는 절기. 콥트 기독교인들의 부활절을 지낸 주일 다음 날을 춘절로 지킨다. 콥트 기독교인들은 부활절날

29. 비교급

비교급(أُسْلُوبُ التَّفْضِيلِ)은 두 가지가 하나의 형용(الصِّفَة:긍정적이건 부정적이건)에 참여하여 이 형용에서 둘 중 하나 즉 비교할 낱말(المُفَضَّل: 앞선 것 혹은 뛰어난 것)과 비교될(당할) 낱말(المُفَضَّلُ عَلَيْهِ: 뒤처진 것 혹은 형편 없는 것) 중 하나가 더 뛰어나다는 것을 가리킨다.

حَسَنُ أَكْبَرُ مِنْ حُسَيْنٍ وَأَقْصَرُ مِنْهُ   하산은 후세인보다 나이가 많고 키가 작다.

كُورِيَا أَقْرَبُ مِنَ الْيَابَانِ   한국은 일본에 가깝다.

비교명사(اسْمُ التَّفْضِيلِ)는 3자음 동사에서 만들어지며 أَفْعَلُ 형을 갖고 항상 2격이다.

أَكْبَرُ، أَصْغَرُ، أَسْرَعُ، أَجْمَلُ، أَحْسَنُ، ألْمَعُ، أَرْقَى، أَحْلَى، أَهَمُّ، أَشَدُّ، أَكْثَرُ، أَعْظَمُ، أَسْهَلُ، أَصْعَبُ

그러나 모든 형용사 혹은 동사에서 이런 비교 명사가 만들어질 수 있는 것이 아니다. 다음과 같은 경우, 비교 명사를 만들 수 없다.

(1) 첨가 동사에서 파생한 형용사 مُنْتَصِر، مُؤْمِن، مُنْتَظِر، مُسْتَغْفِر

(2) 약동사에서 파생한 형용사 كَائِن

(3) 일부 동사에서 파생한 형용사 مَيِّت

(4) 수동태 동사에서 파생한 형용사 مَضْرُوب، مَكْتُوب

(5) أَفْعَل 형의 형용사 أَعْرَج، أَعْمَى، أَصَمّ

기본적인 비교급 형태는 아래와 같이 비교할 낱말+ 비교 명사+ 비교될 낱말 순으로 되어 있다. (예) 게으름은 꿀보다 더 달다.

الكَسَل   أَحْلَى   مِنَ   العَسَل

비교할 낱말   비교명사   비교될 낱말

특징: ㄱ)대화 중에서 이해가 되면 비교할 낱말은 가끔 생략될 수 있다.

      ㄴ)비교명사는 대개 비한정이지만 가끔 한정일 때도 있다.

      ㄷ)비교 명사는 항상 전치사 مِنَ 을 동반하는 것은 아니다.

(예문)

يَكُونُ المُحْتَوَى أَكْبَرُ مِنْ مَعْنَى كَلِمَاتِهَا.   (속담에서)함축된 뜻은 낱말들의 의미보다 더 크다.

لَوْنُهُ أَوْضَحُ مِنَّا.   그의 색깔은 우리(의 색)보다 더 명확하다.

البَحْرُ أَشَدُّ زُرْقَةً مِنَ السَّمَاءِ.   바다가 하늘보다 더 푸르다.

الفِيلُ أَضْخَمُ مِنَ الأَسَدِ.   코끼리가 사자보다 더 거대하다.

위 예문에서 비교명사에는 정관사가 붙어있지 않고 전연결어도 아니다. 전치사 مِنَ이

금식(고기, 우유, 달걀을 금하고 채소와 빵으로 식사를 함)을 한다.

[34] 고대 이집트인들은 해맞이를 위하여 들과 공원으로 나갔다. 한 해 좋은 일이 있기를 바라고 새로운 한 해를 맞는 마음으로 이 절기를 지켰다. 명절의 인사말은 كُلُّ سَنَةٍ وَأَنْتَ طَيِّبٌ 이다.

비교될 명사 앞에 있고 이런 구문은 직접적으로 양측을 비교하는 것이므로 비교명사는 항상 남성 단수이다.

البِنْتُ كُبْرَى مِنَ الوَلَدِ. (X)　　　(비교급에는 여성형كُبْرَى 을 사용하지 않는다)

الوَلَدَانِ أَكْبَرَانِ مِنَ البِنْتَيْنِ. (X)　　　(비교 명사는 쌍수이어서는 안 된다)

비교할 명사와 그것의 각 종류와의 비교가 있다. 이때 비교 명사는 비교될 낱말과 연결형을 갖고 비교명사는 항상 남성 단수이고 비교될 명사가 비한정이면 비교할 명사와 호응시키고, 비교될 명사가 한정이면 비교될 명사는 항상 복수형을 갖는다.

أَبُو بَكْرٍ أَوَّلُ رَجُلٍ فِي الإِسْلاَمِ.　　　아부 바크르는 이슬람을 믿은 첫번째 남자다.

أَبُو بَكْرٍ أَوَّلُ الرِّجَالِ فِي الإِسْلاَمِ.

　　아부 바크르는 이슬람을 믿은 여러 남자들 중에서 가장 첫번째 남자들이다.[35]

أَبُو بَكْرٍ وَعُثْمَانُ أَوَّلُ رَجُلَيْنِ فِي الإِسْلاَمِ.　아부 바크르와 오스만은 이슬람에서 첫 두 남자이다.

أَبُو بَكْرٍ وَعُثْمَانُ أَوَّلُ الرِّجَالِ فِي الإِسْلاَمِ. 아부 바크르와 오스만은 이슬람의 여러 남자들 중에서 가장 첫번째 남자들이다.

الضَّوْءُ أَسْرَعُ شَيْءٍ.　　　　빛이 가장 빠르다.(* 일반적인 사실)

الضَّوْءُ أَسْرَعُ الأَشْيَاءِ.　　　빛이 가장 빠른 것들 중의 하나다. (*비교 의미가 더 많음)

الضَّوْءُ وَالصَّوْتُ أَسْرَعُ شَيْئَيْنِ.　빛과 소리가 가장 빠른 두 가지이다.

الضَّوْءُ وَالصَّوْتُ أَسْرَعُ الأَشْيَاءِ.　빛과 소리가 가장 빠른 것들이다.

عَائِشَةُ أَهَمُّ زَوْجَةٍ لِلنَّبِيِّ.　　　아이샤가 예언자의 가장 중요한 부인이다.

عَائِشَةُ أَهَمُّ زَوْجَاتِ النَّبِيِّ.

　　아이샤가 예언자의 여러 부인들 중 가장 중요한 부인이다.

عَائِشَةُ وَخَدِيجَةُ وَحَفْصَةُ أَهَمُّ زَوْجَاتٍ لِلنَّبِيِّ.

아이샤와 카디자와 합싸가 예언자의 가장 중요한 부인들이다.

عَائِشَةُ وَخَدِيجَةُ وَحَفْصَةُ أَهَمُّ زَوْجَاتِ النَّبِيِّ.

아이샤와 카디자와 합싸는 예언자의 가장 중요한 부인들이다.

위 끝에서부터 네 개의 문장 중에 예언자(النَّبِيّ)라는 단어 앞에 전치사를 붙인 경우와 전치사를 붙이지 않는 경우가 있는데 만일 비교될 명사가 비한정이면 예언자 단어 앞에 전치사가 오고 만일 비교될 명사가 그 다음에 오는 명사와 연결형을 가지면 전연결어가 비한정 탄원을 가져서는 안 된다. 그런데 다음과 같이 비교 명사가 연결형을 갖지 않고 한정으로서 단수와 복수, 남성과 여성으로 되어 있을 때, 비교의 의미는 일반적으로 절대적이란 의미다. 즉 우리 말로는 "가장…"의 뜻이다.

هَذَا الطَّالِبُ هُوَ الأَوَّلُ.　　　이 학생이 (어느 분야에서) 1등이다.

---

[35] 후연결어가 단수인 경우와 복수인 경우 표층구조에서는 이 두 문장이 동일한 의미지만 심층구조에서는 이 두 문장의 의미 차이가 있다. 위 두번째 문장은 아부 바크르가 이슬람을 믿은 다음에 남자다움을 얻은 첫째 남자라는 의미도 들어 있다. 그러나 대부분 아랍인들은 이런 차이를 구별하지 않고 있고 이와 같은 차이를 나타내는 나머지 예들도 표층구조에서 서로 유사하므로 따로 의미 구별을 하지 않으려 한다.

هَؤُلَاءِ الطُّلَّابُ هُمُ الأَوَائِلُ.　　　이들 학생들이 우수 학생들이다.

هَذِهِ الطَّالِبَةُ هِيَ الأُولَى.　　　이 여학생이 1등이다.

비교 명사가 비한정이고 비교될 명사가 없는 경우도 있는데 이때 비교 명사의 뜻은 역시 "가장…"의 뜻이다.

اللهُ أَكْبَرُ.　　　알라는 가장 크다.

다음 예문에서는 비교급의 مِنْ이 동반되지 않는다.

تَعَالَوْا نَتَعَرَّفْ عَلَى بَعْضٍ مِنْ أَجْمَلِ الأَمْثَالِ العَرَبِيَّةِ.

이 쪽으로 와서 아랍의 가장 아름다운 일부 속담을 알아봅시다.

القُدْسُ أَهَمُّ مَدِينَةٍ بِالنِّسْبَةِ لِلْمَسِيحِيِّينَ.　　　예루살렘은 기독교인들에게 가장 중요한 도시이다.

아래 두 예문은 두 측의 비교가 아니고 어느 한 가지와 모든 종류를 비교하므로 مِنْ과 비교할 낱말이 탈락되어 있다. 이럴 경우 비교 명사를 전연결어로 그리고 비교될 낱말이 후연결어가 된다. 비교될 명사는 한정 혹은 비한정이 되는데 대개는 비한정 단수와 한정 복수가 많이 쓰인다.

هَذَا أَحْسَنُ كِتَابٍ.　　　هَذَا أَحْسَنُ الكُتُبِ.

그런데 비교될 낱말이 문장에 등장하지 않고 비교 명사와 비교할 낱말만 나오는 예가 있는 경우에는 비교할 낱말이 너무 일반적인 경우에 해당된다.

هُمُ الأَكْثَرُ مَعْرِفَةً بِهَذَا المَكَانِ.　　　그들이 이 장소에 대하여 가장 잘 안다.

그리고 3자음이 아닌 동사나 명사에서 온 형용사 혹은 첨가 동사에서 온 형용사 또는 أَفْعَلُ 형의 형용사에 대한 비교는 다음과 같이 다른 비교급 형태를 그 문장의 의미에 맞게 만들어 사용한다. 예) أَكْبَرُ – أَعْظَمُ – أَكْثَرُ – أَشَدُّ – أَحْسَنُ

이 비교 명사 뒤에는 순수 동명사를 명시어(تَمْيِيزٌ)로 사용한다.

العِرَاقُ أَكْثَرُ إِنْتَاجًا لِلتَّمْرِ مِنَ الأُرْدُنِّ.　　　이라크는 요르단보다 대추야자 생산이 더 많다.

가끔 비교할 낱말이 문장에 나타나지 않는 경우가 있다.

예) هِبَةُ هِيَ الصُّغْرَى.　　　히바가 막내다.

그리고 자주 전치사＋ 비교 명사＋ 비교될 명사의 구문이 나오는데 이럴 때는 "가장…"의 뜻이 아니고 "– 중의 한 사람"이란 말이다.

مِنْ أَكْبَرِ الرِّجَالِ　　　가장 나이가 많은 사람들 중의 한 사람

مِنْ أَحْسَنِ النِّسَاءِ　　　가장 나은 여성들 중의 한 사람

다음 비교 명사의 쓰임새를 살펴보라.

البِنْتُ أَذْكَى مِنَ الابْنِ.　　　딸이 아들보다 영리하다.

مِسَاحَةُ الأَرْضِ المَزْرُوعَةِ فِي الوَطَنِ العَرَبِيِّ أَقَلُّ مِنْ مِسَاحَةِ الأَرْضِ غَيْرِ المَزْرُوعَةِ.

아랍 국가에서 농지의 면적은 비농지 면적보다 더 적다.

التِّلْفَازُ أَكْثَرُ تَأْثِيرًا مِنَ السِّينِمَا فِي المُشَاهِدِينَ.

텔레비전 수상기가 영화보다 시청자에게 더 많은 영향을 준다.

دُوَلُ العَالَمِ الثَّالِثِ أَكْثَرُ اسْتِيرَادًا لِلْغِذَاءِ مِنْ غَيْرِهَا.

제 3세계 국가들이 그밖의 국가보다 식량을 더 많이 수입한다.

위 마지막의 2개 문장에서는 비교급 형태 다음에 동명사가 목적격을 가지고 있는데

이런 목적격 명사를 명시어(التَّمْييز)라고 한다. 비교급에는 다음과 같이 3가지 경우가 있다.

① 두 사람 간 혹은 두 사물간의 비교(다음 첫 줄은 오른쪽에서 왼쪽으로 읽는다).
비교될 대상(المُفَضَّل) + أَفْعَلُ مِنْ + (المُفَضَّل عَلَيْهِ) + 비교할 대상 ←

أَنَا أَكْبَرُ مِنْهُ.   나는 그 보다 크다. (비교할 대상 أَنَا , 비교될 대상 هُوَ 다)
                          내가 그보다 나이가 많다.

التُّفَّاحُ أَحْلَى مِنَ البِطِّيخِ.   사과가 수박보다 더 달다.

②한 사람(사물)과 모든 종류 사이를 비교한다.(다음 첫줄은 오른쪽부터 왼쪽으로 읽는다).

후연결어 + أَفْعَلُ + 비교할 낱말(대상)←

أَنْتَ أَطْوَلُ الطُّلَّابِ (0)   너는 가장 키가 큰 학생이다.
أَنْتَ أَطْوَلُ طَالِبٍ (0)   너는 가장 키가 큰 학생이다.
أَنْتَ أَطْوَلُ مِنَ الطُّلَّابِ (X)
هِيَ أَجْمَلُ البَنَاتِ (0)   그녀는 가장 아름다운 딸이다.
هِيَ أَجْمَلُ بِنْتٍ (0)   그녀는 가장 아름다운 딸이다.
이런 경우 후연결어는 비교될 대상이었고, 한정 또는 비한정이 가능하다.
أَحْمَدُ أَفْضَلُ لاعِبٍ وَحَسَنٌ أَفْضَلُ مُدَرِّبٍ.
아흐마드는 가장 훌륭한 선수이고 하산은 가장 훌륭한 코치이다.

③비교될 대상이 없는 일반적인 문장에는 الأَفْعَلُ 을 최상급으로 쓴다.
أَنْتَ الأَطْوَلُ 너는 가장 키가 크다. أَنْتَ الأَصْغَرُ 너는 가장 어리다.
④우리말 어법과 달리 아랍어에서 최상급으로 쓰이는 어휘들이 있다.
(예) الشَّرْقُ الأَوْسَطُ 중동, القَرْنُ الوُسْطَى 중세, الدُّوَلُ الكُبْرَى 강대국,
الإِسْكَنْدَرُ الأَكْبَرُ 알렉산더 대왕, آسِيَا الصُّغْرَى 소아시아.

[어휘력 쌓기]
아내와 부인을 가리키는 아랍어 낱말로는 قَرِينَة ('함께 묶었다, 멍에를 졌다'라는 قَرَنْ에서
온 말), زَوْجَة('혼인했다'는 동사에서 온 말), حُرْمَة (남편이 있으므로 다른 남자와 혼인하는
것은 금지된다는 뜻에서 온 말), فَاضِلَة، كَرِيمَة (이 두 어휘는 부인을 높여 부르기 위한
존칭), عَاقِلَة (남편이 있으므로 묶여 있어 자유롭지 않다는 말) 등으로 의미가 조금씩
다르다.

30. 첨가 동사

아랍어 첨가 동사(فِعْل مَزِيد)는 1형부터 10형까지가 주로 많이 쓰이는데
아랍문법학자들은 1형 동사(فِعْل مُجَرَّد : 어근으로만 구성된 동사)와 첨가 동사(فِعْل

مَزِيدٌ:어근에다가 자음들을 더 보태어 만든 동사들)로 구분하였다. 그리고 과거 동사가 몇 개의 자음으로 되어 있느냐를 셈하여 모두 3개의 자음으로 되어 있으면 3자음동사(1형)라고 했고 네 개의 자음으로 된 동사는 4자음 동사(2형, 3형, 4형)라고 했으며 5개의 자음으로 된 동사는 5자음 동사(5형, 6형, 7형, 8형, 9형) 그리고 6개의 자음으로 된 6자음 동사(10형) 등으로 분류하였다.

كَتَبَ (ك ـ ت ـ ب)	3개의 자음으로 되어 있어 3자음 동사
كَتَّبَ (ك ـ ت ـ ت ـ ب)	4개의 자음으로 되어 있어서 4자음 동사
كَاتَبَ(ك ـ ا ـ ت ـ ب)	4개의 자음으로 되어 있어서 4자음 동사
تَكَاتَبَ(ت ـ ك ـ ا ـ ت ـ ب)	5개의 자음으로 되어 있어서 5자음 동사
اِسْتَكْتَبَ (ا ـ س ـ ت ـ ك ـ ت ـ ب)	6개의 자음으로 되어 있어서 6자음 동사

그런데 이미 서구 아랍어 학자와 기존의 한국어 문법책들 그리고 Hans Wehr 사전이 1형-10형이란 분류법을 사용하고 있으므로 이 책에서도 1형부터 10형까지의 분류에 따른다. 1형부터 10형까지의 구분은 서구 학자들이 이름을 붙인 것으로서 오늘날 아랍학자들은 1-10형이란 말은 사용하지 않고 있고 아랍인이 쓴 아랍어 문법서에도 1-10형이란 말은 없다.

I	يَفْعُلُ	فَعَلَ
II	يُفَعِّلُ	فَعَّلَ
III	يُفَاعِلُ	فَاعَلَ
IV	يُفْعِلُ	أَفْعَلَ
V	يَتَفَعَّلُ	تَفَعَّلَ
VI	يَتَفَاعَلُ	تَفَاعَلَ
VII	يَنْفَعِلُ	اِنْفَعَلَ
VIII	يَفْتَعِلُ	اِفْتَعَلَ
IX	يَفْعَلُّ	اِفْعَلَّ
X	يَسْتَفْعِلُ	اِسْتَفْعَلَ

아랍어 낱말의 파생은 어근(الهَمْزَة ـ السِّين ـ اللاَّم)인(حُرُوفُ الزِّيَادَة)(الفَاءُ وَالعَيْنُ وَاللاَّم)에 첨가자음 الثَّاء ـ المِيم ـ الوَاو ـ اليَاء ـ الأَلِف ـ اللاَّم 등을 붙여서 여러 낱말들을 파생시킨다. 이들 첨가 자음들을 한데 모아 '싸알투무니하'(سَأَلْتُمُونِيهَا)라고 한다. 이런 첨가 자음이 없는 낱말을 원형 낱말(كَلِمَة مُجَرَّدَة)이라고 한다. 1형 동사 즉 원형 동사(فِعْلٌ مُجَرَّدٌ)에는 أَخَذَ ـ فَهِمَ ـ ذَهَبَ 등이 있고 첨가자음이 없는 원형 명사(اسْمٌ مُجَرَّدٌ)에는 صَبْرٌ ـ وَلَدٌ ـ رَجُلٌ 등이 있다. 하나 이상의 첨가자음이 붙어서 만들어진 낱말을 첨가어(الكَلِمَةُ المَزِيدَة)라고 하는데 어느 낱말을 사전에서 찾고자 할 때에는 이 같은 첨가 자음을 다 제외시키고 나서 어근을 찾아내야 사전에서 해당 낱말의 뜻을 알아낼 수 있다.

다음 어휘들에서 어근과 패턴과 첨가 자음을 쓰시오.

첨가 자음	패턴 pattern	어근 root	어휘들
ﻡ، ﺍ	مُفَاعِل	ﻫ ـ ﺝ ـ ﺭ	مُهَاجِر
			فَرْحَان
			مَمْلَكَة
			قَدَاسَة
			مُتَعَلِّم
			طَوِيل
			اِحْتِرَام
			سَعَادَة
ﺕ، ﻝ	تَفَعُّل	ﻙ ـ ﻝ ـ ﻡ	تَكَلُّم

아랍어 첨가 동사는 어근 이외에 덧붙여진 첨가 자음의 수효에 따라 한 개의 자음이 첨가된 동사, 두 개의 자음이 첨가된 동사, 세 개의 자음이 첨가된 동사 등으로 나눌 수 있다.

(1) 한 개의 자음이 첨가된 동사(4자음 동사)

أَفْعَلَ ـ فَاعَلَ ـ فَعَّلَ

(ﻉ)　　(ﺍ)　　(ﺀ)

(2) 두 개의 자음이 첨가된 동사(5자음 동사)

تَفَاعَلَ ـ تَفَعَّلَ ـ اِقْتَعَلَ ـ اِنْفَعَلَ ـ اِفْعَلَّ

(ﺍ/ﺕ)　(ﺍ/ﺕ)　(ﺕ/ﻉ)　(ﺍ/ﻥ)　(ﺍ/ﻝ)

(3) 세 개의 자음이 첨가된 동사(6자음 동사)

اِسْتَفْعَلَ

(ﺍ/ﺱ/ﺕ)

그러면 이들 자음이 첨가된 동사들의 과거 동사, 현재 동사, 동명사 형을 자세히 알아보자.(편의상 오른쪽에서 왼쪽으로 읽으시오).

① 한 개의 자음이 첨가된 동사(서구학자들은 2형, 3형, 4형 동사라고 하였다).

أَفْعَلَ / يُفْعِلُ / إِفْعَالٌ (4형)

أَرْسَلَ / يُرْسِلُ / إِرْسَالٌ

أَدْخَلَ / يُدْخِلُ / إِدْخَالٌ

أَسْكَتَ / يُسْكِتُ / إِسْكَاتٌ

فَاعَلَ / يُفَاعِلُ / مُفَاعَلَةٌ، فِعَالٌ (3형)

شَاهَدَ / يُشَاهِدُ / مُشَاهَدَةٌ

قَاتَلَ / يُقَاتِلُ / مُقَاتَلَةٌ، قِتَالٌ

فَعَّلَ / يُفَعِّلُ / تَفْعِيلٌ (2형)

نَظَّمَ / يُنَظِّمُ / تَنْظِيمٌ

حَدَّدَ / يُحَدِّدُ / تَحْدِيدٌ

خَرَّجَ / يُخَرِّجُ / تَخْرِيجٌ

②두 개의 첨가 자음으로 된 동사(서구학자들 분류에 따르면 5형, 6형, 7형, 8형, 9형이 해당된다).

تَفَاعَلَ / يَتَفَاعَلُ / تَفَاعُلٌ (6형)

تَرَاقَصَ / يَتَرَاقَصُ / تَرَاقُصٌ

تَحَادَثَ / يَتَحَادَثُ / تَحَادُثٌ

تَفَعَّلَ / يَتَفَعَّلُ / تَفَعُّلٌ (5형)

تَكَلَّمَ / يَتَكَلَّمُ / تَكَلُّمٌ

تَحَدَّثَ / يَتَحَدَّثُ / تَحَدُّثٌ

اِفْتَعَلَ / يَفْتَعِلُ / اِفْتِعَالٌ (8형)

اِنْتَظَرَ / يَنْتَظِرُ / اِنْتِظَارٌ

اِجْتَمَعَ / يَجْتَمِعُ / اِجْتِمَاعٌ

اِفْتَتَحَ / يَفْتَتِح / اِفْتِتَاحٌ

اِنْفَعَلَ / يَنْفَعِلُ / اِنْفِعَالٌ (7형)

اِنْكَسَرَ / يَنْكَسِرُ / اِنْكِسَارٌ

اِنْفَتَحَ / يَنْفَتِحُ / اِنْفِتَاحٌ

اِفْعَلَّ / يَفْعَلُّ / اِفْعِلَالٌ (9형)

اِحْمَرَّ / يَحْمَرُّ / اِحْمِرَارٌ

اِبْيَضَّ / يَبْيَضُّ / اِبْيِضَاضٌ

اِسْوَدَّ / يَسْوَدُّ / اِسْوِدَادٌ

اِعْوَرَّ / يَعْوَرُّ / اِعْوِرَارٌ

③세 개의 자음이 첨가된 동사(서구학자들의 분류에는 10형 동사가 여기에 해당된다).

اِسْتَفْعَلَ / يَسْتَفْعِلُ / اِسْتِفْعَالٌ (10형)

اِسْتَخْدَمَ / يَسْتَخْدِمُ / اِسْتِخْدَامٌ

اِسْتَفْهَمَ / يَسْتَفْهِمُ / اِسْتِفْهَامٌ

　서구학자들의 분류에 따른 1형을 아랍인 문법학자들은 원형이라고 하였고 2형-10형은 첨가형이라고 했다. 첨가 동사가 만들어지는 과정을 설명하면 2형 동사는 1형동사의 두 번째 어근을 두 번 겹치는 것이고, 3형은 1형 동사의 첫번째 어근에 알리프(ا)를 붙이면 된다. 4형동사는 원형동사에다가 함자가 붙은 알리프(ا)를 접두시켜 만들고, 이때 원래의 첫 어근은 수쿤(무모음)이 붙는다. 5형동사는 2형동사 앞에 ت를 접두시키며 6형 동사는 3형동사 앞에 ت를 접두시켜 만든다. 7형 동사는 1형동사 앞에 ن을 접두시켜 만들고, 8형동사는 1형동사 앞에 알리프(ا)를 접두시키고, 첫번째 어근 다음에 ت를 붙이며 원래의 첫 어근은 수쿤(무모음)이다. 9형동사는 1형동사 앞에 알리프(ا)를 붙이고 셋째 어근을 두번 겹치며 첫 어근에 수쿤(무모음)이 붙는다. 10형동사는 1형 동사 앞에 **است**를 접두시키며 첫 어근에 수쿤(무모음)이 붙는다. 4형 동사는 언제나 첫 어근 앞에 함자(ء)가 붙은 알리프이어야 하고 7~10형은 첫 어근 앞에 오는 알리프에 함자(ء)가 붙지 않는다.

아랍어 현재 동사 중 2형에서부터 4형까지는 첫 어근 앞에 오는 현재 자음이 /u/ 모음을 갖고 끝에서 두번째 어근은 /i/ 모음을 갖는다. 그리고 5형, 6형, 9형은 끝에서 두 번째 어근이 /a/ 모음을 갖고, 7형, 8형, 10형은 끝에서 두 번째 어근이 /i/ 모음을 갖고 동사의 첫번째에 오는 현재자음은 /a/ 모음을 갖는다.

동사의 파생
※과거 동사의 1형 ⇔ 과거 동사의 첨가형(2-10형) ⇔ 첨가형의 동명사
※과거 동사의 1형 → 현재 동사형→명령 동사
※현재동사의 1형 → 현재 동사의 첨가형(2형-10형) → 능동분사, (수동 분사/ 시간 장소명사)

※다음 문장들에서 첨가 동사들을 찾아보라.
(1) 8형, 6형

اِنْتَظَمَ التَّلَامِيذُ أَمْسِ في مَدَارِسِهِمْ بِجَمِيعِ المُحَافَظَاتِ وَتَبَايَنَتْ نِسَبُ الحُضُورِ بَيْنِهِمْ مِنْ مُحَافَظَةٍ إِلَى أُخْرَى وَوَصَلَتْ إِلَى أَقَلِّ مُعَدَّلَاتِهَا في مُحَافَظَةِ القَاهِرَةِ خَاصَّةً أَنَّ أَكْثَرَ المَدَارِسِ لَمْ تَكُنْ تَعْمَلُ أَمْسِ السَّبْتِ. وَتَفَقَّدَ بَعْضُ المُحَافِظِينَ اِنْتِظَامَ الدِّرَاسَةِ بِالمَدَارِسِ وَكَانَتْ هُنَاكَ اِتِّصَالَاتٌ مَعَ وِزَارَةِ التَّرْبِيَةِ وَالتَّعْلِيمِ لِلِاطْمِئْنَانِ عَلَى تَوَافُرِ الإِمْكَانَاتِ اللَّازِمَةِ لِمُوَاجَهَةِ وَبَاءِ إِنْفُلْوَنْزَا الخَنَازِيرِ.

(2)8형, 2형

وَقَدِ اِتَّخَذَتْ عِدَّةَ إِجْرَاءَاتٍ مُشَدَّدَةٍ لِمُوَاجَهَةِ المَرَضِ، فَقَدْ شَدَّدَ مُدِيرُو المُدِيرِيَّاتِ التَّعْلِيمِيَّةِ عَلَى مُدِيرِي الإِدَارَاتِ بِضَرُورَةِ المُرُورِ اليَوْمِيِّ عَلَى المَدَارِسِ لِمُتَابَعَةِ اِنْتِظَامِ الدِّرَاسَةِ وَتَوْفِيرِ إِجْرَاءَاتِ الوِقَايَةِ مِنَ المَرَضِ وَتَفْعِيلِ المَجْمُوعَاتِ المَدْرَسِيَّةِ.

(3)5형, 4형, 2형

أَبَانَا الَّذِي في السَّمَوَاتِ لِيَتَقَدَّسِ اسْمُكَ لِيَأْتِ مَلَكُوتُكَ لِتَكُنْ مَشِيئَتُكَ كَمَا في السَّمَاءِ كَذَلِكَ عَلَى الأَرْضِ خُبْزَنَا كَفَافَنَا أَعْطِنَا اليَوْمَ وَاغْفِرْ لَنَا ذُنُوبَنَا كَمَا نَغْفِرُ نَحْنُ أَيْضًا لِلْمُذْنِبِينَ إِلَيْنَا . وَلَا تُدْخِلْنَا في تَجْرِبَةٍ .لَكِنْ نَجِّنَا مِنَ الشِّرِّيرِ .لِأَنَّ لَكَ المُلْكَ وَالقُوَّةَ وَالمَجْدَ إِلَى الأَبَدِ .آمِين .

31. 첨가 동사의 의미
1형 동사에다가 첨가 자음이 더 보태어져서 첨가 동사들이 만들어지는데 첨가 동사는 주로 2형부터 10형까지가 주로 쓰인다. 그런데 모든 동사가 열가지 첨가형을 다 갖는 것은 아니다. 첨가 동사는 각기 고유한 의미를 갖고 있어서 이를 어느 정도 익히면 첨가형만 보고도 동사의 의미를 어느 정도는 추측해 낼 수 있다.

(1)2형 동사: 1형의 타동사가 2형이 되면 사역의 뜻을 갖고 1형의 자동사가 2형이 되면 타동사의 의미를 갖는다. 2형은 대개 타동사이고 가끔 자동사이며 2개의 목적어를

갖는 타동사이기도 하다.

-자동사를 타동사로 만든다.

فَرَّحَ مُحَمَّدًا 그가 무함마드를 기쁘게 했다　　　　فَرِحَ 기쁘다[36]

عَرَّفَ 그가 알게했다. 소개했다　　　　عَرَفَ 알다

رَجَّعَ 그가 되돌려주었다　　　　رَجَعَ 돌아오다

دَرَّسَ 그가 가르쳤다　　　　دَرَسَ 공부하다

نَوَّمَ 그가 재웠다　　　　نَامَ 자다

-많음과 강함을 나타낸다.

كَسَّرْتُ زُجَاجَ الشُّبَّاكِ. 나는 창문의 유리를 산산이 깨뜨렸다. كَسَرَ 부수다

- 명사에서 2형 동사를 만든다.

وَجَّهَ 그가 -를 향하다　　　　وَجْهَ 얼굴

(2)3형 동사:상대를 동작에 참여시키는 의미를 가지므로 상호동작, 반복된 동작을 가리킨다. 3형은 대개 타동사이고 가끔 자동사이다.

- 목적어가 주어와 함께 동작에 참여하는 타동사이다.

لَاعَبَ الأَبُ ابْنَهُ. 아버지가 아들과 놀았다.　　　　لَعِبَ 놀다

كَاتَبَ 그가 서신왕래했다　　　　كَتَبَ 쓰다

- 동작을 계속하다의 뜻을 갖는다

شَاهَدَ الوَلَدُ التِّلْفَازَ. 아들이 TV를 시청했다.　　　　شَهِدَ 증거하다

- 원형 동사에 없는 의미가 3형동사에서 나타난다.

سَافَرَ 그가 여행했다　　　　سَفَرَ 베일을 벗다

(비교) شَارَكَ 그가 참가했다, 공유했다　　　　شَرِكَ 참가하다, 공유하다

(3)4형 동사: 1형의 자동사가 4형이 되면 타동사가 되고 1형의 타동사가 4형이 되면 두 개의 목적어를 갖는 타동사가 된다. 4형은 대개 타동사이고 가끔은 2개의 목적어를 갖는 타동사이며 자동사는 아주 드물다.

- 자동사를 타동사로 만든다

أَخْرَجَ المُدِيرُ الطَّالِبَةَ مِنَ الفَصْلِ. 교장이 여학생을 교실에서 나가게 했다. خَرَجَ 나가다

- 명사에서 만들어지는 동사도 있다.

أَصْبَحَ (옛날에는 "아침-이었다"는 의미), -되었다　　　　صَبَاحٌ 아침

أَمْطَرَ 비가 내렸다　　　　مَطَرٌ 비

(4)5형 동사: 많은 경우에 5형은 2형 동작의 결과를 보여준다. 5형은 자동사와 타동사들이 있고 동작이나 상태가 점차적으로 발전한다는 의미를 보여주기도 한다.

-2형 동사의 동작을 입었음 혹은 2형동사의 동작을 받았음(مُطَاوَعَة)을 의미한다

تَعَلَّمَ 그가 배웠다　　　　عَلَّمَ 가르치다

تَقَدَّمَ 그가 제출받았다, 그가 앞섰다　　　　قَدَّمَ 제출하다

تَعَرَّفَ 그가 소개받았다　　　　عَرَّفَ 소개하다

---

(5)6형 동사: 동작이 '서로' 일어난다는 의미를 갖고, 성질에서 계속적인 움직임이나 증가를 나타낸다. 6형은 자주 자동사이고 가끔 타동사이다.

- 동작을 양측이 함께 서로 행하는 것을 의미한다. 3형 동사의 동작을 받았음(입었음)을 의미하므로 자동사이다.

تَرَاقَصَ الوَلَدُ وَالبِنْتُ.   아들과 딸이 함께 춤을 추었다.

تَشَارَكَ 서로 참여하였다   شَارَكَ   참여하다

تَكَاتَبَ 서로 서신왕래하였다   كَاتَبَ   서신 왕래하다

- "–체 하다, –척하다"의 의미가 있다.

تَنَاسَى الطَّالِبُ الوَاجِبَ. 학생은 숙제를 잊은 척했다.

تَشَاغَلَ 그가 일한 척하였다   شُغْلٌ   일

تَمَارَضَ 그가 아픈 척하였다.   مَرَضٌ   병

(6)7형 동사: 7형은 1형 동작의 결과를 나타내고(مُطَاوَعَة) 자동사이다.

- 1형 동사의 동작을 입었음을 의미한다. 원형 동사의 결과적인 상태가 7형에 나타난다.

اِنْفَتَحَ البَابُ.   문이 열렸다.

فَتَحْتُ البَابَ.   (비교) 내가 문을 열었다.

(7)8형 동사: 8형은 1형 동작의 결과를 표현하고 상호간의 동작을 나타내기도 한다. 8형은 자동사이거나 타동사이고 일부는 2개의 목적어를 갖는 타동사이다.

- 동작이 일어난 것에 대하여 미리 의도를 갖고 있다는 의미이다.

اِسْتَمَعَ الطَّالِبُ إِلَى المُدَرِّسِ.   학생이 교사의 말을 주의깊게 들었다.

سَمِعَ صَوْتَ السَّيَّارَةِ.   (비교) 그가 자동차 소리를 들었다.

- 1형 동사의 동작을 입었음을 의미한다.

اِجْتَمَعَ المُدَرِّسُونَ.   교사들이 모였다.

جَمَعَ المُدِيرُ المُدَرِّسِينَ   (비교) 교장이 교사들을 불러 모았다.

(8)9형 동사:9형은 색깔이나 신체적 결함을 의미하고 자동사이나, 현대표준 아랍어에서 9형 동사는 자주 쓰이지 않는다.

- 색깔이 바뀌었음을 의미한다.

اِحْمَرَّتِ السَّمَاءُ.   하늘이 빨갛게 변했다.

اِبْيَضَّ   그것이 하얗게 변했다.

- 결함을 갖게 되었다는 의미이다.

اِعْرَجَّ   그가 절뚝거렸다.

اِطْرَشَّ   그가 귀머거리가 되었다.

(9)10형 동사: 10형은 "–을 요구하다,– 라고 생각하다"의 의미를 갖고 자동사 혹은 타동사이다.

-동작의 요구를 나타낸다.

اِسْتَغْفَرَ مُحَمَّدٌ اللهَ   무함마드가 알라에게 용서를 구했다.

-라고 생각하다.   –의 견해를 갖다의 의미이다.

اِسْتَحْسَنَ الطَّالِبُ الْكِتَابَ.   학생은 그 책이 좋다고 생각하였다.

이제 몇 개의 동사들을 사전에서 찾아 해당 동사가 1형부터 10형까지 중 어느 동사형이 있는지 그리고 그 의미가 어떻게 차이가 나는지 살펴보려고 한다. 아래 각 동사는 과거 동사이므로 과거로 해석해야 하나 편의상 기본형의 의미를 제시한다(Hans Wehr 『현대 문어 아랍어 사전』을 참조하였다).

* 동사 سَفَرَ 의 의미
  1형: (얼굴에서) 베일을 벗다. 빛나다.
  2형: 베일을 벗다, 추방하다, 태우다
  3형: 여행하다. 여행을 떠나다
  4형: 빛나다, 벗기다, 끝나다, 결과를 빚다
  7형: (먼지, 구름) 사라지다.

* 동사 عَلِمَ 의 의미
  1형: 알다, 익숙하다, 찾다, 구별하다, 배우다, 알게 되다
  2형: 가르치다, 훈련하다, 교육하다, 구별표시를 하다
  4형: 알게 하다, 알려주다, 공지하다
  5형: 배우다, 공부하다
  10형: 묻다. 질문하다, 정보를 얻다.

* 동사 عَرَب 의 의미
  2형: 아랍어화하다, 표현하다, 축하 선물을 주다, 첫 지불금을 내다
  4형: 아랍어화하다, 분명하게 하다, 선언하다, 표현하다, 이해하게 되다, 어말모음이
       변화하다. 이으랍이라고 발음하다
  5형: 아랍인에게 동화되다. 아랍인이 되다, 아랍의 관습을 채택하다.
  10형: 5형과 같다.

* بَرَكَ 의 의미
  1형: 무릎을 꿇다
  2형과 4형: (낙타를) 무릎 꿇게 하다
  2형: 복을 기원하다
  3형: 축복하다
  5형: 복을 받다, 즐기다, 기쁨을 얻다, -에게 복을 구하다
  6형: 복을 받다. 찬양하다
  10형: 복을 받다.

* سَلِمَ의 의미
  1형: 안전한다, 해가 없다, 잘못이 없다, 비난받지 않다, 분명하다, 입증이 되다,
       자유롭다, 피하다.
  2형: 보호하다, 상처를 막다, 해로부터 보호받다, 복종하다, 포기하다, 순종하다,

인사하다, 구제를 허락하다, 인정하다, 위로하다, 허락하다.

3형: 평화를 유지하다, 평화하게 하다, 화해하다

4형: 버리다, 떠나다, 저버리다, 포기하다, 배신하다, 가라앉게하다, 떨어뜨리다, 인계하다, 순종하다, 헌신하다, 복종하다, 알라의 뜻에 헌신한다고 선언하다, 무슬림이 되다, 이슬람을 받아들이다.

5형: 얻다, 받아들이다, 건네다, 인계하다, 떠맡다.

6형: 서로 화해하다, 서로 화목하다

8형: 만지다, 풀을 뜯다, 받다, 얻다, 소유하다

10형: 복종하다, 양보하다, 순종하다, 버리다, (여자가- 남자에게) 몸을 맡기다, 수긍하다.

[쉬어가기]

우리가 잘 아는 이슬람이라는 낱말과 무슬림이란 낱말의 의미를 생각해 보자. 이슬람(إِسْلاَم)은 4형의 동명사이고 4형의 능동분사는 무슬림 مُسْلِم 이다. 이슬람이란 단어에는 "평화"라는 의미는 없다.

الْإِسْلَامُ فِي اللُّغَةِ هُوَ : التَّسْلِيمُ وَالْخُضُوعُ لله تَعَالَى. وَالْخُضُوعُ لله مَعْنَاهُ طَاعَةُ الله وَتَنْفِيذُ أَوَامِرِهِ بِالرِّضَا. وَيُعَرِّفُ الْعُلَمَاءُ الْإِسْلَامَ بِأَنَّهُ: مَجْمُوعُ الْعَقَائِدِ وَالْقَوَانِينِ وَالْعِبَادَاتِ الَّتِي أَنْزَلَهَا الله إِلَى النَّبِيِّ الْعَرَبِيِّ مُحَمَّدِ بْنِ عبدِ الله عَنْ طَرِيقِ الْوَحْيِ.

(이슬람이란 어휘적으로(사전적인 의미) "알라에게 헌신하고 굴복하는 것"이다. 알라에게 굴복한다는 의미는 "알라에게 순종하고 그의 명령을 기쁘게 준행하는 것"이다. 학자들은 이슬람을 "알라가 와히(사전적 의미: 비밀을 전함, 교리적인 의미: 알라의 메시지를 전하는 천사, 메시지나 책)를 통하여 아랍의 예언자 무함마드에게 내려준 교리, 법, 예배를 통틀어 일컫는 말"이라고 정의한다.)

▶신나는 단어장

سَلِمَ الْجِسْمُ مِنَ الْمَرَضِ.	몸이 질병에서 벗어나 있다.
أَسْوَدُ الضَّمِيرِ	양심이 악함.
هَذَا رَجُلٌ سِلِمٌ(=مُسَالِمٌ).	이 분은 전쟁을 싫어하는 분이다.
سَلَّمَ الْمُدِيرُ عَلَى الْمُوَظَّفِينَ.	사장이 직원들에게 인사했다.
سَلَّمَ الْإِمَامُ.	이맘이 기도후에 "앗쌀라무 알라이쿰"이라고 인사했다.
سَلَّمْتُكَ الْكِتَابَ.	내가 그 책을 너에게 돌려 주었다.
سَلَّمَ لِلْعَدُوِّ.	그가 적에게 항복했다.
رَدَّ السَّلَامَ.	그가 인사에 답례를 하였다.

32.시제의 의미

아랍어 동사는 동작이 끝난 완료와 아직 끝나지 않은 미완료, 그리고 현재와 과거, 미래 등의 시제가 섞여 있다. 그러나 현대 아랍어는 시제 중심(tense-specific)이라는 연구가 있으므로 이 책에서는 과거, 현재, 미래의 시제에 따라 그 의미의 차이를 확인해 보고자 한다.

(1)과거(الْمَاضِي): 발화 시간 이전의 동작(과거)과 발화 시간 조금 전의 동작 그리고 과거의 한 동작이 다른 동작보다 앞서고, 과거의 어느 한 동작이 일어났을 때 그와 동시에 다른 동작이 일어나는 것 그리고 과거의 습관이나 동작의 계속을 나타낸다.

ذَهَبَ إِلَى الْمَدْرَسَةِ أَمْس. 그가 어제 학교에 갔다(발화 시간 이전의 동작)

دَخَلَ الْمُدَرِّسُ الْفَصْلَ. وَقَدْ خَرَجَ الْمُدِيرُ مِنْهُ.

선생님이 교실에 들어갔다. 교장은 그 교실에서 벌써 나왔다(발화 시간 조금 전의 동작).

(힌트) 여기서 قَدْ (qad)는 실현하다(تَحْقِيقٌ: 이미)를 가리키는 말인데 과거 동작보다 앞선 동작을 이미 실현했다는 의미를 나타낸다. 즉 교장이 교실에서 나온 동작이 먼저 일어나고 그 뒤에 선생님이 교실에 들어간 것을 가리킨다.

②دَخَلَ .... وَقَد ①خَرَجَ....

(설명): قَدْ 가 순서(تَرْتِيبٌ)를 나타내므로 قَدْ 가 붙은 ①의 동작이 먼저 일어나고 나서 ②의 동작이 발생한다.

عِنْدَمَا وَصَلْتُ إِلَى الْمَدْرَسَةِ، كَانَ الْجَرَسُ قَدْ دَقَّ.

내가 교실에 들어왔을 때 종이 이미 울렸었다.(과거의 한 동작이 다른 동작보다 앞선다)

(힌트) 여기서...قَدْ...كَانَ는 대과거를 나타낸다.

كَانَ مُحَمَّدٌ يَلْعَبُ الْكُرَةَ وَهُوَ صَغِيرٌ

무함마드가 어렸을 적에 그는 공을 차곤 했다.(과거의 습관이나 동작의 계속)

كَانَ الطَّالِبُ يَقْرَأُ الدَّرْسَ عِنْدَمَا دَخَلَ الْمُدَرِّسُ الْفَصْلَ.

교사가 교실에 들어갔을 때 학생은 그 단원을 읽고 있었다.(한 동작이 일어나고 있는 동안에 다른 동작이 발생).

(힌트) 여기서 كَانَ 다음에 오는 현재 동사가 습관과 계속을 나타낸다.

(2)현재(الْحَاضِر): 현재의 습관이 지금 일어나고 있는 동작을 나타낸다.

أَشْرَبُ الشَّايَ كُلَّ صَبَاحٍ. 나는 아침마다 차를 마신다(습관)

مَاذَا تَفْعَلُ يَا سُوكِي؟ أَشْرَبُ الشَّايَ. 수기씨 뭘하나요? 저는 차를 마시고 있어요.

(지금 일어나고 있는 동작)

(3)미래(الْمُسْتَقْبَل): 발화 시간 이후에 일어나는 동작(미래) 또는 미래에 이미 일어난 과거의 동작 혹은 과거에서 앞으로 일어날 동작을 나타낸다.

سَأَذْهَبُ (سَوْفَ أَذْهَبُ) إِلَى السِّينِمَا بَعْدَ يَوْمَيْنِ.

이틀 후에 나는 영화관에 갈거야.(발화시간 이후에 일어나는 동작)

سَأَكُونُ قَدْ سَافَرْتُ عِنْدَمَا يَنْتَهِي الْعَامُ الدِّرَاسِيُّ.

학년이 끝날 때 여행했을 것이다.(미래에서 과거 동작)

＊ 학년이 끝나기 전에 여행갔다는 말이다.

كَانَ سَيَقْرَأُ الدَّرْسَ عِنْدَمَا دَخَلَ المُدِيرُ.

교장이 들어왔을 때 그가 그 단원을 읽을 것이다.(과거에서 미래 동작).

＊ 그가 단원을 읽기 전에 교장이 들어왔다는 말이므로 "교장이 들어왔을 때 그가 그
단원을 읽으려 했다"는 뜻이다.

(힌트) سَأُقَابِلُ مُحَمَّدًا وَقَدْ قَرَأْتُ الكِتَابَ. 는 "내가 무함마드를 만날 것이다. 그리고 내가 그
책을 읽었다"라는 문장인데 "내가 책을 읽은 다음에 무함마드를 만날 것이다"라는
의미이다. 여기서 기억할 것은 과거동사와 현재 동사 앞에 쓰이는 قَدْ의 의미 차이가
있다는 점이다. 문어 아랍어에서 < قَدْ + 과거동사>는 실현(تَحْقِيق)의 의미이고, < قَدْ +
현재 동사>는 의심, 의혹(تَشْكِيك; 불확실)을 나타낸다.[37]

1) قَدْ ذَهَبْتُ إِلَى السِّينَمَا   나는 영화관에 이미 갔다

2) قَدْ أَذْهَبُ إِلَى السِّينَمَا   내가 영화관에 갈 수도 있다

(힌트) لَقَدْ ذَهَبْتُ (내가 이미 갔었다)라는 의미로서 لَ는 강조의 의미이다.

다음 시제를 확인하면서 왜 신문 기사가 현재 동사를 썼는지 설명해 보라.

الطَّوَائِفُ المَسِيحِيَّةُ غَيْرُ الأُرْثُوذُكْسِيَّةِ تَحْتَفِلُ بِعِيدِ المِيلَادِ المَجِيدِ.

정교회를 제외한 기독교 교파들이 성탄절을 지냈다(지낸다).

مُبَارَكٌ يُهَنِّئُ قَادَةَ العَالَمِ بِعِيدِ المِيلَادِ المَجِيدِ.

무바라크 대통령은 세계의 지도자들에게 성탄 축하 인사를 보냈다(보낸다).

بَعَثَ الرَّئِيسُ حُسْنِي مُبَارَكٍ بِرَقِيَّاتٍ تَهْنِئَةٍ إِلَى أَصْحَابِ الجَلَالَةِ وَالفَخَامَةِ مُلُوكِ وَرُؤَسَاءِ وَأُمَرَاءِ دُوَلِ
العَالَمِ الَّتِي تَحْتَفِلُ بِعِيدِ المِيلَادِ المَجِيدِ.

후스니 무바라크 대통령은 성탄절을 맞이하는 왕, 대통령, 왕자들에게 축하 전보를
보냈다.

33.명령동사

명령 동사(فِعْلُ الأَمْرِ)는 2인칭 단수, 쌍수, 복수의 사람들에게 어떤 동작을 행하라고
명하는 동사이다. 그러나 명령 동사가 단순히 명령만을 가리키지는 않는다[38]. صَدِّقْنِي 는
아랍인들이 자주 사용하는 2형동사의 명령 동사이다. "나를 믿어주세요"라는 말인데
대화 중에 자신의 말을 상대방에게 믿어달라고 부탁하는 말이다. 그리고 تَفَضَّلْ 은 여러
경우에 사용되는데 일례로 같은 아파트에 사는 사람이 집 앞에서 서로 헤어지는 순간
대개는 아랍인들이 자기 집으로 가자고 할 때 쓰인다. 이런 경우 "우리 집으로 가서 차

---

[37] 이 책의 5장에서 양태에 대한 글을 참조하시오

[38] 이 책의 5장에 나와 있는 명령문에 대한 글을 참조하시오.

한잔 하십시다"라는 말이 들어 있어서 역시 명령의 의미가 아니다. 또, 은행에서 자기 차례가 아닌데 급해서 먼저 나서려고 할 때 옆에 있는 사람이 تَفَضَّلْ 이라고 하면 '하던 일을 계속하라'는 말이므로 먼저 일을 보라는 말이 된다. 상대방에게 음식이나 음료수를 권할 때 그리고 앉으라고 할 때에도 تَفَضَّلْ이라고 한다.[39]

우리말에서 명령이란 의미는 "윗사람이나 상위 조직 혹은 군에서 상급자가 아랫사람이나 하위 조직에 무엇을 하게 함 또는 그런 내용"을 가리킨다. 그런데 이런 의미로 아랍어 명령 동사를 이해하려고 하면 실제 아랍어 명령 동사의 의미를 잘 이해하기 어렵다. 아랍인들은 다른 사람을 "잘 챙겨주시지요"라는 말을 하고 싶을 때 상대방에게 دِيرْ بَالَكْ 이라고 한다. 또 요르단에서 택시를 타고 가다가 택시 운전기사와 좋은 이야기를 나누고 서로 마음이 통한다고 운전기사가 생각하면 가끔 그는 خَلِّ عَلَيْنَا 라고 한다. 이 말은 "손님이 돈을 내는 것을 그만 두시고 내(운전기사)가 낼게요"라는 말이다. 요르단 택시 운전기사들이 쓰는 이 말은 명령이 아니다. 그렇다고 차비를 안 내고 손님이 내리면 큰 실례다. 빈말이긴 한데 기분 좋은 말이다. 또 아랍 가정을 방문하면 간혹 تَعَالَ مَامَا 라는 명령 동사를 듣기도 한다. 얼른 들으면 "엄마 와"라는 말로 해석될 수 있으나 이 말은 엄마가 아들에게 "엄마한테 오세요"라는 의미이다. 아랍기독교인들은 기도 중에 يَا رَبُّ اُذكُرنِي 라는 말을 자주 하는데 그 말은 "(주님), 나를 생각(기억)해 주세요"라는 말이다. 또 아랍 기독교인들이 자주 사용하는 표현 중에 قَدِّسْنِي가 있는데 이 말은 "나를 거룩하게 해 주세요"라는 말이다. 이 두 가지도 명령 동사이지만 신에게 명령할 수 없으니 간구하는 표현이다. 또 아랍인들이 대화 중에 자주 쓰는 표현이 있는데 이메일이 도착했는지 만일 도착했으면 "그것이 도착했다고 나에게 알려주어 나를 안심시켜다오" طَمِّنِّي عَنْ وُصُولِه라는 말도 역시 명령 동사로 시작한다.

그래서 아랍어 명령 동사는 아랍 군대에서 상관이 부하에게 명령할 경우를 제외하고는 일반 아랍 사회에서는 그 명령의 딱딱한 의미가 많이 사라져 버려서 부탁, 권고, 허락, 제안 들을 의미할 때 사용한다. 아래 표는 아랍어 명령 동사의 유형이다.

1형 동사	단수	쌍수	복수
2인칭 남성	اِفعَلْ	اِفعَلَا	اِفعَلُوا
2인칭 여성	اِفعَلِي	اِفعَلَا	اِفعَلنَ

위 표에서처럼 1형(원형) 동사의 명령 동사는 2인칭 남성과 여성(단수, 쌍수, 복수)에만 가능하다. 동사의 어미가 수쿤(무모음)으로 끝나는 것은 현재 동사의 마즈줌(소실형)의 주요 특징이다. 1형 동사의 명령 동사형이 갖는 첫째 모음은 다음과 같이 현재 동사의 두번째 어근이 갖는 모음에 따라 달라진다.

فَعَلَ(يَفعَلُ)، فَعِلَ(يَفعَلُ) ← اِفعَلْ

فَعَلَ(يَفعِلُ)، فَعِلَ(يَفعِلُ) ← اِفعِلْ

---

[39] 명령동사가 있는 문장 중에 زُورُونِي كُلُّ سَنَةٍ مَرَّةً는 음악가 사이드 다르위쉬의 음악 제목이다. "여러분들, 매년 나를 한 번만 찾아 주세요"라는 말이다.

فَعَلَ(يَفْعُلُ)، فَعِلَ(يَفْعُلُ)←أفْعُلْ

3형동사	단수	쌍수	복수
2인칭 남성	فاعِلْ	فاعِلا	فاعِلُوا
2인칭 여성	فاعِلِي	فاعِلا	فاعِلْنَ

현재 동사의 마즈줌(소실형)에서 현재를 나타내는 첫 자음(현재 자음)을 탈락시키면 3형동사의 명령동사가 된다. 2형도 3형과 동일한 방식으로 만들어진다.

5형동사	단수	쌍수	복수
2인칭 남성	تَفَعَّلْ	تَفَعَّلا	تَفَعَّلُوا
2인칭 여성	تَفَعَّلِي	تَفَعَّلا	تَفَعَّلْنَ

6형도 5형과 같이 현재 동사의 마즈줌(소실형)에서 현재를 나타내는 첫 자음(현재 자음)을 탈락시키면 6형 동사의 명령동사가 된다. 5형, 6형, 9형은 현재동사의 둘째어근이 /a/모음을 가지므로 명령 동사도 둘째 어근이 /a/ 모음이다.

4형동사	단수	쌍수	복수
2인칭 남성	أفعِلْ	أفعِلا	أفعِلُوا
2인칭 여성	أفعِلِي	أفعِلا	أفعِلْنَ

4형 동사의 명령 동사는 현재 동사의 마즈줌(소실형)에서 현재를 나타내는 첫자음을 탈락시키고 그 자리에 /a/ 모음을 가진 함자(함자의 받침은 알리프)를 접두시킨다.

8형동사	단수	쌍수	복수
2인칭 남성	إقْتَعِلْ	إقْتَعِلا	إقْتَعِلُوا
2인칭 여성	إقْتَعِلِي	إقْتَعِلا	إقْتَعِلْنَ

8형 동사의 명령 동사는 현재 동사의 마즈줌(소실형)에서 현재를 나타내는 첫자음을 탈락시키고 그 자리에 함자가 없는 알리프를 넣고 현재 동사처럼 둘째 어근이 /i/ 모음을 갖는다. 7형, 10형이 모두 8형과 같은 방식으로 만들어진다. 다음 명령 동사의 뜻을 확인하고 '명령'의 의미인지 확인해보자.

يَا رَبُّ أُبَارِكُكَ بَارِكْنِي (아랍기독교인).

　　　　주님 제가 주님이 주신 복에 감사드리옵고 저에게 복을 주세요.

سَلِّمْ حَيَاتَكَ لِلَّهِ (아랍 기독교인)　　네 삶을 하나님께 드려라.

صَلِّ عَلَى النَّبِيِّ (아랍무슬림) 알라가 무함마드에게 복을 주시도록 (네가) 빌어라(기원문).

بَارَكَ اللهُ عَمَلَكَ=بَارَكَ اللهُ فِيكَ 알라가 너에게 복بَرَكَة과 재물خَيْرٌ을 주시기를 빈다.(기원문)

(비교) صَلَّى اللهُ عَلَيْهِ وَسَلَّمَ (아랍무슬림) 알라가 그(무함마드)에게 보상과 복을 주시고 그에게

평안의 인사를 건네기를 기원한다(دُعَاء ; 이 표현은 무슬림들이 무함마드 이름 뒤에
붙이는 말이다).[40]

▶ 신나는 단어장

أَعْرَبَ الرَّجُلُ عَمَّا فِي نَفْسِهِ.	남자가 그의 마음 속에 있는 것을 밝히고 설명하였다.
أَعْرَبَ لَهُ عَنْ سُرُورِهِ.	그에게 그의 기쁨을 표현하였다.
أَعْرَبَ الْخَطِيبُ كَلَامَهُ.	설교자(이슬람의 설교자[41])가 그의 말을 문법대로 모음을 붙여 확실히 발음했다.
أَعْرَبَ الْكَلِمَةَ.	그가 낱말에 어말 모음을 넣어 정확히 발음했다.

34. 능동분사

　　일반적으로 능동분사(اسْمُ الْفَاعِلِ)는 어떤 동작을 행하고 있거나 이미 어떤 동작을 행한
사람을 나타낸다. 능동분사는 동작을 나타내는 자동사 혹은 타동사로부터 파생된
명사이고 동작을 수행하는 사람을 가리킨다. 1형 동사의 능동분사 패턴은 3자음
동사(الْفِعْلُ الثُّلَاثِيُّ)이면 فَاعِل이다. 가령 كَاتِبٌ 은 '쓰고 있는' 혹은 '작가'를 나타내지만 주로
작가(필자)의 뜻으로 쓰인다.

كَاتِبٌ ← كَتَبَ	쓰고 있는, 필자, 작가
نَازِلٌ ← نَزَلَ	묵고 있는, 내려 오는
ذَاهِبٌ ← ذَهَبَ	가고 있는
نَائِم ← نَامَ	자고 있는
بَائِعٌ ← بَاعَ	팔고 있는, 매판원
قَائِلٌ ← قَالَ	말하는 자
جَائِعٌ ← جَاعَ	배고픈
سَائِقٌ ← سَاقَ	운전하고 있는, 운전기사

　　위와 같이 2가지 의미를 갖는 경우, 둘 중 한 가지 의미가 결정되려면 문장 속에서
살펴봐야한다. 능동분사는 어떤 동작을 행하고 있는 사람을 가리킬 뿐만 아니라 형용사의
의미를 갖기도 하고 동사 대신에 쓰이기도 한다. مُدَرِّسٌ 는 교사라는 말이 금방 떠오르고
بِنْتٌ مُبْتَسِمَة은 "웃고 있는 딸"이라는 말이어서 웃는 동작을 떠오른다. 능동분사는 문장의
위치에 따라서 명사문의 주어, 술어, 목적어, 후연결어, 소유격명사 등 다양한 기능을
갖는다.

---

[40] 한국인들도 어느 정도 알고 있는 무슬림들끼리의 인사말 중에 السَّلَامُ عَلَيْكُمْ (주로 만날 때 사용하나 가끔
헤어질때도 사용함)이 있는데 이 말은 알라가 본질에서 흠이 없으므로(salām) 그런 속성의 알라가 너와 함께
하기를 기원한다는 말이다. 이집트 대통령이 독일에서 치료를 받고 이집트로 돌아오니 이집트 신문들이 سلامة
العودة "그가 무사히 돌아온 것"을 축하하였다.

[41] 아랍 기독교인들은 교회 설교자를 무타칼림 مُتَكَلِّمٌ 혹은 와이즈 وَاعِظ라고 한다.

1) الكَاتِبُ مُمْتَازٌ (주어) 작가가 훌륭하다.

2) هَذَا كَاتِبٌ (술어) 이 분이 작가다.

3) رَأَيْتُ كَاتِبًا (목적어) 내가 작가를 보았다.

4) قَرَأْتُ قِصّةَ الكَاتِبِ (후연결어) 나는 작가의 소설을 읽었다.

5) أَخَذْتُ القِصّةَ مِنَ الكَاتِبِ (소유격명사) 나는 작가에게서 소설책을 가져왔다.

첨가형의 능동분사는 현재 동사의 첫 자음 대신에 مُ /mu/를 접두시키면 능동분사가 된다. 아래와 같이 첨가형의 능동분사형은 규칙이 있다.

능동분사		과거형		현재동사
II	مُفَعِّلٌ	فَعَّلَ		يُفَعِّلُ
III	مُفَاعِلٌ	فَاعَلَ		يُفَاعِلُ
IV	مُفْعِلٌ	فْعَلَ		يُفْعِلُ
V	مُتَفَعِّلٌ	تَفَعَّلَ		يَتَفَعَّلُ
VI	مُتَفَاعِلٌ	تَفَاعَلَ	←	يَتَفَاعَلُ
VII	مِنْفَعِلٌ	نْفَعَلَ		يَنْفَعِلُ
VIII	مُفْتَعِلٌ	فْتَعَلَ		يَفْتَعِلُ
IX	مُفْعَلٌّ	فْعَلَّ		يَفْعَلُّ
X	مُسْتَفْعِلٌ	سْتَفْعَلَ		يَسْتَفْعِلُ

가운데 세로 글: 현재 동사에 접두된 ي 를 탈락 시키고 그 자리에 مُ 를 넣는다.

능동분사는 위와 같이 명사(또는 형용사)의 기능을 하는데 아래와 같이 동사의 기능도 한다. هُوَ مُسَافِرٌ 은 "그가 여행 중이다."라고 문법책에 써 있지만 가끔은 "그가 여행갔다"란 의미도 갖는다. [42] هُوَ مُسَافِرٌ 는 "그가 이미 여행을 가서 아직 여행을 하고 있다." 는 말로서 현재완료 진행을 나타낸다. 또, مُسَافِرٌ는 "여행을 하고 싶은 사람"이란 의미를 갖는다. 이런 의미들은 문맥이나 대화 중에서 파악할 수 밖에 없는데 비아랍인에게는 그 구별이 쉽지 않을 때가 있다. 3자음 동사가 아니면 능동분사는 현재 동사의 패턴에서 만들어지며 현재 동사의 첫자음 즉 현재 자음을 مُ /mu/로 바꾸고 끝에서 두번째 자음에 /i/모음(9형은 /a/모음이다)을 붙인다.

능동분사	현재동사의 능동형	과거동사의 능동형
مُرْسِلٌ	يُرْسِل	أَرْسَلَ
مُلاحِظٌ	يُلاحِظ	لاحَظَ
مُسْتَقْبِلٌ	يَسْتَقْبِل	اِسْتَقْبَلَ

(예) يُرْسِل ← مُرْسِلٌ يَسْتَخْدِم ← مُسْتَخْدِمٌ يَنْتَظِرُ ← مُنْتَظِرٌ يَحْمَرُّ ← مُحْمَرٌّ

---

[42] 능동분사는 문맥에서 상적 모호성(aspectual ambiguity)을 갖는다. 지금 일어나고 있는 동작의 상태를 의미하거나 어떤 동작이 성취된 의미를 갖는다. 그런데 지금 이뤄지고 있는 동작인지 이미 이뤄진 동작인지를 알기 어렵기 때문에 글이 아닌 일상 대화에서는 능동분사 사용을 꺼리기도 한다.

مُشاهِدٌ ← يُشاهِدُ مُنْفَتِحٌ ← يَنْفَتِحُ مُنَظِّمٌ ← يُنَظِّمُ مُتَراقِصٌ ← يَتَراقَصُ مُتَكَلِّمٌ ← يَتَكَلَّمُ

능동분사는 상황문(الحَال)에서도 사용되는데 동사가 나타내는 동작의 상황이나 상태를 표시한다. 이런 상황문에서 능동분사는 동사문의 주어와 성, 수에서 일치를 하거나, 가끔은 목적어와 성, 수의 호응이 있어야 한다. 상황문에서 능동분사는 항상 목적격이다.

دَخَلَ الصَّفَّ مُتَأَخِّرًا 그가 늦은 상황에서 교실에 들어 갔다.

여기서 مُتَأَخِّرًا 은 상황을 나타내는 목적격의 능동분사다.

(예) دَخَلَ الأُسْتاذان كُوريا بالطَّيّارَة قادِمَيْن مِنْ مِصْرَ 그 두 교수가 이집트를 떠나면서 비행기로 한국에 입국했다. 이 문장에서 능동분사는 동사의 주어와 성,수 일치를 했다.

عادَ إلى القاهِرَة حامِلًا رسالة مِنَ الزَّعِيم اللِّيبِيِّ "그가 리비야 지도자[43]의 편지를 휴대하면서 카이로로 돌아왔다." 여기서 حاملا은 능동분사로서 목적어를 갖는 타동사이다

첨가 동사의 능동분사 형
1- 현재 동사에서 만들어진다.
2- 현재 자음의 자리에 مُ/mu/를 넣는다.
3- 끝에서 두번째 자음의 모음이 /i/이다(9형은 /a/모음이다).

능동분사가 탄원을 가지고 비한정일 때 상황어(-면서 혹은 -며)로 자주 쓰인다.

دَخَلَ الوَلَدُ الفَصْلَ حامِلًا كِتابًا. 아들이 책을 휴대하면서(휴대하며) 교실에 들어갔다.

رَفَعْتُ يَدِي طالِبًا الكَلِمَة. 내가 말하려고 손을 들었다.

위 예문에서 능동분사가 비한정 목적격으로서 그 다음에 목적격 명사(목적어)를 동반하고 있을 때 이 능동분사와 목적어 사이에는 연결형의 의미를 갖는다. 그러므로 위 예문의 후반부를 다시 쓰면 حامِل الكِتاب، طالِب الكَلِمَة 이 되는데 이런 경우 유사 전연결어라고 한다. 즉 이런 경우 능동 분사가 동사의 역할을 하고 그 다음에 오는 목적격 명사가 목적어가 된다. "책을 휴대하다, 말씀을 구하다"라는 의미이다.

능동분사형 무으민(مُؤْمِنٌ)은 첫째 무함마드 이전에 하늘의 종교(기독교, 유대교)를 믿는 사람, 둘째 무함마드의 메시지 이후에 이슬람을 믿는 사람, 셋째 무으민은 무쉬리쿤(알라 이외에 다른 것을 섬기는 자)이 아닌 사람, 넷째 신뢰하는 사람, 다섯째 동의하고 지지하는 사람, 여섯째, 알라의 99가지 이름들 중의 하나 등의 의미를 갖는다. 또, 능동분사의 복수형은 자주 규칙 남성 복수형을 갖는다.

(예) واقِفُونَ 서 있는, جالِسُونَ 앉아 있는.

능동분사의 여성형이 가끔 복수를 나타내기도 한다. (예) المُرْتَزِقَةُ = المُرْتَزِقُونَ 용병들, المَارَّةُ = المَارُّونَ (지나가는 사람들) المُعْتَزِلَةُ = المُعْتَزِلُونَ (이슬람 신학파[44]),

시대를 흐르면서 아랍어 능동분사 중 많은 낱말들이 새로운 의미를 가졌는데 특히 능동분사의 여성형이 그러했다. (예) الماشِيَة 가축, القاضِيَة 치명타, المُصِيبَة 재난

---

[43] 리비아 대통령 가다피를 아랍 신문에서는 '지도자'라는 칭호를 사용한다.

[44] 공일주, 『이슬람 문명의 이해』 참조.

> 능동분사는 시제의 의미가 있으나 수동 분사는 시제의 의미가 없다.

35.수동분사

　수동분사(اسْمُ المَفْعُول)는 동작의 결과를 묘사하는 것으로서 동작이 일어난 것 혹은 동작이 일어나게 한 사람을 나타내기 위하여 동사에서 파생된 명사이다. مَكْتُوبٌ 은 '쓰여진' 혹은 '쓰여진 것(편지)'을 나타낸다. 3자음 동사이면 수동 분사는 항상 مَفْعُول 이다. 3자음이 아닌 동사에서 온 수동분사는 현재 동사 패턴에서 만들어지는데 현재 동사의 첫 자음 즉 현재자음(حَرْفُ المُضَارَعَةِ)이 مُ /mu/로 교체되고 끝에서 두번째 자음에다가 /a/ 모음을 넣는다. 첨가 동사 즉 2형동사부터 10형 동사까지의 수동분사형은 규칙이 있어 아래와 같이 만든다.

II	مُفَعَّلٌ	فَعَّلَ	يُفَعِّلُ
III	مُفَاعَلٌ	فَاعَلَ	يُفَاعِلُ
IV	مُفْعَلٌ	فْعَلَ	يُفْعِلُ
V	مُتَفَعَّلٌ	تَفَعَّلَ	يَتَفَعَّلُ
VI	مُتَفَاعَلٌ	تَفَاعَلَ	يَتَفَاعَلُ
VII	없음	نْفَعِلَ	يَنْفَعِلُ
VIII	مُفْتَعَلٌ	فْتَعِلَ	يَفْتَعِلُ
IX	없음	فْعَلَّ	يَفْعَلُّ
X	مُسْتَفْعَلٌ	سْتَفْعِلَ	يَسْتَفْعِلُ

　수동분사는 우리가 이미 행했거나 행할 것을 가리킨다. 일반적으로 수동분사를 가지려면 동사는 목적어를 갖는 타동사이어야 한다. 그러나 시간 장소 명사로 쓰이는 수동분사는 타동사적 의미와는 상관없다. 수동분사는 자주 명사(혹은 형용사)로 쓰이고 2형부터 10형까지 첨가 동사의 수동분사는 시간 장소 명사로 쓰인다. 다시 말하면 2형과 10형의 수동분사는 항상 수동의 의미를 갖는 것은 아니다. 1형 동사의 수동분사가 명사나 형용사의 기능을 하는데 만약 인간이 아닌 것을 가리키면 규칙 여성 복수나 불규칙 복수를 취하고 만약 사람을 가리키면 항상 규칙 남성 복수형을 갖는다.

(예) كَتَبَ ← مَكْتُوبٌ 　　 شَرِبَ ← مَشْرُوبٌ

　 أَخَذَ ← مَأْخُوذٌ 　　 دَخَلَ ← مَدْخُولٌ

수동분사	현재동사의 수동형	과거 동사의 수동형
مُرْسَلٌ	يُرْسَلُ	أُرْسِلَ
مُلَاحَظٌ	يُلَاحَظُ	لُوحِظَ
مُسْتَقْبَلٌ	يُسْتَقْبَلُ	اُسْتُقْبِلَ

한 예로 مُوَظَّف 는 2형 동사의 수동분사인데 "고용된 사람" 즉 회사나 은행에서 월급을 받고 일하는 사람을 가리킨다. 10형 동사에서 온 수동분사 مُسْتَشْفَى는 장소의 명사인데 아랍인들은 "병원"이란 뜻으로 사용한다. 그러나 원래 이 낱말은 '질병 낫기를 추구하는 곳"이라는 말이고 '질병을 치료하는 곳'이란 말은 المَشْفَى 이다. 그래서 요르단에서 이르비드로 가는 길에 병원이 있는데 그 병원 간판에는 المَشْفَى 라고 쓰여 있었다. 또, 4어근 동사에서 온 مُعَسْكَر 는 "캠프(군대 병영)"라는 뜻이다.

수동분사는 앞선 명사(비한정)의 형용사로도 쓰이는데 이 때의 형용사를 '원인 형용사'(النَّعْت السَّبَبِي)라고 한다. 이런 경우 수동태의 주어가 인칭대명사를 후연결어로 갖는데 이 인칭대명사는 피수식어를 가리킨다. 즉 수동분사가 수동태의 역할을 한 예라고 할 수 있는데 이때 수동태의 주어는 주격이고 수동분사는 그 앞에 오는 피수식어와 한정, 성 등에서 호응한다.

هَذَا رَجُلٌ مَعْرُوفٌ كَرَمُهُ.	이 분은 그의 고귀한 성품이 잘 알려진 사람이다.
قَابَلْتُ رَجُلاً مَشْهُورًا اسْمُهُ.	그의 이름이 유명한 남자를 내가 만났다.
اِسْتَمَعْتُ إِلَى شَيْخٍ مَحْبُوبٍ كَلاَمُهُ.	그의 말(스피치)이 사랑받는 쉐이크의 말을 경청하였다.
المَسِيحُ المُنْتَظَرُ مَجِيئُهُ هُوَ مُخَلِّصُنَا.	그의 오심이 기다려지는 메시아는 우리의 구주이다.
أَحْتَرِمُ النَّاسَ المَحْمُودَةَ أَعْمَالُهُمْ.	그들의 행위가 칭찬받는 사람들을 나는 존경한다.
عَلَى الطُّلاَّبِ المَكْتُوبَةِ أَسْمَاؤُهُمْ الذَّهَابُ إِلَى المُدِيرِ.	
	그들의 이름들이 적힌 학생들은 교장에게 가야 한다.

위 수동분사는 모두 수동태의 역할을 하고 수동태 주어를 주격으로 갖는다. 수동분사는 수동태 주어와 성이 호응하고 격과 한정(비한정)은 수동분사 바로 앞에 오는 피수식어(명사)와 호응한다.

[더 생각해 보기]

① 아랍인들은 생일이나 졸업식이나 결혼식에서 축하를 받아야 할 사람에게 '마브루크' مَبْرُوك라고 말한다. 그런데 여러가지 축하에 대하여 복을 받기를 기원하는 표현에서 수동분사를 사용한 것은 다소 의외다. 그러나 어원을 생각해 보면 이해가 간다. 마브루크라는 말은 "낙타를 무릎 꿇게 하다(بَرَكَ)"라는 원형동사에서 파생한 것이다. 이 말은 낙타가 너를 위하여 무릎을 꿇어주니 네가 안정적으로 내려서 바로 설 수 있다는 말이다. 또 이 1형동사에서 온 بَرَكَة (바라카)는 좋은 일(خَيْر)과 행복(سَعَادَة)을 의미한다. 아랍인들은 바라카를 아주 좋아하는데 바라카를 얻기 위한 민속 무슬림들의 다양한 방식들이 있다.[45]

② 아랍인들은 "음식, 음료, 옷"을 المَأْكَلُ والمَشْرَبُ والمَلْبَسُ이란 말과 이 낱말들이 1형의 수동분사 복수형 المَأْكُولاَتُ والمَشْرُوبَاتُ والمَلْبُوسَاتُ 를 자주 사용한다.

③ لُبْس /lubs/, لَبْس /labs/는 '혼동, 불확실, 애매함'의 뜻이지만 لِبْس /libs/는 '옷'을 가리킨다. 낱말에서 글자의 모음이 하나 바뀌면 이렇게 뜻이 달라지는데, ضَعُفٌ، ضَعْفٌ 는

'약함'이란 의미이지만 ضِعْف는 '두 배'라는 뜻이다.

첨가 동사(2형부터 10형까지)의 수동분사 형

1- 현재 동사에서 만든다.

2- 첫 자음의 자리에 مُ /mu/를 넣는다.

3- 끝에서 두번째 자음의 모음은 항상 /a/모음이다.

다음 문장들은 주어와 목적어를 활용하여 능동분사와 수동분사로 바꾼 것이다.

كَتَبَ الطَّالِبُ الوَاجِبَ   학생이 숙제를 했다.

- الطَّالِبُ كَاتِبٌ   학생은 쓴 사람(작가)이다.

- الوَاجِبُ مَكْتُوبٌ   숙제가 쓰여졌다.

المُدَرِّسُ دَخَلَ الفَصْلَ   교사가 교실에 들어갔다.

- المُدَرِّسُ دَاخِلٌ   교사는 안으로 들어간 사람이다.

- الفَصْلُ مَدْخُولٌ   교실은 들어감을 당한 곳이다(들어간 곳이다).

عُمَرُ أَكَلَ التُّفَّاحَ   오마르가 사과를 먹었다.

- عُمَرُ آكِلٌ   오마르가 먹은 사람이다.

- التُّفَّاحُ مَأْكُولٌ   사과가 먹힘을 당했다(먹은 것이 사과이다).

البِنْتُ شَرِبَتْ القَهْوَةَ   딸이 커피를 마셨다.

- البِنْتُ شَارِبَةٌ   딸이 (뭔가를) 마신 사람이다.

- القَهْوَةُ مَشْرُوبَةٌ   커피가 마심을 당했다(마신 것이 커피이다).

다음은 수동분사의 복수형이다.

مَفْهُومٌ(단수)   مفاهِيمُ (복수)

مَجْمُوعَةٌ(단수)   مَجْمُوعَاتٌ (복수)

مَشْرُوعٌ(단수)   مَشْرُوعَاتٌ (복수), مَشَارِيعُ (복수)

مَوْضُوعٌ(단수)   مَوْضُوعَاتٌ (복수), مَوَاضِيعُ (복수)

مَخْطُوطٌ(단수)   مَخْطُوطَاتٌ (복수)

우리가 자주 쓰는 단어 중에 مَعْرُوفٌ(흔히 아는 일, 유명해진), مَشْغُولٌ(바빠진), مَبْرُوكٌ(축하받는), مَمْنُوعٌ(금지된), مَعْلُومٌ(확실히 알고 있는 [46]) 등도 모두 수동분사이다. 그러나 예측된 수동분사의 의미를 떠나서 전혀 다른 의미를 갖는 경우도 많아 단순히 파생명사로서의 수동분사의 의미만으로는 부족할 때가 있다.

---

[46] 본래 '지식'이라는 말에서 나온 말로서 "깨달아 알고 있다", "확실히 알다, 느끼다" 의 의미이다.

36.동명사

아랍어 동명사(الْمَصْدَرُ)는 '마스다르'라고 하는데, 이 말은 '동사들의 근거가 되는 명사"라는 말에서 마스다르(기원, 원천, 근거)라고 하였다. 동명사는 시제가 없고 동작을 나타내기 위하여 동사의 자음들에서 만들어진 명사이다. 아랍어 동명사는 명사보다는 동사의 기능이 더 부각된다. 영어의 부정사(infinitive)와 동명사(Gerund)는 아랍어의 마스다르(동명사)와 동일하지 않다[47]. 다만 우리말로 적절한 용어가 없어 동명사라고 한 것 뿐이다. (예). حاوَلَ إِنْقاذَ حياةِ رَجُلٍ.   그가 어느 남자의 생명을 구하려고 힘썼다.

전연결어로 쓰인 마스다르(동명사, verbal noun)가 타동사일 때 이 동명사(전연결어)는 후연결어를 목적격의 목적어로 갖거나 혹은 동사의 주어가 된다.

①동명사 뒤에 오는 후연결어가 주어가 되는 경우:

مُغادَرَةُ السفير   대사의 출국(후연결어(대사)가 주어)

②동명사 뒤에 오는 후연결어가 목적어가 되는 경우:

دُخُولُ الكَنيسةِ   교회를 들어감(후연결어(교회)가 목적어)

③동명사 뒤에 주어와 목적어가 오는 경우:

قَبْلَ مُغادَرَتِي العَاصِمَةَ   내가 수도를 떠나기 전('나'는 주어, '수도'는 목적어)

④동명사 뒤에 두 개의 목적어가 오는 경우:

تَعْيينُ محمدٍ قائداً لِقُوّاتِ الأَمْن   무함마드를 보안대의 대장으로 임명함

(의미상 두 개의 목적어(무함마드, 사령관)인데 하나는 후연결어로서 소유격이다).

1형 동사에서 온 동명사는 규칙이 없고(سَمَاعِيٌّ) 2형-10형의 동사에서 온 동명사형은 규칙이 있다(قِيَاسِيٌّ). 1형 동사에서 온 동명사는 어떤 일정한 패턴이 없어서 사전을 찾아보아야 한다. 마스다르가 먼저냐 그리고 동사가 먼저냐는 마치 "닭이 먼저냐? 달걀이 먼저냐?"와 같은 질문이었다. 이라크의 남쪽 바스라와 이라크 중부지역 쿠파 두 지역간의 문법학자들이 이 논쟁에 휘말려 있었는데 바스라 학파는 동명사에서 동사가 파생된다고 생각했고, 쿠파학파의 학자들은 동사에서 동명사와 다른 명사들이 파생된다고 생각했다. 동명사는 통사적으로 동사형과 관련되어 있어서 해당 동사의 의미가 나타나는 동작을 가리킨다.

가령 وُصُولٌ(도착함) 이라는 동명사는 1형 동사 وَصَلَ 에서 온 말이고, إِدارَةٌ(행정, 경영)는 4형동사 أَدارَ에서 온 말이다. 그렇게 보면 바스라 학파보다 쿠파학파의 견해가 아랍어 동명사를 이해하는데 더 도움을 준다.[48] 동명사는 자주 추상적인 의미를 나타내고 그 중 일부는 구체적인 동작을 가리킨다. بِناءٌ는 추상적인 의미로 '건축, 구조물'을 나타내고 구체적인 동작의 의미로 '건축하는 행위(집짓기)'를 가리킨다. 사실 아랍어에는 동사는 동일한데 동사 하나가 두 세개 이상의 다른 의미를 가질 때 그 각각의 의미에 해당하는 동명사가 따로 있다. 그래서 바스라 학파에서는 동명사에서 동사가 생겨난 것이라고 한

---

[47] 영어 따위에서 동사와 명사의 기능을 겸한 품사. 동사의 명사형으로 된 말로, 영어에서는 '-ing'라는 어미를 가진다(표준 국어대사전).

[48] 쿠파 학파가 바그다드 바로 남쪽에 위치하고 있어서 당시에 인도 유럽 사람들의 왕래가 잦아 인도유럽어에 대한 서적이나 인도 유럽어를 사용하는 사람들의 언어관을 참조하였을 것으로 보는 학자들도 있다.

것이다. 아래 예문에서 동명사의 의미들을 생각해 보라.

① رَأَى 보다, 생각하다, 느끼다, 결정하다, 의견을 갖다, 간주하다, 검사하다.
→동명사형: رَأْي 의견, رُؤْيَة 검사, 바라봄, رُؤْيَا 환상(vision), 꿈
② حَلَّ (ㄱ) 풀다, 판독하다, 분해하다, 해산하다, 열다, 자유롭게 하다, 풀어주다
→동명사형: 분해, 해산, 풀어줌 حَلّ(현재동사의 중간모음이 /u/이다)
(ㄴ) 내리다, 멈추다, 머물다, 오다, 체재하다, 극복하다, 일어나다, (성령)이 임하다,
(명절,계절) 시작하다→동명사형: 내림, 체재, 성령이 임함 حُلُول (현재 동사의
중간모음은 /i,u/이다).
(ㄷ) 허락되다, 허용하다, 합법이다, 갚을 수 있다. →동명사형: 허용, 합법 حِلّ (현재
동사의 중간모음이 /i/이다)
③ خَطَبَ (ㄱ) 공개적인 연설을 하다, 스피치하다, 설교하다→동명사형: 설교 خَطَابَة، خُطْبَة
(현재동사의 중간모음이 /u/이다)
(ㄴ) (남자가 여성에게) 청혼하다, (중매가 – 을 대신하여) 결혼을 요청하다,
혼인하다 → 동명사형: 청혼 خِطْبَة
④ دَلَّ (ㄱ) 보이다, 지적하다, 인도하다, 길을 알려주다, 가리키다, 의미하다, 입증하다,
함축하다→동명사형: 의미, 함축 دَلَالَة (현재동사의 중간 모음이 /u/이다)
(ㄴ) (여자가) 교태를 부리다, 아양부리다, 어리광부리다 →동명사형: 아양 부림,
어리광 부림 دَلَال (현재동사의 중간모음이 /i/이다)
⑤ وَصَلَ (ㄱ)연결하다, 합성하다, –에 붙이다, 세우다, 연락하다, 관계를 갖다, 주다,
수여하다→ 동명사형: 연결, 연락, 수여 صِلَة (현재 중간 모음은 /i/이다)
(ㄴ)도착하다, 이르다, 도달하다, 들어가다, 진입하다→동명사형: 도착, 도달, 진입
وُصُول

위와같이 하나의 동사가 포함하는 여러가지 의미가 동명사에서 구분되고 있다. 그러므로 아랍어 어휘 학습은 동사와 동명사형을 서로 연결지어 함께 익히는 것이 매우 중요하다. 1형의 동명사 형[49]은 규칙이 없다. Wright(1967)는 1형의 동명사형을 44가지 조사하였고 Ziadeh & Winder(1957)는 현대 문어 아랍어에서 가장 흔한 동명사형 18가지를 제시하였는데 이 책에서는 다음 10가지만 뽑아 1형의 동명사형을 제시해본다.

سِبَاحَة (فِعَالَة)	수영
دَعْوَة (فَعْلَة)	초청, (이슬람의) 포교, 이슬람로 초대하는 일(دَاعِيَة: 포교사)
غُفْرَان (فُعْلان)	용서
وُضُوح (فُعُول)	분명
بُطُولَة (فُعُولَة)	용감성

---

[49] 원형명사나 파생명사에서 만들어지는 합성 동명사 (المصدر الصِناعيّ)가 있는데 낱말 어미에 (ية)를 접미시켜 만든다. 그 예로는 إنْسان (인간, 인류) إنْسانية (인류와 관련된)가 있다. 이집트에서 매주 월요일 문학 동호인들이 모여 모임을 갖는 것을 الإتنينيّة라고 한다. 또 어느 특정 종교를 광적으로 تَعَصُّب 열심을 갖는 것을 طَائِفِيّة라고 한다.

شَرَفٌ (فَعَلٌ)   명예

مَجْدٌ (فَعْلٌ)   영광

جُزْءٌ (فُعْلٌ)   부분

بَرَكَةٌ (فَعَلَةٌ)   복

مَعْرِفَةٌ (مَفْعِلَةٌ)   앎, 지식

1형의 동명사형이 규칙성이 없다고 하지만 위 동명사에서 몇가지 규칙을 찾아낼 수 있다. 3어근 동사가 직업을 나타내지 않는 타동사이면 동명사형은 **فَعْلٌ** 형이다.

(예) أَخَذَ← أَخْذٌ، سَمِعَ ← سَمْعٌ، حَمِدَ ←حَمْدٌ، فَتَحَ، فَتْحٌ ← فَتْحٌ

그러나 직업을 나타내면 대부분의 동사들은 **فِعَالَة** 형의 동명사를 갖는다.[50]

(예) صِنَاعَة، زِرَاعَة، تِجَارَةٌ، حِيَاكَةٌ، خِيَاطَةٌ (재봉업, 뜨개질, 상업, 농업, 공업)

여기서 주목할 것은 3어근 동사의 두번째 어근이 /a,i/일 때는 타동사나 자동사이고 만일 둘째 어근이 /u/이면 항상 자동사이다. (예) حُسْنٌ، شَرَفٌ (자동사에서 온 동명사).

그러나 2형동사부터 10형 동사까지의 동명사형은 규칙적인데 그 예는 아래와 같다.

II	تَفْعِيلٌ
III	فِعَالٌ/مُفَاعَلَةٌ
IV	إِفْعَالٌ
V	تَفَعُّلٌ
VI	تَفَاعُلٌ
VII	اِنْفِعَالٌ
VIII	اِقْتِعَالٌ
IX	اِفْعِلَالٌ
X	اِسْتِفْعَالٌ

첨가 동사(2형부터 10형)에는 과거 동사형에서 동명사를 만드는 규칙이 있다. 2형과 3형동사는 각기 고유한 동명사 형태를 갖고 5형과 6형은 과거 동사형의 끝에서 두번째 자음의 모음이 /u/이고, 4형 7형 8형 9형 10형 동사는 과거 동사형의 끝에서 두번째 자음에 알리프 장모음을 붙여서 동명사형을 만든다. 다음 동사들의 동명사 형을 확인해보자.

---

[50] 만일 3어근 동사가 둘째어근에 /i/모음을 갖는 자동사이고 색깔, 신체의 결함, 영속적인 속성을 나타내지 않는 경우라면 **فَعَلٌ** 형의 동명사를 갖는다. (예) تَعَبٌ، أَسَفٌ. 그런데 색깔을 나타내면 동명사형은 **فُعْلَة** 형이다. (예) سُمْرَة، خُضْرَة. 만일 3어근 동사가 둘째어근에 /a/모음을 갖는 자동사이고 거절과 회피, 소동, 질병, 떠남, 소리 등을 나타내지 않으면 동명사형은 **فُعُولٌ** 형이다. 그 예로는 خُضُوع، سُجُود، رُكُوع 등이 있다. 그런데 둘째어근이 약동사이면 **فَعْلٌ، فِعَالٌ** 형의 동명사를 갖고(نَوْمٌ، صَوْمٌ، صِيَامٌ، قِيَامٌ)를, 거절과 회피의 의미이면 إِبَاءٌ، نِفَارٌ (فِعَالٌ)이고, 소동의 의미이면 طُوفَان، جَوَلَان(فَعَلَان) 이다. 그리고 질병의 의미이면 سُعَالٌ (فُعَالٌ) 이고 떠남의 의미이면 رَحِيلٌ (فَعِيلٌ) 이며, 소리의 의미이면 صَرِيخٌ، صُرَاخٌ (فَعِيلٌ، فُعَالٌ) 등이다.

المَصْدَرُ 동명사	المُضَارِعُ 현재동사	الماضِي 과거동사
دِرَاسَة – دَرْسٌ	يَدْرُسُ	دَرَسَ
قِرَاءَةٌ	يَقْرَأُ	قَرَأَ
قَوْلٌ	يَقُولُ	قَالَ
مَرَضٌ	يَمْرَضُ	مَرَضَ
دَلَالَة	يَدُلُّ	دَلَّ
جِهَادٌ– مُجَاهَدَةٌ	يُجَاهِدُ	جَاهَدَ
قِتَالٌ – مُقَاتَلَة	يُقَاتِلُ	قَاتَلَ
إِرْسَالٌ	يُرْسِلُ	أَرْسَلَ
تَسَامُحٌ	يَتَسَامَحُ	تَسَامَحَ

다음 동명사형을 보고 동사를 찾으시오.

مُقَاتَلَة، قِتَالٌ/مُكَاتَبَة، كِتَابٌ/ مُجَاهَدَةٌ، جِهَادٌ/ مُحَافَظَة، حِفَاظٌ/ تَعْلِيمٌ / تَعْرِيفٌ/ تَدْرِيبٌ/ تَكْمِيلٌ، تَكْمِلَة، تَجْرِيبٌ، تَجْرِبَةٌ/ تَقْدِيمٌ، تَقْدِمَةٌ/ تَكْرِيرٌ/ تِكْرَارٌ/ تَذْكِيرٌ، تَذْكِرَةٌ، تِذْكَارٌ/ اِسْتِحْسَانٌ/ اِسْتِفْهَامٌ/ تَعَلُّمٌ/ اِنْكِسَارٌ

동명사는 문장에서 어떤 기능을 할까?
① 목적어: لَا أُحِبُّ إِهْمَالَ العَمَلِ. 나는 일을 태만하게 하는 것을 좋아하지 않는다.
② 명사문의 주어: دِرَاسَةُ الطُّلَّابِ القَوَاعِدَ مُهِمَّةٌ. 학생들이 문법을 공부하는 것이 중요하다.

위와 같이 동명사는 한국말로 해석할 때 "– 하는 것"처럼 동사의 의미가 살아나도록 해석하는 것이 중요하다. 위 문장에서 동명사 뒤의 후연결어는 동작을 행한 사람을 가리킨다. 다음은 각 동사의 동명사를 쓰고 그 대표형태를 써 보았다.

فِعَالَة ← كِتَابَة ← كَتَبَ
فُعُولٌ ← دُخُولٌ ← دَخَلَ
فَعْلٌ ← نَوْمٌ ← نَامَ
فُعْلٌ ← شُرْبٌ ← شَرِبَ
فِعَالٌ ← ذِهَابٌ ← ذَهَبَ

위와같이 아랍어 3어근 동사(3개의 어근으로 된 동사)의 동명사형을 알아보았다. 그러나 아랍어 동사 중에는 가끔 4어근 동사들도 나오는데 우리가 자주 쓰는 "번역하다. 통역하다"의 의미를 갖는 تَرْجَمَ 가 있다. 이런 4어근 동사에는 1형부터 5형까지 있다.

4어근 동사의 1형

수동태			능동태			
수동분사	현재동사	과거동사	동명사	능동분사	현재동사	과거 동사
مُفَعْلَلٌ	يُفَعْلَلُ	فُعْلِلَ	فَعْلَلَة	مُفَعْلِلٌ	يُفَعْلِلُ	فَعْلَلَ

ترْجَمَ- يُتَرْجَمُ – مُتَرْجِمٌ – تَرْجَمَةٌ – تُرْجِمَ -يُتَرْجَمُ -مُتَرْجَمٌ

4어근 동사의 2형, 3형과 4형

수동태			능동태			
수동분사	현재동사	과거동사	동명사	능동분사	현재동사	과거 동사
مُتَفَعْلَلٌ	يُتَفَعْلَلُ	تُفُعْلِلَ	تَفَعْلُلٌ	مُتَفَعْلِلٌ	يَتَفَعْلَلُ	تَفَعْلَلَ 2형
مُفْعَلَلٌّ	يُفْعَلَلُّ	أُفْعِلِلَّ	اِفْعِلَالٌ	مُفْعَلِلٌّ	يَفْعَلِلُّ	اِفْعَلَلَّ 3,4형

(예) 2형   تَوَسْوَسَ – يَتَوَسْوَسُ – مُتَوَسْوِسٌ – تَوَسْوُسٌ – تُوُسْوِسَ – يُتَوَسْوَسُ –مُتَوَسْوَسٌ

(예) 4형   اِطْمَأَنَّ – يَطْمَئِنُّ – مُطْمَئِنٌّ – اِطْمِئْنَانٌ – اُطْمُئِنَّ – يُطْمَأَنُّ – مُطْمَأَنٌّ

아랍어 학습자가 자주 보게 되는 4어근 동사들의 동명사형은 아래와 같다.

(예) 지진 زِلْزَالٌ , 증거 بُرْهَانٌ 등은 4어근 동사의 1형이고 진동 تَذَبْذُبٌ , 연속 تَسَلْسُلٌ 은 2형이다. 4어근 동사의 3형은 드물게 쓰이고 4형은 안심 اِطْمِئْنَانٌ 이란 어휘가 있다.

[더 생각해 보기]

다음은 알아흐람 이집트 신문에 나온 문장들이다. 오늘날 이집트인들의 현안과 시대상을 엿볼 수 있는 내용들이다.

① إِنَّ تَعَدُّدَ الزَّوْجَاتِ لَيْسَ مَقْصُودًا لِذَاتِهِ وَإِنَّمَا لِأَسْبَابٍ. 부인을 여럿 두는 것은 부인을 여러명을 갖는다는 데 그 목적이 있는 게 아니고 어떤 원인들이 있을 때에만 일부다처가 가능하다.

(참고) 꾸란은 일부다처를 언급하는데 일부다처는 샤리아의 목적을 실현하기 위하여 허용되었다(2010.5.10 25면).

② أَمَّا السَّلَفِيَّة الْمُعَاصِرَةُ فَهِيَ سَلَفِيَّةٌ مُقَلَّدَةٌ يَقِفُ اتِّبَاعُهَا عِنْدَ ظَاهِرِ النُّصُوصِ رَافِضِينَ لِلرَّأْي وَالْقِيَاسِ وَالتَّأْوِيلِ.

현대 살라피야(무함마드의 동료와 그의 제자들 그리고 그의 제자들의 삶의 방식을 따라감)는 모조품의 살라피야이다. 오늘의 살리피야가 개인적인 견해, 유추, 내적 의미의 주석을 거부하고 본문의 외적 의미만을 추구하기 때문이다(2010.5.10 25면).

③ قَضِيَّةُ " أَلْفُ لَيْلَةٍ وَلَيْلَةٍ" تَفْضَحُ الْجُمُودَ الْفِكْرِيَّ. 천일야화의 소송건은 상당수 이집트인들의 사고가 굳어져 있는 것을 드러내고 있다. 일부 이집트인들이 천일야화는 이집트 사회에서 소녀 유괴와 여러가지 성적 문제를 일으키는 원인이 된다고 보고 이 책의 판매를 중지해 달라는 소송이 있어왔다(2010.5.8 3면).

④ يَجْزِمُ وَزِيرُ الثَّقَافَةِ بِأَنَّ هُنَاكَ تَرَاجُعًا فِي جَمِيعِ مَنَاحِي الْإِبْدَاعِ. 문화부 장관은 모든 창의성

영역에서 쇠퇴하고 있다고 확신한다. 이집트 연극이 새로운 발돋음을 하고 있으나 이집트 영화는 창의성이 없어 영화제를 취소한다고 하였다(2010.5.8 3면).

⑤ النِّسَاءُ يَتَفَوَّقْنَ عَلَى الرِّجَالِ فِي الثَّقَافَةِ الإِسْلَامِيَّةِ. 이집트 여성들이 남자들보다 이슬람 문화 학습에서 뛰어난 결과를 보여주고 있다. 이집트 모스크와 이슬람문화 센터(مَرْكَزُ الثَّقَافَةِ الإِسْلَامِيَّةِ)에서 무료로 실시한 2년 과정의 종교교육이었다(2010.5.8 3면).

⑥ أَزْمَةُ الْمِيَاهِ بِالطَّبْعِ لَا تَقِفُ عَلَى مِصْرَ وَالسُّودَانِ وَلَكِنْ تَعَرَّضَتْ لَهَا مِنْ قِبَلِ سُورِيَا وَالْعِرَاقِ فِي الأَزْمَةِ مَعَ تُرْكِيَا حَوْلَ مِيَاهِ نَهْرِ الْفُرَاتِ، كَمَا تَعَرَّضَتِ الأُرْدُنُّ وَلُبْنَانُ لِلسَّطْوِ الاسْرَائِيلِيِّ عَلَى مِيَاهِ نَهْرِ الأُرْدُنِّ وَاللِّيطَانِيِّ.

물론 물 위기는 이집트와 수단의 관심사만은 아니다. 시리아와 이라크가 터키와 유프라테스 강의 물로 위기에 직면해 있고 또 요르단과 레바논이 요르단강 물과 리타니 강물에 대한 이스라엘 공격에 직면해 있었다(2010.5.16 11면).

37. 파생명사

파생명사는 어느 특정한 의미를 나타내기 위하여 동사의 자음들로부터 만들어진 명사들이다. 파생명사(اسْمُ الْمُشْتَقِّ)는 대부분 규칙적인 형태를 갖는데 능동분사. 수동분사, 시간장소명사, 유사 형용사, 횟수명사 등이 있다.

1형동사의 기본 패턴	파생명사	본래 의미
فَاعِلٌ	능동분사	동작을 행한 사람/ 사물
مَفْعُولٌ	수동분사	행해진 동작을 받는 사람/ 사물
مَفْعَلٌ، مَفْعِلٌ	시간장소명사	동작이 일어난 장소나 시간
سَمَاعِيٌّ (규칙이 없음)	유사 형용사	동작을 행한 사람/사물의 항시 형용의 의미
فَعْلَةٌ	한차례 명사	한번 동작이 일어남
(쪼개는기구 سَاطُورٌ 선풍기 مِرْوَحَةٌ) 규칙없음	도구 명사	동작을 수행하는 데 돕는 도구(타동사)

다음 표에서 현재 동사에서 능동분사와 수동분사를 만들어보고 동명사는 어떤 패턴으로 만들어졌는지 살펴보자.

동명사	수동분사	능동분사	현재 동사
규칙 없음	مَفْعُولٌ	فَاعِلٌ	يَفْعَلُ
تَفْعِيلٌ	مُفَعَّلٌ	مُفَعِّلٌ	يُفَعِّلُ
مُفَاعَلَةٌ ، فِعَالٌ	مُفَاعَلٌ	مُفَاعِلٌ	يُفَاعِلُ
إِفْعَالٌ	مُفْعَلٌ	مُفْعِلٌ	يُفْعِلُ
تَفَعُّلٌ	مُتَفَعَّلٌ	مُتَفَعِّلٌ	يَتَفَعَّلُ
تَفَاعُلٌ	مُتَفَاعَلٌ	مُتَفَاعِلٌ	يَتَفَاعَلُ
انْفِعَالٌ	없음	مُنْفَعِلٌ	يَنْفَعِلُ
افْتِعَالٌ	مُفْتَعَلٌ	مُفْتَعِلٌ	يَفْتَعِلُ

يَفْعَلُ	مُفْعَلٌ	없음	افْعِلَالٌ
يَسْتَفْعِلُ	مُسْتَفْعَلٌ	مُسْتَفْعِلٌ	اسْتِفْعَالٌ

동명사는 명사문의 주어와 동사문의 주어의 기능을 하는데 반하여, 능동분사와 수동분사는 문장에서 명사문의 주어, 술어의 기능을 한다.

① 주어로 쓰인 능동분사 (예).الْعَاقِلُ يَخْتَارُ الطَّرِيقَةَ الصَّحِيحَةَ (주어)

옳고 그른 것을 알고 생각할 줄 아는 사람은 올바른 길을 선택한다.

②술어로 쓰인 능동분사. (예).أَنَا شَاكِرٌ (술어) 제가 감사한 마음을 갖고 있어요.

지금까지 우리가 배운 명사 중에서 동명사(마스다르)도 아니고 파생 명사도 아닌 원형명사(الْأَسْمَاءُ الْجَامِدَةُ)가 있다. 그런데 이들 원형 명사가 파생되고 만들어지는 규칙은 없다.

사물의 이름 : بَحْرٌ، شَمْسٌ، قَمَرٌ، كُرْسِيٌّ، بَيْتٌ ..... (집, 의자, 달, 해, 바다)

동물의 이름 :.......كَلْبٌ، حِصَانٌ، فِيلٌ، قِطَّةٌ، غَزَالٌ (영양, 고양이, 코끼리, 말, 개)

인간의 신체 부위 :.....يَدٌ، رَأْسٌ، عَيْنٌ، أَنْفٌ (코, 눈, 머리, 손)

인간의 나이와 성에 따른 명사 : رَجُلٌ، امْرَأَةٌ، وَلَدٌ، بِنْتٌ، طِفْلٌ، هَرَمٌ، عَجُوزٌ .....

(노인, 노후(노년), 어린이, 딸, 아들, 여인, 성년의 남자)

▶신나는 단어장

سَمِعَ الْكَلَامَ.	그가 말을 들었다.
سَمِعَ إِلَى الْكَلَامِ.	그가 말에 귀를 기울였다.
سَمِعَ اللهُ دُعَاءَ الرَّجُلِ.	알라가 그 사람의 간구에 응답하였다.
سَمِعَ صَوْتَهُ.	그의 소리를 들었다.
سَمِعْتُ رَأْيَكَ.	나는 그의 생각을 이해했다.
سَمِعَ اللهُ لِمَنْ حَمِدَ.	알라는 감사해 하는 자를 받아주었다.

38.풀어쓴 동명사

앞에서 서술한 동명사는 순수 동명사로서 모두 동사로부터 온 명사(الاسْمُ مِنَ الْفِعْلِ)이고 이 때 동명사는 시제가 없다. 순수 동명사는 하나의 낱말이고 명사이지만 이 순수 동명사를 풀어쓰면 <불변사+ 동사>의 형태 즉 "풀어쓴 동명사형"을 갖는다. 풀어쓴 동명사는 동사가 들어 있어서 순수동명사보다 동작의 의미를 더 강하게 갖는다. 그러고 보면 순수 동명사와 풀어쓴 동명사가 동사와 명사와 동명사 등과 관련되어 있기 때문에 우리는 명사와 동사 그리고 동명사 등 각각의 특징을 의미 성분 분석을 통하여 서로 구분해 볼 필요가 있다.

~~~
①명사<+ 사람의 이름, +사물의 이름, -시제, -동작>
②동사< - 사람과 사물의 이름, + 시제, + 동작>
③순수 동명사 < -시제, + 동작, +사물의 이름>
④풀어쓴 동명사<-시제, + 동작, +사물의 이름>
⑤불변사 <- 이름, - 시제, - 동작>
⑥능동분사 <+ 이름, + 시제>
⑦수동분사 <+ 이름, - 시제>
~~~

불변사(مَا، أَنَّ، أَنْ)와 그 다음에 오는 낱말이 동명사로 풀어쓸 수 있는 경우, 이때 사용된 불변사를 '동명사의 불변사'(الْحَرْفُ الْمَصْدَرِيُّ)라고 부르며 때로는 مَا 가 부사적으로 쓰이기도 한다. 즉 풀어쓴 동명사는 أَنْ과 동사, أَنَّ와 명사와 술어, مَا 와 동사, كَيْ 와 동사, لَوْ 와 동사 등이 있다.

(예문)

قَرَّرَ الْمُحَافِظُ أَنْ يَبْنِيَ مَدِينَةً.

도지사가 한 도시를 건설하기로 결정하였다.

يَرَى أَنَّ تُرْكِيَا لَيْسَتْ قُوَّةً مُنَافِسَةً، بَلْ دَاعِمَةً لِلدَّوْرِ الْمِصْرِيِّ

터키는 경쟁 세력이 아니고 이집트의 역할을 지지해주는 나라라고 그는 생각한다.[51]

لَا بُدَّ أَنْ تَكُونَ الْمِنْطَقَةُ كُلُّهَا خَالِيَةً مِنَ الْأَسْلِحَةِ النَّوَوِيَّةِ.

그 지역 모두가 원자폭탄이 없어야 한다.

أَكَّدَ أَنَّ مِصْرَ تُرَحِّبُ بِالدَّوْرِ التُّرْكِيِّ فِي قَضَايَا مِنْطَقَةِ الشَّرْقِ الْأَوْسَطِ

이집트가 중동지역 문제에서 터키의 역할을 환영한다는 것을 그가 확인했다.

أَشَارَ إِلَى أَنَّ الْاسْتِثْمَارَاتِ التُّرْكِيَّةِ فِي مِصْرَ تَتَرَكَّزُ فِي مَجَالَاتِ النَّسِيجِ وَالْمَلَابِسِ الْجَاهِزَةِ.

이집트에서 터키의 투자는 주로 면직 분야과 기성복에 중점을 두고 있다고 그가 지적했다.

أَوْضَحَ وَزِيرُ التِّجَارَةِ وَالصِّنَاعَةِ أَنَّ تُرْكِيَا أَصْبَحَتْ سُوقًا كَبِيرًا.

터키가 큰 시장이 되었다고 상공부 장관이 밝혔다.

이제 동명사에 사용된 불변사들과 동사들이 어떻게 쓰이는지를 하나 하나 살펴보자.

(1) < أَنْ + 현재 동사(만숩)>

동명사는 시제를 나타내지 않는다. 현재 동사의 만숩을 갖는 أَنْ 역시 أَنْ 다음에 오는 현재 동사의 시제를 없애 시제의 의미가 없다. (تَجْعَلُ الْفِعْلَ الْمُضَارِعَ بَعْدَهَا بِدُونِ زَمَانٍ). 이미 말한대로 동사가 시제를 갖지 않을 때 그런 낱말을 동명사라고 하였다. 동사가 근거가 되어 생긴 명사를 순수 동명사 (مَصْدَرٌ صَرِيحٌ)라고 하고 < أَنْ + 현재 동사(만숩)>의 형식을 "마스다르 무아우왈"(مَصْدَرٌ مُؤَوَّلٌ)이라고 하는데 우리 말로는 "풀어쓴 동명사"라고 한다. 순수 동명사가 하나의 낱말로 되어 있는데 반하여 풀어쓴 동명사는 하나의 낱말을 두 개 이상의 낱말로 풀어 쓴 것을 의미한다.

---

⁵¹ بَلْ은 앞의 문장에 덧보태거나 대조하거나 조금 다른 내용을 제시할 때 사용되는 접속사이다.

그러면 순수 동명사와 풀어쓴 동명사 간의 차이는 무엇인가? 순수 동명사는 문장에서 하나의 낱말로 쓰이는 동명사이고 풀어쓴 동명사는 낱말 하나로 나타나지 않는 동명사이다. 가령 الدِّرَاسَة는 순수 동명사이고 이를 풀어쓴 (أَنْ أَدْرُسَ)는 풀어쓴 동명사다. 한국어로 옮기면 순수 동명사는 "공부"라는 뜻이고 풀어쓴 동명사는 "공부하는 것"이라고 할 수 있다. 그러면 <أَنْ + 현재 동사(만숩)> 형태는 항상 풀어쓴 동명사인가? 그렇다. 다음과 같이 풀어쓴 동명사는 문장 성분 즉 명사문의 주어, 술어, 동사문의 주어, 목적어가 될 수 있고 전치사 다음에도 쓰인다.

첫째, 풀어쓴 동명사가 목적어로서 목적격 자리에 있는 경우

قَرَّرَ المُحَافِظُ أَنْ يَبْنِيَ مَدِينَةً. (도지사가 도시 하나를 건설하는 것을 결정했다).
이 문장을 순수 동명사로 바꾸면, قَرَّرَ المُحَافِظُ بِنَاءَ مَدِينَةٍ 이 되는데 이 문장에서 순수 동명사 بِنَاء 가 동사의 목적어이다. 그러므로 풀어쓴 동명사는 목적어로서 목적격 자리에 있는 것이다.

둘째, 풀어쓴 동명사가 전치사 다음에 와서 소유격 자리에 있는 경우

فَلَا بُدَّ مِنْ أَنْ تَمُرَّ عَلَى جَزِيرَتَيْن. (너는 두 섬을 통과해야 한다).
이 문장을 순수 동명사가 있는 문장으로 바꾸면, فَلَا بُدَّ مِنَ المُرُور عَلَى جَزِيرَتَيْن 이 되고 여기에서 المُرُور가 전치사 다음에서 소유격이 되므로 풀어쓴 동명사는 전치사 다음에 소유격 자리에 있다.

셋째, 풀어쓴 동명사가 후연결어로서 소유격 자리에 오는 경우

لَا نَتْرُكُ سِول قَبْلَ أَنْ نَقْضِيَ سَاعَاتٍ فِي لَيْلِهَا المُضِيءِ. (우리는 불빛이 비치는 밤에 몇 시간을 지내기 전에는 서울을 떠나지 않을 것이다). 이 문장에서 풀어쓴 동명사를 순수 동명사로 바꾸면. لَا نَتْرُكُ سِول قَبْلَ قَضَاء سَاعَاتٍ فِي لَيْلِهَا المُضِيءِ. 가 되는데 여기서 قَضَاء 가 후연결어로서 소유격이므로 풀어쓴 동명사는 후연결어로서 소유격 자리에 있다.

넷째, 풀어쓴 동명사가 술어로서 주격자리에 오는 경우

فَالأَفْضَلُ أَنْ تُشَاهِدَ سِول فِي اللَّيْلِ. (밤에 서울을 구경하는 것이 네게 가장 좋다). 이 문장에서 풀어쓴 동명사를 순수 동명사로 바꾸면 فَالأَفْضَلُ مُشَاهَدَةُ سِول فِي اللَّيْلِ 이 되는데 이 문장에서 مُشَاهَدَة 는 주격의 술어이고 풀어쓴 동명사 أَنْ تُشَاهِدَ는 술어로서 주격 자리에 있다.

순수 동명사와 풀어쓴 동명사 간에는 의미가 거의 같고 같은 기능을 한다.

그러면 풀어쓴 동명사를 순수 동명사로 어떻게 바꿀 수 있을까? 풀어쓴 동명사는 <أَنْ + 현재 동사(만숩)>으로 되어 있는데 풀어쓴 동명사 안에 있는 현재 동사가 목적어와 함께 오기도 하고 목적어와 함께 오지 않기도 한다.

첫째, أَنْ 다음에 현재 동사(만숩)가 목적어를 동반하지 않으면 순수 동명사로 바꿀 때 순수 동명사에 정관사 ال 을 접두시킨다.

تَسْتَطِيعُ التَّحَدُّثَ عَنِ الأَدَبِ الكُورِيِّ.◄ تَسْتَطِيعُ أَنْ تَتَحَدَّثَ عَنِ الأَدَبِ الكُورِيِّ.

네가 한국문화에 대하여 이야기할 수 있다.

둘째, أَنْ 다음에 현재 동사(만숩)가 목적어를 동반하면 순수 동명사로 바꿀 때 순수 동명사에 정관사 الـ 을 접두시키지 않고 순수 동명사를 전연결어로 사용한다. 위와 같은 방식은 풀어쓴 동명사를 순수 동명사로 바꿀 때 반드시 따라야 하는 법은 아니고 대부분의 경우 그렇게 된다는 것이다. 다음 예문들은 풀어쓴 동명사를 순수 동명사로 바꾼 문장들이다.

هَلْ يُمْكِنُ تَلْخِيصُ هَذَا الدَّرْسِ؟ → هَلْ يُمْكِنُ أَنْ تُلَخِّصَ هَذَا الدَّرْسَ؟

이 단원을 요약할 수 있어요?

عَرَفْتُ اِهْتِمَامَكَ بِتَارِيخ كُورِيَا. → عَرَفْتُ أَنَّكَ مُهْتَمٌّ بِتَارِيخ كُورِيَا.

네가 한국 역사에 관심이 있다는 것을 내가 알았다.

(2) ⟨أَنْ + 명사(주어)+ 술어⟩

⟨أَنْ + 현재 동사(만숩)⟩ 이외에 ⟨أَنْ + 명사(주어)+ 술어⟩가 풀어쓴 동명사가 된다. 풀어쓴 동명사는 앞에서 보았던 것처럼 문장의 위치에 따라 각각의 다른 기능을 갖는다. 본래 أَنْ는 그 다음에 오는 명사의 격을 바꾸는 불변사인데 이 불변사(أَنْ)는 그 다음에 오는 명사문과 أَنْ 불변사 이전에 오는 문장 사이를 연결하여준다. 예를들면 فَاعْلَمْ أَنَّكَ تَتَحَرَّكُ (네가 움직이고 있다는 것을 알아라)는 풀어쓴 동명사가 목적어로서 목적격 자리에 있다. 이 문장 안에 있는 풀어쓴 동명사를 순수 동명사로 바꾸면 فَاعْلَمْ تَحَرُّكَكَ(너의 움직임을 알아라)이고 순수 동명사와 풀어쓴 동명사 간에는 의미도 같고 기능도 같다.

(예) فَأَخْبَرُوهُ بِأَنَّهُ صَقْرٌ.   그것이 매(새의 일종)라고 그들이 그에게 알렸다.
    (전치사 다음에 오는 풀어쓴 동명사는 소유격자리에 있다)

ظَنَنْتُ أَنَّ الْأَوْلَادَ يَشْرَبُونَ شَايًا <= ظَنَنْتُ شُرْبَ الْأَوْلَادِ شَايًا

나는 아이들이 차를 마시고 있다고 생각했다.
(풀어쓴 동명사는 목적어로서 목적격 자리에 있다)

▶ 신나는 단어장

وَدَّعَ الرَّجُلُ صَدِيقَهُ.	남자가 그의 친구(우정과 성실함을 가진 사람)를 배웅했다.
الْكِتَابُ صَدِيقُ الطَّالِبِ.	책은 학생의 필수품(떼어 놓을 수 없는 물건)이다.
التَّاجِرُ الْأَمِينُ يُحِبُّهُ النَّاسُ.	사람들은 말과 행동에서 진실한 상인을 좋아한다.
أَمِينُ الْمَكْتَبَةِ.	도서관장
أَمِينُ السِّرِّ.	비밀을 떠 맡은 사람, 법원이나 검찰에서 법적 결정에 필요한 주요 정보를 아는 사람.

39.시간 장소 명사

시간부사와 장소부사(ظَرْفُ الزَّمَان، ظَرْفُ المَكَان)، 시간장소 명사(اسْمُ المَكَان والزَّمَان)), 시간
장소 목적어(المَفْعُول فِيه) 간의 용어상 혼동이 있을 수 있다. 사실 아랍어 문법에서 시간
부사, 장소부사는 시간 장소 목적어라는 말과 같다. 그런데 시간장소 명사는 동사에서
파생되는 명사들이어서 시간부사, 장소부사와 다르다. 시간부사와 장소부사는 문장에서의
기능을 갖고 언제 혹은 어디서의 대답으로 등장하는 어휘들이다. 그러나 시간 장소 명사는
낱말의 종류로서 동사에서 만들어지는 명사이다. 즉 동일한 어휘가 시간 명사와 장소
명사의 의미로 쓰이기도 하고 시간 명사 혹은 장소 명사 등 각각의 의미만을 갖기도 한다.
그래서 <시간장소 명사>라고 하고 <시간 명사>와 <장소 명사>로 각각 분리하여 말하지
않는다. 시간 부사(아침에, 한달에, 밤에)나 장소부사(위에, 아래에, 앞에, 뒤에)는 "언제"와
"어디서"라는 질문에 대한 답을 주는 것이고 장소 명사는 장소를 나타내는 명사(병원,
학교 등)를 말하며 시간 명사는 시간을 나타내는 명사(약속시간 등)를 가리킨다. 그리고
첨가 동사에서 온 시간장소 명사는 수동분사와 동일하다.

①ذَهَبَ عُمَرُ إلَى القَاهِرَةِ فِي الصَّبَاح   오마르는 아침에 카이로에 갔다.

القَاهِرَةُ مَذْهَبُ عُمَرَ (장소명사) 카이로는 오마르가 간 곳이다.

الصَّبَاحُ مَذْهَبُ عُمَرَ (시간명사) 아침은 오마르가 간 시간이다.

②أرْسَلَ إبْرَاهِيمُ خِطَابًا إلَى يُوسُفَ مَسَاءً فِي البَيْتِ   이브라힘은 집에서 저녁에 유수프에게 편지를
보냈다.

الخِطَابُ مُرْسَلٌ مِنْ إبْرَاهِيمَ. (수동분사)   편지는 이브라힘으로부터 보냄을 받은 것이다.

المَسَاءُ مُرْسَلُ الخِطَاب. (시간 명사)   어제는 편지가 보냄을 받은 날이다.

البَيْتُ مُرْسَلُ الخِطَاب. (장소 명사)   집은 편지가 보냄을 받은 장소이다.

③ذَهَبَ عُمَرُ إلَى القَاهِرَةِ فِي الصَّبَاح   오마르는 아침에 카이로에 갔다.

القَاهِرَةِ مَذْهَبُ عُمَرَ (장소명사)   카이로는 오마르가 간 곳이다.

الصَّبَاحُ مَذْهَبُ عُمَرَ (시간명사)   아침은 오마르가 간 시간이다..

시간장소 명사는 동작이 일어난 시간이나 장소를 나타내기 위한 것이므로 동사에서
파생되는 명사들이 있다.

(1) 1형 동사가 3자음 동사일 때, 시간장소 명사는 현재 동사의 중간 모음이 /a,u/ (يَفْعُل
يَفْعَل) 이면 مَفْعَل 형을 갖는다.

(예) مَذْهَبٌ - يَذْهَبُ > ، مَدْخَلٌ - يَدْخُلُ> ،مَشْرَبٌ، مَكْتَبٌ> - يَكْتُبُ

(참고) مَدْرَسَة - يَدْرُسُ >

يَفْعُل 형이 시간 장소 명사 مَفْعِل 형을 갖는 것은 드물다.

(예) مَغْرِبٌ>-يَغْرُبُ ، مَشْرِقٌ > - يَشْرُقُ

(2) 만일 현재 동사의 중간 모음이 /i/(يَفْعِل)일 때, 셋째 어근이 강자음이면(즉 알리프 ا 나
와우 و 가 아니면) 시간 장소 명사는 مَفْعِل 형을 갖는다.

(예) مَضْرِبٌ - يَضْرِبُ ، مَنْزِلٌ > -يَنْزِلُ

(3) 3자음 동사가 아닌 첨가 동사(2형-15형)이면 시간장소 명사는 수동 분사형과 동일하다. 즉 현재 동사의 첫자음을 /mu/로 대체시키고 낱말의 끝에서 두번째 자음의 모음이 /a/이다. (예) مُسْتَشْفَى ، مُسْتَوْدَعٌ .

(4) يَفْعَلُ ، يَفْعُلُ 형이 약동사이면 시간장소 명사는 مَفْعَلٌ 형이다.

(예) مَجْرًى <- يَجْرِي ، مَمْشًى <- يَمْشِي

그런데 시간 장소 명사인지 혹은 수동분사인지를 쉽게 분간이 안 될 때가 있다. 그럴 경우에는 문장 안에서만 구분이 된다. 그래서 아랍어 학습은 최소한 문장 단위로 해야 한다. 1형동사에서 오는 시간장소 명사는 현재 동사의 두번째 어근이 갖는 모음에 따라 시간장소 명사의 끝에서 두번째 모음이 결정된다는 것을 알 수 있다. 그리고 해당 낱말이 수동분사인지 시간장소명사인지는 문장의 의미를 보고 알아낸다. 다음 예문을 읽어보라.

الشَّخْصُ الَّذِي نَسْتَقْبِلُهُ. : الرَّئِيسُ مِيُونْغْبَاك إِي مُسْتَقْبَلٌ فِي كُوبِنْهَاجِن.

우리가 맞이할 사람 : 이명박 대통령은 코펜하겐에서 영접받는 분이다.

الزَّمَانُ الَّذِي نَسْتَقْبِلُ فِيهِ ضَيْفَنَا : الفَجْرُ مُسْتَقْبَلٌ الرَّئِيسُ الكُورِيُّ فِي كُوبِنْهَاجِن.

우리가 손님을 맞이할 시간: 새벽은 코펜하겐에서 한국대통령을 맞이할 시간이다.

المَكَانُ الَّذِي نَسْتَقْبِلُ فِيهِ ضَيْفَنَا : مَطَارُ كُوبِنْهَاجِن مُسْتَقْبَلٌ الرَّئِيسَ الكُورِيَّ فِي دَانِمَارْك .

우리가 손님을 맞이할 장소: 코펜하겐의 공항은 덴마크에서 한국 대통령을 맞이하는 장소이다.

※ 다음 각 문장의 끝에 적절한 장소명사를 넣으시오.

المَكَانُ الَّذِي نَدْخُلُ مِنْهُ هُوَ

المَكَانُ الَّذِي نَمُرُّ مِنْهُ هُوَ

المَكَانُ الَّذِي نَنْزِلُ فِيهِ هُوَ

المَكَانُ الَّذِي نَجْلِسُ فِيهِ هُوَ

المَكَانُ الَّذِي نَطْبُخُ فِيهِ هُوَ

المَكَانُ الَّذِي نَسْتَشْفِي فِيهِ هُوَ

المَكَانُ الَّذِي نُشَاهِدُ فِيهِ المَسْرَحِيَّاتِ هُوَ

그러나 시간 장소 명사가 시간 장소의 의미 이외에 다른 의미를 갖는 경우가 있는데 역시 문장에서만 구분이 된다.

أَعْطَيْتُ صَدِيقِي مَوْعِداً اليَوْمَ.   내가 오늘 친구에게 <u>만날 약속</u>을 제시했다.

مَوْعِدُ الدَّرْسِ الثَّامِنَةِ صَبَاحاً.   수업이 이뤄지는 <u>시간</u>은 아침 8시이다.

مَوْعِدُنَا مَعَ الإِخْوَةِ أَمَامَ الحَدِيقَةِ.   우리가 형들과 만날 <u>장소</u>는 공원 앞이다.

40. 한차례 명사, 자세 명사, 도구 명사

한 차례 명사(اِسْمُ الْمَرَّةِ)는 동작이 한번 일어났다는 것을 나타낸 동명사이고 원형 동사에서 파생된 한차례 명사는 فَعْلَة 형이다. (예) خُطْوَةٌ 한 걸음[52], ضَرْبَةٌ 한번 때림

그리고 첨가 동사에서 온 한차례 명사는 동명사형을 취하고 어미에 ة 을 접미시킨다. 일반적이고 포괄적인 동작을 가리키는 명사와 개별적이고 개개의 동작을 가리키는 명사들이 대조를 이루어 사용되면 전자는 자주 남성형으로, 후자는 동작의 개별적인 사례나 동작이 한번 일어난 것을 가리키므로 여성형으로 사용되는 한차례 명사를 사용한다. (예) رَقْصٌ 춤, رَقْصَةٌ 한번의 춤. 복수형 رَقَصَاتٌ تَقْلِيدِيَّةٌ 전통적인 춤들.

그런데 دَعْوَةٌ، زِيَارَةٌ 등과 같이 타 마르부따로 끝나는 명사가 한차례 명사가 되려면 وَاحِدَةٌ 이라는 형용사를 붙인다.

자세 명사는 동작이 일어날 때 동작의 자세를 나타내는 명사(اِسْمُ الْهَيْئَةِ)인데, 3자음 동사일 경우 فِعْلَة 형이다. (예) اجلِسْ جِلْسَةَ الْمُنْتَبِهِ (조심하는 자의 자세로 앉아라).

도구 명사(اِسْمُ الْآلَةِ)는 도구에 의하여 동작이 있게 되는 명사인데 과거에는 3가지 형태가 도구 명사로 쓰였다. مِفْعَلٌ (줄) مِبْرَدٌ, مِفْعَالٌ (톱) مِنْشَارٌ, مِفْعَلَة (빗자루) مِكْنَسَةٌ 등이다. 그런데 카이로 아랍어 학술원에서 네번째 도구 명사로 فَعَّالَة (세탁기 غَسَّالَةٌ)를 추가하였고 그 뒤에 فِعَالٌ، فَاعِلَةٌ، فَاعُولٌ 등의 도구 명사형을 추가하였다. (예) رِبَاطٌ، سَاقِيَةٌ، سَاطُورٌ

▶신나는 단어장

هَذَا زَوْجُ فَاطِمَةَ(=بَعْلُهَا).	이 분은 파띠마의 배우자(남편)입니다.
الْعَدَدُ زَوْجٌ أَوْ فَرْدٌ.	수가 짝수 혹은 홀수입니다.
حَمَلَ نُوحٌ مَعَهُ زَوْجًا مِنْ كُلِّ حَيَوَانٍ.	누흐가 그와 함께 각 동물의 암수 한 쌍을 실었다.
أَحْضَرَ زَوْجًا مِنْ كُلِّ نَوْعٍ.	각 종류별 두 개씩 그가 가져왔다.
طَارَتِ الطُّيُورُ زَوْجًا زَوْجًا.	새들이 둘씩 둘씩(짝지어) 날았다.
هُوَ زَوْجٌ وَهِيَ زَوْجٌ.	그는 남편(배우자)이고 그녀는 부인(배우자)이다.

41. 시간 부사와 장소 부사

시간부사(ظَرْفُ الزَّمَانِ)는 동작이 일어나는 시간을 나타내는 낱말이고, 장소부사(ظَرْفُ الْمَكَانِ)는 동작이 발생한 장소를 가리킨다. "언제"라는 질문에 대한 대답으로 오는 목적격 명사가 시간부사이고 "어디서"라는 질문에 대한 대답으로 오는 명사가 장소 부사이다. 부사로 사용되는 시간 부사와 장소 부사는 다음과 같다[53].

(예) كَتَبَهَا يَوْمًا مَا مُؤَرِّخٌ كُورِيٌّ. 　한국인 역사가가 <u>어느날(언젠가)</u> 그것을 썼다.

فِي الْحَدِيقَةِ نَخْلَةٌ عَارِيَةٌ لَا تُثْمِرُ صَيْفًا وَلَا شِتَاءً. 정원에 있는 벌거벗은 야자수는 <u>여름이나 겨울이나</u> 열매를 맺지 않는다.

---

[52] 아랍어 낱말이 한 가지 모음 구조를 갖는 게 아니고 어떤 낱말은 동일 낱말인데도 서로 다르게 발음되기도 한다. خُطْوَة 으로 발음하면 복수형은 خُطْوَات이 되고 만일 خَطْوَة 으로 발음하면 복수형은 خَطَوَات، خَطْوَات으로 발음한다.

[53] 아랍어 명사에는 명사, 형용사, 부사 등이 다 포함된다.

لَيْسَ فِي بَيْتِهِ الْيَوْمَ غَيْرُ الْخُبْزِ.	그의 집에는 빵이 없는 날이 없다.

خَرَجَ الشَّابُّ لَيْلًا.	젊은이가 밤에 나갔다.

هَلْ أُسَافِرُ إِلَى كُورِيَا غَدًا؟	제가 내일 한국에 갈까요?

عَادَ فَوْرًا إِلَى كُورِيَا.	그가 즉시 한국으로 돌아갔다.

위 밑줄친 낱말들에 해당하는 아랍어 낱말들은 시간부사이다. 언제라는 질문에 대한 대답을 줄 수 있는 낱말들이다. 그러나 이들 낱말들이 항상 시간부사인 것은 아니다. 언제라는 질문에 대한 답이 되지 못하는 경우에는 이들 낱말은 일반 명사로 취급된다. (예). وَاصَلَ اللَّيْلَ بِالنَّهَارِ. 밤 낮으로 계속했다.

(이 문장에서 밤이라는 낱말은 목적어이고 시간 부사는 아니다.)

시간부사	장소부사
غَدًا ، صَبَاحًا، مَسَاءً ، لَيْلًا، دَقِيقَة ،صَيْفًا، شِتَاءً، عَامًا، يَوْمَ، شَهْرَ، سَاعَة، دَقِيقَة، ثَانِيَة، لَحْظَة، دَائِمًا، فَوْرًا	فَوْقَ ، تَحْتَ ،شَمَالَ ، جَنُوب ،خَلْفَ، وَرَاءَ، جَانِب
بَعْدَ / قَبْلَ / عِنْدَ	بَعْدَ / قَبْلَ / عِنْدَ
أَمْس / مُنْذُ / الْآنَ / قَطُّ (어말 모음이 고정된 일부 부사들)	هُنَا / هُنَاكَ /مَعَ / حَيْثُ

아래와 같이 시간 부사와 장소 부사는 항상 목적격이다.

① أَذَاكِرُ اللُّغَةَ الْعَرَبِيَّةَ صَبَاحًا فِي الْحَدِيقَةِ تَحْتَ الْأَشْجَارِ

       장소부사   시간부사

나는 아침에 정원에 있는 나무 아래에서 아랍어를 공부한다.

② سَأَنْتَظِرُكَ السَّنَةَ الْقَادِمَةَ فِي كُورِيَا   내년에 한국에서 너를 기다리겠다.

       시간 부사

سَأَدْرُسُ اللُّغَةَ الْكُورِيَّةَ مِنَ السَّنَةِ الْقَادِمَةِ   내년에 내가 한국어를 공부할 것이다.

     소유격명사

다음 문장을 읽어 보고 시간 부사의 특징을 말하라.

اِقْرَأِ الْآنَ.	지금 읽어라.

رَأَيْتُ حُلْمًا أَمْسِ.	나는 어제 꿈[54]을 꾸었다(꿈에서 뭔가를 보았다).

ظَلَّتْ حَيْثُ كَانَتْ مُنْذُ مِئَاتِ السِّنِين.	수백년 이래 지금까지 지속되었다.

위의 모든 시간 부사가 목적격을 갖는 것은 아니다. 아예 일부 시간 부사는 어말 모음이 변하지 않는다. 그 예로는 أَمْس ، مُنْذُ ، الْآنَ ، قَطُّ 등이 있다. 또 두 개의 부사가 겹쳐서 사용되면 두개의 부사는 하나의 낱말로 간주되고 각 어미에 /a/모음을 붙인다.

يَجِب أَنْ نَحْمَدَ الله صَبَاحَ مَسَاءَ.	우리는 알라에게 아침과 저녁으로 감사해야 한다.

---

[54] 아랍어 성경에서는 요셉이 꾼 꿈(حُلْم)과 사도행전에서 바울의 환상(رُؤْيَا)을 구분한다. 아랍 무슬림들은 رُؤْيَا 는 알라에게서 온 것이고 حلم 은 사탄에게서 온 것이라고 하면서 유수프가 رُؤْيَا를 보았다고 한다.

الْجَزِيرَةُ الْعَرَبِيَّةُ جَنُوبَ غَرْبَ آسِيَا.   아라비아 반도는 아시아의 남서쪽에 있다.

هُوَ لَيْسَ مُمْتَازًا وَلَيْسَ ضَعِيفًا، هُوَ بَيْنَ بَيْنَ.

그것은 아주 잘 한 것도 아니고 형편 없는 것도 아니고 중간이다.

다음 문장들을 읽어보시오.

كَانَ الشَّابُّ يَجْلِسُ تَحْتَ النَّخْلَةِ.   젊은이가 야자수 <u>아래에</u> 앉아 있었다.

تَجِدُهُ خَلْفَ الْمَدْرَسَةِ.   네가 학교 <u>뒤에서</u> 그걸 찾을 수 있을 거야.

يَعِيشُ فِي بَيْتٍ قَدِيمٍ وَرَاءَهُ حَدِيقَةٌ مَهْجُورَةٌ.   그는 오래된 집에 사는데 그 집의

<u>뒷 편에는</u> 버려진 정원이 있다.

위에 문장들에서 밑줄친 낱말에 해당하는 아랍어 낱말들이 장소부사들이다. "어디에"라는
질문에 대한 답으로 쓰인 낱말들이 장소부사이다. 장소부사로서 어말 모음이 고정된
부사는 هُنَا ، هُنَاكَ ، مَعَ ، حَيْثُ 등이 있다. 장소부사라고 하더라도 "어디에"라는 대답으로
쓰이지 않는 낱말은 장소부사가 아니다.

(예) أَحْفُرُ مِنْ تَحْتِ الشَّجَرَةِ.   나무 밑에서부터 내가 파고 있다.

다음 예문들을 살펴보라.

① الْآنَ أُحِبُّ اللُّغَةَ الْعَرَبِيَّةَ   이제 나는 아랍어를 좋아한다.

시간 부사(목적격의 자리에)

② مِنَ الْآنِ سَأُذَاكِرُ   지금부터 나는 집에서 공부할 것이다.

시간 부사(소유격의 자리에)

③ مَاذَا مَعَكَ هُنَا؟   너는 여기서 무엇을 가지고 있니?

장소부사(목적격의 자리에)

④ هُنَا يَعِيشُ أَحْمَدُ وَهُنَاكَ يَعِيشُ مُحَمَّدٌ   여기서 아흐마드는 살고 있고 그 곳에는 무함마드가

살고 있다.

⑤ مَاذَا هُنَالِكَ؟   그 곳에 무엇이 있어요?

⑥ هُنَاكَ طَالِبٌ كُورِيٌّ.   그 곳에는 한국인 학생이 있어요.

⑦ الطُّلَّابُ هُنَاكَ   학생들이 거기에 있습니다.

장소부사(술어의 주격 자리에)

그런데 아랍어에는 시간 부사도 되고 장소 부사도 되는 낱말들(قَبْلَ ، بَعْدَ ، بَيْنَ ، عِنْدَ)이
있다. 다음 두 문장에서 밑줄친 낱말은 시간부사이지만 문장에 따라서는 장소부사가 될 수
있다.

(예). لَمْ يَعْرِفْهُ الْعَرَبُ مِنْ قَبْلُ   전에는 아랍인들이 그것을 몰랐다.

كَانَ الطَّالِبُ يَجْلِسُ تَحْتَ الشَّجَرَةِ كُلَّ يَوْمٍ بَعْدَ عَوْدَتِهِ مِنْ عَمَلِهِ.

그 학생은 일에서 돌아온 다음에 매일 나무 아래에 앉아 있곤 했다.

다음 문장에서 시간부사인지 장소부사인지를 확인해 보라.

أُذَاكِرُ بَعْدَ الظُّهْرِ   (나는 오후에 집에서 공부한다)

시간

الوَلَدُ يَقِفُ بَعْدَ السَّيَّارَةِ   (아들이 자동차 뒤에 서 있어요)
　　　　장소

أَنَامُ بَيْنَ السَّاعَةِ الخَامِسَةِ وَالسَّاعَةِ السَّابِعَةِ (나는 5시와 7시 사이에 잔다)
　　　　　시간

مُحَمَّدُ يَجْرِي بَيْنَ النَّاس (무함마드는 사람들 사이에서 뛴다)
　　　　장소

　　동작이 발생한 장소를 더욱 분명하게 해주는 명사들(وَسْطَ- دَاخِلَ- بَيْنَ- عَنْدَهُمْ) 혹은 동작이 발생하는 시간을 분명하게 해주는 명사들(الآنَ – سَاعَةَ- يَوْمًا- أَحْيَانًا – قَبْلَ- طَوَالَ – اليَوْمَ)은 목적격명사로서 부사(الظَّرْف)라고 부른다. هُنَاكَ، هُنَا는 목적격이 표시되지는 않았지만 장소부사이다. 방향을 나타내는 명사들(فَوْقَ- تَحْتَ – قُدَّامَ – وَرَاءَ – خَلْفَ – أَمَامَ – يَمِينَ- شِمَالَ)은 장소부사이다. 그리고 حَيْثُ는 /u/모음으로 항상 어말모음이 변하지 않는 장소부사이고 문장이 후연결어로서 뒤따라온다. أَمْسِ는 항상 /i/모음으로 어말모음이 불변하는 시간 부사이다. حَيْثُ 는 장소부사이고 의미가 정해지지 않아(مُبْهَم), 그 의미를 정해주기 위하여 حَيْثُ 다음에 오는 문장 혹은 명사들을 후연결어로 갖는다.

(예) حَيْثُ إِنَّ المُتَّهَمَ بَرِيءٌ إِلَى أَنْ تَثْبُتَ إِدَانَتُهُ فَمِنَ الوَاجِبِ أَلاَّ يُعَامَلَ مُعَامَلَةَ المُذْنِبِينَ.
　　피의자는 혐의가 인정될 때까지는 무죄이므로 죄인 취급을 받아서는 안 된다.

　　여기서 حَيْثُ 는 재판 언어(لُغَةُ القَضَاء)에서 판사가 어느 사건을 판결(حُكْم)하는데 그 근거가 되는 모든 원인들을 후연결어로 갖는다.

(예) حَيْثُ إِنَّ المُتَّهَمَ قَدْ ضُبِطَ فِي مَكَانِ الجَرِيمَةِ، وَحَيْثُ إِنَّ الشُّهُودَ قَدْ رَأَوْهُ مُمْسِكًا بِالسِّكِّين فِي يَدِهِ.
　　피의자가 혐의 장소에서 잡혔고 그곳에서 증인들이 그가 그의 손에 칼을 들고 있는 것을 보았다.

※ 다음 문장에서 부사의 종류를 구분하라.
　　تَقَعُ الجَزَائِرُ غَرْبَ تُونِسَ وَشَرْقَ المَغْرِبِ. 알제리는 튀니지의 서쪽, 모로코의 동쪽에 위치한다.
　　سَنُقَابِلُكَ غَدًا إِنْ شَاءَ الله. 우리는 내일 너를 만날거야. 그렇게 되길 바란다.
　　شَاهَدْتُهُ وَاقِفًا أَمَامَ المَكْتَبَةِ. 나는 도서관 앞에 서 있는 그를 보았다.
　　تَجِدُ كَلِمَةَ "فَرْحَان" فِي القَامُوس تَحْتَ الجِذْرِ : ف-ر-ح. 너는 사전에서 어근 f-r-H 란에서 파르한이란 낱말을 찾을 수 있다.
　　إِذَا قَرَأْتَ صَحِيفَةً عَرَبِيَّةً صَبَاحَ كُلِّ يَوْمٍ تَحَسَّنَتْ لُغَتُكَ العَرَبِيَّةُ. 매일 아침 아랍어 신문을 읽으면 너의 아랍어는 좋아질 것이다.
　　وَرَاءَ كُلِّ عَظِيمٍ امْرَأَةٌ. 모든 위대한 일 뒤에는 여성이 있다.
　　الجَنَّةُ تَحْتَ أَقْدَامِ الأُمَّهَاتِ. 파라다이스는 어머니들의 발들 아래에 있다.

42.불변사

아랍어 불변사(حَرْف، أَدَاة)는 말 그대로 어말이 불변한다. 낱말의 어말 모음이 항상 불변한다는 데에서 '불변사'란 이름이 붙여졌다. 다시 말하면 아랍어 명사는 낱말의 어말이 격에 따라 주격, 소유격, 목적격으로 변하고 아랍어 동사 중 현재 동사는 마르푸으(자립형), 만숩(의존형), 마즈줌(소실형)에 따라 어말 모음이 /u, a, 수쿤(무모음)/으로 바뀌지만 불변사는 이런 어말 모음의 변화가 없다. 형태소로 쓰이는 아랍어 불변사에는 전치사, 접속사, 제외사, 호격사, 의문사 등이 있다. 예(فِي إِلَى عَلَى إِنَّ أَنْ لَا).

아랍어 불변사는 홀로는 의미를 가질 수 없고 반드시 명사나 동사 앞에 접두되어 사용된다. 명사, 동사, 불변사 이외에 아랍어에는 동사의 의미를 갖는 동사성명사(اسْمُ فِعْلٍ)가 있다. 그 예로는 صَهِ=اُسْكُتْ (조용히 해), إِلَيْكَ=خُذْ (가져 가), تَعَالَ=حَيَّ (오라) 등이 있다. 동사의 의미를 갖는 명사들 즉 동사성명사는 동사의 뜻을 가지면서 어미가 늘 불변한다. 그리고 의성어(اسْمُ صَوْتٍ)도 있다.

▶ 신나는 단어장

عِنْدَهُ بِنْتٌ صَغِيرَةٌ.   그에게는 어린 딸이 있다.

يُصَادِقُ الْفَاسِقُ بَنَاتِ اللَّيْلِ(=بَنَاتُ الْهَوَى).

알라의 법령 준수(farD)를 알면서도 실천하지 않는 무슬림[55]이 밤의 여자들을 사귄다.

هَذِهِ الْقَصِيدَةُ مِنْ بَنَاتِ أَفْكَارِي   이 시는 내 생각과 머리에서 나온 것이다.

وَصَلَ وَلَدُ السَّيِّدِ مون   문 씨의 아들(자녀)이 도착했다.

الْحَيَوَانَاتُ تُحِبُّ وَلَدَهَا.   동물들은 그가 낳은 모든 새끼들을 좋아한다.

(* 여기서 "왈라드"는 복수의 의미이다).

يَا وَلَدِي.   내 아들아! (사랑과 애정을 표현하는 말이다)

لِمُحَمَّدٍ ابْنٌ مُجْتَهِدٌ.   무함마드에게 열심히 공부하는 아들이 있다.

أَعْطَى الصَّدَقَةَ لِابْنِ السَّبِيلِ.   그는 여행객에게 자발적인 헌금을 주었다.

سَطَا عَلَى الْمَالِ ابْنُ اللَّيْلِ.   도둑이 돈을 강도질했다.

اللهُ سَيِّدُ الْكَوْنِ.   알라는 우주의 창조주이다.

قَوْلُ الرَّسُولِ سَيِّدُ الْأَقْوَالِ .   라술(무함마드)의 말은 가장 고귀한 지위를 갖는 말이다.

السَّيِّدُ الرَّئِيسُ   다른 사람을 존경하기 위한 칭호(예, 대통령에게).

---

[55] 알라의 법령 준수(farD)를 부인하는 자는 카피르(비무슬림)이고 알라의 명령을 알면서도 지키지 않는 무슬림은 파시끄이다. 이슬람법의 의무(wājib)를 부인하는 자는 카피르는 아니다. 이슬람법의 의무를 지키지 않는 사람이 파시끄이다.

43.전치사

명사 앞에 놓이는 불변사(حَتَّى - مِنْ - عَنْ - عَلَى - فِي - كَ- بِ- لِ- إِلَى)들을 전치사(حَرْف الجَرّ)라고 하는데 이들 전치사 뒤에 오는 명사는 소유격(마즈루르:المَجْرُور)을 갖는다. 위 전치사들 중 오직 كَ/ka/ 만은 자기 뒤에 인칭대명사를 소유격으로 갖지 않는다.

الدُّوَلُ العَرَبِيَّةُ كُلُّهَا أَعْضَاءٌ مِنْ جَامِعَةِ الدُّوَلِ العَرَبِيَّةِ.
아랍 국가 모두가 아랍 연맹의 회원이다.

سَافَرْنَا مِنْ كُورِيَا الجَنُوبِيَّةِ إِلَى تُونُسَ بِالطَّائِرَةِ.
우리는 한국에서 비행기로 튀니지로 여행갔다.

وَضَعَ الأُسْتَاذُ الخَرِيطَةَ الكُورِيَّةَ عَلَى الحَائِطِ.
그 교수가 한국 지도를 벽에 걸었다.

يَقَعُ لُبْنَانُ وَالعِرَاقُ فِي قَارَّةِ آسْيَا.
레바논과 이라크는 아시아 대륙에 위치한다.

الجَوُّ فِي مِصر حَارٌّ فِي الصَّيْفِ كَالجَوِّ فِي الكُوَيْتِ.
이집트의 기후는 쿠웨이트의 날씨처럼 덥다.

أَشْعُرُ اليَوْمَ بِفَرَحٍ وَسَعَادَةٍ كَبِيرَيْن.
오늘 나는 큰 기쁨과 행복을 느낀다.

هَذِهِ العِبَارَةُ فِي الحَقِيقَةِ دُعَاءٌ عَلَى الشَّخْصِ، لا دُعَاءٌ لَهُ.
이 표현은 사실 사람을 위한 기원이지 사람에게 부탁하는 기원은 아니다.

الأَهْرَامُ فِي مِصرَ وَالسُّودَان.
피라미드들은 이집트와 수단에 있다.

أَنَا كُورِيٌّ أُحِبُّ كُورِيَا أَكْثَرَ مِنْ كُلِّ البِلَادِ.
나는 한국인으로서 한국을 다른 나라보다 더 사랑한다.

أُحِبُّ كُورِيَا كَمَا هِيَ.
나는 한국을 있는 그대로 사랑한다.

يَخَافُ عَلَى ابْنِهِ.
그는 아들을 염려한다.

يَخَافُ مِنَ الأَسَدِ.
그는 사자를 무서워한다.

전치사 لِ

전치사 لِ /li/는 (실)명사와 인칭 대명사 앞에 붙어서 다음과 같은 의미를 갖는다.

1) 소유나 덧보태진 장소에 사용된다.

هَذَا شَايٌّ لَكَ، وَهَذِهِ قَهْوَةٌ لِي.
이 것은 네 홍차이고 이 것은 내 커피다.

دَخَلْنَا مِنْ بَابٍ لِلْمَدْرَسَةِ.
우리가 학교의 문을 통하여 들어갔다.

2) إِلَى 의 의미로 쓰인다.

يَمْشِي كُلَّ يَوْمٍ مِنَ البَيْتِ لِلْمَدْرَسَةِ فِي الصُّبْحِ.
그가 매일 아침에 집에서 학교로 걷는다,

يَرْجِعُ لِلْبَيْتِ فِي المَسَاءِ.
그가 저녁에 집으로 돌아간다.

3) 시간 명사와 함께 쓰인다.

دَرَسَ اللُّغَةَ الكُورِيَّةَ لِعَامٍ فِي دِمَشْقَ.
그가 다마스커스에서 1년동안 한국어를 배웠다.

عِشْتُ لِعَامَيْن فِي وَاشِنْطُن.
나는 워싱턴에서 2년동안 살았다.

4) 왜(لِمَاذَا) 혹은 누구의(لِمَنْ)라는 말의 대답으로 쓰인다.

نَعْمَلُ لِلسَّلَامِ.
우리는 평화를 위하여 일한다.

ذَهَبْتُ إِلَى مَعْهَدِ الخُرْطُوم الدُّوَلِيِّ لِغَيْرِ النَّاطِقِينَ بِهَا لِدِرَاسَةِ اللُّغَةِ العَرَبِيَّةِ الفُصْحَى.
현대 문어 아랍어를 공부하려고 비원어민을 위한 카르툼 국제 대학원에 내가 갔다.

أَذْهَبُ إِلَى المَعْهَدِ لِأَدْرُسَ اللُّغَةَ العَرَبِيَّةَ الفُصْحَى.
현대 문어 아랍어를 공부하려고 내가 전문 대학원에 간다.

아랍어 어휘들 중에 "가지고 있다"라고 생각되는 낱말들이 있는데 사실 실제 의미는 조금씩 차이가 있다.

① مَعِي (يُصَاحِب) ; 내가 무엇을 동반하는 경우이다. 돈 가방을 가지고 갈 경우에 해당된다.

② عِنْدِي (يَتَسَلَّط) : 내가 식당에 있다고 할 경우나 집에 있다고 할 경우에 해당된다.
عِنْدَ المَطْعَم (식당에서), عِنْدَ الدُّكْتُور (박사 댁에서); 누군가가 관할하는 지역에 들어 가는
경우에 عِنْدَ 를 쓸 수 있다.

③ لِي (يَمْتَلِك) : 내 호주머니에 돈이 있다고 할 때 적용된다.

④ لَدَيَّ (بَيْنَ لِي وَعِنْدِي) : 내가 관할할 수 있는 영역이나 내가 소유한 것을 가리킨다.

전치사 مِنْ

전치사 مِنْ 은 (실)명사 (اسْمٌ ظَاهِرٌ) 와 인칭대명사 (ضَمِير) 와 함께 쓰일 때 다음과 같은 의미를 갖는다.

(1) 장소의 시작

مَشَيْتُ مِنَ البَيْتِ إلى الجَامِعَةِ.　　　　나는 집에서 대학교로 걸어갔다.

تَذْهَبُ الرِّحْلَةُ مِنَ الشَّرْقِ إلى الغَرْبِ.　　여행은 동양에서 서양으로 간다.

(2) 시간의 시작

يَدْرُسُ كُلَّ يَوْمٍ مِنَ الصَّبَاحِ إلى المَسَاءِ.　　그는 매일 아침부터 저녁까지 공부한다.

نَعْمَلُ مِنْ أعْوَامٍ فِي الجَامِعَةِ الكُورِيَّةِ.　　우리는 수년전부터 한국대학교에서 일하고 있다.

(3) '-의 일부'라는 의미를 갖는다.

يَذْهَبُ الطُّلَّابُ إلى مَرْكَزِ اللُّغَاتِ فِي الصَّبَاحِ، مِنْهُمْ مَنْ يَذْهَبُ بِالبَاصِ، وَمِنْهُمْ مَنْ يَذْهَبُ
بِالسَّيَّارَةِ، وَمِنْهُمْ مَنْ يَمْشِي.

학생들이 언어교육원으로 아침에 간다. 일부는 버스로 가는 사람이 있고 일부는 차로 가는 사람이 있고 일부는 걸어서 가는 사람도 있다.

كُورِيَا مِنْ أجْمَلِ بِلادِ الدُّنْيَا.　　　　한국은 세상에서 가장 아름다운 나라 중 하나다.

(4) "-으로 구성되어 있다", "- 으로 만들어진"의 의미를 갖는다.

هَذَا الصَّلِيبُ مِنَ الذَّهَبِ.　　　　　　이 십자가는 금으로 만들어져 있다.

هَذَا المَكْتَبُ مِنْ خَشَبٍ.　　　　　　이 책상은 나무로 되어 있다.

(5) 기타

يَوْمٌ مِنَ الأيَّامِ　　　　　　　　어느 날

مَا مِنْ كَنِيسَةٍ بِدُونِ صَلِيبٍ.　　　　십자가가 없는 교회는 없다.

► 신나는 단어장

البِنْتُ جَمِيلَةٌ كَالقَمَرِ.　　딸이 달처럼 아름답다.

كَأَنَّ البِنْتَ قَمَرٌ.　　딸이 달과 같다.

البِنْتُ جَمِيلَةٌ كَمَا القَمَرُ.　　달이 아름다운 것처럼 딸이 아름답다.

التَّعْلِيمُ كَالمَاءِ والهَوَاءِ.　　교육은 물과 공기와 같다[56].

전치사 ب

전치사 ب 다음에는 명사나 인칭대명사가 온다.

(1)수단이나 중개자의 의미.

أَكْتُبُ بِالقَلَمِ.　　펜으로 나는 쓴다.

أَذْهَبُ إِلَى المَدْرَسَةِ بِالسَّيَّارَةِ.　　나는 자동차로 학교에 간다.

(2)"함께"라는 의미

دَخَلَ البَيْتَ بِالطَّعَامِ.　　그가 집에 음식을 들고 갔다.

يُكَلِّمُ الوَلَدُ أَبَاهُ بِأَدَبٍ.　　아들이 아버지께 예의바르게 말씀드린다.

(3)값과 값어치의 의미

اِشْتَرَيْتُ فَاكِهَةً بِثَلاَثَةِ جُنَيْهَاتٍ.　　과일을 3파운드 어치 샀다.

الكِتَابُ بِجُنَيْهٍ.　　그 책은 1파운드입니다.

(4) في 의 의미로 쓰인다.

أَسْكُنُ بِشَارِعِ الجُولف.　　나는 골프 거리(거리 이름이 골프)에 산다.

يَنَامُ النَّاسُ عَادَةً سَاعَتَيْنِ بِالنَّهَارِ.　　사람들은 보통 낮에 2시간을 잔다.

(5) قَبْلَ، بَعْدَ 뒤에서 어느 기간을 나타낼 때 쓰인다

أَنْزِلُ مِنْ بَيْتِي قَبْلَ العَمَلِ بِسَاعَةٍ.　　나는 일하기 1시간 전에 집에서 내려간다.

يَذْهَبُ إِلَى بُوسَان بَعْدَ بِدَايَةِ الإِجَازَةِ بِأُسْبُوعٍ.

그가 휴가가 시작된 뒤 일주일 후에 부산에 간다.

(6)그 밖의 여러 의미로 쓰인다.

العَيْنُ بِالعَيْنِ وَالسِّنُّ بِالسِّنِّ.　　눈은 눈으로, 이는 이로.

سَأُسَافِرُ إِلَى بَارِيس السَّنَةَ القَادِمَةَ بِإِذْنِ اللهِ　　알라가 허락하시면 내년 파리로 여행갈거야.

بَعْدَ أَنْ أَدْرُسَ اللُّغَةَ الكُورِيَّةَ سَأَدْرُسُ اللُّغَةَ العَرَبِيَّةَ إِنْ شَاءَ اللهُ (بِمَشِيئَةِ اللهِ).

한국어를 공부한 다음에 알라가 원하면 아랍어를 공부할 것이다.

---

[56] '교육은 물과 공기와 같다'는 말은 이집트의 일간지 만화에 나오는 말이다. 이집트에서는 물과 공기가 오염되어 있다는 것을 다 아는 사실이다. 그런데 이집트 교육이 물과 공기와 같다는 말은 교육이 오염되어 있어 공교육에 문제가 많다는 말이다.

전치사와 접속사 حَتَّى

إِسْتَمَرَّ هَذَا حَتَّى نِهَايَةِ السِّتِّينَاتِ.   이것이 60년대 말까지 계속되었다.
أَكَلْتُ السَّمَكَةَ حَتَّى ذَيْلَهَا.   나는 생선을 꼬리까지 먹었다.
دَرَسْتُ حَتَّى الجَامِعَةِ.   나는 대학까지 공부하였다.

위 세 문장은 " 그 한도에 이르렀다(بُلُوغُ الغَايَةِ)를 나타낸다. 첫 문장은 60년대 말까지 어떤 상태가 계속되었다는 말이고 60년대 이후에는 그 상태가 바뀌었다는 것이다. 두번째 문장은 생선의 꼬리에 이르렀을 때 그만 두었다는 의미이다. 세번째는 내가 공부를 시작하여 대학까지 공부를 했다는 의미이다. 모두 공통점은 حَتَّى 다음에 소유격명사가 오므로 이 불변사는 전치사라는 점이다.

نِهَايَةُ الفِيلمِ يَجِبُ أَنْ تَكُونَ سَعِيدَةً، حَتَّى نِهَايَةُ الفِيلمِ الحَزِين.

영화의 끝이 행복해야 하는데 도리어 영화가 슬프게 끝났다.
أَكَلْتُ السَّمَكَةَ حَتَّى ذَيْلَهَا.   나는 생선을 먹는데 심지어 꼬리까지 먹게 되었다.
أَنْوَاعُ الدِّرَاسَةِ كُلُّهَا صَعْبَةٌ حَتَّى الجَامِعَةِ.   모든 공부가 어려운데 하물며 대학이야 더 어렵다.

위 세 문장의 의미는 حَتَّى 뒤에 오는 명사들이 حَتَّى 앞에 오는 것의 지배하에- 예기치 않게- 들어간다는 뜻이다. 첫 문장은 영화의 끝이 행복해져야 하는데 예기치 않게 슬프게 끝나는 것으로 접어들었다는 것이다. 둘째 문장은 사람들은 꼬리를 안 먹는데도 불구하고 나는 생선을 먹을 때 꼬리까지 먹게 되는 상황에 이르렀다는 말이고 셋째 문장은 모든 공부가 어려운데 사람들이 예상하지 않는 대학까지 공부하기에 이르렀다는 의미이다. 이 세 문장의 حَتَّى 는 접속사이고 이 접속사 앞의 것과 뒤에 오는 낱말들이 주격,소유격, 목적격 등 동격을 갖는다.

전치사 عَلَى
(1) فَوْقَ (위에)의 의미.
جَلَسْتُ عَلَى الكُرْسِي.   나는 의자 위에 앉았다.
(2) '-가까이'의 의미.
وَجَدْنَا عَلَى البَابِ أَحَداً.   우리는 문 가까이에서 한 사람을 보았다.
شَبَابُ مِصْرَ الحَقِيقِيُّ لَيْسُوا عَلَى الفِيس بُوك.   이집트의 참된 젊은이들은 페이스북을 자주 하지 않는다.(* 실제 이집트 청소년들이 페이스북을 너무 많이 애용하므로 이집트 알아흐람 신문이 청소년 선도를 위한 목적으로 위와 같이 게재하였다).
(3) '빚이 있다'의 의미.
عَلَى التَّاجِرِ دُيُونٌ كَثِيرَةٌ.   상인에게는 빚이 많다.
(4) '-해야한다'의 의미
عَلَيْكَ أَنْ تُذَاكِرَ دُرُوسَكَ.   네가 배운 것을 집에서 공부해야한다.
(5) (기원문) '알라여'의 의미가 들어 있다.
اللَّعْنَةُ عَلَى الشَّيْطَانِ   (알라여!) 사탄을 저주해 주세요.

السَّلَامُ عَلَيْكُمْ.　네가 평안하기를 기원한다(무슬림 간의 인사말)

رَحْمَةُ اللهِ عَلَيْهِ.　그에게 알라의 자비가 있기를 기원한다.

(6) '가지고 있다'의 의미.

هُوَ عَلَى مَعْرِفَةٍ بِالشِّعْرِ.　그에게 시에 대한 지식이 있다.

(7) '-에 근거하여'의 의미

سَيُعْطِي الأَبُ وَلَدَهُ نُقُودًا عَلَى أَنْ يُذَاكِرَ كَثِيرًا.
아버지가 아들에게 집에서 공부 많이 하라고 돈을 주실 겁니다.

سَأَقُولُ لَكَ شَيْئًا عَلَى أَلاَّ تَقُولَهُ لِأَحَدٍ.
아무에게도 네가 말하지 않을 것으로 보아 내가 네게 뭔가 말해줄거다.

(8) '-에 반대하여, - 적대하여'의 의미.

غَضِبْتُ عَلَيْكَ.　나는 너에게 화를 냈다.

خَرَجَ الجَيْشُ عَلَى الحَاكِمِ.　군대가 통치자에게 반란을 일으켰다.

(9) 기타

القَاهِرَةُ هِيَ أَكْبَرُ المُدُنِ العَرَبِيَّةِ عَلَى الإِطْلَاقِ.
카이로는 어느 면으로 보나 가장 큰 아랍의 도시들 중의 하나다.

لا أَشْرَبُ الخَمْرَ عَلَى الإِطْلَاقِ.　나는 절대로 술을 마시지 않는다.

غَدًا يَحْتَفِلُ المِصْرِيُّونَ بِأَقْدَمِ الأَعْيَادِ المِصْرِيَّةِ عَلَى الإِطْلَاقِ.　내일 이집트인들은 어김없이 가장
오래된 이집트 절기 중의 하나를 맞는다.

عَلَى قَذْرِ الإِمْكَانِ　가능한 한

عَلَى الرَّأْسِ.　기꺼이

باللهِ عَلَيْكَ　제발 간청합니다.(이집트에서는 잘 쓰이지 않는 표현).

(10) 형용사 다음에 쓰인다.

ذلك صَعْبٌ عَلَيَّ.　그것은 나에게 어렵다.

전치사 عَنْ

(1) '-관하여'의 의미.

حَدَّثْتُ ابْنِي عَنِ الإِسْلَامِ.　나는 이슬람에 대하여 우리 아들과 이야기를 나눴다.

(2) '-를 지나 다른 곳으로 가다'의 의미.

سَافَرْتُ عَنْ كُورِيَا.　나는 한국을 떠나 (다른 곳으로) 여행을 갔다.

(3) '잠시 후에' 라는 의미.

عَمَّا قَلِيلٍ أَذْهَبُ إِلَى المَطَارِ.　나는 잠시 후에 공항에 갈 것이다.

(4) 'عَلَى'의 의미로 쓰인다.

بَخِلَ الغَنِيُّ عَنِ الفُقَرَاءِ.　부자가 가난한 사람들에게 인색했다.

(5) 'ب'의 의미로 쓰인다.

مَا أَنْطِقُ عَنْ كَذِبٍ.　나는 거짓말을 하지 않는다.

(6) 어떤 정보의 근거를 나타낸다.

حُكِي عَنِ المَسِيحِ.　알마시흐의 말에 근거하여 전해진 것이다.

(7) '-으로부터'라는 의미이다.

اجْتَنَبَ عَنِ الطَّعَامِ.   음식을 피했다.

ابْتَعَدَ الطَّالِبُ عن بَلَدِهِ.   학생이 이민을 갔다.(고국을 떠났다).

ابْتَعَدَ عَنِ الشَّرِّ .   그는 악을 멀리했다.

(8) 기타

رَضِيَ اللهُ عنْهُ.   알라가 그를 기뻐하시기를 빈다(기원문).

44. 전치사 또는 부사 منذ، مذ

مُنْذُ، مُذْ 는 아랍학자들마다 품사의 분류가 다르다. 혹자는 전치사라고 하여 그 다음에 오는 명사는 소유격이고 혹자는 부사라고 하여 그 다음에 오는 명사는 후연결어이다. 전치사로 볼 지, 부사로 볼 지는 독자에게 맡긴다. 다만 이들 불변사 뒤에 오는 명사는 언제나 소유격이라는 점이다. 그 용례를 살펴보자.

(1) 어떤 일이 일어난 시간 동안(for)

يَعْمَلُ مُنْذُ شَهْرَيْنِ كَمُتَرْجِمٍ.   그는 두 달 동안 번역사로 일한다.

(2) 행동이 시작된 과거의 어느 특정 시간부터(since)

كَانُوا مُصْطَفِّينَ مُنْذُ الصَّبَاحِ الْبَاكِرِ.   그들이 아침 일찍부터 줄 서 있었다.

(3) 현재시간부터 계산하여 과거의 어느 시간(ago)

كَانَ قَدْ بَعَثَ إِلَيْهِ مُنْذُ ثَلاَثَةِ أَسَابِيعَ.   그는 3주 전 이미 그에게 편지를 보냈다.

(4) مُنْذُ 와 함께 현재 완료의 의미를 갖는다.

يَعْمَلُ فِي الْمَرْكَزِ مُنْذُ شَهْرَيْنِ.   그는 두 달 전부터 센터에서 일하고 있다.

[더 생각해 보기]

아랍어 낱말의 뜻을 사전에서 찾고 싶을 때 어떤 방식으로 찾을 수 있을까? 아랍어 낱말의 어근-패턴 체계를 알면 낱말 구조의 80-85%에 해당하는 의미 정보를 알게 된 것이다.

① 어근과 패턴을 구별한다.   مُصَابَرَةٌ←(صبر)، خَطَّاطٌ←(خط)، دَرْسٌ←(دَرَسَ)

② 동사는 3인칭 남성 단수 과거형을 찾는다.   دِرَاسَةٌ←(دَرَسَ)

③ 파생명사나 동명사의 패턴을 알면 어근을 구별해낼 수 있다.

(دَرَسَ)←دُرُوس، مدرسة، مدرِّس، دراسة

④ 약자음과 함자가 들어 있는 어휘들은 금방 어근을 알기 어려울 때가 있다. 그 때는 약자음이나 함자가 있었을 것 같은 자리에 약자음이나 함자를 넣어보고 나서 사전을 찾아본다.   خذ←(أَخَذَ)، قُل←(قول)،امْش←(مشي)، هبة←(وهب)

⑤ 변형된 자음 혹은 첨가된 자음이나 모음을 제거한다.

أُسْبُوعٌ← (سبع) ، اصطدم←(صدم)، اتَّصل←(وصل)، ازدحم← (زحم)

⑥ 동사 하나에 여러 개의 동명사들이 있을 수 있다는 것을 기억한다.

كَتْبٌ، كِتَابٌ، كِتْبَة، كِتَابَةٌ ← (كَتَبَ)

⑦ 낱말의 패턴과 파생 체계를 알고 어휘들 간의 의미 관계를 파악한다. 우선 사전에서 어휘적 의미(lexical meaning)를 알고난 뒤, 내가 읽을 텍스트에서 상황적 의미(contextual meaning)를 알아보고 어말의 모음이 변화하는 문법적 의미(grammatical meaning)를 확인한다.

45. 불필요한 전치사

아랍어 문장에는 가끔 반드시 필요하지 않는 전치사들이 있다. 물론 이렇게 불필요한 전치사인지를 알려면 문장을 해석해 보아야 한다.

مَا مِنْ مُطْرِبٍ أَوْ مُطْرِبَةٍ نَجَحَ.	남자 가수도 여가수도 합격하지 못하였다.
هَلْ مِنْ صَدِيقٍ حَقِيقِيٌّ؟	진짜 친구이냐?
مَا اللهُ بِظَالِمٍ لِلْعِبَادِ.	알라가 인간에게 부당하게 하지 않는다.

위 첫 문장에서 مَا 는 부정을 나타내어 그 다음의 명사문을 부정하므로 전치사는 불필요하다. 둘째 문장은 의문사로 시작하고 명사문의 주어 앞에 전치사가 있는데 역시 이 전치사는 불필요하다. 셋째 문장은 لَيْسَ 의 기능을 하는 مَا 가 있고 술어 앞에 전치사가 있는데 이 전치사는 불필요하다. 이렇게 불필요한 전치사가 오면 그 다음에 오는 명사는 형태적으로(لَفْظًا) 소유격의 모양을 가지게 하나 문장 성분(مَحَلًّا)에는 변화가 없다. 즉 첫 문장에서 مُطْرِبٍ 은 명사문의 주어라는 성분은 변화하지 않았으나 낱말의 형태는 소유격을 갖는다. 이런 불필요한 전치사 다음에는 항상 명사가 오고 유사 문장은 절대로 오지 않는다.

1. 다음 글을 읽고 지금까지 배운 품사들을 찾아 보시오.

사도 신경 إِقْرَارُ الإِيمَانِ

أُومِنُ بِاللهِ الآبِ الضَّابِطِ الكُلِّ خَالِقِ السَّمَاءِ وَالأَرْضِ وَبِرَبِّنَا يَسُوعَ المَسِيحِ ابْنِهِ الوَحِيدِ الَّذِي حُبِلَ بِهِ بِالرُّوحِ القُدُسِ وُلِدَ مِنْ مَرْيَمَ العَذْرَاءِ وَتَأَلَّمَ عَلَى عَهْدِ بِيلاطُسَ البُنْطِيِّ وَصُلِبَ وَمَاتَ وَقُبِرَ وَقَامَ أَيْضًا فِي اليَوْمِ الثَّالِثِ مِنَ الأَمْوَاتِ وَصَعِدَ إِلَى السَّمَاءِ وَهُوَ جَالِسٌ عَنْ يَمِينِ اللهِ الآبِ الضَّابِطِ الكُلِّ وَسَيَأْتِي مِنْ هُنَاكَ لِيَدِينَ الأَحْيَاءَ وَالأَمْوَاتَ وَأُومِنُ بِالرُّوحِ القُدُسِ وَالكَنِيسَةِ المُقَدَّسَةِ الجَامِعَةِ وَبِشَرِكَةِ القِدِّيسِينَ وَبِمَغْفِرَةِ الخَطَايَا وَبِقِيَامَةِ الأَمْوَاتِ وَبِالحَيَاةِ الأَبَدِيَّةِ. آمِين.

2. 다음 아랍 노래를 읽으면서 다음 질문에 답하시오.

يَا رَاوِينِي يَا يَسُوعُ بِحَنَانَكَ حَيَاتِي هِيَ رِضَاكَ

إِنْتَ يَا رَبِّي فَرْحَةِ قَلْبِي أَنَا عَايِشْ هِنَا بَاسْتِنَّاكَ

يَا رَافِعَ رَاسِي فِي الضِّيق يَا مَجْدِي يَا أَغْلَى صَدِيق

يَا حَبِيبِي يَا مِنَوَّر عُمْرِي يَا فَادِي يَسُوع مَا أَحْلَاك
هَلِّلُويَا هَلِّلُويَا قلْبِي ثَابِت وَأَنَا وَيَّاك هَلِّلُويَا هَلِّلُويَا أَنَا لِيَّ مَكَان في سَمَاك.

(번역: 당신의 인자하심으로 나에게 갈증을 풀어주시는 예수님! 내 인생이 당신을 기쁘게 하는 것입니다. 주님 당신은 내 마음의 기쁨이시고 나는 여기서 살면서 주님을 기다리고 있습니다. 내가 고통 중에 있을 때 나의 머리를 일으켜 주시는 분, 나의 영광이요, 가장 고귀한 친구입니다. 나의 사랑하는 이여, 내 인생에 빛을 주시는 분이여! 나의 구주여! 예수님이 가장 아름답습니다. 할렐루야. 내 마음은 흔들리지 않고 나와 주님과 함께, 할렐루야, 나는 주님이 계시는 하늘에 내 장소가 있어요).

1) 함자가 빠진 부분들을 모두 찾으시오.

2) 이 노래에 나오는 노래의 대상이 되는 모든 낱말들을 고르시오.

3) 놀람의 구문(감탄문)을 찾으시오.

3. 다음 글을 읽고 질문에 답하시오.

لِلْمَسِيحِيَّةِ تَارِيخٌ فِي مِصْرَ. دَخَلَتْ مِصْرَ المَسِيحِيَّةُ مَعَ دُخُولِ القِدِّيسِ مُرْقُسَ البَشِير. كَثِيرَةٌ الكَنَائِسُ فِي القَاهِرَةِ،
مِنْهَا القَدِيمُ كَالْكَنِيسَةِ المُعَلَّقَةِ وكَنِيسَةِ مَارْ جِرْجِس بِمِصْرَ القَدِيمَةِ، ومِنْهَا الجَدِيدُ كَكَاتِدْرَائِيَّةِ السَّيِّدَةِ العَذْرَاءِ بِمَدِينَةِ
نَصْرٍ. والكَنِيسَةُ فَوْقَهَا قُبَّةٌ كَبِيرَةٌ أَوْ بُرْجٌ مُرْتَفِعٌ، وفَوْقَ البُرْجِ الصَّلِيبُ الكَبِيرُ.
يَذْهَبُ المَسِيحِيُّونَ إِلَى الكَنِيسَةِ يَوْمَ الأَحَدِ، يُرَدِّدُونَ الصَّلَوَاتِ والتَّرَانِيمَ، وَيَسْمَعُونَ القِرَاءَاتِ مِنَ الكِتَابِ المُقَدَّسِ
وَوَعْظَ الرَّاعِيَ.

기독교는 이집트에서 역사가 있다. 기독교는 이집트에 복음전도자 마가 성인의 입국과 함께 들어왔다. 카이로에는 교회들이 많다. 그 중에는 오래된 것으로 구 이집트에 있는 무알라까 교회, 조지 성인의 교회들이 있고 새로운 것으로는 나스르 시에 있는 성모 마리아 성당이 있다. 교회 위에는 큰 돔(dome)이나 높은 탑이 있고 탑 위에는 큰 십자가가 있다. 기독교인들은 주일날 교회에 가서 기도와 찬양을 하고 성경 읽는 것을 듣고 목사의 설교를 듣는다.

1) 2격 명사와 현재 동사들을 찾으시오.

2)연결형을 모두 찾으시오.

3)전치사를 모두 찾으시오.

[어휘력 쌓기].
(1) 꾸란과 이슬람 용어
البَرْدُ القَارِسُ 혹한, إِسْرَائِيل 이스라엘, طَوَائِف 교파들, العِيدُ الكَبِيرُ (이슬람의) 큰 명절(희생절), عِيدُ الأَضْحَى 희생절(순례 후 무슬림들이 지키는 명절로 양이나 소 등을 잡아 가족과 친척들이 먹는 날), عِيدُ الفِدَاءِ الاِسْلَامِيُّ الكَبِيرُ (이슬람의 희생 명절), شِيك 수표 صَكّ(صُكُوك) 채권, اللُّوبِي الإِيرَانِيُّ 이란의 로비, الأَصَابِعُ الإِيرَانِيَّةُ، الأَيْدِي الإِيرَانِيَّةُ 이란의 손아귀, حَرْبُ الإِرْهَابِ الأَمْرِيكِيَّةِ 미국의 테러와의 전쟁, تَنْظِيمُ القَاعِدَةِ 알카에다 조직, أَحْدَاثُ سِبْتَمْبِر عَامَ 2001 فِي بِلَادِنَا السُّنِّيَّةِ 우리 순니 국가에서, 2001년 9월 사건, حُكْمٌ مَنْسُوخٌ 무효화된 판결, نَاسِخٌ دَلِيلٌ 무효화시키는 증거, الأَعْرَاب 베드윈, العَقَائِد 교리, الدِّيَّة 피값, الإِكْرَاهُ عَلَى العَقِيدَةِ 종교를 강요함, الصَّحَابَة 무함마드의 동료, التَّفْسِير 주석,

يَوْمُ القِيَامَةِ 부활의 날 [57], أَهْلُ الذِّمَّةِ/ الذِّمِّيُّون 딤미들(무슬림과 계약하에 있는 사람들, 기독교인과 유대교인들), الكَافِر (이슬람의 율법과 6 가지 기둥을 지키지 않는 사람), العِلَّة 유력한(영향력 있는) 원인, العَامُّ وَالخَاصُّ 일반(국가나 공공)과 특정(개인), الأَحْنَاف 하나피 파, الحَنَابِلَة 한발리 파, الحُدُود 꾸란이 규정한 처벌, عَقْدٌ فَاسِدٌ 불완전한 계약, الغَزْوُ الفِكْرِيّ 지적 침략, غَرِيزَةُ البَقَاء 생존 본능, غَرِيزَةُ التَّدَيُّن 종교적 본능, الجِهَاد 지하드(이슬람식 투쟁), الفِقْه (인간이 만든) 법률, الخَرَاج 토지세, شَرْعِيّ وَقَانُونِيّ 이슬람법의 그리고 일반법의, عَقْدُ النِّكَاح 혼인 서약, الاِسْتِشْرَاق 오리엔탈리즘, جَائِزَة 법적으로 가능한, اِضْطِرَارًا 긴급한 경우에만 법적으로 허용되는, فَرْضُ عَيْن (알라의 명령에 대한) 각 개인의 법적 의무, المُجْتَهِدُون 꾸란이나 순나에서 새롭고 실제적인 법률을 이끌어낼 수 있는(reasoning) 사람들, المَحْظُور 금지된, القِيَاس 법적 유추, الحَقُّ وَالبَاطِلُ 참과 거짓, الحُقُوقُ وَالوَاجِبَاتُ 권리와 의무, الحَرَام 의무 이행의 위반, الغَلَط 고의적인 실수, عُيُوبُ الرِّضَى 증거로 생각되었으나 실제는 아님, شُبْهَةُ الدَّلِيل 사건과 관련된 기존 사실을 공부하고 이해함, تَحْقِيقُ المَنَاطِ 규정된 이슬람식 복장을 하지 않은 여성, اِمْرَأَةٌ مُبْتَذِلَة 칼리파에게 충성하는 것을 거절하는 사람들, البُغَاة 칼리파에게 충성 맹세를 한 사람, مُبَايَعَةُ الخَلِيفَة 망명을 요청하는 사람들, المُسْتَأْمِنُون 평화 협정하에 있는 국가의 사람들, أَهْلُ الصُّلْح 무력으로 함락된 국가의 사람들. أَهْلُ العَنْوَة 메카와 메디나의 왕. خَادِمُ الحَرَمَيْن 지브릴 천사 [58] رُوحُ القُدُس

(2) 아랍어 성경 용어

ابْنُ اللهِ [59] 하나님의 아들, خَلَاصٌ 구원, فِدَاءٌ 속죄 [60], تَسْبِيحٌ (찬송), سَرْمَدِيَّةُ اللهِ 하나님의 영원성, تَرْنِيمَةٌ مِيلَادِيَّة 성탄 찬양곡, وِلَادَةُ يَسُوعَ 예수의 탄생, قِيَامَةُ المَسِيح 그리스도의 부활, قَامَ الرَّبُّ 주님이 부활하셨다, الوَسِيطُ الوَاحِدُ 유일하신 중보자, العِبَادَةُ الحَقِيقِيَّةُ 참 예배, بَارِكِي يَا نَفْسِي الرَّبَّ 내 영혼아! 주님을 찬양하라, يَغْفِرُ الذُّنُوبَ 그가 죄들을 용서하신다, الكَنِيسَة 교회, الصَّلَاة 기도, تَسْبِيحُ الثَّالُوثِ 삼위일체 찬미, تُعَلِّي اسْمَ الرَّبِّ 주님의 이름을 높여

---

[57] 이슬람에서 최후의 날(اليوم الآخر)은 < يوم البعث 사망 후 혼이 육체로 되돌아감, يوم القيامة (혼이 육체로 되돌아 간 다음에) 죽은 자들이 무덤에서 살아남, يوم الحَشْر 한 장소로 모임, يوم الحِسَاب 지상에서 행한 무슬림의 행동에 대하여 알라가 계산함, الساعة 그 때>등의 이름들로 불리운다.

[58] 아랍어 رُوحٌ 라는 단어는 "영혼, 혼, 정신" 등으로 뜻풀이할 수 있는데 아랍 기독교인들에게는 이 단어는 영혼이나 혼보다는 "영, 성령"을 가리킨다. 그러나 아랍 무슬림들은 일반적으로 이 어휘를 다른 의미로 사용한다. 가령 الرُّوحُ العَطَاء 는 "주는 정신"이란 말이고 رُوحُ الفَرِيق 는 "팀 정신"이란 말이다. 아랍어 성경에서 رُوحُ القُدُس 는 성령을 가리키고 성령은 하나님의 영을 가리킨다. 그래서 رُوحُ اللهِ 는 하나님의 영이란 말이고 진리의 영이며 그리스도의 영이다. 그러나 꾸란에 나오는 رُوحُ القُدُس 는 주로 지브릴 천사를 가리키는 말이고 때로는 '혼(soul)'이란 의미로도 쓰인다. 이집트 신문에 الأب الروحي للكمبيوتر(컴퓨터의 정신적 아버지)라는 말을 사용하였는데 그 때 '루후'라는 말은 '정신'이란 의미이다.

[59] 프랑스어 바바 누웰 بَابَا نُويل 는 영어로 산타클로스를 말하는데 일부 이슬람국가에서는 12월 25일을 전후하여 산타클로스 복장 رِدَاء سَانْتَا كِلُوز 을 한 아랍인들이 길가에서 물건을 파는 것을 볼 수 있다. 아랍 무슬림들은 사우디 아라비아의 메카의 카아바 신전을 بَيْتُ الله(알라의 집)이라고 하나 아랍 기독교인들은 교회를 بَيْتُ الله 라고 한다. 콥트 기독교인들은 사제를 قِسِّيس /asis/라고 하지 않고 أَبُونَا (우리의 아버지)라고 한다. 이 말은 모든 콥트 사제는 혼인을 반드시 한 후 사제 임직을 하므로 가정을 꾸리고 있어 그가 자녀들의 아버지와 같아서 이를 상징적으로 부르는 명칭이다. 그러나 교황과 비숍은 قُدْسُ أَبُونَا /ods abūna/라고 부르거나 사이두나 سَيِّدُنَا 라는 호칭을 사용한다. 이슬람에서는 무함마드를 포함하여 모든 예언자들을 사이두나라고 칭하고 아랍기독교인들은 예수 그리스도를 사이두나라고 한다.

[60] 기독교의 속죄는 예수 그리스도께서 십자가에 돌아가시고 그의 죽으심으로 인하여 우리의 죄가 용서받았으므로 이슬람과 무슬림이 사용하는 فِدَاءٌ 의 개념과 다르다.

드리다, شَرِكَةُ المُؤْمِنِين 성도들의 교제, تَأْتِي نُفُوسٌ كَثِيرَةٌ إِلَى اللهِ 하나님께 많은 영혼들이 돌아온다, وَازِنُ الأَفْكَار 사고의 균형자, اِحْمِنَا مِنْ هَذَا المَرَض (하나님) 이 질병으로부터 우리를 보호해 주세요,

وَعْدُ اللهِ يُحَقَّقُ نَشْكُرُكَ مِنْ كُلِّ قُلُوبِنَا 우리의 마음으로부터 주님께 감사드립니다, 하나님의 약속은 성취된다, يُهْدِي خُطْوَتِي 나의 발걸음을 인도하신다, مَحَا خَطِيئَتِي 나의 죄를 소멸해 주신다, فَاحِصُ الضَّمِير 양심을 진단하시는 이, نَقٍّ وَقَدِّسْ قَلْبِي 나의 마음을 깨끗케 하여 주시고 거룩하게 하여 주세요, اِنْتِشَارُ الكِتَابِ المُقَدَّس 성경의 확산, عَمَلُ اللهِ 하나님이 하신 일, العَمَلُ الرَّعَوِيُّ وَالكِرَازِيُّ 목회의 일과 선교의 일, عَهْدُ الرَّبِّ بَرَكَاتُ السَّمَاء 하늘의 축복들, 주님의 언약, صُعُودُ المَسِيح 그리스도의 승천, الدَّيْنُونَة 심판, المَجِيءُ الثَّانِي قِيَامَةُ المَسِيح 재림, 그리스도의 부활, العَشَاءُ الرَّبَّانِيُّ 주의 만찬, يَوْمُ الرَّبِّ 주의 날, التَّوْبَة 회개, الإِيمَان 믿음,

الكِتَابُ المُقَدَّس 성경, حَرْبٌ رُوحِيَّة 영적 전쟁, النِّعْمَة 은혜, التَّكْرِيس 헌신, صَلِيب 십자가, الكُتُبُ المُقَدَّسَة 성경, العِنَايَةُ الإِلَهِيَّة 하나님의 돌보심, نَرْفَعُ اسْمَ الرَّبّ 주님의 이름을 올려드립니다, اُذْكُرْنَا فَرْدًا فَرْدًا اللهُ لَنَا يَا رَبُّ مِنْ فَضْلِكَ 주님 제발 우리를 한 사람 한 사람 기억해 주세요, اِنْتَقَلَ إِلَى السَّمَاء = اِنْتَقَلَ إِلَى الأَمْجَاد مَلْجَأٌ 하나님은 우리의 피난처이시다, 하늘나라로 갔다(사망한 경우에 사용하는 말), نُقَرِّرُ إِقْرَارَ الإِيمَان نَحْنُ نُصَلِّي 사도 신경으로 신앙고백하다, كَمَا عَلَّمَنَا الرَّبُّ : أَبَانَا الَّذِي فِي السَّمَوَات 주님이 우리에게 가르쳐 주신대로 우리가 ...... 기도합니다. 하늘에 계신 우리 아버지… يَا رَبُّ نَشْكُرُكَ مِنْ أَجْلِ يَسُوعَ المَسِيح 주님 예수 그리스도로 인하여 당신께 감사드립니다 أُصَلِّي لِأَجَلِ حَيَاتِي وَبِلَادِي 내 삶과 내 조국을 위하여 기도합니다 البِشَارَةُ تَنْتَشِرُ إِلَى أَقْصَى الأَرْض 복음이 땅끝까지 퍼져 갑니다.

نَسْتَطِيعُ كُلَّ شَيْءٍ فِي المَسِيح الَّذِي يُقَوِّينِي. نَقْرَأُ بِالتَّبَادُل 우리가 교독합니다. 우리를 강하게 해주시는 그리스도 안에서 모든 일을 할 수 있습니다? مَنْ عَلَيْنَا 누가 우리를 대적하겠는가?. اللهُ الَّذِي لَنَا هُوَ لَنْ يَتْرُكَنَا 우리와 함께하신 하나님은 우리를 버리지 않습니다. اِمْتَلِئْ مِنْ رُوحِكَ. الشَّخْصِيَّة فِي العَهْدَيْن القَدِيم وَالجَدِيد 신약과 구약의 인물, 하나님의 영으로 충만하게 해 주세요, الرُّوم 앗시리아 정교회, الكَنِيسَةُ الأُسْقُفِيَّة السُّرْيَان الأُرْثُوذُكْس 성공회 교회, المُوَارَنَةُ الكَاثُولِيك 마론 가톨릭, طَائِفَةُ السُّرْيَان الكَاثُولِيك 앗시리아 가톨릭, 그리스 가톨릭 اللاَّتِين الكَاثُولِيك 라틴 가톨릭, الطَّائِفَةُ الإِنْجِيلِيَّة 복음주의 교단. الكِلْدَان الكَاثُولِيك 칼단 가톨릭,

낱말 구조의 총정리

ʃ 어느 낱말이 서로 다른 낱말과 어울리면 낱말의 의미가 달라질 수 있다.

ʃ 아랍어 낱말 구조에서는 어근과 패턴 그리고 낱말 간의 호응(일치)이 가장 중요하므로 파생과 호응을 숙지한다.

ʃ 아랍어 낱말은 가능한 한 문장과 담화 속에서 그 의미를 확인한다.

ʃ 아랍어 낱말은 명사(명사, 인칭대명사, 형용사, 부사), 동사, 불변사(호격사, 제외사, 부정, 의문사, 전치사) 등으로 되어 있다.

ʃ 명사와 명사가 모이면 연결형이 되고 명사와 형용사가 모이면 명사구가 되고 전치사와 명사가 모이면 전치사구가 된다.

ʃ 우선 사전에서 어휘적 의미를 찾고 해당 문장에서 그 낱말이 갖는 상황적 의미를 파악 한 뒤 그 낱말이 갖는 어말 변화의 문법적 정보를 확인하면 해당 낱말의 의미가 결정된다.

ʃ 아랍어 낱말의 어근-패턴 체계를 알면 낱말 구조의 80-85%에 해당하는 의미 정보를 알게 된다.

제4장 문장 구조

1.어말 모음의 변화

    아랍어 문장의 구조(التَّرْكِيب)는 어말 모음의 변화(الإِعْرَاب ;굴절)와 관련되어 있다. 아랍어 문장의 짜임은 주로 낱말들이 문장을 이루고 있을 때 그 문장을 이루는 하나 하나의 낱말의 어말 모음이 어떻게 달라지는 가를 알아보는 "어말모음의 변화"(굴절)과 관련된다. 아랍어 문법은 낱말(형태) 구조와 문장 구조로 나뉘는데 낱말 구조가 어근(الجَذْر)과 패턴(الوَزْن)을 밝히는 것이 주 목적이라면 문장의 구조는 문장의 어말 모음과 호응이 중요하다. 그런데 오늘날 아랍인들의 일상 대화에서는 이런 어말 모음이 잘 나타나지 않고 낱말의 정확한 발음도 표준 발음에서 벗어나는 경우가 많다.

    아랍어 명사의 굴절(어말모음의 변화)에는 어말 모음이 변화하는(مُعْرَب) 명사와 어말모음이 변화하지 않는(مَبْنِيّ) 명사로 나뉘고 아랍어 동사는 어말 모음이 변화하는(مُعْرَب) 동사와 어말 모음이 변화하지 않는(مَبْنِيّ) 동사로 나뉜다. 그래서 이으랍(الإِعْرَاب)은 문장에서 낱말의 기능을 나타내는 어말모음(보이든지 보이지 않든지)이 변한다는 말이고 그 낱말의 기능에 따라 이 어말 모음이 변화하는 것을 무으랍(مُعْرَب)이라고 한다. 그러나 문장에서 낱말의 기능을 나타내는 어말모음(보이든지 보이지 않든지)이 변화되지 않고 한 가지로 고정되어 있는 단어를 '비나'(البِنَاء)라고 하고 그 낱말의 기능을 나타내는 어말 모음이 변화하지 않는 것을 '마브니'(مَبْنِيّ)라고 한다. 이같이 아랍어 어말에 붙여지는 모음 /a, i , u/와 수쿤을 "어말 모음" 혹은 "굴절 표지"라고 부르고 문장의 기능이 바뀜에 따라 어말 모음이 변화하는 것을 "어말모음의 변화" 혹은 "굴절"(الإِعْرَاب)이라고 부른다. 아랍어의 과거 동사는 어말모음이 변화하지 않으나 현재 동사는 어말모음이 변화한다. 그리고 아랍어 명사의 어말이 변화하는 것을 "명사가 격(case) 변화한다"고 말하고 현재 동사의 어말이 변화하는 것을 "동사가 서법(mood) 변화한다"고 서구의 아랍어학자들은 말한다.

어말 모음의 변화(굴절)는 문어 아랍어(현대 문어 아랍어나 고전 아랍어)의 주된 특징이고 암미야 아랍어에서는 어말 모음의 변화(굴절)가 지켜지지 않는다.

(1)명사: 명사는 본래 어말 모음의 변화가 있다. 그러나 아래와 같은 일부 명사는 어말 모음이 변화하지 않는다.

    인칭대명사
    지시대명사(쌍수에서는 어말 모음이 변화한다)
    관계대명사(쌍수에서는 어말 모음이 변화한다)
    의문명사(أيّ는 제외)
    조건 명사
    일부 부사(حَيْثُ، أمْس، الآنَ، إذْ، إذَا، أيْنَ، هُنَا، هُنَاكَ)
    12를 제외한 11-19까지의 숫자(기수)

　　종류 부정의 명사

　　일부 호격 명사

(2) 동사: 아랍어 동사에는 과거 동사와 현재 동사 등이 있다.

　　과거 동사: 항상 어말 모음이 변화하지 않는다.

　　현재 동사: 여성의 눈ن과 강조 접미사 눈ن[1]이 접미되지 않으면 어말 모음이 변화한다.

　　명령 동사: 명령동사의 어말 모음이 변화하지 않고, 항상 수쿤이다.

(3) 불변사: 항상 어말 모음의 변화가 없다.[2]

　　모든 전치사와 접속사 등

　　명사의 어말 모음 변화는 주격(라프으;رَفْع), 목적격(나습:نَصْب), 소유격(자르;جَرّ) 등의 격변화가 있다. 현재 동사의 어말 모음의 변화에 따라 마르푸으 مَرْفُوع(자립형), 만습 مَنْصُوب(의존형), 마즈줌 مَجْزُوم(소실형)이라고 부른다. 그러나 아랍인들의 문법책에서는 격변화라는 말과 서법 변화[3]라는 말을 사용하지 않고 라프으(마르푸으), 나습(만습), 자르(마즈루르), 자즘(마즈줌) 등의 용어만을 사용한다.

(1) 라프으(주격 명사와 현재동사의 마르푸으)와 나습(목적격 명사와 현재동사의 만습): 명사와 현재 동사에 해당된다.

(2) 자르(마즈루르; 소유격 명사): 명사에만 해당된다.

(3) 자즘(현재동사의 마즈줌): 현재 동사에만 해당된다.

　　어말 모음은 '보이는 표지'(عَلَامَات ظَاهِرَة)와 '보이지 않는 표지'(عَلَامَات مُقَدَّرَة)로 나뉘는데 '보이는 표지'는 발음할 때와 쓸 때 직접 표시가 되어 해당 모음을 눈으로 볼 수 있다. 이를테면 명사의 주격 표지에는 /u/표시가 나타나는데 특히 규칙남성복수에서는 어말 어미에 와우가 나타나고 다섯 동사의 마즈줌에서는 "눈"ن이 탈락되더라도 남아 있는 장모음이 주격표지인 것을 나타낸다. '보이지 않는 표지'는 "어말 모음이 있다고 간주된다"는 말인데 사실은 발음하기 어렵기 때문에 발음할 때나 쓸 때나 눈으로 봐서 나타나 있지 않지만 그 자리에 있는 것으로 간주한다는 말이다.

---

[1] 오늘날 현대 아랍어에서 동사의 어말에 붙는 강조 접미사(살인하지 말라; lā taqtulan 혹은 lā taqtulanna에서 어말 -an 혹은 -anna가 강조 접미사이다)는 사용되지 않는다.

[2] 동사성 명사도 항상 굴절 모음의 변화가 없다.

[3] 영어로 된 아랍어 문법서에는 서법(mood, mode)을 indicative, subjunctive, jussive)라고 했고, 한국어 문법서에서는 직설법, 접속법, 단축법이라고 하였으나 접속법과 단축법은 서법을 나타내는 용어가 아니다.

마르푸으(라프으)의 표지:(´)담마 /u/
만숩(나습)의 표지:(´) 파트하 /a/
마즈루르(자르)의 표지:(ˌ)카스라 /i/
마즈줌(자즘)의 표지: (˚) 수쿤 /ㅇ/

오늘날 아랍인들은 일상생활에서 아랍어 문장을 이루는 각 낱말의 어말모음을
정확하게 발음하지 않고 대부분 탈락시켜 발음한다. 이집트 암미야 아랍어는
푸스하(문어)에서 멀리 떨어진 암미야 중의 하나이므로 어휘나 발음 그리고 문법과
문체가 푸스하와 크게 다르다. 이렇게 암미야에 익숙한 이집트인들이 방송이나 설교,
연설 등에서 아랍어 푸스하를 일부 사용한다고 하더라도 일반인들은 이런 푸스하에
익숙하지 않아 푸스하를 이해하지 못하지만 이집트 국민 전체는 암미야로 소통하는데
큰 불편이 없다. 오히려 암미야가 이집트 국민들의 언어이고 이런 현상은 모든 아랍
국가에서 정도의 차이는 있지만 암미야가 아랍인들의 일반 대중 아랍어인 것은
분명하다.

어말 모음은 꾸란에서만 정확하게 지켜지고 있고 꾸란이나 초급과정의 교재 이외에는
아랍어 어말 모음을 책에 기록하지 않는다. 사실 오늘날 아랍인들이 사용하는 푸스하는
글 뿐만 아니라 말에도 쓰이고, 말로 쓰이는 푸스하는 암미야처럼 낱말의 어말에 오는
모음을 대부분 발음하지 않는다. 푸스하를 글이 아닌 말로 사용하는 BBC 아랍어 방송의
아랍인 앵커는 문장 속에 포함된 동사와 전치사 뒤에 오는 일부 낱말을 제외하고는
낱말의 어말 모음을 탈락시켜 발음하였다.

بَريطانِيَا تُعْلِنُ الخَمِيس أَنَّهَا سَتَفْتَحُ سِفَارَتَيْن فِي القُدْس، أَحَدُهُمَا لإسْرَائِيلَ والأخْرَى لِدَوْلَةِ فِلسْطِينَ

barīTāniya tuʻlinu al-khamīs ʼannaha sataftaH sifāratein fil-quds ʼaHaduhuma li-
ʼisrāʼil wal ʼukhra lidawla filasTin

BBC 앵커가 위 문장을 방송하였는데 동사와 전치사구를 제외하고는 대부분 각
낱말의 어말 모음을 발음하지 않았다. 만일 푸스하의 어말 모음을 정확하게 지켜서
발음한다면 문말에 오는 모음을 제외하고 다음과 같이 모두 어말에 오는 모음을 발음해
주어야 한다.

barīTāniyā tuʻlinu al-khamīsa ʼannahā sataftaH+u sifāratain+i fil-
quds+i ʼaHaduhumā li-ʼisrāʼīl+a wal-ʼukhrā lidawla-ti filasTīn+(a)

글이 아닌 말로 쓰이는 푸스하에서도 모음부호를 붙이지 않으면 어말 모음의 변화를
확인할 방법이 결여되어 있기 때문에 문장의 어순이 의미 구별에 중요한 역할을 하게
된다. 그러나 글로 배우는 푸스하에서 아랍인들이 모든 낱말의 어말 모음을 정확하게
발음할 수 있다면 해당 낱말이 문장의 어느 위치에 오더라도 그 낱말이 문장의
주어인지 목적어인지를 구분할 수 있게 된다. 그러므로 아랍어 문장 구조는 글로 배우는

푸스하에서 명사의 어말모음(격어미) 변화와 현재 동사의 어말 모음 변화[4]가 매우 중요한 학습 포인트가 된다.

아랍어 문장 구조를 빨리 익히려면

1-아랍어 신문을 매일 읽어라

2-아랍인과 항상 아랍어로 대화하라.

3-아랍어 채널에서 아랍어 방송을 들어라.

4-아랍어로 편지나 글을 써라.

5-아랍어-아랍어 사전을 활용하고

　아랍어 속담과 격언에 관심을 가져라.

▶신나는 단어장

جَلَسَ كَمَالٌ عَلَى الْكُرْسِيِّ.	카말이 의자 위에 앉았다.
جَلَسَ الرَّجُلُ فِي الْحَدِيقَةِ.	(성년의) 남자가 공원에 앉았다.
جَلَسَ الطَّالِبُ إِلَى الْمَكْتَبِ. *[5]	학생이 책상 가까이 앉았다.
دَرَسَ اللُّغَةَ الْكُورِيَّةَ فِي كُورِيَا.	한국에서 한국어를 공부했다.
ذَاكَرَ الطَّالِبُ فِي الْبَيْتِ.	집에서 학생이 공부했다.
رَقَدَ الطَّالِبُ عَلَى السَّرِيرِ.	학생이 침대에 누워잤다.
نَامَ الْوَلَدُ فِي الْبَيْتِ.	아들이 집에서 잤다.

1.다음 문장에서 명사문과 동사문을 찾으시오.

كَمَالٌ طَالِبٌ. 카말이 학생이다.　　　دَخَلَ الطَّالِبُ الْبَيْتَ. 학생이 집에 들어갔다.

2.명사문

낱말들이 문법에 맞게 나열되어 일정한 의미를 전달해 주는 문장을 "의미있는 문장" 혹은 "의미를 전해주는 문장"(الْجُمْلَةُ الْمُفِيدَةُ)이라고 한다. 아랍어 문장(جُمْلَة)에는 명사문과 동사문이 있다. 아랍어 명사문과 동사문은 '의미를 전해주는 문장'이다.

---

[4] 일반적으로 아랍어 명사는 격(case) 변화하고 아랍어 현재 동사는 서법(mood) 변화하는 것으로 서구의 아랍 학자들이 제시하였으나 아랍인 문법학자들은 명사와 현재 동사를 격과 서법에 따라 구분하지 않고 단어의 어말 에 붙는 모음이 어떻게 변하는 지에 관심을 두고 이런 어말 모음의 변화에 착안하여 라프으, 나습, 자즘 등의 이 름을 붙였다.

[5] جَلَسَ ...... إِلَى 는 이집트인들에게는 익숙하나 요르단인들에게는 익숙하지 않는 표현이다.

문장=어휘적 의미(낱말의 어근)+ 문법적 의미(패턴,문장의 어말)+ 상황적 의미(텍스트의 문맥)

명사문은 사람이나 사물 또는 한정을 나타내는 명사가 들어있는 문장이다. 명사문의 주어(المُبْتَدَأ)는 우리가 말하고자 하는 대상으로서, 명사이며 주격이다. 술어(الخَبَر)는 명사문의 주어와 함께 문장을 완결지어 주는 부분으로 주격이다. 명사문의 주어는 항상 단 하나이고 주어가 여럿일 수 없으며 대화 중에서 주어가 누구인지 이해되면 생략이 가능하다. 그러나 한 문장에서 술어는 여럿일 수 있다.

명사문= 명사+ 정보(معلومات)

다음 명사문을 읽어보라.

<u>عَلِي طَالِبٌ جَدِيدٌ</u>.	알리는 새로운 학생이다.
<u>حَدِيقَةُ البَيْتِ صَغِيرَةٌ</u>.	집의 정원이 작다.
<u>البَيْتُ النَّظِيفُ جَمِيلٌ</u>.	깨끗한 집은 아름답다.
<u>الطَّعَامُ خُبْزٌ وَخُضَرٌ وَلَحْمُ الدَّجَاج</u>.	음식은 빵과 채소와 닭고기이다.

위 문장에서 밑줄을 친 부분이 명사문의 주어와 술어이다.

명사문= 주어+ 술어
[주격] [주격]

다음 문장에서 명사문의 주어를 찾아보시오.

① وُودز يُحِبُّ البِنْتَ   우즈가 딸을 사랑한다

② أَنَا مُدَرِّسٌ   나는 교사다

③ هَذِهِ سَيَّارَةُ أَبِي   이것은 우리 아버지의 차다

④ الطُّلابُ فِي الفَصْلِ   남학생들이 교실에 있다

⑤ إِنَّ الطَّالِبَ ذَكِي   남학생은 영리하다

⑥ كَانَ السَّيِّدُ كِيمْ مَجْنُونًا   김선생님은 미쳤다

⑦ القِرَاءَةُ مُهِمَّةٌ   읽기가 중요하다

⑧ أَنْ نَقْرَأَ شَيْئًا مُهِمٌّ   우리가 뭐라도 읽는 것이 중요하다

⑨ مَاذا نَفْهَمُ مِنْ هَذَا؟   우리가 이것으로부터 무엇을 이해하는가?

위의 9가지 문장 중에서 ⑥번 문장을 제외하고는 모두 명사나 불변사로 시작하거나 "풀어 쓴" 동명사로 시작한다. ⑤번 문장은 إِنَّ 라는 불변사가 접두되어 고전아랍어에서는 그 문장의 뜻을 강조하는데 إِنَّ 다음에 오는 주어는 반드시 목적격이다. ⑥번 문장은 كَانَ 라는 동사가 명사문 앞에 온 경우로서 كَانَ의 서술부는 반드시 목적격이다. ⑧번 문장은 ⑦번 문장과 의미가 거의 유사하여 ⑦번 문장의 주어로 오는 동명사를 풀어쓰면 ⑧번

문장의 주어가 된다. 그래서 8번의 주어로 오는 동명사를 "풀어 쓴" 동명사(مَصْدَرٌ)라고 한다. 명사문에서 주어와 술어를 문장의 주성분(عُمْدَةٌ)이라고 하는데 명사문의 주어는 '뭅타다'(مُبْتَدَأٌ)라고 하고 술어는 '카바르'(خَبَرٌ) 라고 하며 둘 다 주격(مَرْفُوعٌ)이다.

كَمَالٌ كَرِيمٌ	카말은 넉넉히 베푼다. (여기서 카말은 (실)명사다.)
أَنَا طَالِبٌ	나는 학생이다. (여기서 أَنَا는 인칭대명사이다.)
هَذِهِ بِنْتٌ	이 (애)는 딸이다. (여기서 هَذِهِ는 지시대명사이다.)

여기서 인칭대명사 أَنَا 와 지시대명사 هَذِهِ 는 명사인데도 주격을 표시하는 모음을 어미에 붙일 수 없어서 이런 경우에는 "주격의 자리에 있다"(فِي مَحَلِّ رَفْعٍ)고 한다.

명사문= *명사문의 주어+ 술어

*[(실)명사]

*[인칭대명사]

*[지시대명사]

명사문의 술어에는 4가지가 있는데 명사, 동사문, 명사문, 유사문장 등이다. 술어가 될 명사는 명사와 형용사인데 주격으로 나타나고 술어가 될 동사문과 명사문은 주격 자리에 있는 것으로 이해한다. 술어가 될 유사문장은 전치사구나 부사인데 이것 역시 주격 자리에 있다고 이해한다.

예)

أَنْتَ مُدَرِّسٌ	"당신은 선생님이다" 에서 مُدَرِّسٌ는 주격이다.
سَامِي يَدْرُسُ اللُّغَةَ الْعَرَبِيَّةَ	"사미는 아랍어를 공부한다" 에서 동사문 يَدْرُسُ اللُّغَةَ الْعَرَبِيَّةَ 이 주격 자리에 있다.
الْحُبُّ يَفْعَلُ الْمُعْجِزَاتِ	"사랑은 기적을 만든다." 에서 동사문 يَفْعَلُ الْمُعْجِزَاتِ 는 술어로서 주격자리에 있다.
الْوُرُودُ لَوْنُهَا أَحْمَرُ وَأَبْيَضُ.	꽃들의 색깔이 빨갛고 하얗다.
الْبِنْتُ شَعْرُهَا طَوِيلٌ.	딸의 머리카락이 길다
الْحَدِيقَةُ وُرُودُهَا كَثِيرَةٌ.	공원의 꽃들이 많다.

위 마지막 세 문장에서 주어 뒤에 오는 명사문들이 술어이고 주격자리에 있다.

نَحْنُ فِي الْبَيْتِ	우리들은 집에 있다.
السَّيَّارَةُ أَمَامَ الْبَابِ.	자동차가 문 앞에 있다.
الطَّعَامُ فَوْقَ الْمَائِدَةِ.	음식이 식탁 위에 있다.
بَيْتِي فِي شَارِعِ الْجُولْفِ.	내 집이 골프 거리에 있다.

위 문장에서 أَمَامَ(앞에) 등의 유사 문장은 주격 자리에 놓여있는 술어이다. 유사문장(شِبْهُ الْجُمْلَةِ)에는 두 가지 종류가 있는데 그 중 하나는 전치사(حَرْفُ جَرٍّ)와 그 뒤에 오는 소유격 명사(اسْمٌ مَجْرُورٌ)이다. 예)فِي الْبَيْتِ (집에서)는 전치사구이고 إِلَى الْقَاهِرَةِ (카이로로)도 전치사구이다. 그리고 또 다른 유사 문장으로는 시간 부사 혹은 장소 부사이다.

시간부사와 장소 부사로 쓰이는 명사들은 아래와 같다.

예) 시간 → أَمْس (어제) , غَدًا (내일) , الْيَوْمَ (오늘) , بَعْدَ (후에)

　　장소 → فَوْق (위에) , تحتَ (밑에) , أَمَامَ (앞에) , بَعْدَ (뒤에)

명사문=명사문의 주어+ *술어

　　　　　　*[명사(형용사/전연결어)]

　　　　　　*[동사문]

　　　　　　*[명사문]

　　　　　　*[유사문장(전치사구,부사)]

　　명사문의 술어로 오는 동사문, 명사문, 유사문장은 주격이라고 하지 않고 "주격 자리에 있다"고 말한다. 술어로 오는 명사가 연결형을 갖는 경우가 있다.

هَذَا بَيْتُ الدُّكْتُور الكُورِيِّ.　　　　이것이 한국인 박사의 집이다.

أَنَا مُدِيرُ الْمَرْكَزِ.　　　　나는 센터의 원장이다.

　　위 문장에서 밑줄친 부분이 명사문의 술어이다. 그런데 첫번째와 두번째 문장은 연결형의 전연결어가 술어이다. 후연결어가 명사이고 항상 소유격을 갖는다. 그런데 아래 세 문장은 명사문의 주어가 술어 다음에 나온다.

فِي الفَصْلِ طُلَّابٌ.　　　　교실에 학생들이 있다.

فِي السَّمَاءِ سَحَابٌ.　　　　하늘에 구름이 있다.

عَلَى الطَّاوِلَةِ شَوْكَةٌ وَسِكِّينٌ وَمَلْعَقَةٌ .　　　　테이블 위에 포크와 칼과 숟가락이 있다.

　　위 문장들은 명사문의 주어(비한정) 앞에 술어가 놓여야 완벽한 문장이 된다.
다음에서 술어의 종류를 말하고 격을 붙여 읽어보자.

الشَّقَّةُ نَظِيفَةٌ.　　　　아파트가 깨끗하다.

الصَّدِيقُ فِي بَيْتِ الجَدِّ.　　　　친구가 할아버지 집에 있다.

الْمَلْعَقَةُ فَوْقَ الطَّاوِلَةِ.　　　　숟가락이 테이블 위에[6] 있다.

(비교) الْمَلْعَقَةُ عَلَى الطَّاوِلَةِ.

الرَّجُلُ يَعُدُّ النُّقُودَ.　　　　(성년) 남자가 돈을 세고 있다.

شُبَّاكُ التَّذَاكِرِ هُوَ آخِرُ شُبَّاكٍ عَلَى الْيَمِينِ.　　　　매표구가 오른쪽 마지막 창구이다.

الْقَاتِلُ يَتَحَوَّلُ إِلَى بَطَلٍ دَاخِلَ الْقَبِيلَةِ وَالْمُجْتَمَعِ.　　　　살해자가 부족과 사회에서 영웅으로 변하고 있다.

أَنَا رَجُلٌ سَعِيدٌ (عكس شَقِيٌّ).　　　　나는 행복한 사람입니다(불행하다의 반대).

　　위와 같이 명사문의 술어가 명사, 전치사구, 부사, 동사문, 명사문 등이 될 수 있다. 명사문의 술어로 오는 동사문의 동사는 명사문의 주어와 성과 수에서 호응한다.

---

[6] 아랍어사전에서는 فوق가 "높은 الِارْتِفَاع , 더 높은 الْعلو"이라는 말이고 على는 فوق의 의미와 같다고 한다.

الرَّجُلُ يَعُدُّ النُّقُودَ.   남자가 돈을 세고 있다.

البِنْتُ تَعُدُّ النُّقُودَ.   딸이 돈을 세고 있다.

الرَّجُلَانِ يَعُدَّانِ النُّقُودَ.   두 남자가 돈을 세고 있다.

البِنْتَانِ تَعُدَّانِ النُّقُودَ.   두 딸이 돈을 세고 있다.

الرِّجَالُ يَعُدُّونَ النُّقُودَ.   남자들이 돈을 세고 있다.

البَنَاتُ يَعْدُنَّ النُّقُودَ.   딸들이 돈을 세고 있다.

이 문장들에서 명사문의 주어와 명사문의 술어로 오는 동사문의 동사간 호응관계를 요약하면 다음 표와 같다. (* 아래 표의 방향은 오른쪽에서 왼쪽으로 읽으시오).

술어(동사문의 동사)	명사문의 주어
남성 단수형	남성 단수형
남성 쌍수형	남성 쌍수형
남성 복수형	남성 복수형
여성 쌍수형	여성 쌍수형
여성 복수형	여성 복수형

아랍어 명사는 문법적 기능에 따라 주격, 소유격, 목적격을 갖는데 다음 표는 주격 명사, 소유격 명사, 목적격 명사를 한 곳에 모아둔 표이다.

주격 명사	목적격 명사	소유격 명사
명사문의 주어	카나의 술어	전치사에 의한 소유격명사
명사문의 술어	인나의 명사(주어)	후연결어
카나의 명사(주어)	목적어	소유격 명사의 후속어
인나의 술어	동족 목적어	(수식, 접속, 강조, 대용)
동사문의 주어	이유 목적어	
수동태 주어	시간부사, 장소부사	
주격 명사의 후속어	상황어	
(수식,접속,강조, 대용)	명시어	
	호격어	
	제외어	
	동반 목적어	
	목적격 명사의 후속어	
	(수식, 접속, 강조, 대용)	

※다음 문장들을 읽고 그 특징을 말해보시오.

نَظَرَ مُحَمَّدٌ إِلَى السَّبُّورَةِ.　　　무함마드가 칠판을 바라보았다.

نَظَرَ الطَّالِبُ فِي كِتَابِهِ.　　　남학생이 그의 책을 검토했다.

نَظَرَ الْوَلَدُ مِنَ الشُّبَّاكِ عَلَى السَّيَّارَةِ فِي الشَّارِعِ.　아들이 창을 통하여 거리에 있는 자동차를 보았다.

نَظَرَ عَلَى النَّاسِ.　　　그가 사람들을 내려다 보았다.

شَكَرَ عُمَرُ مُحَمَّدًا عَلَى الْكِتَابِ الْجَدِيدِ.　오마르가 무함마드에게 새 책에 대해 감사해했다.

شَكَرَ مُحَمَّدٌ السَّائِقَ لِوُقُوفِهِ أَمَامَ مَرْكَزِ اللُّغَاتِ.　무함마드가 운전수에게 언어교육원 앞에서 그가 멈춰준 것을 감사해했다.

يَسْكُنُ الْأُسْتَاذُ بِبَيْتٍ جَمِيلٍ فِي الْمَعَادِي.　교수가 알마아디에 있는 아름다운 집에서 살고 있다.

يَعِيشُ صَدِيقِي فِي السُّودَانِ.　내 친구가 수단에 산다.

위의 문장들은 모두 동사로 시작하는 동사문들이다.

سَيَّارَةُ وَزِيرٍ سَتَمُرُّ مِنْ هُنَا.　어느 장관의 차가 여기를 지나갈 것이다.

عُصْفُورٌ فِي الْيَدِ خَيْرٌ مِنْ عَشْرَةٍ عَلَى الشَّجَرَةِ.　손에 든 한 마리의 새가 나무 위에 있는 10마리보다 더 낫다.

위 두 문장은 명사로 시작하므로 명사문이고, 명사문의 주어가 비한정의 꼴로 되어 있다. 후연결어가 비한정이거나 유사문장이 뒤따르면 명사문의 주어는 비한정이 가능하다. 또 명사문에서 명사문의 주어가 비한정인 경우가 가능한데 그것은 다음과 같이 낱말의 형태는 비한정이지만 의미적으로는 한정(معرفة) 혹은 표시된 비한정(نكرة محددة)일 경우이다.

كُلٌّ يَجِبُ أَنْ يَعْمَلَ.　　　각 사람은 일해야 한다.

كُلٌّ مَسْؤُولٌ عَنْ أَفْعَالِهِ.　각 사람은 그의 행동에 책임을 져야 한다.

명사문의 처음에 의문사나 부정의 낱말이 오면 명사문의 주어는 비한정이 가능하다.

مَا طَالِبٌ فِي الْفَصْلِ.　　　교실에 남학생이 없다.

هَلْ يُوجَدُ طَالِبٌ فِي الْفَصْلِ؟　교실에 (모르는) 남학생이 있어요?

هل الطَّالِبُ فِي الْفَصْلِ؟ (비교)　교실에 (아는) 남학생이 있어요?

هَلْ تَدْرُسُ الْكُورِيَّةَ؟　　　한국어를 공부하고 있나요?

명사문의 술어가 유사문장이면 명사문의 주어가 비한정이 가능한데 이때 술어가 반드시 주어 앞에 와야 한다.

فِي بَيْتِنَا رَجُلٌ.　　　우리 집에 한 남자가 있다.

عِنْدِي فِكْرَةٌ.　　　내게 생각이 있다.

"오직"이라는 의미로 쓰일 때는 명사문의 주어와 술어가 한정이다. 즉 명사문의 주어는 오직 술어 뿐이라는 것이다.

الْحَيَاةُ الْحُبُّ.　　　인생은 사랑이다.

명사문의 부정은 لَيْسَ를 사용한다..

(1). وَلَيْسَ ذلكَ وَاجِبًا عَلَيْهِ.   그것은 그에게 의무가 아니다.
(2). وَلَيْسَ ذلكَ بِوَاجِبٍ عَلَيْهِ.   그것은 그에게 의무가 전혀 아니다.

위 두 문장은 의미에서 별 차이가 없다고 배우나 사실 두번째 문장의 술어에 접두된 전치사 بـ로 인하여 부정의 힘이 더 증가되었다는 것을 나타낸다. 소유격의 술어 앞에 전치사 ب 가 오고 그 앞에 의문사 هَلْ이 오거나 부정의 لَيْسَ، مَا، لَمْ يَكُنْ 등이 전치사 ب 보다 먼저 오는 경우, 전치사 ب 다음에는 소유격명사가 뒤따른다. 이런 전치사 ب 와 같은 기능을 하는 مِنْ 이 있는데 이런 경우 부정의 불변사나 의문사가 문두에 오고 مِنْ 다음에 오는 명사는 비한정 소유격명사이다. 아랍어에서 소유격명사는 두 가지 종류가 있는데 연결형의 후연결어(مُضَافٌ إِلَيْه)가 소유격명사이고 또 다른 하나는 전치사 뒤에 오는 소유격명사(اسْمٌ مَجْرُورٌ)가 소유격이다.

مَا مِنْ أَحَدٍ فِي البيتِ.   집에 아무도 없다.
هَلْ مِنْ أَحَدٍ فِي البيتِ؟   집에 아무도 없어요?

لَيس 는 명사문을 부정시키는 데 자주 쓰이므로 수와 인칭에 따라 어떻게 달라지는 지를 잘 익혀보자.

	단수	쌍수	복수
1인칭	لَسْتُ	لَسْنا	لَسْنا
2인칭 남성	لَسْتَ	لَسْتُما	لَسْتُمْ
2인칭 여성	لَسْتِ	لَسْتُمَا	لَسْتُنَّ
3인칭 남성	لَيْسَ	لَيْسَا	لَيْسُوا
3인칭 여성	لَيْسَتْ	لَيْسَتَا	لَسْنَ

그런데 لَيْسَ의 기능을 하는 مَا 가 있다.

مَا هذَا سَهْلا.   이건 쉽지 않다.
مَا الحربُ شيئًا جَميلا.   전쟁은 아름다운 게 아니다.
مَا الإنسانُ حَيوانا.   인간은 동물이 아니다.

그러나 ليس와 같은 기능을 하려면 مَا 다음에 주어가 바로 와야 한다. 또 제외사가 술어 앞에 오는 경우에는 لَيْسَ의 기능을 하지 않는 것으로 간주된다.

مَا هذَا سَهْلا.   (O)
مَا سهلا هذَا.   (لَيْسَ의 기능을 하지 않는다)
مَا أنَا طالبًا.   (O)
مَا أنَا إلا طالبًا.   (لَيْسَ의 기능을 하지 않는다)

(비교) التصويتُ ضِدَّ بناء المَآذِن لَيْس مُوَجَّهًا ضِدَّ الإسلام أو المُسلِمِينَ.
    (첨탑을 짓는 것을 반대한 투표는 이슬람이나 무슬림들을 겨냥한 것은 아니다.)

▶신나는 단어장

اِنْتَظِرْني لَحْظَة.   잠깐만 나를 기다려주세요.

لَحْظَة سَعِيدَة.   기쁨의 순간

لَحْظَة حَرِجَة.   문제가 발생한 순간

الكَلامُ هو اللَّفْظُ المُفِيدُ.   말은 의미가 전달되는 낱말이다.

  (여기서 **لَفْظ**는 발음되는 낱말들이라는 뜻이다.)

لَفَظَ أَنْفاسَهُ.   그가 죽었다.

3.동사문

동사문은 동사로 시작하는 문장이다. 동사문은 동사로 시작하므로 <동사(فِعْل)+ 동사문의 주어(فاعِل)+ (목적어(مَفْعُول بِهِ))>의 짜임으로 되어 있다. 동사문의 주어는 동작을 시행하게 하는 명사이고 주격이다. 동사문은 아래와 같이 동사로 시작한다.

동사문= 동사+ 주어+ (기타 정보)

[주격]

①كَتَبَ كَمَالٌ الدَرْسَ   카말이 단원을 썼다.

②كَتَبَ الدَّرْسَ كمالٌ   단원을 카말이 썼다.

위 문장에서 ①은 아랍어 동사문의 기본 어순이다. ②는 주어와 목적어의 어순이 바뀌어 있는 문장이다. 화자가 말하고자 하는 초점을 목적어에 둘 때 두번째 문장이 된다. 그러나 아래와 같이 동사 앞에 목적어가 올 경우에도 동사문이다.

(예) الدَرْسَ كَتَبَ كَمَالٌ   단원을 카말이 썼다.

동사문의 주어는 주격으로서 주격명사이거나 주격자리에 오는 명사로서 (실)명사, 인칭대명사, 내포된 인칭대명사(ضَمِير مُسْتَتِرٌ) 등이 된다.

(예) جَاءَ المُدِيرُ   "사장이 왔다." 에서 المُدِيرُ 는 동사문의 주어이고 (실)명사로서 주격이다.

ذَهَبْنا إلى سِيناءَ "우리가 시나이(반도)에 갔다." 에서 نا는 동사문의 주어이고 인칭대명사로서 주격이다.

ذَهَبَ إلى أَسْوَانَ. "그가 아스완에 갔다" 에서 ذهب 속에 هو가 내포되어 있는데 내포된 인칭대명사가 동사문의 주어이다.

لَعِبَتْ كُرَةَ الطاولةِ. "그 여자가 탁구를 쳤다." 에서 لَعِبَتْ 속에 هي가 내포되어 있고 어미의 /t/는 여성형 표지다.

아랍어 동사에는 인칭 대명사가 들어 있고 그 인칭 대명사가 주어가 되는데 해당 인칭 대명사를 아래 표에서 확인해 보자.

현재 동사	현재동사의 주어(인칭대명사)	과거 동사	과거동사의 주어(인칭대명사)	독립 인칭대명사
أَذْهَبُ		ذَهَبْتُ	تُ - tu	أَنَا
نَذْهَبُ		ذَهَبْنَا	نا - nā	نَحْنُ
تَذْهَبُ		ذَهَبْتَ	تَ - ta	أَنْتَ
تَذْهَبِينَ	ي- - ī	ذَهَبْتِ	تِ - ti	أَنْتِ
تَذْهَبَان	ا - ā	ذَهَبْتُمَا	تُما -tumā	أَنْتُمَا
تَذْهَبُونَ	و - ū	ذَهَبْتُمْ	تُمْ - tum	أَنْتُمْ
تَذْهَبْنَ	نَ - na	ذَهَبْتُنَّ	تُنَّ - tunna	أَنْتُنَّ
يَذْهَبُ		ذَهَبَ	*[7]	هُوَ
تَذْهَبُ		ذَهَبَتْ	*	هِيَ
يَذْهَبَان / تَذْهَبَان	ا - ā	ذَهَبَا/ذَهَبَتَا	ا - ā	هُمَا
يَذْهَبُونَ	و - ū	ذَهَبُوا	وا - ū	هُمْ
يَذْهَبْنَ	نَ - na	ذَهَبْنَ	نَ - na	هُنَّ

　　과거동사의 3인칭 여성에 오는 어말의 /t/는 인칭대명사가 아니고 여성의 표지이고 3인칭 쌍수 여성에서 어말의 /t/도 인칭 대명사가 아니고 여성의 표지이다. 아래와 같이 동사문의 주어와 동사 간에는 성과 수에서 호응관계가 중요하다. 우선 명사문의 주어와 동사간의 호응관계를 살펴보라.

명사문

التِّلْمِيذُ يَذْهَبُ إِلَى الْمَدْرَسَةِ.　　남학생이 학교에 간다.

التِّلْمِيذَانِ يَذْهَبَانِ إِلَى الْمَدْرَسَةِ.　　두 남학생이 학교에 간다.

التَّلَامِيذُ يَذْهَبُونَ إِلَى الْمَدْرَسَةِ.　　남학생들이 학교에 간다.

أَنْتِ تَذْهَبِينَ إِلَى الْمَدْرَسَةِ.　　너(여성)는 학교에 간다.

التِّلْمِيذَاتُ يَذْهَبْنَ إِلَى الْمَدْرَسَةِ.　　여학생들이 학교에 간다.

동사문

خَرَجَ مُحَمَّدٌ إِلَى الشَّامِ.　　무함마드가 다마스커스[8]로 갔다.

تَزَوَّجَ مُحَمَّدٌ مِنْ خَدِيجَةَ.　　무함마드가 카디자와 혼인하였다.

عَاشَتْ خَدِيجَةُ فِي مَكَّةَ.　　카디자가 메카에서 살았다.

---

[7] 위 표에서 (*) 표시를 두 곳에 해 두었다. 아랍인 문법학자들은 **هي، هو**에 해당하는 인칭 대명사를 설정하지 않았다. 그러나 3인칭 남성 단수는 /katab+ a/로, 3인칭 여성단수는 /katab+ at/로 분석할 수 있으므로 3인칭 남성 단수의 인칭 대명사는 /a/이고 3인칭 여성 단수의 인칭대명사는 /at/로 설정하는 것도 고려할 만하다.

[8] الشَّام(샴)은 샴 지역(시리아, 레바논, 팔레스타인과 요르단 북부)을 가리키지만 시리아 사람들은 수도 다마스커스를 샴이라고도 한다.

اِشْتَغَلَتْ خَدِيجَةُ بِالتِّجَارَةِ.   카디자가 무역에 종사하였다.

تَنْزِلُ الرِّسَالَةُ عَلَى مُحَمَّدٍ.   메시지[9]가 무함마드에게 내려온다.

يَنْتَخِبُ الشَّعْبُ أَعْضَاءَ البَرْلَمَانِ.   국민은 국회의원들을 선출한다.

فَرَضَ اللهُ الحَجَّ عَلَى المُسْلِمِينَ.   알라가 무슬림들에게 순례를 율법적의무로 정하였다.

يَهْتَمُّ العَرَبِيُّ بِإِكْرَامِ الضَّيْفِ.   아랍인은 손님을 환대하는 데 관심이 있다.

تَنَاوَلَتِ القِمَّةُ المِصْرِيَّةُ التُّرْكِيَّةُ الأَوْضَاعَ فِي العِرَاقِ وَمِنْطَقَةِ الخَلِيجِ وَالمِلَفَّ النَّوَوِيَّ الإِيرَانِيَّ.
이집트 터키 정상은 이라크와 걸프 지역 그리고
이란의 핵 파일에 대한 주제들을 나누었다.

아래 표는 동사문의 동사가 문두에 올 때 그리고 동사문의 주어가 수에 따라 달라질 때 문두에 오는 동사의 성과 수를 표시한 것이다.(아래 표는 오른쪽부터 왼쪽으로 읽는다).

동사문의 주어	동사
사람(남/단수, 쌍수, 복수형)	3인칭 남성 단수형
사람(여/단수, 쌍수, 복수형)	3인칭 여성 단수형
사물과 동물의 복수형	여성 단수형

동사문은 동사가 먼저 나오고 그 다음에 주어가 나오는 문장이다. 그런데 동사가 만일 타동사이면 목적어를 필요로 하는데 이 때 목적어는 목적격을 갖는 목적격명사이거나 목적격자리에 오는 인칭대명사이다.

예) أَكَلَ سَعْدٌ مَوْزًا.   "사아드가 바나나를 먹었다." 에서 바나나가 목적격을 갖는 목적어이다.

شَرِبَ الطِّفْلُ اللَّبَنَ.   "그 어린이가 라반[10]을 마셨다." 에서 라반이 목적격이다.

شَاهَدَكَ كَمَالٌ فِي الزَّمَالِكِ.   "카말이 자말릭(이집트 지명)에서 너를 보았다."에서 '너'에 해당하는 ك 가 목적어로서 목적격 자리에 있다.

يَسْمَعُنَا المُدَرِّسُ عِنْدَمَا نَضْحَكُ.   "우리가 웃고 있을 때 선생님은 우리의 소리를 듣는다."

위 문장 중 يسمعنا 에서 "나"는 우리들을 가리키지만 이 문장에서 동사 하나만으로도 "그가 (말)을 듣고 있다"라는 뜻이다. 그리고 그가 듣는 것은 "우리를" 듣는 것이 아니라 "우리의 말을" 듣는다고 해석하는 것이 한국말에 적합하다. 목적격명사는 동사 뒤에 오는 목적어이다. 동사문의 목적어는 동작을 받는 명사이다.

목적어를 필요로 하지 않는 동사는 자동사(الفِعْلُ اللَّازِمُ)라고 하고 목적어를 목적격으로 갖는 동사는 타동사(الفِعْلُ المُتَعَدِّي)라고 한다. 동사 '공부하다' دَرَسَ, '쓰다' كَتَبَ 는 타동사이고 '웃다' اِبْتَسَمَ, 걷다 مَشَى, 자다 نَامَ, 깨뜨리다 تَكَسَّرَ, 열리다 اِنْفَتَحَ, 하얗게 되다 اِبْيَضَّ, 커지다 كَبُرَ, 앉다 جَلَسَ, 웃다 ضَحِكَ 는 자동사이다. 아랍어 1형동사부터 10형 동사 중 7형동사와 9형

---

[9] 알라가 사람들에게 가르치라고 메신저들(루술)에게 보낸 책을 가리킨다.
[10] 라반(laban)은 요르단에서 요구르트처럼 새콤한 맛을 내는데 할립(Halīb)은 우리가 마시는 우유이다, 그런데 시리아에서는 라반이 우리가 마시는 우유이다. 아랍어 사전에서는 اللَّبَنُ الطَّازِج 는 할립이라고 하고 اللَّبَنُ الزَّبَادِيّ 는 할립이 아니라고 했다. 라반 لَبَنٌ 은 종류 명사이어서 لَبَنَة 는 하나의 라반이란 뜻이다.

동사는 모두 자동사이고 1형 동사 중 فَعُلَ 형은 자동사이다.

دَرَسَ الأَشْعَارَ.　　　　　그가 시들을 공부했다.

يَدْرُسُ الأَشْعَارَ.　　　　　그가 시들을 공부한다.

سَيَدْرُسُ الأَشْعَارَ.　　　　그가 시들을 공부할 것이다.

سَوْفَ يَدْرُسُ الأَشْعَارَ.　　그가 시들을 앞으로 공부할 것이다.

اُدْرُسْ الأَشْعَارَ وَاحْفَظْهَا.　그 시들을 공부하고 암기하라.[11]

　위 첫째 문장의 동사는 완료를 나타내는 과거동사이고 둘째 문장의 동사는 미완료를 나타내는 현재 동사다. 셋째 문장의 동사는 가까운 미래를 나타내는 동사이고 넷째 문장의 동사는 먼 미래를 나타내는 동사다. 위 다섯번째 문장의 두 개의 동사는 명령 동사이다.

ضَحِكَ حَامِدٌ.　　　　　　하미드가 웃었다.

سَمِعَ مُحَمَّدٌ النَّاسَ.　　　무함마드가 사람들의 말을 들었다.

نَزَلَ أَحْمَدُ مِنْ بَيْتِهِ.　　아흐마드가 집에서 내려왔다.

ضَحِكَ حَامِدٌ لمحمدٍ.　　하미드가 무함마드에게 미소를 지었다.

قَرَأَ مَحْمُودٌ رقمَ البَاصِ.　마흐무드가 버스의 번호를 읽었다.

ضَحِكَ مُحَمَّدٌ عَلَى عِيسَى.　무함마드가 이싸를 비웃었다.

동사문= 동사+ 동사문의 주어+ (목적어)+ (목적어)

　동사문의 주어는 항상 주격이거나 주격 자리에 있고 목적어는 항상 목적격이거나 목적격 자리에 있다. 위 문장에서 밑줄친 낱말들은 동사문의 주어이고 모든 동사가 문장의 처음에 나오고 있어 모두 동사문들이다. 동사문의 기본은 동사와 동사문의 주어이다. 자동사이면 동사+ 주어이고 타동사이면 동사+ 주어+ 목적어(또는 동사+ 목적어+ 주어)가 된다. 자동사와 타동사의 구분은 사전을 봐서는 알기 어렵고 일부 자동사는 전치사와 함께 타동사의 의미로 쓰이기도 한다. 자동사와 타동사의 구분이 쉽지는 않지만 일반적으로 목적어를 필요로 하는 동사는 타동사이고 목적어를 필요로 하지 않는 동사는 자동사이다.

동사문= 자동사+ 동사문의 주어
[주격]

①. أَذْهَبُ إلى الفَصْلِ كُلَّ أُسْبُوع.　　나는 매주 교실로 간다.

②. نَامَ الأَطْفَالُ.　　　　　　어린이들이 잤다.

③. خَرَجَ المُدَرِّسُ مِنَ الفَصْلِ.　　선생님이 교실에서 나갔다.

④. حَضَرْتُ إلى بَغْدَادَ.　　　나는 바그다드에 왔다.

---

[11] اُدْرُس 가 명령동사이지만 그 다음에 정관사가 오므로 اُدْرُسِ 라고 발음해야 한다.

⑤. قَالَ مَجْدِي لِلسَّائِقِ: مَعَ السَّلامَةِ، وَشَكَرَهُ.
마즈디가 운전기사에게 말하였다. "안녕"이라고 하면서 그에게 감사했다."
⑥. ذَهَبَ الأَوْلادُ إِلَى الحَقْلِ.   아들들이 축하모임[12]에 갔다.

　위 동사문의 동사는 목적어가 없는 자동사이지만 동사문의 주어는 (실)명사 혹은 인칭대명사 혹은 내포된 인칭대명사들이다. 위 첫째와 넷째 문장에서는 내포된 인칭대명사(ضَمِيرٌ مُسْتَتِرٌ)가 동사문의 주어이다. (실)명사나 인칭대명사는 동사의 목적어가 될 수 있으나 '내포된 인칭대명사'는 목적어가 될 수 없다. 동사문에서 동사를 수식하는 하나 또는 그 이상의 부사나 전치사구가 있다.

حَضَرَ الطَّالِبُ مِنْ أَمْرِيكَا قَبْلَ أُسْبُوعٍ.   일주일 전에 미국에서 학생이 왔다.

동사문= 타동사+ 동사문의 주어+ 목적어+ (목적어)
                          [목적격]   [목적격]

أَكَلَ الطِّفْلُ تُفَّاحًا.   어린이가 사과를 먹었다.
يَدْخُلُ الطُّلَّابُ الفَصْلَ.   학생들이 교실에 들어간다.
نَلْعَبُ كُرَةَ القَدَمِ كُلَّ أُسْبُوعٍ.   우리는 매주 축구를 한다.
سَأَلَ الأَخُ الكُورِيُّ السَّائِقَ.   한국인 형이 운전기사에게 물었다.
سَمِعْتُكَ تَقُولُ " الدَّرْسُ فِي البَيْتِ وَفِي الشَّارِعِ".
　　　　나는 네가 "공부는 집과 거리에서"라고 말하는 것을 들었다.
أَكَلَ الطِّفْلُ الطَّعَامَ.   어린이가 음식을 먹었다.
دَخَلَ الوَلَدُ فَصْلَهُ.   아이가 그의 교실에 들어갔다.
وَجَدْتُ نُقُودًا.   내가 (잃어버린) 돈을 찾았다.
قَبِلْتُمُوهُ.   너희들이 그것을 받아들였다.
　그러나 목적어가 문장에 드러나지 않아도 본래 타동사인 동사는 타동사로 인식한다
أَكَلْتُ مُنْذُ سَاعَتَيْنِ   나는 2시간 동안 먹었다.
أَكَلْتُ تُفَّاحًا مُنْذُ سَاعَتَيْنِ   나는 2시간 동안 사과를 먹었다.

　타동사는 شَرِبَ , دَرَسَ , كَتَبَ 등이고 자동사는 ضَحِكَ , نَظَرَ , نَزَلَ 등이다. 그런데 아랍어 타동사 중에는 하나의 목적어를 갖는 동사와 두개의 목적어를 갖는 동사로 나뉜다. 하나의 목적어를 갖는 타동사에는 (رَأَى، أَكَلَ، شَرِبَ، سَمِعَ، شَمَّ، فَتَحَ، أَغْلَقَ، عَرَفَ، قَرَأَ، غَيَّرَ، حَفِظَ)가 있고 두 개의 목적어를 갖는 타동사에는 (فَهِمَ، وَجَدَ، ظَنَّ، حَسِبَ، سَأَلَ، كَتَبَ، شَاهَدَ، أَعْطَى) 등이 있다. 두 개의 목적어를 갖는 동사들은 두 개의 목적어가 본래 명사문의 주어와 술어가 되는 경우와 본래 명사문의 주어와 술어로 쓰이지 않는 경우 등 두 가지로

---

[12] '축하 모임'에 해당하는 아랍어 낱말 'الحَقْل'은 '많은, 많은 수효가 모임, 어느 행사를 축하함'이란 의미이고 حَفْلَة는 '파티, 축하 모임'이라는 의미이다. أَيُّهَا الحَقْل الكَرِيم은 행사에서 사용하는 표현으로 초청받은 사람들을 가리켜 사회자가 하는 표현이다.

나뉜다.

(1) 두 개의 목적어가 본래 명사문의 주어와 술어가 되는 경우

(예) عَدَّ ، وَجَدَ، عَرَفَ، عَلِمَ ، رَأى ، حَسِبَ ، ظَنَّ

(* خال، زعم 은 오늘날에는 드물게 사용된다)

أَظُنُّ الطِّفْلَ سَعِيدًا (명사문: الطِّفْلُ سَعِيدٌ).

나는 그 어린이가 행복해하는 것 같다고 생각 한다.

وَجَدْنَا كَمَالًا حَزِينًا (명사문: كَمَالٌ حَزِينٌ)   우리는 카말이 슬퍼하는 것을 느꼈다.

عَلِمْتُ المُدَرِّسَ يَبْكِي (명사문: المُدَرِّسُ يَبْكِي)   선생님이 울고 있는 것을 내가 알았다.

위와 같이 두 개의 목적어를 갖는 타동사들의 예를 더 들어보면 다음과 같다.

يَظُنُّونَ العَرَبَ جَاهِلِينَ.   그들은 아랍인들이 무식한 것 같다고 생각한다.

يَحْسِبُ النَّاسُ قَصْرَ الرَّئِيس مَدِينَةً.   사람들은 대통령 궁이 도시라고 생각한다.

أَرَى الصَّيْفَ حَارًّا في مِصْرَ.   나는 이집트의 여름이 덥다고 생각한다.

그런데 عَلِمَ – عَرَفَ – رَأى (알고 이해하다–알다– 보다)가 본래의 의미로 사용될 때에는 두 개의 목적어를 갖는 타동사가 아니다. 다만 이들 동사들이 ظَنَّ(–ㄴ 것 같다고 생각하다) [13]와 حَسِبَ(–로 간주하다 [14]) 의 뜻으로 쓰이면 두 개의 목적어를 갖는 타동사가 된다. 이 말은 같은 어휘라도 그 의미에 따라서 두 개의 목적어를 가질 수도 있고 그렇지 않을 수도 있다. 아랍어 ظَنَّ는 본래 의미가 확실성이 없이 뭔가를 알고 있다(뭔가를 알지만 확신하지 못하다)는 뜻을 갖는다.[15] 다음 동사들은 두 개의 목적어를 갖는 동사들이다.

أَرَاكَ مُتْعَبًا.   나는 네가 피곤해한다고 생각한다.

عَرَفْتُكَ مَاهِرًا.   나는 네가 실력이 있다고 생각했다.

عَلِمْتُ مِصْرَ جَمِيلَةً.   나는 이집트가 아름답다고 생각했다.

عَلِمَ ، عَرَفَ는 '알다'라고 해석한다. 그러나 عَلِمَ는 '알고 이해하다, 듣고 알게 되다'의 뜻이고

---

[13] قَالَ 동사가 متى تَقُولُ زَيْدًا رَاجِعًا مِنْ سَفَرِهِ؟ = مَتَى تَقُولُ زَيْدٌ رَاجِعٌ مِنْ سَفَرِهِ. 처럼 '–라고 생각하다'의 뜻을 가지면 그 다음에 오는 두 개의 명사가 주격이나 목적격이 가능하다.

[14] حَسَبَ(حِسَاب)는 '셈하다'의 뜻이고, حَسِبَ(حُسْبَان)는 '생각하다'의 뜻이며 حَسُبَ(حَسَب)은 '귀족 태생이다'란 의미이다

[15] ظَنَّ의 본래 의미는 '– 같다고 생각하다'처럼 확실성이 부족한 의미인데 이것을 그냥 '생각하다'로 뜻풀이를 하면 원래 의미에 맞지 않는다. 우리말의 '생각하다'는 '사람이 머리를 써서 사물을 헤아리고 판단하다. 어떤 사람이나 일 따위에 대하여 기억하다. 어떤 일을 하고 싶어 하거나 관심을 가지다. 어떤 일을 하려고 마음을 먹다.'의 뜻이다(표준 국어 대사전). 그리고 '간주하다'는 '상태, 모양, 성질 따위가 그와 같다고 보거나 그렇다고 여기다'의 뜻이다.

두개의 목적어를 가질 때에는 '(분명히) 알다'의 뜻이다. 그리고 عَرَفَ는 '알다, 이해하다, 육감으로 깨닫다'의 뜻이다.

그러나 다음 문장은 원래 해당 동사의 의미를 갖는다.

رَأَيْتُ أَشْرَفَ أَمْسِ في المَعْهَدِ.	나는 아쉬라프를 어제 전문대에서 보았다.
عَرَفْتُ الأَخْبَارَ.	나는 그 소식을 알았다.
عَلِمْتُ سَفَرَهُ.	나는 그가 여행한 것을 알았다.

그런데 두 개의 목적어를 갖는 동사라고 하더라고 이들 동사 다음에 다음과 같이 의문 명사나 시작의 لِ, 맹세의 لَ, 부정의 مَا، لَا 등이 오면 두 개의 목적격이 오지 않는다.

① عَلِمْتُ أَيْنَ الكِتَابُ	책이 어디에 있는 지 내가 알게 되었다. (의문명사أين)
② تَيَقَّنْتُ للصِدْق فضيلَة	나는 진실이 미덕이라고 확신했다(시작의 لِ).
③ عَلِمْتُ لَيُسَافِرَنَّ خالدٌ	칼리드가 여행가겠다고 맹세한 것을 내가 알게 되었다.(맹세의 لَ).

[더 생각해 보기]

카이로 아메리칸 대학교 엘사이드 바다위(El-Said Badawi)는 카나(كانَ kāna: -었) 동사, 인나(إنّ 'inna), 그리고 잔나(ظنّ Zanna: -같다고 생각하다) 동사 간의 의미상 확실성의 정도를 아래와 같이 설명하였다.

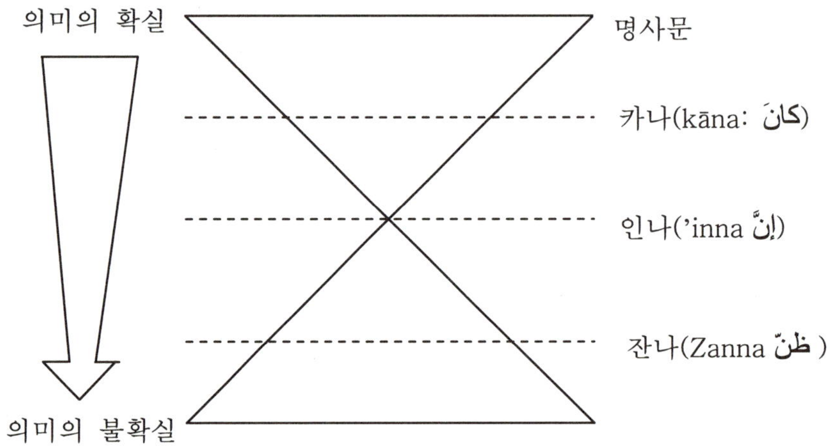

위 표와 같이 명사문이 확실성의 의미가 가장 많고 잔나는 상대적으로 불확실한 의미가 가장 많다. 그리고 카나가 인나보다 더 확실한 의미를 전달해준다. 아랍어 '인나'는 오늘날 아랍인들의 일상생활 언어에서 본래의 의미를 갖지 못하고 있다. 오늘날 아랍인들은 '인나'가 붙어 있을 때나 붙어 있지 않을 때나 그 의미 차이가 없다고 했다. 아랍인들의 학교 문법에서는 '인나'가 문장의 의미를 강조해 준다고 가르치지만 오늘날 아랍인들에게 '인나'가 갖는 강조의 의미는 이미 사라져버렸다.

(2) 두개의 목적어가 본래 명사문의 주어와 술어가 되지 않는 경우

    이런 부류에 속하는 동사들로는 سَأَلَ ، كَسَا، وَعَدَ، مَنَعَ، حَرَمَ، نَاوَلَ، أَفْهَمَ، عَلَّمَ (요구하다) ، وَهَبَ(선물하다) ، مَنَحَ(허락하다) ، أَعْطَى (주다) 등이 있다. 많은 4형 동사와 수많은 2형 동사가 두 개의 목적어를 갖는다.

أَعْطَيْتُ الطُّلَّابَ إِجَازَةً.	내가 학생들에게 휴가를 주었다.
وَهَبَنَا اللهُ عَقْلاً جَمِيلاً.	알라는 우리에게 아름다운 사고력[16]을 선물로 주었다.
سَأَلْتُ الْمُدَرِّسَ كِتَابًا.	나는 선생님에게 책을 달라고 부탁했다.
أَمَرَنِي أَنْ أَذْهَبَ.	그가 나에게 가라고 명령했다.
أَنْبَأْتُ عَلِيًّا صِحَّتِي جَيِّدَة.	내가 알리에게 내 건강이 좋다는 것을 알렸다.

    아랍어 동사가 명사문에 쓰일 때와 동사문에 쓰일 때 수와 성에서 호응이 어떻게 달라지는지를 살펴보자.

أَنْتُمَا تَدْرُسَانِ العربية.	너희 두사람은 아랍어를 공부한다.
الطالبان يَدْرُسَانِ العربية.	두 남학생이 아랍어를 공부한다.
الطلابُ يَدْرُسُونَ العربية.	남학생들이 아랍어를 공부한다.
أنتمْ تَدْرُسُونَ العربية.	너희들은 아랍어를 공부한다.
أنتِ تَدْرُسِينَ العربية.	너(여성)는 아랍어를 공부한다.

    위 문장들 중 첫째 문장과 둘째 문장은 쌍수의 알리프(أَلِف الاثْنَيْن) 가 접미되어 있고 셋째 문장과 넷째 문장은 복수의 와우(واو الجَمَاعَة) 가 접미되어 있다. 마지막 문장은 2인칭 여성의 야(ياء المُخَاطَبَة)가 접미되어 있다. 이 같은 동사들을 "다섯 동사"라고 부르고 이들 동사 뒤에 붙은 ن 을 '라프으의 눈'(نون الرفع) 즉 자립형의 /n/ 이라고 부른다. 그리고 동사 뒤에 오는 접미 인칭 대명사 중에서 1인칭은 نِي 가 접미되는데 이때 ن /n/을 예방의 눈(نون الوقاية) 이라고 부른다. 예) أَكْرَمَنِي=أكرم+ن+ي/'akramanī/ 그가 나를 존대했다.

[더 생각해 보기]
일부 아랍 학자들은 아랍어에는 다음과 같이 세 개의 목적어를 갖는 동사들이 있다고 한다.   أَرَى - أَعْلَمَ - أَنْبَأَ - نَبَّأَ - أَخْبَرَ - خَبَّرَ - حَدَّثَ

(예) أَعْلَمَ سَعِيدٌ خَالِداً الأَمْرَ صَحِيحًا   사이드가 칼리드에게 그 일은 사실이라고 전해주었다.

    그러면 여기서 자동사와 타동사가 있는 문장의 어순을 정리해보자.

---

[16] 옳고 그른 것을 구분하고 생각하는 것을 가리킨다.

1-목적어가 있는 문장의 어순

우리 어머니께서 맛있는 식사를 부엌에서 한 시간 전에 요리하셨다.

طَبَخَتْ والدَتِي وَجْبَةً لذيذةً بِسُرعَةٍ (في مَطبَخِها) قَبلَ ساعَةٍ.

      (1)   (2)   (3)

طَبَخَتْ والدَتِي وَجْبَةً لذيذةً قَبلَ ساعَةٍ في مَطبَخِها بِسُرعَةٍ.

2-목적어가 필요 없는 문장의 어순

우리 여동생이 하루 종일 방에서 혼자 앉아 있었다.

جَلَسَتْ أُختي وَحيدةً في غُرْفَتِهَا طُولَ اليوْمِ.

      (1)   (2)   (3)

자동사이므로 목적어가 필요없다. (1) (2) (3)은 여동생이 앉아 있는 상태,

장소, 시간 등을 구체적으로 제시하고 있다.

3- 자동사가 전치사를 갖는 문장의 어순: 동사 뒤에 전치사가 뒤따른다.

우리 형이 한 시간 전에 도서관에 갔다.

ذَهَبَ أخِي إلى المَكْتَبَةِ مَنْذُ سَاعَةٍ.

4- 명사문을 부정하는 동사로 시작되는 문장

내가 하나님의 교회를 박해했으므로 내가 사도라 칭함을 받기에 합당하지 않다(고린도 전서 15장 9절).

لَسْتُ أَهْلاً لأنْ أُدْعَى رَسُولاً، لأنّي اضْطَهَدْتُ كَنِيسَةَ اللهِ.

▶신나는 단어장

أَخَذَ يوسُفُ الكِتابَ مِنْ أَحْمَدَ.	유수프는 아흐마드에게서 책을 가져왔다.
أَخَذَ الطَّالبُ القَواعِدَ عَن المُدَرِّس.	남학생이 문법을 교사에게서 배웠다.
أَخَذَ الطِّفلُ يَتَكَلَّمُ.= بَدَأَ الطِّفلُ يَتَكَلَّمُ.	어린이가 말하기 시작했다.
أَخَذَهُ النَّوْمُ.	잠이 그를 괴롭혔다.
دَخَلَ الطَّالبُ الفَصْلَ.	학생이 교실에 들어갔다.
دَخَلَ المُدَرِّسُ الفَصْلَ عَلى الطُّلابِ.	학생들이 이미 와 있는 교실에 교사가 들어갔다.
دَخَلَ مَحْمُودٌ في حِوارٍ.	마흐무드가 대화에 들어갔다.

정리해 보면 아랍어 동사에는 동사 안에 인칭대명사가 내포되어 있어 모든 동사를 보면 그 인칭대명사를 찾아낼 수 있다. 동사문에서 주어가 동사 뒤에 올 경우 동사는 3인칭 단수이지만 동사는 주어와 성에서 일치를 보여야한다.

قَالَتِ المَرْأَةُ لِلحَيَّةِ.	여자가 뱀에게 말하였다. (동사문)
المَرْأَةُ قَالَتْ لِلحَيَّةِ.	여자가 말하였다 뱀에게. (명사문)

위 두 문장은 문법적으로는 동일한 의미라고 하나 발라가(수사적인 표현과 미적 기능)적인 면에서는 다소 의미 차이를 보인다. 화자가 어디에 초점을 두고 말하느냐가 중요한 변수가 된다. 그리고 타동사의 종류에 따라 하나의 목적어를 취하는 동사, 2개의 목적어를 갖는 동사, 3개의 목적어를 갖는 동사 등으로 구분된다. 기본 어순은 동사+ 주어+ (목적어)이지만 주어+ 동사+ 목적어 혹은 동사+ 목적어+ 주어의 어순을 갖기도

한다. 다음 예문들은 동사와 주어간의 일치를 보여 준다.

لا يَخْجَلُ آدَمُ وَامْرَأَتُهُ.	아담과 그의 아내는 부끄러워하지 않는다.
عَمِلَ الشَّرَّ في عَيْنَي الرَّبِّ.	그가 주님이 보시기에 악한 일을 했다.
قَتَلُوهُ في بَيْتِهِ.	그들이 그를 그의 집에서 죽였다.
أَحْرَقَ عِظَامَ الكَهَنَةِ على مَذَابِحِهِمْ.	그가 제사장들의 뼈를 제단 위에서 불살랐다.
وَجَدَ سِفْرَ الشَّريعَةِ في بَيْتِ الرَّبِّ.	그가 주님의 집에서 율법의 책을 발견했다.
اذْهَبُوا اسْأَلُوا الرَّبَّ مِنْ أَجْلي.	(너희들은) 가서 나를 대신하여 주님께 구하라.
قَدْ أَعْطانى الرَّبُّ جَميعَ مَمَالِكِ الأَرْضِ.	주님이 나에게 이 땅의 모든 왕국들을 주셨다.

다음은 동사 뒤에 오는 인칭대명사와 전치사나 명사 뒤에 오는 인칭대명사를 표로 나타낸 것이다. 서로 어떻게 쓰임이 다른지 자세히 살펴보자. 아래 표는 오른쪽에서부터 왼쪽으로 읽는다.

인칭대명사+ 동사	인칭대명사+ 전치사	인칭대명사+ 명사	접미인칭대명사	독립인칭대명사
ضَرَبَني مُحَمَّدٌ	الكِتَابُ مِنِّي	هَذَا كِتَابي	ي/ني	أَنَا
ضَرَبَنَا	مِنَّا	كِتَابُنَا	نَا	نَحْنُ
ضَرَبَكَ	مِنكَ	كِتَابُكَ	كَ	أَنْتَ
ضَرَبَكِ	مِنكِ	كِتَابُكِ	كِ	أَنْتِ
ضَرَبَكُمَا	مِنْكُمَا	كِتَابُكُمَا	كُمَا	أَنْتُمَا
ضَرَبَكُمْ	مِنْكُمْ	كِتَابُكُمْ	كُمْ	أَنْتُمْ
ضَرَبَكُنَّ	مِنْكُنَّ	كِتَابُكُنَّ	كُنَّ	أَنْتُنَّ
ضَرَبَهُ	مِنْهُ	كِتَابُهُ	هُ	هُوَ
ضَرَبَهَا	مِنْهَا	كِتَابُهَا	هَا	هِيَ
ضَرَبَهُمَا	مِنْهُمَا	كِتَابُهُمَا	هُمَا	هُمَا
ضَرَبَهُمْ	مِنْهُمْ	كِتَابُهُمْ	هُمْ	هُمْ
ضَرَبَهُنَّ	مِنْهُنَّ	كِتَابُهُنَّ	هُنَّ	هُنَّ

4.문장의 어순

어순에 있어서도 푸스하와 암미야 간의 차이를 찾아 볼 수 있는데 푸스하의 기본 어순은 V+S+O 이라고 하고, 암미야의 기본 어순은 S+V+O 이다. 파킨슨 D.B.Parkinson 은 1970~78 년 까지 카이로에 있는 두 개의 주요 일간지 신문에 대한 조사에서 현대 푸스하의 기본 어순이 SVO 로 변해가고 있음을 지적하였다(Alan S.Kaye: 1987). 아랍어 문장어순에는 반드시 순서를 지켜야 하는 필수적인 어순(وَاجِب)과 순서가 뒤바뀌는 것이 허용되는 수의적인 어순(جَائِز) 등 두 가지가 있다. 푸스하의 아랍어는 동사+동사문의 주어+(목적어)가 기본 어순이라고 하나 아랍어 신문의 헤드라인에서는 주로 명사문의 주어+술어(동사)의 형태가 주류를 이룬다.

①아랍 신문의 헤드라인:

سوزان مُبَارَكٌ تُكْرِمُ بُطْرُس غَالِي وَتَمْنَحُهُ دِرْعَيْن تَذْكَارِيتَيْن

수잔 무바라크는 부뜨루스 갈리에게 경의를 표하고 기념패를 수여하였다.(명사문)

②아랍 신문의 본문 첫 머리:

قَامَتِ السَّيِّدَةُ سُوزَان مُبَارَكٌ، قرينةٌ رَئِيس الجُمْهُورِيَّةِ أَمْس بِتَكْريم الدُّكْتُور بُطْرُس غَالِي الأَمِين العَام السَّابِق للأُمَم المُتّحِدَةِ

   공화국 대통령의 영부인 수잔 무바라크 여사는 전 유엔 사무총장 부뜨루스 갈리 박사에게 경의를 표하였다.(동사문)

   위 두 가지 예문을 보면 신문의 헤드라인은 명사로 시작하고 그 본문에서는 동사로 시작하고 있다. 그리고 이런 행사가 "어제" 일어났기 때문에 본문에는 과거 동사를 사용했지만 헤드라인에는 현재 동사를 쓰고 있다.

아랍 신문의 헤드라인은 주로 명사문이다.

   2010년 무바라크 이집트 대통령이 건강을 되찾은 후 5월 6일 근로자의 날(عِيدُ العُمَّال) 대중 연설에 처음 나타났다. 그리고 그 다음날 알아흐람 신문의 헤드라인에 다음과 같은 기사가 떴다.

سَوْفَ تَجِدُونَنِي دَائِمًا إلى جَانِبِكُمْ.   여러분 곁에 있는 나를 항상 만날 것입니다.(동사문)

이런 신문 아랍어의 특징은 현대 문어 아랍어의 어순과 어떻게 다를까?

①قَرَأَ الطُّلابُ الكُتُبَ.	읽었다 남학생들이 책들을
②قَرَأَ الكُتُبَ الطلابُ.	읽었다 책들을 남학생들이
③الكُتُبَ قَرَأَ الطلابُ.	책들을 읽었다 남학생들이
④الطُّلابُ قَرَؤُوا الكتبَ.	남학생들이 책들을 읽었다.
⑤الكُتُبُ قَرَأَهَا الطلابُ.	책들, 남학생들이 그것을 읽었다.

   위 다섯번째 문장은 아랍어 문장의 독특한 특징 중의 하나라고 할 수 있다. 목적어에 해당하는 명사가 먼저 오고 그 다음에 동사가 오는데 그 동사 뒤에 앞의 목적어를 가리키는 인칭대명사가 붙어 있는 어순이다. 전통적인 아랍인 학자들은 현대 문어 아랍어 어순이 V + S + O라고 하였고 일부 현대 아랍인 학자들 [17] 도 현대 문어 아랍어는 동사(V) + 주어(S) + 목적어(O)라고 말한다. 그러나 일부 서구 학자들 [18] 은 현대 표준 아랍어(MSA; اللغة العَرَبِيَّة القِيَاسِيَّة المُعَاصِرَة)의 어순은 S + V + O라고 하였다. [19] Mohammed

---

[17] Majdi(1990), Homeidi (1994) 등이다.

[18] James Snow (1965), Nancy Killean (1966), Nancy Lewkwicz (1967,1972), Emonds (1980) 들의 주장이다.

[19] 그밖의 학자들 중에는 현대 문어 아랍어의 기본 어순은 어느 하나를 지목하기 어려워 자유스런 어순을 갖는다고 하기도 하고, Mohammad A., (2000)는 VOS가 기본 어순이라고 하였다. Homeidi(2004)는 지배 결속 이론에 따라 현대 문어 아랍어는 VOS 기본 어순을 갖는 배열언어(Configurational language)라고 규정한다.

Khalid El-Yasin(2004)은 고전 아랍어와 요르단 아랍어의 기본어순을 각각 VSO, SVO라고 하였다. 아랍어 기본 어순을 하나로 규정하기 어렵다.

　현대 문어 아랍어 문장의 어순이 바뀌는 원인은 무엇일까? 아랍어 문장 مَحَبَّةٌ اللهُ (하나님은 사랑이시다)은 명사문이다. 이 명사문의 주어는 اللهُ 이고 술어는 محبة 인데 주어가 술어 앞에 오는 것이 정상이다. 그러나 명사문의 어순이 도치될 때도 있다. 가령 كَثِيرَةٌ الكَنَائِسُ(교회들이 많다)라는 문장은 명사문의 주어와 술어가 바뀌어 있다. 술어가 문장의 처음에 나오고 명사문의 주어가 그 다음에 오는 문장인데 이런 어순은 "수의적인 어순"이다. 그러면 문장에서 왜 술어가 전치되는가? 그것은 문장이 되기 위한 문법적 규칙에 맞도록(목적어가 짧을 때 혹은 목적어+부사가 덩달아 올 때) 그 규칙을 따르는 경우가 있을 수 있고 화자가 강조나 발라가(미적 기능)적인 의도 혹은 문체상의 이유 때문에 어순을 바꾸기도 하고 또, 화자가 초점을 바꾸거나 관심을 끄는 목적으로 해당되는 낱말을 문두에 두기도 한다.

(1)주어+동사+목적어 어순: 문체상의 이유나 강조를 위하여 명사나 명사구를 문두에 둔다.

رَجُلُ الدين صاحِبُ الرسالةِ.(강조)　　　　　　　　종교인[20]은 메시지의 소유자이다.

وهُنَاك أيْضاً فَتَياتٌ يُمَارِسْنَ كُرَةَ القَدَمِ.(문체상 이유)　　축구를 연습하는 소녀(중고생)들이 있다.

(2)신문의 헤드라인이나 화제가 되는 문장: 신문의 헤드라인은 주어+동사+목적어이고 이런 SVO어순은 상대방의 관심을 끄는 기능을 한다.

فَرَنْسا تُحَذِّرُ الإسْلامِيِينَ.(헤드라인)　　　　　　　프랑스는 이슬람주의자들을 경고한다.

حَذَّرَتْ فرنْسا أمْس إسْلاميِين مُتَشّدِدِينَ.(본문기사 첫머리)

　　　　　　　　　　　프랑스는 어제 과격 이슬람주의자들을 경고했다.

(3)전치된 직접 목적어(주제와 평언의 문장): 문체상의 이유로 동사나 전치사의 목적어가 문두에 온다. 문두에 목적어가 주격 형태로 오고 이 목적어를 가리키는 인칭대명사가 이 주격명사 다음에 오는 동사 뒤에 목적어(문두에 온 목적어와 성, 수의 호응)로 온다.

هذه الفُرْصَة لا نَجِدُها إلا في القاهِرَةِ.　이런 기회, 우리는 그것을 카이로에서만 만날 수 있다.

　이런 경우 أمَّا .... ف 의 구문으로 바꿔 쓸 수 있다.

أمّا هذه الفُرْصَة فلا نَجِدُها إلا في القاهِرَةِ.

　　그런 경우라면, 우리는 카이로에서만 이런 기회를 만날 수 있다.

(4)동사+목적어+주어의 어순: 목적어가 주어보다 상대적으로 짧을 경우 혹은 전치사 뒤에 목적어를 갖는 경우에 이런 어순을 우선한다. 또 동사 뒤에 접미된 인칭 대명사가 목적어가 된 형태 때문에 이런 어순이 되기도 한다.

سيُشارِكُ في النَدْوَةِ عَدَدٌ مِنَ الأساتِذةِ.(목적어가 짧을 때)

　　많은 교수들이 (교수) 협의회[21]에 참석할 것이다.

ضَرَبَني مُحَمَّدٌ.(동사 뒤에 인칭대명사가 접미될 때)　　무함마드가 나를 때렸다.

　(5)목적어+부사 구문: 부사가 짧을 경우 주어보다 먼저 부사가 나오는데 이때 부사가 목적어와 덩달아 오기도 한다.

---

[20] 일부 아랍 무슬림들은 종교인이란 말 대신에 종교학자 عالِم الدين 이란 말을 선호한다.

[21] 어떤 문제를 논의하고 협의하기 위하여 클럽 같은 곳에서 만나는 모임을 말한다. (예) 시 동호회

غادَرَ عَمّانَ أَمْس وَزيرُ الخَارجِيَّة.   외무부 장관이 어제 암만을 떠났다.

대화의 초점에 따라 어느 화제가 더 중요하다고 화자가 느낄 때 어순이 바뀐다.

그러면 이제 아랍어 문장의 어순을 자세히 살펴보자.
(1)명사문의 주어가 술어보다 먼저 오는 것이 일반적인 명사문의 어순이지만 술어가 주어보다 먼저 나올 수 있다. 즉 명사문의 주어와 술어를 서로 바꿔 쓸 수있다.

كَمَالٌ مُدَرِّسٌ.   카말은 교사이다.

مدرسٌ كمالٌ.   교사이다 카말이.

الوَلَدُ ذَكِيٌّ.   아들이 영리하다.

ذكيٌّ الوَلَدُ.   영리하다 아들이.

هَذَا الشِّعْرُ جَميلٌ.   이 시는 아름답다.

جَميلٌ هَذَا الشِّعْرُ.   아름답다 이 시는.

위 문장들에서 첫째와 셋째 문장이 어순을 바꾸면 둘째와 넷째의 문장이 된다. 이때 둘째와 넷째의 문장에서 처음에 오는 낱말은 술어로서 전치가 가능하다(خبر مقدم جوازا) 그리고 둘째와 넷째의 두번째 명사는 명사문의 주어로서 후치되었다(مبتدأ مؤخر جوازا). 다시말하면 위 문장들은 각각 명사문의 주어와 술어로서 명사문의 주어는 한정이고 술어는 비한정이므로 주어와 술어간의 어순을 바꿔도 아무 이상이 없다.

(2)명사문의 술어가 명사문(혹은 동사문)이고 명사문의 주어가 한정일 때 명사문의 주어가 먼저 오고 술어가 뒤에 오는 어순은 반드시 지켜져야 하는 필수적인 어순이다.

الأولادُ في البيتِ.   아들들이 집에 있다.

(X) فوقَ المكتبِ القلمُ.

الكنيسةُ فوقها قبّة   교회 위에는 둥근 돔이 있다.

(X) فوقها قبّةُ الكنيسةُ.

위 문장들은 명사문의 주어가 한정이고 술어가 명사문들이다. 주어와 술어의 어순이 바뀌면 안 된다.

① المدرسُ يَكْتُبُ علىَ السّبّورَةِ   교사가 칠판 위에 쓰고 있다.

② يكتبُ المدرسُ علىَ السبورةِ   교사가 칠판 위에 쓰고 있다.

위 두 문장은 완전한 문장인데 ①은 명사로 시작하므로 명사문이고, ②는 동사로 시작하므로 동사문이다. ①은 명사문의 주어가 한정이고 술어가 동사문이므로 반드시 이 어순을 지켜야 명사문이 되고 만일 동사를 전치시키면 명사문이 아닌 동사문이 된다.

① البِنْتُ شَعْرُهَا طَويلٌ   딸의 머리카락이 길다.

② (x) شَعْرُهَا طَويلٌ البِنْتُ

위 두 문장에서 ①은 올바른 문장이지만 ②는 올바른 문장이 될 수 없다. ①은 명사문의 주어가 한정이고 술어가 명사문이기 때문에 이런 경우 어순이 서로 뒤바뀔 수 없다. 만일 술어가 전치되어 ②와 같이 되면 아랍어 문장이라고 할 수 없다.

(3)명사문의 주어가 비한정이고 술어가 유사 문장(전치사구나 부사)일 때 유사문장이 먼저
  오고 명사문의 비한정 주어가 반드시 그 다음에 와야 하는 필수적인 어순이다.

الصلاةُ لله.   기도는 알라에게 한다. ('알라에게'가 전치사구)
الحَقْلُ مَسَاءَ اليَوْمِ.   축하모임은 오늘 저녁이다.('저녁'이 부사)
الرحْلَةُ صبَاحَ غدٍ.   여행은 내일 아침이다.('아침'이 부사)

  아래 4개 문장에서 ①과 ③은 문장이 될 수 없는데 그 이유는 전치사구와 부사가
명사문의 주어 다음에 오기 때문이다. 이 두 경우에서 올바른 문장이 되려면 유사 문장 즉
전치사구(전치사 + 명사) 또는 부사가 문장의 처음에 오고 그 뒤에 오는 명사문의 주어는
반드시 비한정이어야 한다.

① طِفلٌ في السَّيَّارَةِ (x)
② في السَّيَّارَةِ طِفلٌ   차 안에 어린이가 있다.
③ رَجُلٌ فوْقَ البَيْتِ (x)
④ فوْقَ البَيْتِ رَجُلٌ   집 위에 남자가 있다.

  그래서 위 ②와 ④의 문장은 올바른 문장이다. 만일 ①과 ③이 올바른 문장이 되려면
처음에 나오는 명사를 한정시키면 된다. 다시 정리하면 명사문의 주어가 비한정이고
술어가 유사문장이면 반드시 유사문장이 문장의 처음에 위치해야한다. 다음 예문도 술어가
유사문장인 예들이다.

للمسيحيةِ تاريخٌ.   기독교는 역사가 있다.
تاريخٌ للمسيحيةِ. (x)
للفِيلِ خُرْطومٌ طويلٌ.   코끼리는 긴 코를 가지고 있다.
في الحَوْض أسْماكٌ جميلةٌ.   어항에 예쁜 물고기들이 있다.

(4)명사문의 술어가 동사문이거나 명사문일 때 명사문의 주어가 먼저 오고 술어가 그
다음에 오는 어순은 반드시 지켜야 하는 필수적인 어순이다.
المُدَرِّسُ شَرَحَ الدَّرْسَ.   교사가 단원을 설명했다.
الاجْتِهَادُ ثَمَرَتُهُ النَّجَاحُ.   노력의 열매는 성공이다.

  그런데 술어가 명사문인 경우에 그 술어 안에는 앞선 주어를 가리키는 인칭대명사가
    있어야 한다.
(5)명사문의 술어가 주어처럼 한정일 때 "오직"의 의미를 갖는다.
  الحب الحياة (x)
  الحَيَاةُ الحُبُّ   인생은 사랑이다.

위 두 문장은 명사문의 주어와 술어가 한정이므로 어순을 바꿔서는 안 된다. 첫 문장은 "사랑은 오직 인생이다." 라는 말이고 둘째 문장은 "인생은 오직 사랑이다." 라는 뜻이어서 둘째 문장만이 의미상 완전한 문장이 된다. 그러므로 이 두 문장들은 문장의 구조상의 문제가 아니라 의미상의 문제이다.

المَسِيحِيَّةُ الحُبُّ .

(x) الحب المسيحية .

기독교는 사랑이다.

사랑은 기독교이다.

위 두 문장에서 첫번째 문장은 명사문의 주어가 '기독교'라는 단어이고 술어는 '사랑'이라는 단어이다. 이 문장의 의미는 "기독교는 오직 사랑"이라는 말이다. 이런 경우 어순은 "반드시 지켜야 하는 필수적인 어순"이다. 그 이유는 명사문의 주어와 술어가 모두 한정이기 때문이다. 그러나 위 두번째 문장 "사랑은 오직 기독교"라는 말은 의미상 이해가 안 된다. 그래서 위 두번째 문장은 절대로 불가능하므로 첫째 문장이 반드시 그대로 지켜야 하는 어순이 된 것이다.

(6)술어가 의문명사일 때 반드시 의문 명사가 먼저 나오고 주어가 그 다음에 따라와야 하는 필수적인 어순이다.

مَنْ هذا؟ ← هذا طالبٌ .

مَنِ الرجلُ؟ ← هو كمالٌ .

이 분이 누구세요? 이 분은 대학생입니다.

이 남자는 누구예요? 그는 카말입니다.

위 첫째 문장에서 처음에 오는 의문명사가 술어이고 그 뒤에 오는 지시대명사가 명사문의 주어가 되는 의문문이다. 그 의문문에 대한 대답으로 나온 문장의 첫 낱말은 지시대명사로서 명사문의 주어이고 그 뒤에 오는 낱말은 술어이다. 그러므로 이 두 문장에서 첫 문장은 명사문의 주어가 한정으로 후치되어 있고 명사문의 술어가 의문명사 이므로 이 어순은 반드시 지켜야 한다. 만일 "هذا من؟ , الرجل من؟" 이라고 쓴다면 이 두 문장은 바른 문장이 아니다. 또, مَا المسيحية؟ 는 의문명사가 술어로서 전치되고 그 다음에 오는 명사가 명사문의 주어이다.

(7)명사문의 술어는 여럿이 올 수 있으나 주어는 항상 하나이다.

(예) الدُّكْتُورُ كانغ شَاعِرٌ... كَاتِبٌ.... مدرِّسُ اللغةِ العَرَبِيَّةِ... مُحَاضِرُ الإسْلامِ....

강 박사는 시인이고.. 필자이고..아랍어 선생님이고.. 이슬람 강사이다.

الحُبُّ إحْسَاسٌ... فِكْرٌ.... مَسْؤُولِيَّةٌ .

사랑은 느낌이고... 생각이고... 책임이다.

위 문장에서 주어는 '강 박사'이고 그 다음에 오는 술어는 여럿이다.

(8)명사문에서 문맥이나 화맥에서 이해가 될 경우에는 명사문의 주어나 술어를 생략하기도 한다. 그런데 생략이 반드시 이뤄져야 하는 경우도 있다.

مُمْتَازٌ .

아주 잘했어!　　"너의 학업 수준"을 물었을 때 مُمْتَاز 라는 술어만 나왔다.

في البَيْتِ .

집에.　　아빠 어디 계시니? 라고 물었을 때 질문에 대한 대답으로 술어만 나왔다.

الرَّجُلُ .

(서로가 아는) 남자요.

집에 누가 있어?라고 물었을 때 "(아는) 남자"라고 하여 주어만 나왔다.

> ((정리))
> 1.명사문의 주어가 술어보다 앞에 나오는 경우: 일반적인 어순으로서 술어가 전치
>   가능하다.
> 2.명사문의 주어가 반드시 술어보다 앞서야 하는 경우(필수적): 술어가 문장일 때,
>   주어와 술어가 한정되어 "오직", "-뿐"의 의미를 가질 때, 주어가 의문 명사 일 때.
> 3.술어가 명사문의 주어보다 앞서는 것이 허용되는 경우(수의적): 술어가 초점이 되어
>   그 중요성을 강조하고자 할 때
> 4.술어가 명사문의 주어보다 반드시 앞서야 할 경우(필수적): 술어가 유사문장이고
>   주어는 비한정일 때, 술어가 의문 명사일 때

▶신나는 단어장

يَلْعَبُ مَحْمُودٌ الكُرَةَ.	마흐무드가 공을 찬다.
يلعبُ الطِفْلُ بالكرةِ.	어린이가 공을 가지고 논다.
يلعبُ محمدٌ علىَ البِيَانُو.	무함마드가 피아노를 친다.
يلعبُ مَاهِرٌ بالنار.	마히르가 불꽃 놀이를 한다.

5.동사문의 어순

동사문에서는 기본적으로 동사로 시작하는 문장을 동사문이라고 한다. 그런데 동사보다 목적어가 먼저 오는 경우에는 동사문으로 간주하지만 동사문의 주어가 문장의 처음에 올 경우에는 동사문이 아니고 명사문이다.

كتبَ الطالبُ الواجبَ.	썼다 학생이 과제를.
كتبَ الواجبَ الطالبُ.	썼다 과제를 학생이
الواجبَ كتبَ الطالبُ .	과제를 썼다. 학생이
الطالبُ كتبَ الواجبَ .	학생이 과제를 썼다.

동사문에서는 목적어가 문장의 처음에 또는 가운데 또는 문장의 끝에 올 수 있어서, 이런 경우 반드시 목적어라는 것을 나타내주기 위하여 목적격격표지 /a/를 어말에 넣는다. 그래서 아랍어 문장 구조에서는 어말 모음이 무엇이냐가 중요하고 이 모음이 문장의 성분(주어 목적어등)을 구분 지어준다. 아랍어 동사문은 동사+ 동사문의 주어라는 어순을 반드시 지켜야 한다. 서로 자리를 바꿀 수 없다. (예) يَأْتِي الإِسْلَامُ.　(이슬람이 온다).

동사문의 기본 요소	추가 요소
동사+ 동사문의 주어	목적어, 상황어, 이유목적어……등

동사문의 기본요소는 <동사+ 동사문의 주어>이다. 어말 모음이 변화하는 것을 표시하기 어려운 낱말들 즉 '어말모음이 변화하지 않는 명사'들이 겹쳐 나오면 반드시 <동사 + 주어 + 목적어>의 어순을 지켜줘야 한다. 그 예로" ضَرَبَ مُوسَى عِيسَى 무사가 이싸를 때렸다"라는 문장이 "ضَرَبَ عِيسَى مُوسَى가 되면 '이싸가 무사를 때렸다'라는 말이 된다." 그 이유는 "مُوسَى" 와 "عِيسَى"는 알리프 막쑤라로 끝나는 막쑤르명사(ى ـ)이므로 격을 나타내는 모음을 표시할 방법이 없어서 문장의 성분이 주어인지 목적어인지는 이들 낱말로는 알 수 없고 어순으로만 결정되기 때문이다. 즉 동사 다음에 오는 낱말이 주어이고 그 다음에 목적어가 온다는 기본 어순을 따라야 한다.

"كَتَبْتُ الوَاجِبَ" 은 "내가 과제를 썼다"는 말인데 우리말에서는 주어와 동사 사이에 목적어를 넣을 수 있으나 인칭 대명사가 접미되는 아랍어 과거동사에서는 동사문의 주어인 접미 인칭대명사와 동사를 서로 떼어낼 수 없다. 그래서 "썼다 내가 كَتَبْتُ"라는 아랍어 동사 구조가 동사+ 동사문의 주어라는 어순을 결정해준다. 아랍어 과거동사와 현재 동사는 동사의 형태 자체가 동사문의 주어와 동사를 포함하고 있기 때문이다. 그러면 동사문의 어순을 좀 더 살펴보자.

(1)동사가 문장의 처음에 오는 것이 동사문이다. 만일 명사가 먼저 오고 동사가 그 다음에 오면 이는 동사문이 아니고 명사문이기 때문이다.

يَقُولُ الإنجِيلُ.	복음[22]은 말한다.
الإنجِيلُ يَقُولُ.	복음은 말한다.

위 첫번째 문장이 동사문이고 두번째 문장은 동사문이 아니라 명사문이다. 동사문의 일반적인 어순은 <동사+ 동사문의 주어+ (목적어)>이다.

الدُّرُوسَ	الطَّالِبُ	دَرَسَ	학생이 단원들을 공부했다.
مَفْعُولٌ بِهِ	فَاعِلٌ	فِعْلٌ	
(목적어)	(동사문의 주어)	(동사)	

(2)목적어가 중요하다고 생각될 경우 목적어가 문두에 오는 것이 허용된다.

الشُّكْرَ يَرْفَعُوْنَ إلى اللهِ. 　　그들이 감사를 하나님께 올린다(아랍 기독교인).

위 문장은 명사로 시작하고 있다. 화자가 목적어가 중요하다고 판단하여 가장 먼저 목적어를 문두에 두고 있다. 이 문장은 <목적어(감사를)+ 동사(올린다)+ 동사문의 주어(그들이)>의 어순이다. 동사문의 주어보다 목적어가 더 중요하다고 생각되면 이처럼 목적어가 주어보다 앞서는 것이 허용된다. 아래 문장은 목적어가 동사 다음에 오고 그 뒤에 주어가 오고 있다.

---

[22] 복음은 예수 그리스도가 인간의 죄를 대신하여 십자가에 죽으시고 사흘만에 부활하신 것을 믿는 것을 의미한다(고린도전서 15장 3-5절).

| كَتَبَ الوَاجِبَ الطَّالِبُ. | 숙제를 학생이 했다. |
| دَخَلَتْ مِصرَ المَسِيحِيَّةُ. | 이집트에 기독교가 들어갔다. |

(3)동사문의 주어가 반드시 목적어보다 앞에 와야 하는 경우는 다음 세 가지가 있다.

첫째, 동사문의 주어가 인칭대명사일 때.

예) دَرَسْنَا لُغَتَيْنِ.　　　　우리는 두 개의 언어를 공부했다.

둘째, 동사문의 주어와 목적어 사이를 구분지어줄 수 있는 어말 모음(굴절 표지)을 붙일 수 없는 낱말이 올 때.

예) شَكَرَ مُوسَى عِيسَى　　　　무사가 이싸에게 감사해했다.

셋째, 목적어가 인칭대명사를 후연결어로 가져서 그 인칭 대명사가 동사문의 주어를 가리킬 때.

예) دَخَلَ الرَّجُلُ بيتَهُ.　　　　남자가 그의 집에 들어 갔다.

이 어순은 꾸란이나 시에서 운율상의 이유로 예외가 생길 수 있다.

(4)목적어를 동사문의 주어 앞에 반드시 놓아야 할 경우는 다음 두 가지 경우이다.

첫째, 목적어가 인칭대명사이고 동사문의 주어는 독립 인칭대명사가 아닐 때

예) قَالَهَا صَاحِبُهَا　　　　그녀의 남자 동료가 그녀에게 말하였다.

그러나 목적어가 인칭대명사이고 동사문의 주어도 인칭대명사이면 반드시 주어가 목적어 앞에 와야 한다.

예) سَمِعْتُكَ　　　　내가 너의 말을 들었다.

둘째, 동사문의 주어가 인칭대명사를 후연결어로 갖고 그 인칭대명사가 목적어를 가리킬 때

예) طَرَدَ الشَّاعِرَ أَبُوهُ.　　　　시인의 아버지가 시인을 쫓아냈다.

이 어순은 꾸란이나 시에서 운율상의 이유로 예외가 생길 수 있다.

(5)목적어가 동사문의 주어를 반드시 앞서야 하는 경우는 의문 명사가 문두에 올 때이다. 의문 명사는 항상 문두에 오는 낱말이므로 의문명사가 문두에 오면 목적어가 동사 앞에 와야 한다.

예) كَمْ كِتَابًا قَرَأْتَ ؟　　　　몇 권의 책을 읽었어요?

مَاذَا تَشْرَبُ؟　　　　뭘 마셔요?

1.다음 문장에서 반드시 어순을 지켜야하는 문장(△)과 어순이 뒤바뀌어도 가능한 문장(□)을 고르시오.

① أَنَا أُحِبُّ الفَاكِهَة	나는 과일을 좋아한다.
② البَيْتَ دَخَلَ الوَلَدُ	아들이 집에 들어갔다.
③ الأُمُّ الحَنَانُ	어머니는 따스한 정이 있다.
④ في الشَّارِع كَلْبٌ	거리에 개가 있다.
⑤ فوْقَ المَكْتَبَةِ فَأْرٌ	도서관 위에 쥐가 있다.

⑥ الرَّجُلُ مَلاَبِسُهُ نَظِيفَةٌ   그 남자의 옷이 깨끗하다.

⑦ مَا اسْمُكَ؟   네 이름이 뭐냐?

정답: ①△   ②□   ③△   ④△   ⑤△   ⑥△   ⑦△

2. 다음 노래를 읽고 문법사항에 대하여 답하시오.

(الرَّبُّ هُوَ اللهُ هُوَ صَنَعَنَا وَنَحْنُ شَعْبُهُ وَغَنَم مَرْعَاهُ)2x

1-لِنَعْبُدِ الرَّبَّ بِالفَرَحِ وَالحَمْدِ وَلِنَهْتِفَنْ لَهُ وَلِنَرْفَعِ الأَيْدِي×2

2-غَنُّوا وَرَنِّمُوا بِأَعْذَبِ الأَلْحَانِ بِالأَيْدِي صَقِّقُوا لِسَيِّدِ الأَكْوَان×2

3-نُقَدِّمُ المَجْدَ لِسَاكِنِ السَّمَا وَنَذْبَحُ الحَمْدَ لِمَنْ في وَسَطِنَا × 2

4- بِاسْمِ إِلهِنَا سَنَرْفَعُ الرَّايَاتِ وَبِخَلاصِهِ سَتَعْلُو التَّرْنِيمَاتُ×2

(해석: 주님은 하나님이요. 우리를 만드셨습니다. 우리는 그 분의 백성이요 그의 목장의 양이다.

1-우리가 기쁨과 감사로 주님을 예배드리자. 그에게 힘찬 환호를 보내자. 손들을 높이 들자.

2-가장 아름다운 선율로 노래하고 찬양하십시오. 우주의 창조주에게 손뼉을 치세요.

3-하늘에 계신 분에게 영광을 드립니다. 우리 가운데 계신 그 분께 감사의 제물을 드립니다.

4-우리의 하나님의 이름으로 깃발을 높이 들겠습니다. 그의 구원으로 찬양이 높아집니다.

(1) 명사문을 찾아 쓰시오. الرب هو الله، نحن شعبه

(2) 동사문을 찾아 쓰시오. غنوا ورنموا بأعذب الألحان، نقدم المجد لساكن السماء

(3) 함자가 탈락된 어휘를 쓰시오. السما

(4) 복수형을 찾아 쓰시오. الأيدي الأكوان،

(5) 오늘날 현대 아랍어에서 잘 사용되지 않는 동사의 강조 접미사(ن -)가 붙은 단어를 고르시오. لنهتفن

▶ 신나는 단어장

حَدَثَتْ هِجْرَةُ العَرَبِ مِنَ الجَزِيرَةِ في المَاضِي.   반도에서 아랍인들의 이주가 옛날에 있었다.

الرَّجُلُ مَاضٍ في طَرِيقِهِ.   남자가 그의 길을 걷고 있다.

هو مَاضٍ في خُطَّتِهِ.   그가 그의 계획을 실행하는 것을 계속하였다.

الفِعْلُ المَاضِي.   과거 시제에 일어났던 동사

المُؤْمِنُ يَعْبُدُ رَبَّهُ.   믿는 자[23]는 그의 주님을 예배한다.

الرجلُ مُؤْمِنٌ بِكَلامِ صَدِيقِهِ.   그 남자는 친구의 말을 진짜라고 믿는다.

أَنَا مُؤْمِنٌ بِفِكْرَتِكَ.   나는 너의 생각을 지지한다.

اللهُ هُوَ المُؤْمِنُ.   알라는 안전을 보장해주시는 분(알라의 99가지

---

[23] 이슬람에서 '이만(믿음)'은 마음에 자리 잡은 것이 그의 행동과 일치를 보여주는 것을 가리킨다. 그러나 기독교에서 '이만(믿음)'은 복음을 이해하고 확신하며 그것을 순종하려는 의지의 결단을 말한다.

이름 중의 하나)이다.

6.명사문에 접두되어 격을 무효화시키는 불변사

아랍어 문장의 기능과 의미를 바꾸어주는 불변사들이 있는데 이것들은 기존의 격을 무효화시키는 불변사(الحُرُوفُ النَّاسِخَة)이다. 명사문 앞에 "إِنَّ"와 그의 자매어들, 그리고 "كَانَ"와 그의 자매어들이 올 때 명사문의 의미가 바뀌고 이들 불변사 뒤에 오는 낱말의 어말의 격이 바뀐다. 아래 표는 오른쪽에서부터 왼쪽 방향으로 읽어야 한다.

술어 + 명사문의 주어		
[주격]　　　　　[주격]		
술어 + 명사문의 주어 +	"إِنَّ"와 그의 자매어
[주격]　　　　　[목적격]	
술어 + 명사문의 주어 +	"كَانَ"와 그의 자매어
[목적격]　　　　　[주격]	

إِنَّ와 그의 자매어에는 문장 전체의 강조를 나타내는 إِنَّ와 연결을 나타내는 أَنَّ, 직유를 나타내는 كَأَنَّ, 정정을 나타내는 لَكِنَّ , 소원을 나타내는 لَيْتَ, 기대를 나타내는 لَعَلَّ 등이 있는데 이들 불변사가 명사문 앞에 오면 명사문의 주어에 해당하는 명사를 어느 곳에 위치하든지 목적격으로 바꾸어 버리므로 이들 불변사들은 격을 무효화시키는 불변사(حُرُوفٌ نَاسِخَة)라고 불린다. 이들 무효화 불변사가 명사문에 접두되면 이 명사문의 의미도 달라진다. 이들 불변사 뒤에 오는 명사문의 주어는 목적격이 되는데 이 주어는 "인나" إِنَّ 와 그의 자매어들의 명사라고 불리고 술어의 격은 그 전과 동일하다. 이들 불변사들 중에서 "안나" أَنَّ, "라킨나" لَكِنَّ 는 문장의 처음에 올 수 없다. إِنَّ는 현대 문어 아랍어에서 그 의미가 소실되었고 종교 서적이나 고문에서만 그 의미가 강조의 의미를 갖는다. لَعَلَّ 도 현대 문어 아랍어에서 비교적 드물게 나타난다. 인나와 그의 자매어들 중에서 لَكِنَّ, أَنَّ를 제외하고 나머지는 문장의 처음에 올 수 있다. 아래 표는 오른쪽에서 왼쪽 방향으로 읽어야 한다.

명사문의 술어 (주격) <u>인나의 술어</u> [주격]	명사문의 주어 (주격) <u>인나의 명사</u> [목적격]	إِنَّ 강조 أَنَّ 연결 كَأَنَّ 직유 لَكِنَّ 정정 لَيْتَ 소원 لَعَلَّ 기대 لا 종류부정

إِنَّ السُوقَ كَبِيرٌ. = أَكِيدٌ السوقُ كبيرٌ.　　　시장이 큰 것이 확실하다. / 시장이 크다.

إِنَّ فَهْمَ الحَيَاةِ العربيةِ يُسَاعِدُ عَلَى فَهْمِ اللغةِ العربيةِ.　아랍인의 삶을 이해하는 것이 아랍어 이해에 도움이 되는 것이 확실하다. / 아랍인의 삶을 이해하는 것이 아랍어 이해에 도움이 된다.

إِنَّ가 현대 아랍어에서는 그 용례를 자주 보기 어렵다. 현대문에서는 인나(إِنَّ)가 접두된 문장과 접두되지 않는 문장간의 의미에서 전혀 변별력이 없으나(문체상의 문제로) 고문에서는 인나가 의미의 확실성을 갖기 때문에 위 문장들은 두 가지 의미를 갖는다. 안나(أَنَّ)도 인나(إِنَّ)와 같은 기능(격을 바꾸게 하는 기능)을 하지만 안나(أَنَّ)는 문장의 의미를 강조하지 않고 명사문과 그 앞에 오는 말을 연결짓는 기능(~ㄴ 것)을 한다.

فَاعْلَمْ أَنَّ السُوقَ مَكَانٌ مُهِمٌّ فِي الحَيَاةِ العَرَبِيَةِ.　시장은 아랍인의 삶에서 중요한 장소라는 <u>것을</u> 알아라.

أَعْرِفُ أَنَّ امْتِحَانَ اللغةِ العربيةِ سَهْلٌ.　나는 아랍어 시험이 쉽다는 <u>것을</u> 알고 있다.

يَبْدُو أَنَّ الكِتَابَ مُفِيدٌ.　그 책이 유익한 <u>것</u> 같다.

아래 문장들에서 كَأَنَّ는 직유를 가리키는 의미이므로 "-처럼, 같이(مِثْل)"로 해석하고 문장의 처음에 온다.

كَأَنَّ الطَائِرَةَ طَائِرٌ كبيرٌ. = الطائرةُ مِثْلَ طائرٍ كبيرٍ.　그 비행기는 큰 새와 같다.

كَأَنَّ نَهْرَ النيلِ بَحْرٌ. = نَهْرُ النيلِ مِثْلَ بَحْرٍ.　나일강이 바다와 같다.

아래와 같이 كَأَنَّ는 문장의 중간에도 올 수 있다.

الجَوُّ حَارٌّ كَأَنَّنا في الصَّيْفِ.　마치 우리가 여름에 있는 것처럼 날씨가 덥다.

라킨나(لَكِنَّ)는 어느 문장 중간에 와서 앞의 문장을 정정하여 다른 진술의 내용이 뒤따라 오게 한다. 이를테면 "시장이 장사하는 곳이다" 그런데 이 문장 다음에 "시장은 문화를 위한 장소다"라고 한다면 이 두 문장 사이에 "라킨나"가 오게 된다. 위 인나와 그의 자매어에서 "라킨나"는 정정, 수정의 불변사로 불리는데 그 이유는 앞의 내용을 수정하는 의미를 갖기 때문이다.

اللغةُ العربيةُ صَعْبَةٌ ولكِنَّ اللغةَ الكوريةَ سَهْلَةٌ.　아랍어는 어려우나 한국어는 쉽다.

أَنَا طبيبٌ لكِنَّ أَحْمَدَ مُدَرِّسٌ.　나는 의사이지만 아흐마드는 교사이다.

وَلكِنِّي أَعْتَقِدُ أَنَّ مِصْرَ كَانَ أَنْ يَجِبُ أَنْ تَتَّخِذَ الخَطْوَةَ الثَّانِيَةَ، إلا أَنَّها لَمْ تَفْعَلْ.　그러나 나는 이집트가 그 다음 조치를 취해야 한다고 생각한다. 그러나 이집트는 아무 일도 안 했다[24].

"라알라"(لَعَلَّ)는 화자가 뭔가를 얻을 수 있다고 보증은 못하지만 뭔가를 희망하는 것이다. 거기에는 화자의 야심이 들어 있다. '내일 날씨가 따뜻하기를 기대한다(لَعَلَّ الجَوَّ مُعْتَدِل غَدًا)'처럼 화자가 좋아하는 일이 일어나기를 바라는 경우와 '환자가 명을 다하기를 기대한다'(لَعَلَّ المريضَ يَقْضِي)는 경우에서처럼 좋지 않은 일이 일어나기를 기대하는

---

[24] 무함마드 카타미 **محمد خاتمي** 이란 전대통령이 이집트를 2007년 방문한 후 양국간 관계 개선에 여러 노력들을 이란 측이 했으나 이집트는 아무런 호속 조치를 안 했다는 표현이다.

문장에도 사용된다. 이 둘 다 기대하던 사건이 일어날 가능성이 있다. 반면에 "라이타" لَيْتَ는 뭔가를 얻기를 기대하건 안하건 간에 어떤 일이 일어나기를 좋아한다는 말이다. 즉 그런 일이 실제로 일어나기는 힘든데 그런 일이 일어나기를 소원하는 것이다. 그리고 현실적으로 가능한 사건이 일어나기를 소원하는 예로서 '여행간 사람이 돌아왔으면 좋겠다(لَيْتَ الْمُسَافِرَ قَادِمٌ)는 문장이 있고 또, 현실적으로는 불가능하지만 그런 일이 일어나기를 소원한다는 예로서 '청춘이 돌아왔으면 좋겠다(لَيْتَ الشَّبَابَ يَعُودُ)에도 쓰인다.[25] لَيْتَ와 비슷한 의미로 일부 암미야 아랍어(이집트, 요르단 등)에서는 '야 레이트' يَا رَيْتَ 를 많이 쓴다. 야 레이트는 내가 뭔가를 원하는데 그것이 불가능하거나 어려운 경우에 '그것이 이뤄졌으면 좋겠다'는 표현이다. 다음 예문에서 "과일 값이 매일 싸지는 것"은 거의 불가능하거나 어려운 일이다.

لَيْتَ هذا سِعْرُها كُلَّ يَوْمٍ.	값이 매일 이랬으면 좋겠다.
لَيْتَ النُّقودَ تَصِلُ في الميعادِ.	돈이 약속된 날에 도착하면 좋겠다.
لَيْتَ أبي في البيتِ .	우리 아버지가 집에 계셨으면 좋겠다.

위 문장은 아버지가 돌아가시지 않고 멀리 여행도 안 가서서 아버지가 집에 계셨으면하고 소원하는 것이다. 아래 문장에서 لَعَلَّ는 아버지가 집에 계시기를 기대한다는 것으로 아버지가 집에 계실 가능성도 있다는 문장이다.

لَعَلَّ أبي في البَيْتِ.	아버지가 집에 계시기를 (나는) 기대한다.
لَعَلَّ الشَّرْحَ واضِحٌ.	설명이 분명하기를 (나는) 기대한다.

앞서 말한 것처럼 인나와 그의 자매어가 명사문 앞에 접두되면 기능이 바뀌는데 인나와 그의 자매어의 뒤에 오는 명사(인나와 그의 자매어를 붙이기 전에는 명사문의 주어이었다)가 주격에서 목적격으로 바뀐다.

(예) 아들이 키가 크다.

	الوَلَدُ	طويلٌ.
طويلٌ	الوَلَدَ	إنَّ

위에서 첫 문장의 "الوَلَدُ" 에는 주격 모음 /u/가 붙어 있지만 إنَّ가 접두된 두번째 문장에서 "الوَلَدَ" 에는 어미 모음이 주격 표지에서 목적격표지 /a/로 바뀌었다.

(예) 두 아들이 키가 크다.

	الوَلَدَان	طويلان.
طويلان	الوَلَدَيْن	إنَّ

위의 첫 문장은 명사문의 주어가 쌍수의 주격인데, 두번째 문장에서는 "إنَّ"가 접두되어 기존의 명사문의 주어였던 낱말이 목적격으로 바뀌었다. 아래 문장은 독립 인칭대명사가 명사문의 주어가 되어 있는데 이 문장 앞에 인나를 접두시키면 인나 다음에 오는 독립

인칭 대명사는 접미 인칭 대명사로 바뀌어야 한다.

أَنْتَ مَجْنُونٌ ✓

(O) إِنَّكَ مَجْنُونٌ

(X) إِنَّ أَنْتَ مجنونٌ

위 예문과 같이 إِنَّ와 그 자매어 (لَعَلَّ، لَيْتَ ...) 다음에 인칭대명사를 접미시키고 싶을 때는 독립인칭대명사가 아닌 접미 인칭대명사를 사용하며 전치사가 접두될 때의 모양과 비슷하다.

<table>
<tr><td>

إِنَّ + أَنْتَ = إِنَّكَ
إِنَّ أَنْتِ = إِنَّكِ
إِنَّ أَنْتُمَا = إِنَّكُمَا
إِنَّ أَنْتُمْ = إِنَّكُمْ
إِنَّ أَنْتُنَّ = إِنَّكُنَّ
إِنَّ أَنَا = إِنِّي / إِنَّنِي
إِنَّ نَحْنُ = إِنَّنَا
إِنَّ هُوَ = إِنَّهُ
إِنَّ هِيَ = إِنَّهَا
إِنَّ هُمَا = إِنَّهُمَا
إِنَّ هُمْ = إِنَّهُمْ
إِنَّ هُنَّ = إِنَّهُنَّ

</td><td>

전치사 "ل"와

ل + أَنْتَ = لَكَ
ل أَنْتِ = لَكِ
ل أَنْتُمَا = لَكُمَا
ل أَنْتُمْ = لَكُمْ
ل أَنْتُنَّ = لَكُنَّ
ل أَنَا = لِي
ل نَحْنُ = لَنَا
ل هُوَ = لَهُ
ل هِيَ = لَهَا
ل هُمَا = لَهُمَا
ل هُمْ = لَهُمْ
ل هُنَّ = لَهُنَّ

</td><td>

전치사 "عَلَى"와

عَلَى + أَنْتَ = عَلَيْكَ
عَلَى أَنْتِ = عَلَيْكِ
عَلَى أَنْتُمَا = عَلَيْكُمَا
عَلَى أَنْتُمْ = عَلَيْكُمْ
عَلَى أَنْتُنَّ = عَلَيْكُنَّ
عَلَى أَنَا = عَلَيَّ
عَلَى نَحْنُ = عَلَيْنَا
عَلَى هُوَ = عَلَيْهِ
عَلَى هِيَ = عَلَيْهَا
عَلَى هُمَا = عَلَيْهِمَا
عَلَى هُمْ = عَلَيْهِمْ
عَلَى هُنَّ = عَلَيْهِنَّ

</td></tr>
<tr><td>(인나와 접미인칭대명사)</td><td>(전치사와 인칭대명사)</td><td>(전치사와 인칭대명사)</td></tr>
</table>

고전 아랍어에서 "인나"는 강조의 의미를 강화하기 위하여 "인나"의 술어에 لَ(la)를 접두시킨다.

إِنَّ الرَّبَّ لَمُخَلِّصِي . 주님이 나의 구주이심이 확실하다(성경).

또 술어가 먼저 나오고 인나의 명사가 나중에 나오면 그 명사에 لَ(la)를 접두시킨다.

إِنَّ فِي الْبَيْتِ لَوالِدِي . 우리 아버지가 집에 계신다는 게 확실하다.

분리의 인칭대명사가 주어와 술어 사이에 오면 그 인칭 대명사에 لَ(la)를 접두시킨다.

إِنَّ هَذَا لَهُوَ الْحَقُّ. 이것은 진리라는 것이 확실하다.

인나와 그의 자매어의 하나인 종류 부정의 لا (لا النَّافِية لِلْجِنْس)는 격을 무효화시키는 불변사이다. 이 불변사는 명사문을 부정으로 만드는데 사용되고 이 불변사 뒤에 오는 명사가 연결형을 갖지 않으면 항상 목적격 /a/모음을 갖는다. 그런데 이 종류 부정의 술어는 자주 탈락된다.

(예) لَا جَائِعَ عَاقِلٌ   배고픈 자는 제 정신이 아니다. (모든 배고픈 자에게는 이성이 없다).

첫째, لَا مَجْنُونَ فِي البَيْتِ (집에는 미친 자가 한 사람도 없다.). 여기서 مَجْنُون 이란 말은 "미쳤다"는 형용사인데 종류 부정에 لا가 접두되면 "미친 종류의 어떤 것도 집에는 없다"라는 뜻이다.

둘째, لَا طُلَّابَ يُحِبُّونَ اللُّغَةَ العَرَبِيَّةَ (아랍어를 좋아하는 남학생들은 한 명도 없다.). لا 다음에 오는 طلاب이 /a/ 모음으로 끝나서 종류의 부정을 나타내는데 아랍어를 좋아하는 학생이라고는 단 한사람도 없다는 뜻이다.

셋째, لَا شَارِعَ نَظِيفٌ (깨끗한 거리가 하나도 없다.). 거리들 중에서 단 하나의 거리도 깨끗한 곳이 없다는 말이다.

لَا حَلَّ لِقَضَايَا المِنْطَقَةِ بِدُونِ مِصْرَ.   이집트 없이는 이 역내 문제의 해법은 없다.

이상과 같이 종류 부정의 لا 다음에 목적격의 명사가 바로 오는데 다음과 같은 특징이 있다.

(1) 종류 부정의 명사는 항상 알리프가 없는 비한정이다.

예) لَا رَجُلَ طَيِّبٌ (O)   마음씨 좋은(악의나 증오가 없는) 남자가 하나도 없다.

لَا رَجُلًا طَيِّبٌ (X)   목적격이기는 하나 알리프가 붙은 비한정이므로 틀린 문장이다.

لَا الرَّجُلَ طَيِّبٌ (X)   لا 다음에 오는 명사가 한정이기 때문에 틀린 문장이다.

(2) 종류 부정 لا 와 그의 명사 사이에는 어떤 낱말도 올 수 없고 종류 부정의 명사가 후치될 수 없다.

예) لَا رَجُلَ طَيِّبٌ (O)

لَا طَيِّبٌ رَجُلَ (X)   주격 비한정이므로 틀린 문장이다.

الفِيلْمُ مُمِلٌّ، لَا فِيهِ تَسْلِيَة وَلَا مَعْلُومَات.(O)   영화가 지루하다. 재미가 없고 정보도 없다.

(3) 종류 부정 앞에 전치사가 올 수 없다.

예) لَا رَجُلَ طَيِّبٌ (O)

بِلَا رَجُلَ طَيِّبٌ (X)   لا 앞에 다른 전치사가 붙어 있기 때문에 틀린 문장이다.

القَاهِرَة بِلَا رَجُلٍ طَيِّبٍ (O) 종류 부정의 문장이 아니고 일반적인 명사문이다.

(بِلَا 다음에 오는 명사가 소유격을 가지면 이들은 명사문의 술어가 된다.)

أَجَبْتُ بِلَا تَفْكِيرٍ (O)   나는 생각없이 대답했다.

(4) 문맥에서 이해되면 술어가 생략된다.

لَا شَكَّ (فِي كَلَامِكَ)   (네 말에는) 의심할 게 없다.

아랍 무슬림들이 남을 돕고나서 상대방이 '감사하다'는 말의 대답으로 '의무에 대해 감사할 필요가 없다(그런 말씀 마십시오) لَا شُكْرَ عَلَى الوَاجِبِ 라는 말을 쓰는데 이때 종류의 부정이 있는 문장을 쓴다. 마땅히 해야 할 것을 했으므로 감사할 필요가 전혀 없다는

말이다. 그리고 종류부정의 형태를 항상 갖고 있는 어휘들이 있는데 그 중에 بُدَّ 는 '어떤 문제로부터 우리가 도망갈 수 있는 길'을 가리킨다. 만일 이 단어를 부정하면 لَا بُدَّ 가 되는데 그 의미는 우리가 도망갈 수 있는 길이 하나도 없으니 그 일을 '반드시 해야 한다'는 의미가 강하다. 이 어휘와 لَا شَكَّ 다음에는 '자리잡다, 존재하게 하다'(مَوْجُودٌ)라는 어휘가 탈락된 것으로 본다. 또 우리가 해 아래 새 것이 없다는 말을 자주 듣는다. 아랍어로는 لَا جَدِيدَ تَحْتَ الشَّمْس. 라고 한다. 태양 아래에는 새로운 것이 있을 수 없다는 말이다.

종류 부정

- 인나와 그의 자매어 중의 하나이다.
- 종류 부정의 명사가 갖는 모든 종류에 대한 소식을 부정한다.
- 종류 부정 다음에 오는 명사는 항상 목적격 /a/모음이고 술어는 주격이다.
- 종류 부정의 명사는 알리프가 없는 비한정이다. 종류부정의 명사와 종류 부정 사이에는 아무 것도 올 수 없다. 종류 부정의 لَا 앞에도 전치사가 올 수 없다.

※ 다음 종류 부정이 든 문장을 읽어보시오.

لَا أَحَدَ يُنْكِرُ أَنَّ الْمَسِيحِيَّة دِيَانَة الْمَحَبَّةِ وَالسَّلَام.

　　　　　기독교가 사랑과 평화의 종교라는 것을 부인할 사람은 아무도 없다.

لَا جَرِيمَة بِغَيْر عِقَابٍ.	처벌이 없는 범죄는 없다.
لَا غُيُومَ فِي السَّمَاء.	하늘에는 구름들이 전혀 없다.
لَا طَعَامَ عَلَى الْمَائِدَة.	식탁 위에 음식이라고는 아무 것도 없다.
لَا دُخَانَ بِلَا نَار.	불이 없는데 연기가 날 리가 없다.
لَيْسَ الدُّخَّان بِدُون نَار.	(비교) 연기는 불이 없는 게 아니다.
لَا بُدَّ مِنْ أَنْ أَذْهَبَ إِلَى الْمَرْكَز.	센터에 나는 꼭 가야 한다.
لَا كَلَامَ قَبْلَ الطَّعَام.	음식을 먹기 전에 말하지 말라.
لَا شَكَّ أَنَّكَ مُؤْمِنٌ.	네가 믿는 자라는 것은 의심할 바 없다.

▶ 신나는 단어장

مَرَّ الْيَوْمُ سَرِيعًا.	하루가 금방 지나갔다.
مَرَرْتُ عَلَى السُّوق.	내가 시장을 지나갔다.
مَرَّ الطَّالِبُ فِي الْإِمْتِحَان.	남학생이 시험에 합격했다.
شُرْطَة الْمُرُور.	교통 경찰

다음 노래를 보고 문법 사항에 대한 답을 하시오.

نَصِيبِي هُوَ الرَّبُّ هَكَذَا قَالَتْ نَفْسِي
مَنْ لِي سِوَاهُ فِي السَّمَا وَمَعَهُ أَيْضًا لَا أُرِيدُ

شَيْئًا فَهُوَ كِفَايَتِي وَكَنْزِي بَلْ يَزِيدُ

نَصِيبِي هُوَ الرَّبُّ هَكَذَا قَالَتْ نَفْسِي
مِنْ أَجْلِهِ أُلْقِي تِبْرِي عَلَى تُرَابِ الأَوْدِيَةِ
فَهُوَ يَكُونُ تِبْرًا لِي قِسْمَتِي الغَالِيَةِ

(번역: 나의 행운은 주님이십니다. 내 영혼이 그렇게 말했습니다. 하늘에는 그 분이외에는 나에게 아무도 없고 그 분과 함께라면 다른 것을 원하지 않습니다. 그 분으로 충분하고 나의 보석이며 그 분이 계속 공급해 주십니다. 나의 행운은 주님이시고 내 영혼이 이렇게 말하였습니다. 그 분을 위하여 금덩어리를 계곡의 흙 위에 던집니다. 왜냐하면 그 분이 나의 금덩이이고 귀하신 나의 몫이기 때문입니다).

1) 나의 행운 نَصِيبِي [26]이라는 단어 의미와 유사한 단어를 찾으시오.
2) 함자가 탈락된 낱말을 고르시오.
3) 명사문을 고르시오.

해답: 1) قِسْمَتِي (2) السَّمَا (3) نَصِيبِي هُوَ الرَّبُّ

7. 다섯 명사

아랍어 명사들 중에는 주격과 소유격과 목적격에서 단모음 /u/, /i/, /a/ 를 갖지 않고 장모음 /ū/, /ī/, /ā/ 를 갖는 다섯개 명사 أَب(아버지), أَخ(형 혹은 동생), حم(장인), فو(입), ذو(~소유자)가 있는데 이들을 다섯명사(الأَسْمَاءُ الخَمْسَة)라고 부른다. 우선 이들 명사 중 أب , أخ , حم 는 연결형의 전연결어로 사용되지 않으면 (실)명사들처럼 주격에서 /u/, 목적격에서 /a/, 소유격에서 /i/ 모음을 갖는다. 그리고 다섯명사가 연결형에서 전연결어로 쓰일 때는 주격에서 و /ū/, 소유격에서는 ي /ī/, 목적격에서는 ا /ā/이다.

(예)　أَبُو، أَخُو، حَمُو، فُو، ذُو　　(주격)
　　　أَبَا، أَخَا، حَمَا، فَا، ذَا　　(목적격)
　　　أَبِي، أَخِي، حَمِي، فِي، ذِي　　(소유격)

위 다섯 명사의 예문은 다음과 같다.

أَبُو كَمَالٍ يَعِيشُ فِي إِيرَانَ.	카말의 아버지는 이란에 산다.
أَنْتَ ذُو عَقْلٍ.	너는 머리가 좋은 사람이구나.
فُوكَ صَغِيرٌ.	너의 입은 작다.
وَجَدَ أَخَاهُ يَجْلِسُ.	그의 형이 앉아 있다는 것을 그가 알았다.
اشْتَرِينَا بَلَحًا ذَا لَوْنٍ أَحْمَرَ.	우리는 빨간색 대추야자를 샀다.
اغْسِلْ يَدَكَ وَفَاكَ.	너의 손과 입을 닦아라.
ذَهَبَ أَخُوهُ مَعَ أَبِيهِ إِلَى السُّوقِ.	그의 형이 아버지와 함께 시장에 갔다.
أُصَوِّرُ كُلَّ بَائِعٍ ذِي صَوْتٍ جَمِيلٍ.	나는 아름다운 소리를 가진 각 장사꾼의 사진을 찍는다.

---

[26] يَا نَصِيب 는 '복권'이라는 의미를 갖는다.

يَجْلِسُ مَعَ حَميهِ.   그는 장인과 함께 앉아 있다.

이들 다섯 명사가 전연결어로 쓰일때만 위와 같은 독특한 어미 변화를 하는데 주격에서 와우, 소유격에서 야, 그리고 목적격에서 알리프를 붙인다. 그러나 이들 다섯명사가 전연결어로 사용되지 않으면 이들 명사에서 장모음(알리프, 와우, 야)은 탈락되고 보통의 명사들처럼 단모음이 붙는 3격 변화를 한다.

(예) اِبْتَسَمَ الأبُ   아버지가 미소를 지었다

قَالَ الأخُ.   형이 말했다

جَاءَ الحَمُ.   장인이 왔다.

1인칭 대명사가 접미될 경우 أبي، حَمي ، أخي 등 처럼 단모음/i/가 붙은 다음에 1인칭 접미 대명사가 붙는다. 그리고 الأخُ ، الأبُ ، الحَمُ 와는 달리 ذو، فو 는 항상 전연결어로서 연결형에서만 사용되고 그 중에서 ذو 에는 접미 인칭대명사가 붙지 않는다.

복수	쌍수	단수	수/격
ذَوُو	ذَوَا	ذُو	주격
ذَوِي	ذَوَيْ	ذي ذَا	소유격 목적격

(ذَوَاتُ 여성 복수 ذَاتَا 여성 쌍수 ذَاتُ 여성 단수)[27]

다음에서 어미 형태가 바른 낱말들을 고르시오.

① (أبُو / الأبُ / أبَا) يَضْحَكُ   아버지께서 웃는다.

② في الشارع (أخَا / أخ / أخو) المُدَرِّس   거리에는 교사의 형이 있다.

③ نَامَ (حَمُو / حم / الحم) ـكَ   너의 장인이 잤다.

④ أتَكَلَّمُ كُلَّ يَوْمٍ مَعَ (ذو / ذي / ذا) عَقْلٍ كَبير   나는 매일 상당히 머리가 좋은 사람과 대화한다.

⑤ سَمِعْنَا (أبَا / أبَا / أبُو) يَصْرُخُ   우리는 소리치시는 아버지의 목소리를 들었다.

⑥ إنَّ (في / فو / فا) ـكَ مَمْلُوءٌ بالطعَام   너의 입이 음식으로 가득하다.

"كَانَ"와 그의 자매어

카나와 그의 자매어는 명사문 앞에 쓰일 때, 명사문의 주어는 주격 그대로 전혀 변하지 않으나 명사문의 술어는 카나와 그의 자매어 뒤에서 주격이 목적격으로 바뀐다. 이런 류의 동사들로는 "- 로 바뀌다, -되다"의 صَارَ(يَصيرُ) , "-되다"의 أصْبَحَ(يُصْبِحُ) , "-었"의 كَانَ (يَكُونُ) , "-아니다"의 لَيْسَ (X)[28] "아직도-하다"의 مَا زَالَ (لا يَزَالُ) , "한 동안 지속하다"의

---

[27] 여성단수와 여성 복수형은 /u. i.a/ 모음 변화를 한다.

[28] (X) 표시는 현재 동사 형이 쓰이지 않는다는 뜻이다.

"أَمْسَى (يُمْسِي) ، غَدَا (يَغْدُو) ، بَاتَ (يَبِيتُ) ، مَا دَامَ (X)"모든 시간 내내"의 , " - 되다"의 ظَلَّ (يَظَلُّ),
등이 있다. 이들 카나와 그의 자매어 중에서 أَضْحَى – أَمْسَى – بَاتَ 는 현대 표준아랍어에서
자주 쓰이지 않는다. 그리고 مَا دَامَ 를 제외하고는 모두 문장의 처음에 놓일 수 있다. 그리고
لَيْسَ، مَا دَامَ، مَا زَالَ 는 미래 시제의 동사와 명령 동사가 존재하지 않는다.

(예). كَانَ الطَّالِبُ يَدْرُسُ الكُورِيَّةَ   학생이 한국어를 공부하곤 했다(과거 습관)

كَانَ الطَّالِبُ قَدْ دَرَسَ الكُورِيَّةَ.   학생이 한국어를 공부했었다(대과거).

(1)시제의 의미(과거 동사나 현재 동사형): كَانَ

كَانَ العَرَبُ رُعَاةً لِلْأَغْنَامِ.   아랍인들은 양들의 목자들이었다.

(2)<-에서 -로 바뀌다>. <- 되다>: صَارَ، أَصْبَحَ، أَمْسَى، غَدَا، بَاتَ

صَارَ الحُرَّاسُ تُجَّارًا.   경비원들이 장사꾼들이 되었다.

صَارَ الإِقْبَالُ شَدِيدًا.   관심(반응)이 아주 높아졌다.(예, 수강학생이 많았다)

صَارَ المَاءُ ثَلْجًا.   물이 얼음이 되었다.

غَدَتْ خِيَامُ البَدْوِ مُدُنًا.   사막 유목민의 천막들이 도시들로 바뀌었다,

بَاتَتْ دُبَي مَرْكَزًا لِلتِّجَارَةِ.   두바이가 무역의 중심지가 되었다.

أَصْبَحَ لِلنَّاسِ أَعْمَالٌ كَثِيرَةٌ.   사람들에게 더 많은 일들이 생겨났다.

이 동사들은 오늘날 주로 '되다'의 의미이지만 옛 의미는 다음과 같았다.

● أَصْبَحَ   아침이었다.

● أَمْسَى   저녁이었다.

● غَدَا   점심 때이었다.

● بَاتَ   밤을 보냈다.

(예). بَاتَتِ المَدِينَةُ نَائِمَةً   도시가 잠자고 있었다.

(3)한 동안 계속되었다(그 후에 바뀌었다): ظَلَّ

ظَلَّتِ التِّجَارَةُ فِي أَيْدِي الكُورِيِّينَ   무역이 한국인들 손에서 한 동안 계속되었다.

هَلْ يَظَلُّ المَصْرِفُ مَفْتُوحًا طُولَ النَّهَارِ?   은행 창구는 하루 종일 개방되어 있나요?

(4)-하는 시간 내내, - 하는 한: مَا دَامَ

الحَيَاةُ تَتَغَيَّرُ مَا دَامَ الإِنْسَانُ يَعْمَلُ.   인간이 일하는 한, 인생은 변한다.

لَا أَخْرُجُ إِلَى الشَّارِعِ مَا دَامَ الجَوُّ شَدِيدَ الحَرَارَةِ.

        날씨가 기온이 높은 한 나는 거리로 나가지 않는다.

(5)아니다(명사문의 부정): لَيْسَ

لَيْسَ قَمَرُ المَدِينَةِ كَقَمَرِ الصَّحْرَاءِ   도시의 달은 사막의 달과 같지 않다.

(6)아직도 (어제도 오늘도): مَا زَالَ

مَا زَالَ الفَلَّاحُ يَحْتَاجُ العَامِلَ.   농부가 아직도 일꾼을 필요로 한다.

아랍인들은 이 동사들을 "격을 무효화시키는 동사들"(أَفْعَالٌ نَاسِخَةٌ) 혹은 이 동사들이 본래
뜻을 버리고 새로운 뜻을 가진 것을 착안하여 불완전 동사(أَفْعَالٌ نَاقِصَةٌ)라고 한다. 이들
동사들이 명사문 앞에 접두되면 그 의미가 바뀌고 이들 불변사 뒤에 오는 명사문의

주어는 원래대로 주격이지만 "카나와 그의 자매어들의 명사"로 불린다. 또 카나와 그의 자매어들이 선행하는 명사문의 술어는 항상 목적격이며, 이들 동사들 중에서 مَا دَام 는 문장의 처음에 올 수 없다. 카나와 그의 자매어들은 과거, 현재, 명령 동사들로 활용하는데 مَا دَام 와 لَيْسَ 는 과거형만 존재한다. (لا يَزَالُ) مَا زَالَ 은 과거형과 현재형이 존재하고 이 둘은 의미에서 과거나 현재나 상관없이 그 의미가 동일하다. 카나와 그의 자매어의 명사(원래 명사문의 주어)로는 동사문의 주어처럼 명사, 독립 인칭대명사, 내포된 인칭대명사들이 온다.

(예문)

الطِّفْلُ نَائِمٌ

⇨ كَانَ الطِّفْلُ نَائِمًا . 어린이가 자고 있었다.

الأَوْلَادُ كَثِيرُونَ .

⇨ لَيْسَ الأَوْلَادُ كَثِيرِين . 아이들이 많지 않다.

البَنَاتُ جَمِيلَاتٌ .

⇨ صَارَت البَنَاتُ جَمِيلَاتٍ . 딸들이 예뻐졌다.

البِنْتَان تَتَكَلَّمَان .

⇨ مَا زَالَتِ البِنْتَان تَتَكَلَّمَان . 두 딸들이 아직도 이야기하고 있다.

الطِّفْلُ يَلْعَبُ بالكُرَةِ .

⇨ كَانَ الطِّفْلُ يَلْعَبُ بالكُرَةِ . 어린이가 공놀이를 하고 있었다.

أَنَا فِي الفَصْلِ .

⇨ كُنْتُ فِي الفَصْلِ . 나는 교실에 있었다.

أَنْتُمْ أَذْكِيَاءُ .

⇨ أَصْبَحْتُمْ أَذْكِيَاءَ . 너희들이 영리해졌다.

다음 표도 역시 아랍어 문장 어순에 맞게 오른쪽부터 왼쪽으로 읽으시오.

명사문의 술어 (주격) 카나의 술어 [목적격]	명사문의 주어 (주격) 카나의 명사 [주격]	كَانَ (명사문의) 시제 صَارَ 변화 أَصْبَحَ/أَضْحَى/ غَدَا/ أَمْسَى/ بَاتَ (옛날에는 하루의 각 시각)지금은 "변화"의 의미 ظَلَّ (어느 때) 계속하다 مَا زَالَ 상태가 변화하지 않음 مَا دَامَ 모든 시간 내내 لَيْسَ (명사문의) 부정

그런데 다음 두 문장에서 첫 문장에는 كَان 의 동사가 있고 두번째 문장에는 없다. 이런 경우 첫번째 문장은 "여러 차례" 즉 습관적인 동작을 나타낸다.

لَمْ يَكُنْ مُحَمَّدٌ يَقْبَلُ مِنْ أَمْوَال وَالِده .

무함마드는 여러 차례 그의 아버지의 재산을 받아들이지 않았다.

لَمْ يَقْبَلْ مُحَمَّدٌ شَيْئًا مِنْ أَمْوَال وَالِده .

무함마드는 그의 아버지 재산의 어떤 것도 받아들이지 않았다.

다음은 카나 동사의 활용이다. 아주 자주 쓰이므로 숙지할 필요가 있다.

과거 동사

	단수	쌍수	복수
1인칭	كُنْتُ	كُنَّا	كُنَّا
2인칭 남성	كُنْتَ	كُنْتُمَا	كُنْتُمْ
2인칭 여성	كُنْتِ	كُنْتُمَا	كُنْتُنَّ
3인칭 남성	كَانَ	كَانَا	كَانُوا
3인칭 여성	كَانَتْ	كَانَتَا	كُنَّ

현재 동사

	단수	쌍수	복수
1인칭	أَكُونُ	نَكُونُ	نَكُونُ
2인칭 남성	تَكُونُ	تَكُونَان	تَكُونُونَ
2인칭 여성	تَكُونِين	تَكُونَان	تَكُنَّ
3인칭 남성	يَكُونُ	يَكُونَان	يَكُونُونَ
3인칭 여성	تَكُونُ	تَكُونَان	يَكُنَّ

명령 동사

	단수	쌍수	복수
2인칭 남성	كُنْ	كُونَا	كُونُوا
2인칭 여성	كُونِي	كُونَا	كُنْ

아랍문법에서는 카나와 그의 자매어(كَانَ وَ أَخَوَاتُهَا)의 "주어"를 카나와 그의 자매어의 "명사"라고 불렀다. 카나와 그의 자매어의 명사가 될 수 있는 것은 (실)명사, 인칭대명사, 내포된 인칭대명사 등이며 그 예는 다음과 같다.

الطِّفْلُ يَبْكِي (주격) 어린이가 울고 있다.

أَصْبَحْتُ سَعِيدًا (주격 자리에 있는 인칭 대명사). 내가 행복해졌다.

كَمَالٌ صَارَ طَبِيبًا (صَارَ 속에 هو 가 내포되어 있다.) 카말이 의사가 되었다.

البِنْتُ مَا زَالَتْ تُذَاكِرُ (مَا زَالَتْ 속에 هي 가 내포되어 있다.) 딸이 아직도 집에서 공부한다.

위와같이 كَانَ 동사가 시제를 나타내는 의미로 쓰이면 명사문 앞에 와서 술어를 목적격으로 만들었으나 만일 카나가 완전 동사의 의미로 쓰이면 "있다, 존재하다, 생기다, 일어나다, 발견하다 (حدث، حصل، وجد)"의 의미이고 동사문의 주어를 갖는다.

كَانَ صَبَاحٌ وَكَانَ مَسَاءٌ وَكَانَ يَوْمٌ أَوَّلٌ.

아침이 왔다. 그리고 저녁이 왔다. 첫째날이 왔다.(아랍어 성경)

فِي الْبَدْءِ كَانَ الْكَلِمَةُ.
태초에 말씀이 있었다.(아랍어 성경)

سَأَحْكِي لَكَ عَمَّا كَانَ.
과거에 있었던 것을 내가 너에게 말하겠다.

카다와 그의 자매어

카나와 그의 자매어 뒤에는 명사문이 오는데 그 명사문의 술어를 목적격으로 만들어버린다. 이와 같은 기능을 하는 동사로서 카다와 그의 자매어가 있는데 카다 كَادَ가 불완전 동사로 쓰이면 그 뒤에 오는 명사문의 주어는 주격이고 술어는 동사문이며 이 동사문은 술어로서 목적격격자리에 있다. 이 때의 동사문은 항상 현재동사이고 이 현재 동사는 카다와 그의 자매어의 특징에 따라 마르푸으(자립형)나 만숩(의존형)이 온다. 이런 카다의 기능을 하는 동사들을 "카다와 그의 자매어"라고 부르는데 다음 세 종류가 있다.

(1) "막-하려고 하다", "-ㄹ 뻔하다" المقاربة 의 동사: كَادَ، أَوْشَكَ

(2) "바라다" الرجاء 의 동사: عَسَى

(3) "시작하다" الشروع 의 동사(기동 동사): أَخَذَ، جَعَلَ، بَدَأَ [29]

위 세 가지 동사류의 어순을 표로 만들면 다음과 같은데 오른쪽에서 왼쪽은 읽어야 한다.

술어(목적격 자리)	명사문의 주어(주격)	카다와 그의 자매어
동사문(현재동사)	명사(주어, 주격)	كَادَ، أَوْشَكَ أَنْ 막~ 하려고 하다, ~ㄹ 뻔하다
동사문(현재동사)	명사(주어, 주격)	عَسَى أَنْ (내가, 우리가) 바라다
동사문(현재동사)	명사(주어, 주격)	بَدَأَ، أَخَذَ، جَعَلَ 시작하다(기동동사)

ф 문장 형식:

동사(كاد와 그의 자매어)+ 명사+ (أَنْ)+ 현재 동사

      [주격]   [술어로서 목적격 자리에 있다]

ф 카다와 그의 자매어들 중 현대 표준 아랍어에서 잘 사용하지 않는 동사는
قَرُبَ(가깝다), اخْلَوْلَقَ، حَرَى(바라다), هَبَّ، طَفِقَ، شَرَعَ، أَنْشَأَ(기동동사) 등이 있다.

(예) تُوشِكُ السَّنَةُ أَنْ تَنْتَهِيَ، فَنَحْنُ فِي دِيسِمْبِر.

바야흐로 한 해가 막 저물어가려고 한다. 우리는 12월에 있다.

أَوْشَكَ الْفَجْرُ يَظْهَرُ، السَّاعَةُ الآنَ الْخَامِسَةُ صَبَاحًا.

새벽이 막(지금 바로) 오려고 했다. 지금 시각은 아침 5시.

---

[29] أَخَذَ، جَعَلَ 뒤에 주어와 현재 동사가 오면 "시작하다+ 지금까지 계속하다"의 의미를 갖기도 한다.

كَادَ الرَّجُلُ أَنْ يَقَعَ فِي الشَّارِعِ، لٰكِنَّ اللهَ سَلَّمَ.

그 남자가 거리에서 넘어질 뻔했다. 그러나 알라가 다치지 않게 했다.

كَادَ الوَلَدُ يَفْشَلُ فِي الاخْتِبَارِ لٰكِنَّهُ نَجَحَ بِصُعُوبَةٍ.

아이가 시험에 떨어질 뻔 했으나 어렵게 합격했다.

عَسَى اللهُ أَنْ يَرْحَمَنَا.　　　알라가 우리에게 자비를 베풀어주시기를 바란다.

عَسَى حَرْبُ العِرَاقِ أَنْ تَنْتَهِي.　　　이라크 전쟁이 끝나기를 바란다.

عَسَى الجَوُّ أَنْ يَتَحَسَّنَ.　　　날씨가 좋아지기를 바란다

현재 동사가 들어 있는 명사문 앞에 بَدَأَ، شَرَعَ، جَعَلَ، أَخَذَ 등의 과거동사가 선행하면 이 문장이 "–시작하다"의 의미를 갖는다.

بَدَأَ الثَّلْجُ وَالجَلِيدُ فِي المِنْطَقَةِ القُطْبِيَّةِ الشَّمَالِيَّةِ يَذُوبَانِ.　　　북극에서 눈과 얼음이 녹기 시작했다.

شَرَعَ التِّلْمِيذُ يَكْتُبُ دَرْسَهُ.　　　학생이 단원을 쓰기 시작했다.

أَخَذَ يَفْحَصُ ضَغْطَ دَمِهِ.　　　그가 그의 혈압을 재기 시작했다.

جَعَلَ النَّاسُ يَبْكُونَ عِنْدَمَا سَمِعُوا الخَبَرَ.　　　그 소식을 들었을 때 사람들이 울기 시작했다.

بَدَأَ البَرْدُ يَشْتَدُّ، فَنَحْنُ فِي ديسمبر.　　　추위가 더 악화되기 시작하였다. 우리는 12월에 있다.

أَخَذَ الرَّجُلُ يُفَكِّرُ فِي المُشْكِلَةِ.　　　남자가 그 문제를 골몰히 생각하기 시작하였다.

بَدَأَ الطُّلَّابُ يَدْرُسُونَ اللُّغَةَ الكُورِيَّةَ.　　　남학생들이 한국어를 공부하기 시작하였다.

위와 같이 "막~ 하려고 하다, 바라다, 기동동사"들은 명사문 앞에 선행하고 이 명사문의 술어가 문장이다. 이 때 이 문장이 동사문(현재 동사)을 갖고 أَنْ 을 자주 허용하는 경우는 'أَوْشَكَ' 동사이고 'كَادَ'는 자주 문장에서 أَنْ 이 뒤따라 오지 않는다. 그리고 أَنْ 이 뒤 따라오는 것을 금지하는 동사는 "기동 동사"이고 عَسَى "바라다"동사는 자주 أَنْ 이 뒤 따른다. كَادَ، أَوْشَكَ 동사는 이 두 동사의 현재 동사형(يكاد، يوشك)도 사용된다.

① عَسَى، أَوْشَكَ + أَنْ이 자주 따라온다. أوشك الظلم أن ينتهي

② كَادَ + أَنْ 이 드물게 따라온다. كاد النهار ينتصف أو أن ينتصف

③기동동사+أَنْ 의 사용을 금한다. أخذ محمد يذاكر بجد

هُوَ مُحَافِظٌ عَلَى صَلَاتِهِ.　　　그는 기도 시간을 잘 지킨다.

الرَّجُلُ المُحَافِظُ.　　　관습과 전통에 매인 남자

السِّيَاسِيُّ المُحَافِظُ.　　　극단적인 사상을 갖지 않은 정치인

عُيِّنَ الرَّجُلُ مُحَافِظًا.　　　(아는) 남자가 도지사에 임명되었다.

ذَهَبْتُ إِلَى مَرْكَزِ البَرِيدِ.　　　나는 중앙우체국에 갔다.

مَرْكَزُ الشُّرْطَةِ.　　　경찰청

الرَّجُلُ صَاحِبُ مَرْكَزٍ فِي الدَّوْلَةِ.　　　(아는) 남자는 국가에서 높은 권력을 지닌 사람이다.

مَرَاكِزُ السُّلْطَةِ = الأَشْخَاصُ يُمَثِّلُونَ السُّلْطَةَ الفِعْلِيَّةَ في الدولة.　　　국가의 실권자들

[더 생각해 보기]

1.현대 표준아랍어에는 "어느 동작이 시작하다, 착수하다"(기동동사, inceptive, inchoative)의 의미로 쓰이는 동사들로 بَدَأ، أَخَذَ، جَعَلَ 등이 있고 "동작이나 상태가 계속되다"의 의미를 갖는 동사들로는 بَاتَ، ظَلَّ، مَا زَالَ، مَضَى، بَقِيَ (지속 동사, continuation)등이 있다. 또 "-로 간주하다,-로 생각하다"(인식 동사, perception)의 의미를 갖는 동사들로는 ظَنَّ، رَأَى، عَدَّ، وَجَدَ، اعْتَبَرَ 등이 있고 "상태나 외형이 바뀌다, -을 취하다"등의 의미를 갖는 동사로는 صَيَّرَ، جَعَلَ، اتَّخَذَ 등이 있다.[30]

2.현재 동사 앞에 쓰이는 عَادَ는 '다시'라는 의미를 갖고 있고 سَبَقَ 뒤에 과거 동사가 오면 '이미'의 뜻이다.

سَبَقَ أَنْ ضَرَبَها.	이미 그가 그녀를 때렸다.
(비교) كَانَ السَّفِيرُ قَدْ وَصَلَ مَسَاءَ الجُمْعَةِ	대사가 이미 금요일 저녁에 도착했다.
عَادَ يَضْرِبُني	다시 그가 나를 때리고 있다.

8.명령동사

아랍어 동사에는 과거동사와 현재 동사 그리고 명령동사(فِعْلُ الأَمْر)가 있다. 일반적으로 1형의 명령동사는 현재 동사의 2인칭 단수, 쌍수, 복수에 사용되는 어두의 현재 자음(ت)이 탈락되고 그 자리에 현재 동사의 두 번째 어근이 갖는 모음에 따라 명령동사 앞에 오는 알리프의 모음이 결정된다. 현재 동사의 두 번째 어근이 /u/ 모음이면 명령동사의 첫어근 앞에 오는 알리프가 갖는 모음은 /u/ 이고, 현재 동사의 두 번째 어근이 /a/, /i/ 모음을 가지면 명령동사의 첫 어근 앞에 오는 알리프가 갖는 모음은 /i/ 모음이다.

أَنْتَ	لم تَكْتُبْ / تَشرَبْ / تَنْزِلْ => أُكْتُبْ / اِشْرَبْ / اِنْزِلْ ①
أَنْتِ	لم تَكْتُبِي / تشْرَبِي / تَنْزِلِي => أُكْتُبِي / اِشْرَبِي / اِنْزِلِي ②
أَنْتُمَا	لم تَكْتُبَا / تَشْرَبَا / تَنْزِلاَ => أُكْتُبَا / اِشْرَبَا / اِنْزِلاَ ③
أَنْتُمْ	لم تَكْتُبُوا / تَشْرَبُوا / تَنْزِلُوا => أُكْتُبُوا / اِشْرَبُوا / اِنْزِلُوا ④
أَنْتُنَّ	لم تَكْتُبْنَ / تَشْرَبْنَ / تَنْزِلْنَ => أُكْتُبْنَ / اِشْرَبْنَ / اِنْزِلْنَ ⑤

위 예문에서 ②③④의 동사들은 다섯 동사에 속하는 것으로서 명령동사가 될 때에는 현재동사 어말의 ن이 탈락된다. 마치 현재동사가 마즈줌(소실형)을 갖는 꼴이다. ①의 명령동사는 수쿤(무모음)으로 끝나고 주어는 '내포된 인칭대명사' أَنْتَ이다. 그리고 위 ②③④는 동사 안에 장모음이 있어 이 장모음이 인칭대명사를 나타낸다. 다음 명령 동사의 용례를 살펴보자.

اِشْرَحْ لَنَا.	우리에게 설명하라.[31]

---

[30] Karin C. Ryding, *A Reference Grammar of Modern Standard Arabic*, pp,178-180, 453

[31] '설명하라'에 해당하는 명령 동사는 اِشْرَحْ 이지만 또 لِتَشْرَحْ 도 같은 의미인데 후자는 말보다 글에서 주로 사용된다.

اِشْرَحِي يَا زَيْنَبُ.	자이납! 설명하라.
اِشْرَحَا لَنَا.	우리에게 (너희 두 사람이) 설명하라.
اِسْمَعُوا يَا الجَمَاعَةُ.	여러분(너희들) 들으시오.
اِسْمَعْنَ يَا بَنَاتُ.	딸들아! 듣거라.

위 문장들은 어떤 사람이 다른 사람에게 무언가를 행하라고 요구하는 것이다. 가령 교수에게 더 설명해 달라고 할 때나 학생들에게 경청하라고 요청할 때 쓰인다. 1형 동사의 명령 동사형은 항상 알리프가 첫 글자로 쓰이는데 이런 명령 동사가 글 중간에 올 때에는 함자 없이 알리프만 쓰지만 만일 이 알리프가 문장의 처음에 올 때는 함자가 발음되고 그 때 알리프는 함자의 받침이 된다.

9.수동태

능동태는 아랍어로 المَعْلومُ(알려진)이라고 하고 수동태(المَبْني للمَجْهُولُ)는 المَجْهُولُ (알려지지 않은, 알 수 없는)이라고 한다. 동사문에서 동사문의 주어(الفَاعِلُ)는 동사가 지시하는 동작을 행한다. 그런데 능동태의 목적어가 수동태의 주어(نَائِبُ الفَاعِلِ)가 되면 능동태 주어는 수동태에서 누구인지 알 수 없다. 영어에서는 수동태 주어를 수동태 문장에서 알려주기도 하지만 아랍어에서는 수동태의 주어가 문장에서 전혀 언급되지 않는다. 다시 말하면 동작의 주어가 알려지지 않았을 때 혹은 어떤 이유로 주어가 언급되지 않을 때 수동태를 사용한다. 아랍어 수동태는 낱말의 모음이 바뀌어 어형의 구조가 변화하므로 형태론적 변화[32]가 있고 능동태의 주어가 생략되므로 통사론적 주제가 된다. 수동태는 문장의 초점에 대한 정보를 전달해 주는 데 중요한 역할을 한다. 1형의 과거동사에서 수동태는 첫번째 어근이 /u/ 모음을 갖고, 두번째 어근이 /i/ 모음을 갖는다.

كَتَبَ /kataba/ → كُتِبَ /kutiba/

동사 وَلَدَ의 수동태 변화는 다음과 같다.

	단수	쌍수	복수
1인칭	وُلِدْتُ	وُلِدْنَا	وُلِدْنَا
2인칭 남성	وُلِدْتَ	وُلِدْتُمَا	وُلِدْتُمْ
2인칭 여성	وُلِدْتِ	وُلِدْتُمَا	وُلِدْتُنَّ
3인칭 남성	وُلِدَ	وُلِدَا	وُلِدُوا
3인칭 여성	وُلِدَتْ	وُلِدَتَا	وُلِدْنَ

아래 첫 문장은 아무나 그 원인을 알고 있을 때 수동태를 사용한 것이고 두번째 문장은 살해된 사람이 대통령이라서 매우 중요하므로 '대통령'이란 어휘가 수동태 주어로

---

[32] 아랍어 동사 중 첨가 동사 5형, 7형, 8형은 목적어의 결과적인 상태가 반영된 의미를 전해 주기 때문에 "무따와아" مطاوعة 라고 불린다. 무따와아는 "동작을 받음 혹은 동작을 입음"이라는 의미이다.

왔지만 사실 그가 '살해 당하였다'는 뉴스가 더 중대하므로 동사가 먼저 나와 있다.

عُرِفَ السَّبَبُ.   원인이 알려졌다.

قُتِلَ الرئيسُ.   대통령이 살해되었다.

아래 문장들도 왜 수동태가 되었는지 그 이유를 말해 보라.

كما قِيلَ.   언급된 것처럼

ذُكِرَ هَذَا الكَلامُ في كِتَابٍ سِيَاحِيٍّ.   이 말이 여행가이드 책에 언급되었다

وَيُقالُ إنَّها من أجْمَلِ الأمَاكِن السِّيَاحِيَّةِ في العَالَمِ.

그것이 세계에서 가장 아름다운 여행지 중 하나로 알려졌다.

앞의 예문에서처럼 1형 과거 동사의 수동태형은 첫자음이 /u/모음이고 끝에서 두번째 자음에는 /i/모음을 갖는다.

(예)كَتَبَ가 كُتِبَ 가 되고 شَرَبَ 가 شُرِبَ가 된다.

현재 동사의 수동태는 현재 동사의 첫 어근 앞에 오는 현재 자음의 모음이 /u/ 모음을 갖고, 끝에서 두번째 어근의 모음이 /a/ 모음을 갖는다. 즉, يَكْتُبُ가 يُكْتَبُ 가 되고 يَشْرَبُ 가 يُشْرَبُ 가 된다. (예) يَكْتُبُ /yaktubu/ → يُكْتَبُ /yuktabu/

(수동태 현재동사형)　(능동태 현재동사형)

(수동태 현재동사형)	(능동태 현재동사형)
ــُـــْـَــُ <==	يَكْتُبُ ــَـــْـُــُ
	يَشْرَبُ ــَـــْـَــُ
	يَضْرِبُ ــَـــْـِــُ

다음 현재 동사의 능동태를 수동태로 바꾸시오.

①يَشْرَبُ عِصَامٌ الشَّايَ   이쌈이 차를 마신다.

②لَم يَأكُلْ حَسَنٌ الفَاكِهَةَ   하산은 과일을 안 먹었다.

③لَن تَدْخُلَ البِنتُ الفَصلَ   딸이 교실에 들어가지 않을 것이다.

정답 : ①يُشْرَبُ الشَّايَ ②لَم تُؤْكَلْ الفَاكِهَةُ ③لَن يُدْخَلَ الفَصلُ

그러면 능동태(المَبْنِيُّ لِلمَعْلوم)에서 수동태(المَبْنِيُّ لِلمَجْهُول)로 어떻게 바꿀 수 있을까?

첫째, 능동태의 주어는 수동태에서 탈락되고 만일 목적어가 있으면 그 목적어가 능동태 주어 자리에 온다. 수동태 주어는 나입 알파일(نَائِبُ الفَاعِلِ) 이라고 불리고 항상 주격이다. 동사는 수동태 형이므로 동사문의 주어는 알 수 없고 다만 목적어가 동사문의 주어

자리에 놓인다. (예)(동사 /kutiba/ كُتِبَ رِسَالَة ﴾ كَتَبَ مُحَمَّدٌ رِسَالَة (동사 / kataba/)

둘째, 능동태 동사의 모음을 수동태의 모음으로 바꾼다. 1형 과거동사일 경우 첫 어근에 /u/모음을 넣고, 끝에서 두번째 자음에는 /i/모음을 넣는다.(예) ضُرِبَ ضَرَبَ /Daraba/ → ضُرِبَ /Duriba/. 그러나 만일 현재 동사라면 현재 자음[33]이 /u/모음을 갖고 끝에서 두번째에 오는 자음은 /a/모음을 갖는다. يَضْرِبُ /yaDribu/ → يُضْرَبُ /yuDrabu/.

셋째, 능동태의 목적어를 주어 형태로 바꾸어 준다. (예) كُتِبَ رِسَالَة

넷째, 능동태의 목적어는 수동태의 주어가 되므로 주어와 동사간의 성을 일치시킨다.
كُتِبَتْ رِسَالَةٌ /kutibat risālatun/

다섯째, 만일 두 개 이상의 목적어를 갖는 문장이라면 제1목적어가 수동태의 주어가 되고 나머지 목적어는 목적격 그대로 둔다. أُعْطِيَ الطَّالِبُ مُكَافَأَةً. ﴾ أَعْطَي المُعَلِّمُ الطَّالِبَ مُكَافَأَةً.

다음은 과거 동사와 현재동사의 파생형의 수동태이다.

	현재 동사	과거 동사
I	يُفْعَلُ	فُعِلَ
II	يُفَعَّلُ	فُعِّلَ
III	يُفَاعَلُ	فُوعِلَ
IV	يُفْعَلُ	أُفْعِلَ
V	يُتَفَعَّلُ	تُفُعِّلَ
VI	يُتَفَاعَلُ	تُفُوعِلَ
VIII	يُفْتَعَلُ	اُفْتُعِلَ
X	يُسْتَفْعَلُ	اُسْتُفْعِلَ

아랍어 과거동사의 첨가형이 어떤 수동태 형을 갖는지 다음 예문을 참조하시오.

II. عُيِّنَ طَبِيبًا لِلمَلِكِ   왕의 주치의에 임명되었다.

III. فُوجِئَتْ بِالزَّوَاجِ   그녀는 결혼에 놀랐다.

IV. أُقِيمَ في الفُنْدُقِ عَشَاءٌ   호텔에서 디너(저녁 만찬)가 있었다.

V. نُوُفِّيَ ابْنُهُ /tuwuffiya/   그의 아들이 죽었다.

VI. 수동태 드물다.

VII. 수동태 없음

VIII. اُتُّهِمَ بِالجَرِيمَةِ /'uttuhima/   그는 범죄 혐의를 받았다.

IV. 수동태 없음

X. اُسْتُدْعِيَ سَفِيرُ مِصْرَ /'ustud'iya/   이집트 대사가 소환되었다.

---

[33] 현재자음이란 말은 현재 동사의 첫 자음으로 오는 /ya-, ta- /등을 가리킨다.

아랍어에서 수동태 문장은 능동태보다 흔하지 않다. 능동태 동사문의 주어를 우리가 모를 때, 그리고 동사문의 주어가 모든 사람을 가리킬 때 또는 능동태 동사문의 주어가 중요하지 않고 목적어가 매우 중요할 때 수동태를 사용된다.

다음 과거동사를 수동태로 고치시오.

①دَخَلَ الطِّفْلُ الفَصْلَ   어린이가 교실에 들어갔다.

②شَرِبَ الطِّفْلُ قَهْوَةً   어린이가 커피를 마셨다.

③أَكَلَتِ البِنْتُ الطَّعَامَ   딸이 음식을 먹었다.

④زَارَ الأَبُ الوَلَدَيْنِ   아버지가 두 아들을 보려고 왔다.

정답 : ① دُخِلَ الفَصْلُ ② شُرِبَتْ قَهْوَةٌ ③ أُكِلَ الطَّعَامُ ④ زِيرَ الوَلَدَانِ

10.동사와 주어의 일치

동사와 동사문의 주어는 남성이나 여성 그리고 단수, 쌍수, 복수 등 성과 수에서 호응(일치)이 일어나야 한다. 특히 명사문의 주어 다음에 오는 동사는 앞에 오는 명사문의 주어와 일치시켜야 한다.

명사문

(1)능동태: 명사문에 들어 있는 명사문의 주어와 동사가 성과 수에서 일치한다.

اللاَّعِبُ ضَرَبَ الكُرَةَ.

اللاَّعِبَةُ ضَرَبَتْ الكُرَةَ.

اللاَّعِبَانِ ضَرَبَا الكُرَةَ.

اللاَّعِبَتَانِ ضَرَبَتَا الكُرَةَ.

اللاَّعِبُونَ ضَرَبُوا الكُرَةَ.

اللاَّعِبَاتُ ضَرَبْنَ الكُرَةَ.

(2)수동태: 명사문의 주어와 동사도 역시 성과 수에서 일치한다.

الطَّالِبُ قُبِلَ.

الطَّالِبَةُ قُبِلَتْ.

الطَّالِبَانِ قُبِلاَ.

الطَّالِبَتَانِ قُبِلَتَا.

الطُّلاَّبُ قُبِلُوا.

الطَّالِبَاتُ قُبِلْنَ.

동사문

(1)능동태: 동사문의 주어보다 동사가 앞서는 경우에 동사는 항상 단수이고 성에서만
일치시키면 된다.

ضَرَبَ اللاعِبُ.

ضَرَبَتِ اللاعِبَةُ.

ضَرَبَ اللاعِبَانِ.

ضَرَبَتِ اللاعِبَتَانِ.

ضَرَبَ اللاعِبُونَ.

ضَرَبَتِ اللاعِبَاتُ.

(2)수동태: 동사문의 주어와 동사도 성에 있어서 일치시켜야 한다.

قُبِلَ الطَّالِبُ.

قُبِلَتِ الطَّالِبَةُ.

قُبِلَ الطَّالِبَانِ.

قُبِلَتِ الطَّالِبَتَانِ.

قُبِلَ الطُّلَّابُ.

قُبِلَتِ الطَّالِبَاتُ.

▶ 신나는 단어장

قَرَأْتُ مُلْحَقَ الكِتَابِ.	나는 책의 부록을 읽었다.
أَصْدَرَتِ الصَّحِيفَةُ مُلْحَقًا.	신문이 호외를 발행했다.

اتَّصَلَتِ الحُكُومَةُ بمُلْحَقِهَا في البَلَدِ المُجَاوِرِ.

정부는 이웃 나라에 있는 대사관 행정요원[34]과 연락을 취했다.

المُلْحَقُ التِّجَارِيُّ.	무역관
المُلْحَقُ العَسْكَرِيُّ.	무관

لَمْ يَنْجَحِ الطَّالِبُ في المُلْحَقِ.

학생이 정규 시험 후에 낙제생들에게 치룬 시험에서 합격하지 못했다.

1. 다음 문장을 읽고 동사와 주어 간의 일치/ 호응 관계를 살펴 보라.

سُويِسْرَا تَرْفُضُ دُخُولَ دَاعِيَةٍ إِسْلَامِيٍّ إِلَى أَرَاضِيهَا.

스위스는 이슬람 포교사[35]가 스위스 땅에 입국하는 것을 거부한다.

النَّسَبُ هُوَ الرَّابِطَةُ الَّتِي تَرْبِطُ الإِنْسَانَ بِغَيْرِهِ مِنْ جِهَةِ الدَّمِّ، وَالأُسْرَةُ هِيَ وِعَاءُ النَّسَبِ وَفِي ظِلِّهَا تَنْشَأُ أَوَّل

---

[34] 이 문장에서 사용된 '물하끄' مُلْحَق 의 의미는 일반적으로 아랍인 대사관에서 특정 업무를 하기 위하여 채용된 직원으로서 영사보다 월급이 적다.

[35] 이슬람국가에는 이슬람을 전하는 '부흥사' 혹은 '포교사'를 دَاعِيَة 라고 하는데 여성형이지만 남성으로 간주한다. .

رَابِطَةٍ بَيْنَ الإِنْسَانِ وَغَيْرِهِ مِنْ أَفْرَادِ الْمُجْتَمَعِ الإِنْسَانِيِّ، وَتُعَدُّ مِنْ أَهَمِّ الْمَبَادِىء الَّتِي كَفَلَتْهَا الشَّرِيعَةُ الإِسْلَامِيَّةُ لِلطِّفْلِ هِيَ حَقُّهُ فِي النَّسَبِ.

혈족관계는 인간이 피(혈연)로 인하여 다른 사람과 관계를 갖는 연결체이다. 가족은 혈족관계의 그릇이고 혈족관계의 그늘 하에 인간 사회의 다른 구성원과 개인 사이의 연결이 처음으로 이뤄진다. 이슬람법이 보증해 주는 가장 중요한 원리 중의 하나는 혈족 관계에서 어린이의 권리이다.

أَكَّدَ أَنَّ حَالَاتِ الزَّوَاجِ الَّتِي تَحْدُثُ حَالِيًا بَيْنَ طَلَبَةِ وَطَالِبَاتِ الْجَامِعَاتِ الْمِصْرِيَّةِ لَا تُعَدُّ زَوَاجًا عُرْفِيًّا إِنَّمَا هِيَ بَاطِلَةٌ شَرْعًا بِجَمِيعِ الأَدِلَّةِ وَالْقَرَائِنِ. فَالْعُرْفِيُّ يَشْتَرِطُ الْوَلِيَّ لِلْفَتَاةِ وَهُوَ مَا لَايَحْدُثُ الآنَ، لِذَلِكَ تُعَدُّ حَالَةُ الزَّوَاجِ هَذَا زِنًا. أَمَّا الدُّكْتُورُ مُحَمَّدٌ الْعَدَوِي أُسْتَاذُ عِلْمِ الاجْتِمَاعِ بِآدَابِ الإِسْكَنْدَرِيَّةِ فَقَدْ فَاجَأَ الْجَمِيعَ بِإِحْصَائِيَّةٍ خَطِيرَةٍ مَضْمُونُهَا أَنَّ 17% مِنْ شَبَابِ الْجَامِعَاتِ يَتَزَوَّجُونَ عُرْفِيًّا. أَوْ بِمَا يَدَّعُونَ أَنَّهُ زَوَاجٌ عُرْفِيٌّ. وَهَذِهِ النِّسْبَةُ تَصِلُ إِلَى 255 أَلْفَ حَالَةٍ سَنَوِيًّا مِنْ خِلَالِ طُرُقٍ مُخْتَلِفَةٍ بَلَغَتْ 30 طَرِيقَةً، لَيْسَ مِنْ بَيْنِهَا حَالَةٌ وَاحِدَةٌ مُطَابِقَةٌ لِلشَّرِيعَةِ الإِسْلَامِيَّةِ.

이집트 대학교의 남녀 대학생들 사이에 지금 일어나고 있는 혼인의 경우는 관습법적 혼인이라고 볼 수 없으며 모든 증거와 관련증거로 볼 때 이슬람 법적 근거가 없는 혼인이다. 관습법적인 혼인은 소녀의 후견인이 있어야 한다는 조건이 있는데 지금 이런 조건에 맞는 혼인은 이뤄지지 않고 있다. 그래서 이런 혼인 사례는 간음으로 간주된다. 알렉산드리아 대학교 문과대학 사회학 교수 무함마드 알아다위의 중대한 통계 수치는 모두를 놀라게 했다. 그 내용인즉 대학교 청년들의 17%가 관습법적인 혼인 혹은 관습이라고 불리는 혼인을 하고 있다는 것이다. 이런 비율은 30여 가지에 이르는 여러가지 방법으로 연간 25만 5천명에 이르고 있는데 이들 중 단 한 가지도 이슬람 율법[36]에 맞는 사례는 없다.

11. 동족 목적어

아랍어에는 목적격 동명사 (المَصْدَرُ المَنْصُوبُ) 혹은 목적격의 명사 (الاسْمُ المَنْصُوبُ)로 불리는 명사들이 있다. 이 명사들은 기본문(주어+ 술어, 동사+ 주어)에 나오는 일부 명사를 좀 더 분명하게 설명해 준다. 목적격의 명사로는 명시어, 동족 목적격, 이유목적격(이유 목적어), 상황 목적격 등이 있다.

동족 목적어 (المَفْعُولُ المُطْلَقُ)는 동사 다음에 오는 그 동사의 동명사(목적격)이거나 동사로부터 파생된 목적격 명사이다. 동사를 강조하거나(후연결어나 형용사가 따라오지 않는 경우), 동작의 종류를 분명하게 해 주거나(동족 목적어 다음에 형용사나 후연결어가 오는 경우), 동작이 일어난 횟수를 분명하게 해 주는 동명사다. 동족목적어는 항상 목적격이고 동사의 어근에서 파생한 동명사이기도 하다.

①. شَاهَدْتُ الأَهْرَامَ ثَلَاثَ مَرَّاتٍ. (횟수):   나는 피라마드들을 3번 보았다.

②. فَهِمْتُ الدَّرْسَ أَحْسَنَ الفَهْمِ. (동작의 종류):   나는 그 단원을 더 잘 이해했다.

---

[36] 샤리아(이슬람 율법)는 알라가 무함마드를 통하여 무으민(이슬람을 믿는 자)들에게 내려준 율법('aHkām)이라고 무슬림들은 정의한다.

③ لَقَدْ أَبْدَعَ الْفَنَّانُ الْكُورِيُّ <u>إِبْدَاعًا عَظِيمًا</u>. (동작의 종류):한국인 장인이 굉장한 창의성을 보였다.
④ زُرْتُ الْعَالَمَ الْعَرَبِيَّ <u>زِيَارَتَيْنِ</u> (횟수)　　　　　내가 아랍세계를 2번 방문했다.
⑤ يَجِبُ عَلَى الطَّالِبِ أَنْ يَعْرِفَ التَّرْتِيبَ الْهِجَائِيَّ لِلْحُرُوفِ <u>مَعْرِفَةً جَيِّدَةً</u>. (동작의 종류):

학생은 알파벳 순서를 아주 잘 알아야 한다.

위 예문 ③과 ⑤의 문장에서 밑줄친 부분은 동사와 어근이 같아 동작의 종류를 분명히 하기 위한 동명사이고 목적어이다. ④의 동명사는 동작이 발생한 횟수를 밝혀주고 ①과 ②의 밑줄친 낱말들은 동족 목적어의 기능을 대신하는 낱말들이다. ①과 ②의 문장을 다시 쓰면 아래와 같다.

فَهِمْتُ الدَّرْسَ (فَهْمًا) أَحْسَنَ الْفَهْمِ.

شَاهَدْتُ الْأَهْرَامَ (مُشَاهَدَات) ثَلَاثَ مَرَّاتٍ.

동족 목적어는 구체적으로 다음과 같은 의미를 나타낸다.
(1)동사의 의미를 강조한다. 동족 목적어 뒤에 형용사나 후연결어가 오지 않아야 한다.

كَتَبَ الدَّرْسَ <u>كِتَابَةً</u>　　　　　그가 단원을 썼다.(확실히 '썼다'는 의미)

شَرِبْتُ الْقَهْوَةَ <u>شُرْبًا</u>　　　　　나는 커피를 마셨다.(분명히 '마셨다'는 의미)

(2)동사의 종류를 분명히 하기 위하여, 동족 목적어 뒤에 형용사나 후연결어가 따라온다.

أُحِبُّ الطُّلَّابَ <u>حُبًّا</u> كَبِيرًا　　　　　나는 학생들을 정말 사랑한다.

أُحِبُّ الطُّلَّابَ <u>حُبَّ</u> الْأَبِ لِأَوْلَادِهِ　　나는 학생들을 아버지가 아들을 사랑하는 만큼 사랑한다.

ضَرَبْتُ ابْنِي <u>ضَرْبًا</u> شَدِيدًا　　　　　나는 내 아들을 세게 때렸다.

ضَرَبْتُ يُوسُفَ <u>ضَرْبَ</u> الشُّرْطِيِّ لِلصِّ　　나는 유수프를 경찰이 도둑을 패듯이 때렸다.

(3)동족 목적어는 동사의 동작 횟수를 알려준다. 이런 경우 동명사 형태가 단수 쌍수 복수형으로 온다.

ضَرَبْتُ مُحَمَّدًا <u>ضَرْبَةً</u>　　　　　나는 무함마드를 한번 때렸다.

ضَرَبْتُ مُحَمَّدًا <u>ضَرْبَتَيْنِ</u>　　　　나는 무함마드를 두번 때렸다.

ضَرَبْتُ مُحَمَّدًا <u>ضَرَبَاتٍ</u>　　　　　나는 무함마드를 여러 번 때렸다.

أُحِبُّكِ <u>حُبَّيْنِ</u>.　　　　　나는 너를 진심으로(두배의 사랑으로) 사랑한다.

아랍인들이 일상생활에서 대화에 자주 사용하는 아랍어 어휘들 중에서 **شُكْرًا** (감사합니다), **الْعَفْوُ= عَفْوًا** (너그럽게 봐 주세요) **عُذْرًا= مَعْذِرَةً** (물론이지요) **طَبْعًا= بِالطَّبْعِ** (괜찮습니다) **جِدًّا** (아주), **أَيْضًا=** (또한), **حَقًّا**(진실로), 그리고 **كَثِيرًا، قَلِيلًا، طَوِيلا، سَرِيعًا،** 등의 낱말들은 모두 동족 목적어들이고 이들 목적어 앞에 동사가 생략되었다. 아래 예문은 동사가 생략되기 전 본래 문장의 예이다.

(يَطْبَعُ) طَبْعًا، (أَعْفُو) عَفْوًا، (يَعْذِرُ) عُذْرًا، (أَشْكُرُ) شُكْرًا.

(예) شُكْرًا لَكَ يَا رَبُّ　　　　　주님 감사드립니다.

그런데 동족목적어를 대신하는 낱말들이 있다. 이 때 동족목적어를 대신하는 낱말은 항상 목적격이다.
①동족목적어로 쓰인 동명사가 탈락되고 이 탈락된 동명사를 대신하기 위하여 형용사가

목적격을 갖는다.

أُحِبُّ زَوْجَتِي حُبًّا كَثِيرًا   나는 내 아내를 아주 사랑한다.

형용사 동족목적어

أُحِبُّ زَوْجَتِي كَثِيرًا

동족목적어를 대신한다.

(예)

أَشْرَبُ القَهْوَةَ شُرْبًا قَلِيلاً= 나는 커피를 조금 마시고 있다. أَشْرَبُ القَهْوَةَ قَلِيلاً (동족 목적어를 대신한다)

اِنْتَظِرْ اِنْتِظَارًا قَلِيلاً.= 조금 기다리세요. اِنْتَظِرْ قَلِيلاً (동족목적어를 대신한다)

② كُلٌّ ، بَعْضٌ، أَيٌّ 가 동족 목적어를 대신하는 경우

أُحِبُّ زَوْجَتِي كُلَّ الحُبِّ   나는 내 아내를 전적으로 사랑한다.

نِمْتُ بَعْضَ النَوْمِ   나는 조금 잤다.

③ مَرَّةٌ ، مَرَّتَين ، مَرَّاتٍ 는 수효를 분명하게 하기 위하여 동족 목적어의 기능을 대신한다.

شربتُ الخَمرَ مَرَّةً   나는 술을 한번 마셨다.

شربتُ الخَمرَ مَرَّتَين   나는 술을 두번 마셨다.

شربتُ الخَمرَ مرَّاتٍ   나는 술을 여러 번 마셨다.

④숫자가 동족 목적어를 대신하는 경우에는 숫자 다음에 مَرَّةٌ ، مَرَّاتٌ 가 온다.

كتبتُ الدرسَ عِشْرينَ مَرَّةً   나는 단원을 20번 썼다.

كتبتُ الدرسَ خَمسَ مرَّاتٍ   나는 단원을 5번 썼다.

كتبتُ الدرسَ خمسين كِتَابة   나는 단원을 50번 썼다.

⑤동족 목적어를 대신하는 낱말들 뒤에 ما를 첨부하는 경우가 많다.

كَثِيرًا مَا أَنَامُ.   나는 자주 잔다.

قَلِيلاً مَا أَشْرَبُ الخَمرَ.   나는 조금 술을 마신다.

سَرِيعًا مَا وَصَلتُ.   나는 빨리 도착했다.

동족목적어

◆동족목적어의 형용사가 문장에 오고 동족목적어가 생략되면, 그 형용사가 동족 목적어를 대신한다.

◆동명사가 연결형을 이루면 كُلّ가 동족 목적어를 대신한다.

◆기본 동사의 동명사가 아닌데 수효를 분명하게 해주는 낱말이나 مرتين، ثلاث مرات 등이 사용될 때 이들이 동족목적어를 대신한다.

▶ 신나는 단어장

بَنَى دَارًا جَمِيلَة.   그가 예쁜 집을 지었다.

يَسْكُنُ فِي دَار عَشِيرَتِهِ.   그는 친족이 사는 집에서 산다.

أَيْنَ دَارُكَ؟   너의 나라가 어디냐?

دَارُ الإِسلام   무슬림들의 국가들

دَارُ السَّلام 현재는 탄자니아의 수도 이름(과거에는 바그다드를 '다르 알살람'이라고 함)

دَارُ الحَرْبِ (이슬람의) 적대 국가들

اللَّهُمَّ أَدْخِلْنا دارَ السلام 알라여! 우리를 잔나(파라다이스)로 들여보내주세요.

12. 이유 목적어

　문장에서 동작이 일어나는 이유를 분명하게 밝혀주는 목적격의 동명사로서 이유 목적어 (المَفْعُولُ لأجْلِهِ　혹은　المَفْعُولُ لَهُ)라고 부른다. 항상 동명사이고 동사문의 주어가 이 동작을 "왜" 하였는가를 말해준다. 이유목적어는 동기, 원인(이유), 목적을 나타내므로 우리말로는 "–아/어서, –려고(–고자)"로 해석한다.

تَهْتَمُّ البِلادُ الافريقيَّة بالعَمَلِ رَغْبَةً في تَنْمِيَة مَوارِدِها.

아프리카 국가들이 자원 개발을 하고 싶어서 그 일에 관심을 갖는다.

نَحْتَفِلُ بعيدِ الأمِّ تقديرًا لِجُهُودِها في تَرْبِيَّتِها.

어머니의 자녀 교육에 대한 수고에 감사해서 우리가 어머니날을 기념한다.

　동명사가 이유 목적어의 기능을 하려면 반드시 목적격이어야 한다. 만일 이유목적어로 쓰인 동명사가 목적어를 가지면 목적어는 전치사 다음에 놓인다.

كَتَبَ الرَسَائِلَ إلى حبيبتِهِ حُبًّا فيها.　　그가 애인을 사랑해서 애인에게 편지들을 썼다.

　그런데 이유목적어 뒤에 오는 특정 전치사가 항상 동사의 목적어와 함께 오면 그 전치사는 그대로 같이 써 주고 동사가 특정 전치사를 동반하지 않을 경우라면 전치사 /li/ ل 을 대신 사용한다.

ذَهَبَ للتَسَوّق بَحْثًا عَنْ شيءٍ مُعَيَّن.　　그가 특별히 정해 놓은 것을 찾으려고 쇼핑을 갔다.

دَخَلَ الرئيسُ الكوريُّ القاعة فَوَقَفَ الناسُ تَقْدِيرًا لَهُ.　한국 대통령이 강연장에 들어서니까 사람들이 그에게 경의를 표하려고 일어섰다.

　이유 목적어는 다음과 같이 바꾸어 쓸 수 있다.

أَدْرُسُ اللغة العربية لأنّي أرْغَبُ في أنْ أَتَكَلَّمَها= أدْرُسُ اللغَةَ العَرَبِيَّةَ رَغْبَةً في أنْ أَتَكَلَّمَها

나는 아랍어로 말하고 싶어서 아랍어를 공부하고 있다.

　전치사와 함께 이유 목적어로 자주 사용되는 표현들은 다음과 같고 모든 동사들이 이유 목적어를 갖는 것은 아니다.

انْتِظارًا ل –을 기다리려고, احْتِرَامًا ل –을 존경하려고, رَغْبَةً في –고 싶어서, هُرُوبًا من –에서 도망하려고, ابْتِعَادًا عَنْ –을 피하려고, تَقَرُّبًا ل –에 가까이 하려고, شُكْرًا ل –에 감사해서 등이 있다.

13. 명시어

　명시어 (التَّمْيِيز)는 목적격 명사인데 그 앞에 오는 단수 명사나 문장의 애매모호성을 분명하게 설명해주는 명사이다. 면적과 수와 도량형과 무게 등의 수량어휘 (أَلْفاظ المَقادِير)들은 그것을 분명하게 해 주기 위한 명시어(specification)를 필요로 한다.

(예) شَرِبْتُ لِتْرًا خَمْرًا. 　　　　나는 1리터의 술을 마셨다.

만일 "내가 리터를 마셨다"고 한다면 이 문장이 이해가 되는가? 그렇지 않다. 그 이유는 1리터의 우유인지, 물인지, 술인지, 기름인지 모르기 때문이다. 그래서 위 문장에 나오는 "술"은 우리에게 1리터의 무엇(물, 술 등)을 마셨는지를 분명하게 해 주거나 명백하게 해주는 기능을 한다. 명시어는 그 전에 나오는 불분명한 것을 우리에게 분명하게 밝혀주는 낱말들이다.

①숫자 11에서 99까지 수사의 명시어는 항상 목적격을 갖는다.

لَهُ عِشْرُونَ كِتَابًا. 　　　　그가 20권의 책을 갖고 있다.

اشْتَرَيْتُ رَطْلًا زُبْدًا وَكِيسًا قَمْحًا وَمِيلَيْنِ أَرْضًا.

　　　　나는 1로뜰의 버터와 한 봉지의 밀과 2마일의 땅을 샀다.

عِنْدِي حَفْنَة طَحِينًا. 　　　　우리 가게에는 약간의 밀가루가 있다.

②명시어는 술어를 제한하거나 한정해준다.

كَرُمَ زَيْدٌ مَوْلِدًا. 　　　　자이드는 태생이 좋다.

مَا أَكْرَمَ زَيْدًا رَجُلًا. 　　　　자이드는 남자답게 넉넉하게 베푸는 사람이구나!

③명시어는 동사의 목적어나 동사의 주어를 상세히 설명하는데 사용된다.

سَلِيمٌ مُجْتَهِدٌ وَلَكِنَّ أَحْمَدَ أَكْثَرُ مِنْهُ اجْتِهَادًا.

　　　　살림(인명)이 부지런하나 아흐마드가 그 사람보다 더 부지런하다.

هُوَ أَعْظَمُ مِنْ جِبْرَان إِنْتَاجًا. 　　　　그는 지브란(인명)보다 작품에서 더 위대하다.

다음에서 명시어를 찾아보시오.

فِي اللُّغَةِ العَرَبِيةِ ثَمَانِيَة وَعِشْرُونَ حَرْفًا هِجَائِيًا.

　　　　아랍어에는 28개 알파벳이 있다.

القَاهِرَةُ أَكْثَرُ المُدُنِ العَرَبِيَّةِ سُكَّانًا.

　　　　카이로는 인구가 가장 많이 사는 아랍 도시이다.

شَهْرُ رَمَضَانَ مِنْ أَكْثَرِ الأَشْهُرِ اسْتِيرَادًا لِلمَوَادِّ الغِذَائِيَّةِ.

　　　　라마단달은 식료품을 가장 많이 수입하는 달이다.

يَسَعُ الفَصْلُ الوَاحِدُ فِي المَدْرَسَةِ خَمْسَة وَثَلَاثِينَ تِلْمِيذًا.

　　　　학교의 한 교실에는 35명의 학생이 들어가는 공간이다.

الذَهَبُ أَغْلَى ثَمَنًا مِنَ الفِضَّةِ فِي كُلِّ أَنْحَاء العَالَمِ.

　　　　금이 전 세계에서 은보다 더 값이 비싸다.

الاتِّحَادُ الأُورُبِّي يَتَأَلَّفُ مِنْ سَبْعٍ وَعِشْرِينَ دَوْلَةٍ عَلَى الأَقَلِّ.

　　　　유럽연합은 적어도 27개 국가로 되어 있다.

그러므로 명시어는 항상 비한정 목적격이고, 비교 명사 다음에 또는 11~99 숫자 다음에 혹은 도량 단위 뒤에 쓰인다.

(1)비교 명사 다음에 쓰이는 경우

أَحْمَدُ أَكْبَرُ مِنْ مُحَمَّدٍ عُمْرًا   아흐마드는 무함마드보다 나이가 많다.

أَحْمَدُ أَكْبَرُ عُمْرًا مِنْ مُحَمَّدٍ

(2)11 ~ 99 숫자 다음에 오는 경우

شَاهَدْتُ عِشْرِينَ فِيلْمًا   나는 20편의 영화를 보았다.

دَخَلَ الْفَصْلَ ثَلَاثَةَ عَشَرَ طَالِبًا   13명의 학생이 교실에 들어갔다.

(3)도량 단위 다음에 오는 경우(키로 / 리터 / 미터)

اشْتَرَيْتُ كِيلُو تُفَّاحًا   나는 1킬로어치 사과를 샀다.

شَرِبْتُ لِتْرَيْنِ خَمْرًا   나는 2리터어치 술을 마셨다.

(4)동사를 설명하기 위해서 명시어가 쓰일 때는 항상 동명사다.

ذَهَبَ كَمَالٌ إِلَى الْمَدْرَسَةِ مَاشِيًا (상황어) 카말은 학교에 걸어 왔다.

ذهب كمال إلى المدرسة مشيًا (명시어) 카말은 학교에 걸어서 왔다.

نَامَ الطِّفْلُ حَزِينًا (상황어)   어린이가 슬퍼하며 잤다.

نام الطفل حُزْنًا (명시어)   어린이가 슬퍼서 잤다(슬픔이 원인이 되어 잠을 잤다)

جَاءَ الطُّلَّابُ رِجَالًا. (참고)   학생들이 걸어서 왔다.

명시어

명시어는 명시어 이전에 나오는 낱말의 불분명한 것을 더욱 분명하게
그리고 명확하게 해 준다.

♣도량 단위: 숫자, 면적, 무게 등의 단위 다음에 온다.

♣비교 명사 뒤에 온다

♣분명한 도량 단위가 없을 때에도 명시어가 쓰인다.

※다음 문장에서 동족 목적어, 이유목적어 혹은 명시어를 골라 보자.

كَتَبْتُ الْخِطَابَ كِتَابَةً.   나는 연설문을 썼다.(동족목적어)

حَفِظْتُ الدَّرْسَ كِتَابَةً.   나는 단원을 써서 외웠다.

أَمْسَكْتُ بِالْقَلَمِ كِتَابَةً لِلْخِطَابِ.   연설문을 쓰려고 펜을 집어 들었다. (이유 목적어)

كَتَبْتُ الدَّرْسَ أَحَدَ عَشَرَ كِتَابَةً.   나는 단원을 11번 썼다.(명시어)

[어휘력 쌓기]

　명시어(tamyyīz)와 동일 어근에서 나온 "무타마이즈"(مُتَمَيِّز) 라는 단어는 "다른 것과 구별되는 것"을 가리키는 말이다. 그래서 السُّلُوكُ الْمُتَمَيِّز는 "타의 모범이 되는 행동"을 가리킨다. 어느 대학이 다른 대학보다 뛰어날 만큼 높은 학문적 수준을 보여줄 때는 التَّمَيُّز (excellence)라고 말한다. 그런데 학생이 공부를 잘 할 때 그를 مُتَفَوِّق라고 하고 상대를 차별할 때에 그 '차별'을 تَمْيِيزٌ 라고 한다. التمييز ضِدَّ الْمَرْأةِ 는 여성에 대한 차별이란 말이다. 원래 이 단어의 동사형은 "차별하다, 구별하다, 변별하다, 불분명한 것을 설명하다'의 뜻을 갖는다. "저는 오늘 여러분과 함께 하는 특권을 갖게 되어 무한한 감사를 드립니다"라고 할 때 여기서 특권은 امْتِيَازٌ라고 한다.

▶ 신나는 단어장

يُصْنَعُ الخُبْزُ مِنَ الدَّقِيقِ.　　　　빵은 (옥수수, 밀, 보리 등) 가루로 만듭니다.

رَبَطَهُ بِخَيْطٍ دَقِيقٍ.　　　　　가느다란 실로 그것을 연결했다.

هَذَا عَمَلٌ دَقِيقٌ.　　　　　이것은 매우 정교하게 잘한 작업입니다.

عَبْدُ اللهِ رَجُلٌ دَقِيقُ الجِسْمِ.　　압둘라는 몸집이 작습니다.

مَسْأَلَةٌ دَقِيقَةٌ.　　　　　애매하고 어려운 문제

اِنْتَظِرْني دَقِيقَةً.　　　　　잠깐 기다려주세요.

في السَّاعَةِ سِتُّونَ دَقِيقَةً.　　　1시간은 60분입니다.

14.상황어

상황어 또는 상황문(الحَالُ)은 동작이 발생할 때 동작의 행위자(행동주)나 목적어(혹은 소유격명사)의 상황이나 상태(هَيْئَة)를 분명히 설명해 주는 것으로서 하나의 낱말(상황어) 혹은 문장(상황문)이 사용된다. "어떻게"라는 질문에 대한 대답이 상황어나 상황문이다. 동작이 일어나는 시간에 동사문 주어의 상황이 어떠한가를 묻는 질문에 대한 대답이 들어 있다. 하나의 낱말로 오는 상황어는 목적격 명사이고 상황어 앞에 오는 명사의 상황과 상태를 분명히 해준다. 상황이 문장으로 표현되는 상황문 앞에 오는 (و)는 상황의 와우(وَاوُ الحَالِ)라고 부른다. 그리고 상황문은 목적격을 취할 수 없으므로 목적격의 자리에 있다고 말한다.

(예). سَمِعْتُ الأَخْبَارَ حَزِينًا.　　　나는 슬퍼하며 뉴스를 들었다.

نُوُفِّيَ وَهُوَ في الحَادِيَةِ والثَّلاثِينَ مِنْ عُمْرِهِ.　　그가 31살인데 죽었다

그리고 رَدَّ التَّاجِرُ سَاخِرًا (장사꾼이 비아냥거리며 대꾸했다) 에서 سَاخِرًا 이란 목적격 명사가 상황을 나타내는데 즉 대꾸하는 동작이 일어나는 시간에 동사문의 주어가 갖는 상황을 표현한 것이다. 이 문장에서 장사꾼의 상황은 "비웃으며", "비아냥거리며"가 해당된다. 상황어는 우리 말로 "-면서, -며, -은(는)데"라고 번역한다. 그러나 동사문의 주어만이 동사가 갖는 동작 시간의 상황이나 상태를 묻는 것이 아니라 목적어나 소유격 명사의 상황을 표현하기도 한다.

(예). أَشْرَبُ اللَّبَنَ سَاخِنًا.　　　나는 우유를 뜨겁게 해서 마신다.

عَلا صَوْتُ الطِّفْلِ ضَاحِكًا.　　　어린이가 웃는데 그 소리가 컸다.

위 두 문장에서 첫 문장의 목적어는 (우유)이고 이 목적어의 상태를 "뜨겁게 해서"란 말이 표현하고 있다. 둘째 문장에서는 상황어(웃는데)가 소유격명사(아이)의 상태를 나타낸다. 상황은 كَيْفَ (어떻게)라는 질문에 대한 답으로서 항상 비한정이고 목적격이다. 그리고 낱말(유사 형용사)이 상황어가 되고 동사문이나 명사문은 상황문이 된다.

حَضَرَ الطِّفْلُ سَعِيدًا　　　　　어린이가 행복해하면서 들어왔다.

ذَهَبَ إلى المَدْرَسَةِ مَاشِيًا / رَاكِبًا / طَائِرًا　　그가 학교에 걸어 갔다/ 타고 갔다/날아 갔다.

نَامَتِ البِنْتُ حَزِينَة　　　　　딸이 슬퍼하면서 잤다.

جَاءَ الأَوْلادُ مُتْعَبِينَ　　　　아이들이 피곤해하면서 왔다.

(힌트) 다음과 같이 상황어는 '걸어가다, 타고 가다, 날아가다'처럼 "-고 오다(가다)"
혹은 "-어 오다(가다)"로 해석하기도 한다.

جَاءَ الرَّجُلُ رَاكِبًا.   남자가 차 타고 왔다.

جِئْتُ رَاكِضًا.   나는 달려 왔다.

جَاءَ رَاكِبًا رَجُلٌ.   (모르는) 어느 남자가 차 타고 왔다.

رَجَعَ الْمُنْتَخَبُ الْكُورِيُّ مُنْتَصِرًا.   한국 대표팀이 승리하고서 돌아왔다.

(비교) رَجَعَ الْمُنْتَخَبُ الْكُورِيُّ فِي انْتِصَارٍ.   한국대표팀이 승리하여 돌아왔다.

위 문장에서 상황은 낱말(상황어)로 되어 있으나 다음과 같은 경우 문장(상황문)이
오기도 한다. 상황이 다음과 같이 문장으로 오면 그 문장은 목적격 자리에 있다고 말한다.

رَجَعَ الْمُنْتَخَبُ الْكُورِيُّ وَهُوَ مُنْتَصِرٌ.   한국대표팀이 승리하고서 돌아왔다.

كَانَ الشَّابُّ يَجْلِسُ ... وَهُوَ يُفَكِّرُ فِي مُسْتَقْبَلِهِ.   청년이 그의 미래를 생각하며 앉아있었다.

خَرَجَ الشَّابُّ لَيْلًا وَالْأَمَلُ يَمْلَؤُهُ.   청년이 소망에 가득찬 채 밤에 밖에 나갔다.

위 세 문장은 모두 상황문이다. 상황문은 목적격 자리에 있는 것으로 간주된다.

نَظَرَ الرَّجُلُ إِلَى حَبِيبَتِهِ وَهُوَ يَبْكِي.   남자가 울면서 그의 애인을 쳐다보았다.

위 상황문과 유사한 의미를 갖는 문장은 아래와 같다.

(비교) نَظَرَ الرَّجُلُ إِلَى حَبِيبَتِهِ فِي بُكَاءٍ.   남자가 울며 애인을 쳐다보았다.

그러면 다음과 같이 상황어(낱말)와 상황문(동사문이나 명사문)을 나눠 살펴보자.

①낱말

نَامَ الْوَلَدُ سَعِيدًا <= نَامَ الْوَلَدُ وَهُوَ سَعِيدٌ   아들이 행복해하면서 잤다.

يَلْعَبُ الطِّفْلُ صَارِخًا <= يَلْعَبُ الطِّفْلُ وَهُوَ يَصْرُخُ   어린이가 소리치며 논다.

نِمْتُ بَاكِيًا <= نِمْتُ وَأَنَا أَبْكِي   나는 울면서 잤다.

دَخَلَتِ الْبِنْتُ ضَاحِكَةً <= دَخَلَتِ الْبِنْتُ وَهِيَ تَضْحَكُ   딸이 웃으며 들어갔다.

이와 같이 하나의 낱말로 된 상황어를 명사문으로 바꿀 수 있는데 이 때 명사문의
주어에는 인칭대명사가 온다. 그리고 각각 두 개의 문장들이 서로 동일한 의미라고 아랍
문법서에는 기록되어 있지만 이 둘 사이에는 발라가(수사법과 미적 기능)적인 차이가
있다.

②동사문

نَامَ الطِّفْلُ وَقَدْ بَكَى = نَامَ الطِّفْلُ بَاكِيًا   어린이가 울면서 잤다.

ذَهَبَتِ الْبِنْتُ إِلَى الْحَفْلَةِ وَقَدِ اشْتَرَتْ فُسْتَانًا جَدِيدًا   딸이 새 드레스를 사 입고서 파티에 갔다.

دَخَلَ الْمُدَرِّسُ وَقَدْ ضَحِكَ   교사가 웃으며 들어갔다.

위와 같이 상황문으로 쓰인 동사문은 과거동사 앞에 **قَدْ**가 덧붙여진다. 이 말은 **قَدْ** 가
접두된 동사의 동작이 먼저 일어난 다음에 다른 동사의 동작이 일어난다는 의미이다.

③명사문
دَخَلَ الطُّلَابُ الفَصْلَ وَالمُدَرِّسُ يَشْرَحُ الدَّرْسَ

　　　　　교사가 단원을 설명하는데 남학생들이 교실에 들어갔다.
نَزَلْتُ إلى الشَّارِع وَالسَّيَّارَةُ تَصْدِمُ رَجُلًا

　　　　　자동차가 사람을 치는데 (그 때) 내가 거리로 나갔다.

위와 같이 명사문이 상황문이 되면 선행하는 문장의 동작에 대한 배경으로 상황문이 등장한다. 다음과 같이 상황을 나타내는 구문은 서로 다르지만 다음 네 문장은 문법적으로 모두 의미가 동일하다.

دَخَلْتُ أَضْحَكُ.　　　　　　　　　내가 웃으며 들어갔다.
دَخَلْتُ ضَاحِكًا.
دَخلْتُ وَأَنَا أَضْحَكُ.
دَخَلْتُ وَقَدْ ضَحِكْتُ.

다음에서 상황어를 골라보고 어떤 특징이 있는 지를 말하시오.
رَدَّ التَاجِرُ (ضَاحِكًا، حُزْنا، سعادةً).
وَجَدْتُهُ (السُرورَ، مَسْرُورًا، سُرورا).
سَأَلَ (المفهومَ، الفَهْمَ، مُسْتَفْهِمًا).
أَشْرَبُ الماءَ (الباردَ، بَارِدًا، البرْدَ).
عَلا صَوْتُ الرَّجُلِ (ضَاحِكًا، الضاحك، ضحِكا).

15. 상황문(circumstantial construction)

دَخَلْنَا الفَصْلَ وَ شَرْحَ المُدَرِّسُ　　　선생님의 설명과 함께 우리가 교실에 들어갔다.
دَخَلْنَا الفَصْلَ وَالمدرِّسُ يَشْرَحُ　　　선생님이 설명하시는데 우리가 교실에 들어갔다.

위의 첫문장에서 (وَ) 다음에 오는 낱말이 목적격으로 "동반"을 의미하고 두번째 문장은 (وَ) 다음에 주격으로 "상황"을 의미한다. 동반의 وَ 다음에 오는 낱말은 항상 목적격이고 명사나 동명사가 온다. 동반 목적어가 들어 있는 شَرْحَ المدرس 는 이 문장의 기본 동사와 어떤 관계가 있는가? 둘 다(선생님이 설명하는 것과 교실에 들어가는 동작) 함께 동작이 일어난다는 것이다. 그가 들어가는 것은 교사가 설명하는 것과 함께 일어난 동작이다. 또 다른 문장 يَمْشِي وَالنيل 은 "나일강을 따라 걷고 있다"는 말이다. 이 문장에서 وَ 는 동반의 와우이고 그 뜻은 함께(مَع)라는 의미이다. 이처럼 동반의 목적어는 (وَ) 다음에 오는 명사가 동반의 목적어이고 항상 목적격이다. 그래서 동반의 목적격이라고도 하는데 동반의 목적격 구문은 현대 문어 아랍어에서 거의 사용되지 않는다.

يَلْعَبُ الكرة مع صوت التلفاز (X)
يَلْعَبُ الكُرةَ وَصَوْتَ التِلِفاز (√)　　　그가 텔레비전 소리와 함께 공놀이를 한다.(동반 목적어)

دَخَلْتُ الفَصْلَ مَعَ شَرْحِ المُدَرِّس (X)

دَخَلْتُ الفَصْلَ وَشَرْحَ المُدَرِّسِ (√)

나는 선생님의 설명과 함께 교실에 들어갔다.(동반목적어)

그러나 많은 아랍어 학생들에게 상황문과 이와 유사한 구문을 제시하고 어느 것이 상황문이냐고 물으면 금방 구별하기 어려워한다. 그것은 아랍어에 목적격 명사들이 많아 어느 것이 상황문인지 알기 어렵기 때문이다. 다음은 상황문의 여러 형식들이다.

(1). فَتَحَ الوَلَدُ البَابَ وهُوَ يَضْحَكُ   아들이 웃으며 문을 열었다.

(2). فَتَحَ الوَلَدُ البَابَ يَضْحَكُ   아들이 웃으며 문을 열었다.

(3). فَتَحَ الوَلَدُ البَابَ وَقَدْ ضَحِكَ   아들이 웃으며 문을 열었다.

(4). فَتَحَ الوَلَدُ البَابَ وَالمُدَرِّسُ يَشْرَحُ الدَّرْسَ   교사가 단원을 설명하는데 아들이 문을 열었다.

위 문장들의 문법적 사항을 설명하면 아래와 같다.

(1)의 상황문은 명사문이고 주어가 인칭대명사이고 이 인칭대명사는 대개 상황의 주체를 설명해준다.

(2)의 상황문은 동사문이고 동사는 상황의 와우가 없는 현재 동사다.

(3)의 상황문은 동사문이고 동사는 과거동사인데 그 앞에 **وَقَدْ**가 접두되어 있다.

(4)의 상황문은 명사문이고 동사의 동작 배경이 된다.

다음에서 상황문과 수식문장(**جُمْلَةُ الصِفَةِ**)을 구별하라.

فَتَحَ الرَّجُلُ البَابَ يَضْحَكُ   남자가 웃으며 문을 열었다.

هذَا رَجُلٌ يَعْرِفُ اللهَ.   이 분은 알라를 아는 남자이다.

위 두 문장에서 첫 문장의 يَضْحَكُ 은 동작이 일어나는 그 때의 남자를 묘사하는 것으로서, 문을 열었을 때 웃고 있었다는 의미이다. 두번째 문장 يَعْرِفُ اللهَ 는 남자를 묘사하는 문장인데 시간이 정해지지 않아 알라를 언제 알았는지는 말할 수 없다. 상황문은 한정된 시간을 설명하고 있으나 수식 문장은 시간을 정해 놓지 않는다.

아래 문장들에서 동반 목적어와 시간 장소 목적어, 상황문을 구분해 보자.

وَصَلْنَا صَبَاحًا. (시간 장소 목적어)   우리는 아침에 도착했다.

وَصَلْنَا وَالصَّبَاحَ. (동반 목적어)   우리는 아침이 밝아오는 것과 함께 도착했다.

خَرَجَ الرَّجُلُ مِنَ البَيْتِ وَرَنِينَ التِلِيفُون. (동반 목적어)

전화기의 울림과 함께 남자가 집에서 나갔다.

خَرَجَ الرَّجُلُ مِنَ البَيْتِ وَالتِلِيفُونُ يَرِنُّ. (상황문)

전화기가 울리는데 남자가 집에서 나갔다.

▶신나는 단어장

كَتَبَ الأَسْمَاءَ فِي الدِّيوَان.   그가 명부에 이름들을 썼다.

دِيوَانُ الشِّعْر   시 모음집, 시선집

ديوانُ الحِسَابَاتِ   경리부

ديوانُ الخِدْمَةِ المَدَنِيَّةِ   대민봉사를 관장하는 부서

جَلَسْتُ في الدِّيوَان.   내가 사람들이 회집하는 장소에 앉았다.

16.후속어

아랍어 후속어(التَّوَابِع)라는 말은 선행하는 낱말 뒤에 오는 어휘들을 가리키는 말이다. 그래서 문법학자들은 명사 뒤에서 앞의 명사를 수식하는 낱말(수식어 또는 형용사), 앞의 명사를 강조하는 낱말(강조어), 앞에 오는 명사에 접속되는 낱말(접속어), 앞에 오는 명사 대신에 쓰이는 낱말(대용어) 등 이 4가지를 후속어라고 했다. 이 후속어들은 앞에 오는 명사와 동격이어야 하므로 다른 말로는 동격어라고도 한다. 그리고 이들 후속어 앞에 오는 명사는 각기 명칭이 따로 있는데 가령, 수식어 앞에 오는 명사(المَوْصُوفُ), 대용어 앞에 오는 명사(المُبْدَلُ مِنْهُ), 강조어 앞에 오는 명사(المُؤَكَّدُ), 접속사 앞에 오는 명사(المَعْطُوفُ عَلَيْهِ)등이 있다.

1)수식어

(1)수식어(الصِّفَةُ)는 수식하는 낱말이다. 수식하는 낱말 앞에 명사가 오는데 그 명사를 피수식어(المَوْصُوفُ)라고 한다. 수식어는 선행하는 명사(피수식어)와 격, 성, 수, 한정에서 서로 호응한다.

(예문)

هَذِهِ بِنتٌ جَمِيلَةٌ   이 (애)는 아름다운 딸이다.

رَأَيْتُ طِفْلاً غَرِيبًا   내가 이상한 어린이를 보았다.

الوَلَدَانِ الطَّوِيلَانِ يَلْعَبَانِ بالكُرَةِ   두 명의 키가 큰 아들들이 공놀이를 하고 있다.

위 예문에서 보듯이 수식어와 피수식어로서 올 수 있는 명사들은 아래와 같다.

수식어	피수식어
능동분사	고유명사
수동분사	종류 명사
유사 형용사(자동사에서)	장소시간명사
비교 명사	도구명사(타동사에서)
	동명사
	(실)명사

(2)수식어의 종류에는 유사문장(부사, 전치사구)이 있는데 유사문장 앞에 오는 피수식어는 반드시 비한정이다. 여기서 비한정이라는 말은 인칭대명사, 관계대명사, 지시대명사, 고유명사, 정관사가 붙은 명사, 연결형의 전연결어가 아니라는 것이다.

بَدَأَتْ اتِّصَالاتٌ مِنْ نَوْعٍ جَدِيدٍ بَيْنَ الشَّرْقِ وَالغَرْبِ "동양과 서양 사이에 새로운 종류의 통신이 시작되었다." 위의 밑줄친 부분이 전치사구로서 수식어인데, 이 수식어 앞에 오는

피수식어 **اتصالات** 가 비한정이다.

هُنَاكَ اتِّفَاقٌ <u>بَيْنَ الطَرَفَيْنِ المُتَحَاوِرَيْنِ عَلَى أَهَمِّيَّةِ الحِوَارِ</u> "대화의 중요성에 대하여 토론하는 양측
사이에 합의가 있다." 위의 밑줄친 부분은 부사로서 수식어인데 이 수식어 앞에 오는
피수식어 **اتِّفَاقٌ** 가 비한정이다.

(3)수식어가 문장인 경우에는 피수식어가 반드시 비한정이다. 그리고 수식어로 쓰이는
   문장 속에는 피수식어(명사)를 가리키는 인칭대명사가 있어야 한다. 이 인칭대명사를
   "연결의 인칭대명사" (**الرَّابِط**)라고 부른다.

<u>**هُنَاكَ شُرُوطٌ يَحْتَرِمُهَا الطَرَفَانِ**</u>	양측이 존중하는 조건들이 있다.
<u>**هُنَاكَ كَثِيرٌ يَنْبَغِي عَمَلُهُ**</u>	그가 할 일이 많이 있다.

   위 두 문장에서 밑줄친 부분이 문장으로서 수식어이고 이 수식어 앞에 오는 두 개의
낱말이 모두 비한정이다. 그리고 수식어 속에 들어있는 인칭대명사가 피수식어(선행하는
명사)와 연결의 인칭대명사로 이어준다(**كُلَّ جُمْلَة فِيهَا ضَمِيرٌ يَعُودُ عَلَى الاسْمِ المَنْعُوت**). 수식어와
피수식어 간의 호응 관계는 다음과 같은데 아랍어 문장이 오른쪽에서 왼쪽으로
진행되므로 아래 표도 오른쪽부터 시작한다.

수식어(형용사) **الصِّفَةُ**	피수식어 **المَوْصُوفُ**
규칙 남성 복수 **جَمْعٌ مُذَكَّر سَالِم**	규칙 남성 복수 **جَمْعٌ مُذَكَّر سَالِم**
규칙 여성 복수 **جَمْعٌ مُؤَنَّث سَالِم** 여성 단수 **مُفْرَدٌ مُؤَنَّث**	규칙 여성 복수 **جَمْعٌ مُؤَنَّث سَالِم** 사람인 경우
여성 단수 **مُفْرَدٌ مُؤَنَّث**	규칙 여성 복수 **جَمْعٌ مُؤَنَّثٍ سَالِم** 사물인 경우
규칙 남성복수 **جَمْعٌ مُذَكَّر سَالِم** 여성 단수 **مُفْرَدٌ مُؤَنَّث**	불규칙 복수 **جَمْعُ تَكْسِير** 사람인 경우
여성 단수 **مُفْرَدٌ مُؤَنَّث**	불규칙 복수 **جَمْعُ تَكْسِير** 사물인 경우

위 표를 이해하는데 도와주는 예문은 아래와 같다.

فِي الفَصْلِ مَدَرِّسُونَ كَثِيرُونَ (피수식어가 규칙 남성복수이므로 수식어도 규칙남성 복수)

البَنَاتُ الكَثِيرَاتُ / الكَثِيرَةُ يَطْبُخْنَ (피수식어가 사람이고 규칙여성복수이므로 수식어는 규칙
여성복수 혹은 여성 단수이다).

أَخَذْتُ مِنْ سَالِمٍ تُفَّاحَاتٍ كَبِيرَةً (피수식어가 사물이고 규칙 여성복수이므로 수식어는 여성단수)

فِي البَاصِ أَوْلَادٌ كَثِيرُونَ / كَثِيرَةٌ (피수식어가 사람이고 불규칙 복수이므로 수식어는 규칙 남성
복수 혹은 여성 단수이다).

شَاهَدْنَا رِجَالاً غَرِيبَةً / غَرِيبِينَ / غُرَبَاءَ (피수식어가 사람이고 불규칙 복수이므로 수식어는 규칙
남성 복수이거나 여성 단수이다)

قَرَأْتُ كُتُبًا مُفِيدَةً (피수식어가 사물이고 불규칙 복수이므로 수식어는 여성단수이다).

2)대용어

선행하는 낱말을 더 분명히 하기 위하여 그 낱말 바로 뒤에 오는 명사나 구를 대용어(البَدَل)라고 한다. 그리고 대용어는 지시대명사 뒤에서 한정명사로 오거나 한정명사 다음에 고유명사로서 온다. 이 때 지시대명사가 피대용어(مِنْهُ مُبْدَلٌ)가 된다. 대용어와 피대용어 간에는 성, 수가 호응하고 피대용어는 반드시 한정이며, 대용어와 피대용어간에는 동격으로서 어말 모음이 서로 호응한다.

지시대명사 다음에 오는 한정명사의 예

1)	إِنَّ هَذِهِ السَّيِّدَةَ سَاحِرَةٌ	이 부인은 주술가이다.
2)	هَذَا الوَلَدُ شَعْرُهُ أَخْضَرُ	이 아들의 머리카락이 초록색이다.
3)	زُرْتُ بَيْتَ هَؤُلَاءِ الأَطْفَالِ	이 어린이들의 집을 내가 방문했다.
4)	أُحِبُّ هَاتَيْنِ البِنْتَيْنِ	나는 이 두 딸을 사랑한다.

한정명사 뒤에 오는 고유명사가 대용어로 쓰이는데 이 때 고유명사는 사람의 이름, 나라 이름, 도시 이름, 마을의 이름, 강의 이름, 산 이름, 바다 이름, 거리 이름 등이다.

شَاهَدْنَا المُدَرِّسَ أَشْرَفَ فِي إِيطَالِيَا 아쉬라프 선생님을 이탈리아에서 우리가 보았다.

الرَّئِيسُ مُبَارَكُ عُمْرُهُ ثَمَانُونَ عَامًا 무바라크 대통령의 연세는 80세이다.

위의 밑줄친 두 낱말이 대용어이다.

كَانَتِ المُطْرِبَةُ أُمُّ كُلْثُوم تُسَمَّى بِسَيِّدَةِ الغِنَاءِ العَرَبِيِّ

가수 옴무 쿨숨은 아랍 노래의 여류 명창[37]으로 불렸다.

قَامَ الدُّكْتُورُ عَلِي سَالِم بِافْتِتَاحِ مَبْنَى المَكْتَبَةِ الجَدِيدِ

알리 살림 박사는 도서관 새 건물의 개관식을 거행했다.

위의 두 명사구도 역시 대용어이다.

3)강조어

강조(التَّوْكِيدُ)는 앞선 낱말을 강조하는 어휘적인 강조와 다른 낱말 كُلٌّ، جَمِيعٌ، عَيْنٌ، نَفْسٌ، ذَاتٌ 등이 인칭대명사를 후연결어로 갖는 의미상의 강조가 있다. 그러므로 강조어에는 어휘상(لَفْظِيٌّ)의 강조어, 의미상(مَعْنَوِي)의 강조어 등 두 가지로 나눌 수 있다.

(예)

قَيْسٌ مَجْنُونٌ مَجْنُونٌ 까이스[38]는 미쳤어 미쳤어.

위 문장에서 밑줄친 부분은 앞에 오는 낱말을 되풀이함으로써 어휘상 강조어가 되었다.

رَأَيْتُ الوَلَدَ نَفْسَهُ / عَيْنَهُ / ذَاتَهُ 나는 아들 자신을 보았다.

---

[37] 아랍어에서 Mr.에 해당하는 명사는 알싸이드(السَّيِّد)이고 이 낱말의 여성명사는 알싸이다(السيدة)이다. 알싸이드 는 '소유자, 왕, 하인을 데리고 있는 주인, 큰 그룹의 책임자, 각 개인을 지칭하는 말, (사물) 모든 것 중에서 높고 고귀한 것'이란 의미이다. 옴무 쿨숨은 '동방(아랍)의 별'(كوكب الشرق)과 '아랍 노래의 여류 명창'으로 불린다.

[38] 아랍인들에게 까이스와 라일라는 사랑의 순애보로 잘 알려진 사람들이고 흔히 마즈눈과 라일라라고 한다.

البَنْتُ نَفْسُهَا / عَيْنُهَا / ذَاتُهَا تَتَكَلَّمُ   딸 자신이 말하고 있다.

위 밑줄친 낱말들이 강조어이고 그 앞에 오는 낱말은 피강조어(المؤكد)이다. 의미상의 강조어는 ذات , عين , نفس 등의 낱말을 한정 명사 뒤에 붙여서 만들고, 이들 세 개의 어휘는 단수, 쌍수, 복수 등에도 사용된다. 그리고 جميع , كلُّ 등의 낱말도 강조어로 사용되는데 이 두 낱말은 복수의 의미로만 쓰인다.

رَأَيْتُ الرَّجُلَ نَفْسَهُ   나는 남자 그 자신을 보았다.

(رَأَى 는 육안으로 보고 살핀다는 의미 = تَفَرَّجَ عَلَيْهِ).

رَأَيْتُ البِنْتَ عَيْنَهَا   나는 딸 그 자신을 보았다.

شَاهَدْتُ الأَطْفَالَ كُلَّهُمْ / جَمِيعَهُمْ   나는 어린이들 모두를 보았다.

(شَاهَدَ 는 육안으로 본다는 의미 = نَظَرَ إِلَيْهِمْ)

البَنَاتُ كُلُّهُنَّ / جَمِيعُهُنَّ جَمِيلَاتٌ   딸들 모두가 예쁘다.

위의 밑줄친 부분이 강조어인데 아래와 같이 낱말의 순서가 바뀌면 강조어가 아니고 단지 문장 위치에 따라 목적어, 주어 등이 된다.

رَأَيْتُ نَفْسَ الرَّجُلِ (목적어)   나는 같은 남자를 보았다.

رَأَيْتُ عَيْنَ البِنْتِ (목적어)   나는 같은 딸을 보았다.

شَاهَدْتُ كُلَّ / جَمِيعَ الأَطْفَالِ (목적어)   나는 모든 아이들을 보았다.

كُلُّ / جَمِيعُ البَنَاتِ جَمِيلَاتٌ (명사문의 주어)   모든 딸들이 예쁘다.

아랍어 대용어 중에는 앞선 낱말을 강조하는 낱말들이 있는데 كِلاهُما 는 남성 쌍수를 강조하고 كِلتاهُما 는 여성 쌍수를 강조한다. 이 두 낱말은 어말 모음의 변화에서 쌍수의 변화와 동일하게 변화한다. 그리고 이들 낱말은 반드시 피강조어를 가리키는 인칭대명사를 이 두 낱말(كلا، كلتا) 뒤에 접미시킨다.

قَيْسٌ وَلَيْلَى كِلاهُمَا مُحِبٌّ ظَلَمَتْهُ العَادَاتُ وَالتَّقَالِيدُ

까이스와 라일라 두 사람이 사랑하는데 관습과 전통이 그에게 부당한 짓을 했다.

المُحِبَّانِ كِلاهُمَا مَظْلُومَانِ.   두 연인, 두 사람이 부당함을 당하였다.

위의 두 문장에서 كلاهما 는 그 앞에 오는 명사가 쌍수이므로 هما를 كلا 뒤에 덧붙여서 강조를 하고 있다.

ب – التِّلْمِيذَانِ كِلاهُمَا مُجْتَهِدَانِ   أ – كِلَا التِّلْمِيذَيْنِ مُجْتَهِدَانِ

ب – إِنَّ التِّلْمِيذَيْنِ كِلَيْهِمَا مُجْتَهِدَانِ   أ – إِنَّ كِلَا التلميذَيْنِ مجتهدان

ب – التلميذتانِ كِلتاهُمَا مجتهدتانِ   أ – كِلتا التلميذتَيْنِ مجتهدتانِ

ب – إِنَّ التلميذتَيْنِ كلتَيْهِمَا مجتهدتانِ   أ – إِنَّ كِلتا التلميذتَيْنِ مجتهدتان

위의 (أ) 해당하는 예문들은 كلتا와 كلا가 그 다음에 오는 명사를 후연결어로 갖는 전연결어이고, (ب)의 예문들에서 كلتا와 كلا는 인칭대명사(هما)의 전연결어이다. (ب) 와 같은 경우 그 앞에 오는 명사에 따라 كلتا와 كلا가 어말 모음이 변화하고 (أ)와 같은 예문에서는

كلا와 كلتا가 명사의 전연결어이기 때문에 강조어가 아니다.

▶ 신나는 단어장

| ذَكَرَ الْمُؤْمِنُ اللهَ. | 무으민[39]((이슬람에서) 마음에 결정한 것이 행동과 일치되는 사람)이 알라에게 감사했다. |

ذَكَرَ الْمُؤْمِنُ اللهَ.   무으민[39]((이슬람에서) 마음에 결정한 것이 행동과 일치되는 사람)이 알라에게 감사했다.

ذَكَرَ لِي أَنَّهُ مُسَافِرٌ.   그가 여행할 것이라고 그가 나에게 언급했다.

ذَكَرْتُ لِابْنِي حَقَّ الْوَالِدَيْنِ عَلَيْهِ.   나는 부모의 권리에 대하여 우리 아들에게 알려주었다.

ذَكَرَهُ بِسُوءٍ.   (그가 없을 때) 그를 나쁘게 말하였다.

ذَكَرَهُ بِخَيْرٍ.   그를 칭찬하였다.

اذْكُرْنِي يَا رَبِّ.   주님 나를 기억해 주세요.

كُلٌّ 는 문장의 위치에 따라 다양한 기능을 한다.

①의미상의 강조

رَأَيْتُ الْأَوْلَاد كُلَّهُمْ   나는 아이들 모두를 보았다.

الْبَنَاتُ كُلُّهُنَّ فِي الشَّارِع   딸들 모두가 거리에 있다.

②시간 부사

كُلَّ يَوْم أَذْهَبُ إِلى الْبَيْتِ   매일 나는 집에 간다.

أَلْعَبُ كُرَةَ الْقَدَم كُلَّ أُسْبُوع   매주 나는 축구를 한다.

③동족 목적어를 대신할 때

أُحِبُّ زَوْجَتِي كُلَّ الْحُبِّ   나는 아내를 지극히 사랑한다.

نِمْتُ كُلَّ النَّوْم   나는 푹 잤다.

④문장의 주어와 목적어 등 여러 가지 기능을 하는 경우

كُلُّنَا نُحِبُّ اللُّغَةَ الْعَرَبِيَّة (명사문의 주어)   우리 모두는 아랍어를 좋아한다.

نَامَ كُلُّ الأَطْفَال (동사문의 주어)   모든 어린이들이 잤다.

شَرِبْتُ كُلَّ الْعَصِير (목적어)   나는 주스 전부를 마셨다.

هَذَا بَيْتُ كُلِّ الطُّلَّاب (후연결어)   이것은 모든 남학생들의 집이다.

4)접속어

접속어(الْمَعْطُوف)는 접속사 뒤에 오는 낱말이다. 접속어는 어휘들이나 문장들을 접속시켜 주는 불변사를 갖는데 이 불변사들을 접속사(حُرُوفُ الْعَطْف)라고 부른다.

(예) 무함마드와 알리가 왔다.

حَضَرَ   مُحَمَّدٌ   وَ   عَلِي

접속어+   접속사+   피접속어(الْمَعْطُوف عَلَيْهِ)

---

[39] 이슬람 등장 이전에 유대교와 기독교 신앙을 가진 사람들을 무으민이라고 했고 이슬람이 등장한 이후에는 이슬람을 믿는 사람을 무으민이라고 하였다. 그래서 아랍어 무으민은 어느 문맥에서 사용되느냐에 따라 그 의미가 다르다. 이슬람에서 "선행을 하면 믿음(이만)이 증가하고 악행이나 금지한 것을 행하면 믿음이 줄어든다"고 믿는다. 가령 무슬림이 도둑질했으면 믿음이 줄어들었으나 아직 무슬림이다.

(예) 하산(인명)은 마음씨 좋고 자비를 베푸는 사람이다.

حَسَنٌ رَجُلٌ طَيِّبٌ وَرَحِيمٌ

아랍어 접속사에는 الوَاوُ , الفَاءُ , أوْ , ثُمَّ , حَتَّى 등이 있다. 이들 접속사들 중에서 و 는 같은 수준에 있는 두 사물 사이 혹은 두 개 이상의 사물 사이를 연결해 주는 접속사이고, ف 는 두 사물 사이 혹은 그 이상 사이의 동작을 지체없이 이어주는 접속사이며 أوْ 는 선택을 나타내는 접속사이고, ثُمَّ 는 시간적 여유를 갖는 차례를 나타내는 접속사이다. أمْ 은 أوْ의 의미이지만 직·간접 의문문에 사용되고 لا 는 부정을 나타내고 لكِنْ 은 앞의 내용을 수정하는 의미를 주고 بَلْ 은 لكِنْ의[40] 의미이다. 접속사로 쓰이는 حَتَّى 는 '심지어(even)'라는 의미를 갖는다. 다시 설명하면 و ، ف ، ثُمَّ 는 이 불변사들 앞 뒤의 두 낱말이 서로 참여한다는 의미를 갖고 있다. ف 와 ثم 는 차례를 나타내는데 ف 는 둘 사이에 긴 시간이 흐르지 않은 것이고 ثم 는 둘 사이에 긴 시간의 간격을 두고 있다. 또, حَتَّى 는 아랍어에서 여러 의미를 갖는데 만일 접속사의 의미로 쓰일 때는 어느 한도가 끝난 것을 가리키는 접속사이다.

دَخَلَ الفَصْلَ المُدَرِّسُ وَالطَّالِبُ   교사와 남학생이 교실에 들어갔다.

دَخَلَ الفَصْلَ المُدَرِّسُ فَالطَّالِبُ   교사가 먼저 교실에 들어오고 남학생이 들어왔다.

دَخَلَ الفَصْلَ المُدَرِّسُ ثُمَّ الطَّالِبُ   교사가 교실에 들어가고 나서 남학생도 들어갔다.

أشْرَبُ الشَّايَ أو القَهْوَةَ   나는 차나 커피를 마신다.

أكَلْتُ التُّفَّاحَ ثُمَّ نِمْتُ.   나는 사과를 먹고 나서 한참 있다가 잤다.

أنا مدرّسٌ وَأنْتَ طَالِبٌ.   나는 교사이고 너는 남학생이다.

الكَسْرَةُ أقْوَى مِنَ الضَّمَّةِ فَالفَتْحَةِ فَالسُّكُون

/i/모음이 /u/모음보다 강하고 그 다음이 /a/ 모음 그리고 그 다음이 수쿤이다.

لا أعْرِفُ هلْ أدْرُسُ العربيةَ في القاهِرَةِ أمْ دِمَشْقَ.

아랍어를 카이로에서 혹은 다마스커스에서 공부할 지 나는 잘 모르겠다.

سأدْرُسُ العربيةَ سَوَاءً في القاهرةِ أمْ سول.

카이로든지 서울이든지 아랍어를 내가 공부할 것이다.

سأدْرُسُ الكوريّةَ لا الصِّينيّةَ.   중국어가 아닌 한국어를 내가 공부할 것이다.

لنْ أدْرُسَ العربيةَ لكِنْ (بَلْ) الكورية.   내가 아랍어를 공부하지 않을 것이다. 그러나 한국어는 공부할 것이다.

لمْ يَحْضُرْ أحَدٌ إلى الفصلِ حَتَّى المُدَرِّسُ.   아무도 교실에 들어온 사람은 없었다. 심지어 선생님도.

아랍어 접속사 중 و، ف، ثم 가 문장들 사이에서 연결해 주는 불변사로 사용될 때에는

---

[40] فلان صديقي وهو مسيحيّ بس طيّب (아무개는 내 친구이고 기독교인이야. 그런데 좋은 사람이야)란 말을 이집트 무슬림들이 일상 생활에서 자주 사용한다. 이집트는 사다트 대통령 이후부터 리버럴한 교육이 점차 사라지고 학생들은 비평과 창의적 사고의 훈련 없이 개인 교습, 외우고 듣고 답하라는 주입식 교육에서 헤어나지 못하고 있다. 1993년 고등학생들에 대한 조사에 의하면 64.7%의 학생들은 교사들이 학생들을 종교에 근거하여 차별한다고 답변했고 응답자의 26%는 경제 위기의 원인은 알라가 진노하였기 때문이라고 하였으며 교사들의 11%는 여성은 직장에 나가서는 안 된다고 하였다(알아흐람지, 2010.5.8).

이들은 접속사가 아니고 문장이 다시 시작한다는 것을 알려주는 새 문장의 불변사(حَرْفُ الاسْتِئْنَافِ)로 불린다. 즉 담화를 새로 시작하는 불변사들이다. 접속사 혹은 담화를 이끄는 불변사로 쓰이는 ف 의 예문은 다음과 같다.

(1) 접속사

حَصَلَ عَلَى مَاجِسْتِير عُلُوم الكُمْبِيُوتَر فَدُكْتُورَاةِ في القَانُون.

그가 컴퓨터학으로 석사를 받은 뒤에 곧 이어서 법학 박사학위를 받았다.

(2) 담화를 시작하는 담화 표지의 불변사

결과적인 의미(앞의 문장의 결과로, 그래서), 순차적인 의미(앞 문장의 시간에 바로 이어서, 곧), 설명하는 관계(앞의 문장을 설명하거나 더 분명히 함, 다른 말로 하면), 그리고 예기치 않음(갑자기)의 의미를 갖는다.

① 결과적인 의미

مُعْظَمُ الكُتَّاب مِنْ مُؤَرِّخِينَ وَفَلَاسِفَةٍ يَقُومُونَ بالأدْوَار السِّيَاسِيَّة فَلِعِلمِهِمْ وَآرَائهِمْ وَقُدْرَاتِهِمْ أَثَرٌ فَعَّالٌ في مَصَالِحِ الدَّوْلَةِ.

역사가들과 철학자들 중 대부분의 저술가들은 정치적인 역할을 한다. <u>그래서</u> 그들의 학문과 견해와 능력이 국가 번영에 실질적인 영향을 끼친다.

② 예기치 않음

خَرَجْنَا إلى الشَّاطِيء فَأَمْطَرَت السَّمَاءُ بالغَزَارَةِ.

우리가 해안가로 나갔는데 <u>갑자기</u> 하늘에서 억수 같은 장대비가 쏟아졌다.

이제 접속어, 대용어, 강조어들을 구분해보자.

① هلْ تَدْرُسُ اللغَةَ العَرَبِيَّة في القَاهِرَةِ أمْ دِمَشْقَ؟ (접속사)

아랍어를 카이로에서 공부하고 있습니까? 혹은 다마스커스에서 공부하고 있습니까?

② سَأَدْرُسُ العربية سَوَاءً في القَاهِرَةِ أمْ دِمَشْقَ. (접속사)

저는 카이로에서나 다마스커스에서나 상관 없이 아랍어를 공부할 겁니다.

③ القُرْآنُ مَرْكَزُ التُّرَاثِ <u>العَرَبِيِّ</u>. (수식어)   꾸란은 아랍 유산의 핵심이다.

④ هو الشيخُ <u>عَبْدُ القَادِرِ</u>. (대용어)   그는 쉐이크 압드 알까디르이다.

⑤ الناسُ <u>كُلُّهُمْ</u> أمَامَ اللهِ سواءٌ. (강조어)   사람들 모두가 신 앞에서는 동등하다.

둘째, 수식어와 대용어는 어떻게 구분되는가?

① أسْهَمَ إسْهَامًا <u>كَبِيرًا</u> في وَضْع نَظرِيَّةِ اللغَاتِ بشَكْلٍ عَامٍّ. (수식어)

② كَانَ أمِيرُ المُؤْمِنِينَ عُمَرُ الخليفة الثاني للمُسْلِمِينَ. (대용어)

수식어가 한정명사 다음에 오면 수식어는 한정이어야 하고 비한정 명사 다음에 오면 수식어는 비한정이어야 한다. 대용어는 고유명사이거나 지시 대명사 다음에 오는 한정명사이다. 이런 구분은 형태상의 구분이고 만일 의미적으로 생각하면 수식어는 수식 받는 명사의 일부분을 한정하고 대용은 의미상 대용이 되는 낱말 모두가 해당된다. 가령 위 첫 문장에서 "그가 일반적으로 언어학 이론의 초안에 큰 공헌을 하였다"는 말인데 그의 공헌이 "아름답다, 길다, 짧다, 제한되다, <u>크다</u>, 적다" 등의 한 가지에 불과하지만 둘째 문장 "신자들의 왕자(칼리파), <u>오마르</u>는 무슬림들의 두번째 칼리파이었다"는 오마르가 앞선 "신자들의 왕자"라는 말의 전부에 해당한다.

셋째, 대용어와 강조어는 어떻게 구분할 수 있을까?

① كَانَتْ أَمُّ المُؤْمِنِين <u>عائشَة</u> مِنْ رُوَاةِ الحَدِيثِ الشَّرِيفِ. (대용어)

신자들의 어머니 아이샤가 하디스 전수자들 중의 한 사람이었다.

② الرِّوَائِي "<u>نَجِيب محفوظ</u>" مِنْ أصْدَقَ مَنْ كَتَبُوا عَن المُجْتَمَع المِصْرِيِّ. (대용어)

소설가 나깁 마흐푸즈는 이집트 사회에 대하여 책을 쓴 가장 솔직한 사람 중의 한 사람이다.

③ رَأيْتُ في الشَّارع أسَدًا <u>أسَدًا</u>. (강조어) 나는 사자를 거리에서 보았다.

④ العُلَمَاءُ <u>كُلُّهُمْ</u> يُحِبُّونَ العِلْمَ. (강조어) 학자들 모두가 학문을 좋아한다.

⑤ قَابَلْتُ الرَّئِيسَ <u>نَفْسَهُ</u>. (강조어) 내가 대통령 자신을 만났다.

위 문장들에서 밑줄친 낱말들을 삭제하고 다시 문장을 읽어보라. 무슨 차이가 있는가? 첫째 문장에서 "신자들 중의 어머니 중 누가 하디스를 전해준 사람이었는지를 이해할 수 없고 또 둘째 문장에서는 어느 소설가인지를 알 수 없어 이런 경우, 아주 포괄적인 의미를 나타내 구체적인 의도된 의미는 알 수 없다. 그럴 경우 뭔가 특화되거나 구체적인 사실을 나타내는 낱말(대용어)을 필요로 한다. 그런데 세번째 네번째 다섯번째 문장들은 밑줄친 낱말들을 지워도 의미상에는 아무런 문제가 없다. 이들 낱말들이 강조만을 나타내는 강조어이기 때문이다. 후속어의 종류와 특징을 정리하면 다음과 같다.

후속어			
강조어	접속어	대용어	수식어
①어휘적 강조 (어휘 반복) ②의미적강조(كل، نفس، عين، جميع + 인칭대명사)	①명사가 명사를 접속한다<명사+ 접속사+ 명사>, ②문장이 문장을 접속한다<문장+ 접속사+ 문장>	①한정명사 다음에 오는 고유명사, ②지시대명사 다음에 오는 <정관사가 붙은 명사>	①한정은 한정을 수식한다. ②비한정은 비한정을 수식한다.

حَتَّى의 의미

حَتَّى가 전치사로 쓰이면 إلى의 의미이고 حَتَّى가 현재 동사의 만숩 앞에 오면 لكي، إلى أنْ의 의미이며 حَتَّى가 문장의 처음에 쓰이면 새로운 문장을 시작한다는 의미이다. 그러나 가 접속사로 쓰이면 "심지어, ~ 하기까지"라는 의미이며 이 때 접속사 뒤에 오는 명사(اسم مَعْطُوف)는 حَتَّى 앞에 오는 내용의 의미상 일부분이 된다.

① أقرأُ الصَّحِيفَة حَتَّى آخِر صَفْحَةٍ فيهَا 나는 그 신문을 마지막 페이지<u>까지</u> 읽고 있다.

위에서 حَتَّى는 전치사이고, 그 다음에 오는 명사는 소유격(مجرور)이다.

② أتَعَلَّمُ العَرَبِيَّة حَتَّى أعْرِفَ ثقافة العَرَبِ. 나는 아랍 문화를 <u>알고자</u> 아랍어를 배우고 있다.

위 문장에서 حَتَّى는 현재 동사의 만습을 이끄는 불변사이다.

③ يُحِبُّ النَّاسُ كُرَةَ القَدَمِ حَتَّى كِبَارُ السِّنِّ

　　　　사람들이 축구를 좋아하는데 <u>심지어</u> 연로한 분들도 축구를 좋아한다.

④ تَنْشُرُ الصُّحُفُ الحَوَادِثَ حَتَّى حَوَادِثَ السَّرِقَةِ

　　　　신문들이 사건들을 게재하는데 <u>심지어</u> 절도 사건들까지도 게재한다.

위 ③④ 문장에서 حتى 는 접속사(심지어)인데, حتى 앞에 오는 명사와 뒤에 오는 명사가 동격이고, حتى 다음에 오는 명사는 앞에 오는 명사의 일부가 된다. 셋째 문장에서는 사건들 속에 절도사건이 포함되어 있고, 넷째 문장에서는 사람들 속에 나이드신 분들이 포함되어 있다. 그러므로 حَتَّى가 접속사인지를 알려면 그 문장의 의미를 해석해 보아야 한다.

ازْدَحَمَ الشارعُ بالسيَّارَاتِ حَتَّى المُشَاةُ لا يسْتَطيعُونَ السَّيْرَ.

거리가 자동차로 혼잡하였다. <u>그러면</u> 보행자들도 걸을 수 없다.

위 문장에서 حَتَّى를 시작의 핫타(حَتَّى الابْتِدائيَّة)라고 불리는데 그것은 حَتَّى 다음에 새로운 문장이 시작되었다는 것이다. 그러므로 이 때 حَتَّى 다음에 오는 주어는 주격을 갖고 현재 동사를 사용한다. "시작의" حتى 다음에 오는 문장은 명사문이고, 만일 동사문이면 과거 동사가 오고 현재 동사문이라면 현재동사의 마르푸으(자립형)가 온다. 그러나 حتى는 최대의 한도나 어느 한계의 끝을 나타내는 의미이다.

그 밖의 접속사들

이밖에 접속사의 기능을 하는 불변사들로는 لا، لَكِنْ، بَلْ 등이 있다.

سَأَدْرُسُ العربية لا الكورية.　　　나는 한국어가 아닌 아랍어를 공부할 겁니다.

لَنْ أَدْرُسَ الكورية لكن العربية.　　나는 한국어를 공부하지 않을 것이고 아랍어를 배울겁니다.

لَنْ أَدْرُسَ العربية بَلِ الكورية.　　아랍어를 공부하지 않을 것이다. 차라리 한국어를 공부하겠다.

위 예문에서 بَلْ 이 부정문에 쓰이고 있다. 앞선 정보를 부정하고 새로 고친 내용을 제시할 때 사용한다. 그러나 بَلْ의 용례는 학습자들이 잘 주목하지 않는 접속사이다.

لست مُدَرِّسًا بَلْ طالبٌ.　　　　　나는 교사가 아니고 학생이다.

لَمْ يَشْتَرُوا البيتَ فحَسْبُ بَلِ اشْتَرُوا الحَديقة كَذَلِكَ.

　　　　　그들이 집을 샀을 뿐만 아니라 정원도 샀다.

　　(not -only but also의 아랍어 표현으로 현대 문어 아랍어 문체이다).

위 두 문장에서 접속사 بَلْ 은 문장이 문장을 접속하게 해주는 접속사이다. 만약 낱말을 접속해주는 접속사라면 첫째 문장의 "학생"이란 낱말이 목적격이어야 하는데 실제는 주격이다. 이 문장은 본래 아래와 같았다.

لَسْتُ مُدَرِّسًا بَلْ أَنَا طالِبٌ.

이 문장에서는 주어를 이해할 수 있을 것으로 보아 주어가 생략된 문장이다. 이 문장에서 "학생"이란 낱말은 생략된 주어의 술어에 해당한다.

접속의 لا

아래 예문들은 لا가 접속사로 쓰인 예들이다. 앞에서 설명한 بل 과 정반대로 사용된다. بل이 옛 정보를 정정하여 새 정보를 주는 것이라면 لا는 바른 정보를 주었는데 그 다음에 잘못된 정보를 부정하기 위하여 لا를 사용한다.

كَانَ الدُّكْتُورُ كِيمْ صَوْتِيًّا لا نَحْوِيًّا.	김박사는 문법학자가 아니고 음성학자이었다.
جِئْنَا صَبَاحًا لا لَيْلًا.	우리는 밤이 아니라 아침에 왔다.
ذَهَبْنَا إِلَى المَعْهَدِ لا إِلَى السِّينِمَا.	우리는 영화관이 아니라 전문대[41]에 갔다.

نَدْرُسُ القَوَاعِدَ لِنَفْهَمَ اللُّغَةَ لا نَتَكَلَّمُ اللُّغَةَ لِنُطَبِّقَ القَوَاعِدَ.

우리는 문법을 응용하려고 언어를 말하는 게 아니라 언어를 이해하려고 문법을 공부한다.

▶ 신나는 단어장

رَاجَعَ الطَّالِبُ الكِتَابَ.	학생이 책을 다시 한번 읽었다.
رَاجَعَ الفَاتُورَةَ.	그가 계산서를 재검했다.
رَاجَعَ الابْنُ أَبَاهُ في المَوْضُوع.	아들이 그 주제에 대하여 아버지와 의논했다.
رَاحَ المُسَافِرُونَ.	여행자들이 갔다.
رَاحَتِ الغَنَمُ.	양들이 해가 진 뒤에 잘 곳으로 돌아갔다.
رَاحَ النَّهَارُ.	바람이 드센 날이었다.
رَاحَ الزَّهْرُ.	꽃 향기가 아주 좋았다.

ف의 용법

①순차적인 순서를 나타낸다(접속사).

دَخَلَ المُدَرِّسُ فَالطَّالِبُ الفَصْلَ.	교사가 들어가고 곧 이어 남학생이 교실에 들어갔다.
كَتَبْتُ وَاجِبَ القَوَاعِدِ فَوَاجِبَ اللُّغَوِيَّاتِ.	나는 문법 숙제를 하고 곧 이어서 언어 영역의 숙제를 했다.

②원인을 나타낸다(원인의 /fa/).

ضَرَبَ مُوسَى البَحْرَ بِعَصَاهُ فَانْشَقَّ البَحْرُ.	무사가 지팡이로 바다를 쳤더니 바다가 갈라졌다.
تَعَالَ الى بيْتِي فَنَتَغَدَّى مَعًا.	우리 같이 점심을 먹기 위해 우리 집으로 와.

③"-아(어)서, 왜냐하면"의 의미를 갖는다.

أَنَا جَائِعٌ، فَأَنَا لَمْ آكُلْ مُنْذُ الصَّبَاح.	아침부터 아무것도 먹지 않아서 배가 고파요.
يَنَامُ الآنَ، فَهُوَ يَشْعُرُ بِالتَّعَبِ.	그는 피곤을 느끼고 있어서 지금 자고 있어요.

---

[41] المعهد는 이집트에서 전문대(고등학교 졸업자 중 대학교에 들어갈 실력이 모자른 경우)와 알아즈하르 학원 혹은 알아즈하르 학교(특별한 교육과정과 교육제도를 가진 초중고)를 가리키고 수단에서는 학사학위와 석사학위를 주는 교육기관을 가리킨다.

④강조를 위하여 쓰인다.

كُلُّ طَالِبٍ يَكْتُبُ الوَاجِبَ فَلَهُ هَدِيَّة.   각 남학생이 숙제를 하면 반드시 그에게 선물이 있다.

مَنْ يَعْمَلِ الخيرَ فَلَهُ مُكَافَأَة.   선행을 한 사람이면 반드시 보상이 있다.

⑤선행하는 글 다음에 오는 경우, ف 가 문장의 처음에 와서 새로운 문장이 시작되는 것을 알려준다. ف는 담화의 시작을 알려주는 불변사이다.

.... فَمَا هِيَ مُعْجِزَتُكَ؟   그러면 너의 기적은 무엇이냐?

وَقَالَ: فَمُعْجِزَةُ يَسُوعَ...   그가 말하였다. 그러면 예수의 기적은…….

⑥ 숙어가 된 구절들에 쓰인다.

يَوْمًا فَيَوْمًا 매일. **شَيْئًا فَشَيْئًا** 조금씩. **وَاحِدًا فَوَاحِدًا** 한 사람씩

Φ 다음 편지를 읽고 후속어들을 찾아 보자.

(1) 편지글 하나

نَشْكُرُ الرَّبَّ يَا أَبَا رَامِي عَلَى أَنَّ الرَّبَّ يَسْتَخْدِمُكَ وَنَحْنُ كُنَّا وَمَازِلْنَا نُصَلِّي لِأَجْلِكَ وَلِأَجْلِ خِدْمَتِكَ وَالرَّبُّ يُبَارِكُكَ وَأَيُّ شَيْءٍ تَحْتَاجُ إِلَيْهِ نَحْنُ فِي خِدْمَتِكَ.

أَبُو يُوئِيلَ وَالْعَائِلَة

아부 라미, 주님이 너를 쓰시는 것을 보고 우리는 주님께 감사한다. 우리는 과거에도 지금도 너를 위하여 그리고 너의 사역을 위하여 기도하고 있다. 주님이 너를 축복하시기를 기원한다. 어떤 도움이라도 필요할 때 우리는 너를 돕겠다. 아부 요엘과 가족 드림

(2) 편지글 둘

الرَّبُّ يُبَارِكُكَ عَلَى رَدِّكَ السَّرِيع

سَوْفَ أَذْهَبُ غَدًا إِلَى السِّفَارَةِ وَأُخْبِرُكَ بِمَا سَيَحْصُلُ مَعِي

주님이 너의 빠른 답장에 복을 주시기를 빈다. 나는 내일 대사관에 가고 내게 생기는 일을 너에게 알려주겠다.

(3) 편지글 셋

أَخُونَا الحَبِيبُ الدكتور/كِيم

لَقَدْ فَرِحْتُ جِدًّا بِسَمَاعِ صَوْتِكَ وَنَحْنُ بِخَيْرٍ وَبِصِحَّةٍ جَيِّدَةٍ.

لَقد سَأَلْتُ عَنْ تَأْشِيرَةِ الدُّخُولِ إِلَى كُورِيَا وَيَجِبُ أَنْ أَحْصُلَ عَلَيْهَا قَبْلَ أَنْ أُسَافِرَ.

سَوْفَ أَقُومُ غَدًا بِالذَّهَابِ إِلَى السِّفَارَةِ لِأَسْأَلَ مَاذَا يُرِيدُونَ مِنْ أَوْرَاقٍ

سُؤَالِي هُوَ : هَلْ بِإِمْكَانِكُمْ إِرْسَالُ دَعْوَةٍ لِي مِنْ كُورِيَا لِلْحُصُولِ عَلَى الفِيزَا إِذَا طَلَبُوا ذَلِكَ.

وَمَاذَا سَأَقُولُ لَهُمْ فِي السِّفَارَةِ عَنْ سَبَبِ السَّفَرِ إِلَى هُنَاكَ

أَرْجُوكَ أَنْ تُخْبِرَنِي مَاذَا سَأَقُولُ فِي السِّفَارَةِ.

وَالرَّبُّ يُبَارِكُكُمْ.

사랑하는 김박사님

당신의 목소리를 들어서 아주 기뻤습니다. 우리는 잘 있고 건강합니다. 한국에 입국하는

비자를 물어보았습니다. 제가 출국하기 전에 비자를 받아야 한다는군요. 내일 어떤 서류들이 필요한 지 물어보러 대사관에 가볼 겁니다. 제 질문은 비자 받기 위하여 필요하면 저에게 초청장을 보내줄 수 있나요? 여행하는 목적에 대하여 대사관에서 뭐라고 말할까요? 내가 대사관에 가서 할 말을 나에게 알려주기 바랍니다. 주님이 당신을 축복하기를 기원합니다.

17.조건 구문

조건 구문이라는 아랍어 단어는 '우슬룹 알샤르뜨'(أُسْلُوبُ الشَّرْطِ)라고 하는데 أُسْلُوبٌ (우슬룹)은 "특별한 방법"(طَرِيقَةٌ خَاصَّةٌ)이란 뜻으로 이 책에서는 모두 "구문"으로 번역하였다. 그리고 '샤르뜨' الشَّرْطُ(조건)라는 단어의 의미는 두 가지 동작이 서로 연결되어 있다는 것을 의미한다. 첫번째 문장의 동작들이 두번째 문장에 있는 동작의 조건이 된다는 것을 의미한다. 우리 말로는 사실적인 조건일 때 "-(으)면"으로, 불확실한 조건일때 "-다면"으로 번역한다.

مَتَى يُذْكَرِ النَّحْوُ يُذْكَرْ سِيبَوَيْهِ.　　　문법이 언급될 때면 시바와이히가 언급된다.

조건 구문에 사용되는 불변사(أَدَوَاتُ الشَّرْطِ)는 إِذَا، لَوْ، مَنْ، مَا، إِنْ 등이 있고 조건은 반드시 동사로 시작하고 조건의 결과문은 반드시 문장이어야 한다. 조건이라는 말은 어떤 것이 다른 것을 얻는 데는 조건과 결과가 있다(يَتَرَتَّبُ)는 것이다.

مَنْ يَعِشْ يَرَ　　　(오래) 사는 사람이라면 (좋은 것 나쁜 것 다) 볼 것이다.

1-من : 조건사 أَدَاةُ شَرْطٍ

2-يعش : 조건문의 동사 فِعْلُ شَرْطٍ

3-ير : 조건의 결과문 جَوَابُ شَرْطٍ

조건 구문의 구성 요소는 다음과 같다.

تَجِدْ آلَافَ القِصَصِ وَالرِّوَايَاتِ.　　تَنْظُرْ فِي مَكْتَبَةِ كِيُوبُو　　إِنْ
　　　조건의 결과문　　　　　　　　조건문　　　　　　　조건사

(교보 서점을 조사하면 수천권의 장단편의 소설들을 만날 것이다)

(연습문제) 다음 문장들에서 조건사와 조건문의 동사 그리고 조건의 결과문을 찾아라.

مَنْ يَزْرَعْ يَحْصُدْ.　　　뿌리는 자라면 거둘 것이다.

مَنْ يَسْأَلْ يَعْرِفْ.　　　질문하는 자라면 알게 될 것이다.

مَنْ يُسَافِرْ إِلَى كُورِيَا يَتَعَلَّمْ أَكْثَرَ.　　한국으로 여행하는 자라면 더 배울 것이다.

아랍어 조건사들 중에서 우선 لَوْ، إِنْ، إِذَا를 먼저 살펴본다 [42]. إِنْ은 일반적인 조건을

---

[42] 이집트 암미야에서는 사실 조건과 비사실 조건을 구분하는 사람도 있지만, 이 세 조건사를 같은 의미로 쓰는

나타내고 대개는 다음과 같은 문장 구조를 갖는다. 아래 표는 아랍어 문장 구조가 오른쪽부터 시작하므로 오른쪽부터 읽어야 한다.

(예) إِنْ تَنْتَظِرْني في المَطَار وَقْتَ وُصُولي، عَدَدْتُ ذَلِكَ كَرَماً مِنْكَ.

내가 도착할 때 네가 공항에서 나를 기다려주면 나는 그것을 너의 환대[43]로 생각할 것이다.

조건의 결과문(현재 동사의 마즈줌) + 조건문(현재 동사의 마즈줌)+ إِنْ

سَيَمْرَضُونَ إِنْ أَكَلُوا كُلَّ هَذَا الآنَ.　　　그들이 이걸 지금 다 먹으면 병날 것이다.

고전 아랍어보다 현대 표준 아랍어에서 إِنْ은 덜 사용되고, إِنْ 다음에 과거 동사가 오기도 한다.

إِنْ شَاءَ الله　　　알라가 원하시면, 알라의 뜻이라면[44]

그 다음 조건사로 إِذا가 있는데 <조건의 의미+ "–ㄹ 때"의 의미>를 갖고 이 조건사 다음에는 항상 과거 동사만 온다. إِذا 조건문이 현대 표준 아랍어에서 가장 많이 쓰인다.

إِذا وَقَفَ القَائِدُ وَقَفَ كُلُّ أَتْبَاعِهِ.　　　사령관이 멈추면 그의 모든 부하들이 멈출 것이다.

조건의 결과문(과거/현재/(فس ، فسوف) 미래/명사문) + 조건문(과거 동사)+ إِذا

그래서 만일 ...... إِذا يَشْرَبُ إِبْرَاهِيم 이라고 현재 동사를 쓰면 아랍어 문법에 맞지 않는다. 다시말하면 إِذا가 들어 있는 조건문에는 항상 과거 동사가 오는데 그 과거 동사의 의미는 항상 미래이다. 즉 "발화가 이미 일어난 후"의 의미로 해석한다. 조건문이 이미 발생하지 않고서는 조건의 결과문이 발생할 수 없기 때문에 과거 동사를 썼으나 의미는 미래이다. إِذا 조건의 결과문에는 과거 동사 혹은 현재동사 혹은 فسوف ، فس가 오는 미래 그리고 명사문이 올 수 있다.

إِذا لَمْ تُحْبِبْ فَلَنْ تَعْرِفَ الله.　　　네가 사랑하지 않으면 하나님을 알지 못 할 것이다(o).
　　　네가 사랑하지 않았으면 하나님을 알지 못할 것이다(x).
(비교:사랑하지 아니하는 자는 하나님을 알지 못하나니 이는 하나님은 사랑이심이라;
요한일서 4:8)　　وَمَنْ لا يُحِبُّ لَمْ يَعْرِفِ اللهَ لِأَنَّ اللهَ مَحَبَّةٌ (رِسَالَةُ يُوحَنَّا الرَّسُولِ الأُولى 8:4)

إِذا رَغِبْتَ في حَجْز تَذْكِرَةٍ، فَعَلَيْكَ أَنْ تَدْفَعَ مُسْبَقاً.　　　네가 표를 예약하고 싶으면 선불을 내야 한다.
　　　네가 표를 예약하고 싶었으면 선불을 내야 한다(x).
실제로 일어날 수 없는 일에는 비사실 조건사 لَوْ 가 쓰이는데 조건문의 동작이 일어나지 않았기 때문에 조건의 결과문의 동작이 일어나지 않는다는 의미이다.

이집트인들도 있다. "그가 간다면 내가 그와 함께 갈 것이다"(law/iza/in rāH HarūH maʻā).
[43] 아랍인들은 카람으로 유명하다. اشتهر العرب بالكَرَم 에서 카람이란 말은 العَطَاءُ، الجُودُ، السَّخَاءُ(넉넉하게 주다)를 의미한다.
[44] 그러나 카이로 암미야에서는 인샤알라의 의미는 '그렇게 되기를 바란다'의 의미를 갖기도 한다.

| 조건의 결과문(과거동사) + 조건문(과거 동사)+ لَوْ |

لَوْ كُنْتُ رَئِيسًا قَضَيْتُ عَلَى الاضْطِرَابَاتِ.　내가 대통령이라면 나는 소요를 근절시킬 수 있었을텐데.

لَوْ의 결과문에는 가끔 لَ가 접두되는데 만일 결과문이 조건문보다 먼저 나오면 이때 لَ는 붙일 수 없다.

أُطْلُبُوا الْعِلْمَ وَلَوْ فِي الصِّينِ.　(지식이) 중국에 있더라도 지식을 추구하라.

결과문이 대화 중에 이해되는 경우, 결과문이 생략된다.

لَوْ سَمَحْتَ　허락하시면(부탁을 하고 싶을 때 쓰는 공손한 표현)

이밖의 조건사들로는 كَيْفَمَا، مَنْ، مَا، مَتَى، حَيْثُمَا(أَيْنَمَا) 등이 있다. 이 네가지 조건사들은 모두 수쿤(무모음)으로 동사가 끝나야(즉 현재동사의 마즈줌)하고 مَنْ 은 이성이 있는, 즉 사람을 위한 조건이고 مَا는 이성이 없는, 즉 사물을 가리키는 조건이며, مَتَى 는 시간을 나타내는 조건이고, حَيْثُ 는 장소와 관련된 조건을 가리킨다. 위 다섯가지 조건사들 즉 상황(상태), 사람, 사물, 시간, 장소 등이 들어 있는 조건 구문의 형태는 다음과 같다. 다음 표는 오른쪽에서 왼쪽으로 읽어야 한다.

| 조건의 결과문(마즈줌 동사) + "조건문(마즈줌동사)+ مَتَى، مَنْ، مَا، أَيْنَمَا، كَيْفَمَا |

위 구문에 대한 설명은 아래와 같이 사람, 사물, 장소, 시간, 상황이 조건사 إِنْ 의 의미와 합쳐져서 고유의 의미를 각각 나타낸다.

مَنْ 어느 사람= أَيُّ شَخْصٍ+ إِنْ

مَنْ يُذَاكِرْ بِتَرْكِيزٍ يَفْهَمْ　집에서 집중적으로 공부하는 사람이라면 (누구나) 이해하게 될겁니다.

مَا 어느 사물= أَيّ شَيْءٍ + إِنْ

مَا تَطْبُخْ زَوْجَتِي آكُلْ　내 아내가 요리하는 것이라면 (무엇이나) 내가 먹을 겁니다.

أَيْنَمَا 어느 장소= أَيّ مَكَانٍ+ إِنْ

أَيْنَمَا أَذْهَبْ أَجِدْ السَّيِّدَ بَاك　내가 가는 곳이면 어디서나 나는 박선생을 만날거야.

كَيْفَمَا 어떤 상황= أَيَّةُ حَالَةٍ + إِنْ

كَيْفَمَا أَذْهَبْ إِلَى الْمَدْرَسَةِ أَصِلْ مُتَأَخِّرًا　내가 학교를 어떻게 가더라도 늦게 도착할 것이다.

مَتَى 어느 시간= أَيُّ وَقْتٍ + إِنْ

مَتَى تُرَكِّزْ تَفْهَمْ　네가 집중할 때면 이해할 것이다.

조건 구문은 조건사, 조건문, 조건의 결과문으로 구성되어 있다. 조건사 다음에 오는 첫째 문장을 조건문이라고 하는데 항상 동사문이고 그 동사는 조건문 동사라고 불린다. 두번째 문장은 조건의 결과문(귀결절)이라고 하는데 동사문이나 명사문이 온다. 조건의 결과문이 명사문이면 그 명사문 앞에 귀결의 /fa/ (فَاءُ الْجَزَاءِ)를 접두시킨다. 조건사(أَدَوَاتُ الشَّرْط) 중에는 لَوْ، إِنْ، إِذَا 등이 있고, إِذَا는 조건사나 부사이고 미래 시제를 나타낸다. إِنْ 은 실현 가능 조건 혹은 가능조건(شَرْط مُمْكِن)을 위해 사용되는 조건사이다. 조건문과 조건 결과문의 동사들이 현재 동사이면 조건문과 결과문의 두 동사에는 수쿤(무모음)이 붙는다.

조건사 لَوْ 는 조건문이 (실현) 불가능하므로 결과문도 불가능하다는 의미를 갖는다. 결과문의 첫머리에 لَ 를 접두시킨다. 조건사 لَوْ، إِذَا 가 오면 이 조건사 뒤에 오는 동사는 수쿤(무모음)으로 끝나지 않는다. 즉 항상 과거 동사가 온다.

(예문)

إِذَا تَعَلَّمْتَ الكُورِيَّةَ تَمَكَّنْتَ مِنْ قِرَاءَةِ الصُّحُفِ الكُورِيَّةِ.

　네가 한국어를 배우면 한국어 신문을 읽을 수 있을 것이다.

إِذَا تَكَلَّمْتُ بِالكُورِيَّةِ كَثِيرًا تَعَلَّمْتُهَا بِسُرْعَةٍ.

　내가 한국어로 자주 말하면 빨리 한국어를 배울 것이다.

إِنْ تَسْتَمِعْ إِلَى الإِذَاعَاتِ الكُورِيَّةِ تَتَكَلَّمْ بِاللُّغَةِ الكُورِيَّةِ.

　한국어 방송을 들으면 한국어로 말할 수 있을 것이다.

إِنْ سَافَرَ مُحَمَّدٌ سَافَرْتُ مَعَهُ.　　　무함마드가 여행가면 나도 그와 함께 여행할 것이다.

لَوْ أَنَّكَ دَرَسْتَ لَمَا رَسَبْتَ.　　　네가 공부했더라면 네가 낙제를 당하지 않았을텐데.

لَوْ قَرَأْتَ الدَّرْسَ جَيِّدًا لَفَهِمْتَ مَوْضُوعَهُ.　네가 그 단원을 잘 읽었더라면 그 주제를 이해할 수 있었을텐데.

مَنْ يُسَافِرْ يَتَعَلَّمْ كَثِيرًا.　　　그가 여행하는 사람이면 많이 배울 것이다.

مَا تَفْعَلْ مِنْ خَيْرٍ تُكَافَأْ عَلَيْهِ.　　　네가 행한 선행이라면 보상을 받을 것이다.

مَتَى تَذْهَبْ إِلَى المَطْعَمِ الكُورِيِّ أَذْهَبْ مَعَكَ.　네가 한국 식당에 갈때면 나도 너와 같이 갈 것이다.

حَيْثُمَا تَذْهَبْ تَجِدْ صَدِيقَاتِهَا.　　　네가 가는 곳마다 그녀의 친구들을 만날 것이다.

(비교) 어머니께서 가시는 곳에 나도 가고 어머니께서 유숙하시는 곳에서 나도 유숙하겠어요(룻기 1:16 일부).　حَيْثُمَا ذَهَبْتِ أَذْهَبُ وَحَيْثُمَا بِتِّ أَبِيتُ.(سِفْرُ رَاعُوثَ 16:1)

إِنْ 다음에 오는 조건문에는 현재 동사나 과거 동사가 올 수 있고 إِذَا 의 다음에 오는 동사는 대부분 과거동사이며, مَنْ 다음에는 현재 동사가 온다. 그런데 이들 조건 불변사의 결과문이 요구(طَلَبْ)를 나타내는 동사문, 명사문, 2인칭 부정 명령의 لَا, 그리고 불변사들 عَسَى، لَيْسَ، لَنْ، س 등이 접두된 문장과 سوف، قد 로 시작되는 문장이라면 이 결과절에는 반드시 /fa/ ف 를 접두시킨다.

إِذَا اسْتَطَعْتَ أَنْ تَقْرَأَ صَحِيفَةً كُورِيَّةً كُلَّ يَوْمٍ فَافْعَلْ بِلَا تَرَدُّدٍ.

　　　네가 매일 한국어 신문을 읽을 수 있으면 주저말고 행하라.

إِذَا قَرَأْتَ الجَرِيدَةَ بِسُهُولَةٍ فَأَنْتَ تُجِيدُ الكُورِيَّةَ.

　　　네가 신문을 쉽게 읽으면 너는 한국어를 정통한 것이다.

إِنْ كُنْتَ تُشَارِكُنِي هَذِهِ الرِّحْلَة فَسَوْفَ أَكُونُ مَسْرُورًا.

　　　네가 이 여행에 나와 함께 참가하면 내가 기쁠 것이다.

إِذَا سَاعَدْتَنِي فِي هَذَا الوَاجِبَ فَسَأَشْكُرُكَ.

　　　네가 이 숙제를 도와주면 내가 네게 감사할 것이다.

إِذَا اخْتَلَفْنَا اليَوْمَ فَقَدْ نَتَّفِقُ فِيمَا بَعْدُ.

　　　오늘 우리가 의견이 다르면 나중에 합의에 이를 수도 있다.

مَنْ يَزْرَعْ شَوْكًا يَحْصِدْ شَوْكًا.

　　　가시를 뿌린 사람이라면 가시를 수확할 것이다.

إذا تَأَخَّرْتَ عَن المَوْعِد المُحَدَّدِ فلَيْسَ لكَ حَقُّ الشِّراءِ.

네가 정해진 약속시간에 늦으면 (물건) 살 권리가 없다.

لوْلَا النِّعْمَةُ ما كُنْتُ أشُوفُكَ ولا كانَ لِي مَكانٌ فِي سَماكَ(سماءك).

은혜가 없었더라면 내가 주님(당신)을 만날 수 없었고
하늘에 있는 나의 장소도 갖지 못했을 것이다(이집트 암미야).

다음 문장에서 조건사들을 찾아보자.

مَهْمَا تَفْعَلْ، فإنَّكَ صَدِيقِي.   네가 뭘 하더라도 너는 내 친구다.

مَهْمَا يَتَقَدَّمْ العِلمُ، فَلنْ يَصِلَ إلى كُلِّ شَيْءٍ.   학문이 발전하더라도 모든 것에 도달하지는 못할 것이다.

مَهْمَا يَأمُرْ أبَوايَ، أطِعْ.   나의 부모가 무엇을 명하더라도 순종하라.

أحِبُّكَ مَهْمَا تَكُنْ حَياتَكَ.   네 삶이 어떠하더라도 나는 널 사랑한다.

위 예문들에서 مَهْمَا가 조건사이고 조건적으로 두 문장을 연결한다. مَهْمَا의 의미는 "어떤 상황에서라도 혹은 어떤 환경에서라도"란 뜻에서 나왔기 때문에 우리말로는 "-더라도, -어도"의 뜻이다. مَهْمَا는 그 다음에 오는 동사를 현재동사의 마즈줌(مَهْمَا جَازمَة)을 갖는다. 또 다른 조건문이 있다. 아래와 같이 أمَّا는 조건의 불변사이고 조건의 결과문은 لا تَعْرِفُ عَائلَتِي이다.

عَرَفْتُكَ وَعَرَفْتُ أخَاكَ، أمَّا أنْتَ فلا تَعْرِفُ عَائلَتِي.

나는 너를 알았고 너의 형도 알았다. 하지만, 너는 우리 가족을 모른다.

أمَّا اليَتَمَ فلا تَقْهَرْ.   어떤 일이 있더라도 고아를 억압하지 마라.

عَاصِمَةُ مِصْرَ القَاهِرَةُ. أمَّا السُّودَانُ فَعَاصِمَتُها الخُرْطُومُ.

이집트의 수도가 카이로다. 그리고 수단의 수도는 카르툼이다.

أمَّا أنا فلنْ أشْرَبَ الخَمْرَ أبَدًا.   나에 대해서 말하자면 나는 절대로 술을 마시지 않겠다.

위 문장에서 조건사 أمَّا 는 학자들마다 다른 의견을 갖는다. 위와 같이 조건사 أمَّا는 문장마다 그 의미가 다르게 해석된다. "고아를 억압하지 마라"처럼 꾸란에 사용된 경우, "어떤 일이 있더라도"의 의미를 갖는다. 이처럼 조건문이 생략된 경우라고 가정하면 그 때의 조건문은 "아무리 어떤 일이 있어도"(مَهْمَا يَكُنْ مِنْ شَيْءٍ)란 뜻을 갖는다. 그리고 أمَّا 다음에 와서 의미를 완결지어 주는 문장 앞에는 대부분 불변사 ف가 접두된다.

لمَّا انْتَهَتِ الإجَازَةُ، سَافَرْنا.   방학이 끝날 때면 우리는 여행할 것이다.

لمَّا سَمِعُوا الأخْبَارَ السَّعِيدَةَ، فرِحُوا.   그들이 행복한 소식을 들을 때면 기뻐할 것이다.

لمَّا أمْطَرَتِ السَّماءُ، رَجَعُوا إلى البَيْتِ.   하늘이 비를 내릴 때면 그들이 집으로 돌아갈 것이다.

위 문장에서 لمَّا 는 إذا 혹은 عندما에 가까운 의미로서 우리말로 '할때면'이란 뜻이고 동사는 현재 동사의 마즈줌(소실형)을 갖지 않는다.

كُلَّمَا تَقَدَّمْتُ في اللغةِ العربيةِ، ازْدَادَ فَهْمِي لِلإِسْلام.

나의 아랍어가 진보하면 할수록 이슬람에 대한 나의 이해가 늘어날 것이다.

كُلَّمَا فَهِمَ كُلٌّ مِنَّا الآخَرَ، تُسَامِحْنا.

우리 각자가 상대를 이해하면 할수록 네가 우리를 받아들일 수 있을 것이다.

كُلَّمَا صَارَ الذَّهَبُ قَدِيمًا، غَلا.   금이 오래될수록 값이 오를 것이다.

조건사 كُلَّمَا 는 조건문이 발생할 경우마다 조건의 결과문이 생겨난다라는 의미이고 현재 동사의 마즈줌(소실형)을 갖지 않는다. 우리말로는 "-할때면, - 하면 할수록"이다.

لَوْلا الدِّرَاسَةُ، لَسَافَرْتُ الى كوريا. 공부가 아니었더라면 나는 한국으로 여행갈 수 있었을텐데.

لَوْلا الحُبُّ، لَفَسَدتِ الحَيَاةُ.   사랑이 아니었더라면 인생은 무의미했을텐데.

لَوْلا المَاءُ لَتَوَقَّفتِ الحَيَاةُ عَلى الأرضِ. 물이 없었더라면 지구상의 생명은 중단되었을텐데.

لَوْلا الكَهْرَبَاءُ لَظَلَّ العَالَمُ في ظلامٍ. 전기가 없었더라면 세상은 흑암이 지속되었을텐데.

لَوْلا الظلمُ لَمَا شَعَرْنَا بِقيمَةِ العَدْلِ.

불의가 없었더라면 우리는 정의의 가치를 느끼지 못했을텐데.

위 문장들에서 لَوْلا는 조건사로서 لَوْ의 반대다. 그 뜻은 실현 불가능(امْتِنَاعٌ لِوُجُودٍ)을 나타내고 조건문의 내용이 사실이라면 조건의 결과문은 발생하지 않는다는 것이다. لَوْلا와 함께하는 조건문은 명사문이고 술어가 반드시 생략되며 조건의 결과문 앞에는 자주 لَ 가 붙고 우리말로는 '-아니었더라면, 없었더라면'이란 뜻이다.

조건 구문

1-현재 동사의 마즈줌(어미가 수쿤으로 끝나는 형태)을 갖는 조건사는 إِنْ، مَنْ، مَا، مَتى، أَيْنَمَا، كَيْفَمَا، مَهْمَا، أَمَّا 등이다. 물론 가끔 조건문이 과거동사이다.

2-시간 부사의 역할을 하면서 현재 동사의 마즈줌(소실형)을 갖지 않는 조건사로는 إِذَا، لَمَّا، كُلَّمَا 등이다.

3-실현 불가능을 나타내는 조건사는 لَوْ، لَوْلا 이다. 조건사 لَوْ 는 현재 동사의 마즈줌을 갖지 않고 대부분 조건문이 과거동사이며 لَمْ이 오면 현재 동사의 마즈줌이 따라오고 이 때 의미는 과거의 의미이다. لَوْلا 는 조건문이 명사문으로서 술어가 반드시 생략된다.

4- إِذَا 다음에 오는 동사는 대개 과거 동사인데 그 해석은 현재로 한다.

조건의 결과문(جَوَابُ الشَّرْطِ)은 조건문이 발생한 상태에서 일어나는 결과이다. 조건의 결과문은 명사문 혹은 동사문(과거 혹은 현재)이다.

첫째, 조건의 결과문에 불변사 فَ 를 반드시 붙여야 하는 경우는 다음과 같다.

①결과문이 명사문일 때 فَ 를 반드시 붙여야 한다.

مَنْ يَعْمَلْ الخَيْرَ، فَهُوَ إِنْسَانٌ حَقًّا. 선을 행하는 자라면 참된 인간일 것이다.

إِذَا ذَاكَرَ الطَّالِبُ بِجِدٍّ، فَنَجَاحُهُ أَكِيدٌ. 학생이 진지하게 집에서 공부한다면 그의 성공은 분명하다.

إِنْ لَمْ نَكُنْ نَرَى اللهَ، فَاللهُ يَرَانَا.　우리가 알라를 보지 못해도[45] 알라는 우리를 보고 있다.

②결과문이 요청문(جُمْلَة طَلَبِيَّة)일 때 ف 를 반드시 붙여야한다. 여기서 요청문은 명령(أَمْرٌ), 부정 명령(نَهْيٌ), 의문(اسْتِفْهَامٌ) 등을 포함한다.

إِذَا طَلَبَ مِنْكَ شَخْصٌ مُسَاعَدَةً مَا فَسَاعِدْهُ.

어떤 사람이 너에게 어떤 도움을 구하면 그를 도와줘라.

مَهْمَا يَفْعَلْ أَبَوَاكَ، فَلَا تَقُلْ لَهُمَا شَيْئًا يُغْضِبُهُمَا.

너의 부모님이 무엇을 하시더라도 그분들을 노엽게 하는 말을 그분들에게 하지 마라.

إِنْ لَمْ أَسْأَلِ اللهَ الْعَوْنَ فَمَنْ أَسْأَلُ؟

내가 알라에게 도움을 청하지 아니하면 누구에게 내가 청할까?

③결과문에 '불완전 활용하는 동사'를 갖는 문장이 올 때 ف를 반드시 붙여야 한다. 여기서 "불완전 활용하는 동사"(الْفِعْلُ الْجَامِدُ)란 과거와 현재, 명령 동사 등으로 활용하지 않고 이들 중 오직 한가지 형태만 갖는 동사를 가리킨다. 가령 لَيْسَ ، عَسَى 는 과거 동사형만 갖고 현재 동사와 명령 동사는 갖지 않는다.[46]

مَنْ غَشَّنَا فَلَيْسَ مِنَّا.　우리를 속이는 사람이라면 그는 우리 쪽의 사람(무슬림)이 아니다.

إِذَا كَانَتْ خَطَايَانَا عَظِيمَةً، فَعَسَى اللهُ أَنْ يَرْحَمَنَا.

우리의 죄가 클때 알라가 우리에게 자비를 베풀어 주기를 기대한다[47].

④결과문에 قَدْ، مَا، لَنْ، سَ، سَوْفَ 중의 하나가 접두될 때 ف 를 반드시 붙여야한다 .

إِنْ لَمْ يَفْهَمْ طُلَّابِي الدَّرْسَ، فَمَا أَنَا بِمُدَرِّسٍ مَاهِرٍ.

내 학생들이 그 단원을 이해하지 못하면 나는 아주 실력있는(경력있는) 교사가 아니다.

إِذَا سَافَرْتُ غَدًا، فَلَنْ أَرَاكَ هَذِهِ السَّنَةِ.　내일 내가 여행하면 내가 널 금년에는 만날지 못할거야.

إِذَا ذَاكَرْتَ، فَسَتَنْجَحُ.　네가 집에서 공부하면 합격할 것이다.

إِذَا تَعَلَّمْتَ اللُّغَةَ الْعَرَبِيَّةَ، فَسَوْفَ تَعْرِفُ الْكَثِيرَ عَنِ الْإِسْلَامِ.

아랍어를 네가 공부하면 장차 이슬람에 대하여 많은 것을 알 것이다.

조건의 결과문에 나타나는 문장들(명사문, 요청문, "불완전 활용하는 동사"와 함께 오는 문장, 일부 불변사들이 접두된 문장)이 ف와 함께 올 수 있는 경우;

① إِذَا와 함께 ف가 가장 많이 나타나고

② إِذَا 보다 빈도가 적으나 인나 إِنَّ와 그의 자매어가 올 때 ف가 자주 오고

---

[45] 이슬람에서는 "무슬림이 알라를 본다 혹은 알라를 만났다"고 하지 않고 알라가 인간에게 말하는 것도 오직 와히 وحي, 베일 뒤에서 그리고 메신저 رسول를 보내서 알라가 인간에게 말한다(꾸란 수라 42:51). 와히의 형태 صور الوحي는 "깨어 있는 상태에서의 영감" إلهام, "꿈 속의 참된 환상"(الرؤى), "베일(히잡 حجاب) 뒤에서", "지브릴 جبريل 천사를 통하여" 등이다. 여기서 베일이란 "말은 들을 수 있는데 볼 수 없는 것"이다. 무사 موسى 가 여기에 해당한다. (알아흐람지 2010.5.18. 30면).

[46] 대부분의 아랍어 동사들은 과거동사, 현재동사 그리고 명령 동사로 활용하므로 이런 동사들을 활용 동사 الفعل المتصرف라고 한다.

[47] 이 예문에서 أرجو = عسى의 의미이다.

③لَمَّا، كُلَّمَا 하고는 ف가 적게 오고
④لَوْ، لَوْلَا 하고는 ف가 아주 드물게 쓰인다.

둘째, 조건의 결과문이 لَ와 함께 반드시 와야 하는 경우

لَوْ ذَاكَرْتَ بِجِدٍّ، لَنَجَحْتَ.   네가 진지하게 공부했더라면 시험에 합격할 수 있었을텐데.

لَوِ اهْتَمَمْتَ بِصِحَّتِكَ، لَمَا مَرِضْتَ.   네가 네 건강에 관심을 가졌더라면 병에 걸리지 않았을텐데.

لَوْلَا سُوءُ الْحَظِّ لَفَازَ الْفَرِيقُ بِالْمُبَارَاةِ.   불운이 아니었더라면 그 팀이 경기에서 이겼을텐데.

위 예문에서 조건의 결과문에 접두된 لَ는 굴절의 자리에 있지 않고 의미를 바꾸어 주지도 않는다. 다만 조건의 결과문이 لَ가 있는 그 곳부터 시작된다는 것을 나타낸다. 그러면 لَ를 반드시 붙여야 하는가? 반드시 붙여야 하는 것은 아니지만 자주 붙이게 된다.

조건문의 생략: 조건사 أَمَّا 가 오면 조건문을 반드시 생략한다고 하였다. 그리고 조건문이 문맥에서 이해가 될 때 وَإِلَّا와 함께 쓰인 조건문은 생략한다. 여기서 وَإِلَّا는 본래 <와우 و 접속사+ 조건사 إِنْ + 부정 불변사 لَا> 가 합쳐진 것이다.

ذَاكِرْ، وَإِلَّا تَفْشَلْ.   공부하라. 그렇지 않으면 실패할 것이다.

سَأَرَاكَ غَدًا، وَإِلَّا فَبَعْدَ غَدٍ.   내가 너를 내일 만날 것이다. 그렇지 않으면 모레 만날 것이다.

قُلِ الْحَقَّ، وَإِلَّا فَاسْكُتْ.   진리를 말하라. 그렇지 않으면 입을 다물어라.

위 문장의 의미는 아래와 같다.

ذَاكِرْ، وَإِنْ لَا تُذَاكِرْ تَفْشَلْ.   집에서 공부하라. 집에서 공부하지 않으면 실패할 것이다.

سَأَرَاكَ غَدًا، وَإِنْ لَمْ أَرَكَ غَدًا فَبَعْدَ غَدٍ.

내일 내가 너를 만날 것이다. 내일 너를 만나지 못하면 모레 만나겠다.

قُلِ الْحَقَّ، وَإِنْ لَا تَقُلِ الْحَقَّ فَاسْكُتْ.   진리를 말하라. 진리를 말하지 않으려면 입을 다물라.

이상과 같이 앞선 낱말들을 다시 반복하고 싶지 않아 조건문의 일부가 생략된 것이다.

그런데 아주 드물게 وَإِلَّا (–지 않으면)가 나오는 경우 조건문과 결과문이 모두 생략되는 경우가 있다.

هَكَذَا النِّسَاءُ وَإِلَّا فَلَا.   여성들이 이렇다니까. 만일 그렇지 않으면 여성이 아니지
(여성에게 대하여 크게 놀란 사람이 하는 말).

ذَاكِرْ وَإِلَّا.   집에서 공부해라. 공부하지 않으면….(협박성의 문장이다).

조건의 결과문 생략: 조건사 إِنْ، إِذَا، لَوْ 등이 앞서는 문장으로부터 결과문이 이해가 될 때 이 결과문은 생략한다.

سَأَرَاهُمْ إِذَا جَاؤُوا الْحَفْلَ.   그들이 파티에 오면 내가 그들을 만나볼 것이다.

كَانَ يُمْكِنُ أَنْ أَفْهَمَكَ لَوْ شَرَحْتَ لِي فِكْرَتَكَ جَيِّدًا.

네가 나에게 너의 생각을 잘 설명하였더라면 내가 네 말을 이해할 수 있었을텐데.

아랍인들이 자주 말하는 إِنْ شَاءَ اللهُ (알라가 원하면)라는 표현은 문장에서 이해되므로

조건의 결과문이 생략된 것이다.

'풀어쓴 동명사'로 사용되는 لَوْ 다음에는 현재 동사가 오거나 لَوْ 다음에 أَنْ 이 와서 명사문을 이끌기도 한다. 만일 لَوْ 다음에 과거 동사가 왔으면 조건문이었을 것이다. 다시 말해서 أَنْ 과 그 다음에 오는 현재 동사가 합쳐져서 풀어쓴 동명사가 되는 규칙이 적용된다. لَوْ 가 조건사가 아닌 풀어쓴 동명사가 되려면 주로 "사랑하다, 좋아하다, 선호하다"등의 동사들이 선행해야한다.

أَوَدُّ لَوْ نَذْهَبُ إِلَى كُوريا.　　　우리는 한국에 가고 싶다.

(= أَوَدُّ أَنْ نَذْهَبَ إِلَى كُوريا)

الأَوْلاَدُ يُحِبّونَ لَوْ يَلْعَبُونَ قَلِيلاً.　　　아이들이 조금 더 놀기를 좋아한다.

أُفَضِّلُ لَوْ أَنَّهُمْ جَاؤُوا إِلَىَ هُنَا.　　　나는 그들이 이곳으로 오는 것을 더 좋아한다.

그런데 현재 동사가 오는데도 풀어쓴 동명사가 아니고 소원을 의미하는 لَوْ 일 때는 "바램, 소원"의 의미를 갖는다.

لَوْ أَجِدُ وَظِيفَةً كَبِيرَةً.　　　내가 큰 직책을 얻었더라면(큰 직책을 가지기를 소원한다)

لَوْ تَعْرِفُ كَمْ أُحِبُّكِ.　　　내가 널 얼마나 사랑하는지 네가 알았더라면(알기를 소원한다).

"갑자기"라는 의미를 갖는 إِذَا 가 있는데 이런 경우 명사문이 오고 조건의 의미는 갖지 않는다. "갑자기"라는 의미를 가질때는 إِذَا 앞에 ف 가 와서 فَإِذَا 를 사용한다.

أَلْقَى مُوسَى عَصَاهُ فَإِذَا هِيَ حَيَّةٌ.　　　무사가 지팡이를 던졌더니 갑자기 뱀이 되었다.

دَقَّ بَابِي فَفَتَحْتُ البَابَ فَإِذَا هُوَ صَدِيقِي الَّذِي لَمْ أَرَهُ مِنْ سَنَةٍ.

그가 내 문을 두들겼다. 그래서 내가 문을 열었더니 그는 (갑작스럽게도) 1년내내 만나지 못한 내 친구이었다.

ذَهَبْتُ لِزِيَارَةِ أُسْرَةِ يُوسُف، فَإِذَا هُمْ مُسَافِرُونَ.

내가 유수프의 가정을 방문하러 갔다. 그런데 갑자기 그들이 여행가고 없었다.

조건문의 우리말 해석

1- إِذَا 다음에 항상 과거 동사가 오지만 해석은 현재로 한다.

(예) إِذَا ذَاكَرَ نَجَحَ　　　그가 공부하면 합격할 것이다.

إِذَا ذَاكَرَ فَسَيَنْجَحُ　　　그가 공부하면 합격할 것이다.

2- إِنْ 다음에 동사는 현재 동사의 마즈줌(소실형)이거나 과거 동사가 오는데 이 둘 사이에 의미 차이는 없다. 만일 현재 동사의 마즈줌이 조건문에 오면 결과문에는 과거 동사가 올 수 없다. (예) إِنْ ذَاكَرَ نَجَحَ = إِنْ يُذَاكِرْ يَنْجَحْ　　　그가 공부한다면 합격할 것이다.

결과문에 과거 동사나 현재 동사의 마즈줌이 오지 않는 경우에는 ف가 결과문에 접두된다.

(예) إِنْ يُذَاكِرْ فَسَوْفَ يَنْجَحُ. =إِنْ يُذَاكِرْ فَقَدْ يَنْجَحُ.　　　그가 공부한다면 합격할 것이다.

3- لَوْ 다음에는 과거 동사가 올 때 보통 우리말로는 '-었다면,-했을텐데'로 해석한다.

(예) لَوْ دَرَسَ لَنَجَحَ.　　　그가 공부했더라면 합격했을텐데.

مُعِينٌ لَا يَنْضُبُ.　　　　　　지칠줄 모르는 협력자

كَنْزٌ لَا يَفْنَى.　　　　　　　없어지지 않을 보석

حديثٌ لَا يَنْتَهِي.　　　　　끝날 줄 모르는 이야기

عِنْدَهُ عِشْرُونَ رَأْسًا مِنَ الضَّأْنِ.　　그에게 20마리의 양이 있다.

لَيْسَ عِنْدَهُ رَأْسُ مَالٍ لِلتِّجَارَةِ.　무역을 위한 자본이 그에게 없다.

مُحَرَّمٌ هُوَ رَأْسُ السَّنَةِ الهِجْرِيَّةِ.　무하람은 이슬람력의 첫번째 (달)이다.

جَاءَ رَأْسُ القَوْمِ.　　　　　　그들의 지도자가 왔다.

رَأْسُ الحِكْمَةِ مَخَافَةُ اللهِ.　　지혜의 가장 높은 등급은 신을 두려워하는 것이다.

18. 놀람의 구문

놀람의 구문은 놀람의 원인이 숨어 있지만 어느 것(사람)이 상대적으로 뛰어난 것을 보고 그것이 좋다거나 나쁘다고 간주하는 것(اِسْتِعْظَامُ)이다. 놀람의 구문(أُسْلُوبُ التَّعَجُّبِ)은 다음 3개의 요소로 되어 있다. 본래 아랍어 "التَّعَجُّبُ"은 감탄 이외에 놀람, 부인, 수락할 수 없음(الإِنْكَارُ)을 나타내므로 감탄문이란 용어는 적절하지 않다.

1) مَا : 놀람의 مَا 라고 부르고 비한정 명사의 의미를 갖는다.

2) أَفْعَلَ 형의 과거동사: 비교급의 أَفْعَل 처럼 3 자음동사에서 만들어진다. 화자가 놀란 것에 대한 형용을 나타낸다.

3) المُتَعَجَّبُ مِنْهُ : 놀람의 대상으로서 놀람의 동사 다음에 오는 명사이다. 항상 목적어로서 목적격이거나 목적격 자리에 오는 낱말들이다.

المَكْتَبَةَ الكُورِيَّةَ.　　　　　أَوْسَعَ　　　　　　　مَا

놀람의 대상　　　　　　　　　　놀람의 동사　　　　　(비한정 명사의 의미 شَيْءٌ عَظِيمٌ)

위 문장은 "한국의 도서관이 이 정도로 넓게 만든 것에 놀랍다"는 의미이다.

مَا : 비한정의 명사(놀라운 것)이고 명사문의 주어로서 주격 자리에 있다.

أَوْسَعَ : 형용사에서 가져왔으나 어말 모음이 변화하지 않는 과거 동사이다. 이 동사문의 주어는 내포된 인칭 대명사 "هو"이고 ما 를 가리킨다.

المَكْتَبَة : 목적어이고 목적격이다. 놀라운 형용을 갖게 되는 명사이다.

여기서 동사문 المكتبة الكورية أوسع 는 مَا 의 술어로서 주격자리에 있다. 이와 같은 놀람 구문을 이루려면 다음과 같은 조건들이 충족되어야 한다.

(1) 3자음 동사이다

(2) 완전동사('카나 كان' 같은 동사는 제외)이다

(3) 긍정문이다

(4)능동태이다

(5)과거 - 현재 - 명령 동사 등 세 가지로 완전 활용한다

위와 같은 조건이 충족되지 않는 경우에 놀람의 구문을 만들려면 이를 돕는 '다른 동사 + 순수 동명사(혹은 풀어쓴 동명사)'형을 사용한다.

مَا أَجْمَلَ أَنْ نُسَافِرَ فِي الرِّحْلَةِ ! = مَا أَجْمَلَ السَّفَرَ فِي الرِّحْلَةِ !   피곤을 풀기 위한 여행은 너무 멋지다!

مَا أَشَدَّ سَوَادَ اللَّيْلِ.   밤이 정말 깜깜하구나!

우리말에서는 감탄 서술형이 "-는구나, -는군, -는군요"이다.

예문) مَا أَصْعَبَ اللُّغَةَ الْعَرَبِيَّةَ.   정말 아랍어는 어려운 언어군요.

مَا أَجْمَلَ الْخَطَّ الْكُورِيَّ.   한국어 글씨체가 참 아름답구나.

مَا أَشَدَّ الْخَطَرَ الَّذِي يُهَدِّدُ الْعَالَمَ.   세계를 위협하는 중대한 위험이군요.

مَا أَلْطَفَ الْجَوَّ.   정말 온화한 날씨구나.

مَا أَعْظَمَكَ يَا رَبُّ.   주님, 참으로 위대하시군요.

مَا أَرْوَعَكَ.   참으로 놀라우시군요.

또 다른 놀람의 구문 أَفْعِلْ بِ.... 은 오늘날 현대 표준 아랍어에서 매우 드물게 사용한다.

예) مَا أَعْظَمَ الْخَالِقَ.   창조주는 참으로 위대하시군요.

أَعْظِمْ بِالْخَالِقِ.   창조주는 참으로 위대하시군요.

비교급 형태의 예는 다음과 같다.

أَشْدِدْ بِخُضْرَةِ الزَّرْعِ. = مَا أَشَدَّ خُضْرَةَ الزَّرْعِ.   농작물이 정말 푸르구나..

أَشْهِرْ بِكَ فِي مَجَالِ التَّرْبِيَّةِ. = مَا أَشْهَرَكَ فِي مَجَالِ التَّرْبِيَةِ.   교육 분야에서 너는 정말 유명하구나.

그런데 놀람의 대상이 3자음을 넘는 동사에서 온 명사, 혹은 죽음الْمَوْتُ처럼 형용의 의미가 없는 명사이거나 혹은 أَعْرَج، أَعْمَى، أَزْرَق 처럼 놀람의 동사 패턴 أَفْعَل 형과 유사한 형태가 오면 다음과 같은 방식으로 놀람의 구문을 만든다.

(예)

مَا أَطْوَلَ لَيْلَ الشِّتَاءِ. (비교급 형의 놀람 동사)   겨울 밤은 참으로 길구나.

مَا أَشَدَّ كِتَابَ " أَلْف ليلة وليلة" تَأْثِيرًا عَلَى الأَدَبِ الْعَالَمِي. (명시어)

천야일야[48]가 세계문학에 엄청난 영향을 주었구나.

مَا أَشَدَّ تَأْثِيرَ " أَلْف ليلة وَلَيْلَة" عَلَى الأَدَبِ الْعَالَمِي. (목적어 자리에 온다)

위 문장을 분석하면 다음과 같다.

(1) 놀람의 패턴 مَا أَفْعَلَ... 구문이다.

   (예) مَا أَشَدَّ، مَا أَقْبَحَ، مَا أَحْلَى

(2) 놀람의 대상이 되는 명사 앞에는 동명사 형(혹은 명시어)이 오거나 명사가 목적어 자리에 온다.

مَا أَحْلَى ابْتِسَامَتَهُ.   그의 웃음이 너무 아름답군요. (명시어, 동명사형)

مَا أَقْسَى مَوْتَهُ عَلَيْنَا.　　그의 죽음은 우리에게 너무 가혹하구나. (목적어 자리에 있다)

مَا أَشَدَّ عَمَاهُ عَنِ الْحَقِّ.　　그는 전혀 진리를 모르는 자이군요. (목적어 자리에 있다)

아랍어에는 위와 같은 놀람의 구문 이외에 다음과 같은 구문들이 있다.

سُبْحَانَ الله　　알라가 놀랍고 신비하군요.

يَا لَكَ مِنْ دَاهِيَةٍ.　　너는 정말 늙은 여우로구나.

아랍어 문법론에서 다뤄지지 않고 아랍어의 수사법과 미적 기능(발라가; الْبَلَاغَة)에서 다뤄질 놀람의 구문으로는 의문형과 호격형이 있다.

(1)의문형

فَكَيْفَ يَهَذَا؟　　"어떻게 이런 일이 있을 수 있는가?

위 놀람의 구문 فَمَا بَالُكَ بِ.....وَكَيْفَ بِ.....는 ... ب كيف의 앞 문장과 뒤의 문장 사이에 비교가 이뤄지고 이런 비교의 목적은 증거를 제시하는 데 있다.

(2)호격형

يَا الله!　　갑작스럽게 친구가 죽었을 때 (놀람)

　　아름다운 꽃을 보았을 때(감탄)

يَا سَلَام.　　(얼토당토 않는 말)에 수긍하지 못할 때 하는 말

[더 생각해 보기]

①이집트 아랍어 신문에는 놀람에 해당하는 낱말을 직접 사용하는 경우도 있다.

كَمْ يَتَعَجَّبُ الْمَرْءُ مِنْ هَؤُلَاءِ الَّذِينَ يَشْمَتُونَ فِي وَطَنِهِمْ.

자기 조국의 잘못된 것을 고소해하는 사람들을 보면 얼마나 놀랄까?[49]

②الْمَرْأَةُ لَا تَحْتَاجُ لِلْمُطَالَبَةِ بِالْمُسَاوَاةِ مَعَ الرَّجُلِ لِأَنَّهَا لَا تَنْقُصُ عَنْهُ شَيْئًا لِمُطَالَبَتِهَا بِالْمُسَاوَاة.

　여성이 남성에게 평등을 요구할 정도로 여성에게 부족한 게 없으므로 여성이 남성에게 평등을 요구할 필요는 없다(2010.5.19 알아흐람)

③ الْحُورُ الْعَيْنِ خُلِقْنَ مِنَ الزَّعْفَرَانِ، وَجَاءَ اسْمُ الْحُورِ الْعَيْنِ مِنِ اتِّسَاعِ أَعْيُنِهِنَّ.　(2010.5.6, 알아흐람)

알후르 알아인은 사프란(saffron)에서 창조되었고 알후르 알아인의 이름은 눈들이 크다는 데에서 온 말이다[50].(2010.5.6 알아흐람)

---

[49] 이 문장에서 الشَّمَاتَة는 남의 불행을 즐거워 하는 것으로 '고소하다'라는 말이다.

[50] 알후르 알아인은 무슬림 남자들 중에서 알라를 두려워하고 늘 맘에 새기고 사는 사람(الْمُتَّقِين)에게만 잔나(파라다이스)에 가서 혼인할 수 있다고 한다. 알후르 알아인은 잔나의 미의 여왕(مَلِكَات جَمَال الْجَنَّة)이라고 하고 아름다움과 그 향기가 인간이 생각할 수 없는 수준이라고 한다.

1. 다음 문장을 놀람의 구문으로 만드시오.

حُبُّ الأُمِّ لأوْلادِهَا.

كَبُرَ حَجْمُ الأهْرَامِ.

جَمَالُ الْهُدُوء في اللَّيْلِ.

ذَكَاءُ هَذَا التِّلْمِيذِ.

2. 다음 노래를 읽고 문법 사항에 대한 질문에 답하시오.

القرار ـ (مَا أَبْهَاكَ مَا أَبْهَاكَ مَا أرْوَعَكَ مَا أَشْهَاكَ
أَنْتَ الْقُدُّوسُ مُسْتَحِقٌّ وَحْدَكَ كُلَّ الْكَرَامَةِ والسُّلْطَانِ)2
نَأْتِي لَكَ يَا رَبَّنَا نُهْدِي لَكَ إكْرَامَنَا وَنَطْرَحُ أَكَالِيلَنَا أَمَامَ عَرْشِكَ في السَّمَا
نُعَظِّمُكَ نُعَظِّمُكَ نُبَارِكُكَ نُبَارِكُكَ أَنْتَ الْقَدِيرُ رَبٌّ مُشِيرٌ أَنْتَ الْعَلِيُّ لا سِوَاكَ.

(힌트) مَا أَعْظَمَكَ 아주 위대하신 분이시군요. مَا أَشْهَاكَ (말씀이) 아주 (꿀처럼) 맛있어요.
مَا أرْوَعَكَ 아주 놀라우신 분이시군요..مَا أَبْهَاكَ 아주 아름다운 분이시군요.

(번역: 후렴: 주님은 정말 아름다운 분이십니다. 주님은 정말 놀라우신 분입니다. 주님의 말씀은 참으로 꿀처럼 답니다. 당신은 거룩하시므로 당신만이 권위와 존귀를 받을만 합니다. 주님! 우리가 당신께 나아갑니다. 우리는 주님께 우리의 존귀를 드립니다. 하늘에 있는 당신의 보좌 앞에 우리의 면류관을 올려드립니다. 주님을 올려드립니다. 주님을 높여 드립니다. 주님께 감사드립니다. 주님은 전능하시고 상담해 주시는 주님이시고 주님만이 지고하신 분이십니다.).

(1)놀람의 구문을 모두 찾으시오. مَا أَبْهَاكَ، مَا أَبْهَاكَ، مَا أرْوَعَكَ، مَا أَشْهَاكَ

(2)함자가 탈락된 어휘들을 찾으시오. السَّمَا

(3)2형 3형 4형 동사들과 능동분사와 동명사를 찾아 보시오.

مُشِيرٌ نُبَارِكُ نُعَظِّمُ إكْرَامٌ

19.호격 구문

호격(أسْلُوبُ النِّدَاء)은 청자의 주의를 환기시켜 대화의 장으로 끌어들이는 기능을 하는 것으로 아랍어에서 호격사로 쓰이는 아랍어 낱말은 يَا، أيُّهَا، أيَّتُهَا 등이 있다. 주의를 끌거나 관심을 돌리기를 요청하는데 يَا가 현대표준 아랍어에서 가장 흔하고 أْ، أيَا، أيْ 등을 가끔 사용하나 가끔은 아예 호격사 없이 호격을 표현한다. 호격사 뒤에 오는 명사는 호격 대상(مُنَادَى)이라고 하는데 호격 대상이 단수 고유명사이면 항상 주격이 오고, 호격대상이 연결형의 전연결어이거나 이와 유사하면 호격 대상은 목적격을 갖는다. 그러나 호격 대상이 의도된 비한정이면 주격을 갖는다. 호격사는 굴절의 자리에 있지 않다.

①호격 대상이 전연결어일 때: 호격 대상은 고유명사이건 아니건 간에 동사 أُنَادِي، أدْعُو

등이 생략된 것으로 보아 생략된 동사의 목적어로서 목적격이다.

يَا أَبَا بَكْرٍ	아부 바크르!
يَا عَبْدَ اللهِ	압둘라 !
أَبَانَا الذِي فِي السَّمَوَاتِ	하늘에 계신 우리 아버지!

②전연결어와 유사한 호격 대상: 의미를 완결하기 위하여 뭔가 연결되어 있으므로 "전연결어와 유사한 호격"이라고 불린다. 즉 아래 첫 문장은 수식 문장이지만 유사문장으로서 "표시된 비한정"(نَكِرَةٌ مُحَدَّدَة)이다. 그리고 동사의 기능을 하는 파생명사(능동분사나 수동 분사 등)가 오고, 그 파생명사는 목적어로서 목적격이다.

يَا سَمِيعاً لِلدُّعَاءِ، اسْتَجِبْ لِدُعَائِي.	간구를 들어주시는 분! 나의 간구에 응답해 주세요.
يَا فَاتِحَاً بَابَهُ لِلضُّيُوفِ، أَنْتَ كَرِيمٌ.	손님들에게 문을 열어주시는 분! 당신은 넉넉하게 베풀어주시는 분입니다.

③화자가 호격 대상을 향한 "의도된 비한정"(نَكِرَةٌ مَقْصُودَةٌ): 호격 대상은 목적어로서 목적격 자리이지만 주격이다. 정확히 말하면 비한정은 아니지만 의도된 사람이거나 화자 바로 앞에 서 있는 대상인 것을 가리킨다.

يَا رَجُلُ أَتَحْلِفُ كَذِباً ؟	이 사람아! 네가 거짓으로 맹세하니?
يَا أُسْتَاذُ هَلْ يُمْكِنُ أَنْ تَشْرَحَ لَنَا هَذِهِ النُقْطَةَ؟	교수님! 이 부분을 우리에게 더 설명해주실 수 있나요?

특정한 상대를 겨냥(의도)하는 예로써, 정관사가 붙어 있는 남성 명사를 호격 대상으로 부를 때는 남성형 أَيُّهَا 를 붙이고, 한정된 여성 명사 앞에는 여성의 أَيَّتُهَا 를 붙인다. 남성에는 أَيّ- 그리고 여성에는 أَيَّة- 를 붙인 것은 호격사 다음에 정관사가 바로 오면 이 정관사를 발음하기 어렵기 때문이다. 이때 호격 대상은 أَيُّهَا، أَيَّتُهَا 의 수식어이거나 대용어가 되어 동격을 갖는다. أَيُّهَا، أَيَّتُهَا 에서 끝에 오는 هَا- 는 주의를 환기시키는 의미를 갖는다.

예) يَا أَيُّهَا الرَّجُلُ 남자여! يَا أَيُّهَا النَّاسُ 사람들아! [51] يَا أَيَّتُهَا الفَتَاةُ 소녀들이여!
يَا أَيَّتُهَا البَنَاتُ 딸들이여! اعْبُدُوا رَبَّكُمْ 너희들의 주님을 경배하라.

그러나 다음과 같이 정관사를 안 붙인 명사가 고유명사(단수형)처럼 주격을 갖기도 한다.
(예) يَا سَيِّدُ Mr.، يَا عَبَّاسُ 압바스!

④특정한 사람을 지정하는 것이 아니라 내가 아무나 부를 때는 목적어로서 목적격이다. 이런 용법은 현대 아랍어에서 가장 드물다.

يَا طَالِباً، أَطِعْ مُدَرِّسِيكَ.	학생! 네 선생님들께 순종하세요.
يَا بِنْتاً، احْتَرِمِي أَبَاكِ.	딸아! 네 아버지를 존경해라.

⑤고유명사 단수가 호격 대상이고 이 호격 대상이 전연결어로 오지 않을 때 목적격의 자리에 있지만 주격이다.

يَا حَازِمُ، أَحْضِرْ مَعَكَ الكِتَابَ غَدَا.	하짐! 내일 책 가지고 오너라.
يَا أَشْرَفُ مُرَّ بِي بَعْدَ الظُّهْرِ.	아쉬라프! 오후에 나에게 들르라.

---

[51] 이집트에서 الفَتَاة 는 중학생(13살)과 고등학교 여학생들을 포함한다.

그러나 말의 억양(نَغَمَةُ الْكَلامِ)에 의지하여 호격사를 생략할 수 있다.

예) أَحْمَدُ 아흐마드! مُحَمَّدُ 무함마드!

⑥호격사 يَا가 호격이 아닌 주의를 환기시키기 위한 목적으로 사용될 때도 있다.

예) يَا مَرْحَبًا 안녕 !

⑦가끔은 여성 표지를 탈락시킨 후 호격사를 붙이는 경우도 있다.

예) فَاطِمَةُ 가 فَاطِمْ으로 발음된다.

⑧"알라"를 부를 때는 아랍 기독교인은 يا الله 라고 하고 아랍 무슬림들은 يا الله 혹은 اللَّهُمَّ 라고 한다. 그리고 아랍인들은 대부분 يَا رَبُّ 란 표현을 자주 쓴다.[52]

⑨호격사가 "놀람"을 나타낼 때 사용된다.

يَا جَمَالَ الطَّبِيعَةِ.	자연의 아름다움아!
يَا حِكْمَةَ الْخَالِقِ	창조주의 지혜여!
يَا الله	오 신이여!
يَا سَلامُ	전혀 논리적이지 않는 말을 대꾸할 때 쓰는 말
	(시험에 떨어진 학생이 시간이 없어서 공부 못했다고 할 때)
	(갑자기 시험을 본다고 할 때 풍자하는 말)

그런데 호격사로 쓰이지 않는 경우가 있다. 우선 문장의 격변화에 영향을 주지 않고 "주의(attention)"를 갖게 해주는 용법이 있다. 본래 호격사는 아래와 같이 동사의 앞이나 لَيْتَ 앞에 사용되지 않기 때문에 다음 예는 호격사가 아니고 주의를 환기시켜 주는 의미를 갖는다.

يَا لَيْتَنِي كُنْتُ تُرَابًا.	(꾸란에 나오는 말) 내가 흙이었더라면
يَا افْخَرْ بِنَفْسِكَ يَا بَطَلُ.	영웅아! 너 자신을 자랑스럽게 생각하라.
	(자신감을 가져라)
يَا سُرَّ مَنْ رَآكَ يَا صَدِيقُ.	친구여! 너를 본 사람이 얼마나 기쁘랴!
يَا جَمَاعَةُ.	여러분! (주의를 환기시키는 말).

▶ 신나는 단어장

رَجَعَ الْوَزِيرُ مِنَ السَّفَرِ.	장관이 여행에서 돌아왔다.
رَجَعَهُ إِلَى الْبَيْتِ.	그가 그를 집으로 돌아가게 했다.
رَجَعَهُ عَنِ اللَّعِبِ.	그는 그를 놀이에서 그만두게 했다.
رَجَعَ الْمُذْنِبُ عَنْ ذَنْبِهِ.	죄 지은자가 죄를 끊고 돌아섰다.
رَجَعَ عَنِ الدِّينِ.	그가 배교했다.

---

[52] 이집트 무슬림들은 기독교인의 부활절을 عِيد الْقِيامة 라고 하나 요르단 무슬림들은 아랍 기독교인들의 부활절을 عِيد الْفِصْح (아랍기독교인들에게는 유월절에 해당하는 말)라고 한다. 고린도 전서 5장 7절(لأنّ فِصْحَنَا أَيْضًا الْمَسِيحَ قَدْ ذُبِحَ لأَجْلِنَا)에도 유월절이란 낱말이 나온다. 아랍 기독교인들은 يوم الْقِيامة 를 부활절(예수 그리스도의 부활을 기념)이라고 한다. 2010년 이집트 콥트 기독교인들은 4월 3일 토요일 저녁부터 주일 아침 이른시간까지 부활절 기도를 했다. 이집트의 꿈뜨(콥트) 교황은 بابا الاسكندرية وبطريرك الكرازة المرقسية (알렉산드리아 교황, 마가 선교의 총대주교)라는 칭호가 붙는다. 이 부활절 예배에 이집트 대통령과 국회의장을 대신할 사람과 전 현직 장관들이 참석하고 콥트의 C.T.V 방송과 아가페 TV가 예배 실황을 중계한다.

مَا رَجَا الجَيْشُ الأَعْدَاءَ.　　　군대가 적을 두려워하지 않았다.

20.수사

아랍어 수사는 수사 다음에 오는 명사의 성, 수에 따라 수사의 어말 형태가 달라진다. 그래서 대부분의 아랍인들은 수사의 어말 모음 변화를 잘 모른다. 이 책에서도 수사와 함자를 책의 뒷 부분에 놓아 학습자들에게 아랍어가 어렵다는 인상을 줄이고자 하였다.

هَؤُلَاءِ ثَلَاثَةُ رِجَالٍ.	이 분들은 세 명의 남자들입니다.
هَؤُلَاءِ ثَلَاثُ سَيِّدَاتٍ.	이 분들은 세 명의 부인들입니다.
فِي الفَصْلِ عَشَرَةُ طُلَّابٍ.	교실에 10명의 남학생들이 있다.
فِي الفَصْلِ عَشْرُ طَالِبَاتٍ.	교실에 10명의 여학생들이 있다.

هَؤُلَاءِ ثَلَاثَةَ عَشَرَ رَجُلًا وَثَلَاثَ عَشْرَةَ سَيِّدَةً. 이들은 13명의 남자와 13명의 부인들이다.

هَؤُلَاءِ ثَلَاثَةٌ وَعِشْرُونَ رَجُلًا وَثَلَاثٌ وَعِشْرُونَ سَيِّدَةً.

이 분들은 23명의 남자와 23명의 부인들이다.

1) 성의 호응

위 예문에서 3에서 9까지의 숫자(기수)는 수사(العَدَدُ)와 우리가 셈할 대상(المَعْدُودُ)간의 성이 정반대이다. 남성의 수사는 여성 명사와 같이 쓰고 여성의 수사는 남성 명사와 같이 사용된다. 10이라는 숫자가 홀로 쓰이면 3-9까지의 숫자들처럼 수사와 그 다음에 오는 명사가 성에 있어서 서로 반대이다.

예) 　سَيِّدَاتٍ　 عَشْرُ　　　　 رِجَالٍ، 　عَشَرَةٌ

[셈할 대상] 　[수사] 　　　　[셈할 대상] 　[수사]

0부터 10까지의 기수는 아래와 같다.

صِفْر، وَاحِد ، اثْنَان ، ثَلَاثَة، أَرْبَعَة ، خَمْسَة ، سِتَّة ، سَبْعَة ، ثَمَانِية ، تِسْعَة ، عَشَرَة

기수 (1) وَاحِدَة ، وَاحِد 은 능동분사 형태를 갖고, 형용사 역할을 하며 셈할 대상이 되는 명사 뒤에 온다. 이 때 성과 격이 호응한다.

(예) فِي وَقْتٍ وَاحِدٍ. 한 번에(동시에). إِلَى سَنَةٍ وَاحِدَةٍ. 1년으로

그런데 기수(1)이 전연결어로서 쌍수나 복수의 명사나 인칭 대명사 앞에 오면 "~ 중의 하나"라는 의미를 갖는다. 남성형 أَحَد 는 3격 변화하나 여성형 إِحْدَى 는 어말이 불변한다.

(예) 　أَحَدُهُم　　　　그들 중 한 사람이

أَحَد النُّوَّاب　　　　국회의원들 중 한 사람

إِحْدَى مُدُنِ المِنْطَقَةِ　　　그 지역 도시들 중의 하나

فِي إِحْدَى هَذِهِ المُحَاوَلَاتِ　　이러한 시도들 중의 하나

　그리고 부정문에 쓰여 "아무도"(no one, nobody)의 의미를 가지는 경우에는 أَحَد 를 사용한다. 기수(2)는 남성형과 여성형을 가지고 있으나 두 개의 명사를 셈할 경우에는 드물게 사용된다. 그 이유는 해당 명사의 쌍수형을 더 자주 사용한다.

(예) دَخَلَ المَلِكَانِ   두 통치자(왕과 왕비)가 들어갔다.

خِلالَ السَنَتَيْنِ الماضِيَتَيْنِ   과거 2년 동안에

격	남성형	여성형
주격	اثْنانِ	اثْنَتانِ
소유격	اثْنَيْنِ	اثْنَتَيْنِ
목적격	اثْنَيْنِ	اثْنَتَيْنِ

기수 3~10까지 숫자는 여성명사 앞에 쓰이는 경우와 남성 명사 앞에 쓰이는 경우에서 어말에 나타나는 성이 숫자와 명사 간에 서로 반대이다. 이들 숫자 다음에 오는 명사는 항상 복수이고 소유격이다. 이들 숫자 다음에 오는 명사가 항상 복수형이므로 이 복수형의 단수형을 먼저 찾고 이 단수형이 남성인가 여성인가를 먼저 확인하고 나서 이 명사 앞에 올 숫자의 성을 결정한다. 즉 3~10 숫자 다음에 오는 명사의 단수형이 남성형이면 이 명사 앞에 오는 숫자는 여성형이 와야 한다.

(예) خمس مرّاتٍ في اليوْمِ ، 하루에 다섯번、 ثلاثُ آبارٍ عميقةٍ 3개의 깊은 샘물、 ثلاثُ مقابلاتٍ 3번의 인터뷰、 تسع سياراتٍ 9대 자동차 ، لمدّةِ ثماني ساعاتٍ 8시간 동안

위 예문에서 آبار는 단수형이 بئر 이고 이 낱말은 본래 여성 명사이었다(남성인지 여성인지 잘 모를 경우 아랍어 사전을 참조한다).

단수형 남성명사 앞에	ثَلاثَة	أرْبَعَة	خَمْسَة	سِتّة	سَبْعَة	ثَمَانِية	تِسْعَة	عَشَرَة
단수형 여성명사 앞에	ثَلاث	أرْبَع	خَمْس	سِتّ	سَبْع	ثَمَان (ثماني)	تِسْع	عَشْر

위 기수 중 (8)이 전연결어로 쓰이면 ثماني 의 형태를 갖는다. 위 기수에 정관사가 붙어 한정이 되면 기수는 셈할 대상이 되는 명사 뒤에 쓰이고 역시 성은 서로 반대이다.

(예) أرْكانُ الإسْلام الخَمْسَةُ 이슬람의 다섯가지 기둥 في القاراتِ الخَمْس 다섯 대륙에서

그러나 11-19처럼 1단위와 10단위 숫자가 복합되어 오는 복합 수사(العدد المركب)는 항상 1단위와 10단위가 목적격을 갖지만 12는 명사의 쌍수형 변화와 동일하게 어말 모음이 변한다.

기수	남성명사 앞에	여성명사 앞에
11	أحَدَ عَشَرَ	إحْدَى عَشْرَةَ
12 주격	اثْنَا عَشَرَ	اثْنَتَا عَشْرَةَ
12 소유격, 목적격	اثْنَيْ عَشَرَ	اثْنَتَيْ عَشْرَةَ

11과 12 다음에 오는 명사의 성은 1단위의 성과 호응한다.

(예) ثَمَنُهَا أَحَدَ عَشَرَ دِرْهَمًا   그것의 값은 11디르함이다.

ثمنها اثنتا عشرة ليرة.   그것의 값은 12 리라이다.

بُنِيَتْ قَبْلَ إحدى عشرة سنةً.   그것은 11년 전에 건축되었다.

بنيت قبل اثني عشر عامًا.   그것은 12년 전에 건축되었다.

11과 12 숫자를 한정시키려면 첫번째에 해당하는 1과 2의 숫자에만 정관사를 붙인다. 이런 경우 11은 항상 목적격 형태를 갖고 12의 2는 선행하는 복수 명사의 격에 따라 격이 바뀐다. (예). حَضَرَ السُّفَرَاءُ الأَحَدَ عَشَرَ   11명의 대사들이 왔다.

حضر السفراءُ الاثنا عَشر   12명의 대사들이 왔다.

يستقبلُ السفراءَ الاثنيْ عَشَرَ.   그는 12명의 대사들을 영접하고 있다.

여성 복수 한정 명사 뒤에 오는 11과 12의 용례는 다음과 같다.

(예) حضرتِ الأستاذاتُ الإحدى عَشْرَةَ. يستقبلُ الأستاذاتِ الإحدى عشرةَ.

يستقبلُ الأستاذاتِ الاثنتيْ عشرةَ.   그는 12명의 여교수들을 영접하고 있다.

1단위와 10단위가 복합되어 명사(셈할 대상) 앞에 쓰이면 그 명사와 10단위는 성이 동일하나 1단위는 그 명사의 성과 정반대이다(남성이면 여성 그리고 여성이면 남성).

기수	여성 명사 앞에 오는 경우	남성 명사 앞에 오는 경우
13	ثلاثَ عَشْرَةَ	ثَلاثَةَ عَشَرَ
14	أرْبَعَ عشرة	أرْبَعَةَ عَشَرَ
15	خمسَ عشرة	خمسة عشر
16	ستَّ عشرة	سِتَّة عشر
17	سَبْعَ عشرة	سبعة عشر
18	ثَمَانِيَ عشرة	ثمانية عشر
19	تِسْعَ عَشْرَةَ	تِسْعَة عشر

그러나 21, 22, 31, 32, 41, 42 처럼 숫자 1과 2는 그 다음에 오는 명사(셈할 대상)와 성에서 동일하게 호응한다.

(예) لِمُدَّةٍ واحدٍ وعشرينَ يَوْمًا   21일 동안

لمدة إحْدى وعشرين سنة   21년 동안.

في اثنتيْنِ وعشرينَ صفحةً   22개 페이지에서

기수	여성 명사 앞에 오는 경우		남성명사 앞에 오는 경우	
21	واحِدَةٌ وَعِشْرُونَ 혹은		واحدٌ وعشرونَ 혹은	
	إحْدَى وَعِشْرُونَ		أَحَدٌ وعشرونَ	
22	اِثْنَتَانِ وعشرون	주격	اِثْنَانِ وعشرونَ	주격
	اثنتيْنِ وعشرون	소유격, 목적격	اثنَيْنِ وعشرونَ	소유격, 목적격

그러면 수사(기수) 뒤에 오는 명사의 어말 모음의 변화를 살펴보자. 3에서 10까지의 수사
다음에 오는 명사는 소유격 복수(جَمْعٌ مَجْرُورٌ)를 명시어(التمييز)로 갖는다.
예) سَبْعَةُ كُتُبٍ 7권의 책, تِسْعُ قِصَصٍ 9가지 이야기
11에서 99까지 수사 다음에 오는 명사는 목적격 단수(مُفْرَدٌ مَنْصُوبٌ)를 명시어로 갖는다.
예) أَحَدَ عَشَرَ رَجُلًا 11명의 성년 남자, تِسْعٌ وَخَمْسُونَ سَيِّدَةً 59명의 부인
백, 천, 백만, 십억 등의 수사는 소유격 단수(مُفْرَدٌ مَجْرُورٌ)를 명시어로 갖는다.

예)   أَلْفُ رَجُلٍ   천 명의 남자
   مِائَةُ سيدةٍ   100명의 부인
   مِليون دينار   100만 디나르
   مِلْيَارُ دُولَار   10억 달러[53]
   بيليون جنيه   10억 파운드
   تريليون ريال   1조 리얄

그러므로 수사가 백 단위의 배수(مُضَاعَفَاتٌ)이거나(مائتان 200 – ثلاثُمائةٍ 300-أربَعُمائةٍ 400),
천 단위의 배수(ألفان 2,000, ثلاثة آلاف 3,000)이거나 백만 혹은 십억 등의 수사가 명사
앞에 오면 그 명사 역시 소유격단수를 명시어로 갖는다.
예) في الجُنَيْهِ مِائَةُ قِرْشٍ، وَالقِرْشُ عَشَرَةُ مليمات.
         (1파운드는 100 끼르쉬이고 1끼르쉬는 10밀림이다.)[54]
100 단위와 함께 쓰이는 경우, 1단위와 100단위를 붙여쓰기도 하고 떼어 쓰기도 한다.
(예)   ثلاثمئة، ثلاثُ مئةٍ   300
100 단위는 본래 형태가 여성형(예, مئة)이므로 1단위는 남성형(예, ثلاثُ مئة)을 쓰고 숫자
천(예, ألف)은 본래 남성형이므로 1단위는 여성형(예, ثلاثة آلاف)을 쓴다.
(예) ثَلَاثَةُ آلافٍ، خمسةُ آلافٍ، عشرَةُ آلافٍ، أَحَدَ عَشَرَ أَلْفٍ، اثْنَا عَشَرَ أَلْفًا، خَمْسَةَ عشرَ أَلْفًا

서수

첫째에 해당하는 서수는 남성형 أوَّل(복수형 أوَائِل)과 여성형 أُولَى이다. 남성형 أوَّل은 명사
뒤에 쓰이거나 전연결어로 쓰인다.
(예) كان اوّلَ رجلٍ في العالم.   그는 세계에서 첫번째 남자이었다.
   يُعْتَبَرُ الأوَّلَ من نوعِهِ.   그것은 그런 종류로는 첫번째로 간주된다
   كانَ من أوائل الدول العربية.   그것은 가장 선두에 있는 아랍 국가들 중의 하나이었다.
   في أوائل الشهر الماضي.   지난달 전반기에
   للمرّة الأولى.   처음으로
   كَسَبَ الكوريون أولى مُبَارَيَاتِهِمْ.   한국인들이 그들 경기들 중 첫번째를 이겼다.

2부터 10까지 서수는 능동분사형을 갖고 여성 표지가 어말에 붙으면 여성을 나타낸다.

---

[53] مليار 는 프랑스어에서 온 말이다.

[54] 이집트에는 밀림이란 동전은 있지만 실제 상거래에서 물건사고 난뒤 거스름돈으로 주지 않는다

ثانٍ/ ثانِيَة، ثالِث/ثالِثَة، رابِع/رابِعة، خامِس/خامِسة، سادِس/ سادِسة، سابِع/سابِعة، ثامِن/ثامِنة، تاسِع/تاسِعة، عاشِر/عاشِرة

두번째 계획이 있다	ثَمَّةَ مَشروعٌ ثانٍ. (예)
어제 런던에서 2차 회의가 끝났다.	انتهى أمس في لندن المؤتمرُ الثاني.
다섯번째 기념일	في الذِّكرى الخامسةِ.
그의 두번째 방문에	في ثاني زيارةٍ لهُ.

이들 서수는 형용사로서 명사 뒤에 오면 명사와 성, 격, 한정이 호응한다.

제 3세계	(예) العَالَمُ الثَّالِثُ

11에서 19까지의 서수(العَدَدُ التَّرتِيبِي)가 명사(셈할 대상) 뒤에 쓰이면 1단위와 10단위가 모두 목적격이다.

19번째,	التاسعَ عَشَرَ	14번째	الرابعَ عَشَرَ (예)

11에서 19까지 서수는 수식받는 명사와 성에서 호응한다.

الحادِيَ عَشَرَ/الحادِية عَشرَةَ، الثاني عشرَ/الثانِية عَشرَةَ، الثالثَ عَشرَ/الثالثة عشرَةَ ،

الرابعَ عَشَرَ/ الرابعة عَشرَةَ ، الخامسَ عَشرَ/ الخامسة عشرَةَ ، السادسَ عشرَ/ السادسة عَشرَةَ،

السابعَ عَشرَ / السابعة عَشرَةَ، التاسعَ عشر/التاسعة عشرَةَ

제 11주년 전시회	(예) المَعرَضُ السَّنَوِيُّ الحادِيَ عَشَرَ

20에서 99까지의 서수는 10단위로 만 된 서수(20, 30, 40 번째 등)와 10단위+1단위로 된 서수 등 두 가지가 있는데 10단위로만 된 서수는 해당 숫자에 정관사만 붙이면 되지만, 10단위+1단위로 된 숫자는 1단위가 선행하는 명사와 성을 호응시켜야 한다.

20세기에	(예) في القرن العِشرينَ.
21세기에	في القرن الحادي والعشرين.
28번째 경기	في المباراة الثامنة والعشرين.

※다음 문장에서 빈칸의 낱말 어말에 정확한 모음을 찍으시오. (*정답은 왼편 끝 괄호 안에 있다).
اضبُطْ بالشَّكلِ التَّامِّ أواخِرَ الكَلِمَةِ الَّتي بَينَ قَوسَينِ.

지금까지 11단원을 우리가 마쳤다.	أكملنا أحَدَ عَشَرَ (درس) إلى الآن. (دَرساً)
아랍 국가는 22개국에 이른다.	يَبلُغُ عَدَدُ الدُّول العَرَبيَّةِ اثنَتَين وَعِشرينَ(دولة). (دَولَةً)
1주일은 7일이다.	في الأُسبُوع الواحِد سَبعَةَ (يوم). (أيّام)
1달은 30일이고 하루는 24시간이다.	في الشَّهر ثلاثُونَ (يَومًا) وَفي اليَوم أربَع وَعِشرُونَ (ساعة). (سَاعَةً)
1년은 12개월이다.	في السَّنَة اثنَا عَشَرَ (شهر). (شَهْراً)

아랍어 수사는 수사(عدد)와 셈할 대상(معدود)으로 되어 있다고 했다. 숫자 1과 2를

제외하고 아랍어의 모든 수사는 셈할 대상 이전에 놓아야 한다(예, 3권의 책). 그러나 1과
2의 수사와 셈할 대상이 문장의 어디에 위치해야 하는 지 아래에서 살펴보자.

(예) بنت واحدة، كتابان اثنان، بنتان اثنتان، كتابين اثنين، بنتين اثنتين

واحدًا	كتابًا	اشْتَرَيْتُ	나는 한 권의 책을 샀다.
اثنتان	بنتان	في الفصْل	교실에 2명의 여아가 있다.

[수사] + [셈할 대상]

اشتريت واحدا كتابا (x)   수사가 셈할 대상(كتاب) 앞에 와서 틀린 문장이다.

그런데 앞서 말한대로 3-10까지 수사와 셈할 대상은 성이 정반대이다.

3~10 + 셈할 대상(비한정 복수, 소유격, 후연결어)

[남] + [여]
[여] + [남]

– اشتريت 3 كُتُبٍ   나는 3권의 책을 샀다.
   ثلاثة

– اشتريت 7 قِصَصٍ   나는 7권의 소설책을 샀다.
   سبع

– دخل الفصلَ 10 طُلَّابٍ   10명의 학생들이 교실에 들어갔다.
   عشرة

– دخل الفصل 10 بناتٍ   10명의 여아가 교실에 들어갔다.
   عَشْرُ

또, 수사는 위 예문에서 보듯이 문장에서의 그 기능에 따라 어말 모음이 달라진다.

11 ~ 99 + 셈할 대상(단수 비한정 목적격, 명시어)

(1) 11은 일 단위와 십 단위 모두가 /a/모음으로 어말 모음이 불변한다. 그리고 일단위와
십단위가 서로 동일한 성을 갖는다.

수사 + 셈할 대상(단수 목적격)

[남] + [남]
[여] + [여]

– اشتريتُ 11 كتابًا   나는 11권의 책을 샀다.
   (أحَدَ عَشَرَ)

– اشتريتُ 11 قِصَّةً   나는 11권의 소설책을 샀다.
   (إحْدَى عَشْرَةَ)

– ركب الباصَ 11 ولدًا   11명의 아이가 버스를 탔다.
   (أحَدَعَشَرَ)

(2) 12에서는 십 단위가 /a/모음으로 어말 모음이 불변하고 일 단위 즉 숫자 2는 쌍수처럼 어말 모음이 변화한다.

수사 + 셈할 대상(단수 목적격)

[남] + [여]

[여] + [남]

- نام في الشَّارِع 12 كَلْبًا   12 마리의 개가 거리에서 잤다.
   (اثْنا عَشَرَ)

- اشْتَرَيتُ 12 كَأسًا مِنَ الخَمْر   나는 12개의 술 잔을 샀다.
   (اثنيْ عَشَرَ)

(3) 13~19 + 셈할 대상(단수 비한정 목적격)

일단위와 십단위가 항상 /a/모음이어서 어말이 불변한다.

   수사   +   셈할 대상 (단수 비한정 목적격)

(십단위 + 일단위)

(남 + 여) +   남

(여 + 남) +   여

- اشتريت 15 **قِصَّة**   나는 15권의 소설책을 샀다.
   (خمسَ عشرةَ)

- في البيت 15 وَلَدًا   집에 15명의 아들이 있다.
   (خمسة عشر)

(4) 20 ~ 90 + 셈할 대상(단수 비한정 목적격)

남성과 여성의 차이가 없고, 규칙 남성복수 형태를 갖는다.

- في الفصل 20 وَلَدًا / بِنْتًا   교실에는 20명의 아이/ 여아가 있다.
   (عشرون)

- أكلتُ 40 تفاحَة   나는 40개의 사과를 먹었다.
   (أربعين)

- علي بابا والأربَعُونَ لِصًّا   알리 바바와 40인의 도둑

그런데 25, 37 , 89 처럼 1단위와 10단위가 함께하는 수사인 경우에는 수사 다음에 단수 비한정 목적격이 온다.

(예) ستة وَعِشْرُون كِتَابًا   26권의 책이

      ستة وَعِشْرين كِتَابًا   26권의 책을

      ست وَعِشْرون بِنْتًا   26명의 여아가

      عُمْرُهُ ثلاثة وسِتّونَ عَامًا.   그의 나이는 63세이다.

      أَسْمَاءُ اللهِ الحُسْنَى التِسْعَة وتِسْعُونَ.   알라의 99가지 뛰어난 이름들

      مُنْتَخَبُ كوريا صَعِدَ إلى دَوْر الـ 16   한국 대표팀이 16강에 진출했다.

(5) 100, 1000, 백만 + 셈할 대상(단수 비한정 소유격이고 후연결어가 되어, 남성과 여성의 구분이 없다.)

- قَرَأْنا 100 كِتابٍ / قِصَّةٍ   우리는 100권의 책/ 소설을 읽었다.
     (مِئَة)

- في الشارع 1000 سيارةٍ   거리에는 천 대의 자동차가 있다.
     (أَلْفُ)

100과 1000과 백만의 복수형이 오면 셈할 대상은 복수 한정 소유격을 갖는다

- قَرَأْتُ آلافَ الكُتُبِ   나는 수천 권의 책을 읽었다.

- قَرَأْتُ أَلْفَ كِتابٍ   나는 천 권의 책을 읽었다.

(예) مِئات الكتب   수 백권의 책

مِئات البنات   수 백명의 여아

مِئة كتاب   백 권의 책

مِئة بنت   백 명의 여아

[더 생각해 보기]

서수와 기수 이외에 아랍어에서 자주 쓰이는 분수와 요일을 배워보자.

①분수: 1/2을 제외한 나머지는 فُعْلٌ(أَفعَالٌ) 형을 갖고 전연결어로 자주 쓰인다.

1/2 نِصفٌ(أَنصَافٌ)، 1/3 ثُلْثٌ(أَثلاثٌ)، 1/4 رُبْعٌ(أَرباعٌ)، 1/8 ثُمْنٌ(أَثمانٌ)، 1/10 عُشْرٌ(أَعشارٌ)

②요일: 요일을 나타내는 낱말은 금요일과 토요일[55]을 제외하고는 기수 체계를 따른다.

الأَحَد، الاثنَين، الثُلاثاء، الأَربِعاء، الخَميس، الجُمعَة، السَّبْت

(예) يَومَ الخَميس 지난 화요일، يَومَ الأَحَد 오늘 주일، أَيّامَ الآحادِ 매 주일에، الثُلاثاءَ الماضيَ
목요일에، صَباحَ غدٍ الاثنَين 내일 아침 월요일، مُعاهَدات ثُنائيّة 쌍방 협약

③ مُثَلَّث 3각형، مُرَبَّع 4각형، مُسَدَّس 6연발 총، أَفعالٌ رُباعيّة 4자음 동사، أفعال ثُلاثيّة 3자음 동사.

④ 현대 문어 아랍어에서 시각을 나타낼 경우 서수를 사용하고 الساعة(시)를 생략해도 시각을 나타내는 서수는 여성형을 사용한다.

في الساعةِ الثامنةِ   8시에

اليَومَ الأَحَدَ الساعة الحادية عَشرَةَ صباحاً.   오늘 일요일, 아침 11시에

في السابعةِ والرُّبع مِنْ مساء غَدٍ.   내일 저녁 7시 15분에

في الخامسة إلا ثُلثًا مساءَ أمْس.   어제 저녁 4시 40분에

الساعة الرابعةُ والدقيقةُ الخامسةُ.   4시 5분

※ 다음 숫자를 읽어보자.

اشتَرَيْتُ 1523 كتاب 에서 숫자를 아랍어로 읽으면 다음과 같다.

① اشتَرَيْتُ أَلفًا وَخَمسَمِئةٍ وَ ثَلاثة وَ عِشرينَ كِتابًا

---

[55] 금요일은 "함께 모이는 날"이란 의미이고 토요일은 "안식일(sabbath)"이란 말에서 왔다.

في الشَّارع 5317 كَانَ‬ 에서 숫자를 아랍어로 읽으면 다음과 같다.
② كَانَ في الشارع خمسةُ آلافٍ وَثَلائُمِئةٍ وَسبعَ عشرةَ سيارةً

▶신나는 단어장

رَحَلَ النَّاسُ مِنَ المَكَانِ.	사람들이 그 장소에서 이동했다.
رَحَلَ المَريضُ عَن الدُّنْيَا.	환자가 세상을 떴다.
رَحَلَهُ بالسَّيْفِ.	그를 칼로 때렸다.
رَحِمَ اللهُ عُمَرَ.	신이 오마르를 용서해주기를 빕니다(기원문).
رَحِمَ الكَبيرُ الصَّغيرَ.	나이 든 자가 어린 사람에게 동정심을 보였다.
نَزَلَتْ عَلَيْهم الرَّحْمَةُ.	자비가 그들에게 내려왔다.
اللهُ هُوَ الرَّحيمُ.	알라는 자비하시다(알라의 99가지 이름 중의 하나).
رَدَّ الدَّيْنَ.	빚을 갚았다.
رَدَّ الرَّجُلُ ابْنَهُ عَن السَّفَرِ.	남자가 아들에게 여행을 금지시켰다.
رَدَّ الرَّجُلُ البَابَ.	남자가 문을 닫았다.
رَدَّ المُدَرِّسُ عَلَى سُؤَالِي(رَدَّ= أَجَابَ عَنْهُ).	교사가 나의 질문에 대답했다.
آخِرُ كَلِمَةٍ	마지막 말
في أَواخِرَ آذارَ المُقْبِل	다음 3월 말(하순)에
الجُمْلَةُ الأخيرَةُ	마지막 문장
في الأعْوَام الأخيرَةِ	지난 몇 년간에
وأخيراً جَاءَتْ إلى القاهرة.	마침내 그녀가 카이로에 왔다.

توفي محمد بعد نهاية أعمال المراقبة أمس الأول، متأثراً بإصابته بضربة شمس.

일사병 발병으로 인하여 그저께 무함마드가 시험감독 종료 후에 사망했다.

مصر في المركز الثامن لأكثر الدول مواجهة لنقص المياه.

이집트는 물 부족을 가장 많이 겪는 국가들 중에서 8위이다.

21.제외 구문

제외라는 말은 전체에 적용되는 규칙이 일부에게는 적용되지 않는다는 것이다.
제외구문(أُسْلُوبُ الاسْتِثْنَاء)의 구성요소는 아래와 같다.
(예) 무함마드를 제외하고 선생님들이 갔다.

ذَهَبَ   المُعَلِّمُونَ   إلا   مُحَمَّداً.
전체 명사(전부)   제외사   제외된 명사(일부)

위와 같이 제외구문의 구성요소가 완벽하면 완전한 제외의 의미를 가져다 준다고 볼 수 있다. 전체에서 일부를 제외시키고자 할 때 제외사를 사용하므로 첫 문장이 긍정문이냐 부정문이냐에 따라 제외사 뒤에 오는 명사의 어말 모음(격)이 달라진다.

(1)제외 구문의 구성요소(전체명사+ 제외사+ 제외된 명사)를 갖춘 긍정문: 제외된 명사는 항상 목적격이다.

عَادَ المُسَافِرُونَ إلاَّ وَاحِدًا .　　　　한 사람만 제외하고 여행자들이 돌아갔다.

عَادَ المُسَافِرُونَ سِوَى وَاحِدٍ .

위 문장에서 한 사람을 제외하고 모든 여행자들이 돌아갔다는 의미이다. 이런 제외의 의미를 가져다주는 제외사에는 إلاَّ ، سِوَى 등이 있다. 앞선 문장의 지배에서 벗어난 명사를 المُسْتَثْنَى (제외된 명사, 일부)라고 하고 제외사 이전에 오는 낱말로서 문장의 지배가 적용되는 명사는 المُسْتَثْنَى مِنْهُ (전체 명사, 전부)라고 한다. إلاَّ 다음에 오는 제외된 명사는 목적격이고 سِوَى 뒤에 오는 제외된 명사는 연결형의 후연결어가 되어 항상 소유격이다.

　(예)　1 파운드를 제외하고 나에게 있는 돈들을 다 써버렸다.

أنْفَقْتُ مَا مَعِي مِنَ النُّقُودِ إلاَّ جُنَيْهًا .

أنْفَقْتُ مَا مَعِي مِنَ النُّقُودِ سِوَى جُنَيْهٍ .

* من ... ما 은 ما 다음에 오는 내용을 먼저 해석하고 나서 من 다음의 내용을 번역한다.

(2)제외구문의 구성 요소를 갖춘 부정문: 제외된 명사는 목적격이거나 전체 명사와 동격이다.

لَمْ يَأْخُذْ كِتَابٌ في النَّحْو شُهْرَةً عَالَمِيَّة إلاَّ كِتَابُهُ/ كِتَابَهُ .

　　　그의 책을 제외하고는 문법의 어느 책도 세계적인 명성을 얻지 못했다.

لَمْ يُرَتِّبْ مُعْجَمٌ هذا التَّرْتِيبَ إلاَّ مُعْجَمُ/ مُعْجَمُ " العَيْن".

　　　알아인 사전[56]을 제외하고 이런 배열을 한 사전은 없다.

(3)제외 구문의 구성요소를 갖추지 않는 부정문: 제외된 명사는 문장의 기능에 따라 격이 달라진다. 그 이유는 부정이 제외의 의미를 무효화시키기 때문이다.

لاَ يَعْرِفُ ذَلِكَ إلاَّ العَرَبِيُّ (العربي 는 동사문의 주어이다)　　아랍인만이 그것을 안다.

مَا أتَى إلاَّ عَلِيٌّ (علي 는 동사문의 주어이다)　　　알리만이 왔다.

مَا رَأيْتُ إلاَّ مُحَمَّدًا (محمد 는 목적어이다)　　　나는 무함마드만을 보았다.

مَا رَجعَ مِنَ المُسَافِرِين إلاَّ وَاحِدٌ (واحد 는 동사문의 주어이다)

　　　　　여행자들 중에 오직 한 사람만 돌아왔다.

مَا قَرَأتُ مِنَ الكِتَابِ الجَدِيدِ إلاَّ صَفْحَةً وَاحِدَةً (صفحة 는 목적어이다)

　　　　　새 책에서 단지 한 페이지만 읽었다.

مَا قَرَأتُ مِنَ الكِتَابِ الجَدِيدِ غَيْرَ صَفْحَةٍ وَاحِدَةٍ (غير 는 목적어이다)

　　　　　새 책에서 단지 한 페이지만 읽었다.

مَا الدُّنْيَا إلاَّ أُمِّي (أمي 가 술어이다)

　　　　　우리 어머니가 없는 세상은 있을 수 없다.

---

[56] 아랍어 문법의 대가 시바와이히(796년 사망)의 스승이었던 알칼릴 븐 아흐마드 알파라히디가 쓴 아랍의 최초 사전이다.

(4)긍정문+ 완전한 제외 구문: 제외된 명사는 목적격이다.

إِنَّ اللهَ يَغْفِرُ الذُّنُوبَ جَمِيعًا إِلاَّ الشِّرْكَ بِهِ.

알라는 쉬르크[57]를 제외하고 모든 사람들의 죄를 용서한다.

يَصُومُ المُسْلِمُونَ كُلُّهُمْ رَمَضَانَ إِلاَّ المُسَافِرَ وَالمَرِيضَ.

여행자와 병자를 제외하고 모든 무슬림들이 라마단에 금식을 한다.

(5)부정문+ 완전한 제외 구문: 제외된 명사는 목적격이나 동격이 가능하다.

فِي الحَفْلِ لَمْ أَرَ مِنَ الأَصْدِقَاءِ إِلاَّ مُحَمَّدًا / مُحَمَّدٍ.

축하 모임에서 무함마드를 제외하고는 친구들을 못 만났다.

ذَهَبَ الطَّلَبَةُ إِلَى المَدْرَسَةِ إِلاَّ فَاطِمَةَ/ فَاطِمَةُ، فَهِيَ مَرِيضَةٌ.

아픈 파띠마를 제외하고 학생들이 학교에 갔다.

لَمْ أَقْرَأْ كُتُبَ طَهَ حُسَيْن إِلاَّ كِتَابَ "الأَيَّام".

"여러날들"이란 책을 제외하고 따하 후세인의 책들을 읽지 않았다.

(6)부정문+ 불완전한 제외 구문: 문장의 기능에 따라 제외된 명사(일부)의 격이 결정된다.

لاَ تَعْبُدُونَ إِلاَّ اللهَ.　　　　　너희들은 알라만을 예배한다.

위 문장은 전체 명사가 없다. 그리고 문장이 부정으로 시작하고 전체 명사가 없으므로 إِلاَّ 다음에 오는 명사는 문장의 위치에 따라 어말 모음이 변화한다. 즉 동사문의 주어나 목적어 혹은 술어가 되기도 한다.[58]

<table>
<tr><td>

제외 구문

إِلاَّ 를 제외사로 사용하면 제외된 명사(일부)의 격은 아래와 같다.

1-구문이 완전하고(제외 구문의 세 요소가 갖춰진 것) 긍정문이면 제외된 명사는 반드시 목적격이다.

2-구문이 완전하고 부정문이면 제외된 명사는 목적격이 허용되거나, 전체 명사와 동격(이 때 대용의 의미를 갖는다)이다.

3- 구문이 불완전하고 부정문이면 제외된 명사는 문장의 기능에 따라 격을 갖는다.

</td></tr>
</table>

제외명사 سِوَى، غَيْر

위 제외사 إِلاَّ와 의미가 가까운 غَيْر، سِوَى 는 불변사가 아니고 명사이다. 이 두 제외명사 뒤에 오는 명사는 항상 후연결어로서 소유격을 갖는다.

مَا أَتَى غَيْرُ محمدٍ　(غير가 동사문의 주어이다).　　무함마드만이 왔다.

مَا أَتَى سِوَى محمدٍ.　(سوى는 동사문의 주어이다).　　무함마드만이 왔다.

مَا رَأَيْتُ غَيْرَ محمدٍ　(غير 가 목적어이다).　　내가 무함마드만을 보았다.

---

[57] 알라를 믿으면서 알라의 파트너(알라와 공동소유권)를 허용하는 것을 의미한다.

[58] 그런데 إِلاَّ أَنَّ (nonetheless)은 "그럼에도 불구하고" 라는 의미를 갖는다.
وَإِنْ كَانَتْ بِدَايَتُهَا تَأَخَّرَتْ إِلاَّ أَنَّهَا جَاءَتْ 비록 그것의 출발이 늦었음에도 불구하고 그것이 왔다.

다음 문장들을 읽어 보라.

①.أَنَا غَيْرُ مَسْؤُولٍ عَنْ أَفْعَالِ الآخَرِينَ　　나는 다른 사람들의 행동에 책임이 없다.

②.سِوَى الْمُؤْمِنِينَ هُمْ قَوْمٌ كَافِرُونَ　　무으민들이 제외된 자는 카피르[59]의 사람들이다.

위 두 문장에서 제외명사 سِوَى ، غَيْر는 명사이고 다른 명사들처럼 문장에서의 기능에 따라 어말 모음이 변화한다. 위 첫 문장에서 غَيْرُ는 술어이고, 두번째 문장의 سِوَى는 명사문의 주어이다. 그런데 이 두 명사는 전연결어이다.

(예)

غَيْر) .هَذَا الْكَلَامُ غَيْرُ مُفِيدٍ가 술어).　　이 말은 유익하지 않다.

غَيْر) .الْكِتَابُ غَيْرُ مَوْجُودٍ مَعِي는 술어).　　그 책은 나에게 없다.

غَيْر) .كَانَ الطُّلَابُ غَيْرَ مَوْجُودِينَ فِي الْفَصْلِ는كان의 술어).　　남학생들이 교실에 없었다.

이제 제외 명사(سِوَى ، غَيْر)가 어떤 격을 갖는지 살펴보자.

(1)구문이 완전하고(전체명사+ 제외사+ 제외된 명사 등의 요소를 갖출 때 '완전'하다고 한다) 긍정문 다음에 오면 제외 명사는 목적격이다.

دَخَلَ الطُّلَابُ الْفَصْلَ غَيْرَ مُحَمَّدٍ.　　무함마드를 제외하고 학생들이 교실에 들어갔다.

دَخَلَ الطُّلَابُ الْفَصْلَ سِوَى مُحَمَّدٍ.　　무함마드를 제외하고 학생들이 교실에 들어갔다.

(2)구문이 완전하고 부정문 다음에 오면 غَيْر는 목적격이거나 전체명사와 동격이다. سِوَى는 막쑤르 명사이므로 격을 붙일 수 없어서 이 둘 중 어느 격을 가져도 외형상 격표시가 안 나타난다.

مَا دَخَلَ الطُّلَابُ الْفَصْلَ غَيْرُ / غَيْرَ مُحَمَّدٍ.　　남학생들 중 무함마드만이 교실에 들어갔다.

مَا دَخَلَ الطُّلَابُ الْفَصْلَ سِوَى مُحَمَّدٍ.

(3)구문이 불완전(전체명사+ 제외사+ 제외된 명사 등의 요소를 다 갖추지 않았을 때 '불완전'하다고 한다)하고 부정의 불변사로 시작되면 문장의 기능에 따라 제외명사가 격을 갖는다.

مَا دَخَلَ غَيْرُ مُحَمَّدٍ.　　무함마드만이 들어갔다.

مَا دَخَلَ سِوَى مُحَمَّدٍ.　　무함마드만이 들어갔다.

위 예문에서 부정의 불변사(مَا) 뒤에 오는 سِوَى ، غَيْر가 제외의 의미를 갖지 못하는 것은 그 앞에 '부정의 불변사'가 나오기 때문이다. 그런데 아래와 같이 غَيْر가 제외의 의미를 갖지 않고 다른 의미를 갖는 경우가 있다.

(1)"다른 사람"이란 뜻

---

[59] 이슬람에서 무으민은 마음에 결단한 것이 행동과 일치되는 사람이다. 선행을 하면 믿음이 증가하고 악행을 하면 믿음이 줄어든다. 밖으로 드러난 행위가 이슬람이고 이런 행위를 했을 때 무슬림이 된다. 꾸란에서 무으민의 반대말은 카피르인데 카피르는 "이슬람 율법(샤리아)을 부인하거나 이슬람의 기둥(기도, 금식, 순례, 종교세, 신앙증언) 등을 지키지 않는 사람이다.

لَا تَأْخُذْ حَقَّ الْغَيْرِ.　　　　다른 사람의 권리를 취하지 마라.

(2) "더 이상 아니다" 혹은 "뿐"이란 뜻이다.

اشْتَرَيْتُ كِتَابًا لَيْسَ غَيْرَ. (= اشتريت كتابًا فقط.)　　内가 책만 샀다.

خَمْسُمِئَةِ دُولَارٍ لَا غَيْرِ.　　　　오백 달라 뿐이다.

(*주로 아랍인들이 은행에서 영수증에 쓸 때 사용하는 표현이다).

그런데 غَيْر는 '그 이외의(=다른)' 란 의미로도 쓰이고 명사와 형용사를 부정할 때도 쓰인다.

دَرَسْتُ الكُورِية وَغَيْرَها.　　　　나는 한국어와 다른 언어를 공부했다.

طلابٌ غَيْرُ عَرَبٍ.　　　　비아랍인 남학생들

그러나 명사 특히 동명사만을 부정할 때에는 عَدَم을 사용한다.

عدمُ الانحياز　　　　비동맹

مَا خَلَا ، مَا عَدَا 의 제외 구문

제외사(불변사)로 쓰이는 مَا خَلَا ، مَا عَدَا 뒤에는 항상 목적격이 오고 이들은 완전한 제외 구문에서만 사용된다.

الحَيَوَانَاتُ مَا عَدَا البَبْغَاءَ لَا تَنْطِقُ.　　　　앵무새를 제외한 동물들은 발음하지 못한다.

위 문장을 분석하면 아래와 같다.

مَا : 인칭 대명사

عَدَا : 동사

동사문의 주어: مَا 를 가리키는 내포된 동사문의 주어

البَبْغَاء: 목적어

(예문)

لَا يُمْكِنُ أنْ يُقْرَأَ الْقُرْآنَ بِأَيَّةِ لُغَةٍ مَا عَدَا الْعَرَبِيَّةَ.

　　　　아랍어를 제외하고는 어느 언어로도 꾸란을 읽을 수 없다.

كُلُّ الطُّيُورِ تَبِيضُ مَا خَلَا الخُفَّاشَ.

　　　　박쥐를 제외하고 모든 날아다니는 새들은 알을 낳는다.

المُدُنُ المِصْرِية الكُبْرَى بُنِيتْ قَبْلَ الإِسْلَام مَا خَلَا القَاهِرَةَ.

　　　　이집트의 대도시들은 카이로를 제외하고 이슬람 이전에 세워졌다.

22.부정의 불변사

명사문과 동사문을 부정하는 불변사(أَدَوَاتُ النَّفْي)의 종류와 쓰임새는 다음과 같다.

① لَيْسَ : 명사문을 부정하며 카나와 그의 자매어의 하나이다.

(예) لَسْتُ طَالِبًا.　　　　나는 남학생이 아닙니다.

② مَا : 명사문과 동사문을 부정한다. 과거 동사 앞에 مَا가 쓰이면 동작을 부정하는데 "절대로(전혀) – 하지 않았다"의 의미이다.

مَا شَرِبْتُ الخَمْرَ قَطُّ.　　　　나는 술을 전혀 마시지 않았다.

만일 부정의 مَا 가 현재 동사 앞에 쓰이면 동작을 절대로 안 했다는 말이거나 동작의

가능성을 부정(- 할 수 없다)한다.

أَنَا مَا أَفْهَمُ اللُّغَةَ الصِّينِيَّةَ.   나는 중국어를 전혀 몰라요.

أَنَا لَا أَفْهَمُ كَلَامَكَ.   나는 네 말을 이해하지 못 하겠어

(나중에 이해할 수 있다는 말이거나 지금 상대방의 말이 분명하지 않다는 것을 의미한다)

③لا :동사문을 부정하고 일부 명사문을 부정한다. 다음과 같이 현재 동사의 마르푸으(자립형)를 부정할 때는 동사의 부정이 제한 없이(مطلق) 계속되거나 지금의 동작만을 부정(حالا)하는 두 가지 종류가 있다.

لَا يَذْهَبُ الْأَطْفَالُ إِلَى الْجَامِعَةِ.   아이들이 대학에 가지 않고 있다.

لَا أَشْرَبُ الشَّايَ الْآنَ.   나는 지금 차를 마시지 않는다.

④لَنْ : 미래의 현재 동사(만숩)를 부정하는데 해당 동사의 어미가 /a/모음을 갖는다.

لَنْ أَذْهَبَ إِلَى عَمَلِي غَدًا لِأَنَّنِي مَرِيضٌ.   내가 아파서 내일 일터에 안 갈거야.

لَنْ أُسَافِرَ هَذَا الْعَامَ.   금년에는 여행을 안 갈거야.

⑤لَمْ: 현재 동사의 마즈줌(소실형)을 가지는데 그 의미는 과거를 부정하고 해당 동사의 어말이 수쿤으로 끝난다.

لَمْ أُشَاهِدْ فِيلْمًا فِي التِّلْفِزْيُون مُنْذُ شَهْرٍ.   한달 내내 나는 TV에서 영화를 보지 않았다.

لَمْ يَكْتُبِ الْوَاجِبَ فَغَضِبَ الْمُدَرِّسُ مِنْهُ.   그가 숙제를 하지 않아서 교사가 화를 냈다.

그러나 مَا는 부정의 의미 이외에도 여러 다른 의미를 가지므로 좀더 살펴보자.

①"아무거나"라는 의미를 가질 때는 가끔 비한정 명사 뒤에 쓰인다.

يَوْمًا مَا سَيَكُونُ عِنْدِي طِفْلٌ جَمِيلٌ.   언젠가 나에게도 예쁜 아이[60]가 있을 거야.

كُنْتُ أَمْشِي فِي شَارِعٍ مَا، فَقَابَلْتُ صَدِيقِي.   어느 거리를 내가 걷고 있었는데 친구를 만났어.

أَعْطِنِي كِتَابًا مَا لِأَقْرَأَهُ.   내가 읽을만한 아무 책이나 주세요.

جَاءَ لِأَمْرٍ مَا.   어떤 일로 그가 왔다

②시간부사와 장소 부사 다음에 가끔 부가되어 쓰이기도 한다.

كَثِيرًا مَا أَنْسَى كِتَابِي فِي الْبَيْتِ.   나는 집에서 내 책을 자주 잊고 지낸다.

قَلِيلًا مَا أَرْكَبُ الْبَاصَ، فَأَنَا أُحِبُّ أَنْ أَمْشِي إِلَى الْبَيْتِ.

    가끔 나는 버스를 타는데 왜냐하면 나는 집까지 걸어가기를 좋아하기 때문이다.

دَائِمًا مَا يَقْرَأُ مُحَمَّدٌ قَبْلَ أَنْ يَنَامَ.   항상 무함마드가 자기 전에 책을 읽는다.

عَادَةً مَا نُسَافِرُ إِلَى أَسْوَانَ فِي الشِّتَاءِ.   대개 우리는 겨울에 아스완으로 여행간다.

③ 그밖의 여러가지 쓰임을 살펴보자.

مَا هَذَا الَّذِي مَعَكَ؟ (의문 명사)   너에게 있는 이것이 무엇이냐?

مَا جَاءَ أَحَدٌ الْيَوْمَ. (부정)   오늘 아무도 안 왔다.

مَا هَذَا طَالِبًا. (لَيْسَ 의 기능을 함)   이 (사람)은 학생이 아니다.

فَهِمْتُ الدَّرْسَ بَعْدَمَا شَرَحَ. (بَعْدَ شَرْحِهِ 의 의미이고 동명사적 용법)

     그것이 설명된 다음에 나는 단원을 이해했다.

---

[60] طِفْل 은 아기(الْمَوْلُود) 그리고 자라서 성년이 되기 전까지, 그 성장과정의 어느 시기를 모두 가리키는 낱말이다.

مَا تَفْعَلُهُ فِي دُنْيَاكَ تَجِدْهُ فِي أُخْرَاكَ. (조건 명사)

네가 이 현세에서 행한 것이면 너의 내세에서 그것을 되찾게 될 것이다.

مَا أَجْمَلَ هَذِهِ الزَّهْرَةَ! (놀람구문의 비한정 명사) 이 꽃이 참으로 아름답구나!

مَا قُلْتُهُ هُوَ الصَّوَابُ. (관계 대명사 الذي의 의미) 내가 말한 것은 맞다.

مَا اشْتَرَيْتُهَا هِيَ المَجَلَّةُ. (관계 대명사 التي의 의미) 내가 산 것은 잡지이다.

أَعْطَيْتُهُ شَيْئًا مَا. (뭔가, 잘 모르는) 내가 그에게 뭔가를 주었다.

إِنَّمَا الجَوُّ جَمِيلٌ اليَوْمَ. (제한의 의미) (다만) 오늘 날씨는 좋다.

다음 문장에서 밑줄친 부분을 읽고 명사어, 목적어, 이유 목적어, 동족 목적어, 목적격 명사의 수식어, 목적격명사의 피접속어 중에서 하나를 고르시오.

(1). أَظْهَرَ أَبُو بُورَام نَشَاطًا سِيَاسِيًّا وَدِينِيًّا فِي كُورِيَا.

보람의 아버지(아부 보람)는 한국에서 정치적 그리고 종교적 활동을 표명하였다.

(2). حُرُوفُ الهِجَاء ثَمَانِيَة وَعِشْرُونَ حَرْفًا. 알파벳은 28글자이다.

(3). هَذَا الكِتَابُ يُفَسِّرُ كَلِمَاتٍ جَدِيدَةً. 이 책은 새 어휘들을 해설해준다.

▶ 신나는 단어장

رَغِبَ الرَّجُلُ. (성년의) 남자는 욕심(야망)이 있었다.

رَغِبَ فِي السَّفَرِ. 그는 여행을 갈망했다.

رَغِبَ عَنِ الدِّرَاسَةِ. 그는 공부를 몹시 싫어했다.

رَغِبَ إِلَى اللهِ فِي الحَسَنَاتِ. 그는 알라께 은총[61]을 간청했다.

رَغِبْتُ بِكَ عَنِ الشَّرِّ. 너 때문에 악을 싫어했다.

إِذَا خَرَجَتِ الرُّوحُ مَاتَ الحَيَوَانُ. 생명(혼)이 떠나가면 동물은 죽는다.

قَتَلَ المُجْرِمُ رُوحًا. 범인이 인간을 죽였다.

مَا زَالَ رُوحُهُ يَصْعَدُ وَيَنْزِلُ. 그의 호흡이 계속 왔다 갔다했다.

نَزَلَ الرُّوحُ بِأَمْرِ اللهِ. 천사 지브릴이 알라의 명을 갖고 내려왔다.

الرُّوحُ الأَمِينُ = رُوحُ القُدُس 지브릴 천사(알루후 알아민 혹은 루후 알꾸두스)

وَضَعَ الطَّبَّاخُ الرُّوحَ فِي الحَلْوَى. 요리사가 단과자에 좋은 향기를 넣었다.

تَقَبَّلَ الهَزِيمَةَ بِرُوحٍ رِيَاضِيَّةٍ. 패배자가 스포츠 정신에 따라 패배를 받아들였다.

23. 아랍어의 독특한 구문

1) '특히'(لَا سِيَّمَا)의 구문

لَا سِيَّمَا 뒤에 오는 것을 특화(تَخْصِيص)하는 의미를 갖는다. لَا سِيَّمَا 는 우리말로 "특히

---

[61] حَسَنَة의 반대말은 سَيِّئَة이다. حَسَنَاتٌ는 حَسَنَة 의 복수형이고 "말과 행동에서 선한 것, 은총نِعْمَة, 자선صَدَقَة"등 의 의미이다.

"خاصّة"의 의미이고 ما+ سيّ + لا로 구성되어 있는데 سيّ는 "유사한"이란 의미이다. 다시 말하면 "그와 유사한 것이 없다"라는 말이므로 '그것이 가장 낫다'는 것을 의미한다.

لا: 종류 부정

سيّ: 종류 부정의 명사

لا의 술어: 술어는 "있다"라는 말이 생략되어 있다.

ما :관계 대명사. ما 다음에 오는 명사가 한정이면 그 명사는 주격 혹은 소유격이 가능하고 ما 다음에 오는 명사가 비한정이면 주격, 소유격 혹은 목적격이 가능하다.

(예문)

أُفَضِّلُ الْفَوَاكِهَ لَا سِيَمَا التَّمْرُ/ التَّمْرِ.   나는 과일들 중 특히 대추야자를 좋아한다.

أَحْتَرِمُ كُلَّ النَّاسِ لَا سِيَمَا أُمُّكَ/ أُمِّكَ.   나는 모든 사람들 특히 너의 어머니를 존경한다.

다시 정리하면 سِيَمَا لَا 구문 다음에 오는 명사가 한정이면 주격(술어의 대용으로 간주함)이나 소유격(연결형으로 간주함)을 갖고 비한정이면 주격, 소유격, 목적격(명시어로 간주함)을 갖는다.

أُحِبُّ الْفَاكِهَةَ لَا سِيَمَا التُّفَّاحُ.   나는 과일 특히 사과(주격)를 좋아한다.

أُحِبُّ الْفَاكِهَةَ لَا سِيَمَا التُّفَّاحِ.   나는 과일 특히 사과(소유격)를 좋아한다.

أَهْوَى قِرَاءَةَ الْكُتُبِ لَا سِيَمَا كِتَابًا مُفِيدًا.   (목적격)

　　나는 책읽기 특히 유익한 책을 읽는 것을 취미로 갖고 있다.

أَهْوَى قِرَاءَةَ الْكُتُبِ لَا سِيَمَا كِتَابٌ مُفِيدٌ.   (주격)

　　나는 책읽기 특히 유익한 책을 읽는 것을 취미로 갖고 있다.

أَهْوَى قِرَاءَةَ الْكُتُبِ لَا سِيَمَا كِتَابٍ مُفِيدٍ.   (소유격)

　　나는 책읽기 특히 유익한 책을 읽는 것을 취미로 갖고 있다.

이 구문의 의미는 아래와 같이 말할이가 과일을 좋아하는데 그가 오렌지를 좋아하는 것은 다른 과일보다 훨씬 더 좋아한다는 것이다.

أُحِبُّ الْفَوَاكِهَ وَلَا سِيَمَا الْبُرْتُقَال.   나는 과일을 좋아하는데 특히 오렌지를 더 좋아한다.

2)기원을 나타내는 문장

아랍어에는 기원을 나타내는 특별한 형식이 없다. 우선 과거동사가 기원을 나타낸다.

عَاشَ الْمَلِكُ   왕이시여! 오래 오래 사십시오(아랍 무슬림이 왕 앞에서).

رَقَدَ عَلَى رَجَاءِ الْقِيَامَةِ.   부활의 소망으로 영면하소서(아랍 기독교인, 조의문)

دُمْتُمْ دَائِمًا خَيْرًا.   여러분들에게 항상 좋은 일이 있기를 빕니다(뉴스를 마치고).

حَفِظَهُ اللهُ.   알라가 그를 지켜주시기를 빕니다.

بَارَكَ اللهُ فِيكَ.   알라가 너에게 복을 주시기를 빕니다.

رَحِمَهُ اللهُ.   알라가 그에게 자비를 베풀어 주시기를 빕니다.

طَالَ عُمْرُكَ.   당신이 오래 오래 살기를 빈다.

　　(신이 너를 오래 오래 살도록 해주시기를 빈다).

또 현재 동사가 기원문(دُعَاءٌ)에 사용되기도 한다.

السلامُ عَلَيْكُمْ.　　　　　　　네가 평안하기를 기원한다.

يَحْيَى المَلِكُ.　　　　　　　왕이 오래 살기를 기원한다.

다음은 아랍 기독교 목회자가 성도들에게 축복하는 기도(benediction)의 표현이다.

نِعْمَةُ رَبِّنا يسوعَ المسيحِ ومحبّةَ اللهِ و شركةَ الروحِ القدسِ تكونُ معكمُ وتَدومُ فيكُمْ.　(아랍 기독교인)

　　주 예수 그리스도의 은혜와 하나님의 사랑과 성령의 사귐이 여러분 모두와 함께하고
　　여러분 속에 지속되기를 빕니다(고후 13:13)[62].

3)문장+ خَاصَّةً (أوْ بِخَاصَّةٍ)

　문장 뒤에 خَاصَّةً 가 오는데 이 خَاصَّةً 다음에 오는 명사는 목적격이고 بِخَاصَّةٍ 다음에 오는
명사는 주격이다.

　　كَانَ ابْنُ سِينَا شَاعِرًا وَطَبِيبًا بِخَاصَّةٍ كَوْنُهُ فَيْلَسُوفًا.

이븐 시나는 시인이고 의사였으며 특히 철학자였다.

　　كَانَ مَجْدِي حَبِيبٌ يَعْقُوبُ بَارِعًا فِي الطِّبِّ خَاصَّةً جِرَاحَ القَلْبِ.

마그디[63] 하빕 야으꿉은 의술에 뛰어났고 특히 심장 수술에 뛰어났다.

4)제한 구문

아래 문장 중 ②와 ③은 제한구문(أُسْلُوبُ الحَصْر)이다.

① كِتَابُ الدُّكْتُور كُونْغ فِي الجَوْهَر وَصِفَاته دَلِيلٌ عَلَى تَعَدُّدِ اِهْتِمَامَاتِهِ.

공 박사의 책은 그 근본과 특성에서 다양한 관심사들을 나타내 준다.

② مَا كِتَابُ الدُّكْتُور كُونْغ فِي الجَوْهَر وصِفَاته إلاَّ دَلِيلٌ عَلَى تَعَدُّدِ اِهْتِمَامَاتِهِ.

공 박사의 책은 본질과 그 특성에서 단지 그의 다양한 관심사만을 알려주고 있다.

③ إِنَّمَا كِتَابُ الدُّكْتُور كُونْغ فِي الجَوْهَر وصِفَاتُهُ دَلِيلٌ عَلَى تَعَدُّدِ اِهْتِمَامَاتِهِ.

다만 공 박사의 책은 본질과 그 특성에서 그의 다양한 관심사를 알려주고 있다.

مَا(........) إلاَّ (........) 의 구문은 "단지..일뿐이다"라는 의미의 제한 구문이다. 이 경우
부정을 나타내는 ما 대신에 ليس 혹은 부정과 부인을 의미하는 의문사 هل이 쓰인다.

هَلْ هَذَا إلاَّ بَشَرًا مِثْلَكُمْ؟　(이 분도 여러분과 같은 인간일 뿐입니까?).

لَيْسَ هَذَا إلا بَشَرٌ مِثْلَكُمْ.　(이 분도 여러분과 같은 인간일 뿐입니다).

5)동반 목적어(동반 목적격): 현대문에서 잘 쓰이지 않는다.

오늘날 아랍인들의 일상 생활에서 거의 사용되지 않는 구문들이 있다. 현대문어
문법에서는 잘 쓰이지 않지만 고전 문법서에 나와 있는 문법 사항들 중 동반 목적어,
동사의 어미에 -n 또는 -nn를 붙여 강조를 나타내는 형태, 지시대명사의 일부 쌍수형

---

[62] 예배의 마지막 축도 (بَرَكَاتٌ رَسُولِيّة)할 때 주로 선포되는 말이다.

[63] 원래 표준 발음은 <마즈디>인데 이집트에서는 <마그디>라고 한다.

등이 있다. 그리고 현대 문어 아랍어에는 있지만 고전 아랍어의 쓰임과 달라진 구문들도 있다. 그 중에 강조를 나타내는 إِنَّ 가 현대 아랍인들에게는 강조의 의미가 상실되었다. 가령 إِنَّ مِصْرَ جَمِيلَةٌ 는 오늘날 이집트인들은 مِصْرُ فِعْلاً جَمِيلَةٌ = مصر بجدّ جميلة 으로 표현하고 만다.

동반 목적어는 동작이 일어나는 동안 동작주가 함께 동반하는 동작을 나타내는 목적격의 목적어이고 목적격의 목적어는 동명사나 파생을 통해 만들어진 명사이다. 불변사와가 동반 목적어 앞에 쓰인다.

سَافَرْتُ وَالصُّبْحَ.　　나는 아침이 밝아옴과 함께 여행을 떠났다.

مَشَى وَالطَّرِيقَ.　　그가 길을 따라(길과 함께) 걸었다.

مَشَيْتُ وَالنَّيْلَ.　　내가 나일강을 따라(나일강과 함께) 걸었다.

أُحْرِقَتِ الْمَكْتَبَاتُ وَسُقُوطَ بَغْدَادَ.　　바그다드가 함락된 것과 함께 도서관들이 불탔다.

6)부사 구문의 과거 동사

"내가 한국에 도착했을 때 내가 그 방식을 따랐다."라는 문장에서 전반부가 부사 구문이다.

(예). لَمَّا وَصَلْتُ إِلَى كُورِيَا سَلَكْتُ ذَلِكَ الْمَنْهَجَ.

위 문장은 부사 구문(أسلوب الظرف)이다. 불변사 لَمَّا 와 부사문 وصلت إلى كوريا 으로 되어 있다. 여기서 لَمَّا 는 حين، وقت (~때)라는 의미이고 이 부사문에 대한 대답은 과거 동사(سَلَكْتُ)이어야 한다.

7)청자의 주의를 환기하고 말문을 여는 불변사와 맹세 구문

أَمَا وَاللهِ لأُحَدِّثَنَّكُمُ الْيَوْمَ.　　자! 알라의 이름을 걸고 오늘 여러분들에게 꼭 말하겠다.

أَمَا وَاللهِ لأُقَاتِلَنَّ أَعْدَاءَ اللهِ.　　자! 알라의 이름을 걸고 알라의 적들을 대항하여 내가 싸우겠다.

위 문장은 청자의 주의를 환기시키고 말문을 여는 불변사 أَمَا 와 맹세 구문(أسلوب القسم)으로 되어 있다. أَمَا 는 상대의 관심을 끄는 것을 목적으로 하고 있다. 이 구문은 أما와 맹세코 وَاللهِ 로 되어 있다. 듣는 사람의 관심을 불러일으키기 위하여 말 머리에서 أَمَا 혹은 ألا 로 시작한다. 맹세 구문은 맹세의 대상(مقسم به)인 알라(الله)와 맹세의 불변사 و (전치사) 그리고 맹세문 أحدثنكم اليوم 과 강조를 위하여 맹세문 초두에 붙인 불변사 ل /la/로 되어 있다. 그런데 أَمَا는 위 의미 이외에도 다음과 같은 의미들을 갖는다.

أَمَا تَهْتَمُّ بِدُرُوسِكَ.　(재촉하고 격려(고무)하는 의미)　　네 공부에 신경 좀 쓰지.

أَمَا تُسَاعِدُنِي عَلَى فَهْمِ الدَّرْسِ.　(제안하고 요청하는 의미)　이 단원을 이해하는데 날 도와주지?

أَمَا إِنَّكَ طَالِبٌ مُجْتَهِدٌ.　(사실 그렇다는 의미)　　진짜 넌 열심히 공부하는 학생이야.

8. 요청문

아랍어에는 8개의 요청문(جُمْلَةُ الطَّلَبِ)이 있는데 명령(أَمْرٌ), 부정 명령(نَهْيٌ), 간구(دُعَاءٌ), 제안(عَرْضٌ), 부추김(تَحْضِيضٌ), 소원(التَّمَنِّي), 기대(التَّرَجِّي), 의문(استفهامٌ) 등이 여기에 속한다. 그리고 간구, 제안, 기대, 의문을 제외한 나머지 요청문(명령, 부추김, 소원, 부정 명령) 다음에 오는 ف 는 앞의 문장이 뒤의 문장의 원인이 된다는 것을 나타낸다. ف 다음에 오는 문장의 동사가 현재 동사이면 현재동사의 만숩(의존형)이 오는데 즉 어말이 /a/모음으로 끝난다. 이런 경우, ف 이전에 오는 문장을 요청문이라고 부른다.

(예) يَا لَيْتَنِي كُنْتُ مَعَهُم فَأُفوزَ فوزًا عَظِيمًا.

           내가 그들과 함께 있기를 소원했다. 그러면 내가 크게 이길 것이다.

①부정

لَا تُذَاكِرْ فَتَفْشَلَ   네가 집에서 공부하지 않는다. 그러면 실패할 것이다.

②소원

لَيْتَ عُمَرُ يَأْتِي الحَفْلَ فَيُشَاهِدَ الطُّلَّابَ

        오마르가 축하모임에 왔으면 좋겠다. 그러면 그가 학생들을 볼 수 있을 것이다.

③부정명령(금지)

لَا تَأْكُلْ كَثِيرًا فَتُصْبِحَ مَرِيضًا   너무 많이 먹지마라. 그러면 환자가 될 거야.

④명령

اُكْتُبْ الجُمْلَة فَتَفْهَمَ مَعْنَاهَا   문장을 써라. 그러면 네가 그 의미를 이해할 것이다.

(비교)

①기대

لَعَلَّ الأوْلَادَ يَسْكُتُونَ فَأَنَامَ   내가 잘 수 있도록 아이들이 조용히 하기를 기대한다.

②의문

هَلْ سَكَتَّ فَنَفْهَمَ   네가 이해할 수 있도록 조용히 하고 있니?

¤ 이미 앞에서 배운 것처럼 현재동사의 만숩(의존형)을 갖는 불변사들 중에는
    حتى – ل – إذن – كي – لن – أن- 원인의 ف 등이 있다.

9)동사를 강조하는 구문: 현대 표준 아랍어에서는 잘 안 쓰인다.
다음 문장들 중 동사 뒤에 강조를 나타내는 ن이 있는데 현대문에서는 잘 안 쓰인다.

(1).لَا تَحْسِبَنَّ اللهَ غَافِلاً عَمَّا يَعْمَلُ الظَّالِمُونَ

    불의한 사람들이 행하는 일을 알라가 소홀히 할 것으로 절대로 생각하지 마라.

(2). إِبْدَأَنَّ غَيْرَكَ دَائِمًا بِالتَّحِيَّةِ.   다른 사람에게 항상 인사를 꼭 먼저 하라.

(3) . قَدْ دَخَلَ مَعَهَا إِلَى الكَنِيسَةِ.   그가 그녀와 함께 교회로 들어갔다.

 위 (1)에서는 현재 동사 뒤에 강조의 겹친 /nna/ نّ 가 접미되어 있고 위 (2)에서는 명령 동사 뒤에 강조의 겹친 نّ이 접미되어 있다. 동사 어말에 붙는 이런 강조의 접미사는 오늘날 현대 표준아랍어에서 사용되지 않는다. 그런데 강조를 위한 겹친 نّ이 올 수 있는 경우는 반드시 현재 동사이어야 하고 미래를 나타내며 긍정문이어야 하나 (1)과 같은 부정문이나, (2)와 같은 명령문에도 사용이 가능하다. 이런 현재 동사의 강조는 다섯 동사에서는 불가능하다. 반면에 (3)은 과거 동사 앞에 과거 동사를 강조하는 قَد 가 접두되어 있는데 과거 동사 앞에 접두된 قَد، لَقَد 는 동작의 실현을 강조한다. 물론 이런 용법은 현대 표준아랍어에서 자주 쓰이는 불변사이고 이에 대한 자세한 설명은 3장<시제>에서 그리고 5장 <의미>에서 다뤘다.

10) '가정해 보라'의 구문

동사문과 더불어 명사문에 접두되는 رُبَّمَا 는 가망성(اِحْتِمَال), 혹은 드물게 일어난다(تَقْلِيل)는 것을 의미한다.

رُبَّمَا تَجِدُ رِسَالَةً لَكَ.	아마도 네가 너의 편지를 찾을 수 있을지도 모른다.
رُبَّمَا يَشْكُرُ حُسْنَ اِهْتِمَامِكَ.	아마도 네가 좋은 관심을 가져준 것에 그가 감사할지도 모른다.

그런데 رُبَّ 도 "드물게 일어난다(التَّقْلِيل)"는 의미를 갖는데 이 단어 뒤에 오는 명사는 비한정, 소유격이어야 한다.

(예) رُبَّ أَخٍ لَكَ لَمْ تَلِدْهُ أُمُّكَ.	너의 어머니가 낳지 않은 형(동생)이 있을 수 있다.[64]

과거도 아니고 현재도 아닌 "가정해보라(اِفْرِض)" 라는 의미를 갖는 명령동사 هَبْ 가 있다.

(예) هَبْنِي فَعَلْتُ.	내가 했다고 가정해보라.

이 명령 동사 هَبْ 는 두개의 목적어를 목적격으로 하고 이 두 개의 목적어는 본래 명사문의 주어와 술어이었다. 그런데 자주 "أَنَّ + 명사 + 술어"의 형식이 바로 뒤따라 온다.

هَبْ أَنَّكَ ابْنُ بَطُّوطَة، فَأَيْنَ تُسَافِرُ؟	네가 이븐 바뚜따라고 가정해 보라.

그러면 어디로 여행할거니?

هَبِ الدَّرْسَ سَهْلاً.	이 단원이 쉽다고 가정해보라.
هَبْ أَنَّ الإِنْسَانَ طَائِرٌ.	인간이 새라고 가정해 보라.

11) "그럴 리가 없다"의 구문

일의 성격상 그런 일은 일어날 수 없다는 것을 표현하는 구문<.... أَنْ لَنَا كَانَ مَا >이 있다. 이런 경우 '−할 리가 없다'(اِسْتِحَالَة) 혹은 그런 일이 일어날 것이라고는 상상도 할 수 없다는 의미이다. 이 구문은 "부정의 مَا + (يَكُونُ) كَانَ + لِ + 명사 + أَنْ"으로 되어 있다.

مَا كَانَ لِي أَنْ أَكْذِبَ.	내가 거짓말을 할 리가 없다.
مَا كَانَ لأَخِيكَ أَنْ يَتَأَخَّرَ.	너의 형이 늦을 것이라고는 상상도 할 수 없다.

12) 차단문

동사와 목적어 사이에 다른 문장이 삽입되어 동사와 목적어 사이를 차단하기 때문에 차단문(الجُمْلَة الاِعْتِرَاضِيَّة)이라고 부른다. 차단문은 기본적인 생각의 흐름을 끊어 준다. 차단문은 부차적인 목적을 위하여 사용되는데 기원(دُعَاء), 조심(اِحْتِرَاس), 중요한 사실에 주의를 끌기 등에 쓰인다. 이 차단문은 통사적으로 긴밀한 두 개의 성분 즉 명사문의 주어와 술어, 동사문의 동사와 주어, 동사와 목적어 사이에 들어 있는 문장으로서 두 개의 성분 사이에 삽입된다. 차단문은 굴절의 자리에 있지 않은데 다음 문장에서는 밑줄친 부분이 차단문이다.

قَالَ مُحَمَّدٌ <u>صَلَّى اللهُ عَلَيْهِ وَسَلَّمَ</u>: أَحَبُّكُمْ إِلَيَّ أَحْسَنُكُمْ أَخْلاقاً.

무함마드−알라가 그에게 복을 주고 평안의 인사를 해주기를 기원한다−가 말했다: 너희들이 나에 대한 가장 큰 사랑은 너희들이 윤리적으로 더 나아지는 것이다.

---

[64] 네 어머니가 낳지 않은 사람들을 더 잘 대해주라는 말이다.

السعادة مَنَحَكَ اللهُ إِيَّاهَا لا تُشْتَرَى بِالمَالِ.

행복은- 알라가 그것을 너에게 허용하셨다-돈으로 살 수 없는 것이다.

أنا ولا أحب الحديثَ عَنْ نَفْسي مِنْ أعلام الغِناء والموسيقى.

나는 - 내가 내 자신에 대한 이야기를 하고 싶지 않다- 노래와 음악의 저명한 사람 중의 하나다.

13)격려와 경고의 구문

아랍어 고문에서는 격려(إِغْرَاء)와 경고(تَحْذِيرٌ)의 구문이 있다. 현대 표준 아랍어에서는 격려와 경고는 낱말을 두 번 이상 반복하여 표현하나 고문에서는 문두에 와서 대부분 하나의 낱말이 목적격을 갖고 격려와 경고를 나타낸다. 격려는 "-을 지켜라"라는 동사가 생략된 것으로 보고, 경고에는 "조심하라"라는 동사가 생략된 것으로 보아 이들 생략된 동사들 뒤에 나오는 명사는 목적격의 목적어로 간주된다. 다음 예문에서 첫 세 단어는 격려이고 그 다음 셋은 경고의 어휘들이다.

العَمَلَ	일해라
النَّشَاطَ	움직여라
الحُبَّ لِكُلِّ النَّاسِ	모든 사람을 사랑하라
الكَسَلَ	게으름을 조심하라
الفَشْلَ	실패를 조심하라
الخَوْفَ	두려움을 조심하라

그런데 경고의 의미로 사용되는 다른 예로는 "إِيَّا + 인칭대명사"형이 있다.

إِيَّاكَ مِنْ عَمَلِ الشَّرِّ.	네가 악을 행하는 것을 조심하라.
أُحَذِّرُ إِيَّاكَ والكَذِبَ.	네가 거짓말하는 것을 내가 경고한다.

14)부연 구문 : 현대문에서 사용하지 않는다.

부연구문은 20세기에 아랍인들이 즐겨 사용한 구문이나 오늘날에는 거의 사용하지 않는다. 1인칭의 단수, 쌍수, 복수 다음에 1인칭과 관련된 것을 분명하게 해 주는 낱말이 있는데 이것을 부연 구문(أُسْلُوبُ الاِخْتِصَاص)이라고 한다. 인칭대명사를 설명해 주는 낱말은 항상 목적격이다.

نَحْنُ – رَئِيسَ الدَّوْلَةِ – قَرَّرْنَا مَنْحَ وِسَام الدَّوْلَةِ التَّقْدِيرِيِّ إِلَى الدُّكْتُور بَاك.

국가의 대통령인 나(우리)는 박 박사에게 국민 훈장을 수여하기로 결정했다.

부연 구문은 먼저 인칭 대명사가 나오고 말할이는 이 인칭대명사 다음에 이 인칭대명사를 가리키는 낱말을 제시한다. 그 이유는 모호성이 염려가 될 때 들을이가 이 인칭대명사가 가리키는 것을 알도록 확인해 주고 싶어서 이미 정해진 부연의 낱말을 덧붙인다. 이 부연의 낱말은 أَخُصُّ 라는 동사 다음에 오므로 이 동사의 목적어(목적격)가 된다.

يَجِبُ عَلَيْكُمْ – الطُّلابَ – أَنْ تجتهدوا. 학생들 여러분은 열심히 공부해야 한다.

أَنَا – مُديرَ المَدْرَسَةِ – قَرَّرْتُ أَنْ يَكُونَ السَّبْتُ إِجَازَةً.

학교의 교장인 나는 토요일을 수업 없는 날로 정했다.

위 첫 문장을 다시 쓰면 아래와 같다.
يَجِبُ عَلَيْكم ـ أُخُصُّ الطُّلَّابَ ـ أَنْ تَجْتَهِدُوا.

15)담화를 이끄는 불변사
아랍어에는 담화(discourse)를 이끄는 불변사들이 있다.
(1)....... هذا و(besides, 게다가)
هَذَا وَقَدْ أَثَارَ ضَجَّةً كَبِيرَةً بِمُحَافَظَةِ البُحَيْرَةِ.

　　　　　　게다가 그것이 알부하이라 도에서 큰 소동을 일으켰다.
(2) وإلاّ ف(otherwise, 그렇지 않으면)
قُمْ وإلاّ ضَرَبْتُكَ　　　　일어나라. 그렇지 않으면 내가 너를 때리겠다.

▶ 신나는 단어장

رَوَى المَطَرُ الزَّرْعَ.	비가 농작물에게 단비를 내려주었다.
رَوَى الأَدِيبُ الشِّعْرَ.	문학가가 시를 인용했다 .
قَرَأْتُ رِوَايَةً جَمِيلَةً.	나는 아름다운 장편소설을 읽었다.
رَوَى لِلنَّاسِ.	그가 사람들에게 이야기했다.
رَوَى عَلَى النَّاسِ.	이야기가 (누군가에 의하여) 사람들에게 전해졌다.
صَلَّى النَّاسُ فِي المَسْجِدِ	사람들이 모스크에서 이슬람식 기도[65](허리를 구부리고 엎드리는 동작)를 했다.
صَلَّى الرَّجُلُ	남자가 알라에게 간구했다
صَلَّى المُسْلِمُ عَلَى النَّبِيِّ	무슬림이 예언자에게 복이 있기를 기원했다.
ذَهَبَ النَّاسُ إِلَى صَلاتِهِم	사람들이 예배하는 곳으로 갔다.
الله يُصَلِّي عَلَى النَّبِيِّ وَلَيْسَ لِلنَّبِيِّ.	알라는 예언자가 복을 받기를 기원하고 알라는 예언자를 향하여 기도하지 않는다.

نَحْنُ نُصَلِّي لله وَلَيْسَ عَلَى الله

우리는 알라에게 복을 달라고 기도하고 알라가 복을 받기를 우리가 빌지는 않는다.

---

[65] 아랍기독교인들은 어디서 **صلاة**를 하느냐고 물을 때가 있는데 그 말은 어느 교회를 다니느냐를 묻는 말이다. 기독교의 기도는 "하나님과 대화하는 것"이고 하나님의 뜻을 구하는 시간이다. 기독교인의 기도는 찬양, 고백, 감사, 간구로 되어 있고 하나님과 교제하고 그의 뜻을 기다리며 하나님 앞에서 자신을 살피고 다른 사람을 위해서도 기도한다. 아랍 무슬림이 **صلاة**를 했느냐고 물을 때는 하루에 다섯번씩 의례적으로 하는 기도를 했느냐고 묻는 것이다. 이슬람식 기도는 '알라에게 인간이 가까이 다가가기 위한 일련의 동작들과 말들"을 가리킨다. 즉 이슬람의 기도는 기도 중 지켜야 할 동작(마음의 의향, 허리 굽히고 엎드리고 앉거나 일어나는 동작)과 정해진 암송할 기도문(알라후 아크바르, 앗쌀라무 알라이쿰, 무함마드와 그의 가족과 그의 동료들에 대한 기원)이 있다는 것을 의미한다.

1.다음 기사는 2009- 2010년 이집트 알아흐람 아랍 신문의 뉴스 내용이다. 각 문장의 어말에 모음을 붙이고 해석을 해 보라.

① بِنَاءً عَلَى وَصِيَّتِهَا دُفِنَ مَسَاءَ أَمْسِ جُثْمَانُ الأَمِيرَةِ فِرْيَال كُبْرَى بَنَاتِ المَلِكِ الرَّاحِل فَارُوقَ بِالمَقْبَرَةِ الخَاصَّةِ بِالأُسْرَةِ بِمَسْجِدِ الرِّفَاعِي بِمِنْطَقَةِ القَلْعَةِ.

(그녀의 유언에 따라 어제 저녁 고 파루ㄲ 왕의 큰딸 피르얄 공주의 시신이 알깔르아 지역의 알리파이 사원 가족 묘에 묻혔다(2009년 이집트 신문).

② أُطْلِقَ عَلَى المَسِيحِيِّينَ الرُّصَاصُ لِمُجَرَّدِ أَنَّهُمْ يَنْتَمُونَ إِلَى دِيَانَةِ السَّيِّدِ المَسِيح وَلَيْسَ لِأَيِّ سَبَبٍ آخَر.

(아무런 다른 이유 없이 단지 알마시흐 종교에 속해 있다는 것만으로 총알이 기독교인들에게 발사되었다).

③ وَلَوْ كُنْتُ قِبْطِيًّا لَقُلْتُ لِنَفْسِي إِنَّ المُشْكِلَة الرَّئِيسِيَّة تَكْمُنُ فِي المُنَاخ الَّذِي تَصَاعَدَ فِي الثَّلَاثِينَ عَامًا المَاضِيَةِ وَالَّذِي أَدَّى إِلَى ظُهُورِ تَيَّارَاتٍ مُتَطَرِّفَةٍ.

(내가 콥트인이라면 '지난 30년간 증폭되어온 분위기 속에 숨겨진 주요 문제가 과격한 흐름으로 나타난 것'이라고 나 자신에게 말하겠다.).

④ التَّمَسُّكُ بِالدِّين الإِسْلَامِيِّ هُوَ مِعْيَارٌ أَسَاسِيٌّ لِلَّعِبِ فِي مُنْتَخَبِ مِصْرَ.

(이슬람 종교에 충실하느냐가 이집트 대표팀 경기의 기본적인 기준이다.) [66]

⑤ لَقَدْ وُلِدْتُ فِي عَصْرٍ، فَقَدْ فِيهِ أَغْلَبُ الشَّبَاب الإِيمَانَ بِدُونِ أَنْ يَعْرِفُوا لِمَاذَا؟ وَاخْتَارُوا الإِنْسَانِيَّة كَبَدِيلٍ لِـ .. اللهِ.

(나는 대부분의 젊은이들이 왜 그런지 이유를 모르고 신앙을 잃어버린 시대에 태어났다. 그들은 "알라" 대신에 인본주의를 택했다.)

⑥ رِيم فَقِيه اللُّبْنَانِيَّة الأَصْل فَازَتْ بِمُسَابَقَةِ مَلِكَةِ جَمَال الوِلَايَاتِ المُتَّحِدَةِ لِعَام 2010 لِتُصْبِحَ أَوَّلَ أَمْرِيكِيَّةٍ مِنْ أَصْل عَرَبِيٍّ تَحْصُلُ عَلَى اللَّقَبِ.

레바논 태생의 리마 파끼흐가 2010년 USA의 미의 여왕 선발대회에서 선발되어 이런 칭호를 얻은 아랍 태생의 첫 미국인이 되었다.

⑦ مِنَ المَعْرُوفِ أَنَّ كُوريا الشَّمالية قَدْ دَعَمَتْ مِصرَ وسوريا دَعْمًا عَسْكَرِيًّا مباشرًا بعد العُدوَان الاسرائيلي سنة 1967 بِمَدِّهَا بِقِطَعِ غِيَار السِّلَاح السوفيتي.

북한이 1967년 이스라엘의 침략 이후에 소비에트 무기의 부품 조달로, 이집트와 시리아 를 직접적으로 지원한 것은 널리 알려진 일이다.

---

[66] 2010년 이집트 축구 감독(الكابتن) 하산 샤하타가 한 말이다.

مجلس الأمن الدولي يتحاشى لوم بيونج يانج في حادث إغراق بارجة حربية لكوريا الجنوبية.

안전보장 이사회는 남한의 전투함 침몰 사건에 평양을 비난하는 것을 배제하고 있다.

⑧ فَكَمْ كَانَ مُهِمَّاً أَنْ نُلاحِظَ أَنَّ الصُّنْدُوقَ الكُوِيتِي للتنمية قَدْ بَنَى في كوريا الشمالية مَشْرُوعَيْن تَنْمَوِيَيْن مُهِمَّيْن.

쿠웨이트 개발 기금이 북한에서 두 가지 중요한 개발 사업(프로젝트)에 착수했다는 것을 우리가 주목하는 것이 얼마나 중요한가.

⑨ السرعة الحالية للسيارات على طريق القاهرة الاسكندرية الصحراوي ما زالت 100 كيلومتر في الساعة للملاكي وسوف ترتفع إلى 120 كيلو مترا من العام المقبل.

카이로 알렉산드리아 사막길에서 자동차의 현 속도는 자가용이 시간당 100킬로미터이고 내년에는 120킬로미터로 올린다.(2010년 6월 25일 알아흐람지)

⑩قيمة الغرامة المالية المستحقة لمخالفة تجاوز السرعات القانونية المقررة على الطريق الصحراوي 1500 جنيه كحدّ أدنى ويجوز التصالح الفوري لمخالفات تجاوز السرعة أن يدفع قائد السيارة المخالف 150 جنيها فوريّاً

사막길에 규정된 법적 속도 초과로 내야할 벌금액은 최소한 1500파운드이다. 속도 초과의 벌금에 대한 즉각 해결(지불)은 벌금낼 자동차 운전자가 즉각 150파운드 내는 것이 허용된다. (2010년 6월 25일 알아흐람지)

⑪ المتهم اشترى رشاشا(بندقية) آلياً قبل الحادث بيومٍ وأخفاه داخل الأتوبيس لتنفيذ الجريمة. " لسْتُ نادِماً على ارتِكابِ الجَريمَةِ بلْ أشْعُرُ بالفخر والاعتزازِلأَنّي قتلْتُ من أهانَني." وإنّ العادات والتقاليد الصعيديّة الخاصّة بالثأر كانتْ لا تزالُ تجري بعروقه.

피의자는 사건 하루 전 자동 권총을 샀다. 그리고 범행을 실행하기 위하여 그것을 승합차 안에 숨겼다. "나는 범죄를 저지른 것을 후회하지 않는다. 오히려 나를 모욕한 사람들을 죽여서 자랑스럽게 느끼고 있다." 피의 복수에 관한 사이드 지역 (이집트 남부 지역)의 관습과 풍습이 아직도 그의 핏속에 흐르고 있었다(2010년 7월 10일 알아흐람지).

⑫ المحكمة الدستورية العليا توقف حكم التصريح بالزواج الثاني للمسيحيين.

최고 헌법 재판소는 기독교인들에게 두번째 혼인을 허용한 판결을 중지시켰다.[67] (2010년 7월 8일 알아흐람지).

2.다음 아랍 찬송을 읽으면서 문법사항을 찾아보시오.

1- نَشْكُرُ كلَّ حينٍ إلهَنَا الأَمين (مَنْ أَنْعَمَ بالفِدَاءِ الثَّمين)2
القرار:هَا هَلَّلويَا مَجدًا هَلَّلويَا (نَسْجُدُ لاسْمِ المَسيحِ العَظيمِ)2
2- نَعْبُدُ بخُشُوعٍ حَبِيبَنَا يَسُوعَ (فَهُوَ يُكَفْكِفُ كلَّ الدُّمُوعِ) 2
3-نَشْهَدُ لِلْجَميعِ عَنْ حُبِّهِ البَديعِ (فَهُوَ صَفُوحٌ وَدَوْمًا سَميعٌ)2
4-نَسِيرُ في خُطاهِ نَسْتَرْشِدُ هُدَاهُ (فَهُوَ الدَّليلُ وَرَبُّ الحَياةِ)

---

[67] 이집트의 기독교인들은 교회에서 혼인하는 것만 법적으로 인정받고 있고 이혼은 민법에서 가능하므로 이혼을 한 기독교인 마그디 윌리암이 다른 여성과 재혼할 수 있도록 민법에 호소하였다. 이집트 교회는 기독교 율법 الشريعة المسيحية과 거룩한 말씀 النصوص المقدسة에 근거하여 재혼이 불가능하다고 주장하고 또 과거 이집트 법원이 이런 경우, 재혼을 불가능하다고 재판한 판례를 내세워 헌법 재판소에 소송을 냈었다.

(해석: 우리는 언제나 신실하신 나의 하나님께 감사한다. 값진 속죄를 은혜로 주신 분.
후렴: 할렐루야, 영광 할렐루야. 그 크신 그리스도의 이름을 우리가 경배한다.
2-우리의 사랑하시는 이 예수님을 두려움으로 우리는 예배한다. 그 분은 모든 눈물을
손바닥으로 닦아주신 분이다.
3-우리가 모든 이에게 그의 비길데 없는 사랑을 증거한다. 그 분은 용서를 준비하고
계시고 항상 들으시는 분이다.
4-우리가 죄인들 속에 걸어도 그 분의 인도하심을 우리가 구한다. 그 분은 안내자이시고
생명의 주님이시다.)

(1) 동사문의 동사 다음에 목적어가 바로 나오지 않는 문장을 찾으시오.

نَشْكُرُ كُلَّ حِينٍ إِلَهَنَا الأَمِينَ

(2) 후속어를 찾으시오.

كُلُّ الدُّمُوعِ ، حَبِيبُنَا يَسُوعُ، المَسِيحُ العَظِيمُ

(3) 새로운 담화가 시작하는 세 문장에 ف가 접두되어 있다. 다음 중 어떤 의미라고
   생각하는가? ① <u>결과적인 의미</u> ② 순차적인 의미 ③ 설명하는 관계 ④ 예기치 않음

24. 낱말들로서 기능을 하는 문장들

　아랍어 낱말의 어말 모음이 바뀌면 문장에서의 기능이 달라진다. 아랍어 문장구조에서
가장 중요한 것은 이같은 어말 모음이 어떻게 달라지는 지를 살피는 것이다. 어말 모음이
변화하는 것을 우리말로 "굴절"이라고 하였다. 이런 굴절이 아랍어 문장 구조에서 매우
중요한 과제이다. 그런데 문장이 하나의 낱말의 역할을 하여 그 문장이 굴절의 기능을
대신하는 경우가 있고 또 굴절의 기능을 대신하지 않는 경우가 있다.

　(예) <u>الطَّالِبُ يَدْرُسُ العَرَبِيَّةَ</u>.

　위 예문에서 밑줄친 부분은 명사문의 술어이다. 그런데 이 술어가 문장으로 되어 있다.
이 문장(يَدْرُسُ العَرَبِيَّةَ)은 술어이고 주격 자리에 있다(في مَحَلِّ رَفْعِ خَبَرٍ)고 말한다. 사실은
문장(동사문)이므로 주격을 표시할 수 없다. 그렇지만 아랍 문법학자들은 이 동사문이
술어이고 술어는 본래 주격이어야 하므로 이 동사문은 주격 자리에 있다고 말한 것이다.
이런 경우 아랍인들은 문장이 낱말의 기능을 한다(الجملة التي لها محل من الإعراب)고 말한다.

　(예) <u>كَانَ الطَّالِبُ يَدْرُسُ</u>.　　　(밑줄친 문장은 "카나"의 술어이고 목적격 자리에 있다)
　　　قَالَ: <u>سَأَدْرُسُ العَرَبِيَّةَ</u>.　　　(밑줄친 문장은 목적어이고 목적격 자리에 있다)
　　　إِنَّ ابْنِي <u>يَدْرُسُ الطِّبَّ</u>　　　(밑줄친 문장은 "인나"의 술어이고 주격 자리에 있다)

　또 낱말의 기능을 하지 않는 문장에는 우리가 지금까지 배운대로 두 가지로 나뉘는데
하나는 굴절을 제대로 하거나 다른 하나는 아예 굴절의 위치에 있지도 않는 경우이다.

الإِعْرَابُ أَخُو المَعْنَى　어말 모음의 변화는 의미와 밀접한 관계를 갖는다.

1)낱말의 기능을 하는 문장(الجُمَلُ الَّتِي لَهَا مَحَلٌّ مِنَ الإِعْرَابِ: 굴절의 기능을 대신하는 문장)

아랍어의 명사는 문장에서 명사문의 주어가 되면 주격이고 술어가 되면 역시 주격이다. 또 명사가 동사문의 주어로 쓰이면 주격이고 목적어로 쓰이면 목적격이다. 그런데 가끔은 명사문이나 동사문이 굴절의 기능을 대신하여 주격 자리에 있거나 소유격 자리에 있거나 목적격 자리에 있을 수 있다. 그래서 술어의 주격 자리에 문장이 오거나 상황의 목적격 자리에 문장이 오기도 한다.

(1)인나와 카나의 자매어에서 술어가 문장일 때

인나와 그의 자매어에서 술어 또는 카나와 그의 자매어에서의 술어가 문장이 될 경우가 있다. 이때 술어는 명사문이거나 동사문이다. 술어가 문장일 때 그 문장이 주격 자리에 있다고 할 수 있다. 인나와 그의 자매어에서 술어가 문장일 경우에는 그 문장이 주격 자리에 있다. 카나와 그의 자매어에서 술어가 문장일 경우 그 문장이 목적격 자리에 있다.

الطُّلَّابُ يَدْرُسُونَ اللُّغَةَ الكُورِيَّةَ. (동사문이 술어로서 주격 자리에 있다)

남학생들이 한국어를 공부하고 있다.

إِنَّ اللهَ يَقْدِرُ عَلَى كُلِّ شَيْءٍ. (동사문이 인나의 술어로서 주격 자리에 있다)

알라는 모든 것을 하실 수 있다.

كَانَ العَرَبُ يَعْمَلُونَ بِالتِّجَارَةِ. (동사문이 카나의 술어로서 목적격 자리에 있다)

아랍인들은 상업에 종사하곤 하였다.

(2)인용문(مَقُولُ القَوْلِ)이 문장일 때

قَالَ المُدَرِّسُ : " هَذَا الدَّرْسُ سَهْلٌ".

교사는 이 단원이 쉽다고 말했다.

قُلْ: "هُوَ اللهُ أَحَدٌ".

알라가 한 분(여럿으로 나눠지지 않는 분)이라고 말하라.

위 첫 문장에서 동사 قَالَ 다음에 오는 인용된 문장은 목적어이므로 목적격의 자리에 있다.

(3)제2 목적어가 문장인 경우

يَظُنُّ النَّاسُ الغَنِيَّ يَعِيشُ سَعِيدًا.

사람들은 부자가 행복하게 살 것이라고 생각하는 것 같다.

위 문장에서 동사 يَظُنُّ는 두개의 목적어를 갖는 동사이다. 이 두개의 목적어는 원래 명사문의 주어와 술어이었기 때문에 이 술어가 문장이 될 수 있다. 위 밑줄친 문장은 الغَنِيَّ의 술어이고 يَظُنُّ의 목적어 기능을 하는 문장으로 목적격 자리에 있다. 그런데 أَعْطَى، مَنَحَ와 같은 동사들은 두 개의 목적어를 갖지만 이 두 개의 목적어는 명사문의 주어와 술어관계를 갖지 아니하므로 이 때에는 제2 목적어가 문장이 될 수 없다.

(4)상황이 문장일 때

상황은 특정한 시간의 묘사이다. 문장이 갖는 기능들 중의 하나가 상황인데 상황문의

형태는 여러가지가 있다.

أُشَاهِدُ التِّلِيفِزِيُونَ وَأَنَا أَشْرَبُ الشَّايَ. (명사문이 상황의 목적격 자리에 있다)

내가 차를 마시면서 TV를 시청하고 있다.

عَسَى أَنْ تَكْرَهُوا شَيْئًا وَهُوَ خَيْرٌ لَكُمْ. (명사문이 상황의 목적격 자리에 있다)

너희들에게 좋은 것을 너희들이 싫어하기를 (우리가) 바란다.

يَقِفُ الْخَطِيبُ بَيْنَ النَّاسِ فِي السُّوقِ يَدْعُوهُمْ إِلَى الْأَخْلَاقِ الْحَمِيدَةِ. (동사문이 상황의 목적격 자리에 있다)

시장에서 설교자가 사람들 사이에 서서 바람직한 윤리를 그들에게 당부하고 있다.

(5) 후연결어가 문장일 때

سَنُسَافِرُ يَوْمَ تَنْتَهِي الدِّرَاسَةُ.   공부를 마치는 날 우리는 여행갈 것이다.

حِينَ رَأَيْتُ أَخِي فَرِحْتُ جِدًّا.   내 형을 보았을 때 나는 정말 기뻤다.

هَذِهِ هِيَ غُرْفَتِي حَيْثُ أَنَامُ.   이것이 내가 자는 내 방이다.

위 문장에서 부사 يَوْمَ، حِينَ، حَيْثُ 등의 다음에 오는 문장을 보라. 이들 문장이 앞선 부사의 후연결어 위치에 있고 "공부를 마칠 때, 내 형을 볼 때, 내가 잘 곳"의 의미를 갖는다. 이들 문장들이 모두 후연결어이고 소유격 자리에 있다.

(6) 수식어가 문장일 때

هَذَا رَجُلٌ يُؤْمِنُ بِاللهِ.   이 분은 알라를 믿는 남자다.

اِشْتَرَيْتُ بَيْتًا لَهُ بَابَانِ.   나는 두 개의 문이 있는 집을 샀다.

سَمِعْتُ أُغْنِيَّةً كَلِمَاتُهَا حَزِينَةً.   나는 노랫말이 슬픈 노래를 들었다.

위 밑줄친 문장은 모두 그 앞에 오는 명사(수식받는 명사) 뒤에 오는 수식어이다. 이들 문장은 수식받는 명사에 따라 주격 자리에 있거나 목적격 자리에 있거나 소유격 자리에 있다.

* 가끔 상황문과 수식어가 문장일 때 서로 혼동되는 경우가 있다.

(7) 후속어가 문장일 때

اللهُ يُحْيِي وَيُمِيتُ.   알라는 살리기도 하시고 죽이기도 하신다.

وَقَفَ الطُّلَّابُ يَتَكَلَّمُونَ وَيَضْحَكُونَ.   학생들이 웃으면서 대화하고 서 있었다.

إِنَّ الطَّالِبَ الذَّكِيَّ يُذَاكِرُ يُذَاكِرُ وَلَا يَتْعَبُ.   똑똑한 학생은 집에서 열심히 공부해도 피곤해하지 않는다.

위 문장에서 밑줄친 문장은 후속어이다. يُمِيتُ 는 يُحْيِي 의 접속어이고 يُحْيِي 라는 문장은 술어로서 주격 자리에 있다. يُمِيتُ 문장은 يُحْيِي 문장의 접속어로서 주격 자리에 있다. يَتَكَلَّمُونَ 는 상황문으로서 목적격자리에 있고 يَضْحَكُونَ 는 يَتَكَلَّمُونَ 문장의 접속어로서 그 앞의 문장과 같이 상황문으로서 목적격 자리에 있다. 그리고 두번째에 오는 يُذَاكِرُ 문장은 첫 يُذَاكِرُ 문장의 강조어이다. 첫 문장 يُذَاكِرُ 가 인나의 술어로서 주격 자리에 있고 두번째 يُذَاكِرُ

는 첫 문장 يذاكر의 강조어로서 주격자리에 있다.

낱말의 기능을 하는 문장(굴절의 기능을 대신하는 문장)
◆인나와 그의 자매어 또는 카나의 그의 자매어의 술어가 문장으로 올 때
◆인용문
◆제2 목적어가 문장으로 올 때
◆상황문
◆후연결어가 문장으로 올 때
◆수식어가 문장으로 올 때
◆접속과 강조가 문장으로 올 때

▶ 신나는 단어장

حَدَّثَهَا حَدِيثًا خَاصًّا.　　　그가 그녀와 비밀스런 이야기를 했다.
　　　　　　　　　　　　　　　(그녀가 아닌 사람과는 그 내용을 말하지 않았다).
مَالُهُ الخَاصُّ.　　　　　　　다른 사람이 공유할 수 없는 돈. 그에게만 속하는 돈.
صَدِيقُهُ الخَاصُّ.　　　　　　친구들 중에서 그가 가장 좋아하는 친구.
خَصَّ العِقَابُ المُجْرِمَ.　　　처벌은 그 죄인에게만 해당되었다.
خَصَّهُ بِالمَالِ.　　　　　　　다른 사람이 아닌 그에게만 돈을 주고 싶어했다.
أُحِبُّ ابْنِي وَخُصُوصًا أَخْلَاقَهُ.　　난 내 아들을 좋아하는데 특히 그의 도덕성을 좋아한다.
الأَخْلَاقُ لَا تُدرس فِي كِتَابٍ أَو عَلَى السَّبُّورَةِ.　도덕은 책이나 칠판에서 배울 수 없다.
عَمَّ السُّرُورُ.　　　　　　　기쁨이 모든 사람에게 퍼져갔다.
عَمَّ الحَاكِمُ النَّاسَ بِكَرَمِهِ.　　통치자는 사람들에게 그의 환대로 널리 알려졌다.
عَمَّ الرَّجُلُ رَاسَهُ بِالعِمَامَةِ.　　성년의 남자가 그의 머리에 헝겊을 둘렀다.
جَاءَ عَامَّةُ القَوْمِ.= جَاءَ القَوْمُ عَامَّتُهُمْ. 민족 전체가 왔다.

2)굴절의 기능을 대신할 수 없는 문장(الجُمَلُ الَّتِي لَا مَحَلَّ لَهَا مِنَ الإِعْرَابِ)

(1)관계 종속문

　관계 대명사는 그 다음에 오는 문장 없이 그 의미를　이해하기 어렵다. 이렇게 관계 대명사 뒤에 오는 문장을 관계 종속문(جُمْلَةُ الصِّلَةِ ; صِلَةُ المَوْصُولِ)이라고 부른다. 이 관계 종속문은 굴절 위치에 놓이지 않는 문장이다. 관계 종속문에는 관계 대명사를 가리키는 인칭 대명사가 있다.

المُدَرِّسُ الَّذِي يَشْرَحُ القَوَاعِدَ أَخِي.　　문법을 설명하는 교사는 우리 형이다.
كُلُّ مَا هُوَ آتٍ آتٍ. (아랍시)　　올 것은 어쩔 수 없이 온다(이슬람의 운명론).
الكِتَابُ المُقَدَّسُ هُوَّ الكِتَابُ الَّذِي عَبَّرَتِ المَسِيحِيَّةُ مِنْ خِلَالِهِ عَنْ رِسَالَتِهَا.
　　　　　　　　　　　　성경은 기독교가 그것을 통해 메시지를 표현하는
　　　　　　　　　　　　책이다.

그런데 관계대명사를 연결해 주는 인칭 대명사가 관계 종속문에 오게 되는데 "연결해

주는 인칭 대명사(연결의 인칭대명사)"가 목적어로서 목적격자리에 있으면 이 인칭 대명사는 자주 생략된다.

اللهُ يَهْدِي مَنْ يَشَاءُ.   알라는 그가 원하는 사람을 인도한다.

      * 꾸란에 나오는 글귀이다.

다음 문장에서 "연결의 인칭대명사"를 찾으시오.

النَّثْرُ العَرَبِيُّ فُنُونُهُ مُتَنَوِّعَةٌ.   아랍 산문의 예술은 다양하다.

الدَّارِسُونَ يَجِدُونَ فِي النَّثْرِ العَرَبِيِّ مُتْعَةً.   학습자들은 아랍산문에서 즐거움을 발견한다.

كَمَال يَدْرُسُ اللُّغَةَ الكُورِيَّةَ.   카말은 한국어를 공부한다.

(2) 차단문

كَانَ النَّبِيُّ مُحَمَّدٌ – صَلَّى اللهُ عَلَيْهِ وَسَلَّمَ – قُرَشِيًّا.

      예언자 무함마드(알라가 그에게 복을 주고 그에게 평안의 인사를 해주기를 기원한다)는 꾸라이쉬 족이었다.

كَانَ القُرْآنُ – لَا شَكَّ فِي هَذَا – مَرْكَزَ الثَّقَافَةِ العَرَبِيَّةِ.

      꾸란은 의심할 것도 없이 아랍 문화의 핵심이었다.

위 예문에서 차단 부호 (–   –) 사이에 들어 있는 문장은 다른 문장을 차단해 주고 있고 다른 문장의 일부가 아니다. 이런 문장을 우리는 차단문이라고 하는데 위 첫 문장에서 차단문은 이슬람 역사의 중요 인물의 이름 뒤에 사용되는 기원문이다. 차단문은 굴절 위치에 놓이지 않는 문장이다.

(3) 설명문

اخْتَلَفَتْ قُرَيْشٌ: هَلْ هَذَا القُرْآنُ نَثْرٌ أوْ شِعْرٌ؟

      꾸라이쉬 족은 의견이 달랐다. 이 꾸란이 산문인가? 시인가?

تَسِيرُ حَيَاتِي عَلَى وَتِيرَةٍ وَاحِدَةٍ. أعْمَلُ لَيْلَ نَهَارَ.

      내 인생이 한결 같다. 나는 밤 낮으로 일한다.

위 예문에서 밑줄친 문장은 그 앞의 것을 설명하고 있다. 첫째 문장에서는 무엇에서 서로 다른가? 둘째 문장에서는 한결같다는 말이 무엇인가?를 설명해준다. 이런 문장을 설명문(الجُمْلَة التَّفْسِيرِيَّة)이라고 한다. 이런 문장은 현대표준아랍어에 흔하지 않으나 굴절 위치에 놓이지 않는 문장이다.

(4) 말의 첫 머리에 오는 문장

말이 처음 시작되는 문장이 올 때 이 문장으로 인하여 다음 말이 시작되므로 이 문장은 굴절을 대신하는 위치에 있지 않다. 왜냐하면 이들 문장은 우리가 이 책의 앞 부분에서 살펴본대로 보통 아랍어 문장의 굴절 방식을 따르기 때문이다.

التِّلْمِيذُ مُتَمَيِّزٌ.   학생이 타의 모범이 된다.

يَقْرَأُ الوَلَدُ الدَّرْسَ.   아이가 단원을 읽는다.

يَطُوفُ المُسْلِمُونَ حَوْلَ الكَعْبَةِ.   무슬림들이 카아바 주위를 돈다.

위 예문들은 말이 시작하는 처음에 놓이고 다른 큰 문장의 일부가 아니면 굴절을 대신하지 않고 본래의 기능을 다 하므로 우리는 앞서 언급한 예문들처럼 굴절의 표지와 기능을 온전하게 한다.[68]

낱말의 기능을 하지 않는 문장
(굴절의 기능을 대신할 수 없는 문장)
1- 관계 대명사 뒤에 오는 관계종속문
2- 차단문
3- 설명문
4- 모문(말의 첫 머리에 오는 문장)

25.명사와 동사, 어말 모음의 변화

1)명사의 어말 모음 변화

아랍어 문장구조에서 가장 중요한 것은 어말모음의 변화(الإعْرَاب)이다. 어말모음 변화(굴절)는 문법적 기능에 따라 어말이 달라지는 것을 말한다. 그리고 아랍어 낱말의 기능은 문장에서 어느 위치에 놓이느냐에 따라 달라진다. 한 낱말의 끝을 어말이라고 하는데 아랍어는 어말이 달라지면 문법적 기능이 달라진다. 그래서 아랍학생들을 위한 아랍어 시험에서는 그 낱말의 기능(주어 목적어, 술어 등)이 무엇인지 그리고 어말 모음(/a/모음인지, /u/모음인지, /i/모음인지 등)이 어떻게 표시되어 있는 지를 묻는다. 명사의 굴절(어말 모음 변화)은 굴절하는 명사(어말변화 명사: الاسْمُ الْمُعْرَبُ)와 굴절하지 않는 명사(어말 불변 명사: الاسْمُ الْمَبْنِيُّ)로 나뉜다. 어말 불변 명사는 어말이 변하지 않고 항상 하나의 상태를 고집하는 것이다. 아랍어 어말 불변 명사에는 인칭대명사, 지시대명사, 관계대명사, 의문 명사, 조건 명사 등이 있다.

(1)인칭대명사: أَنَا، أَنْتَ، هُوَ، هِيَ، ...... إِنَّهُ، كِتَابِي ، حَضَرْتُ

(예) نَحْنُ مَسْؤُولُونَ   우리가 책임자다

(2)지시대명사: هَذَا، هَذِهِ، هَؤُلَاءِ، ذَلِكَ، تِلْكَ، أُولَئِكَ.

그러나 쌍수형 هَذَان، هَاتَان은 어말모음이 변한다.

(예) : رَأَيْتُ هَذِهِ الْبِنْتَ ، هَذِهِ بِنْتٌ   이 딸을 내가 보았다. 이 애가 딸이다.

ذَهَبْتُ إلى هَذِهِ الْبِنْتِ   나는 이 딸에게 갔다.

(3)관계대명사: الَّذِي، الَّتِي، الَّذِين، اللَاتِي   그러나 쌍수형 اللَّذَان، اللَّتَان는 어말모음이 변한다.

(예) إِنَّ الَّذِي يَأْتِي بَعْدِي صَارَ قُدَّامِي   내 뒤에 오는 분이 나를 앞선 자가 되었다.

(4)의문 명사: مَنْ، مَا، كَمْ، أَيْنَ، مَتَى، كَيْفَ، مَاذَا   등이고 أَيْ 는 어말모음이 변한다.

---

[68] الْجُمْلَةُ الِابْتِدَائِيَّةُ لَيْسَ لَهَا مَحَلٌّ مِنَ الإِعْرَابِ، فَهِيَ تُعْرَبُ كَلِمَةً كَلِمَةً مَثَلاً : حَضَرَ الرَّئِيسُ الِافْتِتَاحَ . حَضَرَ : فِعْلٌ مَاضٍ مَبْنِيٌّ عَلَى الْفَتْحِ ، الرَّئِيسُ : فَاعِلٌ مَرْفُوعٌ , الِافْتِتَاحَ : مَفْعُولٌ بِهِ مَنْصُوبٌ . أَمَّا الْجُمْلَةُ الَّتِي لَهَا مَحَلٌّ لِلإِعْرَابِ هِيَ الَّتِي تَكُونُ دَاخِلَ جُمْلَةٍ أُخْرَى.

(예) ؟ أَيْنَ أَنْتَ   너는 어디 있나?

(5)조건 명사: مَنْ، إذا، لَوْ

(예) سَوْفَ يَنْجَحُ إذا ذاكَرَ   그가 공부하면 합격할 것이다.

문장에서 낱말이 어디에 놓이느냐에 따라 그리고 그 기능에 따라 어말 모음의 변화가
달라진다. 3장에서 우리가 이미 배운대로 낱말의 패턴과 파생을 알거나 사전을 참고하면
해당 낱말의 어휘적 의미(lexical meaning)를 알 수 있다. 그런데 문장 속에서 만일 각
낱말의 어말 모음이 어떻게 변화하는 지를 알면 문법적 의미(grammatical meaning)를
확인할 수 있다.

예를들면 هَذَا وَلَدٌ (이 애는 아들이다)에서 처럼 술어(وَلَدٌ)가 주격(مَرْفُوعٌ) 이고 خَبَرٌ رَأَيْتُ وَلَدًا
(내가 아들을 보았다) 에서는 وَلَدًا 가 목적어로서 목적격(مَفْعُولٌ بِهِ مَنْصُوبٌ)이며 ذَهَبْتُ إلى وَلَدٍ
(내가 아들에게 갔다)에서는 وَلَدٍ 가 전치사 뒤에 놓여 소유격 명사(اسْمٌ مَجْرُورٌ)이다. 이처럼
"아들"이란 낱말이 세 문장 속에 각각 들어 있지만 각각의 문법적 의미는 달랐다. 다음
예를 보자.

①.أَنْتَ الآنَ تَتَكَلَّمُ العَرَبِيَّةَ   너는 지금 아랍어로 말한다.

②.تَحَدَّثَ بِالعَرَبِيَّةِ مَعَ العَرَبِ   그가 아랍인들과 함께 아랍어로 이야기했다.

③.العَرَبِيَّةُ أَصْعَبُ اللُّغَاتِ فِي العَالَمِ   아랍어는 세계에서 가장 어려운 언어이다.

= العَرَبِيَّةُ أَصْعَبُ لُغَاتِ العَالَمِ.

위 예문에서 العَرَبِيَّة 라는 낱말은 문장이 달라지면서 그의 기능(وَظِيفَة)이 달라졌다. 그
기능이 달라졌다는 것은 이 낱말의 끝에 오는 모음이 달라진 것으로 알 수 있다. 위 ①의
문장에서 العَرَبِيَّة 낱말이 /a/모음으로 끝나고 ②의 문장에서는 /i/모음으로 끝났으며 ③의
문장에서는 /u/모음으로 끝나고 있다. 즉 العَرَبِيَّة 라는 낱말이 ①에서는 목적격이고
②에서는 소유격이며 ③에서는 주격이다. 이 세 가지의 모음을 어말변화의 표지(عَلَامَاتُ
إعْرَابٍ) 혹은 굴절 표지라고 부른다. 아랍어에서 명사는 문장의 어디에 놓이느냐에 따라서
주어가 되기도하고 목적어가 되기도 하고 소유격명사가 되기도 하므로 문장에서 어느
기능(وَظِيفَة)을 하는지를 살펴야 한다. 다음 밑줄친 부분은 문장에서 어떤 기능(주어, 동사,
목적어 등)을 하는가?

السودانُ بلدٌ عربيٌّ مسلمٌ، عاصمتُهُ الخرطوم، ويوجدُ بالخرطوم جامعتان، كما توجدُ الجامعة الإسلامية بمدينة
أم درمان. زرتُ السودانَ في الصيف الماضي وأقمتُ هناكَ أسبوعينِ، شاهدْتُ فيهما كثيراً منْ مدُنِ السودان.

위 글에서 '수단'(السودان)이란 낱말의 어말이 순서적으로 /u/(수단은) , /a/(수단을), /i/
(수단의) 모음을 갖고 있다. 첫 낱말에서는 주어이고 두번째 낱말은 목적어이며 세번째
낱말은 후연결어이다.

أَحْمَدُ أُسْرَتُهُ كَبِيرَةٌ.   아흐마드, 그의 가족이 많다.(주어)

아래 설명은 위 아랍어 문장의 각 어휘에 대한 문법적 기능을 아랍어로 설명한 것이다.

أَحْمَدُ: مُبْتَدَأً مَرْفُوعٌ وَعَلَامَةُ الرَّفْعِ الضَّمَّةُ.

أُسْرَة: هُوَ مُبْتَدَأٌ فِي جُمْلَةِ "أُسْرَتُهُ كَبِيرَةٌ" وَالْمُبْتَدَأُ مَرْفُوعٌ، وَالضَّمَّةُ عَلَامَةُ الرَّفْعِ.

ـ ﻩ: هُوَ ضَمِيرٌ مُضَافٌ إِلَيْهِ وَهُوَ فِي مَحَلِّ جَرٍّ.

كَبِيرَةٌ: هُوَ خَبَرٌ فِي جُمْلَةِ "أُسْرَتُهُ كَبِيرَةٌ" وَالْخَبَرُ مَرْفُوعٌ، وَالضَّمَّةُ عَلَامَةُ الرَّفْعِ.

أَحْمَدُ هُوَ مُبْتَدَأٌ وَالْخَبَرُ هُوَ الْجُمْلَةُ الاسْمِيَّةُ "أُسْرَتُهُ كَبِيرَةٌ" وَهِيَ فِي مَحَلِّ رَفْع.

가. 어말 모음이 변화하는 명사의 굴절 (إِعْرَابُ الاسْمِ الْمُعْرَبِ)

아랍인의 문법 수업은 문장의 굴절(어말변화) 표지와 그 기능을 중시하는데 다음 표는 어말의 모음이 변화하는 명사의 표지와 기능을 요약한 것이다.

표지 (الْعَلَامَةُ)	격의 상태 (الْحَالَةُ)	기능 (الْوَظِيفَةُ)
주격의 표지는 /u/ 모음 (وَعَلَامَةُ الرَّفْعِ / الضَّمَّةُ)	주격 (مَرْفُوعٌ)	명사문의 주어 (مُبْتَدَأٌ) 술어 (خَبَرٌ) 동사문의 주어 (فَاعِلٌ)
목적격의 표지는 /a/ 모음 (وَعَلَامَةُ النَّصْبِ / الفَتْحَةُ)	목적격 (مَنْصُوبٌ)	목적어 (مَفْعُولٌ بِهِ)
소유격의 표지는 /i/ 모음 (وَعَلَامَةُ الجَرِّ / الكَسْرَةُ)	소유격 (مَجْرُورٌ)	후연결어 (مُضَافٌ إِلَيْهِ) 소유격명사 (اسْمٌ مَجْرُورٌ)

※ 다음은 어말 모음이 변화하는 명사의 문장 구조를 아랍어로 설명한 것이다.

① إِبْرَاهِيمُ صَادِقٌ   이브라힘은 진실하다.

إِبْرَاهِيمُ : مُبْتَدَأٌ مَرْفُوعٌ وَعَلَامَةُ الرَّفْعِ الضَّمَّةُ

إِبْرَاهِيمُ: 주격의 주어이고 주격의 표지는 /u/ 모음이다.

صَادِقٌ : خَبَرٌ مَرْفُوعٌ وَعَلَامَةُ الرَّفْعِ الضَّمَّةُ

صَادِقٌ: 주격의 술어이고 주격의 표지는 /u/ 모음이다.

② يَلْعَبُ يُوسُفُ كُرَةَ الْقَدَمِ   유수프가 축구를 한다.

يُوسُفُ : فَاعِلٌ مَرْفُوعٌ وَعَلَامَةُ الرَّفْعِ الضَّمَّةُ

يُوسُفُ: 동사문의 주어이고 주격이며 주격의 표지는 /u/ 모음이다.

كُرَةَ : مَفْعُولٌ بِهِ مَنْصُوبٌ وَعَلَامَةُ النَّصْبِ الفَتْحَةُ

كُرَةَ : 목적격의 목적어이고 목적격의 표지는 /a/ 모음이다.

الْقَدَمِ : مُضَافٌ إِلَيْهِ مَجْرُورٌ وَعَلَامَةُ الجَرِّ الكَسْرَةُ

الْقَدَمِ : 소유격의 후연결어이고 소유격의 표지는 /i/ 모음이다.

▶ 신나는 단어장

مَا سَبَبُ حُضُورِكَ؟   너의 참석의 동기가 무엇이냐?

الْمُذَاكَرَةُ سَبَبُ النَّجَاحِ.   숙제를 하고 암기하는 것은 성공의 지름길이다.

يَمُتُّ إِلَيْهِ بِسَبَبٍ.   (결혼으로) 그가 친척이 된다.

لَيْسَ بَيْنَ المَوْضُوعَيْنِ سَبَبٌ.   두 주제 사이에 연결점이 없다.

أَسْبَابُ السَّمَوَاتِ   하늘의 여러 방향

나. 어말 모음이 변화하지 않는 명사의 굴절 (إِعْرَابُ الاسْمِ المَبْنِيِّ)

① <u>هُوَ رَجُلٌ</u>   그는 (성년의) 남자다.

هُوَ : ضَمِيرٌ مَبْنِيٌّ عَلَى الفَتْحِ في مَحَلِّ رَفع مُبْتَدَإٍ

명사문의 주어로서 주격 자리에 놓여있고, /a/ 모음으로 격이 불변하는 인칭대명사.

② <u>أَنَا مُدَرِّسٌ</u>   나는 교사이다.

أَنَا : ضَمِيرٌ مَبْنِيٌّ عَلَى السُّكُون في مَحَلِّ رَفع مُبْتَدَإٍ

명사문의 주어로서 주격 자리에 있고 수쿤(무모음)으로 격이 불변하는 인칭대명사.

③ <u>كَتَبْتُ الوَاجِبَ</u>   나는 숙제를 했다.

تُ : ضَمِيرٌ مَبْنِيٌّ عَلَى الضَّمِّ في مَحَلِّ رَفع فَاعِلٍ

동사문의 주어로서 주격의 자리에 있고 /u/모음으로 격이 불변하는 인칭대명사.

④ <u>سمعكِ المُدَرِّسُ</u>   교사가 너의 말을 들었다.

كِ : ضَمِيرٌ مَبْنِيٌّ عَلَى الكَسْر في مَحَلِّ نصبٍ مَفْعُولٍ بِهِ

목적어로서 목적격의 자리에 있고 /i/ 모음으로 격이 불변하는 인칭대명사.

⑤ <u>هَذَا كِتَابِي</u>   이것은 내 책이다.

هَذَا : اسْمُ إِشَارَةٍ مَبْنِيٌّ عَلَى السُّكُون في مَحَلِّ رَفع مُبْتَدَإٍ

명사문의 주어로서 주격의 자리에 있고 수쿤으로 격이 불변하는 지시대명사.

ي : ضَمِيرٌ مَبْنِيٌّ عَلَى السُّكُون في مَحَلِّ جَرٍّ مُضَافٍ إِلَيْهِ

후연결어로서 소유격 자리에 있고 수쿤으로 격이 불변하는 인칭대명사.

다음 표는 어말 모음이 변화하지 않는 명사들의 기능과 표지를 요약한 것이다.

기능 (الوَظِيفَةُ)	격의 상태 (الحَالَةُ)	표지 (العَلَامَةُ)	종류 (النَّوْعُ)
명사문의 주어 술어 동사문의 주어	주격 자리에 (في مَحَلِّ رَفع)	/u/ (الضَّمِّ) /a/ (الفَتْح)　→ مَبْنِيٌّ عَلَى /i/ (الكَسْر)　어말 불변 /ø/ (السُّكُون)	인칭대명사 지시대명사 의문명사 관계대명사
목적어	목적격 자리에 (في مَحَلِّ نصبٍ)		
후연결어 소유격명사 (전치사 뒤)	소유격 자리에 (في مَحَلِّ جَرٍّ)		

아랍어 명사의 어말모음이 변화하는 것은 격이 변화한다는 말이고 어말 모음이 불변한다는 것은 격이 불변한다는 말과 같다. 여기서 잠시 아랍어 مَبْنِيٌّ عَلَى الضَّمِّ (1)과 مَبْنِيٌّ عَلَى عَلَامَةِ رَفْعِهِ (2)를 살펴보자. 전자 (1)는 /u/모음으로 격이 불변한다(/u/ 모음으로 고정되어 어말 모음이 변화하지 않는다)는 말이고 후자 (2)는 주격의 표지로 격이 고정되어 있다는 말이다. 전자는 항상 /u/ 모음과 관련되어 있는데 후자는 단수의 주격 /u/, 쌍수의 주격 /ā/, 복수의 주격 /ū/ 등을 가리키는 말이다.

2)동사의 어말 모음 변화

아랍어 과거 동사는 "어말 모음이 변화하지 않는다(مَبْنِيٌّ)". 반면에 현재 동사는 어말 모음이 변화하는데 현재 동사의 굴절은 /u/모음으로 끝나는 경우, /a/모음으로 끝나는 경우 그리고 아예 모음이 없는 경우 등 셋으로 나뉜다. 그래서 현재 동사 앞에 أَنْ، لَنْ 등 나습을 이끄는 불변사와 لَمْ 등 자즘을 이끄는 불변사가 현재 동사 앞에 바로 오지 않으면 이 때의 현재동사를 마르푸으(مَرْفُوعٌ)라고 한다. 라프으의 표지(عَلَامَةُ الرَّفْع)는 다음과 같다.

(1)인칭대명사 هِيَ– هُوَ –أَنْتَ– نَحْنُ– أَنَا 에서 현재동사의 어말이 /u/(الضَّمَّة) 모음일 때 라프으이다.

(2)인칭대명사 أَنْتِ، أَنْتُمَا، هُمَا، أَنْتُمْ، هُمْ 등 다섯동사가 어말에 ن이 붙어 있으면 라프으이다.

그리고 أَنْ، لَنْ 과 같은 나습의 불변사(حُرُوفُ النَّصْب)가 현재동사 앞에 오면 나습의 표지는 다음과 같다.

(1)인칭대명사 هِيَ– هُوَ –أَنْتَ– نَحْنُ– أَنَا 에서 현재 동사의 어말이 /a/모음(الفَتْحَة)일 때 나습이다.

(2)다섯동사(الأَفْعَالُ الخَمْسَة)가 어말에 붙어있는 ن이 탈락되면 나습이다.

그리고 لَمْ과 같은 자즘의 불변사(حُرُوفُ الجَزْم)가 현재 동사 앞에 오면 자즘의 표지는 다음과 같다.

(1)인칭대명사 هِيَ– هُوَ –أَنْتَ– نَحْنُ–أَنَا에서 현재동사의 어말이 무모음(السُّكُون)이면 자즘이다.

(2)다섯동사가 어말에 붙어 있는 ن이 탈락되면 자즘이다.

이상과 같이 현재 동사의 대부분 어말 모음이 변화하지만 현재동사 중 여성의 ن이 오는 2인칭 여성 복수(تَفْعَلْنَ)와 3인칭 여성 복수(يَفْعَلْنَ)의 경우에는 현재동사의 라프으, 나습, 자즘 표지가 모두 동일하다. 즉 이들의 경우, 현재동사의 어말 모음이 변화하지 않고 한 가지로 고정되어 있다.

① 과거 동사의 굴절

خَفَضَ الجَدُّ صَوْتَهُ.　　　　　　　할아버지가 그의 소리를 낮추었다.

위 문장의 문장구조(تَرْكِيبُ الجُمْلَة)를 분석하면 아래와 같다.

الفِعْلُ: خَفَضَ　　　　동사

الفَاعِلُ: الجَدُّ　　　　동사문의 주어

المَفْعُولُ بِهِ: صَوْتَ　　　목적어

مُضَافٌ إِلَيْه: هُ　　　후연결어

위 문장에 대한 굴절의 기능과 표지를 아랍어로 쓰면 아래와 같다.
مَبْنِيٌّ (* = 어말이 불변한다) خَفَضَ: فِعْلٌ مَاضٍ مَبْنِيٌّ عَلَى الْفَتْحِ.
과거 동사이고 /a/모음으로 어말모음이 불변한다.
الْجَدُّ: فَاعِلٌ مَرْفُوعٌ وَعَلَامَةُ الرَّفْعِ الضَّمَّةُ.
동사문의 주어는 주격이고 주격의 표지는 /u/모음이다.
صَوْتَ: مَفْعُولٌ بِهِ مَنْصُوبٌ وَعَلَامَةُ النَّصْبِ الْفَتْحَةُ.
목적격의 목적어와 목적격의 표지는 /a/이다.
ـهُ: ضَمِيرٌ مَبْنِيٌّ عَلَى الضَّمِّ فِي مَحَلِّ جَرٍّ مُضَافٍ إِلَيْهِ.
후연결어, 소유격 자리에 있고 /u/모음으로 어말모음이 불변하는 인칭대명사이다.

② 현재 동사의 굴절
الشُّكْرَ يَرْفَعُونَ إِلَى اللهِ.

يرفع	:동사
ـو	:동사문의 주어
نَ	:동사의 라프으(자립형) 표지
الشكر	:목적어
إلى الله	:유사 문장

위 문장에 대한 굴절의 기능과 표지를 아랍어로 쓰면 아래와 같다
الشكرَ: مفعول به منصوبٌ وعلامةُ النصبِ الفتْحَةُ.
목적어이고 목적격이며 목적격 표지는 /a/이다.
يرفعون: فعلٌ مضارعٌ مرفوعٌ وعلامة الرفع النونُ لأنَّهُ منَ الأفعالِ الخمسةِ.
현재 동사 마르푸으이고 라프으의 표지는 다섯 동사이므로 /n/이다.
و : ضميرٌ مَبْنِيٌّ على السكون في محلِّ رفع فاعلٌ.
동사문의 주어, 주격 자리에 있고 수쿤으로 어말 모음이 불변하는 인칭대명사이다.
إلى : حرفُ جرٍّ مبنيٌّ.
전치사이고 어말 모음이 불변한다.
الله: اسمٌ مجرورٌ بعدَ "إلى" وعلامةُ الجرِّ الكسرةُ.
전치사 إلى 다음에 오는 소유격 명사이고 소유격의 표지는 /i/이다.

다음 각 문장에서 굴절(어말 모음의 변화)의 기능과 표지를 아랍어로 어떻게 나타내는지 읽어보라.
①주격의 쌍수 (الْمُثَنَّى الْمَرْفُوعُ)
الْوَلَدَانِ يَلْعَبَانِ ← مُبْتَدَأٌ مَرْفُوعٌ وَعَلَامَةُ الرَّفْعِ الْأَلِفُ لِأَنَّهُ مُثَنَّى
②목적격의 쌍수 (الْمُثَنَّى الْمَنْصُوبُ)
رَأَيْتُ بِنْتَيْنِ ← مَفْعُولٌ بِهِ مَنْصُوبٌ وَعَلَامَةُ النَّصْبِ الْيَاءُ لِأَنَّهُ مُثَنَّى
③소유격의 쌍수 (الْمُثَنَّى الْمَجْرُورُ)
كِتَابُ الْوَلَدَيْنِ غَرِيبٌ ← مُضَافٌ إِلَيْهِ مَجْرُورٌ وَعَلَامَةُ الْجَرِّ الْيَاءُ لِأَنَّهُ مُثَنَّى

④주격 여성복수

مُبْتَدَأٌ مَرْفُوعٌ وَعَلَامَةُ الرَّفْعِ الضَّمَّةُ ← البَنَاتُ يَتَكَلَّمْنَ بِصَوْتٍ عَالٍ

⑤소유격 여성복수

مُضَافٌ إِلَيْهِ مَجْرُورٌ وَعَلَامَةُ الجَرِّ الكَسْرَةُ ← ذَهَبْتُ إِلَى بَيْتِ الرَّاهِبَاتِ

⑥목적격 여성복수

مَفْعُولٌ بِهِ مَنْصُوبٌ وَعَلَامَةُ النَّصْبِ الكَسْرَةُ لِأَنَّ بِهِ جَمْعُ مُؤَنَّثٍ سَالِمٍ ← رَأَيْتُ بَنَاتٍ

⑦주격 남성복수

مُبْتَدَأٌ مَرْفُوعٌ وَعَلَامَةُ الرَّفْعِ الوَاوُ لِأَنَّهُ جَمْعُ مُذَكَّرٍ سَالِمٍ ← المُسْلِمُونَ يَذْهَبُونَ إِلَى المَسْجِدِ يَوْمَ الجُمْعَةِ

⑧목적격 남성복수

مَفْعُولٌ بِهِ مَنْصُوبٌ وَعَلَامَةُ النَّصْبِ اليَاءُ لِأَنَّهُ جَمْعُ مُذَكَّرٍ سَالِمٍ ← سَمِعْنَا المُدِيرِينَ يَتَشَاجَرُونَ

⑨소유격 남성복수

مُضَافٌ إِلَيْهِ مَجْرُورٌ وَعَلَامَةُ الجَرِّ اليَاءُ لِأَنَّهُ جَمْعُ مُذَكَّرٍ سَالِمٍ ← ذَهَبْتُ مَعَ المُدَرِّسِينَ إِلَى السِّينِمَا

▶ 신나는 단어장

نَعْمَلُ بِالسُّنَّةِ النَّبَوِيَّةِ.　　우리는 무함마드의 순나(말 قَوْلٌ, 행동 فِعْلٌ, 묵인한 사항 تَقْرِيرٌ)에 따라 행합니다.

هَذِهِ سُنَّةُ فُلَانٍ.　　이것은 아무개가 시행하는 방식입니다.

هَذِهِ سُنَّةُ اللهِ فِي خَلْقِهِ.　　이것은 피조물에 대한 알라의 법칙입니다.

صَلَاةُ الجَمَاعَةِ سُنَّةٌ.　　집단 기도는 순나(알라의 명령 فَرْضٌ도 아니고 의무사항 وَاجِبٌ도 아닌 무함마드의 순나)입니다.

تَزَوَّجَهَا عَلَى سُنَّةِ اللهِ وَرَسُولِهِ.　　알라의 순나와 무함마드(샤리아)에 따라 그가 그녀와 혼인했다.

كَيْفَ كَانَتْ سُنَّةُ فُلَانٍ فِيكُمْ؟　　아무개의 생애가 여러분에게는 어떠했나요?

أَهْلُ السُّنَّةِ.　　순니파(여러 이슬람 종파 الفِرَقُ الإِسْلَامِيَّةُ 중의 하나).

26. 아랍어 구두점

아랍어로 글을 쓰다보면 어디에 구두점(عَلَامَاتُ التَّرْقِيمِ)을 찍어야 할지 막막할 때가 많다. 아랍인들도 구두점 찍는 것을 잘 모르는 경우가 많다. 이 '구두점'은 문장이나 절 또는 구가 끝나는 곳에 찍어서, 아랍어로 말할 때 잠시 간격을 둘 부분이나 말투가 바뀌는 부분을 나타낸다. 아랍어 구두점을 찍는 방법은 다음과 같다.

(،) 의미가 이어지는 문장들 사이에 놓는다.

المُدَرِّسُ شَخْصٌ صَبُورٌ، مُهْتَمٌّ بِعَمَلِهِ، مُحِبٌّ لِطُلَّابِهِ، حَرِيصٌ عَلَى إِفْهَامِهِمْ.

교사는 인내심있는 분이고 그의 일에 관심을 갖고 학생들을 사랑하고 그들을 이해시키는데 애쓰시는 분이다.

(؛) 두 문장 사이에 놓이는데 둘 중 하나가 다른 하나를 발생하게 하는 원인이 된다.

سُرِرْتُ مِنْكَ؛ لِأَنَّكَ مُجْتَهِدٌ.　　나는 너로 인해 기쁘다. 네가 열심히 하기 때문이다.

(؟) 의문문의 끝에 놓는다.

مَا هَذَا؟　　이것이 뭐지요?

لِمَاذَا تَأَخَّرْتَ؟ 왜 늦었어요?

(!) 놀람의 문장 뒤에 놓는다.

مَا أَجْمَلَ هَذَا الْكِتَابَ ! 이 책이 굉장히 예쁘군요!

أَكْرِمْ بِمُحَمَّدٍ ! 무함마드가 참 많이 베푸는군요!

( ) 두 개의 괄호 안에 숫자 혹은 뭔가를 설명하고 분명히 밝힐 것을 넣는다.

تِسْعَةٌ (9) 9개

الْمِذْيَاعُ (الرَّادْيُو). 라디오

(.) 말의 끝에 두어 그 의미가 완전하다는 것을 나타낸다.

الْعَمَلُ الصَّالِحُ يُرْضِي اللهَ، وَيُؤْجَرُ صَاحِبُهُ. (남에게 해로운 일을 안하고) 선행하는 것은 알라를 기쁘게 하고 이런 선행을 하는 자는 보상을 받는다.

(:) 따온 말 이전에 놓는다.

قَالَ اللهُ تَعَالَى : وَأَحْسِنْ كَمَا أَحْسَنَ اللهُ إِلَيْكَ. 지고하신 알라가 말씀하셨다. 알라가 너에게 잘 해준 것처럼 너도 잘 해 주라.

(–) 삽입된 문장의 처음과 끝에 넣는다.

جَاءَ – كَمَا سَمِعْتَ الْيَوْمَ- مُحَمَّدٌ مِنَ السَّفَرِ. -오늘 네가 들은 것처럼- 무함마드가 여행에서 돌아왔다.

다음 편지를 해석하고 물음에 답하시오

اخي العزيز د. كانغ
كل عام وأنتم بألف خير وأتمنى لكم عيداً مجيداً وسنة جديدة مليئة بالفرح والسلام من رب السلام. أرسل لك الحجز المبدئي للسفر من عمان إلى إندونيسيا حيث أنني لم أجد حجزا من خلال سنغافورة ووجدت الحجز إلى الإمارات ثم إلى جاكارتا ومن هناك إلى سيمارانغ.
إذا كان هذا الحجز جيدا بالنسبة لكم فأعلمني كي أكمل اجراءات الحجز وأدفع ثمن التذكرة أو إن أردتم أن أحجز فقط إلى جاكارتا وأنتم ستقومون بالحجز من هناك إلى سيمارانغ فأعلمني بذلك. التكلفة من عمان إلى أبوظبي ثم إلى جاكارتا ثم إلى سيمارانغ ستكون 723 دينار أردني ذهاباً وإياباً وأرفق مع الرسالة مخطط الرحلة.
باسل

①위 문장은 아랍인이 쓴 편지글이다. 그런데 철자법에서 여러 곳이 틀렸다. 철자법이 틀린 부분 특히 함자, 타마르부따(ة) 등을 다시 정확하게 써 보라.

أَخِي الْعَزِيزُ د. كَانْغ
كُلُّ عَام وَأَنْتُمْ بِأَلْفِ خَيْرٍ وَأَتَمَنَّى لَكُمْ عِيدًا مَجِيدًا وَسَنَةً جَدِيدَةً مَلِيئَةً بِالْفَرَحِ وَالسَّلَامِ مِنْ رَبِّ السَّلَامِ. أَرْسِلُ لَكَ الْحَجْزَ الْمَبْدَئِيَّ لِلسَّفَرِ مِنْ عَمَّان إِلَى أَنْدُونِيسِيَا حَيْثُ إِنَّنِي لَمْ أَجِدْ حَجْزًا مِنْ خِلَالِ سِنْغَافُورَة وَوَجَدْتُ الْحَجْزَ إِلَى الْإِمَارَاتِ ثُمَّ إِلَى جَاكَارْتَا وَمِنْ هُنَاكَ إِلَى سِيمَارَانْغ. إِذَا كَانَ هَذَا الْحَجْزُ جَيِّدًا بِالنِّسْبَةِ لَكُمْ فَأَعْلِمْنِي كَيْ أُكْمِلَ إِجْرَاءَاتِ الْحَجْزِ

وَأَدْفَعَ ثَمَنَ التَّذْكِرَةِ. أَوْ إِنْ أَرَدْتُمْ أَنْ أَحْجِزَ فَقَطْ إِلَى جَاكَارْتَا وَأَنْتُمْ سَتَقُومُونَ بِالْحَجْزِ مِنْ هُنَاكَ إِلَى سِيمَارَانْغ فَأَعْلِمْنِي بِذَلِكَ. التَّكْلِفَةُ مِنْ عَمَّان إِلَى أَبُو ظَبِي ثُمَّ إِلَى جَاكَارْتَا ثُمَّ إِلَى سِيمَارَانْغ سَتَكُونُ 723 دِينَار أُرْدُنِيٍّ ذَهَابًا وَإِيَابًا وَأُرْفِقُ مَعَ الرِّسَالَةِ مُخَطَّط الرِّحْلَةِ.

بَاسِلُ

② 어말모음이 변하지 않는 낱말들을 찾아쓰시오.　سِنْغَافُورَة، سِيمَارَانَغ، جَاكَارْتَا

27. 담화

둘 이상의 문장이 연속되어 이루어지는 말의 단위를 담화라고 한다. 아랍인들이 문어와 암미야 사이의 말바꾸기를 할 때 굉장히 다이내믹하다. 이집트인들은 정치적인 대화에서 이집트 암미야만을 쓰는 경우, 혹은 문어만을 쓰는 경우, 혹은 이 둘을 섞어 쓰는 경우 등으로 나뉜다. 무슬림 종교인이 설교를 할 때에도 이집트 암미야(일반 대중 아랍어)만을 사용하거나 푸스하(현대 문어)를 쓰되 암미야를 삽입하거나 아예 문어만을 쓰는 경우들로 나뉜다. 동일 담화에서 이집트 아랍인들은 기능 형태소(예; 전치사, 접속사, 정관사, 부정, 강조)에 문어를 쓰거나 혹은 암미야를 사용한다. 그러므로 고급 과정의 아랍어 학습자는 기능 형태소를 문어에서 가져다 쓰거나 혹은 암미야에서 가져다가 쓸 수 있어야 한다[69].

현대 문어 아랍어의 어휘와 문체 그리고 아랍인의 문장 구성력과 담화를 배우기 위해서 2010년 아랍 신문들 중 이집트의 알아흐람 신문과 요르단의 알라이 신문을 참조하였고 현대 문어 아랍어와 일반대중 아랍어가 혼합된 담화를 배우기 위하여 이집트의 TV방송을 녹취한 내용을 여기에 싣는다. 아랍어 신문의 글은 주로 문어이고 TV방송은 일반대중 아랍어와 문어가 섞여 있는 것을 본다. TV 방송언어[70]의 상당 부분이 문어와 일반대중

---

[69] 낱말은 대개는 어휘적 의미를 갖는 내용 어휘(content words)와 문법적인 역할을 하는 기능 어휘(function words)로 나뉜다. 전자는 명사, 동사 , 형용사, 부사 등이고 후자는 전치사, 접속사, 정관사, 부정, 강조 등이다. 하나의 낱말은 하나 혹은 그 이상의 형태소로 되어 있다. 가령, al+ kitāb은 두개의 형태소로 되어 있다. 형태소란 의미를 나타내는 최소 단위이다. 형태소는 내용 형태소(content morphemes)와 기능 형태소(system morphemes)로 나뉜다. 이집트인들이 문어와 암미야 아랍어를 섞어서 말한다고 하였는데 다음과 같이 내용형태소와 기능 형태소 간의 구분이 있다.
(1)이집트 암미야 아랍어의 부정 표지와 현대 표준아랍어(문어)의 동사가 결합되어 있는 경우
/il-'imān mish kāfi/　　　　　　　　믿는 것만으로 충분하지 않다.
기능 형태소:/il/ (정관사)-이집트 암미야 또는 문어 ; mish (부정)-이집트 암미야
내용 형태소: 'imān (명사)- 문어 ; kāfi(형용사)-문어
(2)이집트 암미야 아랍어의 지시대명사와 현대표준 아랍어의 명사가 결합된 경우
/'ay 'anna il-'aql da mādda bi-tuntij il-fikr/ 즉 이성은 생각을 만드는 본체다.
　기능 형태소: /il-/ (정관사)-이집트 암미야 또는 문어; /da/(지시대명사)-이집트 암미야; /bi/(상aspect 표지)-이집트 암미야
내용 형태소: /'aql/ (명사)-문어; /mādda/(명사)-문어; /tuntij/(동사)-문어; /fikr/(명사)-문어 또는 암미야
(3)이집트 암미야 아랍어의 상 표지 /b-/와 현대 표준아랍어의 동사가 결합된 경우
/ya'ni kull il-duwal illi bitaqa' 'ala HawD il-baHr il-mutawassiT/ 즉 지중해에 위치한 모든 국가들
기능 형태소: /kull/ (모든) -이집트 암미야 혹은 문어; /il/ (정관사)-이집트 암미야 또는 문어; /illi/(관계대명사)-이집트 암미야; /bi/ (상 표지) -이집트 암미야; /'ala/(전치사)-이집트 암미야 혹은 문어
내용 형태소: /ya'ni/ (동사)-이집트 암미야 ; /duwal/ (명사)-이집트 암미야 혹은 문어 ; /taqa'/ (동사)-문어 ; /HawD/ (명사) -문어; /baHr/ (명사)-이집트 암미야 혹은 문어 ; /mutawassiT/형용사-이집트 암미야 혹은 문어
위 예문은 기능 형태소와 내용 형태소에 이집트 암미야나 문어가 사용되는 것을 볼 수 있다.
[70] 이집트인들은 정부 부처 문화부가 신문, 라디오 방송, 텔레비전 방송에서 그동안 표현의 자유와 창의력을 규제하여 왔다고 말한다. 최근 많은 언론 수단의 역할이 증대되면서 청소년들의 인터넷망을 통한 의사 표현을 제재할 수 있는 법을 만들자고 한다(2010년 3월).

아랍어가 섞여 있는 경우가 많아 이런 담화와 문장들을 배워 볼 필요가 있다.

1)이집트 신문에서 발췌한 글

وُلِدَ ابْنِي مِنْ ثَالِثِ حَمْلٍ، فَالأَوَّلُ مَاتَ فِي الشَّهْرِ السَّابِعِ قَبْلَ وِلاَدَتِهِ بِعِدَّةِ أَيَّامٍ، وَالْحَمْلُ الثَّانِي سَقَطَ عِلْمًا بِأَنَّا كُنَّا نُتَابِعُ مَعَ طَبِيبٍ كَبِيرٍ وَأَجْرَيْنَا كُلَّ التَّحَالِيلِ وَالْفُحُوصِ وَأَثْبَتَتْ أَنَّهَا جَيِّدَةٌ.

내 아들은 세번째 임신하여 태어났다. 첫번째는 출산 전 7개월에 사망하였고 둘째 임신은 유산되었다. 이 일을 알고난 우리는 유명한 의사의 지시를 따랐고 모든 분석과 검사들을 했으며 결과가 좋았다.

ابْنِي رَائِدُ وَالَّذِي وُلِدَ فِي أَوَّلِ رَمَضَانَ هَذَا الْعَامِ فِي مُسْتَشْفًى جَامِعِيٍّ لِلْوِلاَدَةِ بِإِحْدَى مُحَافَظَاتِ الصَّعِيدِ احْتَاجَ بَعْدَ يَوْمٍ مِنْ خُرُوجِهِ إِلَى حَضَانَةٍ لأَنَّهُ يُعَانِي مِنْ مَرَضِ الصَّفْرَاءِ، حَيْثُ ظَهَرَتْ عِنْدَهُ عَلاَمَاتُ الصَّفْرَاءِ، وَبَدَأَ فِي عَدَمِ تَقَبُّلِ الرِّضَاعَةِ، فَذَهَبْنَا بِهِ إِلَى الْمُسْتَشْفَى، لأَنَّ السَّاعَةَ وَقْتَهَا كَانَتِ الْوَاحِدَةَ صَبَاحًا فَقَالَتِ الطَّبِيبَةُ إِنَّ عِنْدَهُ الصَّفْرَاءَ وَيَجِبُ دُخُولُهُ الْحَضَانَةَ لأَنَّ وَزْنَهُ نَاقِصٌ فَوَافَقْنَا عَلَي الْفَوْرِ لأَنَّهَا طَبِيبَةٌ -وَحَتْمًا تَعْرِفُ أَكْثَرَ- وَأَيْضًا مُسْتَشْفَى الْيَوْمِ الْوَاحِدِ هِيَ مِنْ <u>أَفْضَلِ الْمُسْتَشْفَيَاتِ بِالْمُحَافَظَةِ</u>، وَبِالْفِعْلِ تَرَكْنَا ابْنَنَا الأَوَّلَ فِي تِلْكَ الْحَضَانَةِ وَهُنَا بَدَأَتْ رِحْلَةُ الْمُعَانَاةِ الْكُبْرَى.

우리 아들 라이드는 금년 라마단 초 알사이드의 어느 한 도의 어느 대학 출산 병원에서 태어났다. 그는 세상으로 나온 그 다음 날 황달 증세가 나타나서 황달병을 앓고 있었기 때문에 인큐베이터가 필요했다. 그는 수유를 받아들이지 않기 시작했다. 우리는 그를 데리고 병원에 갔다. 그 때 시각이 오전 한 시였고 여의사 선생님은 그에게 황달이 있다고 하고 그의 몸무게가 부족하여 인큐베이터에 들어가야 한다고 말하였다. 그래서 우리는 그분이 의사이시고 분명히 더 많이 알고 있기 때문에 즉시 그의 말에 동의하였다. "하루 병원"인데 그 병원은 그 지방(도)에서 <u>가장 좋은 병원들</u> 중의 하나이다. 사실 우리는 우리의 <u>첫</u> 아들을 그 인큐베이터에 두고 왔다. 여기서부터 <u>엄청난 고통이</u> 뒤따랐다.

(문법 연구)
①위 담화에서 처음으로 나오는 "병원"이라는 단어에는 정관사가 없고 그 다음에 나오는 병원이라는 단어에 정관사가 붙어 있다. 황달병이란 단어는 후연결어가 한정이다. 인큐베이터라는 단어도 처음에는 비한정이었는데 그 다음에 올 때는 한정되어 있다.
②위 밑줄친 부분의 낱말들은 비교급 형태가 전연결어로 와서 최상급이 된 경우, 서수가 한정명사 다음에 오는 경우, 그리고 한정 명사 뒤에 비교급의 한정 형태가 와서 최상급의 의미를 나타내고 있다.

وَبَعْدَ ثَلاَثَةِ أَيَّامٍ أُخْرَى اتَّصَلُوا بِنَا لَيْلاً لِيُبْلِغُونِي أَنَّ أَحَدَ الأَطِبَّاءِ يُرِيدُنِي فِي الْمُسْتَشْفَى وَعِنْدَمَا ذَهَبْتُ إِلَيْهِ قَالَ لِي إِنَّ ابْنَكَ دَخَلَ فِي مَرْحَلَةٍ خَطِيرَةٍ مِنَ الضِّيقِ فِي التَّنَفُّسِ بَلْ وَانْقِطَاعِهِ لِلَحَظَاتٍ ثُمَّ رُجُوعِهِ مَرَّةً أُخْرَى. عَلِمْنَا بَعْدَ ذَلِكَ أَنَّهُ نَتِيجَةُ إِصَابَتِهِ بِالْعَدْوَى الْمَيْكْرُوبِيَّةِ هُوَ وَكُلُّ الأَطْفَالِ بِالْمُسْتَشْفَى، فَقَدْ أُصِيبَ ابْنِي بِتَسَمُّمٍ فِي الدَّمِ وَعَانَى مِنْهُ

جِدًّا أَكْثَرَ مِنْ بَاقِي الأَطْفَالِ لأَنَّ وَزْنَهُ نَاقِصٌ جِدًّا، وَلِذَلِكَ فَمَنَاعَتُهُ ضَعِيفَةٌ جِدًّا، وَيَجِبُ وَضْعُهُ تَحْتَ جِهَازِ تَنَفُّسٍ صِنَاعِيٍّ .

다음 3일 후에 의사들 중의 한 사람이 나에게 병원으로 오라는 것을 전달하고자 나에게 전화를 걸어왔다. 내가 그에게 갔더니 그는 나에게 말하였다. "너의 아들이 호흡이 곤란하여 몇 순간 호흡이 끊겼다가 다시 돌아왔다고 하면서 심각한 상태라고 하였다. 그 다음에 우리는 그것이 그 병원에 있는 모든 아이들과 우리 아들이 세균 감염에 걸린 결과라는 것을 알았다. 우리 아들은 혈액 속에 독이 생겼고 그의 몸무게가 많이 부족하므로 다른 아이들보다 더 심하게 앓고 있다는 것이다. 그래서 그의 면역력은 아주 약하므로 그를 인공 호흡기 아래에 두어야 했다.

بَحَثْنَا عَنْهُ فِي كُلِّ الْمُسْتَشْفَيَاتِ الْكُبْرَى بِالْمُحَافَظَةِ فَلَمْ نَجِدْهُ إِلاَّ بِمُسْتَشْفَى سُوزَان مُبَارَك الْجَامِعِيِّ لِلْوِلاَدَةِ وَالأَطْفَالِ بِالْمِنْيَا وَلَكِنْ قَالُوا لَنَا بِكُلِّ بُرُودٍ إِنَّهُ مُتَعَطِّلٌ مُنْذُ فَتْرَةٍ، وَقَالَ الطَّبِيبُ لَنَا: اِذْهَبُوا بِهِ إِلَى أَسْيُوط أَوِ الْقَاهِرَةِ فِي عَرَبَةِ إِسْعَافٍ بِحَضَّانَةٍ، وَعِنْدَمَا سَأَلْنَا عَنْ مَكَانٍ بِمُسْتَشْفَى أَسْيُوط قَالُوا لَنَا: الْجِهَازُ مَوْجُودٌ وَلَكِنْ لاَ يُوجَدُ مَكَانٌ!!

(중략) 우리는 그 지방에서 가장 큰 병원들 모두를 찾아보았다. 알미니야에 있는 출산과 유아를 위한 수잔 무바라크 대학병원에만 그것(인공호흡기)이 있다는 것을 알았다. 그런데 그들은 쌀쌀맞게 "(그것은) 한동안 고장이라"고 말하였다. 그 의사는 우리에게 말하였다. "인큐베이터가 달린 엠블런스를 타고 카이로나 아시유뜨로 데려가라". 아시유뜨 병원에 자리가 있느냐고 물었을 때 그들이 우리에게 말하였다. "그 의료기가 있지만 (병실) 자리가 없어요".

(문법연구)
　①제외사가 있는 문장을 찾으시오.
　②명령 동사를 찾으시오.

اِتَّصَلْنَا بِالأَقَارِبِ وَالْمَعَارِفِ فِي الْقَاهِرَةِ الَّذِينَ سَأَلُوا طَبِيبًا كَبِيرًا لِلأَطْفَالِ فَقَالَ إِنَّ الْجِهَازَ مُتَوَافِرٌ فِي أَمَاكِنَ عَدِيدَةٍ وَلَكِنْ يَجِبُ أَنْ يُحَدِّدَ لَنَا أَطِبَّاءُ الْمِنْيَا إِنْ كَانَ الطِّفْلُ يَتَحَمَّلُ السَّفَرَ أَمْ لاَ لأَنَّ هَذِهِ الْحَالاَتِ الْحَرِجَةَ تَكُونُ هُنَاكَ خُطُورَةٌ فِي نَقْلِهَا وَلِلأَسَفِ سَأَلْنَا الطَّبِيبَ النُّوبَتْجِيَّ فَقَالَ إِنَّنِي لاَ أَسْتَطِيعُ أَنْ أُحَدِّدَ وَإِنَّ الأَمْرَ فِي يَدِ اللهِ وَذَهَبْنَا لِلْعَدِيدِ مِنَ الأَطِبَّاءِ لِكَيْ يَأْتُوا لِيَرَوْا ابْنِي وَيُحَدِّدُوا قُدْرَتَهُ عَلَى السَّفَرِ أَوْ أَنْ يَبْقَى هُنَا أَفْضَل، فَرَفَضَ الْجَمِيعُ أَنْ يَأْتُوا مَعَنَا بِالرَّغْمِ مِنْ عَرْضِي عَلَيْهِمْ أَيَّ مَبْلَغٍ مِنَ الْمَالِ يَطْلُبُونَهُ وَأَنْ أُوصِلَهُمْ بِسَيَّارَتِي فِي أَسْرَعِ وَقْتٍ ثُمَّ أُعِيدُهُمْ فَرَفَضُوا فَطَلَبْتُهَا مِنْهُمْ عَلَى سَبِيلِ الرَّحْمَةِ وَالإِنْسَانِيَّةِ فَرَفَضُوا أَيْضًا، وَلاَ أَعْرِفُ السَّبَبَ هَلْ مُرَاعَاةً لِشُعُورِ أَطِبَّاءِ الْمُسْتَشْفَى الَّذِينَ لاَ يَسْتَطِيعُونَ التَّحْدِيدَ وَلاَ أَعْلَمُ إِنْ كَانَ الأَطِبَّاءُ لاَ يَسْتَطِيعُونَ التَّحْدِيدَ فَمَنْ يَسْتَطِيعُ هَلْ وَالِدَاهُ؟

우리는 카이로 있는 친척과 아는 사람들에게 연락했고 그들이 소아과의 어느 큰 의사에게 물어보았다. 그는 그 의료기가 여러 곳에 다 갖춰져 있다고 했다. 그러나 아들이 응급상황으로 그를 옮기는 중에 위험하므로 여행을 감당할 수 있는지 없는지 알미니야에 있는 의사들이 우리를 위하여 결정해 주어야 했다. 그런데 아쉽게도 우리들이 당직 의사에게 물었는데 그는 "나는 정해줄 수 없습니다. 이 문제는 알라의 손에 달려 있어요"라고 했다. 그래서 우리는 여러 의사들에게 가서 우리 아들에게 와서 보시고 아들이 여행할 수 있는지 혹은 이곳에 남는 것이 더 나은지를 결정해 달라고 하였다. 그들이 원하는대로 얼마라도 그들에게 주겠다고 제의를 하고 그들을 내 차에 태워 신속하게 모시었다가 다시 모셔다 드린다고 했는데도 모든 의사들이 우리와 함께 아들에게 오기를 거절했다. 그래서 나는 그들 중 일부에게는 자비와 인도주의적인 입장에서 도움을 부탁하였는데도 그들은 역시 거절했다. 나는 그 원인을 모르겠다. 결정할 수 없는 병원 의사들의 마음을 헤아려야 하는 건가? 의사들이 결정을 할 수 없다면 누가 할 수 있단 말인가? 아이들의 부모인가?

(문법연구)
①위 첫 문장에서 비한정 명사를 찾고 왜 비한정인지를 설명하시오.
②조건문을 찾아보시오.

المُهِمُّ أَنَّنَا وَجَدْنَا كِيسَ دِمَاءٍ بِأَحَدِ المُسْتَشْفَيَاتِ فِي مَدِينَةٍ بَعِيدَةٍ عَنَّا وَتَمَّ تَغْيِيرُ الدَّمِ لَهُ السَّاعَةَ الثَّالِثَةَ فَجْرًا وَلَكِنْ لِلْأَسَفِ نِسْبَةُ الصَّفْرَاءِ ارْتَفَعَتْ، وَتَكَرَّرَتِ المَأْسَاةُ وَأَصْبَحْنَا أَنَا وَأَخِي وَأَصْدِقَائِي وَمِنْهُمُ المُسْلِمُ وَالمَسِيحِيُّ لَا نَدْخُلُ البَيْتَ إِلاَّ فَجْرًا بَعْدَ أَنْ يَتَبَرَّعُوا بِالدَّمِ وَيَبْقُوا مَعِي حَتَّى العُثُورِ عَلَى كِيسِ دَمٍ لَهُ لَيْلاً أَوْ صَبَاحًا فِي اليَوْمِ التَّالِيِّ أَوْ فَجْرًا، وَهَكَذَا كَانَ مَعِي صَدِيقٌ مَسِيحِيٌّ لَا يَتْرُكُنَا لَيْلاً أَوْ نَهَارًا وَكَانَ مِنْ أَوَّلِ المُتَبَرِّعِينَ وَكَانَ مَعِي طِيلَةَ الوَقْتِ لِيَقُودَ السَّيَّارَةَ حَتَّى لَا أَقُودَ وَأَنَا فِي حَالَةٍ صَعْبَةٍ، فَهَذِهِ هِيَ مِصْرُ، وَبَرَغْمِ كُلِّ مَا فِيهَا مِنْ جَوَانِبٍ سَيِّئَةٍ فَعَلْنَاهَا بِأَيْدِينَا فَإِنَّهُ دَوْمًا تَبْقَى طَاقَةُ أَمَلٍ وَنُورٍ.

(중략) 중요한 것은 우리와 멀리 떨어진 다른 도시에 있는 한 병원에서 혈액 봉지를 구하였다. 새벽 3시에 수혈이 끝났다. 그런데 황달기가 더 심했다. 불행의 드라마는 되풀이되었다. 나와 형과 나의 친구들이 즉 그들 중에는 무슬림도 있고 기독교인도 있었고 우리는 헌혈을 한 뒤 새벽이 되기 전까지 집에 들어가지 못했다. 밤이나 다음 날 아침이나 새벽이나 혈액 봉지를 구할 때까지 그들은 우리와 함께 남아 주었다. 어느 기독교 인 친구는 밤과 낮 동안 우리와 함께 해 주었다. 그는 첫번째 헌혈자이었다. 내가 힘들 때 내가 운전할 수 없을 때 자동차를 운전해 주려고 종일 나와 함께 있었다. 이것이 바로 이집트이다. 이집트에 여러 나쁜 측면도 있지만 우리는 우리들의 손으로 이집트를 일궈왔다. 이집트는 항상 소망과 빛의 에너지로 계속 남아 있을 것이다.

(문법연구)
①첫 문장에서 وَجَدْنَا는 "발견하다"의 의미인가? 혹은 두 개의 목적어를 갖는 동사인가?
②فِيهَا는 여성명사를 가리키는 인칭대명사가 들어 있다. 어디를 가리키는가?
③حَتَّى 는 전치사인가? 접속사인가? 불변사인가?

سَيِّدِي.. أَبْعَثُ بِرِسَالَتِي هَذِهِ لِيَعْلَمَ الجَمِيعُ أَنَّ الشِّفَاءَ بِيَدِ اللهِ عَزَّ وَجَلَّ ، فَالرَّسُولُ الكَرِيمُ قَالَ(دَاوُوا مَرْضَاكُمْ

بِالصَّدَقَاتِ) وَلَأَدْعُو كُلَّ الْمِصْرِيِّينَ أَنْ يَتَبَرَّعُوا بِالدَّمِ لِمَنْ يَحْتَاجُهُ الآنَ لِأَنَّهُمْ سَيَحْتَاجُونَهُ فِي يَوْمٍ مِنَ الْأَيَّامِ إِنْ لَمْ يَكُنْ لَهُمْ فَلِأَبْنَائِهِمْ أَوْ إِخْوَانِهِمْ أَوْ أَحْفَادِهِمْ بَعْدَ عِدَّةِ سَنَوَاتٍ.. فَفِعْلاً قَطْرَةُ الدَّمِ تُسَاوِي حَيَاةً.

선생님.. 제가 이 편지를 보내는 것은 치유는 신의 손에 달려 있다는 것을 모두에게 알려드리고 싶어서입니다. 라술(무함마드)은 너희들의 환자들이 자발적인 헌금으로 치료해 주라고 했습니다. 그리고 제가 모든 이집트인들에게 부탁하고 싶은 것은 지금 필요로 하는 사람들을 위하여 헌혈해 주기를 바랍니다. 그들도 혈액이 없을 때면 언젠가는 혈액이 필요할 것입니다. 그들의 자녀들과 형제들, 손주들에게 몇 년 후에는 … 정말 피 한방울이 생명입니다.

(문법연구)
 ① 위 첫 문장 뒤에 라술이 한 말은 하디스의 내용인가? 꾸란의 내용인가? 원문 전체를 써 보라.
　　حَصِّنُوا أَمْوَالَكُمْ بِالزَّكَاةِ، وَدَاوُوا مَرْضَاكُمْ بِالصَّدَقَةِ، وَاسْتَقْبِلُوا أَمْوَاجَ الْبَلَاءِ بِالدُّعَاءِ
　어떤 환자가 앞에 있으면 그를 치료해 주어야 하는데 너희의 돈을 자카(무슬림의 종교세)로 내고 너희들의 환자들에게 사다까(자발적인 헌금)로 약을 지어 주라. 즉 헌금과 약으로 그 환자가 낫는다. 상황이 악화될 때 간구로 대처하라.
②위 글의 저자는 무슬림이라고 생각되는 이유는 어디에 있는가?[71]
　　اللهِ عَزَّ وَجَلَّ ، فَالرَّسُولُ الْكَرِيمُ 은 아랍 기독교인이 사용하지 않는 표현이다.

　2)요르단 신문에서 발췌한 글
　　　　　مِنْ عَمَّان:
　　تَوَلَّى الدُّكْتُورُ نَبِيلُ الشَّرِيفُ وِزَارَةَ الْإِعْلَامِ مَرَّتَيْنِ. فِي الْمَرَّةِ الْأُولَى لِيُطَوِّرَ وَيُحَسِّنَ مِنَ الْأَدَاءِ الْإِعْلَامِيِّ فِي الْبِلَادِ، وَفِي الْمَرَّةِ الثَّانِيَةِ لِيُنْهِيَ دَوْرَ ذَاتِ الْوِزَارَةِ، وَلَا يُخْفِي الشَّرِيفُ فَخْرَهُ بِأَنَّهُ آخِرُ وَزِيرٍ لِهَذِهِ الْوِزَارَةِ، الَّتِي يَأْمَلُ بِأَنْ لَا تَعُودَ(1) أَبَدًا، وَذَلِكَ(2) لِقَنَاعَتِهِ بِأَنَّ وُجُودَ وِزَارَةِ إِعْلَامٍ فِي أَيِّ بَلَدٍ يَعْنِي غِيَابَ حُرِّيَّةِ الصَّحَافَةِ.

　암만에서
　나빌 알샤리프 박사가 두 번 신문방송부 장관을 역임했다. 첫번째는 국가의 신문방송 기능을 발전시키고 개선하기 위한 것이었고 두번째 (임기)는 신문 방송부의 역할을 종식시키기 위함이었다. 알샤리프는 절대로 (이 부서가) 다시 생기지 않기를 바라는, 이 장관직에서 가장 마지막 장관이었던 것에 대해서 그의 자랑을 숨기지 않았다. 그것이 곧 그가 만족스럽게 생각하고 있는 것인데 그 이유는 어느 나라건 신문 방송부가 있다는 것은 신문 방송의 자유가 없다는 것을 의미하기 때문이다.
　(문법연구)
①위 본문에서 (1)의 낱말이 가리키는 주어는 무엇인가?
②위 본문에서 (2)의 낱말이 가리키는 말은 무엇인가?

---

[71] 공일주, 『이슬람 문명의 이해』 참조

يَشْغَلُ الشَّرِيفُ حَالِيًا مَنْصِبَ وَزِيرِ دَوْلَةٍ فِي حُكُومَةِ الذَّهَبِيِّ، وَالْمُتَحَدِّثَ الرَّسْمِيَّ بِاسْمِ الْحُكُومَةِ، وَعَمِلَ فِي السَّابِقِ أُسْتَاذًا جَامِعِيًّا، كَمَا تَوَلَّى رِئَاسَةَ تَحْرِيرِ صَحِيفَةِ الدُّسْتُورِ، وَهُوَ يَنْتَمِي إِلَى عَائِلَةٍ إِعْلَامِيَّةٍ عَرِيقَةٍ.

알샤리프는 현지 알다하비 정부의 정무 장관직을 맡고 있고 정부의 공식대변인이다. 전에는 대학 교수이었고 또 오래된 신문 방송 가문의 사람으로서 알두스투르 신문의 편집장을 역임했다.

(문법연구)
①위 접속사 "와우"(و) 중에서 상황문을 이끄는 와우는 어느 것인가?
②알다하비 정부라는 말이 무슨 의미인가? 알다하비는 요르단 총리의 이름이다.

حَوْلَ مَوْضُوعِ إِلْغَاءِ وَزَارَةِ الإِعْلَامِ يَقُولُ الشَّرِيفُ: أَعْتَقِدُ أَنَّ وِزَارَةَ الإِعْلَامِ تُهَيْمِنُ عَلَى الْمَشْهَدِ الإِعْلَامِيِّ، وَتُمَثِّلُ نَوْعًا مِنَ التَّفَرُّدِ لِلْحُكُومَةِ فِي السَّاحَةِ الإِعْلَامِيَّةِ. الإِعْلَامُ إِذَا كَانَ لَهُ أَنْ يَخْدِمَ هَدَفَهُ فِي التَّوْعِيَةِ وَالتَّوَاصُلِ، وَالْحِرَاكِ السِّيَاسِيِّ وَالاقْتِصَادِيِّ فَيَجِبُ أَنْ يَقُومَ عَلَى الشَّرَاكَةِ، وَيَجِبُ أَنْ يَقُومَ عَلَى التَّعَدُّدِيَّةِ، وَعَلَى جَمِيعِ الأَصْوَاتِ الْمَوْجُودَةِ فِي الْمُجْتَمَعِ، وَلِهَذَا أَنْظُرُ إِلَى وِزَارَةِ الإِعْلَامِ، رُبَّمَا لِكَوْنِي صَحَفِيٍّ بِعَدَمِ الارْتِيَاحِ التَّقْلِيدِيِّ لِوِزَارَةٍ مُعَيَّنَةٍ بِالْهَيْمَنَةِ عَلَى الْمَشْهَدِ الإِعْلَامِيِّ، وِبِالرَّغْمِ مِنْ أَنَّنِي حَمَلْتُ الْعَدِيدَ مِنَ الأَلْقَابِ، وَلَكِنَّ اللَّقَبَ الَّذِي أَفْتَخِرُ بِهِ هُوَ أَنَّنِي آخِرُ وَزِيرِ إِعْلَامٍ فِي الأُرْدُنِّ.

신문 방송부가 문을 닫은 데에 대하여 알샤리프는 말하기를 "나는 신문방송부가 신문방송 현장을 지휘해 왔고 또 정부가 신문방송 분야를 일종의 독식한 것을 의미한다고 생각한다. 만일 신문 방송의 목적이 의식화와 소통 그리고 정치 경제적 운동(활성화)에 기여하는 것이라면 동반자(의 관계)이어야 한다. 사회에 존재하는 다양한 목소리에 따라 다원적이어야 한다. 이런 시각으로 나는 신문 방송부를 바라보게 되었다. 아마도 내가 언론인의 한 사람으로서 (정부) 어느 부서가 신문 방송 현장을 늘 통제하는 일에 내가 불편해 왔던 것 같다. 내가 여러 칭호들을 갖고 있지만 내가 영예롭게 생각하는 칭호는 요르단에서 마지막 신문 방송 장관이었다는 것이다.[72]

(문법연구)
①위 문단에서 조건문을 찾아 보라.

---

[72] 주요어휘 연구:① إِعْلَام (신문 방송): 읽혀지는 것, 보게 되는 것 그리고 듣게 되는 것 등 세 가지를 포함하는 말이다. 정보가 사람들에게 전달되는 것으로서 첫째는 신문에서 읽혀지는 것인데 정치 뉴스(전쟁과 평화), 경제 뉴스(농업, 산업, 상업), 예능 뉴스(연극, 영화, 스포츠 뉴스, 문학과 철학 등)가 여기에 속하고, 보게 되는 것은 텔레비전이고 듣게 되는 것은 라디오이다. ② التَّقْلِيدِي : 늘 하던 대로 ③ الارْتِيَاح : 동의하다, 만족하다, 편안하다, 휴식을 얻다. ④ الْمَشْهَدُ الإِعْلَامِيّ 신문 방송 현장 ⑤ التَّوْعِيَة 의식을 깨우침 ⑥ اللقب 그 사람의 좋은 특성이나 좋지 않는 특성을 가리키는 것. ⑦ التَّفَرُّد 독식, 독점 ⑧ التَّوَاصُل 소통 ⑨ الشَّرَاكَة 동반자

②위 문장에서 알샤리프의 답변이 시작되는 곳의 낱말은 무엇인가?

③위 문단에서 동사에 반드시 뒤 따라오는 전치사들을 찾아보라.

④다음과 같은 문법항목을 찾아보라.

¤ 연결형

¤ اِنَّ와 그의 자매어

¤ 관계대명사를 가리키는 인칭대명사

¤ 동명사(마스다르)

3)아랍어 성경 연구(요한 복음 1장)

¹ فِي الْبَدْءِ كَانَ الْكَلِمَةُ، وَالْكَلِمَةُ كَانَ عِنْدَ اللهِ، وَكَانَ الْكَلِمَةُ اللهَ. ² هَذَا كَانَ فِي الْبَدْءِ عِنْدَ اللهِ. ³ كُلُّ شَيْءٍ بِهِ كَانَ، وَبِغَيْرِهِ لَمْ يَكُنْ شَيْءٌ مِمَّا كَانَ. ⁴ فِيهِ كَانَتِ الْحَيَاةُ، وَالْحَيَاةُ كَانَتْ نُورَ النَّاسِ، ⁵ وَالنُّورُ يُضِيءُ فِي الظُّلْمَةِ، وَالظُّلْمَةُ لَمْ تُدْرِكْهُ.

(본문 연구)

①위 1절에 나오는 세개의 동사는 원래 그리스어에서는 "존재하다(exist)"의 의미이고, 2절에서는 하나의 동사 그리고 4절에서 2개의 동사가 모두 "존재하다"의 의미이다. 위 3절에서 두개의 동사는 "되다(became)"의 의미이다. 그런데 그리스어(원래 신약의 언어)와 아랍어의 문법 구조가 달라서 아랍어로 표현되는 일부 문장의 의미가 조금 달라지는 부분이 있다. 그 낱말들을 우리말로 옮기면 또 다른 의미가 첨가될 수 있는데 그런 가능성이 있는 부분들을 3절과 비교하여 지적해 보시오.

② 어휘 الْكَلِمَة가 남성명사인지 여성명사인지를 밝히고 호응관계를 살펴보라.

(1) الْكَلِمَةُ فِي الأَزَلِ وَأُلُوهِيَّةُ يَسُوعَ الْمَسِيحِ (유 1: 5-1)

1 :1 فِي الْبَدْءِ كَانَ الْكَلِمَةُ: أَيْ لَمْ يَكُنْ لَهُ أَيَّةُ بِدَايَةٍ، بَلْ هُوَ مَوْجُودٌ مُنْذُ الأَزَلِ. وَالْكَلِمَةُ الْيُونَانِيَّةُ(εν αρχη) تَدُلُّ عَلَى الْبِدَايَةِ beginning أَوْ الأَصْلُ origin كَمَا نَجِدُهَا فِي(عب1: 10)»وَأَنْتَ يَارَبُّ فِي الْبَدْءِ أَسَّسْتَ الأَرْضَ، وَالسَّمَاوَاتُ هِيَ عَمَلُ يَدَيْكَ. بَيْنَمَا كَلِمَة((λογος) فِي إِنْجِيل يُوحَنَّا تَدُلُّ عَلَى اللهِ الْمُتَجَسِّدِ personified . وَالْكَلِمَةُ كَانَ عِنْدَ اللهِ، كَانَ لَهُ شَخْصِيَّة أَوْ أُقْنُومِيَّةٌ، بِمَعْنَى أَنَّ اللهَ شَخْصٌ حَقِيقِيٌّ. وَكَانَ الْكَلِمَةُ اللهَ. فَهُوَ لَمْ يَسْكُنْ عِنْدَ اللهِ وَحَسْبُ، بَلْ كَانَ هُوَ اللهُ نَفْسُهُ.

يُعَلِّمُ الْكِتَابُ الْمُقَدَّسُ بِوُجُودِ إِلَهٍ وَاحِدٍ فِي ثَلاَثَةِ أَقَانِيمَ فِي اللاَّهُوتِ: الآبُ وَالاِبْنُ وَالرُّوحُ الْقُدُسِ. وَفِي هَذِهِ الآيَةِ إِشَارَةٌ إِلَى أُقْنُومَيْنِ مِنْ جُمْلَةِ أَقَانِيم اللاَّهُوتِ الثَّلاَثَةِ. اللهُ الآبُ، وَاللهُ الاِبْنُ، وَاللهُ الرُّوحُ الْقُدُسِ. فَالْكِتَابُ الْمُقَدَّسُ يُعَلِّمُ عَنْ يَسُوعَ الْمَسِيحِ صَرَاحَةً بِأَنَّهُ اللهُ.

①칼리마(الْكَلِمَة 로고스)는 누구를 가리키는가?

②오끄눔(أُقْنُوم 3위의 위격)이란 단어는 무슨 뜻인가?

③성경은 한분 하나님이 계시고 3위가 계신다는 말을 아랍어로 어떻게 표현하고 있는가?

④1장 1-5절에는 오끄눔의 3위 중 둘이 나온다. 그 둘을 말하시오.

⑤아랍어 أَزَلِيَّة 는 영원하다(시작이 없다), أَبَدِيَّة는 영원하다(끝이 없다)는 말이다. 위

본문에서는 이 두 낱말 중 어느 낱말에 해당하는 설명인가?

(2) وَكَانَ الْكَلِمَةُ اللهَ (1:1)

هُنَاكَ فِعْلٌ فِي الْيُونَانِيَّةِ يُسَمَّى الْفِعْلُ الْكَيْنُونِي بِحَسَبِ(يو:1 1) {كَانَ} وَيَعْنِي {كَيَانًا قَائِمًا فِي الْبَدْءِ أَيْ فِي الْأَزَلِ/الْكَائِنُ بِذَاتِهِ} مُقَارَنَةً مَعَ(خر 3: 14) فَقَالَ اللهُ لِمُوسَى: «أَهْيَهِ الَّذِي أَهْيَهْ». وَقَالَ: «هَكَذَا تَقُولُ لِبَنِي إِسْرَائِيلَ: أَهْيَهْ أَرْسَلَنِي إِلَيْكُمْ». فَالْفِعْلُ {كَانَ} بِالنَّصِّ لَا يَدُلُّ عَلَى فِعْلٍ نَاقِصٍ، كَمَا أَنَّهُ يَخْتَلِفُ فِي اللُّغَةِ الْعَرَبِيَّةِ " كَانَ وَأَخَوَاتُهَا"، وَلَكِنْ إِذَا اُسْتُخْدِمَتْ كَلِمَةُ "كَانَ" بِالنَّصِّ مَعَ اسْمِ الْجَلَالَةِ فَتَكُونُ كَلِمَةُ "كَانَ" فِعْلًا تَامًّا وَلَيْسَ نَاقِصًا. وَالْإِعْرَابُ فِي الْعَرَبِيَّةِ هُوَ كَالتَّالِي:"الْكَلِمَةُ" اسْمُ كَانَ مَرْفُوعٌ وَاسْمُ الْجَلَالَةِ " اللهَ" خَبَرُ كَانَ مَنْصُوبٌ، أَمَّا فِي الْيُونَانِيَّةِ فَاسْمُ كَانَ وَخَبَرُهَا كِلَاهُمَا فِي حَالَةِ الرَّفْعِ.

(3) " إِلهٌ كَانَ الْكَلِمَةُ "(خَطَأٌ فِي التَّرْجَمَةِ) θεος ην ὁ λογος

هَذِهِ التَّرْجَمَةُ تَرْجَمَةٌ حَرْفِيَّةٌ مَبْنِيَّةٌ عَلَى تَرْتِيبِ الْكَلِمَاتِ فِيهَا، وَلَكِنَّ الْجُمْلَةَ فِي الْيُونَانِيَّةِ مَبْنِيَّةٌ عَلَى إِعْرَابِ كُلِّ كَلِمَةٍ فِي الْجُمْلَةِ وَلَيْسَ عَلَى تَرْتِيبِ الْكَلِمَاتِ فِيهَا، فَقَوَاعِدُ التَّمْيِيزِ بَيْنَ الْمُبْتَدَأِ وَالْخَبَرِ فِي الْيُونَانِيَّةِ لَا تَعْتَمِدُ عَلَى تَرْتِيبِ الْكَلِمَاتِ. فَيُمْكِنُ لِلْخَبَرِ أَنْ يَكُونَ مَعْرِفَةً دُونَ أَنْ تَسْبِقَهُ{ال التَّعْرِيفِ}، وَيَشْتَرِطُ فِي هَذَا أَنْ يَكُونَ الْخَبَرُ قَدْ سَبَقَ ذِكْرُهُ فِي سِيَاقِ النَّصِّ. وَهَكَذَا فَإِنَّ كَلِمَةَ "إله" الْمَذْكُورَةَ سَابِقًا فِي النَّصِّ وَهِيَ خَبَرٌ يَكُونُ مَعْرِفَةً حَتَّى بِدُونِ {ال التَّعْرِيفِ} لِأَنَّهَا تَسْبِقُ الْفِعْلَ وَهَذَا هُوَ قَانُونُ "كُولُويل Colwell" فَهَذَا يَطْلُبُ مِنَّا أَنْ نَرْجِعَ إِلَى اللُّغَةِ الْأَصْلِيَّةِ لِكَيْ نَفْهَمَ كَلِمَةَ اللهِ بِشَكْلٍ جَيِّدٍ.

(본문연구)

①아랍어 카나 동사와 이에 해당하는 그리스어의 동사간에 의미 차이가 있는가?

②두개의 명사의 격은 아랍어와 그리스어 간에 어떻게 서로 다른가?

③그리스어에서는 정관사가 안 붙은 술어가 문두에 올 수 있고 이 술어가 앞선 문장에서 이미 언급되었으면 정관사가 안 붙어 있어도 한정의 의미를 갖는다. 이런 문법적 특징을 그리스어에서는 "콜웰 Colwell"법칙이라고 한다. 콜웰법칙에 따르면 1절 후반부는 어떻게 해석해야 하는가?

(4) يو:1 2 هَذَا كَانَ فِي الْبَدْءِ عِنْدَ اللهِ. قَدْ يَبْدُو الْعَدَدُ الثَّانِي مُجَرَّدَ تِكْرَارٍ لِمَضْمُونِ الْعَدَدِ السَّابِقِ، لَكِنَّهُ لَيْسَ كَذَلِكَ فِي الْوَاقِعِ فَهَذَا الْعَدَدُ يُؤَكِّدُ لَنَا أَنَّ شَخْصِيَّةَ الْمَسِيحِ الْكَلِمَةِ الْأَزَلِيَّ وَجَوْهَرَ اللهِ. وَطَبِيعَتُهُ وَأُلُوهِيَّتُهُ كَانَتَا مِنْ دُونِ بِدَايَةٍ أَوْ زَمَنٍ. فَيَسُوعُ الْمَسِيحُ هُوَ اللهُ، وَذَلِكَ مُنْذُ الْأَزَلِ.

(5) يو 3:1 كُلُّ شَيْءٍ بِهِ كَانَ، هُنَا نَجِدُ كَلِمَةَ:"كَانَ" كَمَا ذُكِرَتْ فِي الْعَدَدِ الْأَوَّلِ، لَكِنَّ الْكَلِمَتَيْنِ مُخْتَلِفَتَانِ تَمَامًا فِي الْيُونَانِيَّةِ، فَالْأُولَى هِيَ"ην" مُشْتَقَّةٌ مِنْ ιμι13(to be, exist, be on hand) وَأَمَّا الثَّانِيَةُ فَهِيَ "εγενετο" مُشْتَقَّةٌ مِنْ γινομαι (to come into existence, be made, be created). فَيُمْكِنُ أَنْ نَقُولَ إِنَّ اللهَ نَفْسَهُ لَمْ يَكُنْ كَائِنًا مَخْلُوقًا، بَلْ كَانَ خَالِقَ كُلِّ شَيْءٍ، بِمَا فِي ذَلِكَ الْجِنْسُ الْبَشَرِيُّ، وَالْحَيَوَانَاتُ، وَكَوَاكِبُ السَّمَاءِ وَالْمَلَائِكَةِ، وَغَيْرِهِ لَمْ يَكُنْ شَيْءٌ مِمَّا كَانَ. وَالْأَقَانِيمُ الثَّلَاثَةُ فِي اللَّاهُوتِ شَارَكَتْ جَمِيعًا فِي عَمَلِيَّةِ الْخَلْقِ(انظر تك 1:1-2 ؛ كو 16:1).

①1장 2절에서 그리스도의 신성이 영원전부터 있었다고 한 말은 무슨 의미인가?

②1장 3절에 나오는 "카나 كَانَ"는 1절의 "카나"와 동일한 동사인데 이들 동사가 본래

번역되었던 그리스어에서의 의미는 무엇인가?

　③성 삼위가 창조 사역에 참여했다는 것을 아랍어로 어떻게 표현하고 있는가?

＊ (힌트) 유 는 요한 복음의 약자이고, كو 는 골로새서의 약자, تك 는 창세기의 약자이다.

(6) يو 4:1 <u>فِيهِ كَانَتِ الْحَيَاةُ</u>، وَهَذَا لَا يَعْنِي أَنَّهُ كَانَ مُجَرَّدَ كَائِنٍ حَيٍّ، بَلْ إِنَّمَا التَّرْكِيزُ هُوَ عَلَى أَنَّهُ كَانَ وَمَا زَالَ مَصْدَرَ الْحَيَاةِ. وَالْحَيَاةُ كَانَتْ نُورَ النَّاسِ، نَجِدُ أَنَّ الرَّبَّ الَّذِي مَنَحَنَا الْحَيَاةَ، هُوَ نَفْسُهُ الَّذِي يُنِيرُ خُطُوَاتِنَا فِي سَيْرِنَا. فَالرَّبُّ يَسُوعُ الْمَسِيحُ يُدْعَى الْكَلِمَةَ(يو1: 14،1)وَأَيْضًا النُّورُ(يو1: 5، 7) وَحَمَلُ اللهِ (يو1: 29، 36) وَابْنُ اللهِ (يو1: 34، 39) وَالْمَسِيح أَيْ مَسِيًّا(يو1: 41) مَلِكُ إِسْرَائِيلَ(يو1: 49) وَابْنُ الْإِنْسَانِ(يو1: 51).

(7) يو 5:1 <u>وَالنُّورُ يُضِيءُ فِي الظُّلْمَةِ</u>، فَنَحْنُ نُدْرِكُ بِأَنَّ أَذْهَانَ النَّاسِ قَدْ أَظْلَمَتْ بِسَبَبِ دُخُولِ الْخَطِيَّةِ لِلْعَالَمِ، بِمَعْنًى آخَرَ أَنَّ النَّاسَ لَمْ يَعُودُوا يَعْرِفُونَ اللهَ بِالطَّرِيقَةِ الرُّوحِيَّةِ الصَّحِيحَةِ، وَلَا يَرْغَبُونَ فِي التَّعَرُّفِ بِهِ، فَمِنْ أَجْلِ ذَلِكَ جَاءَ الرَّبُّ يَسُوعُ النُّورُ لِكَيْ يُبَدِّدَ هَذِهِ الظُّلْمَةَ، فَبَاتَ النُّورُ الْمُضِيءُ(أَيْ يَسُوعُ الْمَسِيحُ) فِي مَوَاضِعِ الظُّلْمَةِ. وَالظُّلْمَةُ لَمْ تُدْرِكْهُ. وَقَدْ يَعْنِي هَذَا أَنَّ الظُّلْمَةَ لَمْ تَفْهَمِ الرَّبَّ يَسُوعَ عِنْدَمَا وَافَى عَالَمَنَا، فَالنَّاسُ لَمْ يَدْرِكُوا هَوِيَّتَهُ عَلَى حَقِيقَتِهَا. فَالْفِكْرَةُ الَّتِي يَضَعُهَا يُوحَنَّا فِي إِنْجِيلِهِ هُوَ {النُّورُ} مُقَابِلَ {الظُّلْمَةِ} تَعْنِي الْوُجُودَ مُقَابِلَ الْعَدَمِ، وَهَذَا يُوَضِّحُ لَنَا طَبِيعَةَ يَسُوعَ الْمَسِيحِ، وَأَيْضًا الْفَرْقُ بَيْنَ النُّورِ الْمَخْلُوقِ وَالنُّورِ الْخَالِقِ الَّذِي هُوَ حَيَاةٌ.

(본문연구)

　①요한 복음 1장 4절에서 아랍어 "하야"الْحَيَاةُ는 "생명, 생활" 두 가지 의미를 갖는다. 그런데 이 말의 그리스어 어휘도 "육체적인 삶"(physical life)과 생명을 가리킨다. "그 분 안에 생명이 있다"고 해석해야 하는 이유는 무엇인가?

　②생명은 많은 사람들의 빛이었다는 말은 우리에게 생명을 주신 주님이 우리의 삶에 빛을 비춰주시는 분이시다. 요한 복음에서 예수 그리스도를 뭐라고 불렀는가?

　4)이집트 TV방송에서 발췌한 글

التَّارِيخ: 2009/7/14

(الطَّوَابِق) فِي مَنْطِقِه فِيصَل مَفِيش عَنْدُهُم مَيَّه وَمِشْ عَارْفِين يَاكُلوا وَلَا يِشْرَبُوا مِنْ حَوَالِي أَرْبَع أَيَّام مُتَوَاصْلَة وَالْمَيَّه لَمَّا بِتْكُون مَوْجُودَة بِتْكُون رِيحْتْهَا مِشْ حِلْوَة وَمِشْ نِظِيفَة وِحَاوِل النَّاس الْوُصُول إِلَى الْمَسْئُولِين لَكِن الْمَسْئُولِين قَالُوا جَمَّعُوا فِلُوس عَلَشَان نِصَلَّح الْمَيَّه ، لَكِن النَّاس هِنَاك فَقِيرَة مِشْ غَنِيّه

(해석) 파이살에 있는 알따와비끄 지역은 그들에게 물이 없어 4 일간 연속 마시지 못하고 식사하지 못하였다. 물이 있었을 때에는 냄새가 좋지 않고 깨끗하지도 않았다. 사람들이 담당자들을 찾아가 해결해 보려고 했으나 담당자들이 말하기를 "식수로 적합하게 하려면 돈을 모으라"고 했다. 그러나 그 곳 사람들은 가난하고 부자가 아니다.

التَّارِيخ: 2009/6/9

الْمَرْأَة الْمِصْرِيَّة النَّهَارْدَه لِأَوَّل مَرَّة تِتْعَيِّن رَئِيسَة لِجَامِعَةِ الْإِسْكَنْدَرِيَّة. الدُّكْتُورَةُ (هِنْدُ مُحَمَّد) أَوَّلُ رَئِيسَةِ جَامِعَةٍ فِي مِصْرَ بَعْدَ صُدُور قَرَارِ الرَّئِيسِ مُبَارَكْ بِتَعْيِينِهَا رَئِيسًا لِجَامِعَةِ الْإِسْكَنْدَرِيَّة وَهِىَّ مَعَايَا عَلَى التِّلِيفُون:
- إِحْنَا عَايْزِين نِعْرَف الْمَنْصِب بِتَاعِك؟

أَنَا كُنْت نَائِب رَئِيس الجَامِعَة

ـ كُنْتِ مُتَوَقِّعَة المَنْصِب دَه؟

أَيْوَه أَنَا كُنْت مُرَشَّحَة لِلمَنْصِب دَه وكُنْت مَبْسُوطَة جِدًّا.

ـ طَيِّب إِيه هِيَّ مَشَارِيعِك ؟

أَهَم حَاجَه أَهْتَم بِتَطْوِير التَّعْلِيم وخِدْمة المُجْتَمَع

ـ هَلْ هَاتُقِفِي فِي صَفّ السَّيِّدَات فِي جَامْعِة الإِسْكَنْدَرِيَّة؟

اللِّي هَايِسْتَاهِل هَاقِف جَنْبُه.

 (해석) 오늘 이집트 여성이 처음으로 알렉산드리아 대학교 총장에 임명되었다. 힌드 무함마드 박사는 알렉산드리아 대학교 총장으로 임명한다는 대통령의 결정이 발표된 후 이집트에서는 대학의 첫 여성 총장이다. 그 분이 나와 전화로 연결되어 있다.

-우리는 당신의 경력을 알고 싶어요.

-저는 부총장이었어요.

-이 직책을 예상이라도 했나요?

-네 제가 총장직의 예비 후보자였어요. 매우 기뻤습니다.

-어떤 계획이라도 있나요?

-가장 중요한 것은 교육의 발전과 사회 봉사에 관심이 많아요.

-알렉산드리아 대학교에서 여성들의 입장에 서실 건가요?

-네, 합당하면 그 입장에 설거예요.

 (힌트) 위 문장들은 일반대중 아랍어가 많다. 이집트 암미야에 대한 이해가 없으면 금방 이해하기 어렵다.

2009/9/30

حِوَار مَعَ شَيْخ الأَزْهَر د. مُحَمَّد سَيِّد طَنْطَاوِي حَوْلَ قَضِيَّة النِّقَاب لِلأَطْفَال

لَقَدْ أَعْلِنَتِ المُهَاجَمَاتُ ضِدَّ شَيْخ الأَزْهَر بِسَبَب مَا تَرَدَّدَ أَنَّهُ كَانَ يَمُرُّ عَلَى إِحْدَى المَعَاهِد الأَزْهَرِيَّة ورَأَى إِحْدَى التِّلمِيذَاتِ وعُمْرُهَا 11 سَنَة تَرْتَدِي النِّقَابَ، فَطَالَبَهَا بِخَلْعِهِ فَرَفَضَتِ البِنْتُ، قِيلَ أَنَّهُ قَالَ لَهَا بِأَنَّهُ يَفْهَمُ فِي الدِّين أَكْثَر مِنْهَا، فَاسْتَجَابَتِ البِنْتُ وخَلَعَتْ النِّقَابَ.

فَقَامَ عَلَيْهِ هُجُومٌ دِينِيٌّ، وهُجُومٌ مِنْ بَاب الحُرِّيَّاتِ الشَّخْصِيَّةِ، وهُجُومٌ سِيَاسِيٌّ بِأَنَّهُ رَجُلُ دَوْلَةٍ ولا يَصِحُّ بِأَنَّهُ يَضَعُ نَفْسَهُ فِي مِثْل هَذِهِ المَوَاقِفِ.

 알아즈하르 쉐이크[73] 와 대화; 무함마드 사이드 딴따위(2010년 사망)박사, 어린이들의 니깝 건에 대하여

 어느 알아즈하르 교육원을 지나갈 때 한 11살되는 한 여학생이 니깝[74]을 쓴 것을 보고

---

[73] 알아즈하르는 이집트의 대표적인 이슬람 교육 기관이고 현재 이집트의 이슬람 교육의 산실이다. 대부분 이집트 모스크 이맘과 설교자들이 이 대학 출신이고 알아즈하르의 <총장>보다는 알아즈하르 <쉐이크>가 이슬람의 종교적 권위가 높다. 2010년 이집트 정부로부터 새로 임명된 알아즈하르 쉐이크는 전 알아즈하르 대학교 총장이었던 아흐마드 앗따입(순니 파, 수피)이었다.

[74] <니깝>은 까만 천으로 얼굴 전체를 가린 것을 말하고 <히잡>은 여성의 얼굴은 보이지만 머리 전체를 스카프로 덮어 쓴 것을 가리킨다.

마땅하지 않다는 반응을 보인 것 때문에 알아즈하르 쉐이크에 대항한 공격성 발언이 방송되었다. 그는 그 여아(딸)에게 그것을 벗으라고 했는데 그 여아는 거절했다. 그가 여아보다 종교에 대하여 잘 알고 있다고 말한 것으로 알려졌다. 그러자 여아가 순응했다. 그녀는 니깝을 벗었는데 그에게 종교적 공격이 있었다. 그리고 개인의 자유를 주장하는 사람들로부터 공격과 그가 공인이므로 정치적 공격도 있었다. 이런 상황에 대한 그의 처신이 적절하지 않았다.

　　* 아랍어로 "여아"에 해당하는 "빈트"는 "딸"이란 의미가 있다. 이집트 이슬람 종교계의 수장이 어린 학생에게 "딸"이라고 했다면 그것은 종교적 가족애를 보여주는 표현이라고 하겠다.

المُذِيعَة: فَضِيلَةُ الشَّيْخِ .. فَضِيلَتُكَ ذَهَبْتَ لِإِحْدَى الْمَعَاهِدِ الْأَزْهَرِيَّةِ وَحَدَثَتْ تِلْكَ الْوَاقِعَةُ الَّتِي يَتَحَدَّثُ عَنْهَا الْجَمِيعُ .. ثُمَّ سَافَرْتَ خَارِجَ الْبِلَادِ وَرَجَعْتَ لِتَجِدَ أَنَّ الدُّنْيَا قَامَتْ وَلَمْ تَقْعُدْ. وَأَنَّ شَيْخَ الْأَزْهَرِ يُمَارِسُ قَهْرًا دِينِيًّا وَتَعْلِيمِيًّا عَلَى إِحْدَى الْفَتَيَاتِ فَهَلْ الْكَلَامُ دَه صَحّ؟
الشَّيْخُ: أَوَّلًا يَا بِنْتِي ثِقِي .. أَنَّهُ لَيْسَ مِنْ طَبْعِي أَنْ أُسِيءَ إِلَى أَحَدٍ أَوْ أَظْلِمَ أَحَدًا .. بَلْ أُحَاوِلُ أَنْ يَكُونَ عِنْدِي أَنَاةٍ وَأَصْبِرَ وَأُعَالِجَ الْأُمُورَ بِالطَّرِيقَةِ الَّتِي أَرَاهَا مُنَاسِبَة..
فِي أَوَّلِ يَوْمٍ فِي الدِّرَاسَةِ. يَجِبُ الْمُرُورُ عَلَى الْمَدَارِسِ وَالْمَعَاهِدِ الْأَزْهَرِيَّةِ لِكَيْ نَرَى أَيَّةَ أَحْوَالٍ، وَهَلْ يُوجَدُ نَقْصٌ أَوْ لَا وَمِنْ بَيْنَ الْمَعَاهِدِ الَّتِي زُرْتُهَا مَعْهَدًا فِي مَدِينَةِ نَصْر مَعْهَدًا ابْتِدَائِيًّا لِلْبَنَاتِ.. وَدَخَلْتُ أَحَدَ الْفُصُولِ لِلصَّفِّ السَّادِسِ فَوَجَدْتُ سَيِّدَةً تُدَرِّسُ لِلْبَنَاتِ وَعَدَدُهُمْ 15 بِنْتًا.. وَوَجَدْتُ بِنْتًا مُنَقَّبَة .. سَأَلْتُهَا يَا بِنْتِي إِنْتِي مُنَقَّبَة مِن مِين؟؟

　　여성 방송인: 쉐이크님, 어느 아즈하르 교육기관(학원)을 방문하신 적이 있지요. 모든 사람이 왈가왈부하는 사태가 일어났지요. 그런 후 외국으로 나갔다가 들어오시니 세상이 발칵 뒤집혔지요. 알아즈하르 쉐이크가 어느 여아에게 종교적 교육적 강요를 하였다고 한 거죠.
　　쉐이크: 내 딸아! 내 말을 믿어요. 우선 먼저 내가 누굴 해하거나 부당한 일을 하려고 한 것은 내 성품이 아니지요. 내가 인내심을 갖고 참고 내가 보기에 적절한 방법으로 해결하려고 합니다. 수업 첫날이에요. 저는 알아즈하르 학교와 학원들의 여건이 어떤지 그리고 부족한 것이 뭔지 알기 위하여 순시를 해야 합니다. 내가 방문한 학원들 중에서 나스르 시에 있는 여자 초등학교입니다. 6학년 한 반을 들어갔고 여선생님이 15명의 여아들을 가르치고 있었어요. 그리고 니깝을 한 여아를 발견하고 "딸아! 누구 때문에(누구를 피하고자) 니깝을 하니"하고 물었어요.

فَأَنَا لَسْتُ ضِدَّ النِّقَابِ وَلَا أُسِيءُ إِلَى أَيِّ امْرَأَةٍ مُنَقَّبَةٍ لَكِنْ لَوْ كَانَتْ فِي الشَّارِعِ أَوْ فِي عَمَلِهَا(عَمَلِ عَام) لَكِنْ أَنَا بَتَكَلَّم عَنْ مَوْقِفٍ مُحَدَّدٍ إِنَّهُ لَا يَصِحُّ هَذَا السُّلُوك فِي مَعْهَدٍ ابْتِدَائِي لِلْبَنَاتِ لِأَنْ هَذَا يُقَال فِي الشَّرْعِ فَهِيَ لَمْ تَبْلُغْ بَعْدُ.. وَأَجْمَعَ الْفُقَهَاء بِهَذَا "أَنَّ عَوْرَةَ الْحُرَّةِ جَمِيعَ بَدَنِهَا إِلَّا الْوَجْهَ وَالْكَفَّيْن" دَه كَلَامُ الدِّين.
المُذِيعَة: بَسّ اللِّي اِتْقَال إِنَّ حَضْرَتَك كُنْت عَصَبِي جِدًّا وَاسْتَفْزِزْتِهَا جِدًّاااااا وَقُلْتِلَهَا أَنَا بَفْهَم أَكْثَر مِنِّك.. هَلْ كَانَ فِيه حَاجَة دَعِتَك إِلَى ذَلِك؟

나는 니깝을 반대하지 않았어요. 거리나 일터에서라면 니깝을 쓴 여성에게 아무런 모욕을 줄수도 없지요. 하지만 특정한 상황에 대한 것을 내가 말하고 있는 거예요. 즉 여자 초등학교에서 이런 옷차림은 적절하지 않아요. 왜냐하면 이슬람 율법에서 전해 내려오는 것이 있고 그 여아는 아직 성숙하지 않았잖아요. 이슬람 법학자들은 다음과 같은 것에 만장 일치를 했지요. 자유하는 여성의 아우라(사람들 앞에서 가려야 하는 신체의 부위)는 얼굴과 손을 제외한 몸 전체입니다. 이것이 종교의 말씀입니다.

여성방송인: 그런데 쉐이크님이 너무 과민하여 너무 흥분하였다고 하더군요. 그 여아에게 내가 너보다 더 잘 안다고 하시었다면서요. 그렇게 하실 이유라도 있었나요?

الشَّيْخُ: لَا، السَّنَةُ الْمَاضِيَةَ فِي مَعْهَدٍ اِبْتِدَائِيٍّ وَفِي سَنَةِ أُولِي وَجَدْتُ بَعْضَ الْبَنَاتِ رَابِطَة إِيشَارْب عَلَى رَأْسِهَا..
الْمُذِيعَةُ: فِي مَنْطِقِ ثَانِي يِبْقُول .. إِيه اللِّي يِضُرّك أُوْ يِضَايْقك إِنَّه بِنت تِلبس النِّقَاب وَلَا لَأْلَا!
الشَّيْخُ: بَتْضَايِق لَوْ الْأُمُورِ مُشْ فِي مَكَانِهَا الصَّحِيح.. أَنَا مِشْ بَهَاجِم السَّيِّدَات الْمُنَقَّبَات لَا مَقَدِرْش أَتْرُك هَذِهِ الشَّائِعَة فِي الْمَعَاهِدِ الِابْتِدَائِيَّة لَابُدَّ أَنْ يَكُون هُنَاك قَرَار وَقَرَار شَرْعِي وَأَنَا بُكْرَه هَدْعِي مَجْلِس الْأَزْهَر وَلَابُدَّ مِنْ إِتَّخَاذ قَرَار.. بِخُصُوص إِنَّه مَمْنُوع النِّقَاب دَاخِل الْفُصُول عِنْدَمَا تَكُون الْبِنت فِي فَصْل كُلّه بَنَات وَالْمُدَرِّسَة سَيِّدَة فَمِن مَنْ تَتَنَقَّب.. هِيَ تُرِيد أَنْ تَقُول أَنَّهَا عَلَى حَقّ وَالْبَاقِي عَلَى بَاطِل.. تِيجِي مِن الْبِيت مُنَقَّبَة هِيَّ حُرَّة فِي الْمَلْعَب هِيَّ حُرَّة لَكِنْ جُوّه الْفَصْل لَأْلَأْلَا.

쉐이크: 아니오. 지난해 어느 초등학교 1학년에서 일부 여학생들이 스카프를 머리 위에 묶어 놓은 것을 보았어요.

여성 방송인: 다른 논리에 의하면 당신에게 편견을 갖고 당신을 성가시게 한 것은 그 여아가 니깝을 착용했다는 것이지요. 그렇지 않아요?

쉐이크: 사실을 사실대로 말하지 않았다면(문제가 올바르지 않았을 때) 내 마음이 불편한거지요. 나는 니깝을 한 여성들을 공격하지 않았어요. 초등학교에 널리 퍼진 이 문제를 그대로 둘 순 없잖아요. 이슬람법적인 결정을 해야해요. 내일 알아즈하르 이사회를 주재합니다. 결정을 해야지요. 여아들만 있는 교실 안에 여아가 있을 때 교실 안에 모두가 여아이고 선생님이 여성일 때 니깝을 금지하는 안건입니다. 당신은 “그 여아가 맞고 다른 사람은 다 틀렸다”고 말하고 싶은거지요. 집에서 니깝을 하는 것도 자유이고 운동장에서도 자유이고 그러나 교실 안에서는 안 됩니다. 안돼 안돼요.

الْمُذِيعَةُ: كِتِير مِن رِجَال الدِّين السُّعُودِيِّين هَاجَمُوك بِخُصُوص هَذَا الْمَوْقِف، وَقَالُوا إِنَّه مَا حَدَث مِن شَيْخ الْأَزْهَر مُصِيبَة وَلَابُدَّ أَنْ يِرْجِع عَنْهَا.. وَطَالَبُوك بِاحْتِرَام الْأَدْيَان، وَبَعْدِين هِنَا فِي مَصْر قَالُوا أَنَّك لَمْ تَتْبَع تَعَالِيم الرَّسُول إِيه رَدَّك؟؟؟
الشَّيْخُ: دَه كَلَام فَارِغ.. لَأَنِّي بَحْتِرِم كَلَام الْأَئِمَّة الْأَرْبَعَة وَبَتْبَعُهُم يَعْنِي لَوْ وَاحِد فِي الْمِيَّة قَال غِير كِدَه يِبْقَي أَنَا أَتْبَع الْوَاحِد وَأَتْرُك 99% الْبَاقِين.
الْمُذِيعَةُ: كَمَا أَتَذَكَّرُ لَمَّا حَدَثَت أَزْمَة لِمُصَافَحَتِكَ لِيبِيرِيز.. وَقَامُوا بِهُجُوم عَلَى حَضْرَتِكَ فِي مُعْظَم الْأَوْقَاتِ لَمْ تَرُدّ عَلَيْهِمْ.. لِيه؟

여성 방송인: 많은 사우디의 종교인들은 이 입장에 대하여 당신을 공격해댔지요? 알아즈하르 쉐이크가 한 일은 재난을 가져오는 일이라고들 했고 그 일을 원위치시키라고 했지요. 그들이 당신에게 "종교들을 존경하라"고 요구했지요. 여기 이집트에서는 사람들이 당신이 무함마드의 가르침을 따르지 않았다고도 해요.

쉐이크: 그런 말은 터무니 없는 말이요. 나는 네 분의 이맘(이슬람학자)의 말씀을 존경하고 그 가르침을 따릅니다. 100명 중 한 사람이 그렇지 않다고 하면 그 한 사람을 따르고 나머지 99%를 버립니다.

여성 방송인: 시몬 페레스와 당신이 악수한 사건이 일어났을 때를 기억합니다. 당신이 한 대부분의 일을 공격해댔는데 당신은 대꾸도 안했지요. 왜 그러셨나요?

الشَّيْخُ: لِأَنَّه غِيرِي رَدّ.. وَأَنَا لا أُرُد عَلَى السُّفَهَاء.. لِأَنَّ كَلامْهُم دَه لا دَلِيل عَلِيه مِنْ السُّنَّة أَوْ الْقُرْآن.. هَلْ فِيه نَصّ يِمْنَع أَنْ أُصَافِحَ الْمُسْلِم أَوْ غَيْر الْمُسْلِم! لا مَفِيش دَه كَلام مَغْرُورِين... هُمَّ بِيقُولُوا كِدَّه وإِنّ دَه رَأْيُهُم وَاللِّي يخَالِفْهُم يِبْقَى كَافِر.. وَأَنَا لا أُرُدّ عَلَى كَلام الْمَغْرُورِين وَالسُّفَهَاء

وَأَنَا أُكَرِّر أَنَا ضِدّ النِّقَاب عِنْدَمَا يُسْتَعْمَل بِالْبَاطِل .. وَالْبِنْت دِي اِسْتَعْمِلْتُه بِالْبَاطِل .. وإِنَّ الْوَجْهَ لَيْسَ عَوْرَة وهِيَّ لِسَّه 11 سَنَة. وَاللِّي يِثْعَلَّق بِالدِّرَاسَة .. يَجِب أَنْ تَكُون الدِّرَاسَة عَلَى حَقّ.

الْمُذِيعَة: الْمَسْئُول الإِعْلامِي لِلإِخْوَان الْمُسْلِمِين قَدَّم طَلَب لِرَئِيس الْوُزَرَاء بِإِنَّه يَتَوَقَّف شِيخ الأَزْهَر عَنْ اِتِّخَاذ أَيّ تَصْرِيحَات.. لأَنّ تَصْرِيحَات الشِّيخ اللِّي بِيقُولهَا بِشَكْل اِرْتِجَالِي تَسِيء إِلي الكَثِيرِين إِيه رَأْيَك؟

الشَّيْخُ: يقُولُوا مَا يَشَاءُوا .. أَنَا بَتْصَرَّف مِنْ وَاقِع شَرْع الله وهُوَّ حُرّ وَلَنْ أُرُدّ عَلِيه.

쉐이크: 그건 내가 답변할 것이 아니지요. 나는 어리석은 사람들에게는 답변을 안 합니다. 그들의 말이 순나와 꾸란에 의한 것이 아니거든요. 무슬림이나 무슬림이 아닌 사람과 악수하지 말라고 한 (꾸란) 본문이 있던 가요? 없어요. 기만하는 자들의 말들이거든요. 그들이 그렇게 말하는 것이고요. 이것은 그들의 의견이고 그들의 말에 거슬리면 카피르(이슬람의 법과 다섯가지 기둥을 부인하는 자)가 되는 거예요. 저는 기만하는 자들이나 어리석은 자들의 말에는 대꾸하지 않아요. 나는 되풀이하지만 니깝을 옳지 않는 식으로 사용하면 저는 반대합니다. 이 여아는 잘못된 식으로 사용한 것입니다. 얼굴은 아우라가 아니고 그 아이는 이제 고작 11살입니다. 공부에 매달릴 때지요. 그러니 공부하는 게 맞습니다.

여성 방송인: 무슬림 형제단[75]의 신문 방송담당이 총리에게 알아즈하르 쉐이크가 어떠한 공식적인 발언을 못하게 하고...쉐이크가 말하는 것이 너무 즉흥적이어서 많은 사람을 해롭게 한다고 했지요.

쉐이크: 그가 제멋대로 한 말이지요. 나는 알라의 법대로 행하고 있어 자유로우며 따라서 그에게 대꾸하지 않을 거예요.

---

[75] 무슬림 형제단은 이슬람주의자(이슬람 근본주의자, 원리주의자)들이고 현재 이집트 정부에서는 이들을 <금지된 무슬림 형제단>이라고 부르고 있다.

المُذِيعَة: لِأَنَّ مَوْقِف الأَمْن المِصْري ضِدَّ النِّقَاب لِدَوَاعِي أَمْنِيَّة وَذَلِك لِعَدَم وُضُوح الشَّخْصِيَّة وكَذَا و كَذَا.. فَيَقُول البَعْض إِنّ رَأْيَك هُنَا مَوْقِف تَعْزِيزي لِلأَمْن وَلَيْسَ عَن إِقْتِنَاع شَخْصِي.

الشَّيْخ: الرَّدّ عَلَيه هُنَا مِن الدِّين ومِنْ كَلَام الأَئِمَّة.. ومَنْطِق الشَّرْع

المُذِيعَة: جُمْلَة بَسِيطَة لِلمُوَاطِن تَقُول إيه؟

الشَّيْخ: أَنَا لَا أَتَصَرَّف مَعَ الطَّالِبَات في الأَزْهَر إِلَّا بِمَوْقِف الأَبّ وَبِكُلّ شَفَقَة وَرَحْمَة وَلَكِن كُلّ هَذَا لَا يَمْنَع مِنَ الحَزْم فَلِمَاذَا النِّقَاب في فصْل بَنَات والمُدَرِّسَة سَيِّدَة فَبَاقِي البَنَات تَنْظُر لَهَا نَظْرَة اِسْتِغْرَاب وهِيَّ كَمَان تَنْظُر لَهَم نَظْرَة اِسْتِخْفَاف عَاوِزَة تَقُول لُهُم أَنَا بَسّ المُتَمَسِّكَة بالدِّين بَأفهِّمْهَا وهِيَّ لِسَّه صُغَيَّرَة إِنْ دَه مُشْ مِن الدِّين وإِلَّا هَاكُون مُقَصِّر مَعَهَا .

여성 방송인: 이집트 치안 당국이 니깝을 반대하는 것은 치안에 대한 관심 때문이라는 말이 있습니다. 일부 사람들은 당신의 견해가 치안에 협조하는 것이고 개인적인 확신에 의한 것이 아니라고 합니다.

쉐이크: 여기서 그에 대한 대답은 종교와 이맘들의 말씀과 이슬람법의 논리이지요.

여성 방송인: 국민들에게 한 말씀 하신다면 뭐라고?

쉐이크: 나는 알아즈하르에서 여학생들에게 아버지의 입장에서만 행동합니다. 동정과 자비를 베푸는 거지요. 그러나 모든 것을 엄격하게 금하지는 않아요. 여교사가 여성이고 교실에 여학생들만 있는데 니깝이 무슨 말인가요? 나머지 여학생들이 그녀에게 이상한 눈초리로 볼겁니다. 그녀 역시 그들을 경시하려는 눈초리로 보구요. 나는 종교를 철저하게 잘 알고 있다고 말하고 싶어할 거예요. 그런데 그 여아는 아직 어려요. 이 문제는 종교 문제도 아니고 단지 내가 그녀에게 무관심하고 싶지 않는 겁니다.

(힌트) 위 방송은 이집트 최고의 종교 기관 알아즈하르 쉐이크와 여성 방송인이 인터뷰한 내용이다. 역시 방송인이나 무슬림들의 최고 종교 지도자의 아랍어가 푸스하와 이집트 암미야가 섞여 있는 것을 볼 수 있다. 대체적으로 방송 인터뷰가 시작되기 전 인터뷰 내용을 소개하는 부분은 푸스하가 많고 실제 인터뷰 대화는 푸스하와 암미야가 많이 섞여 있다. 이것이 2010년 이집트 아랍어의 현실이다.

28.서기력과 이슬람력 환산하기

이슬람 학자들은 서너가지 방식으로 서기력과 이슬람력을 환산하는 방식을 제시해 왔다. 그러나 여기서 좀 더 간편한 방식을 제시한다.

①이슬람력을 알고 있는데 서기력을 모를 때 아래와 같은 공식을 적용한다.

(0.97 x 이슬람력)+ 622(이슬람력 원년)= 서기력

2009년 12월 5일이 이슬람력으로 1430년 12월 18일이다.

(0.97x1430)+ 622=2009.1

②만일 서기력을 알고 있는데 이슬람력을 모를 때 아래와 같은 공식을 적용한다.

(서기력-622) ¼ 0.97= 이슬람력

2009-622 ¼ 0.97=1429.89 (반올림하면 1430이 된다)

이슬람력은 354일이고 서기력은 365일인데 이슬람력 100년은 서기력 97년이 된다.

29.함자의 받침 규칙

아랍어 함자가 약자음의 위나 아래에 쓰이는 규칙은 앞의 음운론에서 간략하게 설명하였다. 대부분의 한국인이 아랍어를 배울 때 어렵다고 하는 문법사항으로 <함자의 받침규칙>과 <약동사의 활용>을 든다. 그래서 이 책에서는 약동사는 아주 간략하게 설명하려고 했고 함자의 받침 규칙은 상급 단계의 학습자들을 위하여 문법론의 가장 뒤에 실었다. 함자는 받침을 갖는 경우와 아예 받침을 갖지 않고 사선지 위에 바로 함자를 쓰는 경우 등이 있다. 아래에서 자세한 함자 규칙을 익혀보자.

첫째: 함자가 알리프를 받침으로 갖는 경우
1)함자가 낱말의 처음에 오고, 함자 다음에 장모음이 바로 안 따라올 때
أَلِف، أُسْرَة، إِسْلَام، إِشْرَاق، إِحْسَان

2)함자가 낱말의 중간에 오고, 함자 앞의 자음이 /a/모음을 갖고 함자 자신이 /a/ 모음 혹은 수쿤(무모음)을 가질 때
يَأْمُرُ، يَأْخُذُ، يَأْذَنُ، فَأْس، رَأْس، مَأْلُوف، رَأْي، مُتَأَخِّر، حِدْأَة، تَأَزُّمٌ

3)함자가 낱말의 중간에 오고, 함자 앞의 자음이 무모음을 갖고 함자 자신이 /a/ 모음을 가지며 함자 다음에 오는 자음이 점이 없는 ى 로서 /ā/ 장모음이 될 때
يَنْأَى، المَرْأَى

4)함자가 낱말의 중간에 오고, 함자 앞의 자음이 무모음을 갖고 함자 자신이 /a/ 모음을 가지며 함자 다음에 오는 자음이 /ā/ 장모음을 가지지 않을 때
مَسْألَة، نَشْأَة، جُرْأَة، جُزْأَيْن، يَرْأَسُ، يَذْأَبُ

5)함자가 낱말의 끝에 오고, 함자 앞의 자음이 /a/모음을 가질 때
بَدَأ، نَشَأ، نَبَأ، خَطَأ، مُبْتَدَأ، مَلْجَأ، يَبْدَأ، يَلْجَأ، يَقْرَأ

둘째, 함자가 와우를 받침으로 갖는 경우
1)함자가 낱말 가운데에 오고, 함자 앞의 자음이 /u/모음을 갖고 함자 자신은 /a/모음을 가질 때　مُؤَرَّخ، مُؤَوَّل، رُؤَسَاء، مُؤَامَرَة، يُؤَجِّل، يُؤْمِن، مُؤَدَّب

2)함자가 낱말 가운데에 오고, 함자 앞에 장모음을 갖고 함자 자신은 /u/모음을 가지고 함자 다음에 와우가 오지 않을 때
تَفَاؤُل، تَشَاؤُم، هَوَاؤُهَا، شِتَاؤُهَا، أَعْدَاؤُهَا، اِبْتِدَاؤُهَا، اِنْتِهَاؤُهَا، تَسَاؤُل

3)함자가 낱말의 끝에 오고, 함자 앞의 자음이 /u/모음을 가질 때
تَكَافُؤٌ، يَجْرُؤُ، لُؤْلُؤ، تَجْرُؤُ

셋째, 함자가 야(점이 없는 야)를 갖는 경우
1)함자가 낱말 가운데 오고, 함자 앞의 자음이 /i/모음을 가질 때
فِئَة، وِئَام، مِئَات، مُبْطِئَات، مُخْطِئَان، سَيِّئَة، اِكْتِئَاب

2)함자가 낱말 가운데 오고, 함자 앞의 자음에 무모음이 오고 함자 다음에 쌍수의 알리프가 올 때
بُطْئَان، دِفْئَان، كُفْئَان، نَشْئَان، عِبْئَان

3)함자가 낱말 가운데 오고, 함자 앞의 자음 يَاء 가 무모음을 가질 때

هَيْئَة، مَشِيئَة، خَطِيئَة، جَرِيئَان، شَيْئَيْن، بَرِيئَان يَسِيئَان

4)함자가 낱말 가운데 오고, 함자 앞의 자음이 /u/모음이나 /a/ 모음을 갖고, 함자 다음에는 와우و واو 장모음이 올 때(함자 앞 자음이 함자와 연접되어야 함)

قُنُول، سَنُول، يَنُوس، مَنُونَة، لَجَنُوا، أَخْطَنُوا

이 경우에 함자 받침에 와우가 와도 된다.

قُؤُول، سَؤُول، مَؤُونَة، لَجَؤُوا، شُؤُون، كُؤُوس.

5)함자가 낱말 가운데 오고, 함자 앞의 자음은 무모음의 야가 오고 함자 자신은 /u/모음을 가질 때

مَيْنُوس مِنْهُ، مَيْؤُوس مِنْهُ، فَيْنُهَا، فَيْؤُهَا

6)함자가 낱말 가운데 오고 함자 자신이 /i/모음을 가질 때

سَئِمٌ، سُئِلَ، قَائِم، صَائِم، هُدُونِهَا، يَكْتَئِبُ، يَلْتَئِمُ، مُطْمَئِنّ

7)함자가 낱말 끝에 오고, 함자 자신이 함자 다음에 오는 목적격의 탄원과 함께 /a/모음을 갖고 함자 앞에 오는 자음(함자 앞 자음이 함자와 연접되어야 함)이 무모음을 가질 때

عِبْئًا، بُطْئًا، نَشْئًا، دِفْئًا، كُفْئًا، مِلْئًا

8)함자가 낱말 끝에 오고, 함자 앞의 자음이 /i/모음을 가질 때

بَرِيء، دَنِيء، رَدِيء

넷째, 함자가 아무런 받침을 갖지 않는 경우

1)함자가 낱말의 가운데에 오고, 함자 자신은 /a/모음을 갖고 함자 이전의 자음이 무모음이고 함자 다음에는 쌍수의 알리프이고 함자 이전의 자음이 함자와 연접되지 않는 경우 جُزْءَان، بدْءَان، رُزْءَان، ردْءَان

2)함자가 낱말의 가운데에 오고, 함자 자신은 /a/모음을 가지며 함자 이전의 자음이 알리프인 경우 قِرَاءَة، عَبَاءَة، بَرَاءَة، مُلَاءَة،أَصْدِقَاءُكَ، إِضَاءَة، تَسَاءَلَ، تَضَاءَلَ

3)함자가 낱말의 가운데에 오고, 함자 자신은 /u/모음을 가지고 함자 이전의 자음은 그 다음과 연접되지 않는/ a/나, / u/모음을 갖고 그 다음에 와우 장모음을 가질 때

قَرَءُوا، تَبَوَّءُوا، دَءُوب، رَءُوف، رَءُومٌ، رَءُوسٌ، دَءُوبٌ، بَدَءُوا

이 모든 낱말의 함자는 와우를 받침으로 가질 수 있다.

بَدَؤُوا، تَجَرَّؤُوا، يَبْدَؤُون، دُؤُوب، رَؤُوف، رَؤُوس

또 이들 단어들 중 일부는 함자가 알리프를 받침으로 가질 수 있다. بَدَأُوا، قَرَأُوا

4)함자가 낱말의 가운데에 오고, 함자 자신은 /u/모음을 가지며 함자 이전의 자음은 그 다음의 것과 연접되지 않는 무모음이고 함자 다음에는 와우가 올 때

مَرْءُوس ، مَرْءُوس، أَضَاءُوا، أَضَاءُوا، جَاءُوا

5)함자가 낱말의 가운데 오고, 함자 이전에는 와우가 오고 함자 다음에는 인칭대명사가 올 때 함자는 받침을 갖지 않는다. ضَوْءُهُ، يَسُوءُهُ، هُدُوءُهُ، وُضُوءُهُ

그러나 이들은 함자 받침에 와우를 가질 수도 있다. ضَوْؤُهُ، يَسُوؤُهُ، هُدُوؤُهُ، وُضُوؤُهُ

6)함자가 낱말 끝에 오고, 함자 이전의 자음이 무모음일 때

جُزْء، عِبْء، بَدْء، كُفْء، مِلْء، دِفْء، نَشْء، أَصْدِقَاء، سَمَاء، أَعْبَاء، بِنَاء، نُشُوء، هُدُوء، وُضُوء، ضَوْء، جَرِيء، يَجِيءُ، دَنِيء، فِيء، سُوءًا، لَجُوءًا، نُشُوءًا، وُضُوءًا، ضَوْءًا

7)함자가 낱말 끝에 오고, 탄원이 있는 목적격이고 함자 이전의 자음은 그 다음에 오는 것과 분리되는 무모음의 자음일 때   بَدْءًا، بُرْءًا، جُزْءًا، رُزْءًا

다섯째, 함자가 맏다가 될 경우
1)함자가 낱말의 가운데 오고 함자 다음에 알리프가 올 때   مُنْشَآت، مَآرِب، ضَآلَة
2)함자 다음에 쌍수의 알리프가 올 때   مَلْجَآن، مُنْشَآن، مَبْدَآن، نَبَآن، يَبْدَآن
3)함자 이전의 자음이 무모음이고 함자 다음에는 알리프가 올 때   ظَمْآن، مِرْآة، مَلآن، قُرْآن
4)함자가 낱말의 처음에 오고 함자 다음에는 알리프가 올 때   آمَنَ، آخَذَ، آكَلَ

연습문제

1. 다음 문장에서 명사문의 주어와 술어를 찾으시오.

1- يُوسُفُ طَالِبٌ. 2- هُوَ يَدْرُسُ اللُّغَةَ الكُورِيَّةَ. 3- بَيْتُ عَلِي نَظِيفٌ. 4- البَيْتُ في بُوسَان.
5- الشَّارِعُ بُيُوتُهُ حَمْرَاءُ. 6- البَيْتُ حَدِيقَتُهُ وَاسِعَةٌ. 7- الكِتَابُ فَوْقَ المَكْتَبِ.

2. 다음 문장에서 술어의 종류(동사문, 명사문, 유사문장, 명사)를 말하시오.

1- سَمِيرٌ طَبَخَ الطَّعَامَ. 2- هُونغ كِيلْدُونغ ذَهَبَ إلى الحَمَّامِ. 3- الوُرُودُ في الحَدِيقَةِ.
4- غُرْفَةُ المَكْتَبِ بَابُهَا كَبِيرٌ. 5- مِيهِي سَعِيدَةٌ في بَيْتِهَا.

3. 다음 문장에서 동사문의 주어를 찾으시오.

1- يَمْشِي أَحْمَدُ مِنَ البَيْتِ إلى المَدْرَسَةِ. 2- لِمَاذَا حَضَرْتَ إلى بَغْدَادَ؟ 3- قَرَأْتُ رَقَمَ السَّيَّارَةِ ثُمَّ رَكِبْتُ.
4- نَزَلْنَا مِنَ السَّيَّارَةِ. 5- تَجْرِي السَّيَّارَاتُ بِسُرْعَةٍ.

4. 다음 문장에서 목적어를 찾으시오.

1- أَدْرُسُ اللُّغَةَ الكُورِيَّةَ. أَقْرَؤُهَا وَأَكْتُبُهَا. 2- قَرَأَ الطَّالِبُ الكُورِيُّ الدَّرْسَ الخَامِسَ، ثُمَّ كَتَبَهُ.
3- وَصَلَ بَاصُّ المَدْرَسَةِ. رَكِبَهُ الطِّفْلُ. 4- وَقَفَ الشَّابُّ مَعَ كَمَالٍ. ثُمَّ تَرَكَهُ.
5- وَصَلَ الرَّئِيسُ الكُورِيُّ إلى المَدْرَسَةِ، فَدَخَلَهَا.

5. 다음 1-4는 상황어를 5-8은 명시어를 찾으시오.

1- وَجَدْتُهُ (   ). (السُّرُورَ، مَسْرُورًا، سُرُورًا)
2- أَشْرَبُ المَاءَ (   ). (البَارِدَ، بَارِدًا، البَرْدَ)
3- جِئْتُ إلى المَدْرَسَةِ (   ). (رَاكِبًا، الرُّكُوبَ، يَرْكَبُ)
4- عَلَا صَوْتُ الرَّجُلِ (   ). (ضَاحِكًا، الضَّاحِكَ، ضَحِكًا)
5- ضَحِكَ الطِّفْلُ (   ). (عَالِيًا، فَرَحًا، كَثِيرًا)
6- بَكَى الرَّجُلُ (   ). (حَزِينًا، سَعِيدًا، فَرَحًا)
7- صَرَخَ الوَلَدُ (   ). (غَاضِبًا، غَضَبًا، بَاكِيًا)
8- حَفِظَ الطَّالِبُ الدَّرْسَ (   ). (وَكَتَبَهُ، كِتَابَةً، مَكْتُوبًا)

6. 다음 문장에서 과거 동사를 명사문의 주어와 일치하도록 다시 쓰시오.

1- التَّلَامِيذُ (خَرَج) مِنَ الفُصُولِ. 2- أُنثُنَّ (شَرَحَ) الدَّرسَ. 3- الكُورِيَّان (حَضَرَ) مِنَ الشَّرقِ الأُوسَطِ.

4- الكُورِيَّتَان (وَصَل) مِن أَمرِيكَا. 5- الكُورِيُّونَ (دَرَسَ) اللُّغَةَ الإِسبَانِيَّة.

7. 다음 문장에서 현재 동사를 명사문의 주어와 일치하도록 다시 쓰시오.

1- الرَّئِيسُ (يَتَحَدَّث) إِلى الشَّعبِ وَ(يَعُودُ) لِلبِلَادِ قَرِيبًا. 2- حَالَةُ الرَّئِيسِ الصِّحِّيَّة (تَتَقَدَّمُ) بِمُعَدَّلَاتٍ جَيِّدَةٍ.

3- الرَّئِيسَان (يَتَبَادَلُ) الحَدِيثَ مَعَ الأَطِبَّاءِ. 4- الطُّلَّابُ (يَذهَبُ) إِلى المَدرَسَةِ بِالسَّيَّارَةِ.

5- البِنتَان (يَشرَبُ) الشَّايَ وَالقَهوَةَ. 6- أَنَا (يَركَبُ) البَاصَ.

8. 다음 문장에서 문장의 성분과 전치, 후치의 원인을 바르게 말한 것을 찾으시오.

1- فِي المَدرَسَةِ (طُلَّابٌ). (후치된 명사문의 주어, 명사문의 주어, 술어)

2- (جَمِيلَةٌ) الطَّالِبَةُ. (전치된 명사문의 술어, 명사문의 주어, 수식어)

3- (مَنْ) هِيَ؟ (전치된 술어, 명사문의 주어, 명사문의 술어)

4- المَسِيحِيَّةُ (الحُبُّ). (후치된 명사문의 주어, 명사문의 주어, 술어)

5- (الحَقَّ) أَقُولُ لَكُم. (전치된 목적어, 전치된 주어, 술어, 명사문의 주어)

6- (المُسلِمُونَ) يُصَلُّونَ فِي المَسَاجِد. (동사문의 주어, 명사문의 주어, 전치된 주어)

7- وَاشِنطُن تَنتَظِرُ (الرَّدَّ) الإِسرَائِيلِيَّ. (목적어, 수식어, 전치된 주어, 술어)

9. 다음 괄호 안에 알맞은 낱말을 고르시오.

1- قَرَأتُ الكِتَابَ إِلاَّ (   ) الرَّابِعَ. (الدَّرسَ، الدَّرسِ، الدَّرسُ)

2- لَم أَكتُبْ الوَاجِبَ إِلاَّ (   ). (السُّؤالَ، السُّؤالُ، السُّؤالِ)

3- لَن تَعرِفَ إِلاَّ بِ(   ). (القِرَاءَةُ، القِرَاءَةِ، القِرَاءَةَ)

4- مَا جَاءَ الطُّلَّابُ إِلاَّ (   ). (طَالِبٌ، طَالِبِ، طَالِبًا)

5- مَا جَاءَتْ إِلاَّ (   ) (طَالِبَةِ، طَالِبَةٌ، طَالِبَةٍ)

10. 다음 낱말의 종류를 괄호 안에서 고르시오.

1- أَصبَحَتْ بَغْدَادُ مَدِينَةً مُمَيَّزَةً. (장소명사, 능동분사, 수동분사)

2- كَانَتْ بَغْدَادُ مَقَرِّ العُلَمَاءِ وَالشُّعَرَاءِ. (수동분사, 동명사, 장소명사)

3- كَانَ هَارُونُ الرَّشِيدُ مُقَاتِلًا. (능동분사, 수동분사, 동명사)

4- اِشتَهَرَ المَأمُونُ بِالاِنفِتَاح عَلَى ثَقَافَات غَيرِ العَرَبِ. (능동분사, 수동분사, 동명사)

5- كَمَا عُرِفَ بِالتَّشَدُّدِ وَالتَّعَصُّبِ. (능동분사, 장소명사, 동명사)

11. 다음 문장에서 바른 동사를 찾으시오.

1- (   ) رَجُلُ البُولِيس السَّيَّارَةَ. (وَقَفَ، أَوقَفَ، يَقِفُ)

2- (   ) الأُمُّ طِفلَهَا اللَّبَنَ. (رَضَعَتْ، أَرضَعَتْ، تَشَارَبَتْ)

3- (   ) الصَّدِيقَان فِي التَّلِيفُون. (حَدَّثَ، تَحَادَثَ، يَتَحَدَّثُ)

4- (   ) أَحمَدُ مُبَكِّرًا. (يَقِظ، أَوقَظ، اِستَيقَظ)

5- (   ) السَّمَاءُ. (اِحمَرَّتْ، حَمرَاءُ، تَحمَرُّ)

30. 한국어 문장을 아랍어로 번역하기

　이제 푸스하 문법을 다 배웠다. 사실 아랍어 문법을 배우는 과정에서 대부분의 학습자는 아랍어로 된 텍스트를 한국어로 가장 정확하게 번역하고자 힘쓴다. 아랍어를 배우는 한국인 학습자는 대체로 아랍어를 한국어로 번역하거나 통역하는 것이 한국어를 아랍어로 통번역하는 것보다 더 쉽다고 느낀다. 다음 아랍어 텍스트가 한국어로 어떻게 번역되었는지를 살펴보자.

اوبرا عايدة تحكي عن قصة الحب التي نشأت بين الأسيرة الحبشية عايدة وراداميس قائد الجيش المصري، الذي <u>حكم عليه فرعون مصر بالاعدام</u> بعد أن ثبت عليه محاولته للهرب مع عايدة إلى الحبشة، قدمت اوبرا عايدة لأول مرة عام 1871 على مسرح دار الاوبرا القديمة الخديوي ولم يتمكن فيردي من الحضور.

　오페라 아이다는 에티오피아 포로 아이다와 이집트군의 경호대장 라다미스 사이에 빚어진 사랑의 이야기를 전해준다. 라다미스는 에티오피아로 아이다와 함께 도망하려다가 발각된 뒤 <u>이집트 파라오에게 사형 언도를 받았다.</u> 오페라 아이다는 1871년 키디위[76] 오페라 하우스에서 처음으로 상연되었고 베르디(이탈리아인)는 참석하지 못하였다.

　위 번역에서 밑줄친 부분은 출발어와 도착어의 구문이 서로 달라졌다. 출발어 텍스트를 가능한 문자 그대로 도착어 텍스트로 옮기는 방법을 직역이라고 하는데 직역은 구문론적 구분과 배열을 가능한 한 그대로 지키는 번역이지만 출발어 텍스트보다 도착어 텍스트의 자연스러운 의미 전달에 중점을 둔 번역은 의역이라고 한다. 직역을 할지 의역을 하지는 텍스트에 따라, 누구를 위한 번역인지 그리고 번역의 목적에 따라 결정된다.

　번역은 출발어 텍스트의 메시지를 손상시키지 않으면서 그 메시지 의미를 도착어 텍스트로 가장 가깝게 번역해 내는 일이다. 그러므로 출발어와 도착어에 대한 충분한 지식이 있어야 한다. 두 언어는 서로 다른 문법 규칙과 표현 방식을 지니고 있기 때문이다.

　다음 아랍어 문장을 한국어로 번역할 때 무엇을 유의해야 하는지 살펴보자.

ابتداء من اليوم، ولمدة ثلاثة أيام، تشهد درجات الحرارة في مصر تحسّناً ملحوظاً، حيث تنخفض بمعدّل أربع إلى ستّ درجات.

①첫 단계: 어휘정보와 문법 정보

어휘정보: 오늘부터 시작하여, 3일동안, 이집트 온도.

문법 정보: '거기에'(حيث)는 장소부사로서 그 뒤 문장을 후연결어로 갖는다.

②둘째 단계: 직역에 가까운 번역

---

[76] 키디위: 총독(amīr)이란 뜻으로서 이집트의 무함마드 알리 총독에게 오스만 터키가 칙령으로 하사한 칭호이었다.

<오늘부터 3일동안 평균 4내지 6도 낮아짐으로써 이집트의 <u>온도가</u> 현저하게 좋아지는 것을 볼 것이다.>
③셋째 단계: 신문 기사는 보도문이므로 객관성(공정한 태도), 간략성(이해하기 쉽도록), 보도성(새로운 정보), 시사성(재빨리 알려야 함)이 특징이다. 번역자는 이런 특징을 살려 보도문의 요지를 파악하고 표현하는 능력이 요구된다.
<오늘부터 3일동안 평균 4내지 6도 낮아져서 이집트의 <u>기온</u>이 현저하게 <u>좋아지겠습니다.</u>>

> 텍스트의 특징을 살려 도착어로 번역되지 못하면 텍스트의 의도가 정확하게 전달되기 어렵다.

이제 한국어로 된 글을 어떻게하면 아랍어답게 번역할 수 있는가를 생각하면서 글을 쓴 사람의 의도가 상황성/ 텍스트 상호성, 용인성/의도성, 결속성/결속구조 등 텍스트를 구성하고 있는 여러 요소들이 어떻게 표현되고 있는지를 살펴보자.

(예제 1) **한국은 산지가 국토면적의 약 80%를 차지한다.**
출발어 문장에서 주어는 '한국'이지만 실제 주어는 '산지'이고 동사는 '차지한다'이므로 아랍어 동사문의 기본 어순(동사+ 주어)에 따라<تحتل>라고 쓴다. 둘째 산지가 한국에 있으므로 아랍어로는 '한국의 산지'라고 한다.<تحتل الجبال في كوريا .>
셋째, 동사문의 주어와 동사가 확정되었으므로 이제는 목적어를 찾는다. 위 문장에서 '약 80%'가 목적어에 해당한다.< حوالي 80 % >. 여기까지 도착어로 완성하여 보자.
"한국은 산지가 약 80%를 차지한다." < تحتل الجبال في كوريا حوالي 80 % >
넷째, 이제 '국토 면적의'에 해당하는 아랍어 번역문을 생각해본다. 아랍어는 항상 호응을 중시하므로 전치사 구<من مساحتها>를 문장 뒤에 덧붙인다.
تَحْتَلُّ الجِبَالُ في كُوريَا حَوَالي 80 % مِنْ مِسَاحَتِهَا
위 문장을 보면 우선 '산지'라는 말이 한국어에서는 단수인데 아랍어 번역문에서는 복수형을 쓰고 '국토 면적'은 '한국의 면적'이라는 말로 다시 바꿔야 한다. 즉 한국어를 아랍어로 번역하면 한국어가 갖는 본래의 텍스트의 표층 구조가 바뀌게 된다. '텍스트의 표층 구성 요소들 사이의 문법적 의존 관계'를 결속구조(cohesion)라고 한다. 텍스트의 표층에 나타나는 구성요소들은 문법 형식과 규칙에 따라 서로 의존하므로 결속구조는 문법적 의존관계를 바탕으로 지시. 대치. 생략. 접속. 반복 등이 결속구조의 중요한 고리가 된다. 그리고 결속성(coherence)은 문장의 표면적 연결을 가능하게 하는 응집 장치를 기초로 하여 내용적 일관성을 이루게 하고, 텍스트 기저에 있는 개념들을 연결해준다. 텍스트는 글말의 문맥을 전제로 하는 반면, 담화는 입말의 화맥을 전제로 한다.

(예제2) **한국어는 약 6천만 명의 사용자를 가진 한국의 고유 언어이다.**
위 문장은 주어가 '한국어'이고 술어는 '언어'이다. 아랍어 명사문에 해당한다. 우선 '한국어는 -언어이다' 라는 말을 먼저 작문한다.<اللغة الكورية لغة>. 둘째, 고유의 언어라는 말을 아랍어로 번역한다.<لغة **متميزة** >. 셋째, 한국어 문장에서 '약 6 천만 명의 사용자를 가진'이란 말을 아랍어로 작문하기 위하여 '약 6 천만 명이 사용한다'는 말로 문장을 풀어 쓴다. <**اللغة الكورية لغة متميزة يستخدم**>. 넷째, 여기서 아랍어 문장 구조를 먼저 떠올려야 한다. 아랍어 문장 구조에서 먼저 주어에 해당하는 명사를 선행시키고 이 명사를 가리키는 인칭대명사를 동사 뒤에 접미시키는 문장이 있다. 즉, 명사[주격]+ 동사+ [선행명사를 가리키는 인칭대명사]: <لغة (متميزة) يستخدمها>.

다섯째, 이제 주어에 해당하는 부분 '약 6 천만 명의 사람'을 아랍어로 번역한다.

<حوالي 60 مليون شخص >.

여섯째, 이 문장이 문두에 왔다면 إنَّ 를 접두시킨다.

إنَّ اللُّغَةَ الكُورِيَّةَ لغَةٌ مُتَمَيِّزَةٌ يَسْتَخْدِمُهَا حَوَالي 60 مليون شَخْص

(예제 3) **한글이 창제될 당시 자음 17 자, 모음 11 자로 모두 28 개의 문자로 이루어졌다.**

위 문장에서 '한글'이 주어이다. 아랍어 문장은 주어와 술어, 주어와 동사가 기본 문장 구조이므로 반드시 주어를 찾아내야 한다. 위 문장은 '한글이 28 개(자음 17 자와 모음 11 자)로 되어 있다'는 것이 핵심적인 내용이다. 우선 '한글이 28 개로 되어 있다'에 해당하는 아랍어 문장을 작문한다. <تكونت "هانغول" من 28 حرفا>.

둘째는 '창제될 당시'라는 말을 '한글의 창제 초기에'라는 말로 고쳐 아랍어로 번역한다. <"في بداية اختراع الحروف "هانغول>.

셋째, '자음 17 자, 모음 11 자'를 아랍어로 번역한다. <17 حرفا متحركا و11 حرفا ساكنا>. 이제 모든 문장을 순서대로 정리하면 아래와 같은 문장이 된다.

وفي بِدَايَةِ اختِرَاع الحُرُوفِ "هَانْغُول"، تَكَوَّنَتْ "هانغول" مِنْ 28 حَرْفًا: 17 حَرْفًا مُتَحَرِّكًا و11 حَرْفًا سَاكِنًا.

어느 텍스트가 발화 상황에 적절한가를 결정짓는 요인이 상황성(situationality)이고 다른 텍스트에 의존하는 방식, 또 나아가서 특정한 시대의 문화 형태와의 관계까지도 포함하는 텍스트 상호성(intertextuality)이 번역에서 고려되어야 한다.

(예제 4) **현재는 모두 24 개의 글자로 구성된다.**

위 문장에서 주어는 '한글의 글자'이므로 주어는 '한글의 글자' <**حروف هانغول**>가 되고 '구성된다'라는 말은 앞의 문장 상황을 고려해야 하므로 28 개 글자가 24 개로 "변화되었다"고 해야한다. 이렇게 변화가 생긴 경우, 아랍어 어휘 <أصبح>를 쓴다. 한국어에서 '현재는'이라는 말에는 대조의 토씨 '는'이 붙어 있지만, 아랍어 문장에서는 이 말이 대조의 토씨가 될 수 없어서 '현재'는 목적격(حاليا)으로 써야 한다. 이 모든 사항을 고려하면 아래와 같은 문장이 된다.

أصْبَحَ عَدَدُ حُرُوفِ "هَانْغُول" 24 حَرْفًا حَالِيًا

(예제 5) 유네스코는 1997 년에 열린 국제자문위원회에서 훈민정음을 세계기록유산으로 등록하였다.

위 문장은 주어가 '유네스코'이고 '등록하였다'가 동사이다. 아랍어는 동사가 먼저 오기 때문에 '등록하였다'를 문장의 처음에 오게 해야 한다. 그러나 '등록을 하였다' إدراج 라는 말은 '등록하기로 결정된 것'을 먼저 생각해야 한다. 이것은 아랍어 결속구조가 한국어와 다르기 때문이다. 이것이 아랍어 번역에서 어려운 점이다. 그것은 아랍인들의 언어적 사고의 흐름을 따라가면서 아랍인들이 이해할 수 있는 문장을 작문해야하기 때문이다. 그래서 아랍어-아랍어 사전을 자주 활용하고 아랍인들의 책들을 많이 읽어 독해력을 길러야 하는 이유가 여기에 있다. 우선 '유네스코'를 아랍어로 번역하지 않고 '유네스코 기구'라고 하자.<منظمة UNESCO>. 그리고 '등록을 결정했다'를 아랍어로 번역해야 하는데, '확실히 결정했다'라는 말을 써서 이 동작의 실현성을 강조한다. <وقد قررت إدراج>. 그 다음에 '1997년에 열린 국제자문위원회에서'를 아랍어로 작문한다.
<خلال لجنة المستشارين الدولية التي عقدت عام 1997>.
우리말에서는 '-(국제자문위원회)에서'라고 했지만 아랍어로는 "국제자문위원회를 거쳐서(통해서)"라고 해야 한다. 또 '훈민정음'은 아랍어로 <هونمينجونغؤوم>이라고 하고, 세계 기록 유산으로 등록한 것은 아랍어로<إدراج ...... في قائمة ذكريات العالم>이라고 해야 한다. 이제 위 모든 것을 도착어로 하면 다음과 같다.[77]

وقد قررت منظمة UNESCO خلال لجنة المستشارين الدولية التي عقدت عام 1997 إدراج الأبجدية الكورية السابقة "هونمينجونغؤوم" في قائمة ذكريات العالم.

결속구조와 결속성이 텍스트적인 요인에 해당된다면 의도성(intentionality)과 용인성(acceptability)은 텍스트 생산자와 수용자의 심리적 요인에 해당된다. 번역에 있어서 텍스트를 생산하는 작가의 의도를 최대한 반영하는 것이 중요하듯이 텍스트를 수용하는 독자의 입장을 반영하는 것도 매우 중요하다. 번역문이 아무리 작가의 의도를 최대한 반영하였다고 하더라도 수용자인 독자에게 용인되지 않으면 무의미한 번역이 된다. 한국어에서 아랍어로 번역하는 번역 연습에서는 특히 용인성의 문제가 강조되어야 한다.

이상과 같이 아랍어로 된 글을 한국어로 번역한 예제들과 한국어로 된 글을 아랍어로 번역한 예제들을 통하여 우리는 아랍어는 물론 한국어에 대한 언어적 숙달(정확성과 유창성)이 필요하다는 것을 알았다. 그리고 번역과정에서 한국말답게 혹은 아랍어답게 번역하려면 해당 텍스트가 존재한 상황성, 글의 유의미한 연결에 관심을 두는 결속성, 그리고 독자에게 용인이 되는가를 묻는 용인성 등이 고려되어야 한다.

---

[77] أكاديمية الدراسات الكورية، كوريا، حقائق ومعلومات أكثر دقة، 36-37 에서 예문을 인용하였다.

31.<문장 구조>의 총정리

1. 고전 아랍어(꾸란에 쓰인 고전 푸스하)에 쓰인 일부 구문이나 어휘와 문체가 현대 표준아랍어(현대 문어 혹은 현대 푸스하)에서 안 쓰이기도 하고 고전 아랍어에 없던 새로운 어휘나 구문, 문체들이 현대문에 등장한다. 그리고 고전과 현대문의 글들을 읽어보면 동일 어휘가 서로 다른 의미를 갖는다

2.아랍어 문장 구조에 영향을 주는 두가지 통사적인 원리는 호응/일치(muTābaqah) 그리고 지배(운용, 'amal)이다. 명사와 그 뒤에 오는 형용사가 서로 어떻게 호응하는지 그리고 동사문의 주어와 동사가 어떻게 일치하는 지를 아는 것이다. 명사에서는 성, 수, 격, 한정의 범주에 따라 호응 여부를 살피고 동사에서는 성, 수, 인칭에 따라 어떻게 일치하는 지를 확인한다. 지배는 어떤 단어가 다른 단어를 어떻게 영향을 주는가를 살피는 것이다. 지배는 낱말의 상호 영향력에 따라 영향을 주는 요소와 영향을 받는 요소 그리고 영향이 이뤄진 흔적(어말 모음)을 분석하므로 의미보다는 오히려 형식에 더 치중한 것으로 보인다. 아랍어에서 동사, 전치사, 불변사는 지배(영향)를 하는 요소들이다. 가령 타동사는 목적어를 목적격으로 지배한다. 이때 명사의 격(case)과 현재 동사의 서법(mood)이 지배와 관련된 범주[78]라고 할 수 있다. 아랍어 문법구조는 서로 의존 관계(dependency relations)로 얽혀져 있다.

3.아랍어 기본 어순은 동사(V)+ 주어(S)+ 목적어(O)이다. 즉 자동사이면 VS어순이고 타동사이면 VSO 어순이다. 그러나 SVO, VOS등의 어순도 특정 조건에서는 가능하다. 문체상의 이유나 강조 때문에 VSO 기본 어순이 SVO로 바뀐다. 아랍어 신문 헤드라인은 SVO어순이고 헤드라인에 바로 이어서 시작되는 첫 문장은 VSO어순이다. SVO어순이 주의를 환기시켜 주는 기능도 한다. 그리고 목적어가 주어보다 짧을 경우 VOS 어순을 갖기도 한다. 그러나 화자가 강조를 위하여 목적어를 문장의 처음에 오게 하거나 문체상의 이유로 동사나 전치사의 목적어에 해당하는 어휘를 문장의 처음에 두고 이 어휘를 가리키는 인칭대명사를 동사 뒤나 전치사 뒤에 붙이기도 한다.

4.영어로 쓴 아랍어 문법서(Karin C. Ryding)에서 아랍어에는 8가지 문법 범주가 있다고 했는데 그것은 시제/상, 인칭, 태(능동/수동), 서법(직설법 등), 성, 수, 격, 한정 이라고 했다. 이 중에서 6개(시제/상, 인칭, 태, 서법, 성, 수)는 동사와 관련되고 4개(성,수, 격, 한정)는 명사와 관련되며 또 4개는 인칭대명사(인칭, 성, 수, 격)와 관련된다. 시제는 현재, 과거, 미래를 가리키고 상은 동작이나 상태가 완료되었느냐 완료되지 않았느냐를 따진다. 전자는 동작이 일어난 때를 강조하고 후자는 동작 자체에 대한 초점을 둔다. 아랍 문법학자들은 형태론적 시제를 과거(al-māDī)와 현재(al-muDāri')라는 용어로써 구별지어 상(aspect)보다는 시제(tense)를 더 강조하였고 오늘날 많은 아랍어 언어학자들은 아랍어 동사를 시제라는 측면에서 다루면서 좀 더 화용론적인 설명을 강화하고 있다. 아랍어 시제는 문맥에서 추론되어진다.

5. 아랍어 수동태는 동작의 주어가 알려지지 않았거나 어떤 이유로 언급되지 않았을 때 사용한다. 아랍어 수동태 만들기는 낱말의 형태론적 구성 이외에 통사적 구문과

---

[78] 공일주, 아랍어 문법의 기본 원리와 발달, 한국 중동학회 논총 9호, 1988 참조)

관련되어 있다.

6. 종래 서구 학자들이 아랍어 문법 연구에서 서법을 제시하였는데 아랍어 문법학자들은 현재 동사의 마르푸으(동사 어미가 /u/로 끝남), 만습(동사 어미가 /a/로 끝남), 마즈줌(동사의 어미가 모음이 없이 끝남)으로 구분하여 서법과 관련된 의미는 없다. 서법은 말할이가 문장의 내용에 대하여 가지는 심리적/정신적 태도를 가리킨다. 이를테면 '내가 오늘 가겠다'에서 '간다'는 것은 문장의 내용이고 '겠'은 말할이가 그 내용에 대하여 가지는 태도이다. 그렇다면 아랍어 현재 동사의 "마르푸으, 만습, 마즈줌"이 서법을 가리키는 "indicative, subjunctive, jussive"를 나타내는가? 실제로는 그렇지 못하다.

7. 아랍어 현재 동사와 명사의 어말 모음 변화는 어말모음 표지(marker)로 확인된다. 아랍어 명사와 형용사의 격은 낱말 구조의 일부분이므로 형태론에 속한다. 그런데 명사나 형용사의 통사적 역할은 문장에서 결정되므로 명사와 형용사의 격은 통사론(문장론)에서 다뤄진다. 아랍어 낱말의 구조가 복잡하게 인식되는데 그 중에서 특히 동사의 구조가 더 복잡하다. 약동사라면 동사의 음운론적 변화, 음운-형태론적 변화, 형태론적 변화 등을 살펴봐야 한다. 아랍어 명사의 주격(마르푸으, 라프으), 목적격(만습, 나습)은 현재동사의 자립형(마르푸으, 라프으), 의존형(만습, 나습)과 아랍어 용어에서 동일하다. 다시 말하면 낱말의 의미보다는 낱말의 형태에 더 관심을 둔 용어들이다.

제5장 의미와 문맥

아랍어는 문맥 중심의 언어이다. 아랍어의 어휘는 의미 성분 분석이나 의미장(semantic field)[1]의 연구를 통하여 아랍어의 어휘의미를 정확하게 파악하되 문맥 안에서 어떤 의미를 갖는지를 살펴야 한다. 과거 아랍어의 언어학적 연구(음성학, 음운론, 형태론, 문장론)는 음성에서 시작하여 문장에서 끝나고 있다. 그리고 아랍인들은 의미론(عِلمُ الدَّلالَةِ)을 문학적 아랍어의 발라가(수사적 표현과 미적 기능)의 하나인 일므 알마아니(عِلمُ المَعَانِي)에서 다루고 있었다. 아랍어 '발라가'[2]는 '의미가 청자의 마음에 도달하는 것'에 관심을 둔다. 우리말 사전에서는 '효과적 미적 표현을 위하여 문장과 언어를 꾸미는 방법'을 수사법이라고 한다. 언어학적 연구가 주로 의사소통에 관심을 둔다면 발라가(عِلمُ البَلاغَةِ)는 문학어의 미적 기능(الوَظائف الجَمَالِية)에 더 많은 관심을 둔다. 대부분의 아랍인들은 이런 미적 기능을 실제 생활에서 자주 사용할 기회가 없다고 하고 실제로 발라가를 사용하지도 않는다. 그러나 아랍 대학의 아랍어과 교수나 아랍어를 전공하는 아랍인들은 발라가를 잘 알고 활용도 잘 한다. 그렇다면 현대 문학(문어) 아랍어를 배우려는 외국인들에게는 발라가를 배우지 않아도 되는가?

아랍 무슬림들은 꾸란과 하디스가 파사하(정확성)와 발라가(수사적 표현과 미적 기능)의 출발이라고 말한다. 아랍어의 언어적 연구와 발라가의 연구는 문맥에 의존하였다. 아랍어 발라가 학습은 압바시야 조 말기부터 근대기 초까지 일시적으로 불모지가 되었으나 발라가의 이해가 없으면 꾸란의 정확한 의미를 알기 어렵다. 사실 오늘날 상당수 아랍인들은 고전 발라가의 기능을 완전히 습득하지 않아 보통 아랍인들에게 발라가 기능에 대하여 물어보면 잘 모른다. 현대 아랍인 학자들 중 일부는 고전 발라가의 기능을 고찰하기 위하여 현대 문체론의 이론을 도입하기도 하는데 다음 분류는 아랍인들의 언어적 연구 분야이다.

①음운론과 어휘연구: 낱말의 소리와 사전에 대한 연구이다.

②형태론 연구: 하나의 낱말의 구조와 형태가 올바른가에 대한 연구이다.

③문장 구조 연구: 일부 아랍인 학자들은 이 부분을 일므 알이으랍(علم الإعراب : 어말의 모음 변화 연구), 일므 알아라비야(علم العربية :아랍어학)에 해당된다고 하는데 주로 정확한 문장 구조에 관심을 둔다.

이처럼 아랍어 언어학자들과 문법학자들은 의사소통 기능과 이해를 목적으로 위 ①②③에 대한 관심을 갖는다. 그러나 발라가는 미적 기능을 연구하고 아랍 문학가는 말의 짜임에 관심을 갖고 더 나은 문체를 생각한다. 발라가는 문학적 아랍어에 관심을 갖고 의사 소통의 기능 뿐만 아니라 이것을 뛰어넘어 다른 미적 기능을 실현시키는데 그 목적을 두었다. 어말모음의 변화(알이으랍; 굴절)연구는 오직 일반적인 의미에만 관심을

---

[1] 낱말밭에서 가장 중요한 것 중의 하나가 독일의 학자가 연구한 의미장이다. 의미장은 '하나의 상위어 아래 의미상 밀접하게 연관된 낱말들의 집단'을 가리킨다.
[2] 아랍어 발라가는 영어로 '수사법(말이나 문장을 꾸며서 보다 묘하고 아름답게 하는 기술)'이라고 번역하나 웅변과 설득이 포함되는 발라가의 미적 기능을 강조하여 '수사적 표현과 미적 기능'이라고 번역한다.

두지만 미적 기능에 관심을 두는 발라가는 문장의 더 나은 짜임과 구성 그리고 문학적
아랍어의 여러 미적 기능을 표현한다.[3] 오늘날 아랍 고전 문학과 꾸란을 연구하려면
반드시 고전 문학 시대의 발라가(البلاغة)를 알아야 한다. 100년 전에 작가가 살던 사회와
2010년의 이집트 사회가 다르고 그 당시 어휘의 의미가 지금의 의미와 달라진 것이 많기
때문이다. 아랍어는 아랍 사회라는 시공간과 밀접한 관계를 갖고 있다. 그래서 이집트
아메리칸 대학교 왈리드는 100년 전의 이집트 소설을 지금 이집트 사람들이 읽는다면
100% 이해하지 못 한다고 하였다. 앞서 말한대로 발라가[4]는 화자의 스피치의 의미가
청자나 글을 읽는 이에게 완전하게 전달되는 것을 목적으로 한다. 그래서 발라가는
아랍어의 아름다움을 표현하는데 그 목적이 있고 아랍인들의 고전 발라가의 세 영역은
다음과 같다.

① 수사적 의미(عِلمُ البَيَان) : 의미를 좀더 분명히 하기 위하여 한 가지 의미를 여러가지
 방법으로 표현하는 것으로 직유, 은유 등이 포함된다. 그 예로 جَاءَنِي زَيْدٌ 는 화자의
 관심이 '왔다'(جَاءَ)라는 단어에 있지 않고 문장의 처음에 온 '자이드'(زَيْدٌ)에게 있다는
 말이고 جَاءَنِي زَيْدٌ 는 화자의 관심이 "왔다"라는 단어에 있어서 동사가 먼저 나오고
 주어가 그 다음에 위치하고 있다. 즉 문장의 구성 성분을 화자의 의도에 맞게 순서를
 정하는 것이다.

② 문맥 의미(عِلمُ المَعَانِي) : 의미와 생각에 관심을 두면서 상황에 적절한 언어적 구조를
 선택하는 것을 가리킨다. 화자의 머릿 속에 나오는 생각과 가장 가깝게 어휘적 형태를
 만들어가는 것이다. 문장 하나를 뛰어 넘어서 한 문장이 다른 문장과 어떤 관계를
 갖는지 살핀다. 문장을 간략하게 혹은 길게 만들고 문장을 연결하거나 분리하는 것 등을
 다룬다.

③ 문장의 장식(عِلمُ البَدِيع): 낱말이나 문장이 잘 조직되어 의미적 혹은 어휘적으로 아름답고
 독창적이 되도록 한다.

 오늘날 아랍인들의 아랍어 작문을 살펴보면 천차만별이다. 그냥 의미만 전달해 주는
 문장이 있는가 하면 더 정확한 의미 전달을 위하여 문장의 구조에 관심을 둔 것 그리고
 이를 뛰어 넘어 어휘의 선별과 문체의 아름다움을 추구한 표현 등 다양하다. 한국인에게
 아랍어 연구는 아랍인에게 의미 전달을 목표로 하는 제1차적인 목적 뿐만 아니라
 아랍인들에게 품격있는 문장을 제시할 수 있는 능력이 필요하다. 그래서 아랍어 의미와
 의사소통적 연구는 물론 다음과 같이 텍스트, 담화, 화용론, 커뮤니케이션 전략 등의

---

[3] 문체론(علم الأسلوبية)은 문체의 표현 특성을 연구하는 학문이다. 아랍어 문체에 대한 현대 비평연구는 언어,
문법, 발라가 기능, 문학, 비평 등의 연구와 밀접한 관련을 갖는다. 고대 아랍어 문체론은 아랍인의 말의 문예와
관련되었다. 아랍학자들 중에는 문체 연구에서 아랍의 옛 유산을 다 거부하고 서구의 이론만을 받아들이는
학자들이 있고 또 다른 사람들은 서구 이론을 받아들이지 않고 오직 아랍인의 옛 문체 연구만을 고집하는
사람들로 나뉜다. 그러나 "발라가 유산을 오늘날 어떻게 읽을 것인가?" "문체론과 문맥 이론에 비추어 본 아랍의
발라가"라는 제목에서 보듯이 옛 것의 발라가를 현대의 문체론에 비추어 그 특징을 밝혀 주는 연구 방법도 있다.
아랍어 발라가와 아랍어 문체론(الأسلوبية والبلاغة العربية)은 동전의 양면과 같다. 아랍어 문체론은
나의 스승 사이드 마쓸루흐(سعد مصلوح) 박사의 책들을 보시오

[4] "최종 목적에 도달하다" 라는 단어에서 파생한 어휘이다.

연구에도 관심을 가져야 한다.
①텍스트와 담화연구:아랍어와 한국어의 텍스트 결속 구조(cohesion)와 결속성
  (coherence), 아랍어 신문의 정보와 논설의 담화연구
②커뮤니케이션 전략: 한국어와 아랍어의 공손한 표현의 전략, 칭찬과 초대의 담화 분석
③기능 개념의 표현: 한국어와 아랍어의 현재, 미래 시제 표현, 한국어와 아랍어의 양태
④화용론, 텍스트 언어학과 발라가(미적 기능): 한국어와 아랍어 명령문의 발화수반력,
  한국어와 아랍어의 요청문 등을 그 예로 들 수 있다.

이 장에서는 아랍어 의미론에 대한 전반적인 이해를 돕기 위하여 한국어와 아랍어의 양태, 한국어와 아랍어의 명령문, 요르단 아랍어에서 상대에게 사과하는 표현 등을 살펴보고자 한다.

1.아랍어의 의미장

아랍어 학습자는 대개 아랍어 어휘나 문장의 정확한 의미(right meaning)를 알기 위하여 한국어 어휘나 한국어 문장과 동등한 의미 즉 동동한 표현(equivalent expression)을 찾는데 주력한다. 이 말은 한국어와 아랍어의 어휘들과 문장에 대한 정확한 이해를 하고 있다는 전제에서 출발한다. 아랍어 학습의 고급 단계에서는 영어-아랍어, 아랍어-영어 사전만으로는 아랍어의 다양한 의미를 알기가 어렵다. 또 한국어-아랍어, 아랍어- 한국어 사전만으로는 아랍어 의미를 정확하게 찾아내기 어렵다. 그 이유는 각 표제어마다 아랍어 예문들과 용례들이 들어 있는 한국어로 된 사전이 아직까지 없기 때문이다. 1991년에 아랍어로 출간된 A Contextual Arabic Dictionary(아랍어 문맥 사전)은 표제어 다음에 다양한 예문들이 들어 있어서 한 어휘가 어떻게 서로 다른 문맥에서 그 의미가 달라지는지를 자연스럽게 학습할 수 있도록 되어 있다. 외국어로서의 아랍어 교육에서는 한국인이 올바른 아랍어 의미생성을 위한 아랍어 학습용 사전(معجم تعليمي)으로서 이런 문맥 중심의 사전을 필요로 한다. 아랍어 학습자가 어휘력을 늘리려면 서로 다른 문맥에서 다양한 표현력을 학습해야 한다. 아랍어 학습의 가장 중요한 목적 중 하나는 언어 능력과 수행 그리고 표현력을 향상시키는 것이다.

그런데 한국인의 아랍어 학습자가 영어를 통하여 아랍어를 배운 경우에는 아랍어 낱말의 정확한 의미와 문법적 이해가 아랍인들이 이해하고 있는 것과는 상당히 달라져서 아랍어 문법 원서를 읽을 때 그 어려움이 가중된다. 한스Hans Wehr가 쓴 현대 문어 아랍어 사전(아랍어 –영어 사전)은 아주 좋은 사전이지만 이 사전으로는 아랍어 어휘와 문장의 의미를 정확하게 알아내기 어렵다. 아무리 영어로 아랍어를 설명하였다고 하더라도 아랍어가 본래 갖고 있는 의미장을 충분하게 설명하지 못하는 것이 아랍어- 영어 사전의 맹점이다. 그 사전의 영어 풀이를 다시 한국어로 옮기면서 원래의 아랍어 어휘의 의미장(의미적 공통성을 보이거나 유사성을 보이는 일련의 낱말들; semantic field)을 파악하기 어렵게 만들었다. 오늘날 한국어로 된 아랍어 책들이 문법과 화용론적 쓰임에서 계속 오류와 혼란을 보이는 이유 중의 하나는 아랍어 문법 원강이 부족하고 아랍어- 아랍어 사전을 자주 사용하지 않았기 때문일 수도 있다. 더구나 한국어로 꾸란을 번역하는

전문학자들이 아랍어 문법과 발라가를 소홀히 하고서 또 아랍어- 아랍어 사전을 참고하지 않고서는 꾸란의 정확한 의미를 전달하기 어렵다. 대부분 꾸란 번역에서 오류를 보이는 것 중 상당수는 아랍어 문법 특히 아랍인들이 쓴 문법서를 숙독하지 않는 데서 빚어지기도 한다. 아랍어 의미 연구는 다음 세 영역의 의미가 충분히 파악되어야 한다.

(1) **어휘적 의미**: 낱말의 어근

(2) **문법적 의미**: 낱말의 패턴(유형)과 문장의 어말 모음 변화

(3) **상황적 의미**: 텍스트의 문맥

우선 아랍어 학습자가 아랍어 어휘적 의미의 성분 분석이 잘 안 되었을 때 빚어지는 오류의 예를 살펴보자.

① أخ: 영어 사전에는 brother(형이나 아우), fellow man(동포), neighbor(이웃), friend(친구)[5]라고 되어 있고 아-아(아랍어-아랍어)사전에서는 "형이나 아우, 믿을만한 친구, 같은 종교인, 여행 동료, 같은 부족 중의 하나"라고 하였고[6] 한국어-아랍어 사전에는 '형제'라고 번역했다. 그러나 아랍어 أخ는 한 분 아버지에게서 난 형이나 동생, 한 분 어머니에게서 난 형이나 동생, 아버지와 어머니 동일 부모에게서 난 형이나 동생을 가리킨다.

② رَجُل: 아랍어 영어 사전에서 man(남자, 사람)이라고 되어 있으나 A Contextual Arabic Dictionary 사전에서는 "인간의 자손 중에서 성년이 된 남자, 남자다움의 특징이 완벽한 사람, 혹은 마을 유지 중의 한 사람"[7] 등의 의미를 갖는다.

③ وَلَد: 영어로 boy(소년)라고 풀이하면 꾸란과 다른 문맥에서 이 단어의 의미를 정확히 번역해 내기 어렵다. 이 단어의 기본 의미는 '자녀'이다. "한 명의 '아들'을 가리키기도 하지만 남녀가 포함된 복수의 개념도 있고, 동물의 새끼, 애정을 표현할 때 <야왈라디>라고 한다"[8]. كَمْ وَلَداً عِنْدَكَ؟ (자녀가 몇 명이세요?)라고 아랍인들에게 물으면 아랍인들은 عِنْدي وَلَدٌ وَبِنْتٌ.(내게는 아들과 딸이 있어요)라고 답한다. 앞의 질문은 '자녀'라는 말이고 뒤의 대답에서는 '아들'이라는 말이다.

아랍어 낱말은 다른 낱말과 어울리면 의미가 달라진다.

위와 같은 단어들이 아랍어 학습자들에게는 아주 쉬운 단어인데도 영어나 한국어로 된 사전에서는 그 의미의 의미장을 알기 어려워 의미 해석과 전달에 문제를 일으키고 있다. 아랍어는 다의어가 그 특징이다. 한 어휘의 의미가 다양하다는 것은 해당 어휘의 앞 뒤에 어떤 어휘가 오느냐에 따라 그 의미가 달라진다는 것이다. 다음은 아-한(아랍어-한국어) 사전에 나오는 몇가지 어휘들의 뜻풀이다.

① 형제: إخوة، إخوان، أخ 이라고 되어 있는데[9] 우리말 '형제'라는 말을 아랍어 أخ라고

---

[5] J. Milton Cowan, Hans wehr ,*A Dictionary of Modern Written Arabic*, Librairie du Liban, 1961, 1974,.9

[6] M. E. Sieny and H.H. Yusuf, *A Contextual Arabic Dictionary*, Librairie du Liban 1991,.47

[7] Ibid., pp.143-144.

[8] Ibid., pp. 277-278

[9] 송경숙, 김능우, 『한국어 아랍어 사전』, 한국외국어대학교 출판부, 2005, 868

풀이한 것은 의미 부여가 정확하지 않았고 형제라는 표제어에 '형제들'에 해당하는 복수형을 아무런 표시 없이 그 옆에 제시한 것도 정확성이 결여된 예이다. 우리말의 형제는 형과 아우 둘을 가리키고 아랍어 أخ는 형이나 동생 둘 중 하나를 가리킨다.

②남자: رجل، ذكر 이라고 되어 있는데[10] 이 단어들은 각각 ذكر '남성(수컷)', رجل '성년 남자'로 번역하는 것이 더 정확하다. 국어 사전에서 '남자'는 남성으로 태어난 사람, 사내다운 사내, 한 여자의 남편이나 애인을 이르는 말이다.

③소년: ولد، فتى، غلام، صبي 이라고 되어 있는데[11], 이들 아랍어 어휘들의 의미 차이를 구별해볼 필요가 있다. 우리말 사전에서 '소년'은 아직 완전히 성숙하지 아니한 어린 사내아이, 젊은 나이 또는 그런 나이의 사람, 소년법에서 19세 미만인 사람을 이르는 말이다.

④아이: طفل، ولد이라고 되어 있는데[12] 이 둘 사이의 의미 차이를 구분하지 않았다.

⑤어린이: طفل، ولد، أطفال، أولاد 이라고 되어 있는데[13] 네 어휘간의 의미 구별을 하지 않았고 단수형과 복수형이 동시에 제시되어 있다.

위 예시 ④와⑤에서 우리말 '아이'는 표준 국어 대사전에서 "나이가 어린 사람, 남에게 자기 자식을 낮추어 이르는 말, 아직 태어나지 않았거나 막 태어난 아기, 어른이 아닌 제삼자를 예사롭게 이르거나 낮잡아 이르는 말'이고 어린이는 '어린아이'를 대접하거나 격식을 갖추어 이르는 말, 대개 4, 5세부터 초등학생까지의 아이를 이른다"고 되어 있다. 아랍어 띠플(طفل)은 어린이(남녀 포함)를 가리키고, 가끔은 남자 어린이는 띠플(طفل)이라고 하고 여자 어린이는 띠플라(طفلة)라고 한다. ولد는 남자, 여자, 단수와 복수 개념을 다 포함하여 '아들, 자녀' 등의 의미를 가지므로 '어린이'라고 하는 뜻풀이는 적합하지 않다. 다음은 2010년 이집트 아랍어 신문에 나온 기사이다.

اغْتَصَبَ الشَّابُّ المُسْلِمُ طِفْلَة مَسِيحِيَّة تَبْلُغُ مِنَ العُمْر 12 عَامًا.

(무슬림 청년이 12살된 기독교 여자 어린이를 성폭력했다).

이 글에서 청년은 21살이었고 어린이는 12살인데 아랍신문에서는 12살 어린이를 '띠플라' طفلة라고 했다. 그렇다면 아랍인들에게 인식되는 띠플 혹은 띠플라는 우리말의 '어린이'에 가깝다. 그리고 아랍 신문에서 "거리의 아이들"은 아랍어로는 أبْنَاءُ الشَّوَارِع، أطْفَالُ الشَّوَارِع 라고 하여 띠플(어린이)과 이븐(아들)이란 어휘를 쓰고 있다. 다음은 연령별 아랍어 어휘들이다.

الرضيع 젖먹이 → الغلام (젖을 뗀 후) → الصبي (10세 이하) → الفتى
(중고등학생) → الشابّ (젊은이, 성인이 된 나이— 18세 이후 40세)

---

[10] 위 책, 194

[11] 위 책, 465

[12] 위 책, 511

[13] 위 책, 528

또 다른 예로는 각 어휘의 의미장을 충분히 검토하지 않아 생기는 오류가 있다. 한국어-아랍어 사전에서 우리말의 '문제'라는 표제어에 아랍어 قَضِيَة(qaDiyah), أَمْرٌ ('amr), مَسْأَلَة (mas'alah), مَوْضُوع (mawDū'), مُشْكِلَة (mushkilah)를 제시하였다[14]. 그런데 '문제'에 대한 아랍어 어휘는 문장의 제목(مَوْضُوع mawDū'), 해답을 필요로 하는 질문(سُؤَال su'āl), 논쟁을 일으킨 사건(قَضِيَة qaDiyah), 귀찮은 사건(مُشْكِلَة mushkilah) 등의 의미를 가져 각기 의미장이 다르다. 특히 아므르(أَمْرٌ)는 본래 '명령'이란 의미이었는데 이슬람 초기 책들에는 알라의 명령은 곧 운명이라고 여겼다.

한-아 사전에서 표제어 '전쟁'의 아랍어 어휘들을 찾아보면 حَرْب (Harb), قِتَال (qitāl), صِرَاع (Sirā')라고 하였고[15] '전투'는 قِتَال (qitāl), مَعْرَكَة (ma'rakah)라고[16] 뜻풀이하였다. 그러나 본래 qitāl은 서로 싸우는 전쟁을 말하고 مَعْرَكَة (ma'rakah)는 유니세프 사무총장의 "선거전 혹은 법정 싸움" 또는 출퇴근 시간의 지하철 전쟁을 가리킬 때 사용하는 어휘이다. 또, 타고 다니는 '배'를 한-아 사전에서 مَرْكَب، زَوْرَق ، سَفِينَة 라고[17] 했으나 아랍어에서 여객선은 سَفِينَة (safīnah), 어선은 مَرْكَب (markab), 그리고 페리(ferry)는 عَبَّارَة ('abbārah) 혹은 بَاخِرَة (bākhirah)라고 하여 아랍인들은 서로 구분한다.

이제 어휘 번역 이외에 문장의 의미가 부정확하게 번역된 예를 살펴보자. 우선 아랍어 문법이 잘못 적용되거나 아예 문법을 무시하고 꾸란을 번역할 때 생기는 의미상의 오류가 있다. 꾸란 번역에는 아랍어의 어떤 문법 사항을 어떻게 적용하느냐에 따라 그 의미가 달라진다. 꾸란이 7세기 성문화된 고전 아랍어와 21세기 오늘날 현대 문어 아랍어 간에는 어휘 의미와 문체상의 차이가 너무 크기 때문에 단순히 오늘날 현대 문어 아랍어 문법 지식으로만 꾸란을 해석하려고 하면 의미상의 오류를 낳는다. 대부분의 아랍 무슬림들도 이슬람학과 꾸란의 언어를 깊이 공부하지 않아 꾸란을 잘 해석하지 못 한다. 설령 꾸란을 해석했다고 해도 그 의미의 정확성에서 뒤떨어진다고 봐야 한다.

　　7세기 고전 아랍어(꾸란의 아랍어)와 21세기 현대 아랍어는 어휘와 문체, 수사적 표현과 미적 기능에서 엄청나게 큰 차이를 갖는다.

إِنَّا أَنزَلْنَاهُ فِي لَيْلَةِ الْقَدْرِ .(수라 97장 1절)[18]
기존 한국어 번역: ①진실로 우리는 이 (꾸란)을 권능의 밤에 내려 주었으니라.[19]
　　　　　　　　②진실로 하나님은 거룩한 밤에 이 계시를 내리나니[20]
아랍어 꾸란 원문에 따른 번역: "우리가 확실히 천명의 밤에 그것을 내려보냈다".
위 꾸란 본문에 나오는 '라일라 알까드르'는 라마단(이슬람력 9번째)달의 특별한 밤을 가리킨다. 첫 꾸란 구절이 무함마드에게 전해진 밤이 라일라 알까드르이었다. 아랍어 الْقَدْر

---

[14] 위 책, 341
[15] 위 책, 646
[16] 위 책, 647
[17] 위 책, 372
[18] 수라는 꾸란의 각 장을 일컫는 아랍어이다.
[19] 손주영, 『꾸란 선』, 한국외국어대학교 출판부, 2009, p.367
[20] 최영길, 『성 꾸란 의미의 한국어 번역』, p.1246

'al-qadr'는 1734년 George Sale이 그의 영문 꾸란 번역에서 처음으로 'power, ability'로 번역하면서 그 뒤 꾸란을 영어로 번역한 Bell(1937), Arberry(1955), Pickthall(1930), Palmer(1880), Rodwell(1861) 등의 꾸란 번역에 직접적인 영향을 준 것으로 보인다. 결국 라일라 알까드르를 '권능의 밤'으로 번역한 것은 아랍어가 갖는 본래 의미와 영어가 갖는 문화적인 이질성을 뛰어넘지 못하여 빚어진 오류 중의 하나이다.[21] 영어로 된 대부분의 꾸란 번역에서는 이 낱말들이 'night of power'(권능의 밤)라고 번역되었다. 마울라나 무함마드 알리(Maulana Muhammad Ali)[22]는 1928년 판 꾸란 번역에서 'The grand night' 그리고 1951년 판과 2002년 판에서는 'The night of majesty'라고 번역하였다. 그런데 한국어로 된 <성 꾸란 의미의 한국어 번역>과 <꾸란 선>에서는 각각 "권능의 밤" 혹은 "거룩한 밤"으로 번역되고 있으니 영어 번역과 우연의 일치라고 보기는 어렵다. 만일 아랍어 قدر(qadr)라는 단어를 직접 아랍어 사전에서 번역했다면 다른 의미를 부여했을 것이다. 아-아 사전에서 라일라 알까드르는 ليلة الحكم (천명의 밤), ليلة التقدير (운명의 밤)이란 뜻이고 라일라 알까드르는 '라마단 달의 끝에서 10일간의 밤으로 꾸란이 무함마드에게 처음으로 내려온 밤'이라고 적혀 있어[23] 그 밤에 무슬림들의 운명[24]과 관련된 꾸란이 내려온 밤이므로 '타고난 운명 혹은 천명(신의 명령)의 밤'이었다. 또, 위 첫 구절에서 '진실로'라는 말은 영어로 쓰인 꾸란이나 영어로 쓰인 아랍어 문법서에서 따온 표현이다. 영어로 된 아랍어 문법책에서 اِنّ(인나)는 "truly, verily"라고 되어 있어서 이런 문법서의 영향으로 اِنّ를 "진실로"라고 번역한 것이다. 그러나 우리 말 사전에서 '진실로'는 "참으로, 거짓없이"라는 말이고 아랍어 문법서에서 اِنّ는 '확실하다'라는 말이므로 참과 거짓의 문제가 아니라 그 문장 진술 내용이 의심할 수 없이 확실하다라는 것이 본래 의미이다. 이런 번역 오류는 اِنّ에 대한 부정확한 문법 설명이 그 원인이 된 것이다. 1980년대까지도 아랍어를 한국에서 배울 때 아랍어 문법을 영문서적을 통하여 배웠기 때문에 아직까지도 한국의 시중에 팔리는 일부 아랍어 문법서가 이런 영어 번역의 잔재가 남아 있어서 아랍어 문장의 본래 의미를 완벽하게 전달하는데 큰 걸림돌이 되고 있다. 아랍어 어휘를 영어로 배우면 영어 어휘가 갖는 의미장과 아랍어 어휘가 갖는 본래의 의미장이 서로 달라 아랍어 어휘의 본래 의미가 정확하게 전달되지 않는다. 또, 위 한국어 꾸란 번역에서 "–리라"는 미래와 추측의 의미를 나타내는 데 반하여 위 꾸란 원문은 과거를 의미하므로 과거로 번역해야 맞다.

(수라 97장 5절) سلامٌ هي حتّى مطلع الفجْر.

기존 한국어번역: ①여명이 밝아올 때까지 (그 밤 내내) 평화가 있으리라.

②아침 동녁까지 머무르며 평안하소서라고 인사하더라.

아랍어 꾸란 원문의 번역: "여명이 올 때까지 그 밤 내내 악이 없다"

---

[21] Asim Ismail ilyas, *Theories of Translation*, 1989, p.105

[22] Maulana Muhammad Ali, *The Holy Quran*, 2002

[23] المعجم الوسيط 카이로 아랍어 학술원 발행, 2008, p.744

[24] 한국말 사전에는 운명이 '인간을 포함한 모든 것을 지배하는 초인간적인 힘. 또는 그것에 의하여 이미 정하여져 있는 목숨이나 처지, 앞으로의 생사나 존망에 관한 처지 등의 의미이다.

수라 97장 5절을 알따바리와 이븐 카시르의 꾸란 주석을 보면 "천명의 밤은 그 밤이 시작되는 때부터 새벽이 올 때까지 악이 없다"고 되어 있다.

(سلام لَيْلَة القَدْر مِن الشَّرّ كلّه مِنْ أوَّلهَا إلى طُلوع الفَجْر مِنْ لَيْلتهَا).

그런데 두 개의 한국어 꾸란 번역에서 "평화와 평안"이라고 번역하고 있는데 이런 오류는 꾸란 어휘에 대한 깊은 의미연구가 부족하였기 때문이다. 원래 위 꾸란 본문에 나오는 아랍어 단어 '살람' سلام 은 현대 아-아 사전[25]에서 "인사, 알라의 99가지 이름 중의 하나, 안전, 화해와 평화, 잔나(파라다이스)의 이름들 중의 하나, 국가(السلام الوطنيّ : 해당 국가의 노래), 온 세상에 퍼진 평화(السلام العالميّ) 등의 의미라고 뜻풀이하였고 아랍어-영어 사전(Hans Wehr)에서는 '살람'이 "건전, 온전, 흠이 없음, 손상되지 않음, 안녕, 평화, 평화스러움, 안전, 인사, 국가(나라의 노래)"등으로 뜻풀이하였다. 그러나 알가잘리[26](1508-1111)는 알라의 99가지 이름에 대한 그의 책에서 '살람'이 '본질에서 흠이 없는, 속성이 불완전에서 떠남, 행동이 악에 물들지 아니함'이란 의미를 갖고 있다고 하였다. 결국 '살람'은 '흠이 없다는 것과 악이 없다'는 의미를 갖는다. 그렇다면 위 꾸란 본문의 정확한 번역은 "여명이 올때까지는 그 밤 내내 악이 없다"는 것이다. 또 다른 구절을 살펴보자.

إنَّ ٱلَّذِينَ كَفَرُوا مِنْ أَهْل ٱلْكِتَاب وَٱلْمُشْرِكِينَ فِي نَار جَهَنَّمَ خَالِدِينَ فِيهَا أُوْلَٰئِكَ هُمْ شَرُّ ٱلْبَرِيَّة

(수라 98장 6절)

기존의 한국어 번역:
①실로 성서의 백성들과 다신교도 중 믿지 않는 자들은 지옥 불 속에 있을 것이며 거기서 영원히 살리라. 그들이야말로 가장 불행한 피조물들이니라.
②실로 성서의 백성들 중에 진리를 거역하는 자들과 불신자들은 불지옥에 있게 되리니 그들은 그 안에서 영주하매 가장 사악한 무리들이라.

위 꾸란 구절은 접속사 와우(و)다음에 오는 알무쉬리킨(ٱلْمُشْرِكِين)이 그 앞에 선행한 전체 문장과 접속되었다고 한다면 "경전의 백성들 중 믿지 않는 자들(ٱلَّذِينَ كَفَرُوا مِنْ أَهْل ٱلْكِتَاب)과 "알라와 공동 소유권자를 믿는 자들(ٱلْمُشْرِكِين)"이 접속되어 있다고 말할 수 있다. 그러나 그 앞에 오는 아흘(أَهْل)과 접속이 되었다고 한다면 "경전의 백성들 그리고 알라와 공동 소유권자를 믿는 자들 중에서 믿지 않은 자들은"이라고 번역할 수 있다. 그런데 ①의 번역에서는 "성서의 백성들과 다신교도"를 접속시켜 두었고 ②번역에서는 알무쉬리킨 이전의 모든 문장과 무쉬리킨을 접속시켜 번역하였다. ①의 번역에서는 '카파루(كَفَرُوا)'를 '믿지 않는 자들'이라고 번역하였는데 "성서의 백성들이 믿지 않는 자"라고 한 것은 전혀 앞뒤가 안 맞는 번역이다. 본래 성서의 백성들은 신자(믿는 자, believer)들이기 때문이다. 또, 다신교도들은 여러 신들을 믿는 사람들이므로 "믿지 않는 자들"이라고 한 것도 옳지 않다. 만일 이 문장이 의미가 통하려면 "믿지 않는 자들"이란 말을 "이슬람법과 이슬람의 실천사항을 지키지 않는 사람(kafarū)"이라고 번역하는 것이 낫다. ②의 번역에서는

---

[25] M.E. Sieny & H.H. Yusuf, *A Contextual Arabic Dictionary*, 1991, Librairie du liban
[26] 이슬람 신학자, 철학가, 법학자, 수피 학자

‘카파루’를 “진리를 거역하는 자들”이라고 하였는데 이는 원문의 단어나 구절에 지나치게 얽매이지 않고 전체의 뜻을 살리어 번역한 의역인데 꾸란은 가능한한 직역을 하여 낱말 하나하나의 의미에 충실하게 번역해야한다. 카파루의 명사형은 ‘카피르(복수형, 쿱파르)’이고 이 낱말의 의미는 여럿인데 해당 문장의 정확한 의미는 다음 중 하나를 골라야 한다.

ⓐ무신론자(mulHid): 알라의 존재를 믿지 않는 자

ⓑ알라와 공동의 소유자를 믿는자(Mush̲rikūn; 무쉬리쿤):알라의 존재를 믿지만 알라와 동등한 뭔가를 알라의 자리에 놓은 자이므로 사람이나 사물을 알라와 동등한 자로 믿는 사람이다. 다시 말하면 알라의 소유물에 다른 공동 소유자를 만들어 놓은 자이다.

ⓒ우상 숭배자(wathanī) : 나무, 돌, 은, 쇠붙이로 몸통을 만든 신을 믿는 사람.

ⓓ이슬람법이나 이슬람의 다섯가지 기둥(신앙고백, 기도, 종교세, 금식, 순례)을 부인하는 자.

아랍어 카피룬은 위 네가지 의미를 모두 갖고 있어서 위 꾸란 본문이 의미하는 것을 위 네 가지 중에서 고르면 카피르는 ⓓ에 해당한다. 그런데 위 꾸란 본문에서 무쉬리쿤이란 말은 경전의 백성들 중에서 “이슬람 율법을 거부하는 사람”이란 의미와 관련된다. ②의 번역에서 “무쉬리킨”을 “불신자”로 번역한 것은 번역상 오류이다.

꾸란은 여러 구절에서 “믿는 자”와 “무쉬리쿤”을 대조시킨다. 또, 무함마드를 거부한 메카의 꾸라이쉬족들을 무함마드는 무쉬리쿤이라고 불렀다. 이런 상황적 의미를 고려하면 위 꾸란 구절은 “믿지 않는 사람”과 “무쉬리쿤”을 동류로 소개하고 있다. 경전의 백성들 중에서 이슬람의 율법을 거부한 사람이 지옥에 가고 무쉬리쿤도 지옥에 간다. 첫째 부류는 경전의 백성이라고 하더라도 이슬람의 율법을 부인하면 지옥 간다는 것이고 둘째 부류 무쉬리쿤은 알라를 믿지만 알라 이외에 다른 존재를 믿기 때문에 지옥간다고 했다.

위 꾸란 구절에서 칼리딘(خالدين)은 사람이 죽지 않고 또 도망칠 수도 없다는 말이고 상황어이다. 상황어는 주어나 목적어의 상황을 나타내므로 이 구절에서는 두 부류의 사람들이 죽지 않고 또 도망칠 수 없는 상황에서 지옥불에 거주한다는 의미이다. 이들은 알라가 창조한 자들 중에서 악하다고 했다. 즉 그들이 죽지 않고 도망칠 수 없는 상태로 지옥불에 있다는 말이다. 이 구절에 대한 아랍 무슬림의 꾸란 주석을 참고하면[27] 다음과 같은 두 가지 주석 중에서 첫번 째가 꾸란의 본래 의도에 더 가깝다.

①“경전의 백성들 중 이슬람 율법을 거부한 사람들 그리고 알라와 동등한 자에게 공동 소유권을 준 사람들(무쉬리킨)은 죽지 않고 도망칠 수 없는 상황에서 지옥불에 거주한다. 이들은 알라가 창조한 자들 중에서 악하다.”[28]

②“경전의 백성들 그리고 알라와 동등한 자에게 공동소유권을 준 사람들 중에서 이슬람 율법을 거부한 사람들은 죽지 않고 도망칠 수 없는 상황에서 지옥불에

---

[27] محمد عابد الابري، فهم القرآن الحكيم ، القسم الثالث، مركز دراسات الوحدة العربية، 2009، 278

[28] 아랍어 어휘와 문장의 의미가 틀리거나 부정확성을 보이는 까닭에는 (1) 영어로 된 책만 의존할 때 번역의 부정확성이 보인다. (2) 아랍어 어휘의 의미가 문장을 떠나서 그리고 문장의 의미가 단락을 떠나 있을 때 그 의미의 정확성이 떨어진다. (3) 꾸란 해설가 혹은 꾸란 주석가들이 정확한 아랍어 문법 규칙을 적용하지 않았을 때 해석의 오류가 생긴다. (4) 해당 꾸란 구절이 내려온 상황적 맥락을 간과했을 때 부정확성을 보인다.

거주한다. 이들은 알라가 창조한 자들 중에서 악하다".

　만일 위 꾸란 본문을 ①이라고 번역하면 경전의 백성들 중 이슬람 율법을 거부한 사람(카피르)은 지옥에 가고 무쉬리쿤도 지옥에 간다. 일반적으로 이슬람 종말론에서 선행을 한 무슬림은 잔나(파라다이스)에 가고 카피르는 지옥에 간다고 가르치는 데 위 꾸란 구절은 카피르와 무쉬리쿤이 모두 지옥에 간다고 말한 것이다.

　꾸란에 나오는 어휘 번역의 어려움이 무엇인지를 알기 위하여 오늘날 아랍 무슬림들이 알고 있는 알라의 99가지 이름 중에서 몇가지 어휘의 의미만을 이슬람법학자이자 이슬람 신학자인 알가잘리(1058-1111)의 정의를 통하여 살펴보자.

　ⓐ알살람(السلام 흠이 없음): '살람'은 오늘날 무슬림들이 '평화'라는 의미로 사용한다. 그러나 알라의 99가지 이름의 하나로 쓰인 경우에는 '본질에서 흠이 없는, 속성이 불완전에서 떠남, 행동이 악에 물들지 아니함'이란 의미이다.

　ⓑ알아지즈(العزيز 탁월한): '그와 같은 자가 존재하지 않을 만큼 아주 중요함, 접근이 어려운 자, 심히 필요한 자' 로서, 아주 귀한데 그 중요성이 크다는 것을 의미한다.

　ⓒ알카림(الكريم 관대한): '약속을 지키는 자, 권력이 있을 경우에는 남을 용서하는 자, 주고 싶은 것 이상으로 주는 자'를 가리킨다.

　ⓓ알무으민(المؤمن 신실한): '안전과 무사(safety, security)가 보장되는 사람, 위험한 길을 막아 주며 안전을 확보해 주는 자'를 가리킨다.

　ⓔ알꿋두스(القدوس 초월한): '인간이 지각할 수 있는 속성에서 떠남, 양심이 움직이고 사고가 요구되는 것에 의하여 본능적으로 느끼고 상상하는 것 이상'을 가리킨다.

　ⓕ알카비르(الكبير 완전한): '본질과 존재의 완전함'을 가리킨다.

　위 아랍어 단어들은 오늘날 아랍인들이 살람(평화), 카림(관대한), 무으민(신자), 카비르(큰)의 의미로 흔히 사용되는데 꾸란의 어휘에 쓰인 의미와 오늘날 아랍인들이 이해하는 의미 간에 큰 차이가 난다. 이 말은 아랍어 어휘가 시대가 흐르면서 상당히 달라져갔고 특별히 꾸란의 어휘 의미는 오늘날 아랍인들이 생각하는 어휘 의미와 크게 달라진 의미를 갖는 경우가 있다.

상황 지식과 상황맥락을 알아야 정확한 의미 파악이 가능하다.

　아랍인들이 사용하는 어휘들 중에는 그 시대상을 반영하는 어휘들이 많다. 2010 년 이집트에서 아랍 무슬림들이 성탄 전야 예배를 마치고 나오던 콥트 기독교인들을 무차별하게 사살하였다. 이집트 정부는 아랍 기독교인들을 다독거리고 국민적 화합을 꾀할 필요가 있었다. 다음 글은 그 때 이집트 알아흐람 신문 1 면에 게재된 내용이다.

وعندما تحدث أحد المشاركين في المؤتمر وقال وهو يقدم نفسه إنه قبطي، قاطعه الرئيس مبارك وقال له : تكلمْ عنْ أنك مصريّ ... لا مسلم ولا مسيحيّ... فكلنا أبناء وطن واحد، والدين لله والوطن للجميع.

(강연회 참석자들 중의 한 사람이 그가 자신을 낍띠(이집트 기독교인)라고 소개하였을 때 무바라크 대통령은 그의 말을 자르고 그에게 말하였다. "무슬림도 아니고 기독교인도 아닌 이집트인으로서 말하라. 우리는 한 나라의 국민이다. 종교는 알라에게 조국은 모든 사람에게 해당된다".)

위 단락에서는 낍띠는 기독교인(콥트)을 가리키는 말이다. 이집트 대통령이 "종교는 신에게 조국은 모두에게"라고 한 말은 종교는 인간과 신과의 관계이고 조국은 모든 이집트인들의 국가라는 것을 강조하는 말이다. 이 말은 종교와 국가를 분리해 달라는 의미이었다. 즉 신 앞에 서면 신에게만 책임이 있고 국가 앞에 서면 모든 국민이 동등한 권리와 의무를 갖는다고 강조한 것이다. 위 단락을 완전히 이해하려면 이집트의 정치와 역사 그리고 오늘의 상황 맥락을 모두 동원해야 이해될 수 있는 문장이다. 이 구호가 바로 1919년 혁명의 구호이었고 종교와 정치가 분리되어야 한다는 것이었다.

서구나 우리가 사용하는 어휘가 아랍인에게는 우리와 다른 개념으로 인식되기도 한다.

2010년 이집트 알아즈하르의 새 쉐이크로 아흐마드 앗따입(전 알아즈하르 대학교 총장) 박사가 임명된 뒤 하루 후에 그는 그 동안 자신이 대학총장 재임시 가지고 있던 애국민주당(여당)의 정책위 위원직을 계속 고수하겠다고 발표하였다. 그런데 알아즈하르 쉐이크로서 정당 활동이나 정치 활동은 하지 않겠다고 한 그는 일주일도 채 못 되어 자신의 여당 당원 철회 건은 대통령께 달려있다고 한 발 물러섰다. 그는 이집트 전체 무슬림들의 종교 수장이 된 뒤 여하한 정치적 부담을 지고 가서는 안 된다고 판단한 것 같다. 그뒤 그의 여당 당원직 사임은 대통령에 의해 허락되었다. 그는 순니 무슬림이자 수피(sūfī)이기도 한데 개인적으로는 자신을 리버럴(Liberal)한 사람이라고 이집트 신문은 소개했다.

يعتبر نفسه " ليبراليا" ولكن ليس بالمعنى الغربي، قائلا: أؤيد الانفتاح على المجتمعات والآخر في إطار حضارتي العربية، فالليبرالية يجب أن تكون متماشية مع الهوية والثقافة، ولا تخرج عنها إلى الانفلات، أو الموضوعات غير المقبولة دينا ولا عرفا.

(그는 자신을 리버럴하다고 생각한다. 그러나 서구적인 의미는 아니다. "나는 나의 아랍 문화의 범주 안에서 여러 사회와 다른 사람들에게 개방하는 것을 지지한다. 리버럴한 사상은 정체성과 문화와 보조를 맞춰야 한다. 그것을 벗어나서 방종이 되거나 인습과 종교적으로 받아들일 수 없는 것이 되어서는 안 된다")

위 글 내용으로 보면 이집트에서 '리버럴'이란 단어가 서구가 이해하는 개념과 다르다고 그는 밝히고 있다. 그러므로 우리가 아랍인의 글을 이해하려고 할 때에는 우리가 이미 알고 있는 어휘의 의미와 오늘날 아랍인들이 어떻게 이해하고 있는가를 살펴야 한다.

또, 다른 예로는 한국어로 옮기면서 이슬람에 대한 전문가적인 지식이 부족할 때 어휘의 의미를 잘못 해석하는 경우가 있다. 그 중의 하나가 무슬림들이 기도할 때 항상 쓰는 말 '알라후 아크바르'(أكبر الله)가 있다. 이 표현의 의미는 상황에 따라 다양하다. 무슬림은 기도나 전쟁터나 데모나 다른 일에서 보통 적이 있을 때에는 이들 적들에게서 알라의 도움으로 승리한다고 믿으므로 '알라후 아크바르'라고 한다. 그리고 무슬림이 기도할 때 알라후 아크바르라고 하면 그것은 사탄(الشيطان)이 무슬림의 적이 되는 것이고, 또 무슬림이 전쟁터에서 알라후 아크바르라고 하면 싸움의 상대가 무슬림의 적이 되는 것이다. 또, 무슬림들이 데모할 때 적이 이슬람 정부라고 하더라도 '알라후 아크바르'라고 외치면 그 말은 알라께 도움을 부탁하고 승리는 이 말을 하는 사람들의 것이라고 생각한다. 왜냐하면 '알라'가 이 세상을 만들었기 때문에 어떤 인간도 사탄도 할 수 없는 일을 알라는 할 수 있다고 무슬림들이 믿기 때문이다.[29]

아랍 이슬람 국가에 살다 보면 النبي (나비)와 الرسول(라술)이라는 단어들을 길가의 벽이나 게시물에서 쉽게 찾아 볼 수 있다. 본래 나비는 '예언자' 그리고 라술은 '메신저(사자)'라는 말이어서 다른 인물에게도 쓰일 수 있는 단어인데도 아랍인들 사이에는 이슬람의 무함마드를 가리키는 말로서 '나비' 혹은 '라술'이라는 말을 자주 사용한다. 사실 이슬람에서 "라술"(메신저)은 알라가 사람들에게 경전(메시지)을 딸려 보낸 사람이고 이 메시지는 사람들에게 알라의 명령을 준행하라고 촉구한다. "나비"는 알라의 명령을 지키도록 알라가 사람에게 보냈지만 경전을 가지고 오지는 않았다. 그리고 알라가 사람들에게 경전을 가르치라고 메신저에게 알라가 보낸 책이 "메시지"이다. 사람들에게 알라의 메시지를 전달할 수 있는 선하고 깨끗하고 진실하며 정직하고 이성이 있는 사람을 알라는 메신저와 예언자로 선택한다. 라술은 본래 이슬람에서 '경전을 가져온 사람들이고 오류나 잘못을 저지르지 않았다'. 그리고 이슬람 책들에 나오는 "The Prophet"는 '무함마드'를 가리킨다. 아랍어 성경에도 나비(النبي), 라술(الرسول)이란 어휘가 나온다. 혹자는 꾸란과 아랍어 성경에 동일한 어휘가 나오기 때문에 이슬람의 나비(예언자; 선지자)와 라술(메신저 messenger)을 성경의 나비와 라술과 동일한 것으로 잘못 이해하기도 한다. 성경에서 사도(Apostle)는 하나님의 권세를 가지고 복음의 메시지를 가져온 사람들을 가리키므로 권위있는 자로서 하나님으로부터 보냄을 받은 사람이고 전도를 했다. 신약에서 예언자(prophet)는 교회에 덕을 쌓고 권면하며 위로해 주는 일을 하는 사람이다. 구약과 신약의 예언자들은 특별한 사역을 위하여 하나님이 준비시키시고 하나님이 일을 맡기셨다. 성경의 사도와 예언자가 복음과 교회를 떠나서 이해할 수 없는 어휘들이지만 무슬림은 성경의 복음과 전혀 다른 꾸란을 제시하고 그 꾸란보다 먼저 나온 신약과 구약을 모두 변질되었다고 주장한다. 더구나 성경에 나오지 않는 꾸란에만 나오는 예언자(살리흐, 이므란, 루끄만 등)들을 따로 세우고 있고 이슬람에서는 예언자들을 이슬람 신학의 컨텍스트 속에서 해석하고 있다. 가령 성경 사무엘 하 11 장에서 다윗이 밧세바와 간음한 사실이 있는데 꾸란에서는 언급되지 않았고[30] 그 이유는 다윗이 꾸란의 예언자이기

때문에 꾸란에서 예언자는 절대로 죄를 저지를 수 없다고 하는 이슬람의 예언자관에서 비롯된다.

아랍어 와히(waHy:وحي)라는 낱말도 아랍 기독교인과 아랍 무슬림들이 동시에 사용하는 어휘이지만 의미 차이가 있다. 이슬람에서는 와히가 '하늘에서 내려온 메시지'라고 한다. 꾸란이 알라에게서 온 와히(القرآن وحي من عند الله)란 말은 알라에게서 온 책이란 뜻이다. 아랍어 사전에서 와히는 '비밀히 전해 주는 것(الإخبار في السّرِّ)'이라고 풀이해 주고 있다. 동사 아우하('awHā أوحى)는 "다른 사람이 모르게 그에게만 말하다, 그에게 명하다"등의 의미를 갖는다. 이슬람에서 와히는 '알라가 나비와 라술에게 보낸 것'을 말하고 '알라가 무함마드에게 내려준 알라의 말'이다. 이슬람의 와히는 알라가 나비나 라술에게 신의 말씀을 천사를 통하여 불러주면 나비와 라술은 기계적으로 그 말을 받아 사람들에게 전달해 주었다. 결국 이슬람에서 "와히"는 "알라의 메시지를 전하는 천사와 메시지와 책을 통하여 아랍의 예언자 무함마드에게 내려준 교리, 법, 예배를 통틀어 일컫는 말이다.

아랍인 기독교인들도 성경의 계시를 '와히'라는 단어를 사용하여 말하기도 한다. 그러나 아랍 기독 신학교에서는 성경의 계시를 '이을란(إعلان'이라고 한다. 성경의 계시는 일반 계시와 특별계시로 나뉜다. 자연계에 나타난 하나님 계시는 하나님의 존재와 하나님의 일하심을 나타낸다. 자연이 주는 일반 계시는 불완전하여 사람이 어떻게 하나님을 섬겨야 하며 죄인이 구원에 이르는 길이 무엇인지를 분명하게 보여주지 못한다. 특별 계시인 그리스도는 인간에게 하나님의 뜻과 하나님 자신을 분명히 나타내 주었다. 성경은 성령의 감동을 통해 기록되었다(딤후 3:16). 이처럼 성경의 계시와 꾸란의 "와히"는 아랍 기독교인과 무슬림들이 같은 용어를 사용한다 할지라도 그 의미는 전혀 다르다.

수라 97장 4절: تنزّل الملائكة والروحُ فيها بإذْن ربّهمْ منْ كلّ أمْرٍ.
기존의 한국어 번역:
①천사들과 성령(가브리엘)이 그들 주님의 허가로 모든 명령을 갖고 내려오느니라 (꾸란 선, 367쪽)
②이 밤에 천사들과 가브리엘 천사가 주님의 명령을 받아 강림하여(꾸란 의미의 한국어 번역, 1246쪽).

기존의 한국어 꾸란 번역에서 "알루후"에 해당하는 한국어 낱말은 "성령, 가브리엘 천사"라고 되어 있다. 꾸란에서 알루후는 알라만이 정확히 알 수 있다고 하였으므로 무슬림들이 알루후에 대하여 잘 모르는 것(수라 17:85 참조)[31] 이 당연하다. 그러나 이 어휘가 아랍어 성경에서 사용될 때에는 "영(spirit)"을 가리키는 말이다. 하나님은 영이시고 성부와 성령은 한 분이시다. 그런데 ①의 각주에서는 "알루후(영)는 하나님의 성스런 특별한 명령을 수행하고 있기 때문에 성령으로 번역한다"고[32] 썼다. 알루후는 "영혼, 지브릴 천사, 호기, 생명, 자비" 등의 의미를 갖기 때문에 위 꾸란 구절에서 "알루후"를 "영"이라고 번역한 것은 정확한 번역이 아니다. 위 꾸란 번역에서 알루후는 지브릴 천사를 가리키고 "영"이 아니다. 우리말 표준 국어 대사전에서 성령은 "성삼위 중의 하나인

---

[31] 공일주, 『코란의 의미를 찾아』, 예영커뮤니케이션, p.199
[32] 손주영, 『꾸란 선』, 한국외국어대학교 출판부, 2009, p.367

하나님의 영을 이르는 말"이라고 하였다. ①의 번역에서는 "성령(가브리엘)"이라고 하였는데 본래 영(알루후)과 성령(알루후 알꾸두스)은 서로 다르고 성령과 지브릴도 서로 다르다.

어휘적인 의미(literal meaning)와 비유적인 의미(figurative meaning)가 서로 다르다.

수피 무슬림들의 꾸란 주석에서 외적 의미와 내적 의미에서 서로 다르듯이[33] 아랍어는 문맥과 상황에 따라 아랍어 어휘가 갖는 어휘적(문자적)인 의미와 비유적인 의미가 서로 다를 때가 많다.

أوْضَحَ أنَّ آخِرَ الإحْصَائِياتِ تظهر أنَّ 20 ألف حَالة اغْتِصَاب وتَحَرُّش جِنسِيّ تَرْتَكِبُ في مِصْرَ سَنَوِيًا.

وأنَّ 90 % مِنْ مُرْتَكِبي جَرَائم الاغْتِصَاب عَاطِلونَ عَن العَمَلِ.

وأشَارَتِ الدِّرَاسَةِ إلى أنَّ ما يقرب مِنْ ثُلثَي النّسَاء يَتَعَرّضْنَ لِشَكْلٍ مِنْ أشْكَالِ العُنْفِ المَعْنَوِيّ واللّفْظِيِّ.

(최근의 통계는 매년 이집트에서 발생하는 성폭력(rape)과 성희롱 사건이 2 만건인 것을 보여주었고 성폭력범죄자의 90%가 실직자이다. 그리고 연구는 여성의 2/3 에 가까운 여성들이 여러가지 심적, 육체적 폭력을 당하고 있다고 지적하였다)

위 글은 2010 년 이집트 알아흐람 신문의 기사인데 العُنْفِ المَعْنَوِيّ واللّفْظِيّ 라는 말의 어휘적인 의미는 "의미적이고 어휘적인 폭력"이란 말이다. 그러나 이렇게 번역하면 전혀 뜻이 통하지 않는다. 위 구절과 비슷한 것으로서 العُنْفُ المَادِّيُّ والمَعْنَوِيُّ 가 있는데 그 의미는 "육체적 심적 폭력"이란 뜻이다.

이슬람의 경전, 꾸란만이 갖는 독특한 의미가 꾸란 구절에 있는 것처럼 다음과 같이 아랍어 성경도 성경만이 갖는 독특한 표현법이 있다.

① في ذَلِكَ اليَوْم قَطَعَ الرَّبُّ مَعَ أبْرَامَ مِيثَاقًا   그 날에 주님은 아브람과 언약을 했다(창 15:18).

② نُخْتَنُونَ في لَحْم غُرْلَتِكُمْ   너희들은 할례를 받게 된다(창 17:11).

아랍어 قطع 는 본래 '베다, 자르다'의 의미이지만 위 예문에서는 '언약을 하다'라는 의미이다. 창세기 15 장 17-18 절을 읽어보면 이런 동사가 왜 사용되었는지를 금방 알 수 있다.

"해가 져서 어둘 때에 연기 나는 풀무가 보이며 타는 횃불이 쪼갠 고기 사이로 지나더라. 그 날에 여호와께서 아브람으로 더불어 언약을 세워 가라사대 내가 이 땅을 애굽 강에서부터 그 큰 강 유브라데까지 네 자손에게 주노니".

하나님은 쪼갠 고기 사이로 횃불이 지나가게 하여 아브람과 더불어 언약을 세웠다. 그런데 같은 동사이지만 다른 어휘가 오는 قَطَعَ النَّهْرَ 는 '강을 잘랐다'라는 말이 아니고 '강을 건넜다'는 말이다. 이처럼 아랍어 어휘가 갖는 어휘적인 의미에서 벗어나 비유적으로 해석되는 많은 어휘들이 있다. 그 예로 ارْفَع الخَطَايَا 는 어휘적인 의미로는 '죄들을 올려 주세요'라는 말이지만 실제 의미는 '죄를 용서해 달라'는 말이다. 2010 년 이집트 남부에서

무슬림들이 아랍 기독교인들을 살해하고 난 뒤 10 일 정도 지나서 아랍 신문에 다음과 같은 제목의 기사가 있었다.

عَادَ بُطْرُس يَتَعَامَلُ مَعَ جَارِهِ أحْمَد.

(베드로가 그의 이웃 아흐마드와 다시 서로 일을 하고 있다.)

위 문장을 어휘적으로 받아들이면 전혀 의미가 통하지 않는다. 그러나 이 문장은 "콥트 기독교인(베드로)들과 무슬림(아흐마드)들이 다시 원래대로 일상적으로 되돌아갔다"고 표현한 문장이다. 아랍어 부뜨루스(예수 그리스도의 수제자 베드로)는 기독교인을 상징하고 아흐마드(이슬람 교조 무함마드의 다른 이름)는 이슬람을 상징한다. 2010 년 3 월 16 일에는 이스라엘 유대인들의 '멸망의 회당'(kanīs al-kharāb) 헌당식이 있었다..

إسرائيل تدشن كيس "الخراب" قرب المسجد الأقصى وسط تنديد فلسطيني.

(이스라엘이 팔레스타인 사람의 비난 속에서 알악사 사원 옆에 '멸망'의 회당을 헌당했다)

그러나 멸망의 회당이란 말은 유대인의 역사를 모르면 위 문장을 이해할 수 없다. 예루살렘의 유대 지역에 2010년 이스라엘 사람들이 후르바 (Hurva :멸망)란 이름으로 유대교 회당을 건립하였다. 다니엘서에서 "군대는 그의 편에 서서 성소 곧 견고한 곳을 더럽히며 매일 드리는 제사를 폐하며 멸망하게 하는 가증한 것을 세울 것이며(다니엘 11:31)"라는 말씀 중에서 "멸망"이란 낱말이 나온다.[34] 역사를 통하여 그 동안 몇차례 유대인들이 그곳에 회당을 건립했으나 그 때마다 무슬림들이 파괴해 버렸다. 유대인들이 이 회당의 이름을 후르바(멸망)라고 한 것은 지금 유대 성전이 모두 팔레스타인 무슬림에게 지배당한 현실을 보고 그 성전 자리 대신에 그 성전에서 가장 가까운 장소에 유대인들의 예배를 회복하려는 염원이 담긴 것이 아닐까? 그러나 이집트의 알아흐람 신문은 이것이 곧 유대인들의 경전이 말하는 예언에 따라 유대인들이 이슬람의 세번째 주요 사원인 알악사 사원을 무너뜨리려는 전초 기지가 될 것이라고 말했다. 12억 5천만의 전 세계 무슬림들이 보는 앞에서 버젓이 이런 회당을 알악사 사원 바로 옆에 세우고 알악사 사원 높이보다 더 높게 지은 유대인들을 무슬림들이 일제히 비난하고 나섰다.

전문 용어(technical term)의 의미를 알아야 한다

아랍어가 어렵다고 한다. 그 이유는 전문 분야별로 해당 용어들이 그 의미 차이를 보여 주기 때문에 실제 전문 영역에 대한 지식이 없으면 정확한 번역이 어렵다. 아랍어

---

[34] 주전 200-164년은 이스라엘 역사는 소용돌이가 몰아치고 있었다. 안티오쿠스(Antiochus, 주전 215-162, 아나톨리아, 레반트, 메소포타미아, 페르시아 등 통치) 4세가 이집트를 정복을 위하여 알렉산드리아에 이르기 전에 로마 원로원은 회군 명령을 전달한다. 안티오쿠스 4세가 전쟁터에서 전사했다는 뜬 소문이 이스라엘에 퍼지고 폐위된 대제사장 Jason이 예루살렘시를 기습 공격한다. 안티오쿠스 4세가 임명한 대제사장 Menelaus이 도망가고 주전 167년 안티오쿠스 4세는 보복 공격에 나서 Menelaus를 다시 대제사장으로 복귀시키고 많은 유대인들을 학살한다. 그의 통치권을 강화하기 위하여 이스라엘의 종교 의식을 없애고 이스라엘 성전의 제단에 제우스Zeus 우상을 올려 놓아 유대인들의 예배를 금지시켰다. 안티오쿠스 4세가 저지른 이 일이 그후 신성 모독의 원형이 되었다. 멸망하게 하는 가증한 것을 제단에 올려 놓은 것은 하나님 예배에 가증스런 일이었다. 다니엘서 8:1-27은 안티오쿠스 4세의 손아귀에서 이스라엘이 고통받은 후 궁극적으로는 구원된다고 하고, 다니엘서 11:29-35은 안티오쿠스의 박해를 받는다는 내용이 나온다. 안티오쿠스는 토라 사본을 불살랐으며 할례를 금지시키고 안식일이 금지하고 제단에는 돼지와 동물들이 올려졌는데 그는 적그리스도의 모형이 되었다.

아랍어의 이해 <제5장 의미와 문맥>361

타끄와(تقوى)의 뜻풀이는 아-영 사전에서 "piety(경외)"라고 되어있는데 아랍어- 아랍어 사전에서는 "두려워 함, 무서워 함"이라고 뜻풀이하였고, "알라의 타끄와 تقوى الله"는 "알라가 명한 것을 순종하고 그가 금한 것을 피한다"고 되어 있다. 그러나 아랍어 성경은 '타끄와'를 Godliness(하나님의 성품을 닮은), awesome respect accorded to God(하나님께 합당한 경외)라고 뜻풀이하였다. 또, 아랍 무슬림들은 "비르"와 "타끄와"(بِرّ وتقوى)라는 말을 쓰는데 이때 '비르'는 '선행'이나 '재물'을 가리키지만, 아랍어 성경에서는 '비르'가 '올바름이나 공정의 높은 수준에 있다' 혹은 '구속적 행위에 초점을 두고 법적으로 수정된 상태'를 가리킨다. 어휘가 동일하지만 성경과 꾸란 각각에서 이 전문 용어의 의미가 달라진 예이다.

جَاءَ قَرَارُ الدُّكْتُور مَحْمُودٍ حَمْدِي وَزِير الأوْقافِ بإعَادَةِ تَنْظِيم حَلَقَاتِ الذِّكر بالمَسَاجِدِ النَّابِعَةِ للوزَارَةِ في جَمِيع أنْحِاء الجُمْهُورِيَّةِ وفْقاً لِضَوَابِطِ وَشُرُوط جديدةٍ تَمْنَعُ المُمَارَسَاتِ البَعِيدَةَ عَنْ صَحِيح الإسْلام.

(종교성 장관 마흐무드 함디 박사의 결정은 올바른 이슬람에서 벗어난 수행을 금하는 새 규범과 조건에 따라 종교성 산하에 있는 전 이집트지역의 모스크에서 디크르 모임을 재조직한다는 것을 포함하고 있었다.)

위 문장에서 "디크르"는 단순히 "알라를 찬미하는 구절이나 문구를 계속 반복하는 것"이라는 아-영 사전의 뜻풀이로는 이 낱말의 온전한 의미를 알 수 없다. 수피 전문 용어 사전을 보니 디크르는 "무의식의 마당을 떠나 두려움에 압도되거나 사랑의 넘침으로 알라를 보는 것과 같은 공간으로 나아가는 것"이라고 했다. 주의와 관심이 부족하여 부주의하고 소홀하고 태만하고 잊거나 못보고 넘겨버리는 상황에서 벗어나서, 알라에 대한 압도된 두려움이나 풍성한 사랑으로 알라를 마치 눈으로 보고 있는 것과 같은 자리로 나아가는 것을 디크르라고 한 것이다. 그리고 "개별적인 디크르를 통하여 실현된 마음의 상태를 보는 것" 혹은 "알라 이외에는 마음 속에서 아무 것도 보지 않는 것"[35]을 수피들은 타끄와라고 하였다.

수피라는 낱말의 뜻은 "자기는 버리고 알라만이 남은 자"(الفاني بنفسه، الباقي بالله)를 가리킨다. 수피에게 '무슬림'이란 '올바른 길을 따르는 사람'이다. 그들에게 올바른 길은 행복으로 가는 길이다. 수피에게 무슬림은 오직 한 분의 신을 믿는 사람들(أهْلُ التَّوْحِيد)이고 한 분의 신을 부인하는 자를 무쉬리쿤(مُشْرِك)[36]이라고 했다.

> 동일 어휘가 긍정적인 의미와 부정적인 의미를 모두 갖는 경우가 있다.

아랍어 낱말이 어느 문맥에서는 긍정적인 의미를 나타내고 또 다른 문맥에서는 부정적인 의미를 나타내는 예들이 있다. 예를들면 الشَّهْوَة (shahwa)는 부정적인 의미로 '육정'을 나타내지만 긍정적인 의미로는 '간절한 마음'이란 뜻을 갖고 있고 الغِيرَة(ghīrah)도 상황과 문맥에 따라서는 긍정적인 의미(부러워함)를 나타내기도 하고 부정적인 의미(시기,

---

[35] عبد المنعم الحفني، معجم مصطلحات الصوفية، 47
[36] Ibid., 244

시샘, 질투)를 나타내기도 한다. 또 مُتَشَدِّد(mutashaddid)는 극단이란 어휘와 함께 쓰이면 자신의 고정된 견해가 있어 다른 사람과 대화를 하지만 자신의 생각을 바꾸지 않는다는 부정적인 의미를 갖는다. 그러나 아래 예문과 같이 만일 긍정적인 의미로 쓰이면 "(상대와) 조화롭지 않아 상대를 힘들게 한다"라는 뜻을 가져 "강경한"이란 의미를 갖는다. (예)

رئيسة الوزارء الملقبة بالمرأة الحديديّة رفضتْ طلباً منْ كارتر باتخاذِ موقفٍ متشددٍ من الجانب الإيرانيّ تضامنا مع الموقف الأمريكيّ عام 1979.

(철의 여인으로 불리는 수상이 1979년 미국의 입장과 공동 보조를 하도록 이란 측에 <u>강경자세</u>를 취해달라는 카터의 요청을 거절했다.)

또, 동일 물건을 가리키지만 그 특징을 살려서 여러 어휘로 불리는 낱말이 있다. 그 예로 핸드폰을 가리키는 아랍어 어휘로 جِهَازُ الهَاتِفِ المَحْمُول (휴대하기 때문에), الهَاتِف النقال (이동 가능하므로, portable), الهاتف الخلوي (케이블이 없이 사용되므로), الهاتف الجوال (여행이 가능하므로, roving) 등 휴대폰의 각 기능과 특징을 살린 어휘들이다. 요르단에서는 핸드폰을 주로 칼라위 الخَلَوي 라고 하고 이집트에서는 마흐물 المَحْمُول 또는 모바일이라고 한다.

<table><tr><td>해당 문맥에 맞는 뜻매김을 위하여 문맥에 적합한 말 고르기를 한다.</td></tr></table>

아랍어 낱말이 같은 단락 안에서 두번 이상 나왔을 때 동일한 의미를 갖는 경우도 있지만 가끔은 상당히 다른 의미를 갖기도 한다. 동일 어휘가 갖는 기본 의미에서 출발하여 해당 문맥에 적합한 의미를 찾아내야 한다.

قامَ المحافظ بتَقبيل أيْدي هَوُلاء الأطفال الفائزينَ واحداً تِلْوَ الآخَر وسْطَ تَصفيق وَتَقدير جَميع الحَاضرينَ منْ أُسَر هَوُلاء الأطفال. وقام بمنح كلِّ واحدٍ منْهُم مَبْلَغ 1500 جُنَيْه وشَهَادَة تَقدير بالنِّسْبَةِ للمُسْتَوَى الأول ومَنَحَ ألف جنيه وشهادة التقدير للمستوى الثاني لحِفْظِ القُرآن الكريم.

(이들 어린이들의 가족들 중 행사에 참석한 분들이 박수해 주고 <u>치하</u>[37] 해주는 가운데 도지사는 한 사람 한 사람 수상한 어린이들의 손에 입맞추었다. 그리고 그는 1 등 수상자 각자에게 상금 1500 파운드와 <u>표창장</u>[38]을 수여했고 꾸란을 암송한 2 등 수상자에게는 100 파운드와 표창장을 주었다.)

위 글에서는 한 단락 안에서 동일 어휘가 서로 다른 의미를 갖는 경우를 보여주고 있다. 한가지 더 예를 들어보자. 아랍인들은 자기가 뭔가를 잘못했으면 금방 아시프(미안합니다)라는 말을 안 한다고 중동에서 사는 한국인들은 자주 말한다. 그렇다면 미안하다와 죄송하다[39]에 가깝다고 생각해 왔던 아랍어 동사 '아시파'(أَسِف)는 무슨 뜻일까? 아-아 사전을 보면 아시파는 (아들이 대학에 떨어져 아버지가) 마음이 아프다 تألم, 자기가

---

[37] 남이 한 일에 대하여 고마움이나 칭찬의 뜻을 표시함

[38] 어떤 일에 좋은 성과를 내었거나 훌륭한 행실을 한 데 대하여 세상에 널리 알려 칭찬함. 또는 그것에 대하여 명예로운 증서나 메달 따위를 줌.

[39] 우리말에서 '미안'이라는 말은 '남에게 대하여 마음이 편치 못하고 부끄러움'이란 뜻이고 '죄송'이란 말은 '죄 스러울 정도로 황송(분에 넘쳐 고맙고도 송구함)하다'라는 의미이며 '후회'는 '이전의 잘못을 깨치고 뉘우침'이란 말이다.

한 행동을 싫어하다ندم, (사람이 죽어서) 슬프다حزن 등의 의미를 갖는다.[40] 아랍어 형용사 '아시프'는 우리말의 '미안하다, 죄송하다, 후회하다'라는 말과 1 대 1 대응이 안 된다.

이집트에서는 뭔가 잘못(الذنب)한 자녀에게 엄마가 영어 "쏘리"라는 말을 써서 자신의 행동이 잘못되었음을 시인하라고 한다.

سوري يا ماما ومش حاعمل كده تاني (엄마! '쏘리' 다시는 그런 짓을 안 할게요).

그렇지만 대부분의 아랍 가정에서는 자녀들이 남에게 사과하라는 말을 하지말라는 분위기 속에서 자란다. 다음은 아랍 칼럼니스트 싸나가 쓴 '사과의 문화(ثقافة الاعتذار)'라는 글에서 따온 표현이다.

① . إنَّ أسلوب التنشئة في المجتمعات العربية عامة يدعم فكرة رفض الاعتذار (아랍 사회의 자녀 양육 방식은 일반적으로 사과를 거부하는 생각을 강화한다).

② . الرجل الشرقي يقبل بأي شيء إلا الانتقاص من رجولته (아랍의 남자는 남자다움을 줄어들게 하는 것을 제외하고는 어느 것이나 다 받아들인다).

일부 아랍인들은 자녀들이 어렸을 때부터 사과하는 훈련을 받아야 한다고 말한다. 그만큼 아랍 사회가 사과하지 않는 사회라는 것이다. 사과하면 남자의 자존심이 상처를 입는다고 생각하고 사과 대신에 핑계를 댄다.

③ . لأن الثقافة العربية تقدم الأعذار بدلاً من الاعتذار (왜냐하면 아랍 문화가 사과 대신에 핑계를 권한다).

아랍 사회는 남성들의 거만한 태도(المكابرة)가 문제라고 했다. 상대를 억누르고 당황하게 하고 허풍과 자랑을 하고 그리고 뭔가 도와줄 것 같은 사람에게는 뻔뻔스럽게 그냥 달라고 하는 말을 스스럼없이 한다고 칼럼니스트 싸나(알아흐람지 2010.4.10)는 쓰고 있다. 특히 이집트인들이 약속한 배달이 제 시간에 도착하지 않았을 때 "제가 귀찮게 해 드려서 사과합니다" أعتذر عن إزعاجك سيدي 라고 말하던지, 신호위반이나 속도 위반을 했을 때 도로 경찰관에게 "미안하다" أنا آسف سيدي 고 할 수 있었으면 좋겠다고 했다. 우리말에서 '사과'라는 말은 '자기의 잘못을 인정하고 용서를 비는 것'을 말한다. 그런데 아랍어 '아다라'(عذر)는 그의 죄(ذنب ;불법적인 일을 범하다라는 뜻)와 실수(عيب)가 많았다'는 말이고 '이으타다라'(اعتذر)는 '그의 죄와 실수를 받아줄 것을 요구하다'라는 의미이다. 그러나 정부 간에는 '아시파'나 '이으타다라' 등 두 개의 어휘를 피한다. 영국 식민지하에 있던 인도 국민에게 엘리자베스 여왕은 '용서'라는 어휘를 써서 인도가 영국에게 식민지 배상(دفع تعويض)을 청구할 수 없게 하였다. 만일 영국 여왕이 '사과' 혹은 '사죄'에 해당하는 영어 단어를 썼더라면(아랍어로는 '이으타다라' اعتذر) 전쟁 포로 문제와 식민 지배에 대한 배상 문제가 크게 돌출될 것이 뻔했기 때문이다.

암미야의 어휘는 상황과 문맥에 따라 그 의미가 달라진다.

이집트 암미야에서 bass 는 화자가 이 낱말을 어떻게 사용하느냐 그리고 이 낱말을 발음할 때 사용하는 억양에 따라 여러 가지 의미를 갖는다. 첫째, 택시를 타고 있다가

---

[40] 미국인들은 상대방의 가족 중에서 누군가 사망했다는 것을 들었을 때 그 유가족에게 I am sorry라고 한다.

운전사에게 차를 세워달라고 할 때 bass hena(여기서 세워 주세요)라고 한다. 둘째, 네가 원하는 것보다 더 많은 것을 상대방이 줄 때 그 사람에게 bass(충분해요) 혹은 bass kefāya(충분해요)라고 말한다. 셋째, bass keda 를 보통 억양으로 말하면 "그것으로 충분해."라는 말이고 만일 질문 형식으로 말하면 "그게 전부야?"라는 말이다. 넷째, 친구가 여행가자고 하면서 그가 운전하겠다고 고집할 때 māshī , bass ana illi hasū'(좋다. 하지만 운전은 내가 할거다)라고 말한다. 다섯째, 이집트에서 집을 구하는 중에 월세로 얻을 아파트가 맘에 들었는데 너무 비쌀 때, ishsha''a helwa bass ghalya(아파트는 맘에 드는데 하지만 비싸요.)라고 말한다. 여섯째, 아랍어를 가르치는 선생이 마음은 좋은데 아주 좋은 선생이 아닐 때, ilmudarris Tayyeb, bass mish kwayyis awi(선생은 마음이 좋은 분인데 전문가적인 교사는 아니다)라고 말한다. 일곱째, 나에게 고함치는 사람에게 이제 그만하라고 할 때 bass(입닥쳐)라고 말한다.

결국 아랍어 어휘 의미는 다음과 같은 것들이 고려되어야 한다.

첫째, 푸스하(고전 아랍어, 현대 문어 아랍어)인가? 암미야(생활 아랍어, 일반 대중 아랍어)인가? 사실 현대문 아랍어와 암미야 아랍어 사이에 의미 차이가 나는 어휘들이 많다.

둘째, 7세기 꾸란의 아랍어인가? 오늘날 이슬람 학자들의 언어인가? 아랍인들이 7세기 이전에 사용한 어휘의 의미와 21세기에 우리가 아랍인들을 만날 때 아랍인들이 인식하는 의미와 차이가 있다. 심지어 100년 전의 아랍어 소설을 오늘날 아랍인들이 쉽게 이해하지 못하는 것도 이런 이유 때문이다.

셋째, 아랍 기독교인의 아랍어인가? 아랍 무슬림의 아랍어인가? 아랍인들이지만 각기 서로 다른 공동체에서 사용하는 어휘가 동일하다고 할지라도 그 의미가 서로 다른 경우가 많다.

넷째, 어느 학문의 전문 용어인가? 가령, 언어학 용어, 법학 용어, 교육학 용어, 문학 용어, 신학용어, 경제와 무역, 금융 용어 등 고유의 전문 용어들마다 동일 어휘끼리 그 의미가 다르다.

다섯째, 아랍어 어휘가 아랍인의 인식 구조에서 어떻게 이해되고 있는가? 동서양이 동일한 어휘를 사용하더라도 그 의미가 서로 다른 경우가 많다.

여섯째, 아랍의 어느 나라 그리고 어느 지역에서 쓴 글인가? 아랍인들이 출생하고 자라난 나라 혹은 지역별로 어휘들이 다르고 그 의미 차이가 있다. 요르단에서 '맙쑤뜨'라는 말은 '기쁘다'는 말인데 이라크에서는 '매를 맞은 사람'이란 의미이고 엘카علك는 요르단에서 껌이라는 말인데 이집트에서 그 의미가 다르게 사용된다.

일곱째, 한 낱말의 최종 의미는 문맥에서 결정된다. 아랍어는 문맥의 언어이다. 그래서 아랍어 하나의 낱말이 문맥에 따라 혹은 동반되는 전치사나 어휘에 따라 그 의미가 어떻게 달라지는 지를 문맥 사전[41]을 통하여 살펴봐야 한다.

다음은 문맥에 따라 낱말의 의미가 달라지는 몇가지 예들이다.

(1)اتّصل

---

[41] M.E. Sieny & H.H. Yusuf, A Contextual Arabic Dictionary, 1991

اتّصلَ المديرُ بالطلاب.　　　교장이 학생들을 몸소 만났다.

اتصل الابن بواسطةِ التلفون.　　아들이 전화로 통화하였다.

اتصل الطريقُ بالبلد.　　　　길이 읍내하고 연결되었다.

(2)أخذ

أخذ الطالبُ الكتابَ.　　　　학생이 책을 가져갔다.

أخذ اللهُ المجرمَ.　　　　　알라가 범죄자를 무너뜨렸다.

أخذتِ الأمّ بيدِ ابنِها.　　어머니가 아들의 손을 꼭 잡았다.

أخذ محمد بيدِ صديقه.　　　무함마드가 그의 친구를 도왔다.

أخذ الله المجرمَ بجُرْمِه.　알라가 범죄자에게 그의 죄에 대해 벌주었다.

أخذ النومُ الطفلةَ.　　　　잠이 여자 어린이를 괴롭혔다.

أخذتِ الأرضُ زينتَها.　　땅이 푸르고 싹을 틔웠다.

أخذ الرجلُ على يدِ ابنه.

(성년의) 남자가 아들의 손을 놓지 않았다(맘대로 돌아다니지 못하게)

أخذ عن المدرس.　　　　　그는 교사에게서 배웠다.

أخذتُ الأمرَ بعَيْن الاعتبار.　나는 그 문제에 관심을 가졌다.

(3)إذْ

أتذكر إذ ذهبنا إلى مكة؟　　우리가 메카에 갔을 때를 너는 기억하니?

تزوج الرسولُ وسِنّه حينئذٍ خمسٌ وعشرونَ سنة.

무함마드가 혼인했다. 그때 그의 나이는 25살이었다.

بينما كنّا نسير إذ سمعنا صوتَ الرصاص.

우리가 걷고 있는 동안에 갑자기 총소리를 들었다.

لا أحبّ الكافرَ إذ أنّه عدوٌّ لله.

카피르(비무슬림)가 알라의 적이므로 나는 카피르를 좋아하지 않는다.

(4)أسِفَ

أسِف الأبُ لفشل ابنه.　　　아버지가 아들의 실패에 애석해 하고 아파했다.

أسِفَ الناسُ على موت الرئيس.　사람들은 대통령의 죽음에 슬퍼했다.

(5)اعتقد

اعتقدتُ الخيرَ في فلان.　　나는 아무개에게서 선한 것을 기대하고 추구했다.

اعتقدت أنّك مسافرٌ.　　　　나는 네가 여행 중이라고 생각했다.

اعتقد في المسيحية.　　　　그가 기독교를 믿었다(종교로 가졌다).

(6)تزوّجَ

تزوج الرجلُ المرأةَ.　　　(성년의) 남성이 성년의 여성과 혼인했다.

تزوج بالمرأة.　　　　　　그가 그 여성과 혼인했다.

(이 표현은 아랍인들이 오늘날 잘 사용하지 않는다)

تزوج من المرأة.　　　그가　그 여성과 혼인했다.

تزوج على زوجته.　　　그가 그의 부인 말고 또 다른 부인을 맞이하였다.

(7) تقدّمَ

تقدم الجيش.　　　　군대가 앞으로 행진했다.

تقدم الدارسون.　　　학습자들이 성적이 좋았다.

تقدمتُ إلى القاضي بشكوى.　　　나는 판사에게 불평을 제기했다.

تقدمَ على زملاءه.　　　그가 (공부에서) 동료들을 앞섰다.

تقدم بطلبٍ للالتحاق بالمعهد.　　　그가 전문 대학에 입학 서류를 제출했다.

(8) جاءَ

جاءَ المسافرُ المطارَ.　　　여행자가 공항에 도착했다.

جاء المسافر إلى المطار.　　　여행자가 공항으로 왔다.

جاء المطرُ.　　　비가 내렸다.

جاء بالكتاب.　　　그가 책을 가지고 왔다.

جاء الرجل الإثم.　　　그 성년 남자가 잘못을 저질렀다.

(9) جعلَ

جعل الطبّاخُ الطعامَ.　　　요리사가 음식을 만들었다.

جعل اللبنَ جبناً.　　　그가 우유를 치즈로 바꾸었다.

جعل اللهُ العالمَ.　　　알라가 세상을 무에서 창조했다.

جعلتُ كلامَه ورائي.　　　내가 그의 말에 관심을 두지 않았다.

جعل الطالبُ يكتبُ الدرسَ.　　　학생이 단원을 쓰기 시작했다.

جعل له مبلغاً على العمل.　　　일정 금액을 받는 조건으로 일하기로 했다.

(10) جادَ

جاد الطعامُ.　　　음식이 좋았다.

جادَ الرجلُ.　　　남자가 넉넉히 베풀었다.

جاد الفرسُ.　　　말(동물)이 빨랐다.

جاد المطرُ.　　　비가 많이 내렸다.

جادتْ عينُه.　　　눈물이 빗물처럼 쏟아졌다.

(11) حدَّدَ

حدد موعداً لمقابلةِ الوزير.　　　그가 장관을 면담할 시간을 정했다.

حدد ثمنَ البضاعة.　　　그가 상품의 가격을 정했다.

حدد إقامة المتّهم.　　　그가 피의자의 거주를 제한했다(여행을 금지시켰다).

حدد معنى الجملة.　　　그가 문장의 의미를 분명히 설명했다.

حدد المحاربُ سيفَهُ.　　전사가 칼을 날카롭게 갈았다.

(12)ذهبَ

ذهب الطالبُ.　　학생이 떠나갔다.

ذهبَ الضيفُ إلى المطار.　　손님이 공항으로 향했다.

ذهب الله بنوره.　　알라가 그의 빛을 거두었다.

ذهبَتْ عنه محْبوبته.　　사랑하는 여인이 그를 버리고 떠났다.

ذهب عليَّ موعدُك.　　너의 약속시간을 잊었다.

ذهب بصديقه إلى السوق.　　그가 친구와 시장에 동행했다.

ذهب المريضُ إلى ربّه.　　환자가 명을 다했다.

ذهبَتْ أموالُه في الخمر.　　그가 돈을 술에 다 탕진했다.

ذهب الماءُ في اللبن.　　물이 우유와 섞였다.

ذهب في النقد مذهباً جديداً.　　비평에서 새로운 학설을 처음으로 제시하였다.

(13)مِنْ

سافرَ أبي مِنْ يوم الجمْعة.　　우리 아버지께서 금요일날부터 여행을 시작하셨다.

أعْطيْتُ الفقيرَ من مالي.　　나는 가난한 사람에게 내 돈의 일부를 주었다.

يعْرفُ الأسْتاذُ الطالبَ المُجِدَّ منَ الكسلان.

　　교수는 열심히 공부하는 학생과 게으른 학생을 구별할 줄 안다.

ما جاء مِنْ طالِبٍ.　　(대부분의 학생들은 오지 않았고) 그들 중의 한 학생만 왔다.

هلْ جاءَ من رجلٍ ؟　　누가 왔어요? (한정되지 않는 어떤 남자가 왔어요?)

قنعَ الطالبُ بالنجاح مِنَ التفوُّق.

　　학생은 우수한 성적보다는 합격한 것으로 만족해했다.

(14)عَنْ

حدّثْتُ ابني عن الإسْلام.　　나는 우리 아들에게 이슬람에 대하여 말해 주었다.

سافرْتُ عنْ بلدي.　　나는 고향을 벗어났다.

عمّا قليلٍ لأذهَبَنَّ إلى المطار.　　조금 뒤에 나는 공항에 가겠다.

بخُلَ الغنيُّ عن الفقراء.　　부자가 가난한 사람들에게 인색했다.

ما أنطقُ عن كذِبٍ.　　나는 거짓말은 하지 않는다.

2.아랍어 화행 의미

　　앞에서 우리는 아랍어의 음운, 낱말 구조, 문장 구조와 그 의미들을 찾아 어떻게 의미가 생성되는지를 살펴보았다. 그러나 발화된 문장이 언어적 의미대로만 수행된다면 문장에서 그 글자 그대로의 의미가 문장의 의미가 되고 이것이 곧 발화의 의미가 된다.

①آمَنْتُ بالإله　　나는 참된 신(الله المعبود بحق)을 믿는다.

② لاَ تَتَّخِذْ إِلهاً مَعَ اللهِ   진리가 아닌 신(المعبود بغير حق)을 알라와 함께 취하지 마라.

위 두 문장에서 첫째 문장(참된 신)과 둘째 문장(잡신)에서 사용된 إله 은 동일하지만 그 의미는 전혀 다르다. 위 두 문장은 간접화행과 다르게 언어 구조만으로도 그 차이를 알 수 있는 경우이다. 또 간구할 때 아랍 무슬림들은 알라훔마(اللَّهُمَّ) 라고 하는데 이 말은 يا الله 라는 말과 같다. 그러나 비언어적 요소로서의 상황맥락과 앞뒤 언어적 맥락이 작용할 때 단순히 그 문장이 갖는 언어구조의 의미만으로는 전체 의미를 나타내지 못한다. 그래서 대화하면서 화자는 간접 화행에 관심을 갖는다. 아랍어 알라(الله ’allāh)를 아랍인들이 간접화행에서도 자주 사용하는데, 그 의미는 상황과 화맥에 따라 다르다. 가령 이 말을 축구 경기에서 해설자가 사용했다면 공이 골대를 빗나갔을 때 아쉬워서 내뱉는 말일 수 도 있고 또, 인간이 알라에게 명령할 수 없기 때문에 대개는 알라에게 ‘도와주세요’라는 간청의 의미이다.

아랍어는 문맥(화맥)에 중심을 둔 언어이다. 그러므로 아랍어 문장들이 여러 개 모여 한 단락을 이루고 그 단락들이 여럿이 모인 텍스트의 의미를 정확히 파악하는 것이 중요하다. 그 중 하나가 아랍어 문장들의 화행(speech act) 연구이다. 아랍어 의문문의 경우, 우리는 의문문이 사용되는 사건과 문맥에 의지한다. 아랍어 의문문은 놀람, 혐오, 보고, 부정 등의 발라가의 의미를 갖는다. 그 예로 مَنْ زَارَكَ أَمْسِ؟ (누가 어제 너를 방문했니?) 라는 말인데 글자 그대로 직접 화행이라면 “어제 누가 너를 방문했니?”라는 질문이다. 그러나 이 질문에 대한 답을 화자가 미리 알고 있다면 이 문장은 “놀람”의 간접 화행의 의미를 전달해 준다. 어제 누군가가 너를 방문했다는 것을 내가 아는데 그 결과로 네가 이렇게 크게 달라졌다는 말인가?

또 지금 상대방이 어린이를 때리고 있는 것을 보고 있을 때 “هَلْ تَضْرِبُ طِفْلاً؟”이라고 하면 이 때 직접 화행의 의미는 “너 어린애를 때리고 있니?”라는 의미이지만 간접 화행의 의미는 “어린애를 그렇게 때려도 되는거야”라는 말이므로 종국에는 어린애를 때리는 너를 혐오한다(싫어한다)는 의미를 갖는다. 이집트에서는 부인이 남편이 회사에서 돌아올 때 늘 하는 말이 있다. “هَلْ جِئْتَ مِنَ العَمَلِ؟”인데 이 말의 직접 화행의 의미는 “당신 일 마치고 왔어?”라는 말이지만 간접 화행에서는 남편이 직장에서 돌아와 부인 앞에 바로 서 있는 상황에서 남편이 “그래”라고 대답할 것을 미리 다 알고 있는 부인이 이 문장을 통하여 “확인”하는 의미로써 간접 화행의 의미를 갖는다.

만일 외국인이 아랍인과 대화하는 도중에 외국인이 이집트인에게 هَلْ أَنْتَ مِصْرِيٌّ؟라고 물으면 이 말은 직접 화행에서 “너 이집트인이냐?”라는 말이지만 상대가 외국인이고 그 외국인에게 이집트인이 이 질문을 했다면 그가 부정문으로 대답할 것이 분명하므로 간접화행의 의미로서 “너 정말 아랍어를 잘 한다”라는 의미이다. 아랍어 화행 기능은 상황과 문맥을 강조한다. 특히 아랍어 발라가(수사법과 미적 기능) 중의 하나인 문맥 의미론은 상황과 문맥의 의미를 연구하는 분야이다. 우리 말에서 ‘오늘 날씨가 덥네’라고 할 때는 ‘문을 열어주세요’라는 요구가 포함되어 간접 화행이 되는데 이 간접화행은 진술문이 명령이 된 것이다.

첫째, 현대문어와 암미야 아랍어에서 명령문의 화행

1)현대 문어 아랍어 명령문의 화행

아랍어 학자 라지 아스마르는 아랍어 명령은 높은 자의 입장에서 낮은 자에게 동작을 하라고 요구하는 것이라 정의하고 원래의 이같은 명령의 의미가 화맥과 상황에 따라 뜻이 달라진다고 하면서 아랍어에는 도움과 자비를 요구하는 간구(دعاء), 동일한 지위에 있는 사람끼리의 요청(التماس), 거의 불가능하여 얻을 수 없는 것을 바라는 소원(التمني), 강제성이 없는 것을 요구하는 충고와 지도(نصح وإرشاد), 청자에게 어떤 행동을 가혹하게 요구하는 협박(تهديد), 청자에게 두 개 이상의 것들 중에서 하나를 선택하라는 것(تخيير), 상대가 하고 싶은 대로 하라고 동작을 허락함(إباحة), 할 수 없을 것 같은 것(تعجيز)을 하라고 요구함, 둘 중 하나가 다른 것보다 비중이 있다고 보는 타협(تسوية) 그리고 경멸과 모욕의 목적으로 청자에게 명령하는 경멸과 모멸(إهانة وتحقير) 등이 있다고 하였다.[42] 현대 문어 아랍어에서 명령문은 다음 3 가지가 있다..

가.긍정 명령; 2 인칭 '너'가 함축된 아랍어 명령 동사가 사용된다.

عد إلى فراشك(너의 침대로 돌아가라)

나.긍정 명령; 동사의 현재형에 /li/를 접두시켜 만든다.

لنسرع إذن قبل أن يسبقون إليه النمامون (고자쟁이가 우리보다 앞서서 그에게 가기 전에 우리가 서두르자).

다.부정 명령: 부정 형태소 لا를 붙여 만드는데 이 부정형태소를 ت로 시작하는 현재 동사형 앞에 붙인다. ت/ta/로 시작하는 현재형 동사는 2 인칭이라는 것을 가리키고 주어는 함축되어 있어 외연상으로 나타나지 않는다.

لا تصرخ في الصبي (그 소년에게 소리치지 마라)

현대 문어 아랍어 명령형의 기능은 다음과 같이 30 여 가지로 나타나고 있다[43]. '알라의 영광 찬미'는 아랍어 명령문의 독특한 기능이다. 아랍어 명령문에서 "명령" 화행이 빈도가 가장 높고 그 다음이 요청, 세번째로는 간청, 네 번째는 안심시키는 기능이다. 그리고 주의 끌기, 꾸짖기, 탄원, 충고, 알라의 영광 찬미, 지시하기, 권유, 제안, 다시 생각하기, 협박, 무관심 보이기, 사랑하게 하기, 경고, 고무하기, 고집부림, 비웃기, 사과, 격려 등도 있다.

1.명령: قل لمحمد أن يذبحهم جميعا. (무함마드에게 그들 모두를 죽이라고 말해>

2.요청: قولي له إن محمدا يسلم عليه. (무함마드가 그에게 안부 전한다고 그에게 말하라)

3.애원: بحق الله دعي الماضي يا مريم (마르얌, 제발 지난 일은 잊어버려)

4.안심시킴 : لا تخاف (두려워마라)

5.주의하기 : انتبه إلى الحركة (동작을 조심해)

6.꾸짖음: اخرس (입닥쳐)

7.간구 : إلهي وفقني (나의 주님, 나를 성공하게 도와주소서)

---

[42] راجي الأسمر ،علوم البلاغة، 30-31

[43] 공일주, 라자이 알칸지, 아-한 명령문에 대한 화용론적 대조 연구, 한국 아랍어 아랍문학회, 2005

8.충고: حاول أن تواصل الدراسة (공부를 계속하도록 힘쓰라)

9.신의 영광 찬미: ليتقدس اسمك (당신의 이름이 거룩히 여김을 받으시오며)

10.지시하기: اخرج إلى الدار والعب هناك (그 집으로 가서 놀아라)

11.권유: تفضلوا ولا تترددوا (주저 말고 들어와)

12.제안: دعونا نحتفل قليلا (우리 잠시 즐겁게 놉시다)

13.생각나게 하기: لا تنس أن تخبر به (그에게 알려주는 것을 잊지 마라)

14.협박: اخرسي وإلا فرمتُ لسانك. (입닥쳐, 그렇지 않으면 내가 네 혀를 자르겠다)

15.무관심 보이기 : فارْحَلْ (꺼져)

16.친애의 표시(애정을 불러일으키는 다정한 말로 다른 사람이 더 좋아지게) :
افتحي فمك هذه للمصالحة (이 입을 벌려봐. 이게 과거를 잊게 해 줄거야)

17.경고: لا تغلط يا أبا أحمد (아부 아흐마드! 말 조심해)

18.촉구: اسرعوا يا كرام يا أسياذ (존경하는 신사 여러분, 서둘러주십시오)

19.고집: طلقني يا كريم (카림 씨, 날 이혼시켜 줘)

20.질문하기: قولي لي (나에게 말해다오)

21.냉소 : قولي له إننا لا نحتاج علم الأجانب (우리는 외국인에 대한 정보는 필요없다고 그에게
말하렴)

22.사과 : اعذريني في هذه القضية (이 문제에 대해서는 너그럽게 받아 주세요. 이 문제는
없었던 걸로)

23.격려 : اشربي ولا تخافي (여성에게; 두려워 말고 마셔)

24.질책 : لا تكوني سوداء القلب (흑심을 품지마)

25.허락 : خذ العب بها (그걸 가지고 가서 놀아라)

26.꾀어 냄: اسمح لي بطيب الوصال (좋은 연인 간의 관계를 가집시다)

27.도움을 구하기: أدركنا يا أمير المؤمنين (칼리파여, 우리가 알아들을 수 있게 해 주세요)

28.감사함을 표현하기 : هات يدك كي أقبّلها (당신의 손에 입맞춤하도록 해 주세요)

29.불평하기 : لا تجعليني أجَن (나를 미치지 않게 해 주세요)

30.소원: تصوري لو أننا في هذا البيت (이 집에 우리가 있다고 상상해 보렴)

31.실망: دع ما في النفس راقدا في النفس (마음 속에 묻어 두고 비밀을 지켜다오)

    기존 문법서에서는 간단히 명령문이라는 제목하에 아랍어에는 명령동사가 있다라는 정도의 해설이 있었으나 이상과 같이 아랍어 명령문은 31 가지 이상의 다양한 의미를 갖고 있다. 특히 위 예문에서 명령이나 지시 등은 청자의 행동을 바꾸기를 시도하는 기능이 있다. 그래서 이런 화행은 화행 분석에서 자주 지시행위(directives)로 분류된다. 그러나 지시행위에 속하는 이들 하위범주의 의미는 모두 각기 독특한 의미를 갖는다. 명령은 명령을 하는 사람의 권위에 복종하는 것을 강하게 기대하면서 사용된다. 지시는 대개 법률 혹은 무역에서 마땅히 행해져야 할 것을 정확히 알려주는 기능이다. 지휘 혹은 호령(command)은 군대나 군인들과 관련되어 사용되고 지휘 명령을 받는 사람은 반드시 그 명령에 따라야 한다는 것과 그 결과에 책임을 진다는 것을 내포하고 있다. 지휘 명령은 상급자와 하급자 간에 이뤄지고 그 명령대로 수행하지 않았을 때는 처벌이 있다는 것도

포함되어 있다. 이와 비슷하게 경고와 협박은 처벌에 대한 원인과 결과의 관계를 나타내지만 경고는 닥쳐올 위험과 바라지 않는 사태가 일어나지 않도록 청자를 보호하는 기능을 갖고 있어 충고의 의미를 포함하고 있다. 그러나 협박은 화자가 시킨 요구를 시행하지 않으면 처벌의 가능성이 있음을 내포한다. 격려와 촉구 그리고 꾀어냄과 설득은 서로 유사한 기능을 갖고 있는데 이 모두가 누군가에게 영향을 미쳐 어떤 행동을 하게 하는 의미가 들어있지만 격려는 무언가 하려는 기존의 의향을 증가시키고 또 자극하는 것이고 촉구는 어떤 사람을 흥분하게 하여 대개는 폭력을 휘두르게 하는 등 감정적인 결과와 더 관련이 있다. 설득은 합리적으로 그리고 다른 사람이 행동하도록 논리적으로 말하는 것이고 다른 사람을 꾀어냄은 누군가를 꾀어서 혹은 설득하여 대개는 나쁜 일을 하게 하는 것이다. 이상과 같이 대부분의 현대 문어 아랍어 문장의 형태적인 유형은 명령형이지만 일부 문장의 형태는 명령형이 아닌데 의미적으로 명령의 범주에 속한다. 그 대표적인 예가 아랍어 청유문이다.

아랍어의 명령문에서 명령 화행은 가장 높은 빈도를 가지고 있으나 한국어 명령문에서는 요청(요구) 화행이 가장 높은 빈도를 갖는다. 사실 복종을 요구하는 명령문에서 권위있는 자가 하급자에게 명하는 화행은 군대에서만 볼 수 있기 때문에 이런 화행은 대체로 일반 사회에서는 찾아보기 힘들다. 요청 화행은 이와는 달리 뭔가를 공손하게 상대에게 요구하여 긍정적인 답을 기대한다. 현대 문어아랍어의 명령문을 한국어의 명령문과 대조해 보면 아랍어에는 공손한 표현이 있으나 한국어에 있는 존대법(높임법)보다는 덜 발달되어 있다. 아랍인들은 <law samaHt>,<min faDlak>등을 공손한 표현에서 사용한다. 아랍어만이 갖는 독특한 화행은 알라에게 찬미하는 화행이다.

2)요르단 암미야 아랍어 명령문의 화행
요르단 암미야 아랍어의 명령 화행을 알아보기 위하여 명령 동사가 나타나도록 사회적 문화적 요인을 고려하여 설문지를 만들고 학생들에게 설문을 실시하였는데 아랍어를 모어로 하는 요르단 대학교 영어과 4 학년 학생 50 명(2006 년)을 대상으로 하였다. 각 설문은 배경 상황, 대화자 간의 사회적 거리, 지위 등이 명시된 짧은 상황이 포함되었으며 도출하고자 하는 화행 부분이 빈칸으로 되어 있는 대화글이다. 예를들면 군인이 전쟁터로 가는 길인데 그의 어머니가 아들에게 말한다. 이런 경우 어떤 대화가 이어질 수 있겠나? 요르단 대학생들에게 이와 같이 설문을 실시한 후 그 결과를 분석해 보니 다음과 같이 3 가지 명령형이 나왔다.

가.암미야의 긍정 명령: 문장의 처음에 명령형이 오고 2 인칭 대명사 /inta/, /inti/가 동사에 함축되어 있다. 암미야 아랍어 명령형은 성과 수에 따라 활용한다.   (예) ihda' yā Habībī(진정해 자기야).
나.암미야의 긍정 명령: 동사 앞에 <khallina> 혹은 <yalla>를 붙여 만드는데 그 의미는 '-하자'이고 그 예는 yalla khallina nil'ab sh-shadde(카드 놀이나 하자). 그런데 <khallina>, <yalla>가 암미야 아랍어에 나타나지만 현대 문어 아랍어에서는 /li/를 명령 동사 앞에 접두시켜 만드는데 이런 /li/명령형은 암미야에 거의 쓰이지 않는다.

다.부정 명령:부정 명령은 <lā>, <mish>, <balāsh>를 동사 바로 앞에 붙인다.
(예) la tistHū(부끄러워하지 마라).
balāsh tDayyaʻ waʻtak(네 시간을 허비하지 마라)
mā tzʻal minni(나에게 화 내지 마라).
mish tzʻal(화 내지 마라)

다음은 요르단 암미야아랍어 명령문의 기능을 그 예문과 함께 쓴 것이다.

1.안심시킴 : 두려워하지 마라, 엄마가 곧 올거야   lā takhāf. halla btījī māmā.
  안심해, 모든 게 잘 될거야.   iTmaʻin kul ishi raH yikūn bikheer.
  자기야, 염려하지마   lā takhāf yā Habībī.
2.경고 : 조심해!   dīr bālak
  네 딸의 행동을 유의해   intabihī litaSarrufāt bintik.
  이 약을 복용하지 않으면 아플거야.   raH tamraD ʼin mā ʼakhdat id-dawā.
3.협박:
  들어봐! 널 지금 감옥에 쳐 넣을 수도 있어   ismaʻ bashHTkum ʻil-makhfar hassa.
  입 닥쳐!   uskut
4.행동하기를 요청하기: 그만둬! 이 사람아.   khalaS yā zalame.
  너무 무리하게 하지 말아 주세요.   shweiya shweiya ʻaleihi.
  제발 가서 공부 좀 해.   mishān(minshān) alla rūH udrus.
5.충고 : 내 아들아, 조심해라.   dīr bālak ʻala Hālak yā ibnī.
  잘 먹고 잘 입고 다니려.   itghadda witghaTTa mnīH.
  복권 사는 것을 그만 두렴.   baTTil ishtirī yānaSīb.
  여유 시간을 함부로 낭비하지 마라.   ballash tdayyʻa waʻt ʻalfāDī.
6.친애의 표시 : 아빠, 드세요.   kul bābā
  자기야, 진정해.   Ihdā yā Habībī.
  계속 화 내지 마.   mish tDalli zaʻlāne
7.도와주기를 애원하기 :
  제발 도와주세요. 내가 지금 물에 빠지고 있어요..!   ilHaqūnī ʻam baghra'.
  도와주세요!   sāʻdūnī
8.촉구하기 : 어째서 공부할 것을 찾지 못하니?   mā tshūflak dars tudruso.
  (여러 명에게)알라를 두려워하라.   khāfū allāh.
9.권유: 점심이 다 준비됐으니 어서 와 드세요.   tfaDDalū ilghadā jāhiz.
  저녁을 드실래요?   trūHū titʻashshū?
  일어나서 드세요.   ʼūmū kulū.
10.소원:이런 집을 네가 샀으면 좋겠다.   yā reet tishtri li mitl halbeet.
  나를 위해서 네가 가져왔으면 좋겠다.   ya reet. tjībli minnu.
11.격려 :쾌차하기 위하여 이 약을 먹어라.   khod id-dawa ʻashan tSir aHsan.
  서로 싸우는 것보다 서로 사랑하려무나.   Hibbū baʻD aHsan mā titkhānaʻū.

12.제안 : 일어나서 버거 킹에 갑시다.　　　　　'ūmū nrūH 'ala burger king.

　　카드 놀이를 합시다.　　　　　　　　　　yalla nil'ab ish-shadde.

13.꾸짖음 : 부끄러운 줄 알아라.　　　　　　istaHī 'ala Hālak.

　　약속을 어기지 마.　　　　　　　　　　lā tukhlif wa'dak.

　　사람들을 험담하지 마.　　　　　　　　bikaffi taHki 'an innās.

14.조롱 : 쓸데 없는 소리 그만 둬　　　　　baTli halHaki il-fāDi.

15.사과: 아빠, 나에게 화 내지 마세요.　　　mā tz'al minni. yā bāba.

16.간구: 주님, 제가 실망하지 않도록 해주세요.　　mā tiksir pkhaTri yā rabb.

　　알라가 너를 보호해 주시기를 빈다.　　Hamākalla

17.부탁(요청): 이런 걸로 사 주세요.　　　　jībli zeiyo.

　　아빠, 우리를 영화관에 데려다 주세요.　bāba khodnā 'as-sīnama.

　　내가 잘 수 있어요?　　　　　　　　　mumkin a'rif anām?

18.질문하기: 미안한데요. 뭐라고 말씀하셨어요?　ma'leesh,[44]　shū 'olet?

　　미안하지만, 다시 말씀해 주세요.　　　ma'leesh ta'īd illi 'olto?

19.명령: 와서 공부해라.　　　　　　　　wala ta'āl udrus.

　　그만 말해.　　　　　　　　　　　　ma tbaTTil Haki.

　　입 닥쳐!　　　　　　　　　　　　　uskut. bikaffi Haki.

　　꺼져!　　　　　　　　　　　　　　iTla' barra.

　　여기서 한 발자국도 움직이지 마.　　　mūtū walā titHarakoo minhon.

20.실망: 꿈도 꾸지마 이건 불가능해　　　　lā taHlam. Hada mustaHīl.

21.불평하기: 더 이상 날 화나게 하지마　　lā tukhallīnī az'al aktar

22.감사함을 표현하기: 네 손에 입맞추게 해줘　khallīnī abūs īdak

23.주장: 내 말을 들어야 해　　　　　　　mafrūD innak tisma'nī

24.허락: 너 가도 돼　　　　　　　　　　fīk trūH,

　　　　　내 차를 가져가　　　　　　　khod sayyaratī

25.꾀어냄: 후회하지 않도록 한번 해봐　　jarrib w-ma ptindam

　　사서 이득을 보게나　　　　　　　　ishtarī warbaH

26.주의하기: 여기 웅덩이가 있어 조심해　dīr bālak fī Hofrah hoon

27.신이 함께하기를 바람: 알라가 도와주시기를 빈다.allāh ya'īnak

　　알라가 함께 하시기를 빈다.　　　　　allāh ma'ak

28.무관심 보이기:관심 끊어　　　　　　mā yihimmak,

　　　　이건 잊어버려　　　　　　　　　insa al-mawDū'

29.생각나게 하기: 잊지마　　　　　　　mā tinsā

30.지시하기: 여기서 나가　　　　　　　iTla' min hoon

암미야 아랍어는 현대 문어아랍어의 명령 표현과 상당히 다르다. 암미야 아랍어의 명령 화행에 대한 분석 결과 31 가지 기능이 있다는 것을 알 수 있었다. 그러나 실제로 암미야 아랍어는 언어적 제약이 적다는 암미야 본래의 특성상 현대 문어 아랍어보다 더 풍부한 표현력을 가지고 있어서 이보다 더 많은 예를 찾을 수 있었을 것이다. 명령형은 아니지만 명령 화행을 나타내는 구문이 많기 때문이다. 암미야는 현대 문어 아랍어보다 표현력이 더 다양하고 상황 맥락에 따라 그 의미가 달라지므로 상황 맥락을 주의깊게 살펴야 한다..

둘째 요르단 대중 아랍어의 기능과 문화적 함의

2006 년 요르단대학교에서 개최된 고급 단계의 언어연구를 위한 학술회의(Conference on Distinguished Language Studies)에서 오늘날 무슬림들의 현대 문어 아랍어 숙달이 ILR(Interagency language Roundtable)의 기준에 따라 Level 4(전문가 수준)에 이르는 사람은 소수라고 하였다. 아랍 학생들은 학교에서 해당 국가의 암미야를 사용한다. 이집트의 경우, 대부분 대학 수업은 물론 일상생활에서 암미야 아랍어를 사용하고 사우디 아라비아에서는 회의와 공식석상에서만 현대 문어 아랍어(MSA, 현대 표준 아랍어)를 사용한다. 현대 문어 아랍어 역시 꾸란의 어휘와 현대 아랍어 어휘간의 의미 차이가 있는 예들이 많다. 암미야 아랍어 역시 나라마다 차이가 있다. 한국에서 문어 아랍어를 배운 사람은 암미야 아랍어에 덜 노출되어 있어 암미야를 익히는 시간이 필요하다. 아랍인들과의 교류가 많아지면서 고위층의 통역은 현대 문어 아랍어로 해도 될지 모르나 아랍인들과의 무역, 통상, 문화 교류 등에서는 현대 문어 아랍어 뿐만 아니라 각 국가의 암미야 아랍어를 알아야 적절한 통역이 가능하다. 대부분 아랍 무슬림들이 현대 문어 아랍어보다는 해당 국가의 암미야를 사용하기 때문이다. 아랍 무슬림들은 일상 대화, 회의, 직장과 심지어 대학 강의에서도 암미야를 사용한다. 오늘날 아랍인들에게 암미야는 소통의 언어(communicative language)이다. 다음은 요르단 암미야 아랍어 용례들을 통하여 문화적 함의를 찾아보자.

①ana baqūl innu ibn Halāl, lākin ma baqdar ’ajbirik(걔는 행동이 바른 친구라고 할 수 있죠. 하지만 제가 아빠에게 강요할 수는 없어요).

②biSarāha ya bāba, ana shāyfeh innu mājid shāb kwayyis u khalūq u mit‘allim.
(아빠, 솔직히 말씀드려서 마지드는 전문성이 있고 도덕성이 뛰어난 청년이고 배운 사람이에요).[45]

---

[45] 문화와 사회를 알아야 어휘의 의미가 금방 알 수 있는 경우도 있다. 그 예로 이집트인은 자신들의 특징을 حشاريين(히샤리인; 히샤리윤)이라고 한다. 상대가 자신의 문제를 나누고 싶지 않은데 막무가내로 참견하고 끼어드는 사람들이라는 뜻이다. 또, 요르단인들은 와-슌 واشون혹은 우샤 وشاة라고 한다. 이 어휘들은 와신 واش이라는 낱말의 복수형인데 그 의미는 상사나 윗 사람에게 동료의 잘못을 몰래 일러 바치는 사람을 가리킨다. ‘와신’은 “배신하는 자, 중상모략하는 자, 고해바치는 자”의 뜻이고 배신, 중상모략, 일러바침은 ‘위샤야’ وشاية라고 한다. 요르단대학교의 어느 교수가 학과장으로 1년간 일하고 나서 그가 가장 힘들었던 것은 사람들이 자기 앞에서는 칭찬하다가도 뒤로 돌아서서는 거짓말을 하고 또 보복하는 동료교수들이 많았다고 하였다.

딸이 자기가 만나는 마지드란 청년을 아빠에게 소개하는 대화이다. 아랍 무슬림 남자에게 좋은 칭찬의 어휘들로는 무타다이인(mutadayyin: 종교심이 있는, 기도와 예배를 잘 지키는 사람), 이븐 할랄(ibn Halāl; 진실한 사람으로 상대를 편안하게 해주는 사람), 무타알림(muta'allim; 배운 사람), 무삭까프(muthaqqaf: 교양이 있는), 이븐 우쑬(ibn 'usūl: 근본이 괜찮은, 뼈대가 있는 가문의 사람) 등이 있다. 무타다이인(mutadayyin)은 이슬람을 믿는 사람들에게만 해당되는 어휘로서 좋은 신랑감을 찾을 때 신랑감의 기준이 되고 있다. 이슬람의 신앙생활을 엄수하는 사람을 가리킨다. 하지만 아랍 기독교인들은 이 단어가 율법적이어서 기독교인에게 부적합한 단어로 간주한다. 또 무슬림여성에게 무흐타쉬마 (muHtashimah)라고 하면 오늘날에는 "히잡(얼굴은 보이고 머리를 가린 스카프)이나 니깝(얼굴과 머리 모두를 가린 스카프)을 한 여성"으로 인식한다. 요르단 암미야에서 무타알림 (muta'allim)은 배운 사람이란 의미이다. 본래 이 단어는 '배우는 사람'이라는 말이지만 위 문장에서는 과거형의 '배운 사람'이란 뜻이다.

아랍인들은 전달하려는 말과 함께 해당 대화를 풍요롭게하는 말들을 사용한다. allāh yarDa aleik(알라가 당신을 기뻐할 것이다)는 말이지만 나의 부탁을 들어주어서 고마운 상황에 사용한다. 'uqsimu billāhi(알라에게 맹세합니다)는 자신의 진술이 맞다는 것을 강조할 때 자주 사용한다. 또 Saddiqni(나를 믿어줘)라는 말은 자신의 말을 믿어달라고 할 때 사용한다. 이런 말은 실제 대화 내용을 신뢰하도록 돕는다.

암미야 아랍어 표현은 상황과 문맥 안에서 의미가 결정되므로 다음과 같이 해당 어휘의 뜻이 대화 속에서 혹은 문맥 속에서 파악된다고 보면 된다. 이집트 암미야에서 kedah 는 누군가 말도 안되는 질문을 할 때 또는 상대가 알고 있다고 생각되는 것을 긍정해줄 때 또는 상대에게 대답하고 싶지 않을 때 사용된다. 예를들면 "네 이름이 왜 나디야냐?", "네 엄마가 네 아빠와 왜 결혼했니?"라고 상대가 물어오면 굳이 대답할 필요가 없으므로 kedah(그냥)라고 대답한다. 그런데 뭔가를 상대에게 영어로 어떻게 쓰는가를 보여줄 때 tiktibha kedah(이런 식으로 쓰면 돼)라고 말할 수 있고, 내가 가르쳐준대로 상대가 잘할 때는 aiwa kedah(그래, 그렇게 하는거야)라고 말한다. 또, 상대가 운전을 잘못했을 때 kedah ghalaT(그렇게 하니까 엉뚱한 방향으로 갔어)라고 말하고 내 앞에서 상대가 뭔가를 잘 했을 때 혹은 월드컵 축구경기에서 한 선수가 결정적인 골을 성공시켜 팀이 이겼을 때 aiwa kedah(그래 그렇게 한 것이 잘한 일이야)라고 말한다.

다음은 동일 단어가 사람을 가리킬 때와 사물을 가리킬 때 그 의미가 달라지는 예이다. 아랍어 단어 따입(Tayyib)이 음식에 쓰이면 '맛있다'라는 의미이고 사람에게 쓰이면 '마음이 좋은' 사람을 가리킨다.

①il'asha tayyib ktīr(저녁 식사가 참 맛있었어요)

②wallāhi innak zalameh tayyib(네가 좋은 사람이란 것이 확실하지)

그리고 아랍어 단어 자키(zāki)라는 단어가 요르단에서 음식에 쓰이면 '맛있다'는 말이지만 사람(보통 소녀들이나 갓난아이들에게)에게 쓰이면 '예쁘다'는 말이다. 그런데 이집트와 레바논에서는 zāki 라는 말은 음식이 맛있다는 표현에는 사용되지 않고 '영리하다'라는 뜻이다.

①il'arūs zākyeh ktīr.(신부가 너무 예뻐)

②shu hal akleh il-zākiyeh.(이 음식이 정말 맛있다).

③yay, shu zākyeh(야! 그 애 너무 예쁘다)

신부가 예쁘다는 문장에 아주(ktīr)라는 어휘가 덧붙여져 있고 슈(shu)라는 어휘들이 들어간 두 번째 세 번째 문장은 감탄문이다. 수단에서는 여성이 예쁘면 인티 숙카르(inti sukkar;너는 설탕이야)라고 하지만 이 말 역시 어떤 상황에서 쓰이느냐에 따라 의미가 조금씩 다르다. 그 날 옷을 잘 입고 나왔는데 인티 숙카르라고 하면 옷이 네 몸과 잘 어울려 예쁘다는 말이다. 사실 설탕이란 말과 예쁘다는 것과는 전혀 연관이 안 되지만 설탕이 달다는 말은 아랍어 힐루(hilu; 좋다)라는 말과 관련되어 수단 여성들에게 예쁘다는 표현이 되었다. 또, 아랍어 단어 나디프(naDīf)라는 단어도 '깨끗하다'라는 의미와 '멋지다'라는 의미가 있다.[46]

①shāyif halsayyāra ma anDafha(봐 봐, 이 차 정말 멋지다)

②beet-ha inDīf wimrattāb(그녀의 집은 깨끗하고 아름답게 잘 정돈되어 있다)

③bint inDīfeh u'aleihal 'ein(예쁜 딸이라서 사람들의 이목을 끈다)

④'ala 'eini (기꺼이 돕겠다)

또, 카피파(khafīfeh)는 의사나 간호원에게 쓰이면 '숙련된' 혹은 '의술이 뛰어난(주사를 아프지 않게 놓으므로)'이란 의미이지만 인사할 때 쓰이면 가볍게 악수한다는 말이다. 그러나 이 말은 도둑이란 의미로 더 많이 쓰인다. 즉, 손 재주가 뛰어나야 도둑질을 잘 할 수 있다는 것과 연관된 의미이다.

⑤hād ilduktūr 'īdu khafīfeh(이 분은 의술이 뛰어난 의사입니다).

이상과 같이 동일 어휘가 상황과 문맥에 따라 그 의미가 달라지고 있어서 한국어-아랍어 번역에서는 아랍어의 용례가 다양한 문맥과 상황에 따라 어떻게 쓰이는지를 잘 살펴보아야 한다. 또, 암미야 아랍어로 인한 아랍 무슬림의 대화에는 자주 종교적인 표현들이 등장하고 있어 암미야의 대화도 꾸란이나 이슬람적인 표현과 무관할 수 없다는 것을 다음과 같은 예를 통해 알 수 있다.

①ma shā' allāh wlādik kibru(야 정말! 네 아들들이 이렇게 컸단 말이야)

②ma shā' allāh liwlād kibru(야! 그 애들이 정말 많이 컸다)

③ma shā' allāh kibru wlādik wi-hiluwin w murattabīn(야! 너 아들들이 이렇게 커서 잘 생겼네, 옷도 말쑥하게 입고)

위 문장들에서 문장의 처음에 사용된 '마 샤알라'(ma shā' allāh)는 문자 그대로 하면 '알라가 원하는 대로 된 것'이므로 나와 다른 사람들이 시샘하지 않는다는 말이고 감탄의 뜻 '정말 놀랍군요(how amazing)'라는 의미로도 쓰인다. 이 말은 화자가 사람들에게서 시샘을 받을 사람으로 간주되지 않을 때 또는 상대방이 소유하고 있는 물건을 칭찬할 때 혹은 대화 상대가 대단하다고 칭찬하고 싶을 때 사용된다. 또 알라훔마 쌀리 알라

---

[46] 아랍인들은 아프리카를 알까라 알사므라(القارة السمراء : 황갈색의 대륙)이라고 부른다. 검은 대륙이라고 하면 혹시 아프리카인들이 싫어할까봐 알까라 알사우다(القارة السوداء)라고 하지 않는다. 또 최근 아프리카 대륙에서 중국의 투자가 활발해지면서 중국의 산업 발전에 아프리카의 원자재들이 수출되는 것을 보고 불편한 심기를 표현하여 중국을 '황색 거인'(العِمْلاقُ الأصْفَرُ)이라고 부른다.

사이드나 무함마드(allahumma Salli ʻala sayyidna muHammad: 알라여! 제발 우리의 예언자 무함마드에게 복을 내려 주세요)란 표현도 시샘을 막기 위하여 사용된다. 알라가 예언자 무함마드에게 복 내려 주시라는 말은 화자에게도 이런 복이 내려오기를 바라는 마음에서 이런 표현을 사용한다.

④ma shā' allāh, wlādik biSSalāh ʻalannabi, Sāru shabāb (놀랍게도, 너의 아들들이 성년이 되었다고!)

위 문장은 시샘의 두려움을 피하기 위하여 두 가지 문장이 섞여있다. 그 두 가지는 '마샤알라', '비쌀라 알란나비'인데 다음과 같이 시샘(Hasad)을 피하기 위한 표현과 함께 쓰이기도 한다.

⑤bismillāhi(알라의 이름으로)

⑥yikhzil el-ʻein(시기하는 눈이 시샘하지 않기를)

이밖에 단어 원래의 뜻이 비유적으로 쓰이는 예가 많다.

①hād al-ustāz misli l-jundi(이 선생님은 군인과 같다). 여기서 군인이라는 말은 열심히 일한다는 뜻이다.

②ilmuhandis hātim Tiliʻ nimir(엔지니어 하팀은 호랑이로 알려졌다). 여기서 호랑이는 강하고 용감하다는 뜻이다.

③inta kanz(너는 보물이야). 보물처럼 귀하다는 것이다.

④arūstak zayyil qamar(네 신부가 달과 같다). 신부가 달과 같다는 말은 달처럼 동글동글하게 얼굴과 몸이 예쁘다는 것이다.

또, 상대를 칭찬하는 말로 쓰이는 어휘들은 anāqah 혹은 shiyākah(옷 차림이 우아하다), nashāt(부지런하다, 활동적이다), Tumūh(미래의 비전을 갖는) 등이 있다.

①shu hal halāwah(정말 멋있다)

②ana muʻjab biTumūhak(난 너의 비전에 반했다)

③ish ish. shu halanāqah(야 우아한데!)

④shukran, allā ykattir min amsālak(감사해요. 신이 당신 같은 분의 수효를 늘려주었으면!)

⑤ma marr ʻalay mislu(이 같은 것을 전혀 본적이 없어)

⑥allahummā Salli ala sayyidna muHammad(알라여! 제발 예언자 무함마드에게 복을 주세요)

⑦inta muHtaram(친절하게 잘 대해 주는 사람이지요) * 남성에게

⑧inti muHtashimah(다리와 팔이 안 보이게 옷을 잘 입는 분이지요) * 여성에게

아랍 남자에게 '너는 무흐타람'이라고 하면 다른 사람들에게 잘 대해 주는 사람으로서 칭찬하는 표현이고 아랍 여성에게 '너는 무흐타쉬마'라고 하면 싸띠르 아우라(sāTir awra: 살갗이 안 보이게 입은)를 가리킨다. 무슬림에게 이슬람식 복장을 한 여성이라고 하면 그 말 자체가 칭찬이 되므로 무슬림 여성이 이런 복장을 하도록 이슬람 사회가 계속 권장한다. 아랍어 칭찬의 표현들에는 종교적인 용어에 해당하는 '알라(allāh),

무함마드(muHammad)' 등의 어휘가 들어 있고 이런 종교적인 표현은 시기를 막거나 칭찬받는 사람을 위한 것이다. 이런 아랍어 칭찬 표현은 상대방에게 어떤 행동을 확신시켜 주거나 바람직한 행동을 격려하거나 감사할 때 사용하고 칭찬을 위하여 감탄의 표현법을 즐겨 사용한다. 이런 표현들이 관용, 넉넉하게 베품, 그리고 시샘의 두려움 등 이슬람의 문화적 가치들과 관련되어 있다.

[더 생각해보기]

▶1.꾸란의 "알라ﷲ"와 아랍어 성경의 ﷲ는 동일한 어휘를 사용하지만 성경과 꾸란이라는 서로 다른 문맥에 사용되므로 그 의미가 다르다. 꾸란의 알라는 성부, 성자, 성령이라고 부를 수 없다. 꾸란의 알라는 인간의 속성과 전혀 다르지만 성경은 하나님과 인간이 공유되는 일부 속성을 인정한다. 모든 무슬림은 메카의 카아바 신전을 "알라의 집"이라고 하고 무함마드를 "알라의 자비"라고 부르며, 메카 순례객들을 "알라의 손님들(ضيوف الرحمن"이라고 한다. 이슬람에서 카아바 신전과 알라를 서로 결부시킨 것은 알라를 어느 한 장소에 국한시키려는 신개념을 연상하게 한다. 그래서 메카에 순례하려고 메카에 도착한 무슬림들은 도착 일성으로 "알라여! 제가 여기 왔습니다"라고 말한다.

▶2.일부 책에서는 지하드(جهاد: jihād)를 '영적 전쟁'(spiritual warfare), 혹은 '성전'(Holy war)이라고 번역해왔다. 그러나 지하드를 영어로 옮기면 'holy war'가 아니라 'fighting for the sake of Allah'이므로 '성전'이 아니라 '알라를 위한 분투'라고 번역해야 한다.

▶3.비스밀라히ﷲ بسم는 아랍 무슬림들이 무슨 일을 시작할 때마다 "알라의 이름으로"한다는 의미이다. 아랍 기독교인들은بسم يسوع المسيح (비스미 야쑤아 알마시흐: 예수 그리스도의 이름으로)라는 말로 기도를 마친다.

▶4.이집트에서 아끄바뜨الأقباط(콥트인들)는 قبط (낍뜨; 콥트인)라는 단어의 복수형이다. 아랍 무슬림이 이집트를 정복하기 전에는 나일강 와디에 살던 사람들을 아끄바뜨라고 하였다. 즉 그 당시에는 종교적인 구별이 없이 이집트인들을 가리켰으나 이슬람 정복 이후에는 오직 이집트 기독교인들만을 아끄바뜨라고 한다.

▶5.아랍 무슬림들은 매사에 '알라께 감사한다' (알함두릴라: الحمد ﷲ)를 자주 사용하고 아랍 기독교인들은 '하나님께 영광을 돌립니다'(المجد ﷲ: 알마즈두 릴라)를 주로 사용한다. 아랍어로 마씨히(기독교인:مسيحي)이란 말은 시리아의 안디옥(지금은 터키 남부 지역)에서 처음으로 사용되었다. 그리스도를 따르는 사람들이란 의미이고 무슬림(مسلم)이란 말은 "알라가 와히(메시지)를 통하여 아랍인의 예언자 무함마드에게 내려준 예배, 법, 교리를 받아들인 사람"이란 뜻이다. 그러나 꾸란에서는 "기독교인"을 나싸라(نصارى:단수는 나쓰라니 نصراني)라고 하는데 아랍 기독교인들에게 이런 용어는 기독교인들을 멸시하려는 용어('나싸라'는 나사렛 동네에서 온 사람이라고 하여 기독교를 시골 마을 이름으로 제한하려는 인상을 주므로)라고 하여 이 용어를 싫어한다고 무슬림들이 말한다.

3.성경과 꾸란의 의미

  이슬람 이전에는 아랍어는 아랍인의 언어이었다. 그러나 7 세기 이슬람이 등장하면서 푸스하 아랍어는 이슬람 종교의 언어가 되었다. 꾸란은 알라가 지브릴 천사를 통하여 무함마드에게 전해준 알라의 말 كلام الله 이다. 무슬림은 꾸란을 읽는 것 그 자체가 기도요 예배라고 한다. 꾸란은 메카와 메디나에서 무함마드에게 내려왔다. 7 세기의 아랍어 꾸란을 오늘날 아랍 무슬림들이 읽는다고 하지만 그 뜻을 완전하게 이해하지 못한다. 이슬람의 꾸란학(علوم القرآن) 교재에는 "모든 사람이 꾸란을 읽고 그의 모든 의미를 이해할 수 없다(لا يستطيع كلُّ شخص أنْ يقرأَ القرآنَ ويفهمَ كلَّ معانيه)"라고 기록되어 있다. 꾸란에는 하람(금지)이나 할랄(허용)처럼 한 가지 의미만을 갖는 구절들(무흐카마트 مُحْكَمَاتٌ)이 있고 또 한가지 이상의 의미를 가져 알라 이외에는 아무도 그것을 확실히 알 수 없는 구절(무타샤비하트 مُتَشَابِهَاتٌ)들이 있다. 가령 꾸란에 나오는 알리프, 람, 밈 등 아무도 알 수 없는 불가사의한 글자들이라서 무타샤비하트에 해당된다. 그래서 꾸란은 타프시르(التفسير : 주석)가 필요하다. 타프시르는 꾸란 어휘의 의미를 연구하는 학문이다. 그리고 타으윌 (ta'wīl) [47]은 꾸란 구절의 간접적인 의미를 연구하는 것으로서 꾸란 어휘 연구보다는 꾸란 문장들과 그 의미들을 밝힌다. 꾸란 본문에서도 꾸란 본문 중 분명하게 해석되지 않는 애매한 구절이 있음을 시인하고 있다. 이슬람의 종교적인 텍스트 꾸란은 모호성(ambiguities)이 있으므로 어느 꾸란 구절은 텍스트 의미를 결정하기가 쉽지 않다. 여기서는 어휘적인 측면과 문장 구조적인 측면에서 꾸란 해석의 모호한 사례들을 살펴본다.

  가. 꾸란의 의미
(1)꾸란 어휘의 모호성

  꾸란 57:19 에 나오는 아랍어 샤히드(shahīd)는 '순교자' 혹은 '증인'이라는 말로 꾸란 주석가들이 번역한다. Sale, George(1734), Rodwell, J. M(1861), Bell, Richard(1937)은 '증인'이라고 번역하였고 Palmer ,E. H(1880) Pickthall, Marmaduke(1930), Arberry, Arthur John(1955)은 '순교자'로 번역하였다. 무슬림 주석가들 중에서 Jalal al-Din al-Suyuti 는 이 낱말을 '증인'이라고 번역하였고 al-Zamakhshari 와 Ibn Kathīr 는 '순교자'로 번역했다. 서구 꾸란 주석가들은 물론 아랍인 주석가들도 이들 어휘의 번역에 모호성을 보이고 있다.

(2)꾸란 문장 구조의 모호성

  꾸란 번역가들이 종교적인 텍스트 번역에서 자주 부딪히는 어휘적인 문제들 이외에 또 다른 어려운 점은 문장 구조에서 모호성이 있다는 점이다. 문장 구조의 모호성은 주로 구문(structure), 생략(ellipsis), 인칭대명사가 선행하는 명사 중 어느 것을 가리키는지

---

[47] 타으윌은 "어떤 것을 그 근거나 근원으로 되돌아가 보는 것"을 의미하므로, 꾸란의 어느 구절에 대하여 분명하고 확실한 의미에서부터 다른 가능한 의미까지 관심을 기울이는 것을 의미한다.

(Pronominal reference)에 대한 모호성이다.

꾸란 1 장 6 절 "당신(알라)이 혜택을 베푼 사람들의 길, 진노를 받은 사람들이 아니고,"의 아랍어는 SirāTa l-ladhīna 'an'amta 'alayhim ghayri l-maghDūbi 'alayhim 인데 이 구문의 문장 구조 해석에서 모호함이 있다.

첫 번째 해석(A)은 위 구문 중 뒷부분(ghayri l-maghDūbi 'alayhim)이 앞부분(SirāTa l-ladhīna 'an'amta 'alayhim)의 종속된 관계로 해석하는 것이다. 후자가 전자를 수식한다는 것이다. 이를 해석하면 "진노를 받은 사람들이 아닌, 알라가 혜택을 베푼 사람들의 길"이라는 말이 된다.

두 번째 해석(B)은 ghayri l-maghDūbi 'alayhim 앞에 SirāT 란 단어가 생략된 것으로 보는 해석이다. 이런 견해에 따라 다시 해석하면 "당신이 혜택을 베푼 사람들의 길, 진노를 받지 않은 사람들의 길"이라고 할 수 있다. 문법적으로 보면 이 둘 다 맞다. 아랍의 문법학자이고 꾸란 학자인 알자마크샤리(al-zamakhshari)와 다른 주석가들은 이 세 부분의 사람들(알라가 혜택을 베푼 사람/진노를 받는 사람/ 잘못된 길을 간 사람)이 모두 무슬림들이라고 주석했다.

꾸란 주석가들 중에서 알자마크샤리는 주석(A)와 같고 알바이다위(al-Baidawi), 이븐 카시르(Ibn Kathīr), 잘랄 알딘 알수유띠(Jalal al-Dīn al-SuyūTī), 알라지(al-Razi)의 주석은 (B)와 같다. 이상과 같이 꾸란의 구절들에 대한 주석과 해설에서 무슬림 학자들끼리 그리고 서구학자들끼리 각자 차이를 보이고 있다. 대부분 오늘날 꾸란 주석에서는 '진노를 받은 사람도 아니고 길을 잃어버린 사람도 아닌, 당신이 혜택을 베푼 사람들의 길'이라고 주석한다.

본래 이슬람학자들은 꾸란 주석을 제대로 하려면 올바른 성격을 가진 무슬림으로서 정확한 꾸란 발음법(꾸란 정음학과 꾸란 낭송법)에 따라 꾸란을 외우고, 이슬람 교리와 이슬람법(법리학)을 알고, 아랍어의 수사법과 미적 기능(발라가) 그리고 나시크(꾸란 구절을 무효화시키는 구절)와 만수크(무효화된 꾸란 구절), 꾸란 배경 지식과 아랍어 문법에 정통한 사람이어야 한다고 했다. 과거 꾸란 주석가들이 꾸란의 의미를 바르게 찾아내지 못한 부분도 있다는 것을 꾸란 학자들이 시인한다. 그래서 오늘날에도 현재 상황에 비추어 다시 꾸란의 본래 의미를 찾을 필요가 있는데 현대 꾸란 주석가들의 관심은 이런 새 의미를 찾는 일(اكتشاف المعاني الجديدة)이다. 꾸란은 많은 의미들을 담고 있어서 그 중 일부만 과거 역사와 과거 시대를 거치면서 밝혀졌다고 보고 아직 새로 발견되어야 할 부분이 남아 있다고 한다. 꾸란에는 20여 차례 يسألونك(그들이 너에게 묻는다), يسألك (그가 너에게 묻는다) 등의 어휘들이 나오는데 이 때 질문하는 자는 무슬림이거나 비무슬림이었고 질문을 받는 자는 무함마드이었다. 꾸란에서는 이런 질문에 대한 대답에 반드시 قل "(무함마드야!) 말하라"라는 어휘가 사용되었는데 이 말은 '알라가 무함마드에게 해준 말을 사람들에게 말하라'는 뜻이다. 이 말은 알라의 말을 무함마드가 기계처럼 반복했다는 것의 증거라고 한다. 꾸란은 무함마드에게 내려온 알라의 말이고 꾸란은 무함마드의 기적이라고 한다. 결국 꾸란은 어휘(اللفظ)와 의미 (المعنى)가 알라에게서 왔다는 것이다. 그러나 "메시지와 그 의미는 알라에게서 오고 사용된 낱말과 발음은 무함마드에게서 온 것"이 있는데 그것을 하디스 꾸드시(الحديث القدسيّ)라고 하고 "해당 구절과 의미 모두가 무함마드에게서 온 것"은 하디스 나바위(الحديث النبويّ)라고 한다. 무슬림은 꾸란에 의지하여 기도하지만 하디스 꾸드시로는 기도하지 않는다. 또 꾸란을 부인하는 자는 카피르(كافر 비무슬림)이지만 하디스 꾸드시를 부인하는 자는 파시끄(알라의 명령을 알면서도 실천하지 않는 무슬림; فاسق)라고 한다.

나. 하디스의 의미

하디스는 무함마드의 언행록이다. 이슬람을 창시한 무함마드의 말과 행동 그리고 그가 묵인한 내용이 적힌 책이다. 하디스는 그가 생전에 책으로 엮어지지 못하고 그가 죽은 후 그의 추종자들에 의하여 편집되었다. 하디스는 본래 구전으로 전해져 내려왔다가 다시 글로 편집된 것이다. 하디스를 모아서 편집하는 데 가장 중요한 것은 자료의 신빙성이었다. 무함마드 사후 권력 투쟁과 갈등 과정에서 경쟁자들을 무너뜨리기 위하여 무함마드에 대하여 위조된 이야기들이 떠돌고 있었다. 무함마드는 "나에 대하여 고의적으로 거짓말을 하는 자는 지옥에 떨어질 것이다"고 하였다. 정통 무슬림들이 보기에 거짓의 하디스들이 너무 많이 떠돌아 이런 하디스들을 구전해 준 사람들의 신빙성을 확증하기 위하여 하디스 전달자의 이름들이 길게 나열하게 되었고 그들의 사람 됨됨이도 철저히 조사되었다. 비옥한 초승달 지역(시리아, 레바논, 이라크 등)을 점령하고 나서 그때서야 무함마드의 동료들[48]과 그 동료들의 제자[49]들을 중심으로 하디스의 연결고리를 찾아 하디스를 한 곳에 모았다. 하디스는 이슬람 종교에서 매우 중요한 책이다. 다음은 하디스 나바위 두 편이다.

عن ابن عمر رضي الله عنهما أن رسول الله ﷺ قال: أمرت أن أقاتل الناس حتى يشهدوا أن لا إلـه إلا الله وأن محمداً رسول الله، ويقيموا الصلاة، ويؤتوا الزكاة؛ فإذا فعلوا ذلك عصموا مني دماءهم وأموالهم إلا بحق الإسلام، وحسابهم على الله تعالى.

رواه البخاري، ومسلم.

① 알라의 메신저(무함마드)가 말했다고 한 오마르의 아들의 말에 근거한다.
② "알라 이외에는 신이 없고 무함마드는 알라의 메신저라는 것을 증언하고, 기도를 하고 자카를 낼 때까지 사람들과 전쟁을 벌이라[50]고 내가 명 받았다. 만일 그들이 이렇게 해 준다면 그들의 생명과 재산은 내가 보호해 주고 그렇게 하지 않는다면 이슬람 권한에 따라 그들의 회계는 지고하신 알라에게 있다."
③ 알부카리와 무슬림[51]이 전한 말이다.

---

[48] 동료들(أصحاب)은 무함마드를 단 한번이라고 보았고 무슬림으로서 죽은 사람이다.
[49] 동료들의 제자(التابعي)는 무함마드의 동료들 혹은 그들 중의 한 사람과 오래 사귀고 무슬림으로 사망한 자들을 말한다.
[50] 이슬람국가를 공격한 자, 이슬람을 평화적 방법으로 포교하고 설교하는 것을 막는 자 그리고 배교한 자와 전쟁을 벌이라고 한다.(Ezzeddin Ibrahim and Denys Johnson, An – nawawi's Forty Hadith, p.46)
[51] 하디스는 신빙성의 정도에 따라 싸히흐, 하산, 다이프 등 셋으로 구분되었다. 6권의 하디스(알티르미디al-Tirmidhī와 알나사이al-Nasā'ī, 알부카리Al-bukhārī, 무슬림muslim, 아부 다우드Abū Dāwūd, 이븐 마자Ibn

이슬람의 하디스는 위와같이 세 부분으로 되어 있다.

①은 무함마드의 말을 전한 사람(الراوي)들을 모아둔 것(السَّنَد)이다. 하디스의 연결 고리가
되는 셈이다.

②는 무함마드가 한 말(المَرْوي)인데 본문(المثن)이라고도 한다. 하디스 내용(어휘들)이지만
그 의미를 기록한 것은 아니다.

③은 무함마드의 하디스를 책으로 만든 저자의 이름이 나와있다.

위 하디스에서 알라의 종교에 들어오거나 지즈야(인두세)를 낼 때까지 사람들과 전쟁을
벌이라고 한 말을 무함마드가 명받았다고 한다.[52] 위 하디스에 따르면 자카를 지불하지
않는 자에게 무슬림이 전쟁을 벌일 수 있다. 알라가 인간의 선행과 악행을 셈한다.
비무슬림은 두 가지 증언을 하고 기도를 하고 자카를 내면 무으민이 되는데 혹시 칼이
두려워 그렇게 했다면 그를 알라가 셈할 것이다. 하디스는 알라 이외에 신이 없고
무함마드가 알라의 메신저인 것을 증언한 다음 자카를 내고 이슬람식 기도를 하면
'무으민'이라고 한다. 그러나 아랍어 성경에서 '무으민'이란 말은 예수 그리스도의 피로 죄
사함을 받고 예수가 그의 삶에 실질적으로 들어가 새로운 피조물이 되어 거듭난
사람으로서 하나님과 새로운 관계가 시작되어 다시는 하나님과 분리되지 않는 사람을
가리킨다. 그런 점에서 동일한 어휘 '무으민'은 꾸란과 성경에서 서로 다른 의미를 갖는다.

عن أبي يعلى شداد بن أوس رضي الله عنه، عن الرسول صلى الله عليه وسلم قال: إن الله كتب
الإحسان على كل شيء، فإذا قتلتم فأحسنوا القتلة، وإذا ذبحتم فأحسنوا الذبحة، وليحد أحدكم شفرته،
وليرح ذبيحته. رواه مسلم.

①메신저(무함마드)가 말하고 아부 야을라 샷다드 븐 하우스가 전한 것에 근거한다.
②"알라는 모든 것에 대하여 이흐산(완벽하게 함)을 정해두었다. 만일 너희들이
살해한다면 그 살해를 완벽하게 하라. 만일 너희가 도살하면 그 도살을 완벽하게 하라.
너희들 중의 한 사람은 칼날을 날카롭게 하라 그리고 도살 당하는 측이 고통을 느끼지
않게 하라"[53]. ③무슬림이 전한 말이다

위 하디스에는 아랍어 학습자가 사전을 뒤지면서 공부해도 금방 어휘 의미가 해석되지
않는 부분들이 있다. 우선 '쓰다(كتب)라는 낱말이 위 하디스에서는 "운명을 정하다.
무슬림의 의무로 정하다"의 뜻이다. 알라가 이 세상의 것을 정해 놓는 방식에는 두 가지가

---

mājah)가 권위있는 하디스로 무슬림들 사이에 인정되고 있는데 그 중에서 가장 건전하고 확실한
하디스(전달자들을 신뢰할 수 있고 하디스 내용이 확실하고 오해나 오류가 없으며 다른 하디스 내용과 모순되지
않고, 많은 무함마드의 동료들이 전해준 하디스)로는 부카리 (870 사망)와 무슬림 븐 알핫자즈(875 사망)의
하디스들을 꼽았다.

[52] Ramzah Khayr allah, sharH al-arba'īn al-nawawiyyah , p.18

[53] 무슬림이 상대 무슬림에게 복수할 때는 살해하는 도구를 점검하라는 것이다. 무딘 도구로 살해하지 말고 살해
시에는 칼날을 세워 살해당하는 측을 편안하게 하라고 한다.

있는데 하나는 운명적으로 정한 것(كتابة قدرية)이 있고 다른 하나는 이슬람법적으로 정한 것(كتابة شرعية)이 있다. 전자는 알라가 기록한 대로 일이 일어난다는 것이고 후자는 인간에게 어떤 일이 일어날 수도 있고 안 일어날 수도 있다는 것이다. 꾸란의 알안비야 21:105 절은 운명적으로 정해진 것이고 알바까라 2:216 절은 이슬람법적으로 정해진 것이다. 이를 다시 살펴보면 꾸란 21:105 은 "우리(알라)가 시편(자부르)에서 이미 정해 두었다. 경전에서 했듯이 '나의 유익한 종이 땅을 상속받을 것이다."라는 내용이고 꾸란 2:216 은 "너희들이 싫어하는 싸움(전투)이 정해졌다…"라는 내용이다.

이처럼 하디스에 쓰인 아랍어 어휘들이 오늘날 아랍어 사전에서 쉽게 찾아볼 수 없는 의미들을 갖는다.

다.아랍어 성경의 의미

아랍어 성경의 각 구절의 의미는 오직 한 가지 의미만 있을 뿐이다. 성경 속의 청자(listener)와 관련된 의미를 주해적 중심생각(exegetical idea: فكرة تفسيرية)이라고 하고 오늘날 청자와 관련된 의미를 설교적 중심생각(homilectical idea: فكرة وعظية)이라고 한다. 주해적 중심생각은 성경이 성경 독자에게 의도하는 의미를 가리킨다. 주해적 중심생각이 관찰과 주해에 중점을 두고 있고 설교적 중심 생각은 듣는 사람의 행동 변화를 목적으로 하므로 적용에 더 초점을 둔다. 전자는 성경의 본문 의미에 충실하여 성경 기자의 의도를 파악하는데 중점을 두기 때문에 성경본문의 순서를 그대로 따르지만, 후자는 성경적 원리를 찾아내는 데 그 초점이 있으므로 성경 본문의 순서보다는 논리적인 문맥을 찾아 나선다. 주해적 중심생각은 3 인칭 주어가 읽기 위한 글이고 성경이 기록된 시기 즉 과거 시제로 작성되고 본문에 근거(textual & original)하지만, 설교적 중심생각은 1 인칭과 2 인칭 주어가 그 내용을 듣기 위한 글이라서 문화적이고 현대적(cultural & modern)이어야 한다. 전자는 성경 본문에서 하나님이 첫 청자에게 뭐라고 말씀하시었나에 관심을 두지만 후자는 오늘 성경 본문을 통하여 이 설교를 듣는 이들에게 하나님이 뭐라고 말씀하시나에 더 많은 관심을 갖는다. 즉 전자는 성경 본문에서 중심 생각을 찾는 것이고 후자는 설교를 위한 중심 생각을 찾는다. 이 두 가지의 예를 다음에서 살펴보자.

성경본문: "너희는 기도할 때에 위선자들처럼 하지 말아라. 그들은 사람들에게 보이려고 회당과 큰 길 모퉁이에서 서서 기도하기를 좋아한다. 내가 진정으로 너희에게 말한다. 그들은 자기네 상을 이미 다 받았다. 너는 기도할 때에 골방에 들어가 문을 닫고서 숨어서 계시는 네 아버지께 기도하여라. 그리하면 숨어서 보시는 네 아버지께서 너에게 갚아 주실 것이다(마 6:5-6)
①주해적 중심생각: 제자들이 기도한 방식은 바리새인들이 사람들에게 보이기 위한 것이 아니라 비밀히 기도하는 것이었다(마 6:5-6).
②설교적 중심생각: 하나님은 남에게 보이기 위한 기도보다 주님과 비밀히 친밀하게 기도하는 자를 축복하신다.

성경본문: "여러분의 말은 소금으로 맛을 내어 언제나 은혜가 넘쳐야 합니다. 여러분은 각 사람에게 어떻게 대답해야 마땅할 지를 알아야 합니다(골로새서 4:6).
①주해적 중심생각: 골로새인들이 비기독교인들에게 은혜롭게 분별하여 말한 이유는 이것이 항상 믿지 않는 자들에게 올바른 태도이었기 때문이다.
②설교적 중심생각: 여러분이 비기독교인들에게 말할 때는 은혜롭게 그리고 지혜롭게 말하십시오.

성경의 바른 주해는 각 문장마다 오직 한가지의 뜻만 있다는 사실이다. 꾸란의 주석에서 수피 무슬림들은 일부 꾸란 구절에 겉뜻과 속뜻이 있다고 보았으나 바른 성경 주해는 한 문장 안에 오직 한가지 의미만 있다는 것이다. 그 예를 들어보자.

لَمْ يَكُنْ هُوَ النُّورَ، بَلْ لِيَشْهَدَ لِلنُّورِ(요한 1:8): "그 사람은 빛이 아니었다. 그는 그 빛을 증언하러 왔을 뿐이다".
이 본문은 세례 요한이 위대한 분이지만 빛이 아니었다는 것이고 빛과 생명이신 예수를 세례요한이 증거하러 왔다는 말이다.

وَأَمَّا كُلُّ الَّذِينَ قَبِلُوهُ فَأَعْطَاهُمْ سُلْطَانًا أَنْ يَصِيرُوا أَوْلَادَ اللهِ، أَي المُؤْمِنُونَ بِاسْمِهِ. (요한복음 1:12).
위 문장의 해석은 "그러나 그를 맞아들인 사람들, 곧 그 이름을 믿는 사람들에게는 하나님의 자녀가 되는 특권을 주었다"는 것이다. 세상 사람들이 예수 그리스도를 믿었는데 예수그리스도를 하나님 아버지의 뜻을 계시해 주시는 분 그리고 죄를 위하여 희생제물이 되신 분으로 받아들인 사람들에게 하나님의 자녀가 되는 권리를 주셨다. 세상 사람들이 태생적으로 그리스도인이 되는 것이 아니라 새로 태어남(거듭남, 중생)의 선물을 받아들일 때만 그리스도인이 된다. 새로 태어나는 것은 성령으로 태어나는 것이다. 그리스도의 이름을 믿는 자들은 하나님으로부터 다시 태어난 사람들이고, 오직 믿음으로 하나님의 은혜로 구원을 받는다. "그 이름을 믿는 자"라는 말은 예수 그리스도 그 분을 믿는 자라는 의미이다. 즉 그의 백성을 죄에서 구원하실 구주로 그를 믿는 것을 의미한다.

4.아랍어 속담과 격언의 의미

아랍인의 속담은 여러 아랍 국가에서 공통적으로 사용되는 속담이 있는가 하면 이슬람 종교와 관련된 속담도 있다. 또 아랍 국가마다 독특한 상황과 환경, 사회적 특징에 따라 고유의 속담들과 격언이 있다. 한국어 속담과 유사한 속담, 외국 속담에서 온 속담, 아랍인의 가치관을 나타내 주는 속담, 이슬람 종교에서 온 격언 등을 살펴보면 아랍 무슬림들의 삶의 지혜와 사고 유형을 가늠할 수 있다.
아랍어 격언과 속담(أمثال: 'amthāl)은 '여러 세대를 거치면서 민간인들 속에 함께한 경험에서 오는 사람들의 지혜이다. 국가마다 사람들의 경험이 서로 비슷하므로 가끔 민족과 다른 민족 사이에 서로 유사한 부분이 있을 수 있다. 아랍인들의 격언과 속담은 민중의 정치와 사회, 문화적 경험이 들어 있는 말로서 오랜 경험이 짧은 말 속에 요약된 것이다. 그러므로 낱말들의 의미보다 더 큰 내용을 담고 있다. 아랍인의 أمثال('amthāl)은 크게 둘로 나뉘는데 하나는 교훈이나 진리를 표현할 목적의 "격언(잠언)"이 있고 또 다른 하나는 경험을 전하고 인간사의 이야기가 농축되어 있는 "속담"이 있다. 일반적으로 꾸란 등 경전에서 인용된 말은 격언(잠언)이라고 하고 속담이라고 하지 않는다.

이제 몇가지 아랍 속담들을 찾아보자. 인간사는 서로 모순되는 경우가 많다. 가령 '게으름이 꿀보다 더 달다'(الكسل أحلى من العسل)고 했다가 '게으름은 거지의 형제'(الكسلان أخو الشحاذ)라고도 한다. 아랍 속담 중에는 '메카에 사는 사람이 산길들을 더 잘 안다'(أهل مكة أدرى بشعابَهَا)는 속담이 있는데 이 말은 어느 지역에 사는 사람이 그 지역을 가장 잘 안다는 말이다.

(1)한국 속담과 유사한 요르단 속담
rihlat lalf mīl tabda' bi-khaTwa(천리길도 한 걸음부터)
mā fī dukhān bidūn nār(아니 땐 굴뚝에 연기날까?)
illī bisriq ilbeiDah bisriq iljamal(바늘 도둑이 소도둑 된다)
īdu wāhidah mā bitsaffiq(손바닥도 마주쳐야 소리가 난다)
isskāfī Hāfī (중이 제 머리를 못 깎는다)
bāb n-najjār makhlū'(중이 제 머리를 못 깎는다).

(2)외국의 격언
lā tu'ajjil 'amal lyawm il-ghad(오늘 할 일을 내 일로 미루지 말라)
idhā kāna lkalām min fiDDah fa-ssukūt min dhahab(웅변은 은이요 침묵은 금이다)

(3)아랍 문화에서 온 경우
fī l-'ajalah in-nadāmah wa-fi l-ta'annī l-salāmah(서두름에는 후회가 있고 천천히 하는 것에는 온전함이 있다).
illī khallaf mā māt(유가족에게) (그가 자녀들을 두었고 그 자녀들이 아버지의 이름을 이어가니 그가 살아있는 것과 같다).
'a'Tāka 'umrahu(그의 나이를 그가 너에게 주었다:돌아가신 그분의 나이를 너에게 주었다).

(4)이슬람 종교에서 온 경우
il-'ajalah min l-shayTān wa-lta'anni min l-raHman(서두르는 것은 사탄이 하는 일이요 천천히 하는 것은 알라에게서 온 것이다).
lā faDla liarabī alā ajnabī ilā bittaqwā(아랍인이 외국인보다 나을 것은 "타끄와"이다).
yaqīnī billāhi yaqīnī(알라를 잘 믿으면 그가 나를 보호하신다).

(5)이집트인의 속담[54]

---

[54] الحب أعمى (사랑이 눈 멀게 한다): 애인이 가장 아름답다고 생각하는 사람은 애인 때문에 다른 것을 못 본다. 사랑하는 사람들끼리는 상대의 결점을 못 보게 된다.

yā qā'idīn yakfīkum sharr il-gāyīn (앉아있는 자들에게 밖에서 들어오는 나쁜 소식으로 충분하다: 그렇지 않아도 우리에게 어려움이 있는데 밖에서 또 다른 불길한 소식을 원하지 않는다).

yā nās   yā sharr kifāyah 'ar
(여기서 'ar 는 Hasad 를 의미하는데 시기하는 자에게 "제발 지금의 악으로도 충분하다"고 말할 때 사용한다).

ya ma'amnah lir-rigāl yā ma'amnah lilmiya filgorbāl.(체 속에 있는 물을 믿지, 남자들은 못 믿겠다).

Habībak yabla' lek iz-zalaT w-'adwāk itmannā lek ilghalaT.(네 애인은 너의 큰 단점도 입에 삼키지만 네가 싫어하는 사람은 너의 작은 실수도 크게 부풀린다).

il-Hilū Hiluw-law lissa SāHī min in-noom wa-waHsh waHsh w-law bīstaHamma kull yoom. (좋아하는 사람이 하는 짓은 다 예뻐서 일어나자 마자 부시시한 얼굴도 예쁘게 보이나 싫은 사람은 싫은 것이어서 매일 목욕을 하더라도 밉다).

'in kibir ibnak khāwih(아들이 컸는데도 어린애 취급하지 말라. 이제는 친구처럼 대하라).

Darb ilHabīb zay 'akl iz-zabīb(애인이 한 대 때려도 그게 맛있는 건포도와 같다).

5.아랍어의 상, 시제, 서법, 양태

가.현대 문어 아랍어의 양태

양태(modality)는 일반적으로 "명제에 대한 화자의 태도"를 나타내는 것으로서 우리말에는 "오늘은 날씨가 좋겠다"에서 "겠"과 "영희가 어제 병원에 가더라"에서 "더"가 양태를 나타낸다. 서법은 "화자의 심리적 태도와 관련되는 의미 영역이 일정한 동사의 활용형으로 구현되는 문법 범주"이고 양태는 서법이나 기타 어휘적 수단에 의해 나타나는 부수적인 의미 자체를 가리키는 의미 범주이다. 한국어에서 양태를 표현하는 대표적인 형식은 선어말어미와 종결어미이고 반면에 서법(mood) 범주는 평서, 의문, 명령(권유, 청유), 감탄 등을 나타내는 '서술 방식'의 범주로서 '-다,-니,-어라, -구나'와 같이 문말 어미에 표현된다. 물론 양태는 선어말 어미와 종결어미 이외에도 부사(아마, 만일, 확실히) 등이 있고 우언적 구성으로는 '-을 터이다. -을 모양이다, -을지 모른다' 등이 있다. 한국어의 양태어미로는 -겠-,- 으리-, -더(종결형), -더(연결형-더니)-, -으니-, -지, -을까, -을걸, -네, -구나, -군, -구먼,-거든, -다나, -다면서, -을래- 게, -을라, -어야지 등이 있다. 그런데 국어의 양태와 서법의 범주가 서로 분명하게 선을 긋지 못하는 경우도 있다. 한국어의 통시적인 변화과정에서는 서법, 시제, 동작상의 세 범주가 서로 유기적인 관계를 가지며 발달해 왔다. 상은 시제와 함께 '시간'과 관련되는 범주이다. 그러나 시제가 기준 시간을 중심으로 선후가 결정되는 관계적 범주로서의 성격이 명료한 반면에 상은 시간 내부의 구조에 관련되는 모호함 때문에 그 정의가 쉽지 않다. 한국어 연구에서 서법은 전통적으로 화자의 명제 내지 사태에 대한 심리적 태도가 동사의 활용형으로 구현된 문법범주를 가리킨다. 한 서법 형에서 두 가지 양태 의미가 파악되는 일도 있다. '자거라'(명령법)와 '놀자'(공동법)가 서법의 분류를 하지만 이 둘은 화자가 청자에게 행위를 수행할 것을 지시한다는 점에서 이들은 의무 양태(deontic modality)이다. 인식 양태(epistemic modality)가 대체로 선어말어미나 이에 준하는 문법 요소에 기대어 나타나는 데 비하여 의무 양태는 대체로 어말어미와 같은 문체법에 기대어 나타난다. 이런 점에서 국어의 서법은 어미로 실현되고 필수적인 요소로서 형태적인 측면이 강조되므로 형태론적 범주이고 양태 의미는 다양한 표현으로 실현되고 수의적인 요소로서 개념적인 측면이 강조되므로 의미론적 범주라고 할 수 있다.

아랍어의 양태는 명제를 대상으로 하여 화자가 가지고 있는 어떠한 태도를 표현하는 것이다. 아랍어 양태도 다음과 같이 인식 양태와 의무 양태로 나뉜다. 인식 양태는 가능성과 있을 법한 것과 관련된 판단들을 포함하는 발화이다. 그런 판단은 상황적 증거나 이전의 경험 혹은 이 둘 다에 의하여 알게 된다. 어떤 회사에서 사장님이 지금 어디 계실까를 직원들이 하는 말로는 다음 두 가지가 있다.

(1)사장님이 집에 있을 수 있다.

yumkinu 'an yakūna lmudīru filbayt.

mina- l mumkini 'an yakūna lmudīru filbayt.

yuHtamalu 'an yakūna lmudīru filbayt.

yuHtamalu 'anna lmudīra filbayt.

mina lmuHtamali 'an yakūna lmudīru filbayt.

mina lmuHtamali 'anna lmudīra filbayt.

rubbama yakunū lmudīru filbayt.

rubbama 'anna lmudīra filbayt.

qad yakūnu lmudīru filbayt.

(2)사장님은 집에 확실히 계셔요.

mina lmu'akkadi 'annalmudīra filbayt.

labudda 'annalmudīra filbayt.

위 (1)은 가능성의 의미로서 "집에 있을 가능성이 있다"는 말이고 (2)는 추측과 결론으로서 "집에 있다는 것이 유일한 결론이다"는 말이다. 위 아랍어 문장들은 '문법화된 양태"가 아니어서 양태의미를 갖는 다양한 어휘들이 사용된 것이다. 위 예문에서 yumkin, mumkin 은 서로 동일 어근에서 파생된 어휘로서 아랍어 사전에서는 분명하게 양태의미를 제시하지 않으나 오늘날 아랍 신문에서 인식 양태를 나타내는 의미로 사용된다.

wa-kāna yumkinu 'an nafhama haza lqarār…

(우리가 이 결정을 이해할 수 있는 가능성이 있었다).

yuHtamal, muHtamal 도 아랍어 사전에는 양태의미를 보이지 않으나 오늘날 아랍인들이 기상예보에 가장 흔히 사용하고 있고 인식 양태의 의미를 갖는다. 또 아랍어 rubbama 는

"아마도"라는 말인데 통사적 제약이 있다. 그 제약은 동사문이 뒤따르면 반드시 동사가 뒤따르거나 만일 명사문이 뒤따르면 보문소(complementizer) 'anna 가 접두된다.

    rubbama yakunū lmudīru filbayt.

    rubbama 'anna-lmudīra filbayt.

양태 불변사 qad 는 항상 동사 앞에 오고 현재 동사 앞에 오면 불확실성의 인식 양태 의미를 갖는다. 어떤 상태가 존재하거나 동작이 일어날 수 있을지에 대한 의심이 있다는 것이다.

    qad kāna lmudīr filbayt.   사장이 집에 확실히 있었다.

    그리고 (labudda 'anna+ 과거 시제) 구성은 양태의미를 갖는데 100% 확실성보다는 아주 조금 실수할 여유가 있다.

    qad lā tumTiru ghadan.   내일 비가 안 올 수 있다.

    rubbama lā tumTiru ghadan.   내일 비가 안 올 수 있다.

위 두 문장은 인식 양태를 부정하는 문장들이다.

    ①qad/rubbama yakūnu fi lmaktabah. 도서관에 있을 수 있다.

    ②lā yumkinu 'an yakūna fi lmaktabah. 도서관에 있을 리가 없다.

위 두 문장은 정반대의 의미를 갖는다. ①은 "있을 것 같다"는 의미로서 인식양태의 낮은 정도이면 ②는 인식 양태의 정도가 가장 높다. 다음 예문은 인식양태가 가장 확실하다.

③labudda 'annhu fi lmaktabah.   그가 도서관에 확실히 있다.

 아래 예문은 위 ①문장을 부정한 것이다.

④qad lā yakunū fil maktabah.   그가 도서관에 없을 수 있다.

다음 예문은 우리말과 아랍어가 공히 양태 의미를 나타내는 어휘 "아마도"를 사용한 문장이다.

rubbama 'annaha lā tadhhabu 'ilā lmadrasah kulla yawm.

아마도 그녀는 매일 학교에 가지 않는다.

la'allaha lā tadhhabu 'ilā lmadrasah kulla yawm.

아마도 그녀는 매일 학교에 가지 않는다.

아랍어의 의무 양태는 "바라다, 원하다, 명령하다, 필요하다, 떠맡다, 허락하다"등의 의미를 갖는다. 수행동사(performative; 행위를 이루어낸다는 뜻)와 같이 쓰이는데 "허락한다(may, can), 할 것이다(shall),- 어야 한다(must)" 등의 의미를 갖는다. 이런 동작들이 과거 시제에서 발생하기 어려우므로 의무 양태는 수행동사처럼 현재 시제와 함께 쓰이고 다음 3 가지 의미를 갖는다.

(ㄱ) 허락(may, can)

너는 들어와도 된다.

①laka 'an tadkhul   네가 들어갈 권리가 있다.

②yumkinuka 'an tadkhul   네가 들어올 수 있다.

③biwus‘ika ’an tadkhul   네가 들어올 수 있다.

④bi’imkānika ’an tadkhul   네가 들어올 수 있다.

　위 예문에서 ①은 공식적으로 흔히 쓰이고 ③,④는 ①보다 흔하지 않다. '할 수 있다'와 '허락한다'라는 두 가지 의미가 동시에 포함된 예문들이다.

(ㄴ) 할일(undertaking)

　너는 오늘 저녁에 대통령을 만나게 될 것이다.

①la-sawfa tuqābil -rra’īsa hādhihi -llaylah.

②la-tuqābilanna -rra’īsa hādhihi -llaylah.

위 예문①에서 la-sawfa 는 la(강조의 접두사)+ sawfa(미래 불변사)이고 ②처럼 강조의 접미사(-anna)가 오면 미래불변사 sawfa 는 탈락된다. 화자는 상대에게 대통령을 만나는 일(할일)을 제시한다.

③la-tarawunna ljahīm.   네가 지옥을 볼 것이 확실하다.

④wa la-sawfa yarDā.   그가 만족할 것이 분명하다.

위 ③은 지옥을 확실히 볼 것이라는 것이고 ④는 그가 만족할 것이 분명하다는 것이다.

ㄷ) 책무와 필요

그는 하루에 이 약을 세번씩 복용해야 한다.

　ⓐ‘alayhi ’an yatanāwala hādha -ddawā’a thalātha marrātin filyawm.

　ⓑyajib (‘alayhi) ’an yatanāwala hādha -ddawā’a thalātha marrātin filyawm.

미래에는 네가 더 조심해야 한다.

ⓐ‘alayka ’an takūna ’akthar Hadharan filmustaqbal.

ⓑyajib ‘alayka ’an takūna ’akthar Hadharan filmustaqbal.

위 두 예문은 의무 양태이다. 만일 위 문장을 인식양태로 바꾸면 아래와 같다.

lā budda ’annaka HāDir.   네가 확실히 올 것이다.

강한 책무를 나타내는 yajib, ‘alayka 보다는 부드러운 책무를 의미하는 아랍어 단어는 yanbaghī 가 있다.

yanbaghī ’an tu‘īda lkitāba ’ila lmaktabah.   도서관에 책을 돌려주어야 한다.

yanbaghī ’an yastad‘iya TTabīb.   의사를 불러야 한다.

yanbaghī ’an ’astaqīl   내가 사임해야 한다.

　그런데 yajib ’an taf‘alah(너는 그것을 해야 한다)처럼 의무 양태는 반드시 현재 시제이다. 만일 과거 시제를 넣으면 "네가 그 일을 했음에 틀림없다 혹은 네가 확실히 그 일을 했다"(labudda ’annaka fa‘altahu)는 말이 되고 (kāna yanbaghī ’an taf‘alahu) "너는 그것을 했어야 했다"는 말이 되어 훈계의 뜻을 갖는 인식 양태의 의미다.

　이들 어휘에 부정을 나타내는 말을 넣으면 의미는 어떻게 바뀔까?

너는 들어올 수 없다.
①laysa laka ’an tadkhula.   네가 들어올 권리가 없다.
②lā ’ādhanu laka biddukhūl.   네가 들어오는 것을 내가 허락하지 않는다.
③lā ’asmahu laka biddukhūl.   네가 들어오는 것을 내가 허락하지 않는다.
④lā yumkinuka ’an tadkhula.   네가 들어오면 안 된다.

위 네 문장 중에서 아랍인들이 가장 흔히 사용하는 문장은 첫 번째 문장이다. 그리고 네번째 문장은 문맥에서 사용되지 않고 오직 하나의 문장만을 가지고서는 무슨 의미인지 애매하다. "허락"과 관련된 의무 양태이거나 "너는 들어갈 수 없다"는 말이 되어 인식양태의 의미가 될 수 있다. 위 ①②③의 문장은 문맥을 떠나서도 전혀 애매모호하지 않는 의무 양태의 문장들이다.

그는 두번 다시 이 책들을 빌려갈 수 없다.
⑤laysa lahu ’an yasta‘īra hādhihi lkutuba marratan thāniyyah.
⑥lā ’ādhanu / ’asmahu lahu fi-isti‘ārati hādhihi lkutubi marratan thāniyyah.
위 ①에서 ⑥까지 문장은 모두 주된 동사를 부정하지 않고 양태를 부정하는 문장들이다. 또 "할 일"양태를 부정하면 다음과 같다.
lan taghlibanī filmarrati lqādimati.   다음 번에는 네가 나를 이기지 못할 것이다.
lan yarDā(그가 만족하지 않을 것이다)
양태 어휘를 부정하지 않고 동사를 부정하면 "그런 일이 일어나지 않을 것"이라고 보증해 주는 표현들이다. 이런 책무 양태의 부정은 다음과 같이 금지의 의미를 갖는다.

너는 거짓말 해서는 안 된다.
’alayka ’allā takdhib   네가 거짓말해서는 안 된다.
yajib ’allā takdhib   네가 거짓말해서는 안 된다.

너는 거짓말하지 말아야 한다.
yanbaghī ’allā takdhib
현대 문어 아랍어에서 양태는 어휘적 범주로서 rubbama ’anna, yajib ’an, ’alayka ’an, yanbaghī ’an, laka ’an, la budda ’anna, yumkinu ’an/’anna 등이 있고 현대 문어 아랍어에는 다양한 인식 양태와 의무 양태를 나타내는 구문들이 있다. 아랍 문법학자들은 양태를 문법 범주로 따로 세우지 않았다. 그러나 양태 의미를 나타내주는 어휘로는 rubbama, qad 등이 있었다. 현대 문어 아랍어에서는 문법적 규칙에 의하여 양태 의미가 실현된다. 아랍어의 서법, 상, 양태는 시제와 서로 교차되어 있고 서로 엮어져 있다. 시제는 먼 과거에서 미래로 이어진 시간 속에서 단선적인 싯점을 나타내고 상은 동작이나 상태가 완결된 정도를 나타낸다. 시제와 상은 시간을 보는 관점이 서로 다르다. 시제는 동작이 일어나는 시간 선상의 어느 지점에 초점을 두고 있고 상은 동작 그 자체 즉 동작이 완료되었느냐 혹은 완료되지 않았느냐에 초점을 둔다. 아랍어에서 시제와 상의 차이는 희미하여 두 범주가 상당히 겹친다. 고전 아랍어는 시제 중심이라기 보다는 상 중심의 언어라는 이론을 세우기도 하였으나 아랍어 동사를 시제라는 측면에서 기술하는 것이 더욱 화용론적이다. 아랍어에서 양태 의미를 주는 불변사 중에 /qad, laqad/ قد، لقد 가 있는데 이 불변사가 현재(비과거) 동사 앞에 쓰일 때(قد يفعل، لقد يفعل)는 현재(비과거) 동사의 의미론적 범주에 따라 "습관, 반복, 계속"의 상을 나타낸다.. 화자가 그 문장이 사실이라는 단언을 나타내는 상은 لقد يفعل 인데 이 구문의 첫 접두사 /la/가 그 의미를 확실하게 해 주는 상적 접두사이다. 그 이유는 قد يفعل 가 가능성이나 의심을 나타내기 때문이다. 그리고 لقد يفعل 가 단언을 나타내며 항상 문두에 나오지만 قد يفعل 는 단언의 상적 의미가 없고 문장의 처음 또는 문장의 중간에 나올 수 있다. 사실 قد، لقد 는 시간을 나타내지 않는 불변사이고 이들 다음에 오는 동사(현재, 과거)의 문맥에 따라 시제의 의미가 구별된다. 미래의 단언을 표현하기 위한 구문은 강조 접미사를 동반하는 /la/ 가 있다.(예, ليفعلنَّ).

현대 문어 아랍어에서 자주 쓰이는 /qad/ قد 가 현재 동사 앞에 오면 의심(doubt), 가능성(possibility), 불확실(uncertainty) 등의 양태 의미를 가지나 과거 동사 앞에 쓰이면 확실성의 의미를 갖는다. قد 의 의미가 문맥에 의하여 주로 결정되지만 상황문 앞에 오는 경우와 '갑자기' 라는 의미를 갖는 إذا 다음에 오는 경우에는 통사적 환경때문에 확실성의 의미인지 아닌지 예측이 가능하다.[55]

나.이집트 암미야 아랍어의 양태

아랍어에서 의무 양태는 어떤 권위나 도덕적, 법적, 육체적, 심리적 필요를 인식한 것에 대한 반응으로서 자신이나 다른 사람이 수행해야 할 동작이 필요하다는 것 혹은 그 동작이 가능하다는 것과 관련된다. 이런 양태는 명령 동사와 관련되며 더 일반적인 것은 미래에 일어나는 것과 관련되는 허락 혹은 책무를 나타내는 문장이다. 아랍어에는 가능성과 필요를 나타내는 의무 양태가 많다. 인식 양태는 이전의 경험적 지식에 의하여 어떤 일이 일어날 가능성이 있는 것으로 판단되는 것과 관련되므로 어떤 사태가 존재하는 것으로 알려져 있거나 존재하는 것으로 믿어지는 것을 단언할 때 사용된다. 의무 양태는 어떤 사태가 가능하게 하는 것에 관심을 가지고 있고 인식양태는 화자의 이해와 관련된다. 전자는 사태가 일어날 가능성이 있는가에서 시작하여 그것을 허용한다는데 이르고 후자는 뭔가가 필요하다는 데에서 시작되어 책무로 이어진다. 아랍어 동사 khalla/ y(i)khalli는 허용과 책무라는 두 개의 의미가 있다[56]. 아랍어 lāzim 역시 인식양태와 의무 양태 두 가지의 의미를 모두 갖는다.

①lāzim yīgi(그는 반드시 와야 한다): 의무 양태

---

[55] 고전 아랍어 시기에는 과거 동사 앞에 사용되는 qad 는 해당 문장에서 이미 언급된 다른 시점 보다 앞선 시점을 가리키는 "시간의 선후 구분(subordinate division of time)"에 사용된다. 즉 고전 아랍어 이전에는 과거 동사 앞에 오는 qad 가 정적 결과상을 나타냈으나 고전아랍어 시기에는 시간의 선후 구분을 해 주는 의미로 전환되었다는 것이다. 즉 어떤 결과로써 생기는 결과상의 의미가 고전 아랍어 시기에 없어져버렸다는 것이다.

[56] Mitchell and El-Hassan, *Modality, Mood and Aspect in Spoken Arabic*, 44

②lāzim hayīgi(그가 오고 있는 것임에 틀림없다): 인식양태

이처럼 동일 어휘가 두가지 양태를 나타낼 경우, 어느 양태인지 의미 구별이 필요하다. 아랍어에서 의무 양태로 쓰이는 흔한 어휘(필요의 의미)들은 다음과 같다.

①lāzim/ min al-lāzim:

    lāzim tim<u>sh</u>i dilwa'ti.　　　　너는 지금 가야한다.

②Daruri/ min aD-Darūri:

    Darūri tim<u>sh</u>i dilwa'ti .　　　　너는 지금 가야한다.

③labudd:

    labudd tim<u>sh</u>i dilwa'ti.　　　　너는 지금 가야 한다.

위 세 예문은 모두 "가야 한다"는 의미이지만 labudd가 Darūri보다 강제성의 의미가 더 강하고 lāzim은 화자의 권위가 부여되어 있다. 그런데 1인칭에 사용되는 다음 예문을 보자.

④lāzim 'asta'zin dilwa'ti.　　　　전 지금 가봐야 겠는데요.

약속을 지켜야 한다는 예의상 책무가 포함되어 있지만 만일 lāzim 대신에 lābudd 와 Darūri가 쓰이면 차 시간에 늦으면 안 된다는 등 자신의 개인적인 필요에 국한된다. 이 어휘들이 3인칭 주어와 함께 쓰이면 화자는 다른 사람의 요구에 대한 책무라는 것을 보고하는 의미를 갖는다.

⑤'alī lāzim/lābudd/Darūri yiHDar il'igtimā'(알리는 회의에 참석해야 한다). 사장이 그에게 회의에 참석하라고 했으므로 이들 어휘들이 추측의 의미를 나타내는 문장에 쓰이면 Darūri는 화자의 확신의 정도가 줄어든 것을 나타낸다.

⑥Darūri yikūn wiSil.　　　　그가 지금쯤은 도착했을 것이다(도착했다).

⑦lāzim yikun wiSil.　　　　그는 도착했음에 틀림없다(도착 안했을 수도 있다).

위 예문에서는 lazīm이 필요의 정도에서 lābudd나 Darūri보다 더 강하다는 것을 표현한다. 이런 양태에 대한 의미 해석은 우리가 다른 문맥적 상황이나 언어적 그리고 언어 외적 상황도 고려되어야 한다. 다음 예문을 말하기 전에 병원에 계신 누구라고 하면서 다음 문장을 말하면 예의상 윤리적으로 반드시 가야 한다(필수)는 의미이다.

⑧lāzim tizūru(h) (너는 그를 방문해야 한다). 그러나 lazīm ti<u>sh</u>ūfu라고 말하면 꼭 방문해야 하는 책임보다는 충고를 해주는 의미이다. 이처럼 아랍어 양태는 어떤 어휘들과 어울려 쓰이느냐 혹은 어떤 상황에서 쓰이느냐 혹은 어떤 구문과 함께 쓰이느냐에 따라 의미가 달라진다. 아래 예문은 인식 양태를 나타내는 문장들이다.

(a) yimkin sāfir.　　　　그가 여행 갔을 수 있다.

(b) min ilmuHtamal innu(h) sāfir　　　　그가 여행을 갔을 수도 있고 여행을 가지 않았을 수도 있다(여행갈 가능성이 가장 낮다).

(c) mumkin sāfir.　　　　그가 여행 갔을 수 있다.

(d) lāzim sāfir.　　　　그가　여행가야 했다.

위 예문에 사용된 yimkin, yuHtamal/min ilmuHtamal은 가능성이 어느 정도 있다는 말이고 lāzim 은 여행 갔어야 했기 때문에 지금 여행갔다는 의미이다.

다. 아랍인 학생의 한국어 양태에 대한 이해

아래 예문은 2010년 요르단 대학교 한국어-영어 전공의 4학년 학생이 한국어 양태가 들어 있는 문장을 아랍어로 번역한 것이다.

ⓐ오늘은 날씨가 좋겠다 سيكون الطقس اليوم جيدا (o)

ⓑ어제 선생님이 병원에 가더라 ذهب المدرس إلى المستشفى البارحة(x)

ⓒ마나르가 학교에 가네! منار ذاهبة للمدرسة(x)

ⓓ마나르가 학교에 간다나 منار قالت أنها ذاهبة للمدرسة(x)

ⓔ나도 학교에 갈래 لأذهب أنا أيضا للمدرسة(x)

위 문장들은 화자의 태도를 나타내는 선어말어미나 종결어미들이다. -겠-은 "화자의 추측", -더-는 "화자의 과거의 지각". -네-는 "화자의 현재의 지각", -을래-는 "화자의 의도", -다나-는 "화자가 다른 곳에서 들은 사실에 대한 화자의 태도"를 나타낸다. 이런 한국어의 양태 의미가 아랍학생의 아랍어 작문에 나타난 곳은 ⓐ번 밖에 없다. 다음과 같은 예문에서는 양태적 의미를 나타내는 어휘들이 들어 있기 때문에 이런 어휘가 들어 있는 한국어 문장을 아랍학생이 어느 정도 잘 번역해내고 있다.

ⓕ아마도 그는 죽었을 것이다. ربما يكون قد مات(o)

ⓖ그는 죽었을 것임에 틀림없다 لا شك في انه قد مات(o)

ⓗ그는 나에게 당장 떠나라고 명령한다. أمرني أن أغادر حالا (o)

위 마지막 문장에서 우리말에서는 '명령한다'라고 해도 되지만 아랍어에서는 명령한다를 위와 같이 과거동사(أمرني)를 반드시 써야 한다. 아래 예문들은 한국어에서 양태를 나타내는 우언적 (periphrastic) 구성에 대한 아랍 학생의 번역이다.

ⓘ마나르가 시린을 떠나버릴 것 같았다. يبدو أن منار ستترك سيرين(o)

ⓙ마나르는 사과 한 상자를 들 수 있다 تستطيع منار حمل صندوق من التفاح (o)

ⓚ학생은 모름지기 공부를 열심히 해야 한다. يجب على طالب أن يدرس جيدا(o)

ⓛ입장권이 있으신 분은 들어오셔도 됩니다.(x)

위 예문에서 -을 것 같다-는 "추측"의 의미를 표현하고, -을 수 있-는 "능력"의 의미를 표현한다. -어야 하-는 "의무"를, -어도 되-는 "허가"를 나타낸다. 아랍어를 배우는 한국인이 문어 아랍어와 암미야 아랍어의 양태를 잘 안다면 이런 양태 의미가 들어 있는 아랍어 문장을 작문하는데 큰 도움을 받을 수 있을 것이다.

6. 요르단 대중 아랍어에서 사과하는 표현

사과가 일어나는 결례(offence)의 주요 유형으로는 공간, 개인 사물, 대화, 시간, 불편한 일과 교제상의 실수인 사회적 결례(social gaffe)가 있다. 요르단인들은 요르단 암미야를 사용하여 어떻게 상대에게 사과하는 표현을 사용하는지 살펴보자.

전략 1) 실례의 정도를 축소화한다.

ma'lesh, basiTa Hasal <u>Kh</u>eer.　　　　괜찮아. 별거 아냐. 좋은 일이 생길거야.

ma Sār <u>sh</u>i.　　　　아무것도 안 일어났어

mi<u>sh</u> nihayat e l-'ālam.　　　　세상이 안 무너진다.

ma'lesh il-kull bi<u>kh</u>ti'　　　　괜찮아. 잘못 안하는 사람이 어딨어.

전략 2) 책임을 인정하거나 비난의 정도를 다양화한다.

가) 분명하게 책임을 인정한다.

wallāhi nasīt.　　　　정말 잊었어요.

rāht 'an bāli.　　　　내가 잊었어요.

나) 의도적이 아니라고 표현한다.

wallāhi ma qaSadet 'a'mal hēk.　　　　정말 그렇게 할 의도가 없었어.

다) 자신이 부족하다고 표현한다.

wallāhi el-waHed min 'ami.　　　　내가 보지 못했어.

'a'Sābi mitwatrih.　　　　내가 너무 흥분했나봐, 신경과민이었나봐,
　　　　겁이 많아서, 마음이 약해서

라) 당황(난처해)하거나 거북해 하는 표현을 쓴다.

bSaraHa ana muHraj min nafsi.　　　　솔직히 말해서 내가 당황했어.

wallāhi ana muHraj katīr 'alli Sār.　　　내게 일어난 일에 너무 당황했어.

마) 비난을 노골적으로 받아들인다.

il-Hagg 'alai.　　　　내 잘못이야.

ma'āk Hagg.　　　　내 잘못이야.

전략 3) 설명 혹은 변명한다. 설명이나 변명을 하여 실례를 누그러뜨리는 경우이다.

'āsif 'akha<u>dh</u>it jawzati lil-musta<u>sh</u>fa.

내 아내를 병원에 데려다 주느라고 미안해요. 내가 잘못 했어.

'āsif 'at-ta'<u>kh</u>īr, lakin il-bāS ta'aTTal.

미안합니다. 늦어서 그런데 버스가 고장났었거든요.

전략 4) 사과의 표현을 사용한다.

가) 후회한다고 한다.

　ana 'āsif or mita'ssif.　　　　미안해요.

나) 직접 사과한다.

　ana 'a'tazir.　　　　제가 사과드립니다.

다) 용서를 구한다

　'afwan.　　　　실례했습니다.

　'arju 'an taSfaH 'anni.　　　　제발 저를 용서해 주세요.

전략 5) 보상하는 표현을 사용한다.

　rāH 'a<u>sh</u>tarīlak <u>gh</u>ayrha.　　　　내가 다른 것을 너에게 사주겠다.

전략 6) 삼가겠다고 한다.

　ma ba'īdha.　　　　내가 다시는 되풀이하지 않겠다.

전략 7) 상대에 대하여 걱정한다.

  'inti bkheer.   괜찮아?

전략 8) 상대에게 일부 책임이 있다고 하는 공격적인 표현을 쓴다.

  fattiH.   잘 보고 다녔어야지?

  la tiHki wala kelimah.   한 마디도 하지 마.

  inti issabab.   네가 원인이야.(inti: 여성에게 하는 말)

전략 9) (돈을) 청구하는 표현을 쓴다.

  'a'Tīni maSāri biddi 'arūH 'at-Tabīb. 돈 좀 주세요. 제가 의사에게 가봐야겠어요.

전략 10) 불시에 나오는 외마디나 호격을 쓴다.

  akh!(이런 일이), ya illāhi(이럴 수가)

전략 11) 알라에게 감사한다고 한다.

  al-hamdu lillāh.   알라에게 감사한다.

전략 12) 속담이나 격언으로 표현한다

  iskāfi Hāfi wal-Haik 'ariān.   구두 수선공이 맨발이고 직공이 벌거벗었다.

요르단인들에게 사과의 표현들이 사회적 신분과 성의 차이로 어떤 특징을 보이는지 살펴 볼 필요가 있다. 요르단 사람들은 위 12 가지 전략 중 하나 이상의 전략을 혼합하여 사용한다. 가령, 여성의 발을 밟았을 경우 즉각 사과하는 표현을 쓰고 상대를 걱정하는 표현이 그 다음으로 많이 사용된다.

①ana 'āsif, ma kān qaSdi(ma qaSadet) 'a'mal hēk.

 내가 미안(내가 한 행동을 나도 싫어함)해요. 그럴려고 한 게 아닌데.

②'āsif, wallāhi mish muntabih.   미안(내가 한 행동을 나도 싫어함)해요. 내가 주의를 하지 않았어.

③sāmiHīni, ana ba'tazir, ana 'āsif. 나를 용서해주게, 내가 사과하지, 미안(내가 한 행동을 나도 싫어함)해.

④rāH 'antabih ilmarrah iljāi.   다음 번에는 주의할게요.

⑤inti bkheer ya khālti.   괜찮아요 이모.

⑥inti issabāb.   네가 원인 제공한거야.

⑦mumkin tijlis bimakān tāni.   다른 곳에 앉으실까요?

⑧yī(아!), akh!(아!)

⑨basīTa, ma Sār shi.   아무 것도 아냐. 아무 일도 안 일어났어.

다음은 요르단의 택시운전사가 공항으로 가는 손님을 데려다 주어야 하는데 늦게 도착한 경우 요르단 무슬림이 반응하는 예이다.

①kān at-tarīq masdūd.   길이 엄청나게 막혔어요.

②'āsif, ma laqit baytak rāH ni'awiD el-waqt 'at-tarīq.

미안해, 자네 집을 금방 못 찾았어. 우리가 가는 시간에 메꿀 수 있을거야.

상대방이 갖고 있는 물건에 손상을 입힌 경우 혹은 잃어버린 경우에는 상대에 대한 사과는 물론 그 책임을 인정하고 배상을 하는데, 요르단 사람들은 이런 경우 교수에게는 사과의 표현과 배상을 한다고 하고, 친구에게는 그 책임감이 다소 적어지고 누이에게는 책임감이 아주 낮아진다.

일반적으로 이슬람사회에서 옆에 있는 사람이 기침이나 재채기를 할 때 재채기를 하는 사람이 '알함두릴라'라고 한다. 요르단 사회에서 사회적 결례(social gaffe: 다른 사람에게 불쾌한 일을 하는 행위)는 재채기나 식사 중 트림하는 경우들이다. 그런데 만일 요르단 무슬림이 직접적이고 단도 직입적인 사과를 할 때는 그의 사회적 결례가 심각했음을 의미한다.

또, 요르단 사람들의 사상과 언어 사용에 끼친 이슬람 문화의 영향으로 종교적 개념들이 사과하는 표현에 들어가 있다. 운명론적 표현들이 사용되고 알라의 이름이 들어간 종교적 표현들이 있다. 이슬람의 운명론은 알라가 이미 운명적으로 정해 놓은 것은 무슨 일이 있더라도 그 사건이 일어나므로 인간이 아무리 애써도 안된다는 것이므로 어떻게 보면 자신의 책임을 회피하는 말로 들린다. 특히 대학 교수들 중 보직을 맡은 교수들이 자신이 할 수 있는 일인데도 그 일을 차일피일 미루면서 나중에 알라가 운명적으로 정한 것을 어떻게 하느냐고 되묻기도 한다. 알라의 존재에 대한 신앙을 나타내는 말은 '라 일라하 일랄라'라고 한다. 아랍어 인샤알라(알라가 허락하신다면), 비이드닐라(bidhni allah, 알라의 허락으로)는 운명론(fatalism)이 들어 있는 표현이다. 운명론적 표현은 모든 것을 미래로 돌리고 사람이 하려고 계획하는 것이나 소망이 알라의 허락에 따를 뿐이라는 것이다. 요르단 무슬림들은 매사에 운명론적 언어를 사용하는데 알라 없이는 아무도 미래를 모른다고 말하는 것이다. 그래서 알라를 걸고 맹세하는 표현들도 있다. "야 일라히(친밀하게 신을 부르는 말)", "야 싸티르(ya sātir)"는 "오 알라여"라는 말이다. 그리고 맹세를 표현하는 말로서 wallāhi(맹세하건데), 'uqsimu billāhi(알라께 맹세합니다) 등 allāh 라는 말을 넣어 표현한다. 요르단 국왕이 왕 즉위식때 'uqsimu billāhi(알라께 맹세합니다)라고 하면서 헌법에 따라 국가를 수호하겠다고 하였다. 그런데 'uqsimu billāhi 를 요르단 무슬림들이 자주 쓰는데 그 때는 그가 행한 결례를 완화시키고 그가 말한 것이 맞고 진실하다는 것을 확인하기 위하여 알라를 걸고 맹세한다. 이슬람 커뮤니티에서 알라에게 맹세하는 것은 화자가 거짓말을 하지 않는다는 것을 의미한다.

또 속담이나 격언이 사과하는 상황에서 쓰이는데 al-wiqāya khayrun min al-'ilāj(예방이 치료보다 더 낫다), al-kalām min fiDDa wa lākin as-skūt min dhahab(웅변은 은이요 침묵은 금이다) 등이다. 이미 아랍 사회에서 오랫동안 사용되던 속담이나 격언을 사용하여 자신의 사상이나 의도들을 강화한다.

요르단 사람들은 상대에게 사과할 때 사과적인 표현의 2/3 는 하나 이상의 전략을 사용하고 있기 때문에 단순히 한번 간략하게 사과하기보다는 좀 더 여러 번 사과하는 표현을 쓴다. 또 자신이 행한 결례를 완화시키기 위하여 상대에게 가장 확신을 주는 표현을 고른다. 자신이 아팠다는 것과 누군가가 죽었다는 표현이 상대에게 가장 영향력을 주기 때문에 이런 평계를 대면 상대방은 다시 질문하지 않는다.

지위가 높은 사람에게 사과하는 표현에는 존칭어 등이 사용된다. 아랍 남자에게 haDritak(존칭어), 'ustādh(선생님), sīdī (주인님)란 말을 사용하고 화자가 친구이면 덜 공식적인 표현으로서 yā rajul(성년 남자), yā zalamah(성년 남자), yā 'akhī(형제) 라고 하고 나이 든 여성에게는 sitti(나이든 여성), khaltī(이모), 'ummī(어머니), 'ukhtī(누이)라고 부른다. 요르단 아랍인들은 사과는 동등한 지위보다는 더 권위있는 사람에게 자주 사과하고 그런 경우에는 다양한 전략을 사용하여 사과하려고 한다. 아랍어는 사과를 표현하는 다양한 표현과 언외의 의미(connotation) 그리고 연상 의미(association) 등을 갖는 언어적 표현들을 잘 활용한다.

그런데 피해를 당한 사람에게 부분적으로 책임이 있다고 추궁하면서 무례한 일을 한 사람이 자신의 체면을 손상하지 않으려고 오히려 피해를 당한 사람을 공격하는 표현을 사용하기도 한다. 이런 표현은 차 사고가 났을 때 상대가 외국인인 경우 외국인에게 무조건 뒤집어 씌우려할 때 잘 나타난다. inta ghalat(네가 잘못했어), inta sabab(네가 원인이야)등으로 말하는 것이다. 요르단 사람들은 시간을 안 지킨 경우, 상급자에게는 아주 분명한 이유를 대려고 하는데 그 중 하나가 자신이 아팠다거나 누가 죽었다거나 예기치 않은 손님이 갑자기 왔다는 등의 변명을 한다. 즉 이슬람 문화와 관련된 전통을 언급하면서 응집력있는 이슬람 커뮤니티의 관습을 지켜야 한다는 공통된 문화 인식에 기댄다. 가령 출근하다가 아픈 사람을 병원에 데려다 주고 오지 않을 수 없었다는 것은 무슬림의 사회적 응집력과 형제애에 호소하는 것이다.

또 시야를 방해했거나 지정된 자리를 잘못 차지했거나 사람과 부딪힌 경우, 요르단 문화에서는 상당히 중대한 실례로 받아들인다. 요르단 사회에서 사과는 문화적인 상황과 종교가 주요 핵으로 자리하고 있다. 그러나 한국 사회에서는 이런 종교적 용어나 신과 관련된 말을 사용하여 사과하지 않는다. 그래서 아랍어를 학습하는 한국인에게는 이런 종교적인 표현을 잘 숙지하고 있어야 하고 아랍어 화행(speech act)에서 그 의미가 바르게 해석되고 분명히 이해되어야 한다.

요르단 무슬림이 사과하는 표현으로서 자신이 책임을 지고 변상하겠다고 할 경우, 만일 상대가 외국인이면 요르단 무슬림의 말과 행동이 따로 노는 경우가 잦기 때문에 주의할 필요가 있다. 아랍인 간의 대화가 문화는 물론 대화 상황에 따라 달라지므로 아랍 문화와 윤리가 어떻게 아랍인의 행동과 맞물려지는지 잘 알아야 한다. 요르단 사람과 문제가 발생한 경우, 가끔 그들은 한국인이 아랍어를 잘 못 알아들었다고 그 문제를 한국인에게 뒤집어 씌우기도 한다. 그러나 본래 성깔이 있고 고자세를 갖는 아랍인은 아무리 좋은 관계를 가졌다 해도 나중에 그 본색을 드러낸다. 대체적으로 이런 아랍인은 그가 잘못을 해도 상대방에게 사과를 절대로 하지 않는다. 대신 한국인으로부터 어떤 유익을 얻을 수 있다고 생각되면 어느 정도 아부하지만 별 도움이 안 된다고 생각되면 갖은 방법을 동원하여 내친다. 아랍인들은 상대방이 없는 곳에서는 험담을 많이 하므로 그 가십거리를 아랍인에게 주지 말아야 한다. 아랍어 의사 소통에서 문화적- 사회언어학적 지식이 의사소통 능력의 중요한 변수가 된다. 아랍어 학습자가 아랍어의 은유적 표현이나 소통 전략들을 잘 이해하지 못 했을 때에는 커뮤니케이션이 왜곡되기도 한다.

7.의미와 문맥 총정리

1.문어 아랍어와 암미야 아랍어가 섞인 아랍국가의 방송언어는 오늘날 아랍인들의 언어 현실을 잘 대변해 준다. 특히 아랍의 광고 커피라이터는 문어와 암미야 아랍어가 혼합되어 쓰이고 있다. 아랍인들은 문어와 암미야 중 암미야에 더 숙달되어 있다. 문학적(문어) 아랍어에 대한 아랍인들의 언어적 능력이 해가 갈수록 뒤쳐지고 있다. 모더니티와 세계화 속에서 외국어(영어, 프랑스어, 독일어)를 교육의 언어로 갖는 아랍학생과 영어로 배우는 의대, 공대를 졸업한 아랍 학생들의 아랍어 능력이 보통 아랍인 학교와 문과대학을 졸업한 아랍 학생들보다 뒤떨어지고 이 두 그룹 간에는 아랍어 의사소통이 잘 안 되기도 한다.

2.이집트 아랍어 학술원 사무 총장 카말 무함마드 박사는 "오늘날 아랍어가 위험 수위에 와 있다. 아랍어가 아랍인 사이에 의사소통의 기능을 실현한다는 언어의 기본적 능력을 부정하는 언어적 오염(talawwuth lughawī لغوي تلوث) 현상이 아랍 국가에 퍼지고 있어 이것이 가장 심각한 문제"라고 하였다. 오늘날 아랍인들이 자신의 의도를 표현하기 위하여 음성, 형태, 통사, 의미 등의 언어적 요소를 바르게 사용할 수 있는 능력이 부족하다는 것이다. 현대 문어 아랍어 발음의 오류(음성적 측면), 파생에서의 오류(형태론적 측면), 문장구조와 의미에서의 오류가 잦다. 아랍국가들이 영어나 외국어 이름이나 제목들을 아랍어 글자로 쓰고 아랍인들이 암미야 아랍어와 외국어가 섞인 말을 쓰는 것도 언어 오염 현상 중의 하나이다(예, 이슬람 온 라인, إسلام أون لاين). 한 예로 한국인이 이집트에 가면 아랍어 표준 발음/dh, DH, Q, j/ 등을 쉽게 배울 수 없다. 이집트인들이 이들 자음들을 /z,D, ?, g/으로 바꾸어 발음하기 때문이다.

3.아랍인들은 아랍어가 아랍 민족주의의 중추 기둥이고 사상과 감정의 그릇, 의사 전달 도구, 학문과 예술의 매체, 사회적 유산과 감정, 정신적 성장의 수단이라고 한다.[57]

---

[57] 아랍어 문맹률이 2008년에 29.8%(1996년 29.4%)이고 대학 학사 이상의 졸업자가 2006년에 9.5%(1996년 5.8%)이다. 10대들은 책을 선정하는 우선 순위는 종교(64.7%), 과학(35.5), 역사(34.2), 연애(رومانسية31.8%), 소설과 시(30.7%), 교과서(26.4)이고 20대와 30대 초반까지의 청년들은 종교(78.2%), 과학(33.4%), 문학(29.3), 정치(11%), 탐정소설(بوليسية4.4) 들의 책을 선정한다. 오늘날 이집트 아랍인들의 83%가 교과서 이외에는 아랍어로 된 책을 읽지 않는다. (알아흐람지 2010.3.28일자).

8. 시편 100편*

¹ 온 땅아 주님께 환호성을 올려라.

١ اِهْتِفِي لِلرَّبِّ يَا كُلَّ الأَرْضِ.

² 기쁨으로 주님을 섬기고 환호성을 올리면서 그 앞으로 나아가거라.

٢ اعْبُدُوا الرَّبَّ بِفَرَحٍ. ادْخُلُوا إِلَى حَضْرَتِهِ بِتَرَنُّمٍ.

³ 너희는 주님이 하나님이심을 알아라. 그가 우리를 지으셨으니 우리는 그의 것이요, 그의 백성이요, 그가 기르시는 양이다.

٣ اعْلَمُوا أَنَّ الرَّبَّ هُوَ اللهُ. هُوَ صَنَعَنَا، وَلَهُ نَحْنُ شَعْبُهُ وَغَنَمُ مَرْعَاهُ.

⁴ 감사의 노래를 드리며 그 성문으로 들어가거라. 찬양의 노래를 부르며 그 뜰안으로 들어가거라. 감사의 노래를 드리며, 그 이름을 찬양하여라.

٤ ادْخُلُوا أَبْوَابَهُ بِحَمْدٍ، دِيَارَهُ بِالتَّسْبِيحِ. احْمَدُوهُ، بَارِكُوا اسْمَهُ.

⁵ 주님은 선하시며 그의 인자하심은 영원하다. 그의 성실하심이 대대에 미친다.

٥ لأَنَّ الرَّبَّ صَالِحٌ، إِلَى الأَبَدِ رَحْمَتُهُ، وَإِلَى دَوْرٍ فَدَوْرٍ أَمَانَتُهُ.

제6장 수능 아랍어

한국에서 수능 아랍어 시험은 제 2 외국어 영역에 해당한다. 제 2 외국어 영역은 사고력 중심의 평가를 지향하고 대학 수학 적격자를 선발하는데 그 목적이 있다. 그래서 아랍어를 포함한 제 2 외국어 시험이 그 신뢰도와 객관성에서 공인을 받아야 하는데 여기서는 과거 수능 아랍어 시험 문항을 검토하고 미래의 수능아랍어 출제 방향을 살펴보고자 한다.

말하기 읽기 듣기 쓰기 골고루 출제되어야 한다

수능 아랍어 시험의 출제 유형에 따라 아랍어 학습 내용이 달라지고 이는 곧 아랍어 언어 능력의 향상에도 지대한 영향을 준다. 일반적으로 언어 숙달 평가는 능동적인 기능(말하기, 쓰기)과 수동적인 기능(읽기, 듣기) 모두가 평가 대상이 되어왔다. 그러나 그동안 수능 아랍어 시험은 위 네가지 영역의 문항이 골고루 출제되지 않았다. 주로 문제를 읽고 답하는 것이 주된 문제 유형이었다. 2008년 한국 교육과정 평가원과 한국 아랍어 아랍 문학회가 제시한 아랍어 평가 유형과 내용 중에도 "아랍어의 듣기, 말하기, 읽기, 쓰기의 4기능이 유기적인 관련 속에서 의사소통 활동 내용을 고르게 다루는 수업을 계획하고 평가할 수 있어야 한다"고 했다.

만일 수능아랍어가 쓰기 영역을 평가한다면 평가 기준으로서 적어도 초급, 중급, 고급 등으로 나눈 다음 각 단계별 평가 기준이 필요하다. 그 예로 쓰기 영역의 단계별 평가 기준을 제시하면 다음과 같다.[1]

초급-(어휘) 아랍어 글자가 낱말의 위치에 따라 어떻게 다르게 쓰이는지를 알 수 있다. 구별 점이 있는 어휘와 구별 점이 없는 어휘들을 구분할 수 있고 손으로 쓴 글씨도 읽어낼 수 있다. 주어+술어, 동사+주어 등의 단문을 쓸 수 있다. 아랍인 원어민과 최소한의 의사소통을 하려고 하나 아직 소통되지 않는다.

중급-(문장) 문장들과 짧은 숙어를 활용하여 익히 잘 아는 주제에 대하여 작문할 수 있다. 받아쓰기를 할 수 있고 글자 체계와 음성 체계 간의 관계를 이해할 수 있다. 기본적인 의사 소통을 원어민과 시작한다..

고급-(단락) 다양한 주제에 대하여 심도 있는 작문을 할 수 있다. 폭넓은 어휘, 동의어, 은유나 비유 등을 사용할 수 있다. 시제를 바꾸어 가며 자신의 경험과 생각, 느낌을 글로 전달할 수 있다. 형식과 내용에서 일관성있는 글을 쓸 수 있고 자연스럽게 원어민과 의사소통한다.

위와같이 쓰기 영역의 단계별 목표가 제시되면 이 목표에 근거하여 평가 계획을 세우고 학습목표와 학습 내용에 따라 평가 문항을 만들 수 있다. 그러므로 아랍어의 말하기, 읽기, 듣기, 쓰기, 문화 등 제 영역에서 각 단계별 학습목표가 구체적으로 제시되고 아랍어 학습자의 유창성과 정확성을 향상시킬 수 있는 교재 편찬과 수업 연구가 지속되어야 한다.

---

[1] American Council for the Teaching of Foreign Languages (ACTFL). 1999 참조
공일주, ACTFL 아랍어 숙달 지침과 숙달 중심의 아랍어 말하기 교육, 중동학회, 14호 참조

문어 아랍어와 암미야 아랍어 모두가 출제되어야 한다

이집트 아랍인들은 가정에서 암미야를 배워 일상 대화에 사용하나 각급학교에서는 문어 아랍어를 배우고 대학 수학 능력 시험에서도 문어 시험을 치른다. 그렇다면 한국에서도 아랍인의 언어 현실에 맞게 푸스하와 암미야를 평가할 수 있는 시험 문항이 출제되어야 한다. 2010 년 요르단 TV 에서 어느 대학 교수가 진행하는 프로그램을 보니, 작년에 그가 이슬람의 종교적인 주제를 다루었을 때는 그가 푸스하로 말하더니 금년에는 부부와 가정 생활에 대한 주제를 다룰 때 요르단 암미야를 사용하였다.

이 책이 암미야(요르단 암미야)와 현대 문어 아랍어(푸스하)를 모두 다룬 것은 이런 아랍인의 언어 현실을 반영하였기 때문이다. 암미야 아랍어는 오늘날 아랍인들의 일상대화에서 매일 사용되는 매우 중요한 생활아랍어이다. 이집트 등 아랍 국가에서 푸스하는 제 1 구어(The first spoken language)가 아니고 푸스하의 원어민(native speaker)도 없다. 한국인이 아랍인 원어민의 언어 숙달도를 그대로 복제하기를 원하면 현대 문어 아랍어와 적어도 하나의 암미야 아랍어에 대한 언어 숙달이 요구된다.[2] 암미야를 먼저 학습하든 푸스하를 먼저 학습하든 중요한 것은 고급단계에서는 아랍어 학습자가 푸스하와 암미야 두 가지를 이해하고 의사소통할 수 있는 능력을 보여 줘야 한다는 것이다. 아랍어 읽기와 쓰기에서는 현대 푸스하를 사용하고 학교, 가정, 일터, 식당 등지에서 원어민과 말하고 대화할 때에는 해당 국가의 암미야 아랍어를 사용할 수 있어야 한다. ACTFL(미국 외국어 교육 협의회) 숙달지침[3]에서는 초급과정에서 암미야 아랍어에 대한 OPI(언어 숙달의 구두 면접) 항목을 제시하고 있다. 그런데 암미야 아랍어 수업은 암미야의 기원과 역사, 아랍 각국별 암미야와 방언의 분류 및 비교 연구 등 암미야의 특징을 학습하는 것이 아니라 이 책에 나와 있는대로 암미야 아랍어의 발음과 회화 등을 배우고 대화 상황이 있는 수업을 진행해야 한다.

수능아랍어를 위한 시험 문항들이 다양하게 개발되어야 한다

수능 아랍어 시험이 본래 학습자의 사고력을 측정하는 것이 주 목적이라면 단순히 암기 위주의 지식을 묻는 문항은 지양되어야 한다. 사실 아랍어 시험이 학습자로 하여금 아랍어를 어떻게 공부할까를 제시해 주는 조타수 역할을 하기 때문에 수능 아랍어 시험 문항 개발은 매우 중요하다고 할 수 있다. 그런 점에서 앞으로 아랍어 수능 시험의 문항 개발에서 고려되어야 사항 몇 가지를 제안해 본다.

(1)고전 푸스하의 문법 내용인가? 현대 푸스하의 문법 내용인가?

고전 푸스하의 문법내용은 수능 시험에서 제외되어야 한다.

(2)암미야 아랍어와 현대 푸스하에서 활용도가 높은 문항인가?

현대 푸스하와 암미야를 평가 대상으로 한다.

(3)현대 푸스하 문장이더라도 아랍인들이 일상생활에서 어떤 의미로 사용되는지 오늘날 아랍의 사회적 상황과 화용론적 의미가 잘 반영되어 있는가?

아랍인들이 어떤 의미로 받아들이는가를 고려한다.

(4)문맥과 상황 그리고 간접 화행이 충분히 고려되었는가? 아랍어 낱말이 서로 다른 문맥에서 여러가지 의미로 쓰이는 것을 평가한다.

---

[2] Ibid., p.259

[3] 공일주, 한국어 숙달지침과 말하기 능력 측정에 대하여, 교육한글 6, 1993, 91-118 참조

(5) 아랍문화와 이슬람 문화를 잘 구별하고 있는가?

　이슬람 문화가 아닌 아랍 문화를 평가대상으로 한다.

수능 아랍어에서는 아랍 문화(Arabic Language and Culture)가 출제되어야 한다.

아랍어는 아랍문화의 핵이다. 그러므로 아랍어 학습에서 아랍 문화는 아랍어 학습자들에게 매우 중요한 학습요소가 된다. 그렇지만 아랍 문화와 이슬람 문화의 차이를 분명하게 규정하지 않으면 문화 교육과 종교(이슬람의 전파: 다아와)교육을 혼동하게 된다. 그러므로 수능 아랍어에서 출제될 문화의 문항들은 "이슬람 문화"가 아닌 "아랍 문화"이어야 한다.

(1) 아랍 문화는 아랍어(언어)와 아랍 문학이 그 중심에 자리한다.

한국 교육과정 평가원과 한국 아랍어 아랍 문학회가 제시한 아랍어와 아랍 문학, 아랍 문화에 대한 아랍어 교사의 세부 자격 기준은 다음과 같다.

①아랍어: 일반 언어학의 기본 개념들을 이해하고 아랍어 음성학, 형태론, 통사론, 의미론의 특징을 이해하며 아랍어의 역사와 변화를 이해한다.

②아랍 문학: 아랍문학사의 중요흐름에 대한 지식과 이해를 갖고 아랍 문학의 대표적인 문학 장르, 작가와 작품에 대한 지식과 이해를 갖고 아랍문학의 기본개념, 분석 및 응용방법을 이해하여 이를 수업에 적용한다.

③아랍 문화: 아랍 문화에 대한 다양한 지식과 이해를 갖고 다양한 아랍 국가의 보편적인 전통 문화와 현대 문화에 대한 지식과 이해, 그리고 아랍 문화와 한국 문화의 유사점과 차이점, 한국과 아랍의 관계에 대한 지식을 갖추고 이를 바탕으로 수업을 설계한다.

(2) 이슬람 문화는 이슬람(종교)이 그 중심에 자리한다.

그간 수능아랍어 시험 문제에서 몇 차례 이슬람과 관련된 문제들이 출제되었는데 바람직한 시험 문제 유형 그리고 그 무엇보다도 문화 시험에 대한 바른 정의가 선결되어야 한다. 국립국어원의 표준 국어 대사전이 정의한 '문화'는 "자연 상태에서 벗어나 일정한 목적 또는 생활 이상을 실현하고자 사회 구성원에 의하여 습득, 공유, 전달되는 행동 양식이나 생활 양식의 과정 및 그 과정에서 이룩하여 낸 물질적·정신적 소득을 통틀어 이르는 말이라고 하고 의식주를 비롯하여 언어, 풍습, 종교, 학문, 예술, 제도 따위를 모두 포함한다"고 하였다.

이집트의 칼럼니스트 하짐 압둘라흐만은 <이집트를 위한 종교 교육의 발전>이란 글에서 이집트 각급 학교의 종교 교육이 이슬람을 전하는 이슬람의 "다아와(포교)"가 되어서는 안 되고 상대방을 이해하기 위하여 이집트 사회 안에 있는 모든 종교에 대한 정확한 지식과 올바른 정보를 아는 것이 중요하다고 하였다(알아흐람 신문, 2010 년 5 월 2 일 11 면). 그는 덧붙여서 꾸란 구절(이슬람), 구약 구절(유대교), 신구약 구절(기독교) 등과 기타 종교들의 경전 텍스트가 종교 교육의 교재 내용에 포함되어야 한다고 했다. 그는 그동안 아랍어 문법책들이 모두 꾸란에서 예제들을 인용해 왔는데 왜 신구약 등 다른 성서에서 예제들을 인용하지 않았는지를 되묻고 있었다. 그는 오늘날 무슬림들이 종교에서 무슬림과 다른 사람들을 무조건 "카피르"라고 부르는데 이는 참으로 위험한 말이라고 하였다.

왜냐하면 상대를 카피르라고 말하면 이는 곧 다른 사람의 생명에 대한 권리를 자신이 갖는다고 오판하고 상대의 생명을 빼앗는 만행(이라크와 아프가니스탄에서의 납치와 살해)을 저지르고 있기 때문이라고 하였다.

 둘째, 아랍문화는 언어, 종교, 문학, 언론, 역사, 음식, 음악, 의상, 지리, 건축, 예술, 제도 등을 포함하므로 수능아랍어에서 문화 시험은 이들과 관련된 다양한 문항들을 개발해야 한다. 아랍어와 셈어, 아랍의 시대별 문학적 특징, 알자지라 방송(카타르), 차와 요구르트, 올리브와 레몬, 현대 아랍 음악, 전통의상과 히잡, 종교적 성지, 아라베스크 무늬, 남성 중심 사회, 조혼과 이혼. 성희롱과 여성 할례 그리고 명예 살인, 축구와 국민 건강, 물 분쟁과 환경 보호, 13 세 이하의 청소년 취업 실태와 수치 문화, 마약 복용과 청소년 범죄, 자살, 근친 혼인의 폐해, 리파아 알따흐따위(1801-1873)[4] 이후의 현대 이집트 문화 인물 등 아랍 문화의 주제들은 매우 다양하다. 아랍 문화는 인류학적 그리고 사회학적 측면에서 아랍 민족의 문화에 초점을 맞춰야 한다.

 이슬람문화는 인간과 신, 인간과 인간, 인간과 사회, 환경과의 관계를 다루는데 이들 간의 관계가 실패하면 후진 문화를 갖는다고 무슬림학자들은 가르친다. 무슬림들은 위와 같은 관계에서 오직 이슬람 문화만이 지구상에서 가장 유일하게 그 우월성을 성취한 문화라고 주장한다(카이로 대학교, 라깁 알사르자니, 알아흐람지 2010 년 4 월 10 일 25 면).

 2010 년 이집트 최고 행정 법원에서는 이혼한 콥트 기독교인들이 재혼할 수 있다고 판결하였는데 콥트 기독교는 성경의 가르침[5]에 따라 이혼한 기독교인은 재혼할 수 없다고 하였다[6]. 최고 행정 법원장은 콥트 기독교가 재혼 반대 성명서를 발표한 것은 이집트 국가의 존립에 중대한 위협이라고 하였다.(2010. 6.13 알아흐람). 이슬람국가가 소수 종교인들의 권익과 개인 지위법을 보장하지 않는 대표적인 사례 중 하나이다. 2010 년 이집트 교육부장관 아흐마드 자키는 이집트의 각급학교에서 종교과목의 폐지를 검토하고 그 대신 인간의 가치와 여러 종교를 다루는 윤리 과목을 채택하자고 했으나 이것이 실현될 가망성은 희박하다. 이집트의 경우, 고등학교 2 학년과 3 학년때 기독교 학생은 기독교에 대한 시험을 치루고 무슬림 학생은 이슬람에 대한 시험을 치루고 있다.

 수능 아랍어는 대화 상황이나 대화의 연계성(sequence)이 지켜져야 한다.

 아랍어 문장은 문법이 정확하였다고 할지라도 그 문장이 사회적 상황에 제약을 받는다는 것이 고려되어야 한다. 화자와 청자 간의 사회적 지위 혹은 대화 상황에 따라 서로 간의 대화가 달라질 수 있기 때문이다. 예를들면 화자와 청자 사이에 사회적 지위가 동급보다 낮은 경우 그리고 서로 친한 경우에 이집트 암미야 아랍어에서는 아래와 같은 명령문이 사용된다.

---

[4] 유럽에서 과학과 예술들을 공부하고 이집트로 돌아와 이집트 근대화와 계몽 운동에 합류한 그는 1835년 "School of Languages"를 이집트에 처음으로 개교시켰고 그는 이 학교에서 유럽 책들을 아랍어로 번역하였고이 학교는 이집트 근대 지성들을 배출시켰다.

[5] 성경은 "나는 너희에게 이르노니 누구든지 음행한 연고없이 아내를 버리면 이는 저로 간음하게 함이요 또 누구든지 버린 여자에게 장가드는 자도 간음함이니라"(마 5:32) 고 하였다

[6] 1938 년 이집트 정부가 일부 기독교 평신도들의 도움을 받아 기독교인의 개인지위법을 통과시켰는데 이집트 콥트 기독교는 1944 년 성총회(majma' muqaddas)를 열고 1938 년 법안을 거부하였다. 이집트 정부는 1955 년 종교 법원(majlis millī)의 사안을 민사 법원으로 변경하였다. 1962 년 콥트 교회는 법무부 장관을 만나 1938 년 법안을 거부한다고 확인해 주었다. 1979 년 콥트 기독교 교황은 국회의장(majlis al-sha'b)을 만나 기독교의 개인 지위법 법안을 제출했다. 그러나 2010 년까지 국회와 법무부 장관은 아무런 조치를 취하지 않고 있다.

① rūHi MaSr(이집트로 가라). * 상대가 여성인 경우
② ista'iddu lilimtiHān (시험 준비 잘 해요) * 상대가 여러 명인 경우
③ u'af gamb ilbāb(문 옆에서 서 있어). * 상대가 남자인 경우
그러나 만일 공식적인 상황에서 혹은 상대가 상급자이거나 동등한 사회적 지위를 가질
때는 아래와 같은 어휘들을 주로 사용한다.
① 조금 공손한 표현: ti'dar(남성에게), ti'dari(여성에게) ti'daru(여러 명에게)
② 상당히 공손한 표현: tismaH(남성에게), tismaHi(여성에게), tismaHu(여러 명에게).
　　이외에도 mumkin을 문장의 처음에 사용하거나 명령동사 뒤에 공손한 표현으로서 min
faDlak(여성에게는 min faDlik, 여러 명에게는 min faDlukum)과 law samaHt
(여성에게는 law samaHti, 여러 명에게는 law samaHtum) 등을 덧붙인다.
　　또 모든 대화에는 대화가 갖는 연계성이 지켜져야 한다. 그 연계성 때문에 대화
주제에 맞게 문법 내용이 확인되어야 하고 그 대화 상대가 남성인지 여성인지 그리고
어른인지 아이인지에 따라 일련의 이어지는 대화 내용이 달라진다.

한국인 아랍어 학습자가 어떤 목적에서 아랍어를 배우려 하는지가 고려되었는가?
　　외국어로서 한국어 교육은 유럽이 주로 문헌을 연구하기 위한 한국학에 중점을 두고
있지만 미국에서의 한국어 교육은 한국인과 의사 소통을 위한 언어 학습에 더 비중을
두고 있다. 그렇다면 아랍어 학습도 학습자의 학습 필요에 맞는 맞춤형 교육이 필요하다.
가령 아랍어를 공부한 학생들이 대기업에 취업하여 중동 지역으로 나가는 것을
목적으로 한다면 말하기와 듣기(암미야 아랍어 포함)가 강조되겠지만, 만일 이슬람의
경전과 옛 문헌들을 연구하여 이 분야의 학자들을 양성할 목적이라면 읽기와 독해가
중심이 되는 수업과 평가가 실시되어야 한다. 그러나 지금 한국에서 아랍어 수강자들이
졸업 후 라디오, TV 방송 요원, 해외 특파원, 외교관, 상사 주재원, 봉사단원 등을
목표로 하고 있다면 실용 아랍어 혹은 아랍어-한국어 번역 혹은 일반 대중 아랍어 등이
강조되어야 할 것이다. 그리고 만일 번역을 위한 수업이 강화된다면 현대 문어가 더욱
중요시될 것이고 통역을 위한 수업이라면 암미야 아랍어(일반 대중의 아랍어)를 무시할
수 없을 것이다.

2005학년도부터 2010학년도까지 아랍어 수능 시험 분석
　　2005학년도부터 2010학년도까지 한국에서 그 동안 아랍어 수능시험이 6차례
실시되었는데 일부 문항은 아랍인들이 실제 사용하는 용례와 언어 상황에 걸맞지 않았다.
사실 아랍어를 배우는 목적이 국내 한국인 사이에서 의사 소통을 하려는 목적이 아니고
아랍인들과의 의사소통을 하기 위한 교육이라면 아랍어 수능 시험은 오늘날 아랍인들에게
용인되는 대화글 그리고 아랍어의 특징이 드러나는 상황 중심의 언어가 고려되어야 한다.
　　2005년도 수능시험 제 2외국어(아랍어 I) 19번 문항에서 الأوتوبيس 오토비스
(autobus에서 온 말)라는 말은 영어에서 온 단어이고 이집트에서는 현대 문어가 아닌
암미야 아랍어에서 온 낱말이다. 버스에 해당하는 말은 요르단에서는 현대 문어 어휘로서
الحافلة 를 사용하고 대부분 요르단인들은 الباص(버스)라는 낱말을 사용한다. 그리고
지시문에 나온 امش إلى الأَمَام 이라는 말은 "앞으로 걸어 가라"는 말인데 이 문장이
아랍인들에게는 매우 어색한 표현이다. 어휘 مشى 는 본래 두 발로 걷다에서 온 말이다. 이
문장을 암미야로는 امش على الطول 이라고 한다. 낱말 الأَمَام (앞)이라는 단어를 수험생들이

아는 지 모르는지 물어보기 위하여 일부러 이 어휘를 고집했는지는 모르지만 이런 표현은 아랍인들에게 익숙한 문장은 아니다. 다시 말해서 화용론적 의미를 생각하지 않고 문장의 어휘들을 조합하여 문법적으로 이상이 없다고 판단하고 출제했다면 아랍어의 화용론적 쓰임에서는 그 어법이 틀린 문장이다. 또 수능 아랍어 시험이 현대 문어 아랍어만을 자료로 삼았다면 이 문항은 암미야의 어휘가 들어가 있으므로 그 조건에 합당하지 않다.

A : أين محطة الأوتوبيس؟

B : هي قريبة من هنا . امش إلى الأمَام

A: 버스 정류장이 어디 있어요?
B: 그것은 여기서 가깝습니다. 앞으로 걸어 가시오.

수능 아랍어 2005년 19번 문제에서는 연계성(sequence)이 없다. 너에게 무슨 일이 있는가를 묻는 질문에 **عند**라는 아랍어 어휘를 사용하였다. 그러나 대답은 일관성있게 동일한 어휘를 반복하는 것이 아랍어의 특징을 살린 문장이 된다.

A: مَاذَا عندك؟

B : أشْعُرُ بألم في بطني.

A: 네게 무슨 일이 있어?
B: 내 배가 아프다는 것을 느껴.

위 문제를 다시 고치면 다음 두 가지 정답으로 쓸 수 있다.

A (1): بماذا تشعر؟

B : أشعر بألم في بطني.

A: 네가 무엇을 느끼니?
B: 내 배가 아프다는 것을 느껴.

A (2): ماذا عندك؟

B: عندي ألم في بطني.

A: 네가 무슨 일이 있어?
B: 내 배에 아픔이 있어.

수능 아랍어는 언어 영역(말하기, 읽기, 듣기, 쓰기)와 언어 연결 영역(한국어와 아랍어의 구조 비교 분석) 그리고 문화 영역(문화적 표현)을 담아낼 수 있어야 한다. 그렇게 되려면 아랍어 학습자는 아랍어 본문을 읽고 그 본문의 주제를 찾아내고 문맥 속에서 새로운 어휘들의 의미를 찾아낼 수 있어야 하고 아랍인의 일상생활과 관련된 주제에 대해서는 대화 상대에 따라 암미야 또는 현대 문어로 자연스럽게 표현할 수 있는 능력을 갖춰야 한다. 만일 원어민이 현대 문어로 대화를 시작하면 한국인 아랍어 학습자는 현대 문어로 대답할 수 있어야 하고 만일 암미야로 질문해 오면 암미야로 대답할 수 있어야 한다.

29 번 문항은 "이 달에는 낮에 음식을 먹느냐?"라는 질문을 주고 "먹지도 마시지도 않는다"는 대답을 통하여 '라마단'이란 답을 쓰게 하는 문제이었다. 이 문제는 물론 아랍어 언어능력을 묻는 문제가 아니고 이슬람 종교교육과 관련된 문항이다. 아랍문화와 이슬람 종교와는 엄연히 다르다. 7 세기 이슬람이 아라비아 반도에 등장하기 전에는 그 땅에

아랍인들이 살았고 아랍어를 쓰고 기독교나 유대교를 믿거나 우상을 섬기는 사람들이 있었다. 그러나 7 세기 이슬람이 발흥하면서 점차 그 땅에 무슬림들이 늘어갔다. 그러므로 이슬람 이전의 아랍 문화와 이슬람 이후의 아랍 문화는 차이가 있고 아랍인들의 문화는 이슬람 문화와 차이가 있다. 아랍 문화는 아랍의 지리, 역사, 제도, 관습, 행동양식, 건축, 문학, 예술, 예절, 인사법, 음악, 관혼상제, 통과의례, 제스처와 몸짓 언어 그리고 최근에 일어난 뉴스 등 문화적인 문제가 될 주제들(공일주, 아랍 문화의 이해, 7)이 아주 다양하다.

30 번 문항은 이집트인 작가로서 1988 년 노벨 문학상을 받은 사람의 이름을 묻는 문학관련 질문이어서 이 문제 역시 아랍어 언어 능력을 묻는 시험 문제는 아니고 문화 영역의 문제라고 할 수 있다. 2006 년도 아랍어 수능 17 번 문항에서는 필요 없는 전치사가 덧붙여져 있다. 현대 문어 아랍어에서는 요일을 나타내는 부사 앞에 전치사를 붙이지 않는다. 만일 아래처럼 전치사가 '일요일'이란 어휘 앞에 붙어 있으면 현대 아랍어 문법에서 틀린 문장이다.

A: مَاذَا سَتَفْعَلُ فِي يَوْمِ الأَحَدِ؟

B: سَأُشَاهِدُ فِيلْمًا مَعَ أُسْرَتِي.

A: 일요일에 뭘 할거예요?
B: 나는 우리 가족과 함께 영화를 볼거예요.

위 문장들에서 첫 문장에 나오는 전치사를 생략하면 아래와 같이 문법적으로 정확한 문장이 된다.

A: مَاذَا سَتَفْعَلُ يَوم الأَحَدِ؟

19번 문항에 나오는 어휘 중 2005년에 출제된 동일한 단어 오토비스는 현대 문어 아랍어의 단어가 아니다. 28번은 무슬림이 먹지 않는 고기를 찾는 문항으로 유독 '돼지'라는 단어만 뜻풀이를 해 놓고 있는데 답을 미리 가르쳐 주는 것 같은 인상을 주고 있다. 이 문항은 언어 능력을 묻는 문제가 아니고 이슬람 종교와 관련된 문제이다.

أَنَا سَمِيرٌ وَأَنَا مُسْلِمٌ. آكُلُ السَّمَكَ وَالدَّجَاجَ وَلَحْمَ البَقَرِ وَلَحْمَ الخَرُوفِ، وَلَا آكُلُ لَحْمَ الخِنْزِيرِ.

* خِنْزِيرٌ : 돼지

(나는 사미르입니다. 그리고 나는 무슬림입니다. 나는 생선과 닭고기 그리고 쇠고기와 양고기를 먹습니다. 그리고 나는 돼지고기를 먹지 않습니다)

2007 년 수능에서 7 번 문항은 문법적으로 크게 문제 삼을 수 없으나 뭔가 어색한 문장이다. 아랍어는 문맥 상황 중심의 언어이므로 이 어휘들과 문장들이 어떤 상황에서 사용되고 있느냐를 따져 보아야 한다.

A: مَاذَا تُرِيدُ أَنْ تَأْكُلَ؟

B: أُرِيدُ أَنْ آكُلَ الدَّجَاجَ.

A: 뭘 먹고 싶어요?
B: 나는 그 닭고기를 먹고 싶어요.

문법적으로는 큰 문제가 없을지 모르나 이런 대화글이 실제 아랍인들에게 어떻게 사용되는가를 생각해 보아야 한다. 만일 식당에 가서 음식 중 닭고기를 주문한다면 아무 닭이나 가능하므로 정관사가 없는 문장이 맞다. 그러나 실제 수능시험에서 묻고자 하는 것은 식당에서 종업원이 손님에게 "뭘 먹을거냐"고 묻는 질문에 대한 대답일 것이다. 시험 문제의 대답으로 나온 B 의 의미는 닭고기라는 단어 앞에 정관사가 붙어 있어 "(이미 자기 앞에 놓여진) 이 닭고기를 먹고 싶다"라는 의미이다. 위 수능 문제는 아랍어 정관사의 용법을 정확하게 적용하지 못한 문제라고 볼 수 있다. 만일 식당에서 주문할 때라면 다음과 같이 써야 한다.

A: ‏ماذا تُريدُ أَنْ تَأْكُلَ؟

B: ‏أريدُ دجَاجَا.

즉 식당에서 닭고기를 주문할 때에는 한정이 아닌 비한정 명사가 사용되어야 문법에 맞다. 물론 이런 문어 아랍어 문장들이 오늘날 암미야를 사용하는 아랍인의 일상생활에서 거의 사용되지 않는다는 점도 알아둬야 한다. 이런 현대 문어 어휘를 사용하여 아랍인들이 식당에서 주문하는 일은 거의 없고 이런 대화들은 외국인이 아랍 국가에 와서 그가 학교에서 배운 현대 문어 아랍어를 식당에서 연습 삼아 사용할 때 나타나는 아주 어색한 문장이다.

2007 년도 수능 아랍어 27 번 문항에는 2005 년과 2006 년에 이어 오토비스라는 단어가 또 나온다. 20 번 문항에서 "앞으로 가라" اذهب إلى الأمام 는 화자(speaker) 뒤에 있는 사람에게 "내 앞으로 가라"고 하는 말이지 길의 방향을 가리켜 주는 표현은 아니다. 만일 앞쪽(방향)으로 가라고 하려면 اتجه أماما (물론 이 말도 어색하지만)이라고 해야 한다. 수능 아랍어 시험 문제는 단순히 이미 알고 있는 아랍어 어휘들의 조합이 아니라 이런 문장들이 실제 아랍인들과 의사소통할 때 적절하느냐 적절하지 않느냐를 두고 심사숙고한 뒤에 시험 문제로 제시되어야 한다. 다시 말해서 대화글이 화자와 청자 그리고 메시지간에 어떻게 상호 작용을 하는지 검토해야하고 표층 구조의 의미 뿐만 아니라 심층 구조의 의미와 상황적 의미까지도 알아야 한다.

30 번 문항은 이슬람 종교에 대한 문항으로서 아랍어 언어 능력을 평가하는 문제는 아니다. 더구나 30 번 문제에서 첫째 문장 هَذَا وَاجِبٌ لِكُلّ مُسْلِم 은 "무슬림 각자에게 의무다"라는 표현인데, 전치사가 잘못되어 있고, 또 كُلّ 다음에 오는 후연결어가 한정이면 그 후연결어는 복수형을 가져야 문법에 맞다. 이 문장을 바르게 고치면 다음과 같다. 아래 두 문장이 정답이다.

هَذَا وَاجِبٌ على كُلّ مُسْلِم.

هَذَا وَاجِبٌ على كُلّ المُسْلِمين.

그리고 카아바(메카의 대사원 가운데에 있는 입방체) 신전 그림이 나오고 그 옆에 "무슬림들이 이슬람력 12 월 달에 행하는 것"이라고 쓰여 있는데 이것 역시 이슬람 종교 문제이고 아랍어 언어 능력을 묻는 문제는 아니다. 이슬람의 순례는 무슬림들에게 경제적으로 신체적으로 허용될 때에만 가능한 것이므로 모든 무슬림들에게 "의무"는 아니다. 아랍 무슬림들에게 위 문장을 제시하니 금방 잘못되었다고 지적한다. 문장 자체가 이슬람의 교리와 맞지 않는다고 아랍 무슬림이 말한다. 만일 순례를 아랍어로 풀이한다면 다음과 같이 두 가지 중 하나로 써야 맞다.

الحج هو ركن من أركان الإسلام الخمسة لمن يستطيع إلى ذلك سبيلا

(순례는 경제적으로 신체적으로 가능한 사람에게 이슬람의 다섯기둥 중의 하나다)

الحج واجب لمن استطاع إليه سبيلا

(순례는 경제적으로 신체적으로 가능한 사람에게 의무이다).

2008 년 수능 아랍어 시험 문제 28 번에서는 해당 그림이 스핑크스와 아부 심불 두 개가 나오고 있는데 질문이 복수(아랍어에서 복수는 3 개 이상을 가리킴)로 되어 있다. 질문에 대한 답으로 나온 그림이 두 가지이면 복수가 아니므로 쌍수(2 가지)로 써야 한다. 물론 이 문제에서 아랍인들이 유적이라는 단어를 주로 복수형을 즐겨 쓰므로 별 상관이 없다고 할 수도 있다. 그러나 현대 문어 문법의 특징은 어근과 패턴으로 인한 파생 그리고 어말 모음 변화와 호응(일치)이 매우 중요하므로 이를 간과하는 것은 현대 문어 아랍어의 특징을 완전히 무시한 문제라고 볼 수 있다. 암미야에서는 쌍수가 자주 사용되지 않아(물론 암미야에서 쌍수형이 사용되지만) 보통의 아랍인들에게 쌍수형이 익숙하지 않아서 위 수능 시험 문제에 나온 것이 맞다고 할지 모르나 현대 문어 문법은 호응이 중요하므로 수능의 문제로서 이 문제는 바람직한 문제는 아니다.

زَارَ مِين سُو هَذِهِ الآثَارَ المِصرِيَّة فِي الشَّهْر المَاضِي.

(민수가 지난 달에 이들 이집트 유적들을 방문했다.)

위 문장을 바르게 고치면 아래와 같다.

زَارَ مِينْسُو هَذَيْن الأثرَيْن المِصرِيّيْن فِي الشَّهْر المَاضِي.

(민수가 지난 달에 이 두개의 이집트 유적들을 방문했다.)

29 번 문항은 마흐무드가 무슬림인데 그가 먹지 않는 고기가 뭔지를 묻는 문제이다. 역시 이슬람 문화를 묻는 문제라서 아랍어 능력을 평가하는 문제라고 볼 수 없고 돼지고기를 안 먹는 사람이 반드시 무슬림이라는 것은 논리적으로 맞지 않는다. 돼지고기를 먹느냐 안 먹느냐를 가지고 무슬림인지 아닌지를 구별하는 것은 올바른 질문이 아니다. 무슬림이 아닌 사람들 중에서도 돼지고기를 안 먹을 수 있기 때문이다.

مَحْمُودٌ لَا يَأْكُلُ هَذَا اللَّحْمَ لأَنَّهُ مُسْلِمٌ.

(마흐무드는 무슬림이므로 이 고기를 먹지 않는다.)

30 번 문항 역시 무슬림들이 카아바(الكَعْبَة) 신전을 7 번 도는 것을 아랍어로 제시하고 그림으로는 카아바 신전을 제시하였는데 이 역시 아랍어 능력을 묻는 문제가 아니고 이슬람 종교와 관련된 문제이다.

2009 년 아랍어 수능 시험에서 4 번 항목의 질문 중 "아랍 숫자"라고 하고서는 인도(힌디) 숫자를 쓰고 있다. 우리가 한국에서 지금 사용하고 있는 숫자(1 2 3 4…)는

"아라비아 숫자"라고 부르고, 시험 문제에 나온 < ٣ = __ + ١٢ >은 아라비아 숫자가 아닌 인도(힌디) 숫자이다.

9 번 문항의 질문에서 "낱말의 기능"을 묻고 있다. 그런데 답에는 "지불하다, 듣다, 달(월), 보다. 멈추다"로 되어 있어 낱말의 기능이란 말이 금방 이해가 가지 않는다. 아마도 품사를 묻는 문제를 "낱말의 기능(역할과 작용)"이라고 표현했다면 세 번째가 답이다. 그러나 아랍어 문법에서 '기능'(وظيفة)이란 말은 문장의 성분(주어, 술어, 목적어..등)을 가리키는 말이다.

(문제 9) 낱말의 기능이 나머지 넷과 다른 것은?

① دَفَعَ   ② سَمِعَ   ③ شَهْرٌ   ④ نَظَرَ   ⑤ وَقَفَ

2010 년 수능 아랍어 시험 문제에는 좀 어색한 문제들이 여럿 있었다. 15 번 문항에서 '카림은 방학에 암만으로 여행했다.'를 정답으로 제시했는데 아랍어 العطلة 의 정확한 의미를 한번 생각해 보는 것이 좋겠다. 이 단어는 반드시 방학만을 가리키지는 않는다. 이 단어는 본래 휴일이나 공휴일을 가리키는 말로서 주말, 국경일, 희생절(요르단), 겨울 방학(아랍에서는 1 월달에 대개는 한 두 주 겨울방학을 갖는다) 등 상대적으로 짧은 기간에 쉬는 날에 사용되지만, 신종 플루로 인한 일주일간의 방학, 이집트의 희생절, 휴가 그리고 긴 여름 방학 등에는 إجازة 를 쓴다. 요르단 무슬림들은 우리가 생각하는 여름 방학을 إجازة الصيف، إجازة صيفية 이라고 한다. 그러나 대부분 아랍인들이 이 두 어휘를 섞어 쓰고 있어서 전혀 구분을 하지 않는 아랍인들도 있다.

22 번 문항에서 أين كنت في يوم السبت؟는 전치사를 뺀 문장? أين كنت يوم السبت؟가 문법에 맞다. 28 번은 문제가 "아랍 국가에서 유명한 유적들(복수형: 3 가지 이상)을 묻는 질문"인데 답은 두 가지만 보기로 나와 있다. 아랍의 유명한 유적들 중에서 두 가지를 쓰고 싶었다면 전술한 바와 같이 아래 (2) 번과 같이 써야 적절하다. 수능시험에서는 (4)처럼 질문에 대한 대답의 문장이 هي 로 시작되고 있어 아래 (1)처럼 هي 를 빼거나 (3)처럼 주어에 해당하는 어휘들을 넣어야 한다. 역시 이 문항도 아랍어의 가장 중요한 특징 중의 하나인 호응관계를 무시한 시험 문제이다.

(1) A: ما هي الآثار المشهورة في البلاد العربية؟

B: البتراء والأهرام وتدمر

A؟아랍 국가에서 유명한 유적들은 무엇인가요

B.페트라와 피라미드들과 팔미라예요

(2) A: ما هما أكثر أثرين مشهورين في البلاد العربية؟

B: البتراء والأهرام.

A؟아랍국가에서 가장 유명한 유적 두개는 무엇인가요

B.페트라와 피라미드들이에요

(3) A:ما هي الآثار المشهورة في البلاد العربية؟

B: الآثار المشهورة هي البتراء والأهرام وتدمر

A؟아랍국가에서 유명한 유적들은 무엇인가요

B.유명한 유적들은 페트라와 피라미드들과 팔미라입니다

هي المشهورة في البلاد العربية؟‎ ما هي الآثار‎ :A (4)
هي البتراء والأهرام‎ : ‎B‎
아랍국가에서 유명한 유적들은 무엇인가요?A
페트라와 피라미드들입니다.B

    그러나 문법적으로 위 예 중에서 (2) 번의 답이 가장 적절하다. 그 이유는 시험 문제가 두 가지를 묻는 것이므로 그에 대한 답안으로 2 개의 유적만을 언급하는 즉 쌍수(둘을 가리킴)를 넣어야 현대 문어 문법에 맞다. 그러나 오늘날 아랍인들이 현대 문어 문법을 사용하지 않고 암미야를 쓰기 때문에 복수의 항목을 묻는 질문에 쌍수로 답하는 것도 무난하다고 생각할지도 모른다. 결국 시험 문제에 나와 있는 (4)번을 그대로 사용하려고 한다면 질문이 "유적들"(복수)이므로 현대 문어의 호응과 일치를 고려하여 셋 이상의 어휘들이 나온 (1)과 (3)이 적절하다. 그러나 유적이란 단어가 복수이고 그 다음에 또 다른 단어가 나왔으니 모두 셋을 가리킨다고 주장한다면 이 문제는 문법이냐 관용적이냐를 두고 논쟁이 될 소지가 큰 문제이어서 이런 애매모호한 문항은 수능시험에서 적절하지 않다고 본다.

    수능 시험 문제 29 번 대화문에서 첫 문장이 ‎أقوم من النوم عادة في الساعة السابعة صباحا‎ 라고 되어 있는데 "보통 아침 7 시에 일어난다"는 문장을 아랍어로 표현한 것으로 보인다. 그러나 사실 암미야에서는 ‎أصحو من النوم عادة في الساعة السابعة صباحا‎ 라고 하고 현대 문어 문법에서는 ‎أستيقظ من النوم عادة في الساعة السابعة صباحا.‎ 이라고 한다. 그러므로 29 번의 해당 문장은 아랍인들에게는 매끄러운 문장이 아니다. 문법적으로 하자가 없을지 모르나 아랍인들이 즐겨 사용하지 않는 문장은 소통 중심의 아랍어 교육이란 측면에서 적절하지 않다.

    결론: 아랍인들에게 2009 년 수능 아랍어 시험문제를 보여주니 초등학교 2 학년이나 3 학년초의 학생들 시험이라고 하였다. 문항들이 너무 쉽다 보니 변별력과 난이도가 큰 문제점으로 대두되고 있다. 아랍어의 철자와 자음, 모음을 묻는 문제가 거의 유사한 유형으로 매년 출제되고 있는데 그것보다도 아랍어가 상황과 문맥 중심의 언어라는 특징과 다의어라는 특징을 잘 살릴 수 있는 문항들이 출제되면 좋겠다. 또, 대화 글이 문법적으로는 이상이 없다고 할지라도 이들 어휘들이 특정 문맥에서 어떤 의미를 만들어내는지 그리고 아랍 사회에서 용인되는 문장인지를 확인해 보아야 한다. 매년 수능시험마다 한 두개 이상의 문제가 아랍어 문법 혹은 화맥(문맥), 화용론적 쓰임에 걸맞지 않는 문제가 되풀이되고 있어 대화 상황 속에서 적절한 어휘 선택과 문장간의 의미 생성에 충분한 유의를 기울일 필요가 있고 대화문의 결속 구조가 연계성을 가지고 일관성있게 제시되어야 한다.